KB203867

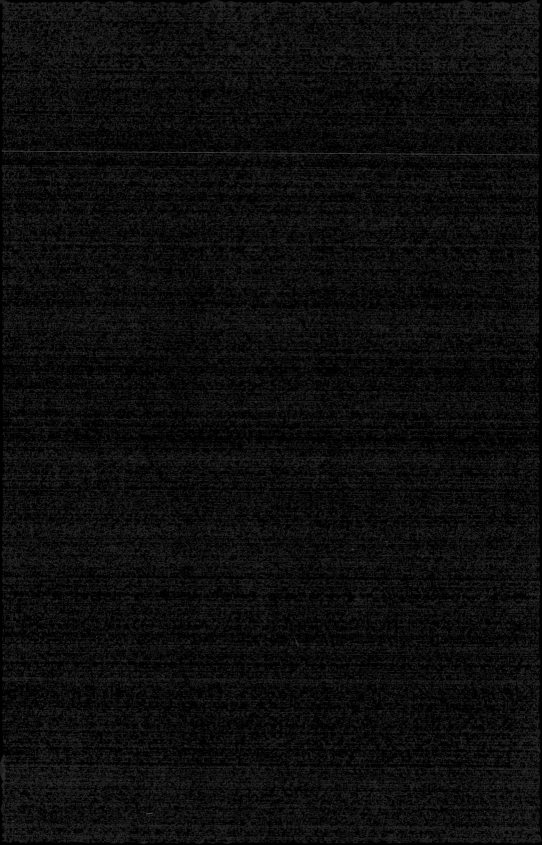

저명한 신학자인 월터 브루그만을 위시하여 미국 구약학을 대표하는 네 명의 학자가 공동으로 집필한 구약개론서다. 본래 신학교의 구약학 교재로 출간된 책인데, 불과 5년 만에 증보판의 성격을 갖는 제2판이 나올 정도로 많은 사랑을 받았다. 구약성서의 각 책들에 대한 역사비평적 접근 방식을 소개하면서도 그것을 넘어서는 사회학적·정경적·신학적 읽기를 추구하는 귀한 교재다. 오경에 너무 치중하고 있다는 지적을 받을 수도 있겠지만, 오경이 구약성서의 핵심을 이루고 있다는 점을 감안한다면 충분히 납득할 만한 일이다. 특히 이 책은 다양한 지도, 도표, 참고 문헌 등을 폭넓게 제공하고 있기 때문에, 구약성서의 각 책들을 한층 깊이 있게 공부하고 싶어 하는 신학도나 목회자에게 큰 도움을 줄 수 있다. 구약 전반에 대한 해박한 지식과 정보를 지니고 있는 한국구약학회장 차준희 교수가 번역한 것이어서 한층 신뢰가 가는 책이다.

강성열 호남신학대학교

이 책은 네 명의 주류 신학자들이 구약성서의 신학적 주제들을 이스라엘 역사의 연대기에 맞춰 서술하면서 최근의 학문적 성과를 기독교의 신앙고백적인 입장과 조화시킨 결과물이다. 따라서 한편으로는 구약성서에 개진된 신학들의 다양성을 강조하지만, 다른 한편으로는 신구약을 관통하는 공통 주제들에 대해서도 소홀히 취급하지 않는다. 다만 저자들이 역사비평뿐 아니라 포스트모던주의적 성서 해석도 수용하기 때문에, 일부 독자들의 눈에는 성서의 인간적 특징만을 강조하고 그것이 가진 계시적 성격을 충분히 설명하지 않는다는 인상을 줄 수 있다. 하지만 그런 점을 감안하더라도 이 책은 전체적으로 구약성서 개론서로서 매우 훌륭하고 학문적으로 믿을 만한 저작임에 분명하다. 이 책에 제시된 일부 견해들에 동의하지 않는 독자들이라도 저자들이 제시하는 증거와 그 증거를 통한 논증의 방식을 통해 많은 것을 배울 수 있을 것이다. 기독교 교리의 관점에서 구약성서를 읽는 일에 익숙한 한국의 성도들에게 좋은 공부와 도전이 될 수 있는 책이다. 적극 추천한다.

김구원 개신대학원대학교

일반적으로 구약개론은 구약성서 각 권의 책을 하나하나 다루면서 저자와 시대적 배경, 문학적 짜임새, 간략한 내용, 각 책의 신학 혹은 메시지가 무엇인지를 서술하는 방식을 취한다. 그런가 하면 버나드 앤더슨이 쓴『구약성서 이해』같은 책은 구약 전체를 하나의 이야기로 풀어간다. 버치, 브루그만, 프레타임, 페터슨이 함께 쓴 본서는 일반적인 구약개론보다는 앤더슨의 구약개론에 좀 더 가깝다. 차이가 있다면 구약 전체를 대체로 연대순으로 다루어가되, 구약성서 각 책의 신학을 훨씬 더 세밀하게 다룬다는 것이다. 게다가 그러한 신학적 풀이와 각 책의 배경이 되는 시대적 정황을 탁월하게 결합하고 있다. 역사비평학의 문제점에 대해 제대로 인식하고 비판하면서 구약 전체의 정경적 입장과 문학적 입장도 충분히 고려하되, 기본적으로는 이제까지 이루어진 역사비평의 결론을 충실히 다루어내고 있다는 점도 이 책의 독특한 점이라 할 수 있다. 이와 관련하여 역사비평학에서 내리는 결론이 신학적으로 어떤 함의를 지니는지에 대해 본서가 곳곳에서 제시하는 풀이는 매우 설득력 있고, 우리네 교회 공동체에서도 충분히 묵상하고 반영할 만한 것이다. 구약 전체의 신학적 흐름을 서술하는 책으로 이보다 더 나을 수 없다 싶을 정도로 잘 쓰인 책이며, 오랜 옛날의 구약 시대를 제대로 다루면서도 동시에 오늘 21세기에 구약을 어떻게 해석하고 적용할 것인지에 대한 통찰력으로 넘쳐난다. 모든 장이 다 매력적이지만, 특히 여호수아서와 정복에 대한 이념적·신학적 읽기를 다루는 6장은 더욱 추천할 만하다.

김근주 기독연구원 느헤미야

구약은 어떤 책일까? 이는 생뚱맞은 질문처럼 들릴 수도 있지만 실은 매우 학문적인 질문이다. 18세기 계몽주의 이후 20세기 후반까지 서구의 성서학자들은 구약을 고대 이스라엘의 역사적 기록물로 간주하고 역사비평적 방법론으로 텍스트를 다뤄왔다. 한편 지난 2천 년 동안 교회는 여전히 성서를 그들의 신앙을 위한 "경전"으로 받아들여 왔다. 우리 앞에 놓인 이 책은 교회와 상아탑 사이에 엄연히 존재하는 이런 간극을 두고 깊이 고민하던 네 명의 신학 교수가 장차 설교자가 될 신학생을 위해 구약성서를 신학의 렌즈로 읽어가도록 안내해주는 구약개론서다. 구약에 대한 이 책의 입장은 분명하다. 구약은 단순히 고대 이스라엘 민족에 관한 역사적 자료의 축적물이 아니라 야웨 하나님에 대한 신앙적 증언록이라는 것이다. 독자들은 이 책을 읽으면서 발견의 즐거움과 깨달음의 기쁨, 본문에 대한 열정을 불러일으키는 강력한 도전을 받게 될 것이다. 아울러 구약학계의 마에스트로와 같은 네 명의 노장 학자들이 만들어낸 농익은 신학적 선율들을 음미하는 일도 더할 수 없이 큰 즐거움을 안겨준다. 두 권의 구약개관서를 골라야 한다면 그 중 한 권은 반드시 이 책이어야 할 것이다.

류호준 백석대학교 신학대학원

저자들은 이 책을 전통적 구약개론과 구약신학의 중간적 성격을 갖는 "구약성서에 대한 신학적 입문서"로 제시한다. 오늘날 주류 성서학계는 구약성서를 신학적으로 읽는 작업에 모종의 설명이 필요할 만큼 심각한 탈신학적인 성향을 보이고 있는데, 저자들은 비평적 성서학의 성과물을 신앙고백적 입장에서 서술하는 작업에 따르는 위험부담을 잘 알면서도 스스로에게 부여한 과제를 과감하고 담백하게 수행해냈다. 독자들은 각자의 관점에 따라 저자들의 신학적·정치적 입장이 지나치게 진보적이거나 보수적이라고 비판할 수 있겠으나, "교회는 자신의 목적을 위해서가 아니라 그들이 보냄을 받은 깨어진 세상—하나님께서 사랑하시고 심판하여 구원하기를 원하시는—을 위해 구약성서를 읽어야 한다"는 저자들의 입장에는 흔쾌히 동의할 것이다. 구약성서를 단지 고대 이스라엘 공동체의 문서가 아닌 오늘날 우리에게 의미 있고 소중한 경전으로 읽도록 도와주는 입문서로 적극 추천한다.

유선명 백석대학교 신학대학원

『신학의 렌즈로 본 구약개관』은 구약입문과 구약신학의 성격을 동시에 지닌 특별한 책이다. 다양한 신학적 배경을 가진 저자들은 구약성서 전체를 문학적·역사비평적 관점에서 연대 순서를 따라 일목요연하게 개관하는 한편, 정경에 포함된 각 책의 텍스트에 대해 신학적 해석을 접목하려는 시도를 보여주고 있다. 결과적으로 본서는 신학도와 목회자에게 구약성서 전반에 대한 개괄적 조망을 제공할 뿐 아니라 신학적 안목을 가지고 각 책의 텍스트를 깊이 있게 탐구할 수 있는 길을 열어준다.

하경택 장로회신학대학교

구약개론은 신학에 입문하는 학생이 가장 먼저 접하게 되는 과목 중 하나지만, 이 과목에 대해 좋은 기억을 가지고 있는 학생은 많지 않은 것 같다. 교수는 신학 입문생들이 강의를 통해 구약학에 흥미를 가지고 앞으로도 계속 그 분야에 열정을 쏟기를 기대하겠지만, 실제로 학생들에게 양질의 교육 경험을 제공하는 수업을 이끌어간다는 것은 여간 힘든 일이 아니다. 구약학 자체가 워낙 어렵고 방대하기 때문에 최고의 교수법을 지닌 베테랑 교수가 아니라면 학생의 눈높이에 맞춰 교육하는 일이 쉽지 않다. 게다가 교수 목적에 부합하는 교재를 찾는 일도 쉽지 않다. 서구의 학자들이 집필한 개론서는 대개 지나치게 학문적이거나 비평적이어서 한국 신학도의 정서와 맞지 않아 불필요한 신앙적 충돌을 야기하는 경우가 다반사다. 이런 상황에서『신학의 렌즈로 본 구약개관』은 돋보이는 개론서다. 이 책을 함께 집필한 네 명의 저자는 각자의 분야에서 빼어난 업적과 명성을 쌓은 대가일 뿐 아니라 수십 년 간 신학교에서 학생들을 가르쳐온 관록을 자랑한다. 그 결과 저자들이 신학교육 현장에서 겪었던 수많은 시행착오를 바탕으로 매우 효율적인 교과서가 탄생했다. 이 책은 신학이라는 렌즈를 중심으로 삼지만 그렇다고 해서 역사적·문학적 관점을 배제하지도 않는다. 이 책은 거룩한 하나님의 말씀으로서 구약성서를 배우고자 하는 이들에게 뛰어난 안내서가 될 것이다.

홍국평 연세대학교 신과대학

마침내 깊은 사고와 통찰력을 지닌 구약개론서가 등장했다. 이 뛰어난 책은 오늘날 신학 교육 현장에 존재하는 깊은 틈을 잘 메워주고 있다. 역사비평적 관심과 오늘날을 향한 성서의 증언에 대한 주장을 성공적으로 통합했다.

윌리엄 P. 브라운 유니언 신학교

이 책은 구입해서 읽고, 다시 읽어야 할 책이다. 단지 학문적인 수련의 도구로서만이 아니라 개인의 사명감과 영적 성숙의 기초를 위해 이 책을 읽어야 한다. 배움과 삶 모두에 신선한 자극을 주는 책으로서 기꺼이 추천한다.

로널드 E. 클레멘츠 케임브리지 대학교

신학적 감수성과 문학적 아름다움에 대한 인식을 공유한 저자들은 인간의 삶에서의 하나님의 자리와 그분에 대해 기대되는 인간의 응답을 주제로 한 이스라엘의 성찰을 명쾌하게 다루고 있다. 특히 지혜문학의 종교적 차원에 대한 분석은 매우 뛰어나다.

제임스 L. 크렌쇼 듀크 대학교

보기 드문 역작이다. 내가 알기로 구약성서를 문학적·역사적 문맥에서 비평적으로 이해하는 데 도움을 주면서도 텍스트를 신학적으로 깊이 있게 이해하게 해주는 유일한 구약개론서다.

패트릭 D. 밀러 프린스턴 신학교

이 책의 저자들은 잘 알려진 비평학자인 동시에 사명감이 투철한 신학자이기도 하다. 그들은 구약성서 여러 책들의 비평적 이슈들에 대한 광범위한 정보를 오늘날의 신학적 논제 및 사고와 연관 지어 다루는 매우 유용한 책을 내놓았다. 성서 본문의 신학적 정당성을 보다 더 잘 이해하는 데 크게 기여할 것이다.

롤프 렌토르프 하이델베르크 대학교

A THEOLOGICAL INTRODUCTION TO
THE OLD TESTAMENT

한국구약학연구소 총서 001

신학의 렌즈로 본 구약개관

월터 브루그만 외 지음 | 차준희 옮김

한국구약학연구소 총서 KOTL

Korea Old Testament Library

성서의 모든 말씀은 시공간을 넘어 언제나 유효한 하나님의 계시입니다. 특히 오늘날과 같은 급변하는 시대적 정황 속에서도 성서는 여전히 삶에 대한 해답을 제시합니다.

《한국구약학연구소 총서》(Korea Old Testament Library)는 이러한 시대적 요청에 부응하고자 기획되었습니다. 국내 유수의 구약학자들의 연구 성과는 물론, 세계적인 구약학자들의 저명한 저서를 번역 출간하려고 합니다. 이를 통해 신학생을 위한 교과서를 제공함은 물론, 목회자들의 성서 지평을 확장하는 데 유익을 주고, 나아가서 한국교회 성도들에게 은혜의 말씀이 선포되는 데 기여하기를 소망합니다.

《한국구약학연구소 총서》는 한국교회의 강단에 구약성서의 케리그마가 풍성하게 선포되기를 바라는 "한국구약학연구소"(Korea Institute for Old Testament Studies)의 마음입니다.

한국구약학연구소장 차준희

이 책의 1판을 출간한 이후 나타난 만족스러운 반응에 힘입어 2판을 내놓게 되었다. 많은 동료들이 1판을 자신들의 신학교와 대학교의 교과과정에서 교재로 사용한 후 우리에게 보내준 의견에 대해서 우리는 매우 기쁘게 생각한다. 우리도 각자 자신들이 가르치고 있는 곳에서 이 책을 교재로 사용하는 기회를 가졌다. 이러한 검토과정을 통해 우리는 도전적이고 유용한 제안들을 얻었다. 또한 이러한 반응을 통해 우리는 신학의 길로 접어든 학생들에게 이 책이 훨씬 더 잘 이해되고 유용하게 사용되도록 도와주는 많은 지침들을 얻을 수 있었다. 2판에서 개정되고 확장된 내용은 신학적인 문제를 보다 적절하게 다루고 있으며 이는 우리가 논의되었으면 하고 바라던 것들이다. 이러한 변화가 이 책의 접근법이나 특성을 많이 바꾸어 놓은 것은 아니다. 우리는 이 변화가 이 책의 기록목적에 보다 더 부합할 수 있기를 바란다.

이 책이 교과서로 사용될 수 있도록 우리는 책 전체에 더 많은 지도와 도표를 첨부했다. 또한 구약성서학의 핵심문제들과 논의들을 탐구하고자 하는 학생들에게 보다 풍부한 안내 역할을 하도록 몇몇 장(章)에서는 각주의 양을 늘렸다. 이를 통해 우리가 그런 주제들에 쏟은 노력이 더욱 명백하게 드러날 수 있게 되었다. 비록 한 권의 책이라는 제한된 공간 내에 계속해서 나타나는 수많은 복잡한 학문적 논의들을 모두 충분히 기술하기에는 역부족이겠지만 말이다. 각 장 끝에는 더 많은 읽을거리를 제공하기 위해 참고문헌을 늘렸으며, 최근에 출간된 뛰어난 자료들을 반영하여 새로이 갱신했다.

물론 구약개론 과정을 가르칠 때는 이 책 외에도 추가적인 자료들이 필요할 것이다. 우리는 고대 이스라엘 역사를 이해하기에 충분할 만큼의 자료를 다루지는 않았으며, 마찬가지로 물질문화에 대한 연구, 언어학적 증거에 관한 논의 혹은 고대 근동 문헌에 관한 연구를 통해 얻을 수 있는 결과물을 이 책에 포함시키려고 의도하지도 않았다. 이러한 모든 문제가 우리 연구에 영향을 미쳤고 다루어졌지만, 그것들이 충분히 다루어지지는 않았다. 우리는 기존의 수많은 구약성서 개론 과정에서 이미 다양한 자료들이 사용되었으며, 우리의 동료들이 서로 다른 효과적인 교수법을 가지고 그것들을 사용했음을 알고 있다. 우리의 바람은 이 한 권의 책을 통해 다른 주제들을 보다 포괄적으로 다루었던 교과서들에 종종 빠져 있는 "성서 본문에 관한 신학적 견해들"을 제공하는 것이다. 물론 이처럼 신학적 문제들을 폭넓게 다루다 보면 우리가 덧붙이고자 의도했던 특별한 논의들에 대한 비중이 약화될 수밖에 없을 것임에 틀림없다.

이 책의 1판을 읽었던 몇몇 논평자들은 우리가 너무 많은 부분을 오경에 치중했다고 말했다. 우리는 이러한 논평을 신중하게 고찰하면서 다시 한 번 심사숙고했고, 결과적으로 그럼에도 오경에 나타난 신학적 주제들이 너무 중요해서 관심을 적게 두기에는 무리가 있다는 결론에 이르게 되었다. 서론 장을 제쳐두고 남아 있는 열한 개의 장 가운데서 오경을 다루는 부분은 네 장이다. 창조, 타락, 약속, 구원, 언약, 광야라는 주제들은 단순해 보이면서도 매우 중요한 것들이다. 그리고 그것들은 하나님에 관한 이스라엘의 경험과 이스라엘의 증언에 대한 교회의 해석을 규정하는 것이기 때문에 네 개의 장 이하로 다루기가 어렵다. 남아 있는 장들 중 다섯 개의 장은 여호수아에서부터 열왕기하까지의 역사적인 구조를 채용하여 그 구조 사이사이의 적절한 시점에 개별적인 이스라엘 예언자들의 목소리를 다룬다. 우리는 단순히 이스라엘 내에 있었던 예언운동에 관해 일반적으로 논의하기보다 수많은 개별 예언자들을 다루려고 노력했다. 나머지 두 개의 장은 히브리 정경의 마지막 부분인 성문서의 자료들을 다룬다.

　이 책을 공동으로 저술할 수 있었던 것은 우리가 교육현장에서 공통되는 관점과 접근법을 공유하고 있기 때문이지만, 그럼에도 우리는 우리와 입장이 다르고 우리의 견해를 보충해주는 다른 견해들을 인정하고 그것에 귀 기울이는 것도 대단히 중요하다는 점을 깊이 깨닫고 있다. 우리는 이 2판에서 성서해석과 관련하여 우리가 도움을 얻은 다양한 의견을 제시하고 그것들과 충분히 논의하고 있음을 분명히 보여주려고 노력했다. 우리는 본문의 논의와 각주, 그리고 참고문헌에 새로운 자료들을 포함시켰다. 이러한 것들은 성(性, gender)의 중요성과 고대 이스라엘 본문들에 관한 문화적 견해의 중요성을 인식하여 반영한 것이다. 우리는 현재 학자들 사이에서 일어나고 있는 주요한 비평적 논의들에도 주목했다. 그리고 그 논의들에 관한 부가적인 정보를 발견할 수 있는 한 더 많은 정보를 학생들에게 주고자 했다. 또한 우리는 우리 자신의 비평적인 선택을 분명히 하고자 노력했다. 하지만 우리의 선택이 유일하게 가능한 선택이라고 주장하지는 않는다.

　마지막으로 우리는 어떠한 본문도 그것을 사용하는 모든 사람들에게 적합할 수 없음을 인식하고 있다. 몇몇 사람들은 "신학적" 개론이 유용하거나 타당한 장르가 아니라고 주장한다. 심지어 또 다른 사람들은 이런 "신학적" 접근법들이 유용성을 잃었고 사용되지 말아야 한다고 주장한다. 우리는 이러한 판단을 존중하기는 하지만 여기에 동의하지는 않는다. 학생들을 가르치면서 습득한 우리 자신의 경험과 많은 동료들에게서 들었던 반응을 통해 우리는 이러한 접근법이 필요하며 그것이 구약성서 본문을 현재의 신앙생활 가운데서 지속적인 중요성을 갖는 자료로 가르치려는 사람에게 적합하다는 것을 깨달았다. 우리는 이스라엘의 하나님 경험에 관한 풍부하고 다양한 증언이 복잡한 현실세계의 도전적인 문제들에 대해 중요한 인식을 제공할 것이라고 믿는다. 또한 이 2판이 우리의 삶에 성서를 새로이 적용하는 다양한 문제 가운데 단지 일부만을 다루고 있다는 사실을 인정한다. 우리는 우리의 노력이 우리와 유사한 연구에 임할 다른 사람들에게 용기를 북돋아주기를 바란다.

2004년 9월
브루스 C. 버치(Bruce C. Birch, Wesley Theological Seminary)
월터 브루그만(Walter Brueggemann, Columbia Theological Seminary)
테렌스 E. 프레타임(Terence E. Fretheim, Luther Seminary)
데이비드 L. 페터슨(David L. Petersen, Emory University)

1판 저자 서문

본서의 출발은 신학교의 강단에서 구약성서 입문 과정을 가르치는 동료 교수들과의 대화를 통해 이루어졌다. 우리 모두는 신학대학원생들에게 이스라엘의 증언을 소개하는 일에 깊은 흥미와 도전의식을 가지고 있다. 우리가 가르치는 내용은 학생들의 교회사역과 교회생활을 위한 자원이 될 것이다. 그러나 우리 모두는 구약성서를 가르칠 때 입문단계에서 사용할 만한 적당한 교재를 고르는 것이 어렵다는 사실을 발견하게 되었다. 기존 교재들은 구약성서를 고대 공동체의 종교적 경험과 증언에 대한 증거로만 다룰 뿐 오늘날의 고백 공동체를 위한 신학적 자료로 다루기에는 불충분한 감이 없지 않았다. 근래의 성서학 교재들은 고대 신앙에 대한 서술에만 그칠 뿐 성서가 오늘의 신앙에 대해서도 언급하고 있다는 사실을 놓치고 있다. 이는 대부분의 교재가 성서적 관점의 정당성에 회의를 갖는 오늘의 대학 강단에서 사용되고 있다는 점을 고려할 때 이해할 만한 일이다. 그럼에도 우리는 종종 개론 과목을 가르칠 때 신학적 관점들을 소개할 만한 논문이나 자료들을 통해 기존의 교재를 보충해왔다. 때로는 각자의 강좌를 통해 그러한 관점들을 제공해주기도 했다.

새로운 종류의 교재에 대한 공통의 바람을 논의하는 가운데, 우리는 구약성서를 고대 이스라엘의 증언으로뿐만 아니라 그것을 경전(canon)으로 전수받은 교회와 회당의 증언으로도 이해시켜주는 새로운 교과서를 직접 만들어보기로 결심했다. 그 결과로 탄생한 것이 바로 이 책이다. 이 책은 신학대학원 과정에 막 입문한 학생들에게 적합한 수준의 신학적 용어들을 사용하여 구약성서를 논의하고 있다. 또한 우리는 이 책이 단과대학(college)이나 대학교 과정에서도 보다 깊은 신학적 접근을 원하는 이들에게 가치 있는 교재가 되길 소망하고 있다.

본서는 이스라엘의 역사와 구약성서의 정경 형성에 대한 관심 모두를 아우른다. 본서는 창조 기사로부터 시작하여 오경에 나타난 일련의 사건들의 내러티브를 따라 이동하고 있다. 동시에 이러한 경로는 이스라엘의 신앙이 형성되는 과정이기도 하다. 본서는 계속해서 여호수아서에서 열왕기하에 이르는 역사서들에 반영된 이스라엘 이야기를 추적하면서, 그 이야기들의 여러 역사적 순간들에 적용되는 예언서와 문학작품들을 다양하게 살펴보고 있다. 우리는 이 자료들을 형성해온 역사가 개별적인 사건들을 저마다 다양한 시각으로 해석하고 있음을 충분히 인식하고 있으며, 이러한 자료들에 관한 표준적인 비평적 판단들을 참고했다. 그럼에도 우리는 현재 히브리 정경 형태 안에 반영되어 있는 이스라엘과 그들의 신앙 경험에 관한 내러티브가 교회의 상황 안에서 구약성서를 사용하기 위한 연구에 가장 적합한 틀을 제시하고 있다고 생각한다.

우리의 의도는, 이스라엘의 삶과 문학의 단편들을 신학적 에세이 형태로 정리해놓은 본서가 구약을 다루는 입문단계의 수업 과정에서 다른 자료들과 함께 나란히 사용되었으면 하는 것이다. 본서가 구약성서의 입문 과목에서 다룰 만한 주제들을 전부 다 제시해주고 있는 것은 아니다. 따라서 독자들은 본서에서 보다 광범위한 지도나 연대표들을 찾기 어려울 것이다. 물론 우리가 본서에서 역사적이고 고고학적인 증거들을 사용하기는 했지만, 그것들에 대한 세부적인 쟁점들을 일일이 소개하려고 하지는 않았다. 저자, 사회적·역사적 배경, 그리고 문학적 장르 등에 관한 비평적 문제들이 어떻게 논의되고 있는지에 대해서는 충분히 유용한 참고서 역할을 할 수 있겠지만, 본서에는 세부적인 논의들이 생략되어 있다.

우리의 소박한 목표는 성서의 신학적 주장들에 대한 이해를 확장시키고 성서가 신앙 공동체의 여러 세대에게 어떻게 전수되었는지에 대한 생각을 모으는 데 있다. 그리고 독자들이 오늘날 우리 시대에서 제기되는 신앙적 도전들에 대해 적절한 신학적 언어를 구사할 수 있도록 돕는 데 있다.

각 장의 기본 골격은 각 장의 저자에 의해 구성된 것이지만, 우리는 모든 장을 전부 함께 읽고 그에 대해 논의하는 과정을 거쳤다. 따라서 각 장의 최종 원고는 저자들 모두가 합의한 접근방식과 입장을 반영하고 있다. 우리는 우리 각자가 강의실에서 가르치는 방식을 따라 대화체로 본서를 기술하려고 노력했고, 보다 딱딱하고 학문적인 문체를 피하고자 했다. 각주는 반드시 필요한 경우에만 주어졌으며, 각 장의 끝에는 더 깊은 연구를 위해 적절한 참고문헌을 제공한다.

이 책이 나오기까지 우리 각자가 재직하고 있는 학교를 거쳐 간 많은 학생들의 도움이 있었음을 언급하지 않을 수 없다. 그들은 우리에게 우리가 교사로서 더욱 성장할 수 있도록 많은 도전을 주었다. 따라서 우리는 여러 해 동안 우리의 강의를 수강했던 웨슬리 신학대학원(Wesley Theological Seminary), 컬럼비아 신학대학원(Columbia Theological Seminary), 루터 신학대학원(Luther Seminary), 아이리프 신학교(Iliff School of Theology)의 학생들에게 깊은 감사의 말을 전하고 싶다.

1999년 1월

브루스 C. 버치

월터 브루그만

테렌스 E. 프레타임

데이비드 L. 페터슨

약어표

AB	Anchor Bible
ABD	*Anchor Bible Dictionary*. Edited by D. N. Freedman. 6 vols. New York, 1992
ABRL	Anchor Bible Reference Library
BRev	*Bible Review*
BTB	*Biblical Theology Bulletin*
CBQ	*Catholic Biblical Quarterly*
FOTL	Forms of the Old Testament Literature
GBS	Guides to Biblical Scholarship
IBC	Interpretation: A Bible Commentary for Preaching and Teaching
IBT	Interpreting Biblical Texts
Int	*Interpretation*
IRT	Issues in Religion and Theology
ITC	International Theological Commentary
JBL	*Journal of Biblical Literature*
JHNES	Johns Hopkins Near Eastern Studies
JPS	Jewish Publication Society
JSOT	*Journal for the Study of the Old Testament*
JSOTSup	JSOT Supplement Series
NIB	*The New Interpreter's Bible*
OBT	Overtures to Biblical Theology
OTG	Old Testament Guides
OTL	Old Testament Library
SBL	Society of Biblical Literature
SBLDS	SBL Dissertation Series

신학의 렌즈로 본 구약개관

SBLMS	SBL Monograph Series
SWBA	Social World of Biblical Antiquity
TZ	*Theologische Zeitschrift*
WAW	Writings of the Ancient World
WBC	Word Biblical Commentary

차례

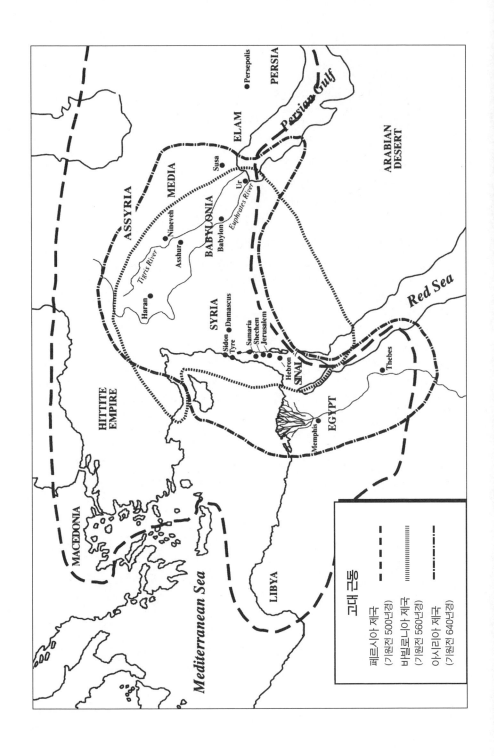

고대 근동

페르시아 제국 (기원전 500년경)	– – –
바벨로니아 제국 (기원전 560년경)	▦▦▦
아시리아 제국 (기원전 640년경)	–·–·–

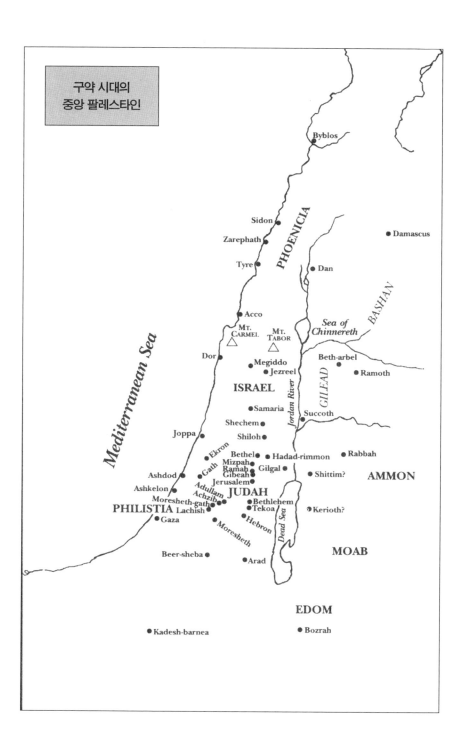

구약 시대의
중앙 팔레스타인

Byblos

Sidon
Zarephath
Tyre
PHOENICIA

Damascus

Dan

BASHAN

Acco
MT. CARMEL
MT. TABOR

Sea of Chinnereth

Mediterranean Sea

Dor
Megiddo
Jezreel
Beth-arbel
Ramoth

ISRAEL

GILEAD

Samaria
Jordan River
Succoth

Shechem
Shiloh

Joppa

Ekron
Bethel
Hadad-rimmon
Rabbah
Mizpah
Gath
Ramah
Gilgal
Gibeah
Shittim?
AMMON
Jerusalem
Ashdod
Adullam
Achzib
JUDAH
Ashkelon
Moresheth-gath
Bethlehem
Kerioth?
PHILISTIA
Lachish
Tekoa
Gaza
Moresheth
Hebron
Dead Sea

Beer-sheba
Arad
MOAB

EDOM

Kadesh-barnea
Bozrah

제1장

신학적 증언으로서의
구약성서

A THEOLOGICAL
INTRODUCTION TO
THE OLD TESTAMENT

우리는 구약성서를 다양한 관점으로 읽을 수 있다. 수 세기 동안 많은 사람들은 이처럼 다양한 관점을 통해 구약성서의 의미를 더 풍부하게 이해해왔다. 구약성서는 고대의 문헌들을 모아놓은 책이며, 이스라엘이라 불리는 한 민족의 역사를 담고 있다. 본문의 배후에는 매우 광범위하고 다양한 사회적 배경이 전제되어 있는데, 바로 그런 배경을 통해 본문이 형성되고 그 모양을 갖추게 되었다. 지난 수십 년 동안 구약성서를 이해하는 데 있어 문학적·역사적·사회학적 배경들을 통한 생산력 있는 연구들이 최근의 성서 연구에 큰 보탬을 주었다. 이 책은 이러한 학문적 성과들로부터 많은 도움을 받았고 그러한 성과들을 다양한 관점으로 반영할 것이다. 그러나 무엇보다도 이 책은 구약성서를 고대 이스라엘의 경험에 대한 신학적 증언으로 제시하고자 한다.

구약성서를 신학적으로 읽고 해석한다는 것은 과연 어떤 의미일까? 신학적 해석의 가장 기초적인 단계는 하나님과의 만남 및 관계에 대해 증언하는 본문들에 귀를 기울이는 것이다. 이런 증언에 의해 구약성서가 형성되었고 동시에 구약성서가 그런 증언을 확고히 해주었다는 점에서, 구약성서는 이스라엘이라 불리는 고대 민족의 문학, 역사, 혹은 사회학 그 이상의 것들을 담고 있는 책이다. 따라서 구약성서는 이스라엘의 하나님의 성품 및 행동과 상호연관을 맺으면서 형성된 신앙 공동체의 증언으로서 기록되고 수집되었으며, 여러 세대를 거쳐 전달되었다.

그러나 구약성서를 신학적으로 읽고 해석하는 것은 복잡하고 다차원적인 작업이다. 이런 작업은 우리가 앞으로 이 장에서 살펴볼 여러 가지 창조적이고 해석적인 긴장들 안에서 진행될 것이다. 여기서 우리는 신학적 관점을 가지고 구약성서를 개괄한다는 것이 어떤 의미인지를 살펴보고, 본서가 어떠한 관점을 취할 것인지를 명확하게 밝히고자 한다.

1. 고대의 증언, 불멸의 성서

구약성서는 고대 이스라엘의 신앙적 증언들을 모아놓은 책이다. 동시에 구약성서는 유대교와 그리스도교의 경전이기도 하다. 오늘날 회당과 교회에서 구약성서는 하나님의 말씀의 실재이자 그분의 말씀을 대언하는 경전으로 간주된다.

(1) 그러면 구약성서는 누구의 책일까? 한편으로 우리는 구약성서가 이스라엘의 책이라고 대답할 수 있다. 구약성서에 등장하는 최초의 공동체가 곧 구약성서를 탄생시킨 공동체이기 때문이다. 그 공동체는 고대 이스라엘이었다. 이스라엘의 다양한 시대와 사회적 배경에서 비롯된 본문들을 통해 이스라엘은 자신들이 속해 있던 다양한 공동체의 모습들을 증언했다. 고대 이스라엘의 경험은 여러 세기에 걸쳐 이루어졌기 때문에, 구약성서는 신앙의 증언, 도덕적 훈계, 예전적(liturgical) 기념물, 그리고 종교적 이야기가 포함된 하나의 도서관과도 같다. 고대의 공동체들은 구약성서를 하나님에 대한 자신들의 경험에 관한, 그리고 하나님의 백성이라는 공동체적 삶에 관한 권위 있는 증언으로 받아들였다. 구약성서는 처음에 이스라엘의 청중들에게 전달된 말들이었지만, 그 말들은 공동체에 의해 기록되어 보존할 만한 가치가 있는 것으로 간주되었고 이에 여러 세대에 걸쳐서 읽혀왔다.

(2) 역사적으로 계속되어온 공동체들, 즉 유대교와 그리스도교 공동체는 구약성서를 경전(scripture)으로 받아들인다. 그렇기 때문에 구약성서는 단지 고대 이스라엘의 책일 뿐 아니라 교회를 위한 책인 동시에 회당을 위

신학의 렌즈로 본 구약개관

한 책이기도 하다. 구약성서가 경전이라고 주장하는 것은 그 안에 종교적 공동체와 구성원들의 지속적인 삶이 반영되어 있음을 인정하는 것이다.

구약성서를 신학적으로 읽는다는 것은 우리가 신앙을 고백하는 공동체 내의 신앙인으로서 그것을 읽을 때 단지 고대 공동체에 관한 지식을 전달받는 데 그치지 않고 더 많은 것에 관심을 갖는다는 점을 인정하는 것이다. 구약성서에는 이스라엘의 역사 속에 나타난 사건들과 이스라엘이 하나님을 경험한 증언들이 담겨 있다. 이런 사건들과 증언들은 여전히 우리의 관심을 끈다. 왜냐하면 우리가 여전히 동일하신 하나님의 현존 가운데 있기를 추구하는 공동체의 일원으로서 그것들을 읽기 때문이다. 구약성서를 신학적으로 읽는다는 것은 본문이 나타내고 있는 하나님의 방식인 지혜를 추구하는 것이다. 그 지혜는 우리로 하여금 이 세상에서 신실한 공동체를 이루기 위해 노력하며 마음과 행동으로 동일한 하나님을 따를 수 있도록 만들어준다. 경전으로서의 구약성서는 우리에게 가상의 범주를 제공하는데, 이것은 우리 시대의 심각하고 난해한 도전들 가운데서 우리로 하여금 하나님의 현존과 의지를 식별할 수 있도록 만들어준다.[1]

구약성서는 최소한 서로 다른 두 부류의 독자층을 가진다. 첫째는 본문이 본래 의도한 대상으로서의 청중이고, 둘째는 이런 청중들과 그들이 처해 있던 배경을 통해 형성된 본문을 지켜보는 독자다. 구약성서를 경전으로 읽는다는 것은 고대의 이야기들이 오늘날의 이야기들과 교차하고 있음을 말해준다. 왜냐하면 고대의 이야기들이 오늘의 삶과 공동체를 형성하고 변화시키기 때문이다. 또한 구약성서를 경전으로 읽는다는 것은 이런 형성과 변화의 힘이 그 책을 통해 주어지기를 기대하는 것이기도 하

---

1) 최근에 나온 수많은 출간물들은 구약성서(와 신약성서)를 신학적으로 읽고 가르치는 것, 즉 성서 본문을 경전으로 읽는 데 대한 관심이 다시금 일어나고 있다고 주장한다. 그러한 출간물의 대표적인 것들은 다음과 같다: Ellen F. Davis and Richard B. Hays, eds., *The Art of Reading Scripture* (Grand Rapids: Eerdmans, 2003); John P. Burgess, *Why Scripture Matters* (Louisville: Westminster John Knox, 1998).

다. 구약성서가 경전이라고 주장하는 것은, 고대 이스라엘의 다양한 표현들과 배경들을 통해 오늘날 이 책을 읽고 있는 공동체 안에서 벌어지는, 그리고 이 세계 안에서 벌어지는 복잡다단한 문제들을 해결하려는 의도를 갖는다.

이 책은 그리스도교의 관점에서, 그리고 동시에 고대 이스라엘의 증언에 대한 교회의 해석이라는 관점에서 기록되었다. 우리가 이 책을 기록한 목적은 이 성서 본문을 그리스도교 목회사역을 위한 경전으로 여기는 사람들을 가르치기 위한 것이다. 우리는 구약성서를 지속적으로 해석해온 유대 공동체로부터 많은 영향을 받았고 이에 감사하고 있다. 또한 유대 전통이 그리스도교회에 끼친 영향, 특히 예수와 초기 교회 공동체에 끼쳤던 영향에 대해서도 충분히 인식하고 있다. 그럼에도 우리는 그리스도교 해석가로서 성서 본문을 해석해야 한다는 특수상황을 포기할 수 없다. 우리는 계속적으로 **구약**(Old Testament)이란 용어를 사용할 것이다. 비록 그 용어가 서로 다른 종교 전통의 공존이라는 상황에서 문제의 소지가 될 수 있다 하더라도 말이다. 그 용어를 대체할 만한 다른 용어들 역시 여러 측면에서 문제점을 지니고 있으며, 교회에서 광범위하게 사용되거나 이해되지도 못하고 있다.[2] 우리는 어떠한 형태로도 유대교에 대한 그리스도교의 우월주의라든지 그것이 지니는 파괴적인 의미를 전적으로 거부한다. 그리고 예나 지금이나 그리스도교회가 유대교 전통에게서 계속적으로 배움

---

2) 최근에 고대 이스라엘 본문들의 수집물을 지칭하기 위한 전문용어에 관한 논의가 활발히 진행되고 있는데, 아직까지 의견 일치를 보지는 못했다. 이데올로기적으로 중립적이거나 해석적인 위험에 빠지지 않은 대안적인 용어가 없다는 점은 분명하다. 이 문제에 관한 유용한 논의를 위해 다음을 참조하라: Jon Levenson, *The Hebrew Bible, the Old Testament, and Historical Criticism* (Louisville: Westminster John Knox, 1993); John J. Collins and Roger Brooks, eds., *Hebrew Bible or Old Testament? Studying the Bible in Judaism and Christianity* (South Bend: University of Notre Dame Press, 1990); Christopher R, Seitz, *Word Without End: The Old Testament as Abiding Theological Witness* (Grand Rapids: Eerdmans, 1998), 61-74.

을 얻어야 하며 서로가 상호관계를 맺을 필요가 있음을 확신한다. 우리는 현대 유대교의 해석적 입장과 견해들을 본서의 논의에 포함시키려고 노력하였다. 우리는 구약성서를 해석하는 데 있어 그리스도교와 유대교 사이의 공통점이 차이점보다 더욱 중요함을 확신한다. 동시에 그리스도교와 유대교는 각자의 종교적 전통과 공동체적 특성을 반영하는 해석 방법들을 서로 동등하게 용납해야만 한다. 이러한 태도가 바로 교회와 회당에서 구약성서를 경전으로 읽는다는 것이 지니는 의미다. 구약성서에 대한 본서의 논의에서 우리가 제기하는 관심은 바로 그리스도교회가 제공하는 관심인 동시에 21세기를 시작하는 이 세계가 교회의 정체성과 사명을 향해 도전하는 과제다. 이는 곧 우리에게 각각의 다양한 전통들과 더불어 고대 이스라엘, 예수의 인격과 사역, 초기 교회의 형성, 그리스도교회의 계속되는 역사 사이에 분명한 연속성이 있다는 사실을 일러준다. 우리는 앞으로의 논의에서 이러한 연속성을 반영할 것이다. 그러나 우리의 논의는 오로지 구약 본문의 궤도에만 머물지 않으며, 구약성서를 그들의 경전으로 주장하는 유대교와의 계속적인 대화, 그리고 타나크(Tanak)에서 탈무드(Talmud)로 변화하는 유대교 내의 궤도에 의하여 영향을 받을 것이다.

2. 비평적 이해

구약성서는 고대 이스라엘의 문헌이라는 점에서 비평적으로 이해되어야만 한다. 마찬가지로 교회의 경전으로서 구약성서에 부여된 권위 역시 비평적으로 평가되어야 한다. 이 책은 이러한 두 가지 입장에서 비평적 방법론의 다양성을 논의하고자 한다. 본서의 논의는 수 세기 동안 활발히 전개되어온 비평학의 성과를 토대로 할 것이다. 다양한 비평적 방법론들 사이에는 긴장과 상충되는 주장들이 전개되기 때문에, 이에 대한 우리의 견해를 논하는 일은 참으로 중요하다.

1) 역사비평학과 그 너머

역사비평학(historical criticism)은 19세기에서 20세기 중반에 이르기까지 크게 부각되었다. 이는 계몽주의의 인식론적 방법을 성서 본문에 적용하려는 노력에 의해, 그리고 성서 해석을 독점하던 교회의 권위로부터 벗어나려는 움직임에 의해 일어난 것이다. 역사비평학의 다양한 방법론들(예를 들어 자료비평[source criticism], 양식비평[form criticism], 전승사비평[traditio-historical criticism], 편집비평[redaction criticism])은 하나같이 객관적이고 과학적인 해석 결과의 가능성을 추구하였다. 실증주의적인 철학적 가정들이 일반적으로 역사비평학에서 크게 작용하였고, 따라서 성서 본문의 본래적인 의미를 추구하려는 경향이 나타났다. 성서 해석에서 역사비평학이 주도적인 위치를 차지하게 된 것은 20세기 중반까지 성행했던 근대 정신(modernism)과 그 맥을 같이한다. 물론 성서 해석에 대한 교회의 권위를 여전히 유지하려는 입장들과의 두드러진 논쟁들은 계속되고 있다. 그러나 오늘날 교회에서 유용하게 사용되는 대부분의 해석적 문헌들은 역사비평학적 방법론들로부터 깊이 영향을 받고 있다.

최근에 와서 역사비평학의 가정들과 성과들은 광범위한 문제점들을 드러내기 시작했다.[3] 어떤 사람들은 역사비평학이 더 이상 가치가 없다고 주장하기도 했다. 그리고 다른 이들은 이러한 비평적 방법론들의 유용성

---

3) 포스트모던 시대 역사비평 방법론의 공헌과 책임에 대해 논하는 유용한 문헌들이 나오고 있다. 다음을 참조하라: Jon Levenson, *The Hebrew Bible, the Old Testament, and Historical Criticism*; John Barton, *The Future of Old Testament Study* (Oxford: Oxford University Press, 1993); John Barton, "Historical Critical Approaches," *The Cambridge Companion to Biblical Interpretation* (Cambridge: Cambridge University Press, 1998), 9-19; Leander E. Keck, "Will the Historical Critical Method Survive?," in: R. A. Spencer, ed., *Orientation by Disorientation: Studies in Literary Criticism and Biblical Literary Criticism* (Pittsburgh: Theological Monographs 35, 1980), 115-127; Francis Watson, *Text, Church, and World: Biblical Interpretation in Theological Perspective* (Edinburgh: T. & T. Clark, 1994).

이 사라졌다고 단정 지었다. 우리는 성서 해석에 관한 역사비평학적 접근 방식에 대해 중대한 문제가 제기될 수 있다는 점에 동의한다. 그러나 이러한 문제는 종종 역사비평학에 의해 만들어진 더욱더 극단적인 주장들로 인해 제기되기도 한다. 그런가 하면 이러한 문제는 역사비평 방법론을 넘어서거나 혹은 그것에 기초하여 세워진 방법론들의 정당성을 인정할 수 없는 사람들에 의해 제기되기도 한다.

(a) 오늘날에 와서 순수하게 객관적인 성서 해석의 가능성을 고집하는 사람은 더 이상 없다. 우리는 선입견 없는 성서 해석이 존재하지 않는다는 주장에 동의한다. 성서를 읽는 모든 개인과 공동체는 자신들의 배경에 따른 가정들, 관점들, 가치들을 밑바탕에 깔고서 성서 본문을 대한다. 그러므로 해석 행위는 본문 자체의 상황뿐만 아니라 독자의 상황까지도 비평적으로 반영해야 한다. 우리는 본서에서 오늘날 독자들의 특별한 상황이 반영된 신학적 해석도 제공할 것이고, 우리와 다른 상황에 처해 있는 사람들의 신학적 해석도 함께 살펴볼 것이다. 우리는 편견이 없고 완전한, "객관적인" 본문 해석이 존재한다고 생각하지 않는다. 또한 우리는 이것을 성서 본문 해석에 있어 무비판적인 상대주의로 여기지도 않는다. 우리는 본문에 관한 훈련된 비판적 인식, 성서 본문의 증언들이 일어났던 상황(context), 우리가 그 본문들을 해석하는 상황(context)을 고려하며 신학적인 구약성서 개론에 접근하려고 노력했다. 이러한 목적을 위해 우리는 필연적으로 계속해서 역사비평의 도구들과 방법들을 감사하는 마음으로 사용하고 있다.

(b) 때때로 역사비평학이 가지고 있는 발전론적 가정 역시 문제점을 드러냈다. 역사비평학의 발전론적 가정은 20세기 서구 지성 세계에서 널리 유행했던 패턴 및 가정들에 부합하는 동시에 그것들로 환원되는 경우에만 가치 있는 것으로 간주되어왔다. 예를 들면, 몇몇 학자들은 제2성전기를 예언자들의 고결한 정신이 율법주의로 퇴보해버린 시대로 평가절하했다. 이러한 시각은 해당 시대의 시대적 요구에 창조적으로 반응했던 유

대교 전통을 무시한 것이다. 이는 그리스도교의 우월주의에 영향을 주었다. 또 다른 예로서, 초자연주의를 거부하는 역사비평학의 가정들을 들 수 있다. 이러한 성향은 이스라엘의 이야기에 나타난 하나님의 활동에 관한 신학적 주장들을 이차적인 문제로 격하시키는 대신에 문헌 연구와 본문 형성에 영향을 끼친 사회적 변화를 더 중요한 것으로 평가하였다. 따라서 학자들은 본문의 신학적 주장들에 대해 설명하기를 꺼려하거나, 그것들을 그저 오래되고 원시적인 단계의 종교적 표현으로만 생각하였다. 물론 이러한 태도는 성서 본문이 핵심 주제로 드러내는 하나님의 활동들—하나님의 신비스럽고 숨겨져 있고 낯선 모든 활동들—에 대한 증언들과 상충된다. 역사비평학을 넘어서려는 최근의 해석적 흐름들은 성서 본문 자체가 주장하는 모든 것들에 주의를 기울이려는 경향을 보인다. 비록 어떤 본문이 주장하는 바가 이상하고 낯설고 어렵게 보일지라도, 그것 역시 교회가 경전으로 읽고 있는 본문의 일부분이기 때문이다.

(c) 20세기의 수많은 역사비평적 연구들에서 효과적으로 사용되었던 실증주의 철학의 가정들은 종종 성서 본문이 나타내는 **본래의** 의미를 찾아내려는 노력들로 귀착되었다. 이것은 성서를 구성하는 각 책들에 완결된 본문으로서의 가치를 부여하기보다는 오히려 배경적인 자료들을 찾아내고, 그것이 가졌음 직한 본래의 의도를 발견하는 것을 더 가치 있게 평가하는 하나의 경향을 낳았다. 이 책의 접근법에서 우리는 하나의 본문이 복잡한 과정을 통해 발전해나가는 것을 비평적으로 이해하는 것이 본문에 대한 우리의 이해에 도움을 주지만, 동시에 그것이 우리가 현재 가지고 있는 본문의 최종 형태의 증언에 대한 관심을 절대로 배제하지 않는다고 생각한다.

이전 세대에 성서학계에서 지배적으로 나타났던 역사비평학이 추종하던 방법론 중 몇몇에 대한 비판은 그 유용성을 인정받고 있다. 그리고 본문과 해석적으로 만나는 새로운 방법론들은 관심을 요구하고 또한 관심을 받고 있다. 우리의 접근법은 앞으로 이 장에서 자세하게 논의될 몇

　　　　　　　　　　　　　　　　신학의 렌즈로 본 구약개관

몇 새로운 방법론의 영향을 받았는데, 이것들 중 일부는 이 장의 남은 부분에서 언급될 것이다. 하지만 역사비평 방법론들 역시 논의에서 제외될 수 없다. 그것들은 구약성서를 비평적이고 학문적으로 연구하는 데나 심지어 본문의 신학적 입장을 강조하는 데 있어 여전히 중요한 부분으로 작용한다.

　이 책은 역사비평학을 넘어서는 해석 방법을 제시할 것이다. 그러나 그런 일은 역사비평학을 배제하고는 이루어질 수 없다. 우리는 여전히 역사비평적 분석 도구들을 여럿 사용하고 있으며, 본문 자체와 그것의 배경을 알기 위해 역사비평학의 성과들을 계속적으로 받아들이고 있다. 특별히 역사비평학은 고대 이스라엘의 성서가 형성되는 복잡한 과정에 관심을 불러일으켰고, 고대문헌의 다양한 장르들이 지니는 패턴과 성향을 알 수 있게 해주었다. 또한 역사비평학은 다양한 사회적·경제적·정치적 요인들이 성서 본문의 형성에 어떠한 영향력을 발휘했는지 이해할 수 있게 해주었다. 요약하면, 우리가 역사비평학을 넘어서려고 할지라도 우리는 여전히 역사비평학의 관점을 사용하고 있으며 그것이 기여하는 바로부터 도움을 받고 있는 것이다.

2) 역사·언어·이야기·노래

오늘날의 성서 해석이 포스트모던적 상황 하에서 진행되고 있다는 인식이 점차 증가하고 있다. 따라서 근대(modern) 세계를 지탱해준 가정들에 의한 해석은 동요하고 있으며, 당연히 재고되어야만 한다.[4] 역사비평학의 주장들과 깊이 관련되어 있는 가정 중 하나는 성서 본문이 진정으로 주장하는 바와 그것의 "실제 배경"을 평가하는 중요한 범주로서 역사를 내세우는 것이다. 때때로 본문의 역사적 배경을 연구하는 일은 본문 그 자체가

---

4) Walter Brueggemann, *Texts Under Negotiation: The Bible and Postmodern Imagination* (Minneapolis: Fortress, 1993).

지니고 있는 풍부하고 화려한 통일성을 해치는 결과를 낳기도 한다. 특별히 하나님에 대한 이스라엘의 신앙고백적 진술들은 대개 역사적 실재와는 관계없는 것으로 간주되어 성서의 "진리"들을 기술하는 데 있어 가장자리로 밀려나곤 했다.

고대 이스라엘의 본문들이 지닌 권위에 대한 주장을 평가하는 하나의 범주로서, 역사는 논쟁의 장이 되었다. 한 세대 전만 해도 학자들은 성서 본문 자체를 원 자료로 사용하여 이스라엘의 역사를 확신 있게 기록했으며 고대 근동과 고고학 자료들을 통해 이를 보충했다. 본문들, 특히 초기 이스라엘에 관한 이야기를 말하는 본문들이 신앙고백적인 전승들에 의해 형성되었다는 인식이 존재해왔지만, 그럼에도 이스라엘의 증언들은 확실히 역사적 실재에 기초를 두고 있는 것으로 간주되어왔다. 그리고 이러한 주장은 본문의 신학적 권위에 있어서 중요한 것으로 고려되었다.[5]

하지만 이러한 주장은 30년이 넘게 심대한 공격을 받아왔다. 현재 많은 학자들은 구약성서 대부분의 본문이 역사적 실재에 기초를 두고 있지 않다고 생각한다. 이런 학자들 대부분은 구약성서 내러티브 전승의 많은 부분을 포로기 이후 유대 공동체에 의해 만들어진 허구로 생각한다.[6] 이 같은 주장의 논거를 구성하는 데 큰 부분을 차지하는 "역사적 근거의 결

---

5) 이러한 맥락에서 이스라엘의 역사를 가장 폭넓게 다룬 사람은 John Bright다: John Bright, *A History of Israel* (4th ed.; Louisville: Westminster John Knox, 2000). (박문재 역, 『이스라엘역사』[서울: 크리스천다이제스트, 1995]).

6) 다음의 인용구가 이 학파의 생각을 잘 나타낸다: "더 이상 '고대 이스라엘'은 없다. 역사는 더 이상 그것의 공간이 아니다. 이것을 우리는 알고 있다. 그리고 지금, 이러한 새로운 인식의 첫 번째 결론들 중 하나는 '성서 이스라엘'이 그 기원에 있어서 유대적 개념이다는 것이다"(T. L. Thompson, "A Neo-Albrightean School in History and Biblical Scholarship?," JBL 114, 1995: 697). 또한 다음을 참조하라: P. R. Davies, *In Search of "Ancient Israel"* (JSOTSup 148; Sheffield, JSOT, 1992); K. W. Whitelam, *The Invention of Ancient Israel: The Silencing of Palestinian History* (New York: Routledge, 1996). (김문호 역, 『고대 이스라엘의 발명: 침묵당한 팔레스타인 역사』[서울: 이산, 2003]).

신학의 렌즈로 본 구약개관

핍"은 본문의 신학적 주장들에 대한 권위 역시 파괴한다.

이 논쟁의 양극단을 여기서 상세히 평가하는 것은 적절치 않다. 구약성서는 본래 역사적 기록물로 작성되지도, 전수되지도 않았다. 그것은 신학적 증언으로 존재하는 것이다. 따라서 고대 이스라엘의 역사를 재구성하는 데 본문을 사용하는 것은 심각한 비평적 문제들을 초래한다. 그러나 고대 이스라엘의 본문들 배후에 있는 모든 역사적 연관성을 포기하는 것은 그 자체로 객관적일 수 없는 가정을 포함하는 하나의 입장을 표명한다. 이스라엘 역사를 극단적인 최소주의(minimalist)로 해석하는 것에 대한 심각한 도전들이 이미 나타났다. 역사가들의 비평적인 견해나 고백적인 견해 중에 하나만 선택해야만 한다는 개념에 도전장이 던져진 것이다. 이러한 주장들은 이스라엘의 역사가 하나의 소설 이상의 의미를 갖는 문서로 기록되었으며 성서 본문들이 비평적 역사에 기여할 수도 있다고 말한다.[7]

이스라엘의 하나님을 이해하기 위해, 그리고 하나님이 만드신 공동체가 구약성서를 경전으로 받아들이고 있다는 주장을 이해하기 위해, 우리는 성서 본문이 그려내는 하나님에 대한 독창적인 표현들을 진지하게 고

---

7) 특히 최소주의자(minimalist)의 역사 접근법에 대한 포괄적인 반응들로서 인상적인 것은 Iain Provan의 것이다: Iain Provan, V. Philips Long, and Tremper Longman III, *A Biblical History of Israel* (Louisville: Westminster John Knox, 2003). 학생들은 이 책의 첫 장에서 이스라엘 역사에 관한 논쟁의 포괄적인 개관을 발견할 것이다. 그리고 최소주의자들이 세운 이스라엘 역사의 기록에 관한 가정에 반대하는 설득력 있는 도전들을 발견할 것이다. 최소주의자들의 견해에 대한 대안을 확인해주는 또 다른 노력을 다음에서 발견할 수 있다: Michael D. Coogan, ed., *The Oxford History of the Biblical World* (Oxford: Oxford University Press, 1998). 또한 다음을 참조하라: William G. Dever, *What Did the Biblical Writers Know and When Did They Know It? What Archaeology Can Tell Us About the Reality of Ancient Israel* (Grand Rapids: Eerdmans, 2001); V. P. Long, G. J. Wenham, and D. W. Baker, eds., *Windows into Old Testament History: Evidence, Argument, and the Crisis of "Biblical Israel"* (Grand Rapids: Eerdmans, 2002).

려해보아야 한다. 그러므로 해석이란 역사적 실재를 파헤치는 작업인 동시에 본문의 수사학적 표현에 관심을 갖는 것이기도 하다.[8] 최근의 성서 연구에서 급속히 유행하고 있는 문학적 방법론들은 상당한 정도로 그러한 해석 방식을 지향하고 있다. 이스라엘의 하나님과 만난다는 것은 본문 뒤에 숨겨진 역사적 사건을 발견하는 것이 아니라, 성서 본문이 주장하는 바와 거부하는 바를 살피면서 하나님에 대해 성서가 증언하고 있는 세계 속으로 발걸음을 옮기는 것이다. 내러티브(이야기)와 시(노래)는 하나님에 대해 증언하는 핵심적인 문학적 형태들이다. 심지어 구약성서에 나타난 비(非)서사적 요소들도 하나님과의 만남 및 관계에 대한 이스라엘 이야기의 구조와 정보를 독특한 방식으로 제시하고 있다. 우리는 실제로 이야기를 읽고 노래를 들으면서 그 이야기와 노래에 걸맞는 적절한 방식으로 그것들을 다루어야 한다. 우리는 내러티브와 시의 외면적이고 경험적인 실재에 관심을 두기보다 그것들이 나타내는 풍부한 표현력을 더 높이 평가해야 한다. 우리는 구약성서의 세계에서 하나님과 그분의 공동체인 이스라엘에 대한 고정관념에 저항하는 많은 긴장과 몸부림을 발견하게 된다. 풍부한 언어의 힘은 은유(metaphor)를 제공하는데, 이러한 은유를 통해 오늘날의 독자들은 구약성서 안에서 확고한 주장들을 만나거나 또는 서로 경쟁하는 증언들을 접하기도 한다. 우리는 이스라엘 문학의 풍부한 표현력을 통해 나름대로 구약성서의 주장들을 바라보는 관점을 개발하게 되며, 개인으로서든 공동체로서든 우리가 겪는 경험에 대한 증언들을 발견하게 된다. 이스라엘의 문학적 세계와 그것이 우리의 삶에 주는 영향을 경험하는 것은 역사적 자료의 축적이 결코 가져다줄 수 없는 힘을 제공한다. 하나님의 실재는 과거든 현재든 결코 드러나지 않는다. 사람들은 단지 그

---

8) Walter Brueggemann은 그의 책 *An Introduction to the Old Testament: The Canon and Christian Imagination* (Louisville: Westminster John Knox, 2003)에서 이것에 대해서 "상상적인 기억"(Imaginative remembering)이라고 언급한다.

들 자신의 경험을 통하여 하나님의 실재를 담대히 증언할 뿐이다. 이 책은 그러한 증언이 지니는 담대함과 창조성을 높이 평가할 것이다.

3) 사회세계와 신학의 역동성

우리는 창조적인 이야기와 노래의 신학적 가치를 인정할 때 비로소 이스라엘 백성이 경험했던 다양한 환경을 인식하게 된다. 이러한 환경에 대한 연구는 우리가 구약성서에 반영된 신학적 전개 상황을 이해하는 데 깊은 영향을 준다. 지난 수십 년간 구약학은 고대 이스라엘의 사회세계에 관하여 주목할 만한 여러 연구 성과들을 내놓았다. 성(性), 사회적 지위, 정치 구조, 이념과 같은 문제들은 완전히 새로운 방식으로 논의되는 분야다. 그러한 분석적 범주들은 구약성서를 신학적으로 이해하는 데 새로운 방식을 제공해주었다.

그와 동시에 성서학은 성서 읽기와 해석에 관한 사회적 상황을 인지하면서 발전해왔다. 사람들은 공동체 안에서 하나의 성서 본문을 읽고 그 의미를 이해한다. 그렇기 때문에 공동체는 지대한 영향력을 미친다. 우리는 성(性), 민족, 종교적 전통, 문화적 배경에 대한 인식들로부터 영향을 받는다. 구약성서 본문에 대한 신학적 해석은 공동체들의 사회적 상황을 비판적으로 인지하고 인식해야만 하는데, 여기서 공동체들이란 본문을 만들어 낸 공동체와 우리 자신의 시대에 그 본문을 읽는 공동체들을 말한다. 여러 세대의 신앙 공동체들이 확언하듯이, 경전으로서의 이러한 본문들이 지닌 힘은 다양한 상황 속에서 의미를 부여하는 능력인 동시에 다양한 견해들로부터 유용하게 해석될 수 있는 능력이기도 하다. 이러한 본문들을 신학적으로 해석하는 것은 그 본문으로부터 나온 수많은 목소리들과 대화하는 것이고, 그 본문을 자신이 살아가는 시대와 장소에서 신앙적으로 읽어온 많은 세대들과 대화하는 일이다.

고대와 현대의 사회적 상황에 대한 관심은 성서학계로 하여금 경시받거나 무시되었을 만한 견해들에 주의를 돌리게 했다.

『여성 성서주석』(*The Women's Bible Commentary*)[9]은 성(gender)에 관한 연구의 대표적인 예다. 성에 관한 연구들이 보여주는 해석 방법들은 성서 본문과 성서 해석의 역사에서 다루어진 남성과 여성에 관한 이야기들이 얼마나 다르게 해석될 수 있는가를 강조한다. 고대 이스라엘의 가부장적인 세계에서 여성들은 이야기 안에서 좀처럼 중심인물로 등장하지 않는다. 이야기들과 비(非)내러티브 자료들에 나타난 여성의 이미지는 그들의 제한적이고 때때로 해롭게 여겨졌던 사회적 역할들을 반영하고 있다. 최근까지 거의 대부분 남성들이었던 해석자들은 종종 성서 이야기들 가운데 나타나는 여성들의 중요성을 빠뜨리거나, 아니면 남성과 여성이 저마다 하나님의 실재와 세상과의 관련성에 대해 다르게 인식했을 가능성을 고려하지 못했다. 성에 주의를 기울인 연구는 우리로 하여금 이전에 무시당했거나 과소평가되었던 구약성서 이야기의 요소들에 주의를 기울이게 만들었다. 그러한 예는 다음과 같다.

- 하갈은 사라의 노예이며 아브라함의 첫째 아들의 어머니다. 그녀는 광야로 내쫓겼으나 하나님의 현현을 경험하고 그분의 약속을 받는다.
- 다말, 라합, 룻과 같은 여성은 그들의 사회에서 주변부의 역할과 지위를 감당하고 있었지만, 그들은 이스라엘의 위대한 왕인 다윗의 계통을 이은 어머니들이었다. 이 여성들은 밧세바와 함께 마태복음 1장에서 예수의 계보에 이름이 오른 어머니들이다.
- 호세아나 에스겔과 같은 예언자들은 반복적으로 이스라엘을 부정한 아내,

---

9) Carol A. Newsom and Sharon H. Ringe, eds., *The Women's Bible Commentary*, rev. ed. (Louisville: Westminster John Knox, 1998). 이 책에 나오는 수많은 논문들은 점점 더 증가하고 있는 페미니스트(feminist)와 여성주의(womanist)의 성서 연구에 관한 더 많은 참고문헌들을 포함하고 있다. 다음을 참조하라: Phyllis Bird, *Missing Persons and Mistaken Identities in Ancient Israel* (OBT; Minneapolis: Fortress, 1997); Tikva Simone Frymer-Kensky, *Reading the Women of the Bible* (New York: Schocken Books, 2002).

신학의 렌즈로 본 구약개관

즉 그녀의 부정으로 인해 학대와 수치를 당할 수밖에 없는 여성 이미지를 사용하여 묘사한다. 고대 이스라엘에서 여성이 받은 대우가 여기에 반영되어 있지만 그러한 이미지들은 우리가 무비판적으로 받아들여야 하는 예언자적 메시지의 일부가 아니다.[10]

- 미리암, 라합, 드보라, 한나, 아비가일, 훌다, 에스더와 같은 여성은 지도력과 대담한 주도권을 갖고 중요한 역할을 했다. 이들의 역할은 이스라엘의 미래에 영향을 주고 하나님의 목적들을 한 단계 진보시켰다. 그들의 이야기들에 주어진 새로운 관심은 종종 관습적인 형태들과 관계적인 해석에서 벗어난 영향력과 지도력의 또 다른 형태를 드러낸다.

사회경제적 지위와 계급은 신학적 성찰에 있어 또 다른 중요한 변수를 제공한다. 구약성서는 보통 이스라엘 백성의 여정을 묘사한다. 구약 이야기 전반부의 한 중요한 시점에서 하나님은 이집트에서 노예생활을 하던 백성을 해방시키신다. 광야에서의 체류 이후에 그다음 세대들은 약속의 땅에 들어갈 수 있게 된다. 하나님이 억압의 상태에서 백성을 구원하셨다는 패러다임의 중요성은 이후 세대의 많은 이들이 하나님을 만나는 데 상당한 신학적 통찰을 제공해주었다.[11] 이와는 대조적으로, 구약 이야기의 후반부에서는 기원전 6세기 초엽에 유다의 많은 백성이 강제로 자신들의 땅을 떠나 포로로 끌려간다. 여기서 하나님은 정의와 의로움, 야웨를 향한 절대적 충성의 원칙에 따라 행동하는 분으로 묘사된다. 그리고 그러한 원칙들이야말로 언약 공동체를 구성하는 요건들이다. 성서 이야기에 나타난 서로 다른 두 가지 사건 속에서, 하나님 백성의 신학적 경험이 매우

---

10) 다음을 보라: Renita J. Weems, *Battered Love: Marriage, Sex and Violence in the Hebrew Prophets* (OBT; Minneapolis: Fortress, 1995).

11) 다음을 참조하라: Michael Walzer, Exodus and Revolution (New York: Basic Books, 1985); J. Severino Croatto, *Exodus: A Hermeneutics of Freedom*, trans. by S. Attanasis (Maryknoll, N. Y.: Orbis Books, 1981).

다르다는 것은 놀랄 일이 아니다. 이러한 차이를 통해 오늘날 독자들은 하나님의 백성이 알고 있었고 또 성서에 반영되었던 모든 범위의 사회적 상황들과 경험들이 신학적으로 수용되어 이해될 수 있다는 사실을 확인하게 된다.

민족성과 문화에 주의를 기울인 해석은 본문들과 이야기들에서 다른 관점들을 통해서는 발견하기 어려운 요소들을 드러낸다.[12] 예를 들어 열방을 향한 이스라엘의 태도는 보편적 혹은 배타주의적 견해를 반영한다. 이는 이스라엘의 경험과 본문에서 전하는 목소리에 따라 다르게 나타난다 (참조. 암 9:7과 나 3:19을 비교하라). 서로 다른 민족이나 문화 공동체 내에서 나온 현대적 구약성서 해석은 다른 면에서 이해하지 못했던 이스라엘의 이야기와 증언들에 관한 요소들에 주의를 불러일으킨다(예를 들어 요셉과 룻 이야기가 이주민들의 이야기라는 점은 단순하면서도 중요한 통찰이다). 또한 민족성과 문화를 주의 깊게 고려한 해석들은 과거에 민족차별주의나 문화적 편견으로 본문을 왜곡했던 해석을 바로잡을 수 있게 해준다(예를 들어 가인과 하나님의 표식에 관한 이야기는 비극적이게도 역사적으로 민족차별주의와 노예제도를 정당화하는 데 사용되었다).

지정학적/역사적 차이점(예를 들어 광야에서의 백성과 가나안에서의 백성), **혹은 정치집단과 정치형태의 차이점**(예를 들어 왕정과 식민지; 도시민과 농경민; 남 유다 백성과 북 이스라엘 백성)에 대한 신학적 반영은 이스라엘의 삶 속에서 하나님을 더욱 복잡하게 묘사하도록 만든다. 그리고 그런 다양한 경험들은 여러 상황 가운데 놓여 있는 오늘날 하나님의 백성에게 자신들이 섬기는 하나님과 관계를 맺기 위한 본보기를 제공해준다.

---

12) 다음을 참조하라: Cain Felder, ed., *Stony the Road We Trod* (Minneapolis: Fortress, 1991); R. S. Sugirtharajah, ed., *Voices from the Margin: Interpreting the Bible in the Third World*, new ed. (Maryknoll, N. Y.: Orbis, 1995).

4) 정경과 교회

일련의 과정을 통해 정경으로 알려진 권위 있는 본문들의 수집물들을 확정한 유대교와 그리스도교 공동체들이 없었다면 구약성서는 현재까지 전해 내려오지 않았을 것이다. 정경의 범위와 형태는 전승들마다 다소간의 차이를 보여준다. 심지어 오늘날 구약성서의 다양한 번역들은 그것들이 의존하고 있는 다양한 필사본 전승들에 대한 상이한 판단들로부터 발생한 것들이다.

교회의 교리와 권위는 정경 자체를 넘어서 성서 본문에 대한 신학적 해석과 신앙 공동체 내에서 그것이 행사하는 권위에 영향을 끼쳤다. 또한 비평적 분석과 평가는 성서적 권위의 본질과 구약성서를 신학적으로 해석하기에 적절한 해석방법들에 관한 서로 다른 요구들을 다루어야 한다.

초기 교회에 최초로 도전한 자들 중에는 교회에서 권위를 갖는 정경을 제한하고자 했던 지나친 환원주의자들(reductionist)도 포함되었다. 그들은 구약성서 전체와 신약성서의 많은 부분들(특히 초기 교회 안에서 유대교적 배경이 반영된 부분들)을 인정하지 않았다. 2세기 초반에는 마르키온(Marcion)과 그의 추종자들이 성서 정경을 오직 누가복음과 몇몇 바울 서신만으로 구성해야 한다고 주장했다. 그는 구약성서를 완전히 거부했고 구약성서가 그리스도교의 하나님과는 전혀 다른 하나님을 묘사하고 있다고 주장했다. 그의 견해는 거부되었으며 결국 초기 교회는 그를 이단으로 규정했다. 많은 사람들은 그의 견해가 초기 교회로 하여금 당시 어떤 책들이 권위 있는 정경에 들어가야 할지를 결정하게끔 만든 자극제가 되었다고 본다. 본서에서 정경의 범위와 형태를 결정하는 중요한 요소는 우리가 지금 구약성서라고 부르는 책들을 경전이라고 여기는 확고한 긍정이며, 그 성서에 나타난 하나님이 창세기로부터 요한계시록까지 동일하게 나타난다는 확신이다.

비록 구약 정경의 중요성을 무시하고 격하시키는 마르키온주의의 실질적인 형태가 오늘날까지도 남아 있기는 하지만, 교회는 다양한 전통의 핵심적인 요소들에서 구약성서를 권위 있는 경전의 일부로 확실히 인정하고 있다. 이렇게 구약성서를 경전으로 확립시킨 일은 교회의 역사 속에서 구약성서를 보존하고, 전수하고, 계속해서 해석하는 데 적지 않은 역할을 감당했다. 신학적 해석이 고대 전승들에 대한 단순한 학문적 연구 이상의 중요성을 갖는 이유는 바로 교회가 구약성서를 경전으로 인정하고자 하기 때문이다. 오늘날의 신앙 공동체들은 고대 본문들을 신학적으로 해석하는 데 있어 이해관계를 가지고 있다. 그리고 이러한 교회의 상황은 해석 작업에 결정적인 영향을 끼친다. 교회의 상황을 고려한 해석은 구약성서 본문 및 그 본문이 증언하는 하나님과의 참된 만남을 갖게 하며, 그러한 만남을 통해 개인의 삶과 공동체를 변화시킨다.

정경(canon)이란 교회에 의해 확정되고 전수된 권위 있는 기록들의 모음집을 말한다. 모든 그리스도교 전통은 처음에는 유대교 전통에서 율법서·예언서·성문서로 구성된 히브리 성서의 정경적 지위를 인정한다. 17세기 이후의 전통적인 영역본들은 유럽의 종교개혁 기간에 출현했던 번역들을 따르고 있는데, 여기서는 책들의 배열순서가 다르게 나타난다. 로마 가톨릭교회와 몇몇 동방 정교회에서는 보통 외경(Apocrypha)이라 불리는 중간기 문헌들에 정경의 지위를 부여하고 있다(본 장 끝 부분의 도표 I-IV를 참조하라). 그리스도교가 구약성서라고 부르는 히브리 정경은 고대 이스라엘의 경험에서 비롯되었다. 그것은 단지 정경 수집의 완결된 형태를 반영하는 데 그치는 것이 아니라, 하나님과 함께했던 다차원적인 여정 가운데서의 많은 지점들을 반영하는 공동체의 증언에 대한 기록들을 담고 있다.

중세교회와 그 이후 대부분의 개혁파교회들은 구약성서를 정경으로 인정하였지만, 대체로 구약성서의 신학적 증언들을 조직신학(교의신학)의 범주에 예속시켜버렸다. 그 결과 성서를 보는 시각은 중요한 측면들에서 매우 단조로워졌다. 고정되지 않은 다양한 증언을 지닌 구약성서는 종종 본문 밖에서 비롯된 조직신학적 범주에 의해 인위적인 통일성을 띠게 되

신학의 렌즈로 본 구약개관

었다. 구약성서의 신학적 증언을 기술하는 데 곧잘 조직신학에서 보편화된 범주들이 사용되었다. 구약성서에서 교회의 교리와 불일치하는 것으로 간주되는 요소들은 무시되거나 구약성서를 신학적으로 이해하는 데 있어 가장자리로 밀려났다. 고대 이스라엘의 종교전통의 다양성을 드러내는 데 공헌한 역사비평학은 구약성서를 교회의 환원주의로부터 해방시키는 데 기여했다. 그러나 그러한 분석 방법이 교회에서 사용되는 구약성서의 해석과 항상 조화를 이루기란 쉬운 일이 아니었다. 그 결과 성서학의 학문적 성과는 종종 교회의 신학적 관심과 많은 차이를 보이기도 했다.

구약학의 최근 연구들은 유대교 및 그리스도교 신앙 공동체가 전수한 전승들이 정경 및 정경적 형태로 만들어지는 과정을 중요시하고 있다.[13] 이러한 저서들은 구약성서 전승의 완결성과 최종 형태로서의 본문에 대한 해석의 중요성을 진지하게 받아들일 것을 요구한다. 히브리 정경을 확정하고 전수한 교회의 역할은 중요하지만, 그렇다고 해서 그러한 사실이 교회의 교리를 보호하기 위해 정경적 본문의 다양성을 제한하는 해석을 정당화하는 것은 분명히 아니다. 최종 형태의 정경이 중요하더라도 본문이 마지막 형태를 갖추기까지 거쳤던 과정을 비평적으로 연구하는 것은 꼭 필요한 일이다.

구약성서를 신학적으로 해석하는 데 있어, 우리는 우리의 해석방법이 고대 이스라엘이 증언한 그들의 종교적 경험에 대해 정직해야 하며 또한 현 시대 교회에 적용 가능해야 한다는 과제를 잘 풀어나가야 한다. 성서의 해석을 교회의 특정 교리에 끼워맞추는 것은 적절치 않다. 진정한 목표는 무조건 교회의 교리적 전통을 따르는 것이 아니라 성서를 개방적이고 정직한 태도로 대면하는 것이다. 물론 구약성서에 대한 몇몇 해석들은 교회

---

13) Brevard S. Childs, *Introduction to the Old Testament as Scripture* (Philadelphia: Fortress, 1979); James A. Sanders, *Canon and Community: A Guide to Canonical Criticism* (GBS; Philadelphia: Fortress, 1984); Rolf Rendtorff, *Canon and Theology* (OBT; Minneapolis: Fortress, 193).

의 교리를 뒷받침해주고 그 기초를 제공할 것이다. 그러나 이스라엘의 증언을 곧이곧대로 해석하는 것은 때로 그리스도교 신앙에 심각한 문제를 야기할 것이며 하나님의 성품과 활동에 대해 난해한 묘사만을 제공할 것이다. 편협한 교리적 해석은 고정화된 확실성을 추구하겠지만, 구약성서(또는 신약성서)를 정직하게 해석하려는 노력은 "풍파"를 일으켜서 그러한 확실성을 얻도록 쉽게 허락하지는 않을 것이다. 이는 다양한 입장과 견해를 지닌 성서의 지속적인 작용 때문이다. 우리가 추구하는 것은 구약성서의 신학적 해석이 교회의 교리와 더불어 비평적이면서도 정직한 조화를 이루는 것이다. 이러한 신학적 읽기는 교회의 신앙에 성서적 기초를 제공할 뿐 아니라 교회가 하나님 및 세상과 관계를 맺으며 변화하도록 돕는다.

그리스도교 정경에는 신약성서가 포함되어 있다. 이 때문에 구약성서에서 어떠한 형태로든 예수 그리스도에 대한 명백한 증언을 찾으려는 해석방법들이 두드러지게 시도되어왔다. 우리는 이러한 시도가 히브리 성서 본문의 본래적인 의도와 거리가 멀다는 사실을 잘 안다. 하나님과의 경험에 관한 이스라엘의 증언은 그 자체로 완결성을 가지고 있기 때문에 특정 본문을 교회의 그리스도론과 연관 지어 해석해서는 안 된다. 그러나 우리는 구약성서의 전통들이 생명력을 가지고 지속되는 것을 인정하고 후대 유대교와 그리스도교에서의 재해석을 수용하는 것도 중요하다고 생각한다. 구약성서 본문들은 전수(傳受)와 재해석의 과정을 거쳐왔다. 이 과정은 유대인들에게는 히브리 정경에서 탈무드로, 그리스도교인들에게는 구약성서에서 신약성서로 이어지는 것이다. 초기 교회에서 사용하고 재해석한 구약성서의 본문들과 주제들을 받아들이는 것은 구약성서와 신약성서를 동일한 하나님의 실재에 대한 증언으로 묶어준다.

5) 신학적 읽기의 세속적 배경

구약성서를 신학적으로 읽는 주체는 주로 신앙 공동체지만 그것이 진공 상태에서 읽히는 것은 결코 아니다. 교회는 독립적으로 존재하는 실체가

신학의 렌즈로 본 구약개관

아니다. 교회는 하나님의 공의와 정의를 실현하는 데 참여하도록, 그리고 세상을 사랑하도록 부름 받았다. 그러므로 구약성서를 적절히 이해하기 위해서는 교회가 구약성서를 읽고, 해석하고, 선포하는 세속적인 배경을 반드시 고려해야 한다. 신학적으로 읽는다는 것은 개인의 경건을 위해서나 제도적 교회가 관심을 갖는 필요를 위해서 성서를 적절하고 중요하게 읽는 것 이상의 의미를 지닌다. 구약성서는 우리 시대의 세속적인 문제와 위기에 영향을 미칠 수 있는 이스라엘의 하나님에 관한 증언으로 구성되어 있다. 이러한 확신은 구약성서의 신학적 중요성의 기초가 된다. 구약성서의 메시지는 교회에서 실현될 뿐만 아니라 세상 속에서도 이루어진다.

이 책은 21세기 북아메리카의 맥락에서, 서로 다른 종교적 전통을 지니고 있는 네 명의 개신교 해석가들의 관점으로 기록되었다. 우리가 속해 있는 교회와 문화는 심각한 도전, 몸부림, 변화를 경험하고 있다. 우리는 인종·계층·문화·성에 대한 특권 지배층의 몰락을 보아왔다. 경제와 정치의 전통적인 권력자들이 무너지고 새로운 권력구조가 그 자리를 대신하고 있다. 우리는 몇몇 사람들이 식민지 이후(postcolonial) 시대라고 부르는 세계에 살고 있다. 그러나 협력경제와 소비경제의 힘과 구조는 새로운 형태의 지배세력에 의해 위협받고 있다. 세계는 점차 세계화, 다(多)인종화 되고 있지만 우리는 민족주의자들의 극단주의와 인종적 편협성에 의한 왜곡된 폭력을 경험하고 있다. 우리는 인종, 계급, 사회적 성(gender), 성적 지향성(sexual orientation)에 대해 새롭게 인식하며 살아간다. 그러나 인간 공동체 내에서 서로의 다름을 용납하지 못하고 증오하는 모습은 계속해서 늘어가고 있다. 우리가 사는 세계는 여행과 기술로 인해 점점 작아지고 있으며 그 밀도가 더욱 높아지고 있다. 그러나 빈부의 격차는 갈수록 심각해지고 있으며 환경파괴의 위기는 나날이 증가하고 있다. 우리는 영적 빈곤의 시대에 살고 있으며 이기주의 및 소비가치(문화, 대중매체, 종교 등 소비자들이 특별히 중요하게 여기는 가치들—역자 주)에 의해 영적 정직성이 도전받고 있다. 우리는 많은 기회를 통해 가정과 자녀들을 부유하게 해줄 수 있는 사회에 살고 있다. 그러나 가족을 해체하고 자녀들을 위험으로 내모는 고통의 상황 역시 늘어나고 있다. 이것을 저술하고 있는 시기에도 우리는 테러리즘에 의해 고통받고 있는 세계 한가운데 살고 있으며 동시에 많은 나라들이 비난하는 전쟁을 통해 안전을 추구하는 한 국가 안에 살고 있다.

성서를 신학적으로 읽으려 한다면, 우리의 해석이 이러한 세속적 위기들에 무관심할 수만은 없는 노릇이다. 교회는 자신의 목적을 위해서가 아니라 그들이 보냄을 받은 깨어진 세상—하나님께서 사랑하시고 심판하여 구원하기를 원하시는—을 위해 구약성서를 읽어야 한다. 이 책은 구약성서에 담겨 있는 놀라운 이야기들, 다양한 목소리들, 권력의 도덕적 문제에 대한 단호한 입장들, 인간의 모호성에 직면하려는 의지들, 하나님의 요구와 복잡성에 대한 변함없는 증언들로부터 구약성서를 신학적으로 표현하고자 한다. 그러나 이러한 시도는 교회가 우리 시대의 세속적 위기에 관심을 쏟을 때에야 가능해진다. 우리는 구약성서에 나타난 고대 이스라엘의 증언을 신학적으로 읽음으로써 현대세계를 바라보는 하나의 관점을 제공받기를 바란다. 이는 이스라엘의 하나님과 동일한 하나님이 오늘날에도 활동하심을 확신하기 때문이다. 구약성서는 단순히 고대 종교 공동체의 문헌이 아니다. 그것은 경제와 정치의 권력 세계에서, 그리고 인간 공동체의 삶과 죽음 가운데서 하나님의 정의와 구원사역을 나타낸다. 따라서 구약성서는 오늘날 교회 안에서 종교적 목적을 위해서만 읽히는 것이 아니다. 그것은 고대 이스라엘 시대와 마찬가지로 인간의 권력이 문제시되고 있는 우리 시대의 한복판에서도 하나님의 능력이 실재하도록 읽혀져야 한다. 이렇게 성서를 읽는 일은 복잡하고 다면적인 이해를 요구한다. 그리고 우리는 그다지 중요하지 않은 목적을 가지고 성서를 읽는 행위를 하나님 말씀의 영원한 능력으로부터 스스로 잘라내야만 한다(참조. 사 40:6-8).

3. 다양성과 연속성

구약성서를 신학적으로 올바르게 읽으려면, 본문에 나오는 다양한 신학적 목소리들을 밝혀내야 한다. 많은 경우에 이러한 다양성은 구약성서를 권위 있는 경전으로 사용하려는 교회의 입장을 훼손시키는 신학적 문제들을 야기시켰다. 몇몇 학자들은 조직신학적 패턴으로 구약성서 전체를 이해함으로써 다양성의 문제를 해결하려고 했다. 그러나 이러한 노력들은 지속적인 지지를 얻는 데 실패했다. 왜냐하면 그러한 시도들은 통일된 하나의 주제를 기술하기 위해 자료를 인위적으로 선별하거나 또는 구약성서의 몇몇 본문들을 무가치한 주변 자리로 밀어냈기 때문이다.

1) 다양성의 혜택과 위험

구약성서를 읽는 독자라면 누구나 본문이 말하고 있는 매우 다양한 증언들을 감지할 수 있다. 내러티브와 시, 농민들의 경건과 왕족의 문서, 제사장적 의식과 예언자적 어조, 묵시적 환상과 지혜적 격언들. 이러한 모든 증언들과 더불어 그 외의 많은 요소들이 구약성서가 지닌 다양성을 보여준다. 이 점이 바로 신앙 공동체를 위한 신학적 자료로서 구약성서가 우리에게 주는 중요한 혜택 중 하나다. 따라서 어떠한 위치나 상황에 처해 있든지 상관없이 누구라도 자신과 동일한 배경을 다루는 증언을 구약성서에서 발견할 수 있다.

이렇게 다양한 증언을 지닌 모음집은 성서의 하나님 체험에 대하여 우리에게 참으로 풍부한 관점을 제공한다. 구약성서에는 매우 다양한 증언들이 존재한다. 그러나 여기에는 한 가지 위험성이 내포되어 있다. 구약의 다양성에 관한 이러한 명제는 그토록 다양한 목소리들이 그 자체로 전부 다 인정되어야만 한다는 의미로 이해되어서는 안 되며, 우리가 그러한 목소리 중 하나를 마음대로 선택할 수 있다는 의미로 이해되어서도 안 된다. 비록 구약성서에서 하나님이 다양한 방식으로 경험되고 여러 가지 이미지로 묘사되지만, 히브리 성서의 하나님은 한 분 하나님이다. 동일한 히브리 정경에 나타나 있는 다양한 표현들을 살펴보면 우리는 각각의 증언들이 서로 연결되어 있음을 알 수 있다. 그뿐 아니라 우리는 다양하다 못해 서로 모순되어 보이는 본문들조차도 동일한 하나님에 대한 경험을 증거하고 있음을 확인할 수 있는데, 이를 통해 우리는 다양한 목소리들과 서로 대화할 수 있다. 우리는 각각의 증언들을 따로 떼어 다루어서는 안 되며, 그렇게 다양한 이야기들이 어떻게 하나의 정경 안에 모이게 되었는지 살펴보아야 한다. 성서는 각각의 이야기들이 서로 영향을 주고받고 있음을 드러낸다. 우리는 월터 브루그만(Walter Brueggemann)이 필연적 긴장으로서의 증언(testimony)과 반(反)증언(countertestimony)에 대해 언급했던 내용을 주목할 필요가 있다. 성서의 독자들은 그러한 긴장 속에서 하나님의 말씀이 가지는 의미를 밝혀내야 한다.[14]

2) 통일성과 연속성

그러나 우리는 구약성서가 다양성을 넘어 통일성과 연속성을 지닌다는 사실을 분명히 믿는다. 물론 이러한 통일성이 구약성서의 다양성을 모호하게 하거나 감소시키거나 부정하는 것으로 이해되어서는 안 된다. 그러나 구약성서의 다양성은 통일적 요소들을 전제하지 않고서는 존재할 수 없다. 구약성서의 다양한 증언들은 이스라엘의 유일하신 하나님의 성품, 활동, 의지에 하나같이 초점을 맞추고 있으며, 한 분 하나님의 백성인 이스라엘의 이야기라는 공통 구조를 지니고 있다.

에스더서는 히브리 정경에서 하나님에 대한 언급이 없는 유일한 책이다. 또한 그러한 이유로 성문서가 정경으로 확립되던 시기에 논쟁의 대상이 되었다. 구약성서의 나머지 부분에서 모든 형태의 자료들은 이스라엘

---

14) Walter Brueggemann, *Theology of the Old Testament: Testimony, Dispute, Advocacy* (Minneapolis: Fortress, 1997).

신학의 렌즈로 본 구약개관

의 하나님 체험에 대한 명백한 증언을 제공한다(에스더서의 증언은 분명치 않은 채로 남아 있다). 때때로 언약과 명령 혹은 예언자들의 어조 안에서 이스라엘에게 계시된 **하나님의 의지**가 강조되고 있다. 보통 **하나님의 활동**은 만물의 창조자, 이스라엘의 구원자·심판자·구속자, 그리고 모든 민족의 통치자로서 진술된다. 구약성서 전체에서 이스라엘과 관련된 **하나님의 성품**―이스라엘은 그분 안에서 거룩함, 공의, 정의, 긍휼, 분노, 사랑, 자비, 그리고 지혜를 발견했다―에 대한 체험이 증언된다. 비록 구약성서의 본문들이 다양하기는 하지만, 그것들은 공히 하나님에 관한, 하나님을 위한, 그리고 하나님께 대항하는 증언을 담고 있다.

만약 하나님이 구약성서의 공통된 초점이라면, 하나님과 관련된 **하나의 백성으로서의 이스라엘 이야기**는 구약성서의 다양한 본문들을 공통적으로 엮어주는 틀이다. 구약성서는 추상적이고 철학적인 담론이 아니며, 딱딱한 역사적 기록물도 아니다. 구약성서는 이스라엘의 신앙 이야기이자 그러한 신앙 이야기의 배경으로부터 비롯된 증언이다. 비록 그 안에 다양한 관점들이 반영되어 있고, 그 성격이 항상 중립적인 역사서술이라기보다는 주관적인 신앙의 증언임에도 구약성서의 일부분은 단순히 이스라엘의 이야기를 서술하는 내러티브로 구성되어 있다. 법전이나 예언신탁 모음집과 같은 비(非)서사적 자료들은 이스라엘 이야기에 나타난 특정한 시대와 장소를 배경으로 삼아야만 이해될 수 있다. 시편은 이스라엘의 예배 자료다. 지혜문학은 보편적인 성격을 가진 국제적인 문학작품으로 소개되는 것이 아니라 야웨에 관한 이스라엘의 증언의 일부분으로 나타난다. 야웨는 창조자로서 모든 지혜의 근원으로 고백된다. 구약성서 안에 서로 다르고 종종 일치하지 않는 증언들이 존재하더라도, 그것들은 하나님의 백성인 이스라엘 이야기의 일부분으로 남아 있다. 그리고 이스라엘은 이러한 증언들을 하나님에 대한 자신들의 고백으로서 전수할 만한 가치를 지닌 것들로 판단했다.

구약성서의 다양한 본문들 가운데서 우리는 연속성과 통일성의 요소인 창조적 긴장을 발견할 수 있다. 창조와 공동체적 삶의 질서를 유지시키는 능력으로 하나님을 표현하는 본문들은, 가장자리로 밀려난 사람들을 위해 기존질서를 비판하는 본문들에 의해, 그리고 변화와 개혁을 이루는 혁신적인 힘으로 하나님을 증언하는 본문들에 의해 끊임없이 도전받아왔다. 독자들이 언제나 이러한 창조적 긴장을 경험한다는 점이 바로 구약성서의 신학적 특징이다. 우리의 삶에 복을 주시고 질서를 세우신 하나님은 새것을 만들기 위해 헌것을 파괴하시는 하나님이시기도 하다. 우리는 이러한 역동성에 기댈 수 있다. 교회의 경전으로서 구약성서를 신학적으로 읽는 것은 우리를 편안하게도 하지만, 동시에 우리를 어지럽게도 한다. 그것은 우리의 소중한 신앙적 비전을 지원하기도 하지만, 다른 새로운 것을 위해 기존의 비전을 포기하도록 만들기도 한다. 또한 그것은 공동체 안에서 하나님과 우리의 관계를 더욱 확고하게 만들어주기도 하지만, 다른 곳을 향하는 우리의 반항을 심판하기도 한다. 그것은 고통의 때에 우리에게 평안의 원천을 제공하기도 하지만, 평안할 때에 고통을 가져다주기도 한다.

이제 마지막으로 **연속성**에 대해 말하려고 한다. 독자들은 구약성서를 자신들의 신앙 전통 및 신앙 공동체와 따로 떼어서 읽으려는 경향을 보인다. 우리에게 구약성서는 갑작스럽게 종결되는 것처럼 보인다. 구약성서에는 잘 정리된 결론이나 요약이 존재하지 않는다. 우리는 이야기가 여전히 진행 중인 곳에 있으며, 그것은 갑자기 중단된다. 그리스도인으로서 우리는 대부분 구약에서 신약으로 넘어올 때 신학적 읽기를 다시금 시작한다. 그 결과 우리는 불연속성만을 느낄 뿐이다. 그리스도인들은 종종 구약성서를 머나먼 배경으로, 신약성서를 새로운 시작으로 다룬다. 우리는 고대 세계의 다양한 부분에 나타난 하나님의 백성―유대인―의 계속되는 여정을 전해주는 중간기 문헌들에 대해 거의 알지 못한다. 또한 예수의 삶과 사역, 초기 교회의 등장 배경을 제공해주는 유대교의 이야기와 풍부한 문학작품들에 대해서도 거의 알지 못한다.

우리는 구약성서의 증언과 우리 신앙의 정체성 사이에 존재하는 연속성에 대한 새로운 인식을 통해 불연속성에 대한 느낌을 극복해야만 한다. 이를 위해서 우리는 이스라엘의 증언과 그리스도교 전통 사이의 연속성이 이스라엘의 고대 문헌들로부터 계속되어온 여러 전통 가운데 포함되어 있음을 인식해야만 한다. 유대교와 이슬람교는 저마다 모두 활기 있고 창조적이며 역사적이고 현 시대적인 종교적 전통을 갖고 있다. 그것들은 그리스도교와 더불어 고대 이스라엘의 증언 안에서 하나의 기초를 공유하고 있다.

그리스도교인으로서 우리는 여전히 고대 이스라엘의 이야기와 증언들에 연관되어 있다. 이러한 연관성에 대한 몇 가지 측면을 인식하는 것은 신학적으로 중요하다.

첫째, **하나님의 연속성**이 있다. 이스라엘의 하나님은 예수 그리스도와 초기 교회에 알려진, 그리고 신약성서가 증언하고 있는 하나님과 동일한 하나님이다. 오늘날 교회도 그 하나님과 관계를 맺고 있다. 우리의 하나님은 이스라엘의 하나님이다. 그러므로 구약성서에서 증언된 하나님의 성품과 활동의 모든 측면은 신약성서와 수 세기에 걸쳐 이루어진 그리스도교 전통에 반영된 하나님 체험과 연속성을 지닌다. 하나님의 능력, 사랑, 공의, 구속, 심판, 긍휼, 신실하심은 모두 구약성서에서 처음으로 알려진 것들이다. 때때로 우리가 신약성서에서 다른 하나님을 만난다는 주장들이 있었다. 구약성서가 하나님의 율법을, 신약성서가 하나님의 은혜를 우리에게 전해준다는 단조로운 주장이 종종 나타난다. 그러나 우리는 하나님의 은혜가 신약성서에서 그리스도인들에게 소개되기 이전에 이미 그것이 구약성서 구석구석에서 드러나고 있다는 사실을 분명하게 주장하고자 한다. 이스라엘의 하나님은 예수 그리스도 안에서 성육신하신 하나님과 동일한 하나님이다. 이스라엘의 이야기에 나타난 창조, 약속, 구원, 언약 체결, 심판, 구속에 드러나 있는 하나님의 은혜를 인식할 때 우리는 예수 그리스도 안에서 발견되는 하나님의 은혜를 더욱 완전하게 이해할 수 있다.

하나님의 은혜의 연속성에 대한 인식은 구약성서를 율법과 심판에, 신약성서를 은혜와 사랑에 연결시키려는 어설픈 주장들에 종지부를 찍어준다.

둘째, **하나님이 지으신 세계의 연속성**이 있다. 하나님의 창조 가능성은 고대와 현대, 유대인과 그리스도인, 믿는 자와 믿지 않는 자를 불문하고 모든 세대에게 똑같이 주어진 선물이다. 창세기에 나타난 고대의 우주론은 신약성서의 배경을 이루는 그리스인들의 우주 이해와 동일하지 않다. 또한 그것은 현대과학의 우주 이해와도 완전히 다르다. 그러나 하나님의 창조라는 선물과 그 창조세계의 관리자로 살아가라는 도전에 대한 신앙 공동체의 증언은 우주론의 변화에도 불구하고 연속성을 유지한다. 하나님이 세계를 창조하셨다는 고대 이스라엘의 증언과의 연속성을 주장하는 것은 우주론의 변화를 초월하여 세계와 관계를 맺는 하나의 방식을 선택하는 일이다. 그러나 또한 우리는 하나님이 창조하신 모든 세계가 파괴되었다는 확신을 고대 이스라엘과 공유하고 있다. 고대와 현대를 막론하고 모든 신앙 공동체들은 파괴된 창조의 현실에 동일하게 직면해 있다. 물론 고대 이스라엘과 초기 교회, 그리고 우리 시대의 사회적 상황은 매우 다르다. 그러나 고대 이스라엘의 문제를 우리의 문제로 만들어주는 인간의 죄악과 사회 파괴라는 연속성은 남아 있다. 변화된 사회적 상황의 현실 이면에는 우리의 이야기를 성서의 이야기와 연결해주는 인간의 본성과 상호관계성이 계속되고 있다. 우리는 고대 이스라엘과 공유하는 문제들로 인해 공통된 투쟁을 경험한다. 고대 이스라엘이 경험했던 것처럼 우리는 깨어진 삶과 사회적 공동체 안에서 목적과 신뢰의 문제에 직면해 있다. 그리고 뿌리 깊게 고정되어 있는 사악한 권력의 패턴 가운데서 공의와 구속(救贖)의 문제를 안고 있다.

셋째, **하나님 백성의 연속성**이 있다. 구약이 끝났다고 해서 하나님 백성의 존재가 끝난 것은 아니다. 그리고 오순절 사건을 경험한 그리스도인들을 통해 하나님 백성이 다시 존재하기 시작한 것도 아니다. 하나님 백성의 이야기는 제2성전기 유대교의 이야기로 이어지고 정경을 넘어 현재 외경이라고 불리는 문헌과 그 밖의 초기 유대교 문헌들에까지 계속된다. 예수와 초기 교회는 이러한 초기 유대교 전통의 일부분으로서 그것과 분리될 수 없다. 초기 그리스도교를 적절하게 이해하기 위해서 우리는 유대교에 뿌리를 두고 있는 그리스도교 전통의 연속성을 더욱 충분히 이해해야 한다. 하나님 백성의 공동체는 오순절에 창조된 것이 아니라 살아 있는 유대교 전통에서 갈라져 나온 것이었다. 유대교 전통은 구약성서를 후기 유대교 및 초기 교회 양쪽 모두와 연결시켜주는 가교 역할을 한다.

넷째, **하나님의 활동의 연속성**이 있다. 구약성서에 대한 이와 같은 신학적 해석들을 통하여, 우리는 고대 이스라엘의 문헌에 풍부하게 드러난 하나님의 활동이 우리가 사는 세계에서도 여전히 계속되고 있음을 독자들이 알기를 바란다. 그러므로 고대 이스라엘의 증언을 연구하는 일은 그 자체에 목적이 있는 것이 아니라, 오히려 교회의 경전인 구약성서를 통해 하나님 백성이 된 우리가 깨어진 세상의 요구에 신실하게 응답할 수 있게끔 해준다.

참고문헌

Alter, Robert, and Frank Kermode, eds. *The Literary Guide to the Bible*. Cambridge: Harvard University Press, 1987.

Barton, John, ed. *The Cambridge Companion to Biblical Interpretation*. Cambridge: Cambridge University Press, 1998.

Birch, Bruce C. *Let Justice Roll Down: The Old Testament, Ethics, and Christian Life*. Louisville: Westminster John Knox, 1991.

Brueggemann, Walter. *An Introduction to the Old Testament: The Canon and Christian Imagination*. Louisville: Westminster John Knox, 2003(김은호/권대영 역,『구약성서개론: 정경과 기독교적 상상력』[서울: 기독교문서선교회, 2007]).

Brueggemann, Walter. *Texts Under Negotiation: The Bible and the Postmodern Imagination*. Minneapolis: Fortress, 1993.

Brueggemann, Walter. *Theology of the Old Testament: Testimony, Dispute, Advocacy*. Minneapolis: Fortress, 1997(류호영/류호준 역,『구약신학: 증언 논쟁 옹호』[서울: 기독교문서선교회, 2003]).

Childs, Brevard S. *Introduction to the Old Testament as Scripture*. Philadelphia: Fortress, 1979(김갑동 역,『구약정경개론』[서울: 대한기독교서회, 1987]).

Collins, John J. *Introduction to the Hebrew Bible*. Minneapolis: Augsburg Fortress, 2004.

Coogan, Michael D., ed. *The Oxford History of the Biblical World*. Oxford: Oxford University Press, 1998.

Davis, Ellen F., and Richard B. Hays, eds. *The Art of Reading Scripture*. Grand Rapids: Eerdmans, 2003.

Gottwald, Norman K. *The Hebrew Bible: A Socio-Literary Introduction*. Philadelphia: Fortress, 1985(김상기 역,『히브리 성서: 사회문학적 연구』2

Vols. [서울: 한국신학연구소, 1987]).

Newsom, Carol A., and Sharon H. Ringe, eds. *The Women's Bible Commentary*. rev. ed. Louisville: Westminster/John Knox, 1998.

Perdue, Leo G., ed. *The Blackwell Companion to the Hebrew Bible*. Oxford: Blackwell, 2001.

Perdue, Leo G. *The Collapse of History: Reconstructing Old Testament Theology*. OBT. Minneapolis: Fortress, 1994.

Reid, Stephen Breck. *Experience and Tradition: A Primer in Black Biblical Hermeneutics*. Nashville: Abingdon, 1990.

Rendtorff, Rolf. *Canon and Theology: Overtures from Old Testament Theology*. OBT. Minneapolis: Fortress, 1993.

Sanders, James A. *Canon and Community: A Guide to Canonical Criticism*. GBS. Philadelphia: Fortress, 1984.

Segovia, Fernando F., and Mary Ann Tolbert. *Reading from This Place*. 2 Vols. Minneapolis: Fortress, 1995.

Sugirtharajah, R. S., ed. *Voices from the Margin: Interpreting the Bible in the Third World*. new ed. Maryknoll, NY: Orbis, 1995.

성서의 정경

모든 그리스도교회는 39권의 유대교 정경을 구약성서로 받아들인다(표 I).
로마 가톨릭교회와 동방 정교회 전통은 부가적인 책들을 구약성서 정경
에 포함시킨다. 영국 국교회(Anglicans), 루터교, 그리고 그 밖의 개신교회
는 이러한 책들을 외경이라고 부른다.

표 I: 유대교 정경

유대교의 성서는 세 부분으로 나누어져 있다. 토라, 예언서, 성문서. 사무
엘상·하, 열왕기상·하, 역대상·하, 에스라-느헤미야, 12소예언서는 각각
하나의 단일한 책으로 간주된다. 왜냐하면 각각의 책들이 하나의 완전한
두루마리에 기록되어 있기 때문이다.

토라	예언서		성문서
창세기	**전기 예언서**	**12예언서**	시편
출애굽기	여호수아	호세아	잠언
레위기	사사기	요엘	욥기
민수기	사무엘상·하	아모스	아가
신명기	열왕기상·하	오바댜	룻기
	예레미야애가	요나	전도서
		미가	에스더
	후기 예언서	나훔	다니엘
	이사야	하박국	에스라
	예레미야	스바냐	느헤미야
	에스겔	학개	역대상·하
		스가랴	
		말라기	

신학의 렌즈로 본 구약개관

표 II: 개신교 구약성서 정경

대부분의 개신교 교파들은 다음과 같은 전통적인 순서에 따른 39권의 책을 구약성서의 정경으로 받아들인다.

창세기	이사야
출애굽기	예레미야
레위기	예레미야애가
민수기	에스겔
신명기	다니엘
여호수아	호세아
사사기	요엘
룻기	아모스
사무엘상	오바댜
사무엘하	요나
열왕기상	미가
열왕기하	나훔
역대상	하박국
역대하	스바냐
에스라	학개
느헤미야	스가랴
에스더	말라기
욥기	
시편	
잠언	
전도서	
아가	

표 III: 로마 가톨릭 구약성서 정경

로마 가톨릭(Roman Catholic)의 정경은 표 II에서 발견되는 39권의 책을 모두 포함하며, 여기에 11권의 다른 책들이 추가되어 있다. 서로 다른 로마 가톨릭 성서들마다 이 책들을 다르게 배열하고 있다. 아래의 순서는 New Jerusalem Bible과 New American Bible의 순서를 반영한 것이다. 굵은 글씨체로 되어 있는 책은 개신교 정경에서는 발견되지 않는 것들이다.

창세기	**지혜서**
출애굽기	**집회서**
레위기	이사야
민수기	예레미야
신명기	예레미야애가
여호수아	**바룩(바룩6=예레미야의 편지)**
판관기	에제키엘
룻기	다니엘(**3개의 부록 첨가: 아자리아의**
사무엘상	**기도와 세 아이의 노래, 수산나, 벨과 뱀**)
사무엘하	호세아
열왕기상	요엘
열왕기하	아모스
역대기상	오바디야
역대기하	요나
에즈라	미가
느헤미야	나훔
토비트	하바꾹
유딧	스바니야
에스델(**6개의 부록 첨가**)	하께
마카베오상	즈가리야
마카베오하	말라기
욥기	[로마 가톨릭 성서 중 불가타, 혹은 라틴어
시편	번역은 부록 가운데 **제3에스드라서, 제4**
잠언	**에스드라서, 므낫세의 기도**를 포함하고
전도서	있다.]
아가	

신학의 렌즈로 본 구약개관

표 IV: 동방 정교회 구약성서 정경

동방 정교회 전통은 표 III에서 발견되는 구약성서 39권이 모두 포함되어 있고, 여기에 14권이 부가적으로 추가되어 있다. 그리스 정교회(Greek Orthodox Church)에서 구약성서에 대한 전통적인 본문은 그리스어 70인역(LXX)이다. 70인역의 슬라브어 번역은 전통적으로 러시아 정교회의 구약성서 본문으로 사용되고 있다. 굵은 글씨체로 되어 있는 책은 개신교 정경에서는 발견되지 않는 것들이다.

창세기	호세아
출애굽기	아모스
레위기	미가
민수기	요엘
신명기	오바댜
여호수아	요나
사사기	나훔
룻기	하박국
제1왕정기(=사무엘상)	스바냐
제2왕정기(=사무엘하)	학개
제3왕정기(=열왕기상)	스가랴
제4왕정기(=열왕기하)	말라기
역대기상	이사야
역대기하	예레미야
제1에스드라서(=SRSV의 에스드라서	**바룩**
외경=슬라브어 성서에 있는 제2에스드라서)	예레미야애가
제2에스드라서(=에스라; 몇몇 동방 정교회	**예레미야의 편지**
성서에 있는 제2에스드라서는	에스겔
느헤미야를 포함한다.)	다니엘(3개의 부록 첨가: 아자리아의
느헤미야	기도와 세 아이의 노래, 수산나, 벨과 뱀)
토비트	
유딧	
에스델(6개의 부록 첨가)	[그리스 정교회 성서에는 제4마카베오와
제1마카베오	므낫세의 기도가 부록에 포함되어 있다.
	슬라브어 성서는 제3에스드라서를 부록에

제2마카베오   덧붙였다.]
제3마카베오
시편(시편 151편 첨가)
욥기
잠언
전도서
아가
지혜서
집회서(=Ecclesiasticus)

제2장

창조된 질서 그리고
깨어진 질서의 재창조

창세기 1–11장

구약성서는 이스라엘의 기원이 아닌 우주의 기원으로 시작한다. 구약성서의 처음 부분은 우주의 기원에서 출발하여 가정과 국가의 형성을 거쳐 이스라엘의 조상들이 태어난 과정을 보여준다. 하나님은 "태초에" 계셨지만 이는 하나님에게 새로운 날이 아니었다. "태초에" 있었던 하나님의 창조사역은 앞으로 더 이상 동일하게 반복되지 않을 것이다.

성서의 권위를 인정하는 공동체들, 특히 그리스도교 공동체는 창세기 1-11장을 매우 값진 것으로 여긴다. 창세기와 관련된 도서와 영화는 변함없이 높은 구매력을 지니고 있다. 이러한 인기는 구약성서의 다른 부분들이 창세기에 관심을 보이기 때문에 생겨난 것이 아니다. 구약성서에서 창세기 본문을 언급하는 경우(예를 들어 사 54:9-10)는 참으로 드물다. 물론 여기 언급된 몇몇 부분들(예를 들어 창 22장)이 창세기의 진정한 일부분인 것은 분명하지만, 그 본문들이 이스라엘의 사고에 어떤 영향을 주었는지 판단하기는 어렵다.

신약성서에서 특히 바울이 창세기 3장과 "타락"에 관해 언급하는 본문(롬 5:12-21 등)은 그리스도교 공동체로 하여금 창세기에 주목하도록 만드는 데 큰 영향을 미쳤다. 바울의 본문들은 교회 공동체의 필요성에 의하여 창조, 죄, 악, 인간의 본성, 하나님과 세계의 관계성에 관한 주제들을 정교하게 확장시켰다. 따라서 창세기 본문에 관한 해석 위에 거대한 신학적 구조물이 세워지게 되었다. 이에 대한 해석가들의 의견 차이는 교회 공동체 내에 계속해서 많은 대화를 불러일으켰고 논쟁을 야기했다. 또 다른 각도에서 이들 본문을 보면, 여기에 담겨 있는 7일간의 창조, 에덴동산, 아담과 하와, 가인과 아벨, 노아와 방주 속의 동물들, 바벨탑과 같은 이야기들은 계속해서 사람들의 관심을 불러일으키는데, 그 모든 이야기들은 그리스도 인들의 의식과 문화, 그리고 그 밖의 모든 영역에 깊이 뿌리박혀 있다. 이 본문들은 의심할 바 없이 계속해서 독자들에게 이야깃거리와 신학적 사고를 위한 기초적인 자료들을 제공할 것이다.

창조 및 홍수에 관한 고대 근동 문헌들의 발견, 문학 및 역사적 사료에 대한 새로운 접근들, 그리고 과학적 연구, 생태주의, 페미니즘이 제기하는 문제와 같은 현대의 경험들 역시 창세기에 대한 관심을 불러일으키는 동시에 창세기의 해석을 더욱 복잡하게 만들었다. 이것은 어떠한 종류의 문학인가? 지구는 얼마나 오래되었는가? 인간은 언제, 어떻게 생겨났는가? 창세기 1장은 자연개발을 정당화하는가? 이 본문들은 교회와 사회에서 여성의 지위를 불리하게 만드는가?

그러한 문제를 책임 있게 논의하기 위해서 우리는 창세기를 넘어서야 한다. 그리고 하나님의 활동 무대가 되는 성서의 다른 부분들과 우리 자신의 경험으로부터 통찰력을 얻어야 한다. 이러한 시도는 창세기와 관련된 모든 것들이 신학적 틀과 충돌하지 않는다는 점에서 우리에게 용기를 준다. 예를 들어 창세기 1-2장에는 "근대 과학 이전의"(prescientific) 사고를 드러내는 증거들이 많이 나타난다. 이스라엘의 신학자들은 창조가 "어떻게" 이루어졌는지에 관심을 가졌으며, 단순히 "누가" 그리고 "왜" 창조하였는가라는 질문만 던졌던 것은 아니다. 이러한 "근대 과학 이전의" 지식은 하나님이 후속적인 창조를 위해 땅과 물을 사용하셨다는 진술(창 1:11, 20, 24), 식물의 분류법(창 1:11-12), 상대적으로 동물들을 더 중시하신 것(창 1:20-25), 그리고 창조행위의 순서에서도 명백하게 드러난다. 성서 저자들은 이 본문을 기록하기 위해 자신들의 배경으로부터 얻은 자연세계에 관한 유용한 자료들을 여기에 사용하였다. 그래서 이 본문에는 "세속적" 지식과 신학적 관점들이 혼합되어 있다. 이러한 복잡한 작업은 세계가 형성되는 과정을 이해하기 위해서는 모든 영역의 지식들이 사용되어야 함을 보여준다. 모든 시대의 독자들은 은연중에 이와 동일한 작업을 행하게 된다.

창세기 1-11장에 등장하는 모든 내용이 세계에 관한 오늘날의 지식과 전부 일치하지는 않는다는 점이 명백해짐에 따라 몇 가지 난제가 발생한다(물론 현대과학이라고 해서 모든 것을 다 이해하는 것은 아니겠지만 말이다). 현대인들은 세계의 기원, 발전, 특성에 관한 과학적 사실들을 배워왔다. 이러한 지식(예를 들어 빛의 속성, 지구의 나이)은 과거의 성서 저자들로서는 도저히 꿈도 꿀 수 없는 것들이었다. 우리는 시간이 흐름에 따라 이용 가능해진 부가적인 지식들(예를 들어 진화의 형태들)을 편견 없이 다 받아들여야만 하고, 그것들을 신학적이고 고백적인 증언들과 통합시켜야만 한다. 그러나 창세기 1-11장의 신학적 자료들을 "과학적" 자료들과 분리하려고 애쓸 필요는 없다. 그리고 현대 지식의 관점으로 그 본문들을 다시 기록할 필요도 없다(물론 그러한 일이 또 다른 신학적이고 윤리적인 목적으로 실행되었지만 말이다). 오히려 창세기는 세계의 진상(眞相)을 탐구하는 데 있어 신학적 지식과 과학적 지식을 통합시켜주는 방법을 보여주는 중요한 패러다임을 제시한다.

1. 창세기 1-11장에 대한 비평적 연구

창세기 1-11장에 대한 최근의 학문적 연구는 주의를 끄는 일련의 관심사들과 문제들로 활기를 띠고 있다. 이러한 활기는 최소한 창세기(그리고 일반적으로는 오경)에 관한 비평적 연구가 혼돈 상태에 빠져 있다는 사실에 부분적으로 기인한다. 오랫동안 지지를 받아온 창세기 1-11장 본문의 기원과 확장에 대한 가설들이 허점을 드러내기 시작했다. 다양한 종류의 새로운 이론들이 제안되었지만, 아직까지 모든 것을 포괄하는 대안이 나오지는 않았다. 우리는 먼저 창세기 1-11장과 관련된 보다 기본적인 연구 전개사항들을 살펴보고자 한다.

1) 자료비평(Source Criticism)

문헌-역사적 접근 방법론은 본문의 기원에 대한 연구와 관련되어 있다. 여기서는 저자, 구전 및 문서로 사용된 자료, 전승과정의 편집 층들에 관한 문제들을 다룬다. 이 방법론은 오랫동안 창세기 1-11장을 연구하는 데 사용되어온 주된 접근 방법이었다. 이러한 관점을 통한 창세기 연구는 보다 더 넓은 범위의 오경을 연구하기 위한 방법으로 확대 적용되었다.

창세기는 일반적으로 다양한 자료로 구성되어 수 세기에 걸쳐 편집된 모음집으로 간주된다. 19세기 말 독일에서는 (특히 Julius Wellhausen을 중심으로) 창세기가 세 가지 자료로 뒤섞여 있다는 고전적인 공감대가 형성되었다. 그 세 가지는 야웨문서(Yahwist: J), 엘로힘문서(Elohist: E), 제사장문서(Priestly writer: P)로서, 그 형성 연대는 기원전 9세기에서 5세기 사이에 걸쳐 있다. 이 세 자료 중 두 자료(J와 P)가 창세기 1-11장에 나타난다. 이 두 자료가 때로는 나란히 배열되어 나오고(창 1-2장), 때로는 뒤섞여서 나타난다(홍수 이야기, 창 6-8장). 두 가지 창조 기사(창 1:1-2:4a; 2:4b-25)의 발견은 오랫동안 자료비평학의 값진 성과로 여겨졌다.

대부분의 학문적 노력은 이러한 (그리고 다른) 자료들의 동일성, 통일성, 범위, 연대를 더욱 깊이 연구하면서 "문서가설"(documentary hypothesis)을 새롭게 정의하려고 했다. 많은 것들이 불확실하게 남겨진 채 학문적 초점은 또 다른 패러다임으로 넘어갔다. 새로운 패러다임은 창세기 1-11장이 편집된 작품이라는 것, 그리고 이 본문 안에 수집된 전승들이 다양한 시대로부터 비롯된 것이라는 일반적인 견해를 계속 수용하고 있다. 특별히 제사장문서가 첫 번째 창조 이야기와 대부분의 계보들, 그리고 홍수 이야기의 일부분과 관련되어 있다는 사실은 여전히 인정받고 있다. 제사장문서와 관련된 본문들은 나머지 자료들(보통 J와 동일시되는 자료들)을 보충할 목적으로 기록되었거나, 아니면 원래 독립된 이야기(P)였는데 후대에 보다 오래된 자료(J)와 결합되어 새로운 완결문서를 형성한 것으로 보인다. 그러한 배경을 전제로 우리는 이 장에서 본문의 최종 형태에 초점을 맞추고

자 한다.

각 전승들의 본래적인 의도는 신학적이고 선포적(kerygmatic)이다. 그것들은 하나님의 말씀을 전하고 하나님에 대해 소개하기 위한 목적으로 또 다른 믿음의 사람들에게 전수되었다. 그러나 창세기는 사회적 혹은 역사적 상황에 무관심하지 않다. 그것은 전승의 각 단계에서 특정 독자들의 이해관계와 연루되어 기록되었다. 비록 바빌로니아 포로기가 역사 속에서 이 자료들(J와 P)의 결정적인 배경이 된다고 추측되지만, 사실 그 독자들의 정체를 확인하기란 거의 불가능하다.

이러한 전승들 배후에 있는 하나의 근원에 대해 각별한 관심을 기울일 필요가 있다. 고대 근동에서 창조 및 홍수 이야기를 가지고 있던 민족은 이스라엘만이 아니었다. 지난 두 세기 동안 수메르인, 메소포타미아인, 이집트인들의 문헌자료들이 발굴되었다. 하나의 예로, 바빌론의 **아트라하시스 서사시**(Epic of Atrahasis: 대략 기원전 1600년경)는 창세기 1-11장과 유사하게 "창조-타락-홍수"의 서사구조를 지니고 있다. 이 서사시를 성서 이야기와 비교해본 결과, 이스라엘이 그러한 문제들에 활발한 관심을 가진 동일 문화권에 속해 있었다는 사실이 명백히 드러났다. 몇몇 학자들은 이스라엘이 고대 근동의 기록 중 하나 혹은 그 이상을 직접 갖다가 베꼈다고 주장하기까지 했다. 하지만 현재에 이르러 더욱 일반적인 견해는 이스라엘이 당시 널리 퍼져 있던 이미지와 관념들을 차용하여 고유한 기록을 남겼다고 보는 것이다. 왜냐하면 이스라엘이 그것들을 사용한 방식에서 중요한 차별성이 분명하게 나타나기 때문이다. 신들의 계보 및 신들 간의 투쟁의 부재, 원시적 혼돈에 대한 관심의 결여, 압도적인 유일신론(monotheism), 인간에게 부여된 높은 가치 등이 이스라엘의 서사를 특징짓는다. 그러나 이스라엘의 주변 환경에서 생겨난 자료들을 단순히 논박적인 관점에서만 해석해서는 안 된다. 마치 이스라엘이 다른 민족들에 반(反)하여 성서를 쓰고자 했던 것처럼 여기면서 말이다. 이러한 "주변인"(outsiders)들의 신학(고대 근동의 신학 – 역자 주)은 이스라엘의 창조이해에 실질적인 기여를 하였다.

2) 양식비평(Form Criticism)

양식비평이란 문학의 유형들 및 그것들이 생겨나고 기능했던 삶의 정황에 초점을 맞춰 연구하는 방법이다. 일반적으로 학자들은 창세기 1-11장이 내러티브(narrative)와 계보(genealogy)라는 두 가지 양식으로 구성되어 있고 그 가운데 소수의 시적 단편들(창 2:23; 3:14-19; 4:23-24; 9:25-27)이 결합되어 있다는 데 동의한다.

(1) **계보**: 창세기에는 일곱 장의 주요 부분들이 열 개의 계보로 구성되어 있다(그중 여섯 개가 창 1-11장에 들어 있다). 이것들은 다음과 같이 창세기의 가장 기본적인 구조를 제공한다. 창세기 2:4(하늘과 땅), 5:1(아담), 6:9(노아), 10:1(노아의 아들들), 11:10(셈), 11:27(데라), 25:12(이스마엘), 25:19(이삭), 36:1, 9(에서), 37:2(야곱). 이 제사장적 계보들은 또 다른 계보들(예를 들어 가인의 계보, 창 4:17-22)로 보충된다. 그것들의 역사적 실재성 여부는 여전히 논쟁 중이지만, 씨족들과 부족들이 사회적·정치적 의도를 가지고 자신들의 "유래"를 추적하기 위해 계보들에 의존하였음에는 틀림없다. 보다 일반적으로, 계보들은 모든 사람—선민이든 선민이 아니든—이 서로 혈통적으로 연결되어 있다는 사실을 보여준다. 더욱이 창세기 2:4의 관점에서 인간과 다른 생물체들은 하나의 거대한 가족으로 묶여 있다. 신학적인 관점에서 계보는 하나님의 계속적인 창조행위—새로운 생명체들을 만드시고 그것들을 가족들로 질서 지우신—를 강조한다. 계보들이 질서와 안정을 증언하는 반면, 그와 연결되어 나오는 내러티브 단편들(예를 들어 창 5:24, 29; 10:8-12; 참조. 창 4:17-26)은 가족들의 이야기에 불안정하고 예측할 수 없는 요소들을 첨가한다.

(2) **내러티브**: 내러티브에 대한 연구는 더욱 난해하다. 용어 자체의 개념을 정의하는 것도 학자들 간에 합의가 이루어지지 않은 상태다. **민담**(saga), **전설**(legend), **신화**(myth), **민간설화**(folktale), **기원론**(etiology: 어떠

한 상황의 원인을 설명하기 위한 이야기—역자 주), **이야기**(story), **신학적 내러티브**(theological narrative)라는 명칭들은 모두 가설적 개념이다. 아마도 **이야기**(story 혹은 **과거의 이야기**)라는 명칭이 자료들의 기능상 가장 유용한 명칭일 것이다.

과거의 이야기들이 이후 모든 세대의 이야기가 될 수 있다는 점에서, 이야기(story)라는 용어가 적절한 기능을 수행할 수 있을 것으로 보인다. 사람들은 과거의 이야기를 오늘의 현실과 연결시켜 인식해왔다. 전반적으로 이야기들에 반영되어 있는 세계는 평범하고 친숙하다. 그 안에는 모든 공동체가 알고 있는(창 6:1-4은 예외적이다) 놀라움과 환희, 고통과 어려움, 복잡성과 모호성이 가득하다. 동시에 그 이야기들은 하나님의 이야기다. 이러한 이야기들은 하나의 세계상을 그려주는데, 그것은 하나님이 세계와 관계를 맺으시고 세계의 영원한 생명에 깊이 참여하고 계시는 모습이다. 인간의 이야기와 하나님 이야기의 결합은 본문에서 그려내는 많은 극적인 사건들을 제공하고 있다.

성서의 본문들이 모든 시대의 인간적 삶을 비춰주기는 하지만, 과거와 현재가 그렇게 간단히 연결되는 것만은 아니다. 분명 이러한 본문들은 과거의 이야기들—그것들의 누적된 특징 및 연대기적 틀을 주목하라—을 전달하려는 목적을 갖고 있지만, 그 이야기들이 현대적인 의미에서 "역사적"(historical)인 것은 아니다(때때로 "준역사"[history-like]라는 용어가 사용된다). 사물의 기원에 관한 관심은 몇몇 본문들의 비(非)전형적 측면들(예를 들어 머나먼 옛 인류의 긴 수명, 단 하나의 언어만을 사용하는 인류, 창 11:1)과 계보 및 연대기에 대한 관심(예를 들어 창 8:13-14)에서 명백히 드러난다. 반면에 인간 삶의 전형적인 측면은 **아담**(אָדָם)이란 단어의 사용에 반영되어 있다. 이 단어는 일반적인 인류(창 1:26-27), 최초의 인간(창 2:7), 혹은 아담이란 이름을 가진 어느 인간(창 4:25)을 지칭한다. 본문 내의 이러한 전형적이고 비전형적인 측면들의 혼합은 이야기 안에 풍부함과 깊이를 제공하며 중요한 **신학적** 함의를 전달한다. 예를 들어 창세기 3장은 창조 **이후에** 세상에 나타난 죄와 악의 영향을 보여주는 과거 이야기인 **동시에**, 유혹이 도사리고 있는 현실과의 만남이라는 전형을 보여주는 이야기이기도 하다. 최근의 성서 연구에서는 후자를 강조하려는 경향이 있다. 그러나 만약 독자가 이러한 이야기를 **과거**의 자료로 읽지 않고 항상 현재적이고 전형적인 이야기로만 읽는다면, 독자는 하나님의 창조와 죄의 시작이 명확하게 구분되지 않는 이원론적 관점에 직면하게 될 것이다. 그렇게 되면 죄는 하나님의 선한 창조를 파괴한 주범이 아니라 오히려 세상을 향한 하나님의 목적을 이루는 데 필요한 요소로 보일 것이다. 그리고 죄는 인간의 문제이기보다 오히려 신의 문제가 될 것이다.

계보와 내러티브의 결합은 창세기 1-11장의 기본 골격을 이룬다. 내러티브는 병행적인 틀로 이루어져 있다. ⓐ 하나의 틀은 창조로부터 시작하여(창 1:1-2:25) 인간의 죄악(창 3:1-24), 가족(창 4:1-26), 열 세대들(창 5:1-31), 더 큰 세계(창 6:1-8:19)를 거쳐 파국으로 끝난다. ⓑ 또 다른 틀은 홍수 이후의 새 창조로 시작되어(창 8:20-9:17) 다시금 인간의 죄악과 가족 계보(창 9:18-27)를 거쳐 세계로 확대되어나간다(창 10:1-11:9). 단 이 경우에는 이스라엘이 알고 있는 세계(예를 들어 바벨)로의 확대를 말한다. 셈의 계보(창 11:10-26)도 역시 열 세대를 거쳐 아브라함의 가족, 그리고 더 넓은 세계(창 12:3b)로 확장되는 과정을 그려주고 있다.

2. 본문의 보편적 틀

사실상 문학작품으로 간주되는 구약성서의 처음 부분은 이후의 전체를 올바르게 인식하게끔 해주는 열쇠가 된다. 독자들은 이러한 "시작"을 어떻게 경험할 것인가? 이 자료는 단지 독자들에게 세계 및 사물의 기원에 대한 정보를 제공하기 위해 주어진 것이 아니다. 구약 이야기는 선택된 민족 혹은 어느 특정 인종에 대한 이야기로 시작하지 않는다. 문제의 해결책은

신학의 렌즈로 본 구약개관

독자가 본문의 보편적 틀을 이해하는 것이다. 독자들은 창세기의 첫 부분에서 우주적인 범위의 드라마를 감상하도록 초대받는다. 그리고 자신들이 어디에 있든지 간에 그 자리를 뛰어넘어 상상의 나래를 펼쳐야만 한다.

이러한 방법을 통해 볼 때, 창세기 1-11장에 나타나는 계보와 내러티브의 수사학적인 결합은 반복되는 이미지들, 특히 하나님과 세상에 대한 이미지들에 초점을 맞추고 있다. 그것들은 구약성서의 **나머지 책들을 읽는 방법과 방향성**을 제시한다. 새로운 이미지와 관념들(예를 들어 출 34:6-7에 나타나는 하나님의 용서)은 시대를 초월하여 나타날 것이다. 그러나 독자들은 첫 부분에서 제공된 배경을 전제로 새롭게 발전된 내용들을 이해해야 한다.

1) 하나님에 관하여

창세기는 하나님의 기원에 대해 설명하려고 하지 않는다(창 1:1). 심지어 하나님의 이름인 "야웨"도 이미 사람들에게 알려져 있는 것으로 설명한다(창 2:4; 4:26). 하나님은 창세기 1-11장에서 다른 인물들보다 더 활동적인 주체로 나타난다. 하나님은 창조하시고, 복 주시고, 계명을 수여하시고, 심판하시고, 슬퍼하시고, 구원하시고, 선택하시고, 약속하시고, 언약을 맺으시고, 권고하시고, 보호하시고, 인간에게 의무를 부과하시고, 그들이 의무를 수행할 수 있도록 도와주신다. 그리고 우리는 아브라함이 아님에도 그분을 경험한다! 이러한 활동들은 하나님의 핵심적인 성품, 그리고 세상과 관계하시는 그분의 기본적인 방법을 보여준다. 이는 단지 이스라엘에서뿐만 아니라 보다 넓은 세계에서 활동하시는 하나님의 특성을 증언한다. 아브라함과 이스라엘은 하나님이 이미 깊게 관여하신 세상 가운데서 부름받았다. 그때 이후로 그분의 모든 부르심은 이와 동일했다.

이러한 이미지들을 통해, 창세기의 첫 부분에서 하나님은 관계적인 하나님으로 묘사된다. 가장 근원적으로 하나님은 세상에 자신을 드러내시며 활동하신다. 그리고 세상과 완전한 관계를 맺으신다. 그러한 일은 하나님과 세상이 서로 영향을 주고받는 방식으로 이루어진다. 하나님은 창조물로부터 떨어져 있지 않으시고 세상을 향한 하나님의 목적에 맞게 창조물들을 이끌어가시기로 선택하신다. 예를 들어 하나님은 인간에게 다른 피조물들에 대한 의무를 지우신다(창 1:28; 2:15). 하나님은 에덴동산을 거니시며 인간과 대화하신다(창 3:8-13). 하나님은 인간의 행동을 존중하시고 권고하신다(창 4:6-7). 하나님은 심판을 완화시키신다(창 4:15). 하나님은 마음 아파하신다(창 6:6). 하나님은 죄와 악에 관하여 자신의 선택을 제한하신다(창 8:21-22). 하나님은 심판의 먹구름이 드리울 때마다 약속의 징표인 무지개로 하늘을 채색하신다(창 9:8-17). 구약의 나머지 부분도 하나님의 이러한 모습들을 증언하고 있다.

보다 특별하게, 이스라엘은 하나님의 창조행위를 개념화한다. 그리고 여러 가지 방식으로 창조이야기들을 기술한다.

(1) 하나님은 말씀으로 세상을 창조하신다. 이것은 창세기 1장에서 장엄하게 묘사된다. 그러나 하나님의 말씀이 그의 행동과 떨어져 있지 않다는 점을 주목하는 것이 중요하다(창 1:6-7; 그리고 사 48:3; 겔 37:4-6을 보라). 하나님의 말씀과 하나님의 행동을 구분해서는 안 된다. 창조에 대해 적절히 논의하기 위해서는 이 둘을 함께 고려해야 한다. 하나님의 말씀이 선포될 때 그 말씀이 실체로 형성된다고 설명하는 것은 충분하지 않다. 하나님의 영과 활동이 말씀을 수반함으로써 창조의 과정을 복잡하게 만든다. 더군다나 본문은 그 말씀의 수신자를 말하고 있다(창 1:11-12). 하나님의 말씀을 강조하는 기본적인 목적은 창조가 우연적이거나 즉흥적으로 된 것이 아니라 하나님의 의도에 의해 충분히 숙고된 행위였음을 지적하려는 것이다. 창조의 행위에 있어서 말씀은 하나님의 의지를 인격화시킨다(요 1장을 보라).

(2) 하나님은 먼저 창조해놓으신 것을 사용하여 더 많은 창조를 이루신다. 이러한 모습은 창세기 1-2장 전체에 등장한다. 창세기 1:11-12에서 흙은 채소를 낸다(참조. 창 1:20, 24). 하나님은 땅의 먼지로 사람을 만드시고

남자의 갈빗대로 여자를 만드신다(창 2:7, 22). 그리고 인간은 하나님과 함께 피조물의 이름을 짓는 데 참여함으로써 세계의 질서를 세운다(창 2:19-20; 보다 깊은 신학적 이해를 위해서는 아래의 설명을 보라).

(3) 투쟁을 통한 창조는 고대 근동의 일반적인 창조 모티프다. 몇몇 학자들은 성서 본문에도 이러한 모티프가 나타난다고 생각한다. 특히 창세기 1:2의 "혼돈"에 대해 언급하고 있는 다른 본문들(예를 들어 시 74:12-15)과 연결시켜서 말이다. 그러나 그러한 언급들의 시적이고 비유적인 특징은 혼돈과의 투쟁이라는 모티프가 창세기 본문에서뿐만 아니라 구약성서의 다른 어느 곳에서도 중요한 역할을 하지 않는다는 사실을 보여준다("혼돈"에 관하여는 아래의 설명을 보라).

2) 세계에 관하여

하나님은 우주를 창조하신다. 그리고 성서는 그 결과를 경이롭게 표현한다. 독자들은 곧장 "밝고 아름다운 모든 것들로" 가득 찬 세계를 경험한다. 이 본문들을 읽으면서 우리는 윤택하고 풍요로운 창조를 마음속에 간직해야 한다. 구약성서는 틈틈이 그러한 장엄함을 회상하곤 한다(예를 들어 신 8:7-10; 욥 38-41장; 시 19편; 104편; 148편). 창세기 1장을 읽는 독자들은 문학적·역사적·과학적 질문들에 몰두해서는 안 된다. 제일 먼저 우리가 해야 할 일은 잠시 멈춰 서서 하나님이 창조하신 세계의 보화들을 보고 감탄하는 것이다. 이 세계는 실제로 "매우 좋다."

창세기의 서두에 나타난 송영적(doxological) 특징은 그러한 세계를 적절히 표현하지만, 그렇다고 해서 본문이 하나님에 대한 열광적인 찬양만을 담고 있는 것은 아니다. 특별히 피조된 인간을 위한 강력한 일련의 명령들이 본문의 송영적인 특징들에 녹아들어 있다. "생육하라, 번성하라, 땅에 충만하라, 땅을 정복하라, 땅을 다스리라"(창 1:28). 아름다운 세계의 미래상은 직접적으로 인간의 손에 달려 있다. 하나님은 창조를 위하여 인간에게 위험한 모험을 시키신다(현대인들이 저질러놓은 행태들을 보면 그 일이 얼마나 위험한 일이었는지를 알 수 있지 않은가!). 하나님은 인간에게 세계를 위탁해놓으시고 그 일을 맡은 우리와 계속해서 관계하신다.

본문 속의 하나님이 강력한 이미지로 그려진다고 해서 창조과정에서 인간에게 주어진 고상한 지위가 흐려지는 것은 아니다. 인간은 선하고 신뢰할 만한 피조물로 묘사된다. 인간은 먼지로 만들어진 동시에 하나님의 형상(아래의 설명을 보라)을 따라 지어졌고, 하나님의 세계에서 일하도록 부름을 받았다. 실제로 인간은 창조사역에서 하나님의 동반자다. 인간은 비록 죄를 짓지만 여전히 하나님의 선한 피조물이며, 하나님의 형상인 동시에(창 5:1-2; 9:6) 자신의 행위에 책임을 져야 하는 존재다(창 3:22-24; 9:1-7). 인간의 소명(창 5:24; 6:8-9)은 여전히 존재하며 인간의 반응에 따라 하나님과 세계가 변화될 수 있는 가능성도 여전히 남아 있다.

불행히도 인간은 맡은 바 책임을 다하지 못한다. 죄는 하나님의 선한 세계를 파괴하면서 여러 측면의 관계들을 단절시킨다. 죄는 인간과 하나님, 인간과 인간(남자와 여자, 형제, 부모와 자녀), 인간과 자연 세계("가시와 엉겅퀴"), 그리고 인간 자신 안에(부끄러움) 부조화를 일으킨다. 죄는 가족과 일터(창 3:14-19; 9:20-27), 문화와 공동체(창 4:17-24), 민족들(창 10-11장), 보다 큰 창조질서에 악영향을 끼치며(홍수), 심지어 하늘의 영역까지 침범한다(창 6:1-4). 사실상 죄는 그 뿌리가 너무나 깊기 때문에 "그의 마음으로 생각하는 모든 계획이 항상 악할 뿐"이다(창 6:5). 홍수조차도 이를 바꾸지 못한다(창 8:21). 그러나 인간이란 존재는 그러한 악한 성향에 대항하여 행동할 수 있으며(창 4:7; 참조. 신 30:11-14), 죽음이 아닌 생명을 얻기 위해 행동할 수 있다. 이후에 나오는 이야기들은 인간의 이러한 상태를 다양한 각도에서 조명할 것이다. 특히 그 대상은 하나님이 선택하신 백성이다.

3. 창조의 중요성

구약성서의 첫 부분에 깊이 배어 있는 창조주와 창조에 대한 강력한 이미지들은 몇 가지 신학적 강조점들을 시사한다.

(1) 그러한 시작은 세계 속에 나타난 하나님의 활동의 실질적인 질서를 반영한다. 하나님은 이스라엘이 존재하기 이전, 하나님의 말씀이 모든 사물로 탄생되기 전부터 창조의 목적을 위해 세상과 모든 피조물의 생명 가운데서 일하고 계셨다. 이스라엘은 그들이 이동하는 곳으로 하나님을 모시고 다니지 않았다. 하나님은 그들을 만나기 위해 이미 거기 계셨고, "선택받지 않은" 땅에서도 하나님은 풍성하고 충만하게 일하셨다.

(2) 그러한 시작은 하나님의 활동에 대한 인간의 지식보다 세상에 대한 하나님의 실질적인 활동에 우선권을 부여한다. 인간은—개인으로든 공동체로든—창조주로부터 생명을 부여받는다. 그러한 생명은 그 근원에 대한 지식과는 거리가 멀다. 후대 이스라엘의 창조이해는 하나님이 세상을 위해 오랫동안 해오셨던 일들을 "포착"하고자 한다.

(3) 그러한 시작은 하나님의 활동에 대한 인간의 경험과 병행한다. 모든 인간은 하나님의 구원사역보다 하나님의 창조사역(예를 들어 임신과 탄생)을 먼저(그리고 동시에) 경험한다. 하나님의 약속행위와 구원행위는 진공 상태에서 일어나는 것이 아니다. 오히려 그것들은 생명을 주시고 생명을 기르시는 창조주의 사역 가운데서 일어난다. 창조에 관한 하나님의 활동은 하나님이 구원하시는 백성에게, 그리고 그들이 살아가는 배경에서 필수적인 것이었다.

(4) 그러한 시작은 세계 속에 나타나는 하나님의 활동이 인간 존재와의 관계를 넘어서고 있음을 보여준다. 창세기 1장은 대부분 인간이 아닌 것들의 창조에 대해 묘사하고 있다. 실제로 인간은 여섯째 날에 동물들과 함께 창조된다. 더구나 하나님은 창조행위에서 인간이 아닌 존재들과 관계하신다(창 1:11, 20, 22, 24). 이와 더불어 인간의 질서와 자연의 질서는 긴

밀히 통합되어 있다. 그래서 인간의 죄악은 인간이 아닌 존재들까지도 파괴시키는 결과를 가져온다(창 3:17; 6:5-7; 9:2). 인간이 아닌 피조물들도 하나님의 구원사역에 포함된다(창 6:19-7:3). 그들 역시 하나님의 기억 속에 있으며(창 8:1) 하나님의 약속 가운데 있다(창 9:10). 구약성서의 나머지 부분을 읽는 독자들은 하나님의 질서세계에서 인간 외의 존재들이 지니는 중요한 위치를 감안하지 않으면 안 된다.

(5) 그러한 시작은 하나님의 구원사역의 의도를 명확히 드러낸다. 창세기 1-11장은 하나님의 구원 목적이 이스라엘을 넘어 우주적인 범위를 포괄하고 있음을 보여준다. 이스라엘은 모든 민족들/가족들을 배경으로 등장한다(창 10-11장). 선택받은 민족에게 주어진 약속은 세계를 향한 하나님의 약속을 토대로 세워진다(창 8:21-22; 9:8-17). 창세기 12:1-3에서 "땅의 모든 족속이 너로 말미암아 복을 얻을 것"이라고 기록된 대로, 이스라엘의 선택은 보다 엄밀히 말하면 세계 모든 족속과 연결되어 있다. 모든 족속은 죄와 그 영향 아래 놓여 있지만 궁극적으로는 하나님의 관심 아래 있다. 하나님이 앞서 아브라함과 그의 가족에게 자신을 배타적으로 드러내신 일은 궁극적으로 최대한의 포괄적인 목적, 곧 새로운 창조를 이루고자 하는 관심에서 비롯된 것이다. 이스라엘에 대한 하나님의 구원 계획은 창조에 관한 하나님의 의도를 그대로 드러낸다. 이러한 우주적인 사역은 일반적으로 인식되는 것 그 이상으로 구약성서에서 자주 드러난다.

4. 두 개의 창조 이야기가 하나로 결합되다(창 1:1-2:25)

창세기 1-2장을 연구한 많은 학자들은 이 본문이 두 개의 창조 기사로 구성되어 있다고 말한다. 창세기 1:1-2:4a은 제사장문서(P), 창세기 2:4b-25은 야웨문서(J)에 해당한다. 이들 각각은 문학적 양식, 구조, 어휘, 문체, 주요 관심사에서 차이점을 보인다. 비록 두 이야기가 서로 다른 기원을 갖고 있고 역사적으로 다르게 전승되었다 할지라도, 그것들은 신학적으로 정교하게 결합됨으로써 정경적인 창조의 그림으로서 **함께** 기능하게 되었다. 그것들은 서로 보완적인 특징을 지니고서 선하고 의미심장한 세계를 지으신 유일한 창조주 하나님, 창조의 동반자로서 피조물들 가운데 인간이 지니는 독특한 위치, 남자와 여자로서 인간이 지니는 사회적 특성에 대해 기술한다.

다음 단락들에서 우리는 이러한 강조점들을 설명하려고 한다. 우리는 창조에 관한 복잡한 이야기가 지니는 창조적 긴장과 상호보완성을 명백히 보여주기 위해 이 본문들을 통일된 전체로 살펴볼 필요가 있다.

창조에 대한 전통적이고 교회적인 이해는 창세기 1장에 상당한 비중을 두는 경향을 보여왔다. 창세기 2장이 문체상으로 단순하면서도 신학적으로 투박한 것으로 인식되면서 이러한 선호도는 더욱 강화되었다. 그 결과 우리의 신학적 전통에서는 창조주에 대한 이미지를 매우 초월적인 분, 그리고 독립적으로 활동하면서 말씀으로 세계를 창조하신 분으로만 그리게 되었다. 그러나 창세기 1장과 2장의 상호 관계를 인식한다면, 관계성에 보다 더 초점을 둔 하나님의 이미지를 보게 된다.

우리는 이어지는 내용에서 하나님과 피조물이 창조사역에 중요한 역할을 함께 감당하는 모습을 보게 된다. 이 둘은 서로 밀접한 연관성 속에서 활동한다. 성서는 하나님을 강자로, 피조물을 약자로 나타내지 않는다. 위험을 감수하면서까지 하나님은 통합적인 관계를 맺기 위해 일방적인 통제권을 포기하신다. 하나님과 피조물은 서로 힘을 나누어 가진 셈이다. 바로 이러한 창조행위 가운데서, 하나님은 피조물들에게 자유와 독립성을 부여하시고 그들에게 창조력을 불어넣어 주신다(창 1:11에서 땅에게, 1:28에서 남자와 여자에게, 그리고 2:19에서 남자에게까지). 창조는 과정인 동시에 사건이다(특히 창 2:18-23을 보라). 창조는 독창적인 동시에 신성하다. 하나님은 인간과 관계를 맺으시고, 인간이 피조물들에 대하여 가지는 결정사항들을 참으로 존중하신다. 하나님 자신을 위하여, 그리고 창조의 완성을 위하여.

"하늘과 땅"이 "땅과 하늘"로 바뀌는 창세기 2:4(히브리 본문에 따르면 "이 것이 하늘과 땅[天地]이 창조될 때의 내력이니 야웨 하나님이 땅과 하늘[地天]을 만드시던 날에"-역자 주)을 기점으로 하여, 창세기 2장은 땅의 상황과 인간의 특성에 초점을 맞춘다. 여기서는 의도적으로 창세기 1장에서의 여러 날들, 특히 여섯째 날을 보다 세부적으로 묘사하고 있다. 이러한 연계성 안에서, 창조의 이미지가 지니는 다양성과 복잡성은 통일성보다 더 가치를 얻게 된다. 하나님은 창조하시고(בָּרָא, "바라") 만드시는(עָשָׂה, "아사") 분으로, 말씀하시고 나누시는 분으로, 존재하는 재료를 가지고 제작하시고 세우시는 분으로 묘사된다. 또한 그분은 창조의 과정에서 이미 만들어두신 것들을 사용하신다(창 1:11; 2:19). 인간의 창조행위는 흔히 다른 것으로 유비될 수 있다. 하지만 히브리어 동사 "바라"(בָּרָא)—하나님이 오직 주어로 나타나고 어떠한 재료나 수단을 대상으로 갖지 않는다—는 이 세상의 어떠한 유비(analogy)로도 하나님의 창조행위를 적절히 묘사할 수 없음을 강조한다.

비록 질서화(대개 창 1:2에 명시된 질료들에 대한 질서화)가 신적 활동의 첫 번째 결과라 할지라도, 다양한 이미지들과 완벽한 대칭구조(예를 들어 6일 간의 여덟 가지 창조행위)나 "땅을 다스리라"는 인간을 향한 소명은 이러한 창조질서가 영원히 고정되어 있지 않음을 의미한다. 창조는 근본적으로 제자리를 찾은 것처럼 보이지만 여전히 되어감의 과정 속에 있다. 이러한 현실을 볼 때, "창조질서" 혹은 자연법칙(말하자면 윤리적인 문제들에 대한)에 대한 언급은 중요한 관심사로 조심스럽게 다루어져야 한다.

창세기 1장의 첫 번째 구절은 번역하기가 까다롭다. 그래서 그에 대한 해석은 상당히 다양하다. 가장 유력한(일반적인) 해석은 1절을 독립적인 문장으로 취급하고(RSV 및 NIV와 같이; 그러나 NRSV는 이와 다르다), 그것을 창세기 1장 전체에 대한 요약문으로 이해하는 것이다(따라서 창 1:1은 다른 계보들, 즉 창 5:1; 6:9; 10:1; 11:10과 병행을 이룬다). 그렇게 되면 2절은 하나님이 우주에 질서를 세우시기 전의 상황을 묘사하는 구절이 된다. 이는 2절의 상황이 아직 하나님의 창조 목적과 조화를 이루지 못하고 있음을 말해준

신학의 렌즈로 본 구약개관

다. 그리고 3절에 가서야 첫 번째 창조행위가 보도된다.

2절의 "혼돈"("형태가 없이 텅 빈")은 하나님의 적대세력을 지칭하는 것 (바빌론의 병행 본문에서처럼)이 아니라, 이후에 이뤄지는 창조에 사용될 가 공되지 않은 재료를 지칭한다. 바로 그 시점에서 "혼돈"은 사라진다. 그것 은 부정적인 배경 혹은 하나님의 창조를 위협하는 잠재세력으로 남아 있 지 않다. 후대 문헌에서(시에서는 항상 그러하다) "혼돈"에 대한 언급은 세계 에 대한 매우 부정적인 **이미지**를 제공한다(예를 들어 렘 4:23-26). 그러나 이 러한 이미지는 창조에 대한 독립적인 위협에 대한 반응으로서가 아니라 피조물 전체의 사악함에 대한 반응으로서의 하나님의 진노 아래 나타난 다. 곧이어 등장하는 홍수 이야기는 하나님의 반응으로서의 심판을 증언 한다. 여기서 하늘의 샘과 창은 강력하게 등장하지만 이 또한 피조된 실체 일 뿐이며, 홍수는 결코 창세기 1:2에 나오는 혼돈으로의 회귀를 의미하지 않는다. 범람했던 물이 줄어들자 창세기 1장에서 창조된 질서가 밝은 빛 아래에서 다시 드러나게 된다.

"공허함"은 무(無)도 아니고 균일한 질료 덩어리도 아니다. 땅, 물, 어두 움, 바람은 서로 분리된 실재들이다. 즉 새로운 질서를 만들기 위해 하나 님이 사용한 재료들이다. 땅(9절에 가서야 "드러나게" 되는)은 황량하고 생산 력을 지니지 못한 것으로 묘사된다(창 2:4-6에서의 묘사와 다르지 않게). 본문 의 저자는 하나님이 모든 것을 지으셨다는 사실을 부인하지 않는다. 그러 나 2절에서 명시되고 있는 존재들의 근원에 대해서는 알 수가 없다. 다만 우리가 알 수 있는 점은 그곳에 하나님이 나타나시고 활동하셨다는 것뿐 이다. "무로부터의 창조"(creation out of nothing)라는 포괄적인 교리는 다 른 본문들(예를 들어 마카베오하 7:28; 롬 4:17; 히 11:3) 혹은 신학적 견해들에 기반을 두고 있음에 틀림없다.

루아흐(רוּחַ)를 "영"으로 번역하든 "바람"으로 번역하든 상관없이, 2절 은 하나님이 균일한 질료 덩어리와 함께 나타나고 활동하신다고 주장한 다. "운행"이란 표현은 속도와 방향이 계속해서 바뀐다는 점을 지적한다.

왜냐하면 하나님의 움직임은 그 자체로서 의미를 지니기 때문이다. 여기서 정적인 범주가 아닌 동적인 언어의 표현은 홍수 이야기(창 8:1)나 홍해 사건(출 14:21)과의 중요한 연결고리가 된다. 또한 이 구절에서의 그러한 동적 표현은 혼돈상태에서 새로운 것을 이끌어내는 창조적인 활동을 설명한다.

그러므로 **태초**라는 말은 모든 것들의 절대적인 "시작"을 의미하는 것이 아니라, 공간과 시간을 포함하는 질서정연한 창조의 시작을 의미한다. 7일간의 창조 순서(안식일에서 절정에 이르는, 창 2:1-3)는 모든 인간들이 준수해야 할 시간적 패턴을 확립한다. 따라서 인간은 창조 순서와 조화를 이루며 살아간다. 일주일에 한 차례씩 쉬라는 명령은(출 20:8-11의 안식일 명령에 기반을 두고 있는) 창조의 하루를 24시간으로 이해하게 만든다. "하루"를 무한한 시간대로 해석함으로써 이러한 시간적 언급을 소위 진화론적 개념으로 이해하려는 시도는 조화에 대한 성서의 관심을 지나치게 이탈하는 것이다. 이 본문은 고대의 "근대 과학 이전의"(prescientific) 사고를 반영한다. 현대인들이 우주의 기원에 대한 진실을 알기 원한다면 다양한 과학 분야의 견해들을 고려해야만 한다.

여덟 행위들과 여섯 날들의 구도로 짜인 기본적인 창조 순서는 공간과 거주자를 병행시키는 것으로 정리된다. 첫째 날과 넷째 날(빛/발광체), 둘째 날과 다섯째 날(물/궁창, 어류/조류), 셋째 날과 여섯째 날(마른 땅/채소, 짐승/사람/음식). 이러한 창조행위들과 관련된 반복적인 표현 가운데서 "하나님이 보시기에 좋았더라"라는 표현은 특별히 주목해서 볼 가치가 있다. 여기서 하나님은 창조 작업에 대한 평가를 내리신다. 그러한 평가 중 하나가 창세기 2:18에서 명백하게 드러나는데("좋지 아니하니"), 이는 평가 자체가 창조과정의 일부분임을 암시한다. 평가는 당연히 변화를 수반하기 때문이다. **다스리라**(subdue)라는 동사의 사용은(창 1:28) "좋다"는 평가가 완벽하거나 정적인 상태 혹은 더 이상 발전이 필요하지 않은 상태를 의미하는 것이 아님을 보여준다. 그것은 하나님이 계획하신 목적, 그리고 창조의 삶과 행복에 적절한 상태를 지칭하는 것이다. 땅이 드러남과 동시에 하나님은 더 이상 피조물의 이름을 짓지 않으신다(창 1:5-10). 그 작업은 창세기 2:19에서 인간의 몫으로 남겨진다. 하나님이나 인간 모두에게서 이름을 부여하는 행위는 바로 창조 가운데서 피조물들의 자리를 찾아주는 일이다. 그것은 결코 권위적인 행위가 아니다(따라서 아담이 하와의 이름을 지어준 일도 종속관계를 수반하지 않는다. 이러한 특성은 창 16:13에서 하갈이 하나님의 이름을 부르는 모습에서도 잘 드러난다). 이름 짓기를 통해 질서를 세우는 행위는 하나님이 이름을 지으시는 행위와 동등한 차원의 것이다. 따라서 그것은 인간이 계속적으로 하나님과 함께 창조활동에 책임이 있다는 사실을 알려주며, 창조작업에 꼭 필요한 요소다.

비록 인간 창조를 위해 하루라는 시간이 온전히 사용되지는 않았더라도, 본문상의 수사학적 변화는 인간 창조의 중요성을 지적해준다. "우리"라는 표현(창 1:26; 그리고 11:7을 보라)은 다른 신적 존재들(천상회의[heavenly council]에 대해서는 렘 23:18-22을 보라)과 상의하는 하나님의 모습을 보여준다. 인간 창조는 신적 존재들 간의 의사소통, 즉 의논의 결과다. 이 표현은 신적 영역의 풍성함과 복잡성을 드러낸다. 하나님은 하늘에 홀로 계시지 않고 다른 신적 존재들과 상호적인 관계를 맺고 계시며 그들과 창조과정을 함께 공유하신 분이다. 그러므로 인간은 하나님—다른 신적 존재들과 힘을 공유하여 인간을 창조한—의 형상으로 창조되었다. 이는 창세기 1:28의 명령에 부합한다.

하나님의 형상(the image of God)에 관해서는 논쟁의 여지가 충분하지만, 이 단어는 기본적으로 인간의 특성을 지칭한다. 그 특성이란 하나님과 대화할 수 있고, 본문에 명시된 것처럼 하나님으로부터 부여받은 인간의 의무를 이행할 수 있다는 것이다(이러한 하나님의 형상은 인간이 죄를 범한 이후에도 고스란히 남아 있다; 창 5:1-2; 9:6). 다른 피조물들과 같이 인간 역시 땅의 먼지로 창조되었다. 인간의 정체성에 관한 다른 표현들은 직접적으로 혹은 간접적으로(창 2:7, 21-22) 나타난다.

하나님의 형상으로서 인간은 세상에 하나님을 투영시키는 기능을 한다. 이는 하나님이 인간 아닌 피조물에 대한 자신의 지배를 확장해가시는 방법이다. 성서 본문은 고대 근동의 왕권 이미지에 민주적인 색채를 입힌다. 모든 인간은 하나님의 형상으로 지어졌다. 왕만이 신의 형상을 입고 있는 것은 아니다. 그 결과 인간들에 대한 계급적 이해가 제거된다. 어떠한 상황에 처해 있는 사람이라도 모두가 동일하게 하나님의 형상이다. 남자와 여자 모두가 그렇게 창조되었다는 사실은(여기서 히브리어 "아담"은 보편적인 의미로 사용되었으므로 "인간"으로 해석되어야 한다) 여자도 남자만큼 신성하다는 것을 의미한다. 하나님의 형상으로 창조되었다는 말이 갖는 의미는 남자와 여자 간의 공통점에만 아니라 차이점에도 적용된다. 이것은 구약성서가 하나님을 남성과 여성 모두로 묘사하는 기초를 제공한다. 남성적 이미지가 지배적으로 나타나는 반면 여성적 이미지, 특히 모성적 이미지는 특별히 하나님의 친밀감과 편안함이 주제로 나타나는 본문들과 시대에 사용된다(예를 들어 신 32:18; 사 42:14; 66:13).

하나님은 인간과 힘을 공유하면서 인간 이외의 존재에 대한 책임을 인간에게 지우신다. 지배권을 가지라는 명령(창 1:28)은 정복이 아닌 돌봄으로 이해되어야 한다(시 72:8-14; 겔 34:1-4에서 동사 הרד[라다]의 용법을 보라). 다스리라(subdue)라는 동사는 부정적인 뉘앙스를 풍길 소지가 있지만 여기서는 땅과 땅의 경작에 대해 언급하고 있다. 그리고 보다 일반적인 의미로는, 고정된 현실이 아닌 역동성을 지닌 세계의 변화과정과 관련되어 있다. 인간의 역할이 지니는 중요한 특성이 창세기 2:5에서 두각을 나타낸다. 이 구절에서는 비가 오지 않았을 뿐만 아니라 땅을 돌보거나(영어 성서에서는 상당히 부적절하게 "경작하다"[till]로 번역되었다) 지켜줄 사람이 없기 때문에(창 2:15; 3:23) 창조 이전의 상태가 여전히 남아 있다는 놀라운 주장이 나타난다. 인간에게 부여된 책임은 단순히 유지와 보존에만 해당되는 것이 아니라, 이 세계가 그 내부에 지니고 있는 잠재력을 최대한 이끌어낼 수 있도록 만드는 것이다. 태초부터 하나님은 사물이 처음 창조된 상태 그

신학의 렌즈로 본 구약개관

대로 머물러 있기를 원치 않으셨다. 하나님은 정적인 상태의 세계를 창조하신 것이 아니라, 미래를 향한 다양한 가능성이 열려 있는 역동적인 세계를 창조하셨다. 그리고 인간은 그러한 세계를 발전시킬 핵심 역할을 부여받은 존재다.

하나님에 의해 주어진 이러한 역할과 함께, 남자와 여자는 차례대로 에덴동산(아마도 요르단 계곡에 있는 것으로 생각된다[창 13:10]. 고대 근동의 병행본문은 소수에 불과하다)에 등장한다. 에덴으로부터 나온 강물은 에덴 밖의 세계로 흐른다(창 2:10-14). 따라서 남자와 여자가 에덴 밖으로 추방되었을 때, 그들은 축복의 세계에서 축복이 결여된 세계로 쫓겨난 것이 아니었다. 동산은 종종 지나치게 낭만적인 용어로 묘사되고 있지만, 성서 본문은 매우 많은 금기사항을 보여주고 있다. 실제로 어떤 학자는 이 본문에 함축되어 있는 다양한 측면의 고통들을 제시하고 있다. 예를 들면 유한성, 고독, 유혹, 심지어 걱정(죄의 발생으로 인해 더욱 증폭되고 비참해져 버린)과 연관된 고통과 같은 것들이다. 성서 본문은 자유, 음식, 집, 가정, 조화로운 인간관계, 안정된 자연환경과 같은 삶의 기본적인 필요를 강조한다. 창세기 3:7-19의 상황이 보여주는 갈등은 명확하다. 조금 과장되게 표현하자면, 우리는 수시로 그러한 상황에 직면하곤 한다.

하나님은 토기장이로 묘사된다(창 2:7). 그의 손은 흙(אֲדָמָה, "아다마")을 재료 삼아 작업한다. 그리고는 최초의 인간(אָדָם, "아담"; 여기서 이 단어는 몇몇 학자들[예를 들어 P. Trible]이 제안한 것처럼 땅의 피조물을 의미하기보다는 남자를 의미한다. 왜냐하면 이 본문이 단지 남자의 창조만을 언급하고 있기 때문이다)을 빚어 창조하신다. 하나님의 손안에 있는 진흙들로 만들어진 그분의 형상은 가히 놀라운 것이었다. 이것은 단순한 신학적 진술이 아니라 하나님이 창조의 생명에 깊이 개입하셨다는 놀라운 진술이다. 하나님의 생명이 사람에게 들어간다. 하나님 자신의 일부가 인간의 본질과 부분적으로 통합된다. 그것은 생명이 하나님께로부터 나와서 더 큰 세상 속으로 전달될 수 있는 가능성을 보여준다(동물의 경우에도 그와 같이 이해된다; 창 7:22을 보라).

또한 하나님은 동산에 두 그루의 나무를 두신 정원사로 이해된다. 그 것들은 생명과 죽음, 그리고 그와 관련된 인간의 선택과 연관되어 있다(신 30:15-20을 보라). 생명나무는 생명을 유지하기 위한 수단이다. 그러나 하나님은 인간이 선과 악을 알게 하는 나무의 실과를 먹은 이후로는 그들이 생명나무의 열매를 먹지 못하도록 금하신다(창 3:22). 선과 악을 아는 지식은 하나님만이 가지고 계신다(창 3:22). 그러므로 인간의 끝없는 행복 추구에 대하여 하나님이 일정한 제한을 가하신다는 점에서, 선과 악을 알게 하는 나무는 율법의 효용성을 표현한다. 이러한 제한은 신적 지식과 연관된다. 그 지식을 통해 인간은 참된 생명을 위한 하나님의 말씀의 확고함을 인식한다. 이는 시내 산에서의 율법 수여를 예견하고 있다. 이러한 문제를 이해하기 위하여, 창세기 2-3장에서는 먹는 것에 관한 은유가 두드러지게 나타난다. 이러한 은유법은 총체적인 존재를 구성하는 자아 속에 무언가를 집어넣는다는 것을 의미한다("네가 먹는 것이 바로 너다"). 먹었을 때 주어지는 처벌은 가장 무거운 형벌인 죽음이다. 그러나 그 처벌이 (영생하는 존재에서 죽을 수밖에 없는 존재로의) 존재론적인 변화를 의미하는 것은 아니다. 왜냐하면 그러한 죽음도 하나님의 창조질서의 일부이기 때문이다. 그렇지 않다면 생명나무는 아무런 의미도 지니지 못할 것이다.

창세기 2:16-17에 나타나는 나무에 관한 금령은 창세기 1:28의 긍정적인 명령과 결합하여 타락 이전의 창조질서 속에 나타나는 율법의 중심적인 위치를 드러내준다. 창조와 함께 주어진 율법은 세계 속에 있는 인간의 삶에 적절한 것으로 수용된다. 기본적으로 율법은 삶을 증진시키는 긍정적인 것으로서 이해된다. 율법은 최고의 삶을 위한 은혜의 선물이다.

"좋지 아니하니"(창 2:18)라는 구절은 창조에 대한 하나님의 계속적인 평가의 일부분이다. 이는 인간의 외로움을 창조로 인해 생겨난 문제로 여기고 그것을 해결하려는 시도이다. 하나님이 처음에 동물들을 그 사람에게 데려오신 장면은, 존재의 문제가 기본적으로 성이나 생식의 문제가 아닌 교제의 문제임을 보여준다. "돕는 자"가 종속관계를 수반하지 않는다는

신학의 렌즈로 본 구약개관

사실은 하나님에 대해서도 그러한 표현이 사용된다는 점에서 유사하다(예를 들어 시 121:1-2). 하나님이 그토록 중요한 결정사항을 사람에게 맡기셨다는 사실―"무엇이든" 무조건적으로―은 하나님이 어느 정도까지 인간에게 능력을 나누어주고 창조과정에 참여시키려 하시는지를 보여준다(참조. 창 1:11). 그리고 미래의 모습을 결정짓는 데 있어 인간이 선택할 수 있는 여지를 남겨두시려는 것이다. 이렇게 하나님이 창조사역의 일부분을 인간에게 위탁하시는 일은 위험성을 내포한다. 왜냐하면 인간은 그들이 부여받은 능력을 잘못 사용할 소지가 다분하기 때문이다(그리고 실제로 그러했다).

하나님은 인간의 첫 번째 결정사항들을 칭찬하셨다. 그리고는 뒤편에 숨으셨다. 그런 다음 하나님은 인간의 모습으로 설계되고 구성된 여자를 그에게 데려오셨다. 그 여자는 살아 있는 육체로 만들어졌다(아마도 "갈빗대"보다는 "옆구리"로 만들어졌을 것이다). 여자가 남자의 일부분으로 만들어졌다는 사실이 여자의 종속성을 의미하지는 않는다. 이는 마치 남자가 흙으로 만들어졌다고 해서 흙에 종속되는 것은 아니라는 사실과 마찬가지다. 여자의 필요성을 알아차린 남자는 기쁨을 표현한다. "좋지 못한" 상황은 "좋은" 상황으로 바뀌었다. 그의 표현(창 2:23)은 상호성과 동등성을 강조한다. 이는 그의 정체성에 관한 새로운 차원의 지식이었다. 그는 이제 여자와의 관계성 안에 놓인 남자가 된 것이다. 결론 부분에는 자식에 대한 언급이 없으며 단지 남자와 여자의 관계에만 초점을 맞추고 있다. 그들은 지금 "한몸"이 되었다. 이 표현은 가장 광범위한 의미로서의 친밀감을 드러내며 단순히 성적 의미만을 담고 있지 않다. 이제 남자와 여자는 분리될 수 없는 인간 단일체다.

창조와 관련된 다양한 이미지들은 질서정연한 세계가 파괴되어가는 현실 가운데서 하나님의 창조행위를 갈망하는 사람들에게 특히 중요하다. 그러므로 창세기 1-2장은 포로기 예언자들이 사용했던 창조의 주제들과 병행을 이룬다(사 40-55장; 렘 31-33장).

5. 죄의 등장 및 죄의 사회적·우주적 결과들(창 3:1-6:4)

이 부분은 일반적으로 야웨기자(J)의 작품으로 간주된다(창 5장의 제사장적 계보를 제외하고). 창세기 3장은 구약성서 자체에서는 그리 중요하지 않았을지 몰라도 성서 해석의 역사에서는 독특한 역할을 수행해왔다(겔 28:11-19은 몇몇 불확실한 연결고리를 가지고 있다). 이 본문은 구약 시대 이후까지도 오늘날과 같은 지위를 얻지는 못했다. 그렇다고 이러한 사실을 지나치게 강조해서는 안 된다. 이 본문이 정경의 앞부분에 위치해 있다는 사실은 그것이 신학적 의미를 지니고 있음을 말해주기 때문이다.

동시에 창세기 3장은 독립적으로 논의될 수 없다. 이 본문이 더 큰 맥락에서 수행하고 있는 역할이 본문 자체의 역할보다도 더 중요하기 때문이다. 창세기 2장과의 문학적·주제적 연결성이 종종 주목을 받았던 반면, 상대적으로 창세기 4장과의 연계성은 그다지 주목을 얻지 못했다. 그러나 창세기 3장과 4:7-16은 유사한 진행과정을 보인다. 따라서 두 본문을 깊이 연관시켜 연구해야 한다. 이러한 연결은 창세기 6:1-4까지 확장되어야 한다. 여기서는 죄의 우주적 결과가 신화적으로 표현되고 있다. 그리고 창세기 6:5은 다음과 같은 표현으로 당시의 상황을 요약해주고 있다. "그의 마음으로 생각하는 모든 계획이 항상 악할 뿐임을 보시고."

동일한 해석이 가능함에도 불구하고, 창세기 3장의 끝 부분에는 그러한 진술이 없다. 대신에 창세기 3장은 "죄의 기원"(originating sin)을 묘사한다. 그리고 이어지는 장들은 죄가 "본래적인" 모습을 띠게 되는 과정, 즉 보편적이고 불가피해지는 과정을 진술한다(여기에는 죄의 유전에 대한 어떠한 암시도 나타나지 않는다). 이러한 진행에 대한 이해가 분리, 불화, 소외, 에덴과의 점진적인 괴리, 인간 수명의 단축이라는 이미지와 결합한다는 점에서, "타락"(fall)이라는 단어는 너무 단순하며 창세기 3장 본문의 내용에 전적으로 부합하지도 않는다. 그러나 "사이가 틀어지다"(fall "out") 혹은 "결딴나다"(fall "apart")라는 의미로서 "타락"("fall")이라는 표현이 사용되는 것은 이 본문에서 사용된 기본적인 이미지들과 잘 어울린다.

고대 근동 문헌들에서는 어떠한 "타락" 이야기도 발견되지 않지만, 보다 넓은 문화권에서 통용되던 죄에 대한 이해가 이스라엘의 사고에 영향을 끼쳤음에는 틀림없다. 죄에 대한 우주적이고 보편적인 이해가 여러 문헌들에서 발견된다.

어느 한 수메르인의 참회 기도문은 다음과 같다. "신 앞에서 죄를 짓지 않는 사람이 어디에 있겠습니까? 과연 누가 항상 명령에 복종할 수 있겠습니까? 생명 있는 모든 자는 다 죄인입니다." 수메르의 어느 지혜 격언은 다음과 같이 말한다. "어머니에게서 태어난 자식 치고 죄 없는 사람은 없다." 참회적인 탄원시는 다음과 같이 말한다. "나의 신이여, 내가 지은 죄가 많다 할지라도, 나를 죄의 굴레로부터 벗어나게 해주십시오! 내가 잘못한 행동이 셀 수 없이 많을지라도, 당신의 마음이 여전하기를! 내 죄악이 셀 수 없을지라도, 은총을 내려주사 나를 고치소서!" 여신 이쉬타르(Ishtar)에게 바치는 어느 기원문에는 다음과 같이 기록되어 있다. "내 죄를 사하소서, 나의 부정을 사하소서, 나의 사악함과 나의 범죄를 사하소서.…나를 속박으로부터 구하시고 나의 구원을 보장해주소서.…나의 기도와 간구가 당신에게 도달하게 하소서. 그리고 당신의 모든 은총이 내게 임하게 하소서. 그러면 길거리에서 나를 보는 자마다 당신의 이름을 찬양할 것입니다." 이집트의 신 아문-레(Amun-Re)에게 바치는 감사시에는 다음과 같은 기록이 남아 있다. "죄를 짓는 것이 종의 속성이라면, 은혜를 베푸는 것은 주인의 속성입니다."[1]

죄에 대한 이러한 깊은 이해들이 성서적인 고유한 사상이라고 말할 수는 없다. 독특하게 그리스도교적이라고 주장할 수 없는 것은 말할 것도 없고 말이다. 쉽게 인정하기는 어려울지라도, 우리는 성서 이전 세계로부터

---

1) 인용문들의 출처는 다음과 같다: W. Beyerlin, ed. *Near Eastern Religious Texts Relating to the Old Testament* (Philadelphia: Westminster, 1978).

죄에 대한 풍부한 신학을 물려받은 사람들이라 할 수 있다. 물론 이러한 점은 그다지 잘 인식되지 않고 있다.

몇몇 학자들은 창세기 3장 본문에 대해 매우 색다른 접근법을 제시한다. 그들은 본문을 "하나님과 같이 된다"라는 주제를 통해 접근하면서 "위를 향하여 타락하다"("fall upward")라는 단어를 사용한다. 대부분의 학자들은 이 "타락"("fall")이라는 단어를 부정적으로 해석해왔다. 인간은 피조물이라는 스스로의 처지를 망각하고 하나님과 같은 힘을 얻고자 했다. 그러나 여기에는 보다 근본적인 문제, 즉 "불신"이 깔려 있다(아래의 설명을 보라). 또 다른 학자들은 이러한 주제를 긍정적인 방향으로 이해했다(적어도 2세기의 교부 이레나이우스[Irenaeus] 이래로). 이러한 시각에서, 인간이 하나님의 보호의 손길을 벗어나는 것은 곧 어린아이들이 진정한 성숙을 위해 필연적으로 겪는 일이다.

그러나 이러한 해석을 따른다면, 본문에서 하나님은 당신 스스로 문젯거리가 되어버린다. 왜냐하면 하나님은 처음부터 인간에게 독단적인 제한을 가하여 인간으로 하여금 성숙하지 못하도록 방해하시고서는, 나중에 가서 인간이 이를 어기자 과잉반응을 보인 분으로 그려지기 때문이다. 성서는 그 어떤 차원에서도 파괴된 관계성이 인간을 향상시켰다고 말하지 않는다. 하나님의 시각에서나 인간의 시각에서나 동일하게 그러하다. 인간의 죄가 최소화된다면, 14-18절에 나타난 죄의 결과들도 최소화될 것이다. 그리고 오늘날까지 계속 논쟁되고 있는 가부장제도 생겨나지 않았을 것이다.

창세기 3장에는 죄라는 단어가 전혀 등장하지 않는다. 훌륭한 이야기꾼은 자신의 의도를 쉽게 드러내지 않는 법이다. 죄라는 단어는 창세기 4:7에서 처음 등장한다. 거기서 죄는 인간을 유혹하며 소유욕이 강한 특성을 지닌 것으로 표현된다. 창세기 3장에 죄라는 단어가 없기 때문에, 가장 근원적인 죄가 무엇이었냐는 문제에 대한 합의점을 찾기가 어렵다. 창세기 3장에 나타난 인간의 행동은 과연 잘못된 것이었을까? 이야기의 세부

사항들을 자세히 살펴보면 그에 대한 해결책을 조금이나마 얻을 수 있을 것이다.

창세기 3장에서 독자들은 뱀과 두 인간 사이의 대화를 보게 된다(창 3:6을 보면 남자 역시 현장에 같이 있었음이 분명하다). 뱀은 인간을 하나님으로 부터 멀어지도록 만든 심술궂고 사악한 짐승이었을까? 비록 그러한 주장이 신구약 중간시대 때 성립되었다 하더라도(지혜서 2:24; 참조. 계 12:9; 20:2), 실제로는 그렇지 않은 듯하다. 창세기 2:19-20과 하나님의 증언에 서처럼(창 3:14), 본문은 뱀을 하나님이 만드신 들판의 동물이라고 말해준 다. 인간 역시 뱀을 그렇게 이해했던 것으로 보인다. 그들은 뱀에 대해서 어떠한 공포나 놀라움도 드러내지 않는다. 왜냐하면 아마도 동산에 살고 있던 동물들은 생각하고 말할 수 있는 능력을 소유하고 있었을 것이기 때 문이다(참조. 욥 12:7-9).

뱀은 생명과 죽음 모두와 연관된 양면적 성격을 지닌 상징물이다(민 21:4-9을 보라). 또한 뱀은 교활함의 상징이기도 하다(참조. "교활한 여우"). 아 마도 뱀이 다른 대상에게 몰래 다가갈 수 있는 능력을 지녔기 때문이 아 닌가 한다. 히브리어 단어에서 "벌거벗은"(עֲרוּמִים, "아룸") 인간과 뱀의 "교활 함"(עָרוּם, "아룸") 사이에서 발견되는 유사성은 인간이 수시로 하나님의 세 계에 있는 영악한 요소들—유혹에 적합한 언어—에 **노출되어 있다**는 사 실을 제안한다. 그러므로 뱀은 하나님의 선한 창조 가운데서 인간이 가질 수 있는 선택의 여지를 드러내주는 은유(a metaphor)다. 그 선택을 통해 인 간은 하나님과 멀어질 수도 있다. 존재가 분명치 않은 제3자로서 뱀은 선 악과를 통해 인간의 선택을 촉구한다. 실제로 촉구자인 뱀은 선택의 결과 에 관여하게 되고 뱀이라는 은유는 후대 인류에게 부정적인 것으로 자리 잡는다(창 3:14-15).

독자들은 여기서 하나님에 대해, 그리고 그분이 내린 금지령에 대해 의구심을 보이는 대화를 듣게 된다(창 3:1). 뱀은 여자에게 대화를 유발하 는 질문들을 던진 후에 참된 방식으로, 혹은 잠재적으로 참일 가능성이 있는 방식으로 대답한다. 그들은 하나님처럼 될 것이고, 선과 악을 분별하게 될 것이다(창 3:22). 그리고 최소한 육신은 죽지 않게 될 것이다. 사실상 그들은 생명나무의 과실을 먹을 수 있었고 계속 생명을 유지할 수 있었다(창 3:22).

선악과를 먹게 만든 결정적인 표현구는 "하나님이 아심이니라"(창 3:5)이다. 이 주장은 하나님이 인간들에게 모든 진실을 알려주시지 않았음을 강조한다. 그로 인해 과연 하나님이 전적으로 신뢰할 만한 분인가 하는 의심이 떠오르게 된다. 하나님은 그들에게 무언가를 숨기고 계신 듯하고, 그것들 중 일부는 정말로 유익한 것이 아니겠는가 하는 의심 말이다. 가장 깊은 차원에서 지식의 문제는 바로 **신뢰**의 문제다. 하나님에 대한 지식을 추구하는 가운데 과연 인간은 하나님을 신뢰할 수 있는가? 과연 인간이 모든 것을 다 알지 못해도 하나님이 가장 좋은 것을 주실 것임을 인간은 신뢰할 수 있는가? 모든 "유익들"이 인간에게 선한 것만은 아니라는 사실을 신뢰해도 좋은가? 그러므로 가장 근원적인 죄는 하나님과 그분의 말씀에 대한 불신으로 정의내릴 수 있다. 불신은 그 자체로서 불순종과 그 밖의 다른 부정적인 행동들(예를 들어 책임전가)을 양산해낸다.

뱀은 (단지) 말로만 가능성을 드러냈을 뿐인데, 인간은 스스로 결론을 이끌어낸다. 이 문제를 두고 하나님께 고하기보다, 그들은 입을 다문 채 나무와 그것이 가져다줄 지혜에 대해서만 고민한다(금지명령을 떠올리지도 않고). 문제는 지혜를 얻느냐 마느냐가 아니라 그것을 얻는 방법이다("주를 경외하는 것이 지식의 근본이거늘"). 그 결과 그들이 저지른 일의 실체가 드러난다. 오직 하나님만이 우주 전체를 꿰뚫어보실 수 있다. 인간은 결코 그러한 시야를 가질 수 없고 새로운 지식을 운용할 수단도 얻을 수 없다(되풀이되는 문제!). 여자는 열매를 따먹은 후에, 침묵으로 방관하던 그녀의 파트너에게 어떠한 유혹의 말도 없이 그것을 건넨다(창 3:6). 그 순간에도 그는 아무런 질문도 하지 않고 종교적인 문제를 생각하지도 않는다. 그는 아무 말 없이 순순히 열매를 받아먹는다. 남자와 여자는 공범자다(딤전

2:14에 나오는 이 본문에 관한 해석은 많은 문제가 있으며, 여자가 범인이라는 생각을
부추겨왔다).

그들의 눈이 밝아진다. 즉 상대방과 세계를 전혀 다르게―전적으로 그
들 자신의 눈을 통하여―보게 된 것이다. 그들은 문자적으로나 은유적으
로나 실제로 벌거벗고 지냈다. 인간의 해결책(옷)이 불충분하다는 사실이
증명된다. 그래서 그들은 하나님을 피하여 숨는다(창 3:10). 그들의 옷은 몸
을 감추는 것보다 더 많은 의미를 드러내고 있다(21절에서 입고 있었던 하나
님이 지어주신 옷이 그렇듯이). 창세기 3:8-13에서, 남자는 대화의 주체가 된
다. 이는 앞서 1-7절에서 여자가 대화의 주체였던 것과 균형을 맞추기 위
한 것이다. 우주의 창조주―누구도 이분으로부터 떨어질 수 없다―는 인
간을 떠나 계시지 않고 동산을 거닐고 계셨다. 하나님은 두려움과 부끄러
움으로 가득 찬 인간에게 대답을 요구하신다. 그러나 그들은 자백하기는
커녕, 서로 "떠넘기기"만 한다. 죄는 인간과 인간, 인간과 하나님, 인간과
인간 아닌 존재들, 그리고 인간 내면에(부끄러움) 불협화음을 만들어냈다.

많은 학자들은 창세기 3:14-19이 규범적(prescriptive, 미래를 위한 하나님
의 계획된 명령)이라기보다 서술적(descriptive, 죄의 결과로 무엇이 일어났는가에
대한 설명)이라고 말한다. 그러나 하나님의 심판에 대한 표현은 죄의 행위
(8-13절의 내용을 포함하여)가 어떤 결과를 낳았는지에 대한 하나님의 **선언**
으로 이해되어야 적절하다. 자신의 행동이 가져오는 결과를 스스로 거두
는 것은 마땅한 일이다. 하나님은 행동과 그로 인한 결과를 서로 연결시키
고자 하신다. 결혼과 성행위, 노동과 음식, 출생과 죽음 등 인간의 삶이 가
지는 모든 측면이 언급된다. 죄에 대한 결과로 여자에 대한 남자의 "역할"
이 주어졌다는 점이 흥미롭다. 따라서 그러한 역할 관계는 하나님의 본래
적인 의도에 반(反)하는 것이다. 보다 일반적으로 그들은 자신의 삶을 스
스로 조종하길 원했다. 그들은 지금 비참하게 왜곡되고 매우 불공평한 현
실에 처하게 되었다. 그들은 피조물의 한계를 뛰어넘길 원했다. 그들은 이
제 보다 강화된 새로운 한계를 떠맡게 되었다. 그들은 지금 그들이 원했던

지식을 얻었지만, 그것을 잘 사용할 수 있는 힘은 얻지 못했다.

이러한 상황은 시간이 지나도 나아지지 않았다. 새로운 창조질서는 세워지지 않았다. 실제로 죄와 하나님의 심판에 따른 결과를 두고서(예루살렘 재건에 대한 증언) 수고로움, 고통, 가부장제, 그리고 자연의 부정적 효과("가시덤불과 엉겅퀴")들을 줄일 수 있는 노력이 뒷받침되었어야 했다. 그러한 노력이야말로 (분만 시의 마취, 농부들을 위해 일손을 줄일 수 있는 장치들, 가부장제에 대한 극복 방안에 이르기까지) 창조에 대한 하나님의 의도와 조화를 이루는 것이다. 비록 계속되는 죄가 그것을 방해할지라도 말이다.

이러한 죄의 결과들이 발생한 후에도 하나님은 여전히 피조물들과 관계를 맺으신다. 동산에서의 추방이 필연적이었다 할지라도 하나님과의 관계를 유지하는 것은 미래를 위한 희망의 징표였다. 하와라는 이름을 지어준 것은 생명이 계속되리라는 기대를 반영한다. 하나님은 보다 견고한 옷으로 그들의 부끄러움을 덮어주셨다(창 3:21). 영생의 가능성으로부터 배제되었다는 사실조차 그들에게 주어진 은혜로 해석될 수 있다. 인간은 온전히 보전된 상태로 동산을 떠났으며, 수치스러운 용어로 묘사되지 않는다. 그들은 여전히 땅을 돌봐야 할 책임을 지니고 있다. "하나님과 같이 되려는" 존재(창 1:26-28에서 하나님과 같이 되는 것과는 다른 방식으로 시도된)는 자신들의 삶을 매우 복잡하게 만들었지만, 이를 통해 인간 존재는 선(善)과 발전의 잠재력을 갖게 된다. 최초의 인간이 겪은 추방의 사건은 훗날 이스라엘이 하나님께 불순종함으로 약속의 땅에서 추방된 사건을 반영하고 있다(레 26장을 보라).

동산에서의 추방사건의 결과로서 바로 나타나는 가족사에 대한 첫 기사는 바로 가인과 아벨의 이야기다(창 4:1-16). 이제 동산 바깥에서도 새로운 삶이 생겨난다. 물론 하나님은 동산에서 아담과 하와를 대하시던 것과 동일하게 가인을 대하신다. 그러나 동산 밖의 삶은 진정한 고향을 벗어난 삶이다. 창세기 4장에 등장하는 인류 최초의 후손들의 이야기는 이미 사람들이 상당히 번성해 있는 세계를 전제한다(가인의 아내, 도시의 건설, 가인이 남들로부터 죽임을 당할까 봐 두려워하는 모습). 그러나 성서 본문은 이야기 속의 "과거"와 독자의 "현재" 사이의 괴리를 무너뜨리는 것에 대해서만(예를 들어 창 2:24) 관심을 가진다. 이 본문의 이야기는 죄의 결과가 어떻게 후손들에게 전달되고, 가정(창조의 기본적인 질서)을 괴롭혔으며, 폭력성을 한층 더 심화시키게 되었는지를 기술한다(창 4:23-24; 6:11-13). 그러므로 이것은 창세기의 나머지 부분에 나타나는 핵심적인 주제들을 제대로 보여준다. 가정의 충돌, 장자 상속(첫째를 선택하지 않는 하나님), 배다른 형제끼리의 투쟁, 선택받지 못한 자들(예를 들어 에서와 이스마엘)에게 주어진 하나님의 약속들.

가인과 아벨 이야기는 생육하고 번성하며(하와), 동물들을 다스리고(아벨), 땅을 지배하라(가인)는 하나님의 명령에 따르는 긍정적인 모습으로 시작한다. 이야기의 첫 장면은 예배에 초점을 맞추고 있다. 예배는 창조의 중요한 구성요소다. 두 형제는 각자 나름대로 하나님께 적절한 예물을 바친 것으로 보인다. 그러나 하나님은 알 수 없는 이유로 가인의 제물을 받지 않으신다.

그가 하나님과 나눈 대화에서 볼 수 있듯이, 하나님의 선택에 대해 그가 낙심하여 대답한 것 자체는 그다지 문제가 되지 않는다. 하나님은 가인이 자신의 화를 다스릴 수 있다고 분명히 언급하신다(창 4:7). 그러나 그는 아벨을 죽이고 만다. 억울하게 죽은 자가 흘린 피의 외침을 들으신 하나님은 가인을 불러 그가 저지른 일에 대해 추궁하신다. 그가 오히려 하나님께 되묻자, 하나님은 이전에 내리셨던 땅의 저주(창 3:17)를 더욱 강화시키신다. 그 저주의 내용은 추방, 그리고 하나님의 현존으로부터 멀어지는 것이다. 결과적으로 사형선고나 다름없는 하나님의 판결에 대해 가인이 탄원하자, 하나님은 그를 지켜주겠다는 약속(!)의 표(이것이 무엇인지는 불확실하다)를 달아주시면서 그 선고의 무게를 경감시켜주신다.

역설적인 일이지만, 쉼 없는 방황은 도시의 건축으로 이어진다. 이 장면도 훗날 추방당한 백성이 이방 땅에서 터전을 닦는 모습을 반영하는 것이다. 물론 그곳이 자신들의 진정한 고향보다는 못하겠지만 말이다.

가정이 파괴되고 나서 뒤따라 나오는 계보는 두 가정의 족보를 제시한다(가인의 족보, 창 4:17-24; 셋의 족보, 창 4:25-5:32). 긍정적이고 부정적인 결과가 모두 나타난다. 한편으로 선을 지속해가는 삶 가운데 힘찬 생명의 약동이 나타난다. 새로운 생명이 탄생하고, 문명이 창조적으로 진보하며, 이스라엘 민족이 아닌 사람들이 야웨의 이름을 부르고, 에녹과 같이 하나님과 동행하는 사람들(창 5:24)이 나타난다! 그러나 다른 한편으로는 폭력이 더욱 난무하게 되고(라멕) 죄의 결과로 인간 수명이 점차 줄어든다(창 11:10-27이 제시하는 나이를 확인해보라). 긴 수명은 고대 근동의 다른 문헌들에서 왕이나 족장들의 계보 상에 나타나는 특징이다. 이 둘을 비교해보면 창세기 5장이 제시하는 수명은 오히려 상당히 짧은 편이지만, 나름대로의 요점을 전달하기엔 충분하다. 문명의 발전은 언제나 죄와 그것에 수반하는 결과의 진행과 더불어 일어난다. 그래서 "발전"은 으레 이중적인 성격을 지닌다.

이제 죄의 결과와 그것의 여파는 창세기 6:1-4에서 처음으로 우주적인 영역을 드러내고 홍수 사건에서 더욱더 확장된다. 이 부분은 많은 해석가들의 노력에도 불구하고 만족스럽게 설명되지 못했다. 하늘의 영역과 땅의 영역을 넘나드는 모습은 폭력의 새로운 가능성을 열어주는 죄의 우주적인 결과를 묘사한다. 그리고 나서 자연스럽게 이야기의 전개는 홍수의 시작으로 이어진다. 홍수 이야기에서 우주 전체는 폭력의 영향력에 사로잡히게 되고 멸망의 위협을 느끼게 된다.

6. 홍수: 거대한 분수령(창 6:5-8:22)

홍수 이야기는 보통 야웨문서와 제사장문서의 결합물로 이해된다. 이스라엘이 둘 이상의 홍수 이야기를 보존했다는 사실은 그다지 놀랄 일이 아니다. 왜냐하면 당시 주변세계에는 여러 홍수 이야기가 널리 유포되고 있었기 때문이다. 그중에서도 **길가메시 서사시**(The Gilgamesh Epic)에 나타난 홍수 이야기가 가장 잘 알려져 있다. 홍수 이야기들은 아마도 티그리스-유프라테스 계곡에서 빈번하게 일어났던 극심한 홍수들(그것들 중 하나는 기원전 3000년경 발생했다)을 배경으로 생겨났을 것이다. 당시 이스라엘의 신학자들은 그들에게 알려진 세계를 뒤덮는 홍수를 인간의 죄에 대한 하나님의 심판으로 해석했다.

현재 우리가 읽고 있는 본문이 의도하는 바는 인간의 죄가 계속적으로 반복되는 모습을 통해 강조된다(창 6:5; 8:21). 또한 이와 더불어 하나님의 슬픔, 후회, 실망, 자비, 약속에 관한 적나라한 모습들이 묘사된다. 하나님은 화난 심판관이 아니라, 처해진 상황을 보며 괴로워하고 슬퍼하며 아파하는 부모의 모습으로 등장한다. 그러나 한번 내려진 심판은 철저하고 단호하다. 이러한 하나님의 내면적 갈등은 하나님의 자비로운 측면, 즉 자신의 자유의지로 노아를 선택하신 일을 통해 해결된다(창 6:8). 하나님과 동행한 노아의 신앙은 그의 순종하는 모습을 통해 입증된다(창 6:22; 7:5, 9, 16; 8:18). 그는 하나님의 새로운 창조의 가능성을 위한 도구가 된다.

이야기의 흐름은 점차 고조되다가 하나님이 노아와 동물들을 기억하시는 창세기 8:1에서 정점에 도달한다. 우리는 그 이야기에서 방주에 오르는 장면, 구원받은 사람들과 동물/새들의 목록, 하나님이 심판이 아닌 구원을 가져다주신 사실, 그리고 이 모든 사건들의 시간과 일자의 목록에 대해 계속해서 주목하게 된다. 그러나 놀랍게도 사람들은 재앙 그 자체, 희생자들의 참상, 관계된 사람들의 감정에 대해서는 거의 주목하지 않는다. 이 본문에는 대화의 내용이 빠져 있고, 노아는 한 마디도 말하지 않는다. 홍수는 평범한 언어로—그저 흘러오고 흘러가는 대로—묘사되고 있다. 여기엔 어떠한 신적 개입도 없다. 하나님의 활동이 명백히 진술되는 부분은 오직 물이 감해질 때뿐이다.

이 본문의 생태학적 주제들은 중요하다. 인간은 창조에 반하는 심각한 영향력을 자연세계에 행사했다. 가시와 엉겅퀴(창 3:18)가 무성하게 자라 났고 세계의 미래는 위태로워졌다. 하나님이 홍수의 기한을 미리 예고하 신 것(창 7:4)은 창조의 질서가 완전히 파괴되지 않을 것임을 증언한다. 하 나님은 노아를 생각하시는 만큼 동일하게 동물과 새들을 기억하셨다(창 6:19; 8:1).

학자들은 홍수의 목적을 여러 가지로 제안해왔다. 그것들은 다음과 같다.

(1) 하나님은 부패한 세계를 **정화하려고** 하셨다. 그러므로 물은 정화 의 도구로 이해된다. "쓸어버리다"(창 6:7)라는 표현은 세상의 더러움을 깨 끗이 씻어내고 새롭게 시작하려는 의도를 내포한다. 그러나 창세기 8:21 은 인간이 홍수 이전과 마찬가지로 홍수 이후에도 여전히 죄에 물들어 있 음을 보여준다. 만약 홍수의 목적이 정화였다면 그것은 단순한 의미에서 실패작이라 할 수 있다.

(2) 하나님은 창조를 **되돌리고** 새로이 시작하려고 하셨다. 여기서 물 은 곧 파괴의 도구로 이해된다. 물의 범람으로 다시 생겨난 혼돈에 대한 언급(창 7:11)과 마른 땅을 내기 위한 "루아흐"(רוח)의 사용(창 8:1-2), 그리 고 새로운 복 내리심(창 8:17; 9:1, 7)은 이러한 견해를 뒷받침한다. 그러나 "옛" 창조는 파괴되지 않았다. 이전 창조와의 중요한 연속성이 그대로 남 아 있다(채소, 빛, 궁창, 발광체, 방주 안의 생명체들). 새로운 시작은 있었지만, 홍수 이전의 창조와 죄로 물든 인간은 고스란히 남아 있다.

(3) 홍수 이야기는 **전형적인 심판**을 의미한다. 홍수의 물은 존재의 가 장자리에 숨어서 질서정연한 생명을 위협하는 실체로 상징된다. 따라서 물은 탄원시에서와 같이(시 69:1-2을 보라) 어려움과 고통과 파국의 이미지 로 사용된다. 그러나 홍수가 지니는 **이미지**가 그러한 순간을 묘사하기 위 해 사용되었다 하더라도, 홍수가 끝난 뒤 등장하는 하나님의 약속은 홍수 가 일회적인 사건이었음을 보여준다. 그러므로 홍수는 절대로 하나님의 심판을 나타내는 전형이나 실례로 사용될 수 없다. 오히려 그것은 하나님

의 약속의 확실성의 표상으로서 기능한다(사 54:9-10에서처럼).

(4) 홍수 이야기는 **다른 종교들의 사상에 대한 반박**을 보여준다. 따라서 고대 근동에서 유행하던 다신론적 홍수 이야기보다 성서의 홍수 이야기가 "명백히" 우월하다는 점을 증명하려는 시도들이 행해져왔다. 그러나 이러한 지배 논리는 지나친 점이 없지 않다. 이스라엘은 홍수 이야기를 알고 있던 주변 세계의 민족들로부터 많은 것들을 배웠고, 홍수 이야기의 목적은 분명 그렇게 대립적인 측면을 띠지 않았을 것이다.

(5) 홍수 이야기는 **하나님 자신 및 세상을 향한 하나님의 헌신**에 초점을 맞추고 있다. 바로 이 하나님은 슬픔과 후회를 표현하시는 분이다. 그분은 세상을 심판하지만 그것을 원하신 것은 아니다. 하나님은 공의를 넘어서 동물과 사람들을 구원하시기로 결정하신다. 그분은 아직 완전치 못한 세계의 미래를 위해 세상을 돌보시는 분이다. 또한 세상과 관계를 맺으시면서 변화를 수용하시는 분이다. 그리고 다시는 이와 같은 심판을 하지 않겠다고 약속하시는 분이다. 이러한 하나님의 모습들은 세상과 하나님의 관계성을 "다시금 묘사해주고" 있다. 하나님은 심판을 거두시고 옛 세상에게 생명의 존속을 약속하신다. 하나님은 다시는 그와 같이 심판하지 않으실 것이다! 시작된 홍수를 끝내시는 분은 하나님이시다. 그것은 인간이 할 수 있는 일이 아니다.

하나님의 후회의 반응은 인간이 창조를 향한 하나님의 의지에 너무나도 심각하게 저항했음을 보여준다. 이러한 세상과 상호작용을 계속하신다는 것은 곧 하나님이 자신에게 저항하는 피조물들과 함께하시겠다는 것을 의미한다(유능한 경영자라면 결코 그리하지 않을 것이다!). 이와 더불어 하나님의 후회는 하나님이 이러한 일이 일어날 것을 확실히 알지 못하셨음을 나타낸다(다른 본문들에서처럼, 창 22:12; 신 8:2을 보라). 본문은 하나님이 창조 후 이러한 과정이 일어날 것을 알고 계셨다거나 이를 홀로 계획하셨다는 주장들을 제시하지 않는다.

하나님의 행위는 하나님과 세상과의 관계성을 새로이 진술하지만, 하나님은 단순히 악을 단념하지 않으신다. 하나님은 악의 문제를 다룰 새로운 방법을 찾으셔야 했다. 그래서 두 가지 보완적인 해결책들이 시도되었다.

(1) 다시는 홍수로 심판하지 않겠다는 약속(하나님은 그 약속을 지키실 것이다)은 하나님이 자신의 자유와 권능을 스스로 제한하시는 것을 수반한다. 이런 점에서 하나님은 세상에 존재하는 악을 다루는 하나님의 자유로운 선택을 제한하신다. 세상의 전멸이라는 수단이 하나님의 가능성에서 제외되었다. 하나님은 앞으로도 여전히 심판하실 것이지만, 그 범위는 제한적일 것이다.

(2) 창세기 6:5-7은 고통스러워하시는 하나님의 모습을 전달하고 있다. 세상을 향해 계속적인 관용을 베풂으로써 사악한 세상을 두고 보시려 하신다는 것은 곧 하나님이 계속해서 슬퍼하셔야만 한다는 것을 의미한다. 그러므로 하나님은 세계의 미래를 위하여 스스로 고통받기로 결심하시고 그것을 견디신다. **이러한** 하나님은 죄로 물든 독자들과 함께하시는 바로 그 하나님이다. 그리고 무엇보다도 그 하나님은 우리 독자들이 반드시 지켜야 하는 약속을 제시해주셨다.

우리는 여기서 약속과 현실이 혼재되어 있음을 본다. 한편으로 인간이란 존재는 끊임없이 죄악된 실재로 남아 있다. 홍수는 에덴의 낙원으로부터 인간을 단절시킨다. 지속적인 발전 혹은 급작스러운 통찰 그 어느 것으로도 인간은 낙원에 접근할 수 없다. 그러나 다른 한편으로 인간이란 존재는 여전히 하나님의 형상을 지니고 있다(창 9:6). 따라서 하나님은 인간의 생명이 보존될 수 있도록 명령하셨고 그들로 하여금 더 광대한 창조질서를 근본적으로 떠맡도록 하신 것이다(창 9:1-7). 그러나 죄로 물든 인간은 그러한 사명을 수행하기 위한 충분한 자질을 지니고 있지 못하다. 오직 하나님만이 피조물들의 미래를 보장하실 수 있다. 결국에 하나님은 심판의 행위를 보다 개선시키시고, 인간과 자연이 계속해서 살아갈 수 있는 질서정연한 우주를 약속하신다. 인간의 행위로만 따지자면 그는 버림받아 마땅했다. 그러나 이는 하나님이 그렇게 결정하신 바도 아니며, 창조의 질서가 실패했기 때문도 아니다.

7. 새로운 세계질서(창 9:1-11:26)

홍수 사건 이후의 이야기(창 9:1-17)를 기록한 제사장문서(P)의 기자는 창세기 8:21-22에서 사용되었던 주제를 반복한다. 하나님은 여전히 죄로 물들어 있는 세상에 대한 자신의 입장이 변하였음을 홍수의 생존자들에게 직접 말씀하신다. 이 세계는 새로운 에덴이 아니다. 그러나 모든 피조물—인간과 인간이 아닌 모든 생물—은 하나님이 여전히 창조주이심을 확신하며 축복과 명령들—재조정된—을 통해 하나님과 세상의 기본적인 관계성이 계속 유지되고 있음을 확인한다.

기본적인 창조질서는 여전히 남아 있지만, 그에 대한 통제력은 죄와 그 결과로 인해 복잡해진다. 인간의 폭력성에 동물들은 "두려움과 공포"를 느끼고, 기근(창 12-50장에 나타나는 한 가지 주제)이 창궐하는 세상에서 일종의 자구책으로 육식이 허용되고, 경솔히 동물을 죽여서는 안 된다는 사실을 날카롭게 일깨워주는—왜냐하면 생명의 근원은 하나님이시기 때문에—피에 대한 금지규정이 주어진다(레 17:11을 보라). 더군다나 인간 생명의 고귀한 가치도 재차 확인된다. 하나님의 형상으로서의 인간 이해는 홍수 이후에도 그대로 적용된다. 인간은 생명의 피를 흘려선 안 된다. 실제로 살인자들은 그들의 행동에 대해 하나님께 직접 해명해야 한다. 동시에 인간의 생명은 절대적으로 침해될 수 없다. 만약 인간이 다른 누군가의 생명을 취한다면 그 사람은 자신의 생명의 권리를 상실하게 된다.

하나님은 홍수를 견뎌낸 사람들과 언약을 맺으셨다(창 9:8-17). 이 본문에서 언약은 단순히 약속이다. 그 점에서 하나님은 창세기 8:21-22에서 하신 약속을 공적으로 진술하신다. 이 본문에 나타난 말씀과 표현의 반복은 약속의 특성—결코 다시는!—과 더불어 그 약속의 대상이 모든 세대를 포함한다는 사실을 강조한다. 일방적이고 무조건적인 언약은 약속의 이행에 대한 책임이 하나님께만 있음을 시사한다. 그 약속은 하나님이 선하신 만큼이나 선하며, 따라서 인간은 그 약속을 신뢰할 수 있다. 무지개의 징표가 의도하는 것은 하나님 편에서의 기억이며, 이러한 기억은 과거의 약속을 지키기 위한 행동이다(출 2:24을 보라). 그러나 인간의 편에서 볼 때 그것은 인간에게 위로와 희망을 주는 이차적 징표다. 악을 다루는 데 있어 하나님이 스스로를 제약하시겠다는 약속은 하나님의 능력을 제한하는 것이다. 죄와 악을 다루고 세상을 구원하는 또 다른 방법이 아브라함의 등장과 함께 시작한다.

창세기 1-11장의 나머지 부분(창 9:18-11:27)은 하나님이 아브라함을 선택하시는 일에 대한 준비무대로서 여러 가지 의도를 지니고 있다.

(1) 이 본문은 독자들에게 역사적인 실재들(예를 들어 바벨)로 알려진 민족들과 장소들을 소개한다. 비록 모든 명칭들이 일일이 확인될 수는 없지만 말이다. 또한 일종의 세속적 이야기가 소개된다. 창세기 9:18-10:32에는 어떠한 하나님의 말이나 행동도 기록되어 있지 않다.

(2) 이 본문은 인간의 관계성을 가족의 범위에서 세계민족의 범위로 확장한다. 다양한 종류의 문제들과 가능성들—선과 악 모두—을 지닌 세계는 공동체적인 측면을 띠고 있다.

(3) 홍수가 죄와 저주받은 세상을 정화하지 못했음은 분명하다. 새로운 아담(노아)과 그의 후손들은 악순환을 되풀이한다. 역기능 가정이라는 주제는 계속해서 등장하며 창세기의 나머지 부분의 배경이 된다.

(4) 선은 인간의 실패와 나란히 존속한다. 하나님이 창조 때 주신 복은 가족들의 확산, 도시와 국가의 발전, 셈 후손의 등장 가운데 더욱더 풍부해진다. 아브라함은 바로 셈의 후손이며 복된 세계의 일원이다. 그리고 그와 그의 가족은 이 모든 세계를 위해 부르심을 받는다. 이를 통해 "땅의 모든 족속이 복을 얻을 것이다"(창 12:3).

이 본문의 첫 번째 부분(창 9:18-29)은 여기서 논의될 수 없는 어려운 문제점들을 지니고 있다. 한 가지 설명할 수 있는 점은, 창세기 10장에 나타나는 것처럼 노아의 아들들이 하나의 개인으로 혹은 민족의 단위(예를 들어 가나안 사람)로 표현되고 있다는 점이다. 홍수 이후 하나님이 내리신 복은 저주받은 세상 가운데서 효력을 발휘하기 시작한다. 복은 저주의 결과를 완화시켜나간다. 예를 들어 포도원과 포도주는 생명과 비옥함에 대한 하나님의 복을 상징한다(시 80:8-16을 보라). 동시에 인간의 죄(술 취함과 부모에 대한 일종의 불경죄, 그것은 아마도 아버지를 공개적으로 망신시킨 일로 보인다)와 가족 내부의 불화는 후손들 사이에서 공공의 문제—노예 제도를 포함한—를 일으키게 된다(창 9:25-27). 죄가 개인의 행동에서 조직적인 형태로 변해가는 모습은 앞으로도 계속해서 나타나는 패턴이 된다.

민족들의 목록을 나타내는 두 번째 본문(창 10:1-32)은 세계 민족들의 기원에 대한 윤곽을 그려준다. 즉 세계의 모든 민족들이 노아의 세 아들들의 후손이라는 것이다. 민족들이 국제적인 공동체로 그 수가 늘어나고 질서를 갖추어가는 모습은 하나님의 계속적인 창조사역을 증언한다. 각 민족들을 계통적으로 확인하는 문제가 남아 있기는 하지만, 기본적으로 그 목록들의 범위는 서쪽으로 크레타 섬과 리비아, 동쪽으로는 이란, 남쪽으로는 아라비아와 에티오피아, 북쪽으로는 소아시아와 아르메니아를 아우른다(당시에 알려진 세계 전체다). **족속**(families)이라는 단어의 반복적인 사용(창 10:5, 20, 31-32)은 창세기 10장을 12:3과 연결시킨다.

세 번째 부분(창 11:1-9)은 바벨탑/도시에 관한 이야기다. 그런데 이 이야기가 민족들의 목록 다음에 놓인 점은 다소 의아스럽다. 창세기 10:18에서 이미 민족들은 뿔뿔이 흩어졌으며 바벨이란 이름도 창세기 10:10에서 벌써 등장하고 있기 때문이다. 그러나 이 두 부분은 연대기적 순서를 따른 것이 아니다. 창세기 11:1-9은 부정적인 관점에서 10장에 대한 배경과 보충설명을 제공해준다. 훗날 바빌로니아 포로시절의 이스라엘과 연결시켜 볼 때, 사람들이 흩어지는 모습은 이방 땅으로의 망명 상황을 반영하는 것이라 볼 수 있다. "온 땅"이란 언급(창 11:1)이 내포하는 바를 주목하라.

이 본문에서 묘사되는 인간의 근원적인 실패를 알아차리기란 쉽지 않다. 오히려 그것은 다음과 같은 동기부여에 초점을 맞추고 있다. "온 지면에 흩어짐을 면하자"(창 11:4). 주로 이와 같은 이유 때문에 탑을 세우고 이름을 짓는 일이 문제시된다. 다시 말해 이는 외부세계로부터 자신들의 미래를 안전하게 지키려는 시도다. 이러한 시도는 땅에 충만하여(창 1:28; 9:1) 모든 것을 지배하라는 하나님의 명령에 도전하는 것이 된다. 자신을 보호하려는 인간의 욕구는 창조의 남은 부분을 위태롭게 만든다. 하나님은 이러한 노력을 "언어의 혼잡"이라는 방법으로 처리하신다. 이로 인해 그들은 선택의 여지없이 흩어지게 되고 각자의 언어 공동체를 세우게 된다. 이런 점에서 하나님은 일종의 통일성을 희생시킴으로써 다양성을 촉진시키신다. 그 통일성은 창조의 나머지 부분으로부터 자신을 분리하여 자신만을 보호하려는 것으로서, 하나님의 창조를 위협하는 요소이기 때문이다.

이렇게 흩어진 종족 중에서 아브라함이 등장한다. 그는 흩어져버린 모든 민족을 위한 하나님의 사명을 감당할 자로 선택된다.

이제 창세기 1-11장이 지니는 주제의 방향성을 요약하고자 한다. 이 본문에서는 하나님이 모든 것을 선하게 만드셨다는 진술이 계속적으로 반복된다. 이러한 진술을 통해 우리는 하나님의 창조사역의 특성과 하나님의 창조 의도를 알게 된다. **이어서 나타나는** 죄의 등장은 모든 관계성 및 인간과 자연에게까지 나쁜 결과를 가져왔다. 물론 죄가 하나님과 인간의 관계, 혹은 하나님의 섭리 안에 있는 인간의 주된 역할을 제거하지는 못했지만 말이다. 그러나 죄의 결과들은 세상에 우주적인 재앙을 초래했고, 세상은 창조의 재선포를 필요로 하게 되었다. 홍수와 더불어, 하나님은 개혁을 이루기 위해 세상을 전멸시키지는 않겠다는 결심을 하신다. 그리고 취약하지만 보다 오래 지속되는 참여를 선택하시는데, 이는 은혜로 말미암은 것이다. 세계는 계속해서 살아 숨쉬며, 가족과 민족을 이루게 된다. 왜냐하면 인간이 죄를 지은 이후 하나님이 세상에 머무시겠다는 은혜

신학의 렌즈로 본 구약개관

롭고 무조건적인 약속이 세워졌기 때문이다. 그리고 그 약속은 곧 한 가족을 통해 모든 족속을 구원하시고 복을 주시려는 새로운 방법에서 더욱 분명하게 드러난다.

계절 달력	계절	노동	바빌로니아 월수	(가나안) 월명	현재 월명 (*역자 주)	이스라엘 월수	종교적 절기
두 달간의 [올리브 수확기] 두 달간의 파종기	전기(가을) 우기	*올리브, 포도, 무화과 수확물 경작 *밀, 보리, 스펠트밀 파종	첫 번째 달	티스리 (*에다님)		일곱 번째 달	대제일(High Holy Days) / 나팔절 티스리월 1일 / 대속죄일 티스리월 10일 / 초막절 티스리월 15-22일
두 달간의 후반기 파종기	겨울에 일 년 강 수량의 70%의 비가 내린다		두 번째 달	마르케스반(◆불)	9/10월	여덟 번째 달	
			세 번째 달	◆기슬르	10/11월	아홉 번째 달	수전절 / 기슬르월 25일(8일간)
		(두 번째 경작) 후반기 파종 (양털 깎기) 아마 수확	네 번째 달	◆테벳	11/12월	열 번째 달	
			다섯 번째 달	◆스밧	12/1월	열한 번째 달	
			여섯 번째 달	◆아달	1/2월	열두 번째 달	
한 달간의 제초기 한 달간의 보리 수확기 한 달간의 수확과 포도 성장기	후기(봄) 우기	*보리 수확 *밀 수확 / 무화과 초기 성숙기 포도 성숙기	일곱 번째 달	◆니산 (아빕)	2/3월	첫 번째 달	부림절 / 아달월 14일 / 유월절 / 니산월 14일 / 무교절 / 니산월 15-21일 / 초실절
두 달간의 [포도 나무 벌레기] 한 달간의 여름 과실 [수확기]	여름 전기	*채소야채, 포도, 석류 수확 *노동력이 강력히 요구되는 시기	여덟 번째 달	이야르 (◆시브)	3/4월	두 번째 달	칠칠절 (오순절) / 유월절로부터 7주 후
			아홉 번째 달	◆시완	4/5월	세 번째 달	
			열 번째 달	탐무즈	5/6월	네 번째 달	
			열한 번째 달	아브	6/7월	다섯 번째 달	
			열두 번째 달	◆엘룰	7/8월	여섯 번째 달	[실로에서의 포도축제]
					8/9월		

농업 달력과 일반 달력

◆로 표시된 월명은 성서에서 사용되는 명칭

참고문헌

Brodie, Thomas L. *Genesis as Dialogue: A Literary, Historical, and Theological Commentary*. Oxford: Oxford University Press, 2001.

Brueggemann, Walter. *Genesis*. Atlanta: John Knox, 1982(강성열 역,『창세기』현대성서주석[서울: 한국장로교출판사, 2000]).

Fretheim, Terence E. "The Book of Genesis: Introduction, Commentary, and Reflections." *NIB*, Vol. 1. Nashville: Abingdon, 1994.

Gowan, Donald E. *From Eden to Babel: A Commentary on the Book of Genesis 1-11*. Grand Rapids: Eerdmans, 1988.

Rad, Gerhard von. *Genesis: A Commentary*. OTL. Philadelphia: Westminster, 1972(번역실 역,『창세기』국제성서주석[서울: 한국신학연구소, 1981]).

Towner, W. Sibley. *Genesis*. Louisville: Westminster John Knox, 2001.

Trible, Phyllis. *God and the Rhetoric of Sexuality*. OBT 20. Philadelphia: Fortress, 1978.

Wenham, Gordon J. *Genesis 1-15*. WBC 1. Waco: Word, 1987(박영호 역,『창세기 1-15』WBC 성경주석[서울: 솔로몬, 2001]).

Westermann, Claus. *Genesis 1-11: A Commentary*. Minneapolis: Augsburg, 1984.

오경 전체에 대한 연구를 위해서는 5장의 끝 부분에 제시된 참고문헌을 보라.

제3장

약속의 체결, 위기 그리고 성취

창세기 12–50장

1. 서론

히브리 성서를 연구할 때 아마 **족장 시대**보다 난해한 부분은 없을 것이다. 20세기 중반에 저술된 대부분의 정평 있는 구약성서 입문서들과 고대 이스라엘 역사책들은 으레 창세기 12-50장의 시대를 역사적 시기, 소위 중기 청동기시대(대략 기원전 1800-1600년)와 동일시하고 있다. 이 시대는 고대 근동에서 **족장**(patriarchs)이라고 불리는 사람들이 활약했던 시기로 점철된다. 그러나 이러한 생각은 두 가지 이유—역사적 이유와 문헌상의 이유—로 인해 의심받기 시작했다. 먼저 창세기 12-50장이 이 시기에 구전으로나 문서의 형태로 만들어졌다는 결정적인 증거가 없다. 게다가 사라와 아브라함, 혹은 리브가와 이삭과 같은 인물들의 존재를 특정한 역사적 배경 속에서 확인하는 일은 거의 불가능하다. 사실상 히브리 성서 안에서 이 시대에 해당하는 무언가를 찾는다는 것은 어려운 일이다. 왜냐하면 시리아-팔레스타인 지역에 이스라엘이 출현한 것은, 심지어 이스라엘 이전(pre-Israel)이라고 불리는 집단의 출현조차도, 대략 기원전 1100-1000년인 초기 철기시대이기 때문이다.

어떤 독자들은 특정한 역사적 배경이 없는 그런 문헌을 어떻게 이해할 수 있는지에 대해 의문을 가질 것이다. 예를 들어 만약 우리가 창세기 14장의 특수한 상황 혹은 창세기 22장의 보다 일반적인 특징들이 몇 세기에 해당되는지를 알 수 있다면 본문을 이해하는 데 더 많은 도움을 얻을 것이다. 상당수의 시편 연구에서처럼, 문헌의 역사적 기원에 대한 관심이 여전히 해결되어야 하는 채로 남아 있다 할지라도 그러한 문헌에 대한 이해를 얻는 것이 불가능하지는 않을 것이다.

이렇듯 역사적 배경의 부재로 야기된 신학적인 문제는 성서 본문의 진정성(authority)과 관련된 것이다. 시편이나 원(原)역사 그리고 족장 이야기들과 같은 경우에, 이 본문들은 어떠한 사건들이나 역사를 보도하기 위해 기록된 것이 아니다. 대신에 본문에 나타나는 시와 산문들은 후대 신앙 공동체들이 자신들의 삶에 대해 생각할 때 유용하고 본질적인 것으로 사용되었다. 창세기 12-50장에 담긴 이야기들은 특정한 역사적 흐름 가운데 확고한 거처를 두고 있지 않은 채 정경으로 확립되었다.

둘째, **족장**이라는 용어는 창세기 12-50장과 같은 문헌의 특성에 적합하지 않다. 그 이야기에 등장하는 인물들은 아버지와 어머니, 아들과 딸, 숙모와 숙부 등 한 마디로 가족들이다. 계보는 부계중심일지 모르나(아래의 논의를 보라), 이야기는 아버지에게뿐만이 아니라 더 많은 사람들에게 초점을 맞추고 있다. 따라서 우리는 이를 족장 이야기가 아닌 "가족 이야기"(family stories)로 부르고자 한다.

그럼에도 창세기 전체에는 그 당시 의미로서 "족장적"(patriarchal)이라고 할 만한 명백한 부분들이 있다. 대부분 딸보다는 아들이 유산을 상속받는다. 이런 점에서 이들 본문은 일종의 사회상, 즉 공식적인 장소에서 남성을 더 선호하는 사회상을 반영한다. 비록 그 사회가 어떤 역사적 시점에 놓인 사회인지를 정확하게 파악할 수는 없다 할지라도 말이다.

이 문헌에 대한 여러 가지 연구방법들을 검토해본 뒤에, 우리는 창세기 12-50장을 기본적인 세 부분으로 나누어 살펴볼 것이다. 각각의 부분들은 모두 계보 공식으로 시작한다. "~의 족보는 이러하니라"라는 표현은 창세기 11:27, 25:19, 37:2에 나타난다. 이러한 공식들은 성서의 저자나 편집자들이 이 본문들을 어떤 방식으로 이해했는지를 잘 보여준다. 우리는 보통 아브라함, 이삭, 야곱을 특별히 중요한 인물로 생각하지만, 실제로 이 계보 공식에 등장하는 이름은 데라, 이삭, 야곱이다. 따라서 이 특별한 세 이름에 주목하는 것은 본문의 의미를 이해하는 데 중요한 열쇠를 제공

신학의 렌즈로 본 구약개관

해줄 것이다.

2. 창세기 12-50장에 대한 비평적 연구

창세기는 많은 성서 연구 방법론들을 시험해볼 수 있는 토대 역할을 해왔다. 비평적인 방법론치고 창세기 연구에 적용되지 않은 것이 없다. 따라서 우리는 성서를 연구하는 학생들이 유용한 방법들을 선택할 수 있도록 여러 방법론을 개괄하고자 한다. 창세기에 관한 신학적 연구를 진행하는 사람들이라면 누구나 으레 자신의 연구를 위해 비평적 방법론 중 한두 가지를 사용해왔다. 이러한 사실은 가장 먼저 다룰 자료비평에서 특히 그러하다.

1) 자료비평(Source Criticism)

이미 앞장에서 설명했듯이, 창세기 1-11장은 서로 다른 문체와 신학적 관점을 지녔던 다양한 저자들에 의해 만들어진 편집물이다. 창세기 1:1-2:4a은 제사장문서(P)라고 알려진 문헌에 속하며, 창세기 2-3장은 야웨기자(J)라 불리는 저자의 작품이다. 창세기 1-11장의 대부분은 이러한 두 개의 자료들로 구성된다.[1] 즉 제사장문서[P]와 야웨문서[J]로 말이다. 창세기의 구성을 이해하기 위해 이러한 방법론을 사용한 사람들은 창세기 12-50장에 대해서도 동일한 입장을 취했다. 다만 여기서 그들은 특히 창세기 12-36장에 대하여 제3의 자료, 즉 엘로힘문서(E) 자료의 존재를 주장했다. 엘로힘문서의 존재는 특별히 서로 다른 저자들의 관점에 의해 기록된

---

1) 이러한 구분에 대한 알기 쉬운 설명으로는 다음을 보라: M. Noth, *A History of Pentateuchal Traditions* (Englewood Cliffs, NJ: Prentice-Hall, 1972)의 부록. (원진희 역, 『오경의 전승사』[서울: 한우리, 2004]); A. Campbell/M. A. O'Brien, *Sources of Pentateuch: Texts, Introductions, Annotations* (Minneapolis: Fortress, 1993).

두 개의 "중복"된 이야기들에서 확인된다. 소위 "아내-누이" 사건이 이에 대한 가장 적절한 예다. 창세기 12:10-20, 20장, 26:1-16은 다음과 같은 동일한 기본 모티프를 가지고 있다. 외국에 거주할 때 자신의 아내를 누이라고 속이는 남편의 이야기가 그것이다. 처음의 두 경우는 아브라함과 사라를 등장인물로 삼는다. 그리고 마지막의 경우는 이삭과 리브가가 등장인물이다. 처음의 두 경우가 특히 흥미로운데, 그 이유는 그것들이 동일한 인물에 대한 동일한 이야기를 다루고 있기 때문이다. 이러한 현상에 대한 가장 확실한 설명은, 원래 있던 하나의 이야기가 두 명의 저자 혹은 이야기 전승에 의해 전달되다가 시간이 지나면서 각각의 신학적 관점을 지닌 독특성을 갖게 되었다고 이해하는 것이다. 창세기 12장의 이야기가 인간의 계획과 하나님의 의도 사이의 갈등에 초점을 맞추었다면, 20장의 이야기는 "하나님을 경외하는 것"에 관심을 보인다. 전자의 관심은 주로 야웨문서들에서 많이 발견되는 반면, 후자의 관심은 엘로힘문서의 특징이다. 유사한 경우가 하나님과 아브라함의 언약 체결 장면을 다룬 두 이야기들에서 발견된다. 물론 여기서는 해당 자료들이 다르다. 창세기 15장은 야웨문서이고, 창세기 17장은 제사장문서다.

가족 이야기를 이러한 방식으로 읽는 독자들은 각각의 "자료들"이 지니는 신학적 독특성에 주목하게 된다. 실제로 한스 발터 볼프(Hans Walter Wolff)와 월터 브루그만은 이를 정확히 연구한 통찰력 있는 논문들을 쓴 바 있다.[2] 학자들 중에는 각 자료의 핵심용어를 다음과 같이 정의하는 이들도 있다. 예를 들어 엘로힘문서(E)는 하나님 경외, 야웨문서(J)는 아브라함을 통한 모든 인류의 축복, 제사장문서(P)는 축복으로서의 땅을 핵심용어로 삼는다는 것이다.

그러나 자료비평에 대한 학문적 동향은 예전처럼 더 이상 힘을 얻지

---

2) 다음을 보라: W. Brueggemann and H. W. Wolff, *The Vitality of Old Testament Traditions* (Atlanta: John Knox, 1975.

못하고 있다.[3] 창세기의 기원을 설명하는 서로 다른 두 가지 패러다임이 등장했다. 하나의 패러다임은 하나의 기본자료 또는 이야기가 시간이 지나면서 첨가되고 편집되었다고 주장한다. 그러나 첨가물들을 근본적인, 또는 "본래적인" 자료로부터 구분하는 기준이나 범위에 대한 언급이 전혀 없다. 또 다른 패러다임은 창세기를 구성하는 "자료들"(sources)이 존재하지 않았으며, 대신에 창세기를 구성하는 여러 단편들(blocks)이 독립적으로 존재했는데, 후에 창세기가 구성될 때 현재 우리가 가지고 있는 본문을 형성하기 위해 그 단편들이 서로 결합되었다고 주장한다.[4] 여기서 창세기를 구성하는 기본적인 전승 단편들로는 원역사(창 1-11장), 가족 이야기들(창 12-36장), 요셉 이야기(창 37-50장)를 들 수 있다.

창세기의 기원에 관한 이러한 논의들은 이 책을 신학적으로 평가하는데 있어 분명한 의미를 준다. 만약 전자의 입장을 수용한다면 본래적 이야기의 신학적 의도와 후대 첨가물의 신학적 의도를 구분해야만 할 것이다. 만약 후자의 입장을 수용한다면 창세기를 구성하는 세 가지로 구성된 단편들이 지니는 각각의 신학적 요소들을 비교·대조해야만 할 것이다. 본서에서 우리가 취하고자 하는 입장은 후자에 가깝다. 요약하면, 창세기의 형성을 설명하기 위해 우리가 사용한 모델은 창세기를 신학적으로 다루는 방법에 큰 영향을 미칠 것이다.

2) 양식비평(Form Criticism)

창세기 1-11장에서와 마찬가지로, 창세기 12-50장에서도 계보(genealogy)

---

3) 최근 동향에 대한 탁월한 개설서로는 다음을 보라: J. Blenkinsopp, *The Pentateuch: An Introduction to the First Five Books of the Bible* (ABRL; New York: Doubleday, 1992); D. Carr, *Reading the Fractures of Genesis: Historical and Literary Approaches* (Louisville: Westminster/John Knox, 1996).
4) R. Rendtorff, *The Problem of the Process of Transmission in the Pentateuch* (JSOTSup 89; Sheffield, JSOT, 1990).

와 내러티브(narrative)가 주된 문학 양식을 이룬다. 문학적 양식의 특징에 관심을 가지는 학자들은 이 둘을 모두 연구해왔다. 계보는 내러티브만큼 많은 주목을 받지 못했다. 그러나 최근의 연구 결과들은 계보에 두 가지 형태, 곧 직선형(linear)과 방사형(branching)이 있음을 알려주었다.[5] 창세기에 나타나는 계보들은 거의 직선형이다. 즉 하나의 가족을 연대순으로 여러 세대에 걸쳐 나타내는 것이다(창 11:10-26). 이와는 대조적으로 방사형 혹은 단편적인(segmented) 계보들은 특정 시대에 한 가족 내의 여러 인척관계를 나타낸다. 이러한 종류의 계보는 창세기 29:31-30:24에 기록되어 있고, 창세기 49장에서는 시의 형태로 반영되어 있다. 창세기 49장의 계보는 야곱의 아들들과 그들의 인척관계를 보여준다.

두 가지 형태의 계보들은 서로 다른 기능을 한다. 직선형 계보는 어느 특정한 개인이 하나의 집단(예를 들어 이스라엘 혹은 모압)이나 특권층(예를 들어 왕족 혹은 제사장 가계)에 속해 있음을 간단히 확인시켜주기 위해서, 또한 그 개인에게 집단에 소속될 수 있는 권한을 부여하기 위해 생겨난 것이다. 반면에 단편적인 계보는 동시대에 살고 있는 사람들 가운데서 인척 간의 권력과 지위를 보여준다. 따라서 계보들은 서로 다른 기능을 한다. 그리고 우리가 앞으로 살펴보겠지만, 그것들은 단순히 계보만을 제공하는 것이 아니라 우리에게 신학적인 의미를 전해준다.

창세기에 나오는 내러티브와 계보의 관계를 설명하기란 쉽지 않다. 몇몇 학자들은 내러티브들이 더 오래된 것이고 그것들이 이차적으로 연결될 때 이야기 속 인물들을 통합하고 있는 계보가 사용되었다고 주장해왔다. 그런가 하면 다른 학자들은 계보들이 먼저 생겨났고 이어서 계보적 매듭(예를 들어 쌍둥이 형제 관계와 같은)이 내러티브들(야곱과 에서 이야기와 같은)을 형성시켰다고 주장했다. 이 둘 중 어느 모델을 수용하든지 간에 대부분

---

5) R. Wilson, *Genealogy and History in the Biblical World* (New Haven: Yale University Press, 1977).

의 독자들이 계보보다 내러티브에 더 많은 흥미를 갖고 있다는 사실은 의심의 여지가 없다.

헤르만 궁켈(Hermann Gunkel)은 창세기 내러티브를 연구하는 방법에 지대한 영향을 끼친 사람이다.[6] 그의 이름은 내러티브에 대한 양식비평적 해석과 관련하여 유명해졌다. 그는 내러티브들에 독일어로 **민담**(Sage)이라는 이름을 붙여주었다(이 독일어 단어는 영어의 무용담[saga]이나 심지어 전설 [legend]에도 상응하지 않는다). 그렇게 함으로써 궁켈은 창세기에 나오는 내러티브의 양식이 무엇인지를 정의하였다. 궁켈이 생각한 내러티브 단위는 결코 길지 않다. 그에게 있어 아브라함 "이야기"는 없다. 대신에 **민담**(Sage)은 인물보다는 특별한 장소나 출생, 죽음, 싸움과 같은 문제에 초점을 두고 있는 짧은 에피소드다. 대부분의 경우에 그것들은 가족의 생활상을 다룬다. 궁켈은 창세기 내러티브들이 구전으로 만들어진 이야기일 것이라고 생각했다. 또한 대부분의 내러티브들이 원인론적(etiological) 관심, 즉 어떠한 이름이나 관습의 기원을 설명하려는 데 관심을 갖고 있다고 보았다(창 32:30-32을 보라).

내러티브(narrative) 혹은 **이야기**(story)라는 용어는 보다 큰 본문들에 적용되었다. 그래서 우리는 야곱과 라반 이야기, 아브라함 이야기, 심지어 창세기 이야기라는 표현을 사용한다. 그러한 모든 주장들은 충분히 존중되고 검토되어야 한다. 어떠한 본문에 내러티브가 포함되어 있는지의 여부를 판단하는 좋은 방법은 그 안에 단순한 사건의 나열이 아닌 플롯(줄거리)이 존재하는가를 살피는 것이다. 사건 보도라고 해서 다 내러티브인 것은 아니다.

창세기 연구에서 (그리고 일반적인 성서학에서) 궁켈의 공헌을 지나치

---

6) 창세기에 관한 H. Gunkel의 두 권의 연구서가 영어로 번역되었다: H. Gunkel, *Genesis* (Macon, GA: Mercer University Press, 1997); H. Gunkel, *The Legends of Genesis* (Chicago: Open Court, 1997).

게 과대평가해서는 안 될 것이다. 그러나 창세기를 연구하는 상당수의 사람들은 역사적 문제(서술된 사건들이 실제로 일어났던 것인가의 여부)나 교리적 문제(보도된 내용들이 종교적 이해에 부합하는지의 여부, 가령 **무로부터의 창조**[*creatio ex nihilo*]와 같은)에 관심을 기울인 반면, 궁켈은 심미적인 (aesthetic) 문제에 초점을 맞춤으로써 새로운 시도를 감행했다. 그는 고대 이스라엘 문학의 독특한 특징들을 묘사하는 데 관심을 기울였다. 그가 관심을 가졌던 특성들은 20세기 후반 성서 연구의 주된 흐름이 되었다.

3) 전승사(Tradition History)

전승사는 양식비평의 논리적 귀결이다. 창세기 연구에서 전승사는 마르틴 노트(Martin Noth)의 연구와 관련되어 있다.[7] 그는 개별적인 이야기들이 어떻게 수집되어 현재의 모습으로 발전되었는지를 알고자 했다. 그는 시간이 지남에 따라 개별적인 이야기들이 특정한 장소에서 구전되고 수집되었다고 가정했다. 예를 들어 브엘세바에서는 아브라함 이야기가 전승되고 벧엘에서는 야곱 이야기가 수집되었다는 것이다. 또한 그는 본래 서로 관련 없던 인물들—아브라함, 이삭, 야곱—이 가공의 계보를 통해 서로 연결되었다고 추측했다. 그러나 노트의 주된 관심사는 이러한 주요 인물들과 연관된 전승의 단위들이었다. 이 장에서 우리는 이와 유사한 방법을 시도할 것이다. 그러나 단순히 개인 자체가 아니라 그 개인이 속해 있는 가족에게 초점을 맞추고자 한다. 신학적 문제에 관심을 가지는 독자라면 아브라함 내러티브에 담긴 관심사가 야곱 내러티브에 담긴 관심사와 어떻게 유사하고 어떻게 다른지를 물어야만 할 것이다.

---

7) M. Noth, *A History of Pentateuchal Traditions* (Englewood Cliffs, NJ: Prentice-Hall, 1972.

신학의 렌즈로 본 구약개관

4) 편집비평(Redaction Criticism)

편집비평은 창세기가 본래 개별적인 부분들―그것들이 자료들이든 이야기들이든―에 의해 형성되었다는 가정에서 출발한다. 편집비평은 개별적인 자료 혹은 이야기들을 현재 본문으로 형성시킨 원리나 관심사가 무엇인지를 알아보는 것이다. 예를 들어 만약 개별적 이야기들이 독립적으로 유포되었다면, 창세기 12장이 20장보다 앞에 위치하게 된 이유는 무엇인가?

소위 제사장문서가 보다 오래된 문서 위에 첨가되었다는 사실이 일반적으로 수용되고 있다. 게다가 히브리어 **톨레도트**(niṯḇin, "세대들" 또는 '후손들")를 포함하고 있는 다수의 공식문구들이 후대에 첨가된 전승들을 통해 소개된다(창 2:4; 5:1; 10:1; 11:27 등). 이러한 공식들은 제사장 전승에서 기인한 것으로 보인다. 또한 그것들은 전형적으로 자료의 단위를 도입하는 역할을 하며, 어느 하나의 자료를 그 앞에 위치한 자료단위와 계보적으로 연결시킨다. 계보 공식의 사용 안에 내재된 기본 전제는, 모든 사람 심지어 우주까지도 서로 긴밀히 연결되어 있다는 사실이다. 이스라엘을 이해하기 위해서는 그들이 자신들보다 앞서 살았던 사람들 및 자신들과 함께 살았던 사람들과 연결되어 있음을 고려해야 한다.

5) 종교사(History of Religions)

앞서 살펴보았듯이, 가족 이야기들의 역사적 맥락, 즉 본문의 배경이 되는 사회세계를 설명하기란 참으로 어렵다. 그럼에도 본문에는 사회적이고 종교적인 세계가 드러나 있다. 본문을 신학적 차원에서 살펴보길 원한다면 본문에 등장하는 가족들이 가졌던 종교적 관점들에도 관심을 기울여야 한다.

창세기 12-50장이 그려내고 있는 종교적 세계는 상당히 복잡하다.[8] 실

---

8) 고전적인 연구로는 다음을 보라: F. M. Cross, *Canaanite Myth and Hebrew Epic: Essays*

제로 창세기 1-11장에 등장했던 신의 이름들이 여기서도 동일하게 나타난다(야웨-the Lord, 그리고 엘로힘-God). 그러나 신의 이름을 표현하는 어휘의 수는 가족 이야기에서 더욱더 증가한다. 한편으로 "조상의 신"(the god of the father)을 언급하는 표현들이 등장하는데, 이는 분명 씨족 신 혹은 가족의 수호신들을 섬기던 상황에서 유래했을 것이다. 이러한 특징은 라반과 야곱이 언약을 체결하는 과정 속에 분명하게 묘사되어 있다(창 31:43-54). 의식의 일부분으로서 라반과 야곱은 자신들의 가족 신의 이름으로 서약을 한다. 라반은 "나홀의 하나님"으로 맹세하고 야곱은 "아브라함의 하나님"으로 맹세한다(흥미롭게도 두 경우 모두에서 그들은 자신들의 아버지의 신으로 맹세하지 않는다). 그들은 동일한 종류의 신으로 맹세하지만, 동일한 신으로 맹세한 것은 아니다. 종교적 다원주의는 고대 세계의 중요한 특징이었다.

아브라함, 이삭, 야곱과 관련된 신들을 세부적으로 살펴보면 종교적 다양성에 대한 동일한 인식을 얻게 된다. 각각의 경우에 족장의 신을 표현하는 명칭들이 있다. 곧 아브라함-"마겐"(מָגֵן) 혹은 "방패"(창 15:1), 이삭-"파하드"(פַּחַד) 혹은 "경외하는 이"(창 31:42), 야곱-"아비르"(אֲבִיר) 혹은 "황소"(창 49:24)다. 이러한 명칭을 통해 우리는 각 개인의 신들이 나름대로 독특한 정체성을 가지고 있었음을 알 수 있다. 그리고 그러한 특징들로 인하여 각각의 신들은 씨족의 신들로 추앙받았을 것이다. 신과 가족은 긴밀하게 얽혀 있었다.

엘('el)이라는 단어가 포함된 또 다른 신학적 용어에 있어서는 상황이 달라진다. "엘"이라는 이름은 신을 지칭하는 보통명사인 동시에 가나안 최고신의 이름이기도 하다. 각각의 경우에 히브리 성서 본문은 명사 "엘"(El)과 또 다른 용어들을 함께 결합하여 표현한다. 창세기 14:18-22의 "엘 엘리온"(El Elyon: 지고의 신), 16:13의 "엘 로이"(El Roi: 관찰하시는 하나님), 17:1

---

in the History of the Religion of Israel (Cambridge: Harvard University, 1973).

신학의 렌즈로 본 구약개관

의 "엘 샤다이"(El Shaddai: 전능하신 하나님), 21:33의 "엘 올람"(El 'Olam: 영원하신 하나님), 33:20의 "엘 엘로헤 이스라엘"(El Elohe Israel: 이스라엘의 하나님 엘), 35:7의 "엘 벧엘"(El Bethel: 벧엘의 하나님). **조상들의 하나님**이란 표현이 다양한 장소와 배경에서 알려진 씨족 신 형태의 종교를 반영하고 있다면, "엘"이라는 명칭은 시리아-팔레스타인 고유의 종교적 전통, 특히 우가리트 문헌들에서 예시되어 있는 가나안 전통에서 잘 어울린다.[9] 따라서 "엘"이란 이름이 시리아-팔레스타인의 특정한 장소의 명칭(창 32:30에서의 브니엘처럼)에서 종종 발견된다는 사실은 놀랄 일이 아니다.

다양한 종교적 세계를 배경으로 삼았음에도 성서의 저자들이 종교체계의 전체적인 통일성에 대한 주장을 이끌어냈다는 사실은 흥미로운 일이 아닐 수 없다. "나는 야웨니 너희 조부 아브라함의 하나님이요 이삭의 하나님이라"라는 성서 저자들의 기록은 야웨가 여러 조상들의 하나님이라는 주장을 분명히 드러내고 있다(창 28:13). 게다가 출애굽기에서 성서 저자들은 이와 동일한 주장, 곧 서로 다른 이름에도 불구하고 이스라엘의 하나님은 여러 세대를 지나도 변함이 없는 분이며 다른 지리적 배경에서도 동일한 분이라는 주장을 펼친다(출 6:2-3).

창세기에 나타난 가족 이야기들을 통해 무언가를 얻고자 하는 독자들은 본문에 나타나는 여러 가지 명확한 신학적 단어들을 살펴보아야만 한다. 지나친 단순화의 오류를 무릅쓰고서라도, 우리는 씨족 신에 대한 언급이 특정한 가족사(事)와 보다 깊은 관련을 갖는 반면, "엘" 신에 대한 언급은 대체적으로 장소에 초점을 맞춘 것이었다고 말할 수 있다.

---

9) 우가리트 문헌들은 기원전 1400년경의 것으로 추정되며 후기 청동기 시대의 가나안 문화를 반영한다. 그것들은 지중해 연안에서 텍스트의 형태로 보존되었다. 중요한 서사시들과 신화들에 대한 간편한 번역서로는 다음을 보라: S. Parker, *Ugaritic Narrative Poetry* (WAW; Atlanta: Scholars Press, 1997).

6) 문학비평(Literary Criticism)

가족 이야기들을 단순히 이야기 또는 문학으로 이해하는 것보다 더 자연스러운 방법론은 없다.[10] 그러나 이러한 해석방식은 최근에 와서야 본격적으로 발전하기 시작했다. 독자들은 주제, 모티프, 성격 묘사, 줄거리, 대화 등의 문제를 살펴봄으로써 문학작품의 기본적인 특징들을 파악할 수 있다. 예를 들어 아브라함의 성격과 야곱의 성격을 비교 대조할 수도 있고, 심지어 본문 속의 하나님을 하나의 등장인물로 연구할 수도 있다.

창세기에 대한 문학적 연구의 가장 큰 도전 중 하나는 연구대상이 되는 본문의 범위를 결정하는 문제다. 과연 궁켈처럼 하나의 개별적인 **민담**(Sage)을 두고 연구해야 하는가, 노트처럼 아브라함과 사라 이야기와 같은 이야기의 주기(cycles)를 놓고 연구해야 하는가, 렌토르프(R. Rendtorff)처럼 요셉 이야기나 가족 이야기와 같은 중요한 구성단위(blocks)를 두고 연구해야 하는가, 아니면 창세기 전체를 하나의 긴 이야기로 놓고 연구해야 하는가? 물론 우리는 이 모든 방법들을 시도할 수도 있고 그중 몇 가지만 선택할 수도 있다. 그리고 이 모든 방법들이 이미 시도되어왔다.

7) 사회세계분석(Social-World Analysis)

우리는 가족 이야기의 역사적·사회적 배경을 정확히 재구성하는 일이 불가능하다는 점을 이미 살펴보았다. 그럼에도 본문에는 분명한 사회세계가 존재한다. 본문은 운송 수단, 음식물, 주거형태, 기후, 농업, 친족의 구조, 그 밖의 다른 것들을 묘사한다.

우리는 사회학자, 인류학자, 경제학자들이 개발해놓은 방법들을 통해 그러한 정보들을 연구할 수 있다. 예를 들면 데라로부터 유래한 친족

---

10) 성서 본문을 이러한 방식으로 읽기 위한 입문서로서 우리는 다음을 추천한다: R. Alter, *The Art of Biblical Narrative* (New York: Basic Books, 1981). (황규홍, 박영희, 정미현 역, 『성서의 이야기 기술』[서울: 아모르문디, 2015]).

구조는 인류학을 공부하는 학생들에게는 익숙한 것이다. 남자가 남성 중심의 가계에서 출생한 아내를 취하는 결혼형식을 부계 중심적 족내혼(patrilineal endogamy)이라고 부른다. 이와 유사하게, 20세기 북아메리카 사람들의 눈에는 일부다처제가 이상하게 보이겠지만 다른 지역에서는 아브라함과 아내, 첩의 관계가 낯설지 않을 것이다. 한 남자가 자매관계의 두 여자와 결혼하는 것도 동일한 경우다. 비교 문화 연구(cross-cultural study)는 그러한 결혼 관습이 재산을 이어받을 남성 후계자를 절실히 요구하는 사회에서 발생한다는 사실을 보여준다. 창세기 본문에 대한 사회세계 연구는 오랜 역사를 지니고 있지 않지만, 그러한 연구결과들은 앞으로 진행될 창세기 연구에 커다란 영향을 미칠 것이다.[11]

앞서 분명히 밝힌 바와 같이, 각각의 다양한 방법론들은 서로 다른 문제의식과 관심들을 지니고 있다. 그리고 이 방법론들은 독자들이 가족 이야기에 나타난 여러 가지 종교적·신학적 문제들을 연구하는 데 큰 도움을 줄 것이다.

3. "데라의 족보는 이러하니라"(창 11:27-25:18)

원역사와 가족 이야기 사이의 경계는 불분명하다. 창세기 11장과 12장 사이에 경계선을 긋는 일은 창세기 9:27의 특별한 내용(예를 들어 가나안 사람들과 이스라엘인의 관계)에 비추어볼 때 적절하지 않다. 또한 앞선 장들에서 비롯된 문제들을 담아 전달하는 넓은 범위의 본문들―창세기 12:1-3과 같은―에는 더더욱 적합하지 않다.

---

11) 다음의 연구를 보라: N. Steinberg, *Kinship and Marriage in Genesis: A Household Economics Approach* (Minneapolis: Fortress, 1993).

1) 내러티브 개요

이 본문의 줄거리는 아브라함과 사라가 후손을 약속받고 후손을 남기는 일에 초점을 맞추고 있다. 그 줄거리는 자손을 남기려는 부부의 자발적인 행동에 의해 전개되지 않는다. 대신에 하나님의 약속의 말씀(창 12:1-3)이 하나의 질문을 제기한다. 아브라함에게서 큰 민족은 고사하고 자식 하나라도 태어날 수 있겠는가? 물론 본문에는 아브라함의 조카 롯과 관련된 부차적인 줄거리가 들어 있다. 롯의 이야기를 통해 아브라함의 진정한 후계자가 자리 잡을 공간이 마련된다.

저자는 아브라함 가족의 이야기를 진행시키기 위해 지리적 이동이라는 기법을 사용한다. 때에 따라서 그러한 이동은 하나님에 의해 직접적으로 이루어진다(창 12:1). 그리고 때로는 절박한 상황에 의해 일어나기도 한다(창 12:10-20). 여기서 우리는 이동—심지어 기근으로 인한 이집트로의 이동까지(창 12:10에서처럼)—과 관련된 본문에 예시되어 있는 하나의 모티프를 발견하게 된다. 그 모티프는 이스라엘의 삶 가운데 두드러지게 나타날 것이다.

2) 이방 민족들 가운데 놓인 이스라엘

다른 두 개의 주요한 가족 이야기들과 달리 이 이야기는 계보로 시작된다. 계보를 통해 데라는 대홍수 이후 세대들 안에 포함된다. 다시 한 번 말하지만, 가족 이야기와 원역사의 경계는 뚜렷하지 않다. 고대 저자들은 이스라엘의 "조상"을 증언하는 데 관심을 가졌다. 메소포타미아나 이집트에 비해 고대 근동에 뒤늦게 출현한 이스라엘은 홍수의 생존자와 자신들의 관계를 계보적으로 설명할 필요가 있었다. 그리하여 셈의 먼 후손으로서 아브라함은 노아의 "후예"가 되었다.

여러 민족 가운데 이스라엘이 뒤늦게 등장했기에 데라/아브라함 이야기는 이방 민족들 가운데서 이스라엘이 가지는 위치를 강조한다. 우리는 이를 가족 이야기의 국제적인 차원으로 이해할 수 있다. 데라 가족은 고립되어 산 것이 아니라 다른 민족들과 함께―보다 이전 역사에서부터 동시대까지 존재한 민족들과 함께―살았다. 게다가 계보적이고 신학적인 관점에서 볼 때, 다른 민족들은 "확대된" 가족의 일부였다.

데라/아브라함 이야기는 다양한 시리아-팔레스타인 집단들의 기원에 대해 진술하고 있다. 창세기 19:30-38에서는 모압과 암몬, 창세기 25:2에서는 미디안, 창세기 22:21에서는 아람의 기원이 진술된다. 이스마엘의 후손들은 창세기 21장의 하갈과 이스마엘 이야기에서 자신들의 기원을 발견한다. 확실히 이스라엘은 훗날 이러한 수많은 집단들과 적대적인 관계에 놓일 것이다. 그러나 그 집단들의 기원을 가족관계로 설정함으로써 이스라엘은 깊은 적대감의 원인을 설명하고자 한다.

데라/아브라함 이야기에서 정말로 특이한 창세기 14장은 가족 이야기의 국제적인 성격을 잘 드러내준다. 그러나 여기에는 계보적 연결이 나타나지 않는다. 여기서 전사(戰士)로 표현되는 아브라함은 연합군을 물리치고 그 행동으로 인해 살렘(예루살렘?) 왕 멜기세덱으로부터 복을 받는다. 분명히 이 에피소드는 창세기 12:3에 나오는 신학적 전승을 반영하는 단편이다. "땅의 모든 족속이 너로 말미암아 복을 얻을 것이라." 단지 아브라함만 땅의 모든 족속과 관련을 맺고 있는 것은 아니다. 그와 더불어 그의 가족들도 부르심을 받았다. 그들은 아브라함과 명백하게(최근의 계보를 통해), 또는 암시적으로(고대의 계보를 통해) 관계를 맺고 있는 모든 사람들을 위한 복의 근원으로 부르심을 받았다.

3) 주어지고 확증된 약속

데라/아브라함 이야기에서 맨 처음 말씀하시는 분은 하나님이시다. 그 내용은 심상치 않다.

너는 너의 고향과 친척과 아버지의 집을 떠나 내가 네게 보여줄 땅으로 가라. 내가 너로 큰 민족을 이루고 네게 복을 주어 네 이름을 창대하게 하리니 너는 복이 될지라. 너를 축복하는 자에게는 내가 복을 내리고 너를 저주하는 자에게는 내가 저주하리니 땅의 모든 족속이 너로 말미암아 복을 얻을 것이라(창 12:1-3).

여기서 하나님은 두 가지 다른 종류의 약속을 제공하신다. 한편으로 하나님은 아브라함을 통해 큰 민족을 이루시겠다고 약속하신다. 그러한 약속은 아브라함에게 (그리고 아마도 사라에게) 자식이 생겨나야 함을 의미한다. 다른 한편으로 하나님은 아브라함에게 그가 살 땅을 보여주겠다고 (그리고 아마도 주겠다고) 약속하신다. 약속의 내용을 구성하는 주된 두 요소는 바로 "땅"과 "자손"이다.

약속이라는 용어는 중립적이고 심지어 진부하기까지 하다. 누구나 약속은 할 수 있다. 하나님이라고 예외인가? 아브라함에게 주어진 약속들의 진정한 의미를 이해하기 위해서는 창세기 전체의 맥락에서 그것들을 살펴보아야 한다. 약속은 그 전에도 있었다. 예를 들면, 하나님은 노아에게 당신이 모든 생명체와 맺었던 언약을 기억하겠다고 약속하신 바 있다(창 9:15-16). 하나님은 인간을 처벌하겠다고 "약속"하셨는가 하면(창 3:16), 더 이상 그러한 처벌을 내리지 않겠다고 약속하시기도 했다(창 8:21). (본서의 제2장에서 해당 본문들에 대한 논의를 보라.) 그러나 하나님이 정말로 단정적인 무언가를 특정 사람에게 행하시겠다고 약속하신 경우는 창세기 12:1-3이 처음이다. 이 약속은 바벨탑 사건의 여파로 흩어진 민족들을 배경으로 주어진다. 하나님은 지금까지 한 번도 땅을 소유해본 적이 없는 사람들에게 땅을 주겠다고 약속하신다.

창세기 12:1-3의 약속은 데라/아브라함 이야기에서 계속되는 관점, 즉 아브라함과 하나님의 언약 체결(창 15장과 17장)을 통해 이해되어야만 한다. 언약이라는 단어는 히브리 성서 전체에서 강력한 상징성을 제공한다. 우리는 이미 하나님이 모든 생명체와 맺은 언약(창 9:1-17)에 대해 논의하였다. 데라/아브라함 이야기에서 언약은 훨씬 더 명료해진다.

언약은 단지 신이 인간에게 말한 어떤 것이 아니다. 그것은 실질적인 약속이며 실제 삶 속에 나타나는 경제·정치·사회적 업무를 처리할 때 사용되는 개념을 기초로 성립한다. 예를 들면 아브라함과 그랄 왕 아비멜렉은 한 가지 문제를 해결하기 위해, 즉 특정 우물의 사용과 그것의 소유권에 대한 권리가 누구에게 있는지를 확정하기 위해 언약을 맺는다(창 21:25-34). 이러한 언약은 대개 맹세를 동반하며 가축으로 값을 지불한다. 그리고 그러한 행위를 통해 합법적인 관계가 형성된다.

창세기에는 하나님과 아브라함의 언약 체결에 관하여 두 가지 이야기가 등장한다.[12] 그러나 사람들은 왜 그러한 언약 체결이 필요한지 의문을 가질 것이다. 왜냐하면 하나님은 이미 아브라함에게 땅과 자손을 약속하셨기 때문이다. 그러나 약속만으로는 충분치 않았던 것 같다. 그래서 언약 체결을 통해 그러한 약속을 법적으로 해명하는 일이 필요했던 것이다.

창세기 15장과 17장은 모두 "아브라함 언약"(the Abrahamic covenant)으로 규정되지만 그것들은 동일하지 않다. 이들 두 언약은 모두 창세기 12:1-3에서 주어진 약속을 명확히 하며 상세하게 묘사한다. 전형적으로 야웨문서로 알려진 창세기 15장은 언약의 구성 요소들을 설명한다. 큰 민족을 이루는 문제로 인해 아브라함은 하나님께 하소연한다. 그러한 일을 실제적으로 이루기 위해 자신의 아들은 아니지만 집안의 구성원인 다메섹의 엘리에셀을 상속자로 삼아야 하지 않겠냐고 말이다. 하나님은 단호하게 "그 사람이 네 상속자가 아니라 네 몸에서 날 자가 네 상속자가 되리라"고 대답하신다(창 15:4). 이 언약은 하나님에 대한 아브라함의 의심에서 비롯된 것이다. 하나님이 아브라함에게 처음 하신 말씀은 그의 가족이 큰 민족이 되리라는 약속과 관련하여 아브라함에게 주시는 최종적인 말씀이 되기에는 충분하지 못했던 것으로 보인다.

---

12) C. Westermann은 창세기 15장이 언약을 반영한다고 생각하지 않았다. 다음을 보라: C. Westermann, *Genesis 12-36* (Minneapolis: Augsburg, 1985).

본문은 이제 땅의 문제를 다룬다.[13] 이는 이스라엘이 차지하게 될 영토의 경계를 알려줄 뿐만 아니라 땅의 분배가 미뤄질 것임을 설명해준다. 현재 거주자인 아모리인들의 죄악이 극심해져서 그들이 정당하게 추방당할 때까지, 아모리인들은 더 오랜 기간 동안 그 땅에서 머물게 될 것이다.

언약의 과정에서 아브라함에게 주어진 의무는 없다. 실제로 이 언약은 하나님을 향한 아브라함의 의심에 대한 대답일 뿐만 아니라 "야웨를 믿으려는" 아브라함의 의지에 대한 답변이다. 그러나 창세기 15:6은 모호하다. 의심할 바 없이 본문은 아브라함이 야웨를 믿고 신뢰했다고 보도한다. 그러나 그다음에 등장하는 동사의 주어가 불분명하다. 아브라함이 주어일 수도 있고 하나님이 주어일 수도 있다. 다시 말해 아브라함이 하나님을 의롭게 여겼을 수도 있고, 하나님이 아브라함을 의롭게 여기셨을 수도 있다. 사람들은 아브라함이 하나님에게 의롭다 여김 받았다고 말하기도 하고, 혹은 하나님이 아브라함에게 의로움을 드러내셨다고 주장하기도 한다. 두 경우에서 하나님과 아브라함은 서로를 신뢰할 마음을 갖고 있었다. 이러한 신뢰가 바로 언약의 특징이다. 이는 아브라함과 아비멜렉 사이에서든 아브라함과 하나님 사이에서든 간에 마찬가지다.

창세기 17장은 제사장문서의 특징을 지닌다. 사람들은 다음과 같이 질문해야만 한다. 창세기 15장에서 하나님과 아브라함의 언약이 이미 체결되었는데 왜 창세기 17장이 다시금 필요한가? 심지어 창세기 17장은 이 문맥에서 적절한 것인가? 그러나 이 언약에 담긴 독특한 특징을 살펴볼 때 우리는 그 해답을 알게 된다.

본문의 시작부터 하나님은 아브라함에게 "너는 내 앞에서 행하여 완전하라"고 말씀하신다. "내 앞에서 행하여"란 표현은 단순히 제단 앞에 나오

---

13) 실제로 많은 것들이 아브라함과 그의 후손들에게 약속되었다. 예를 들어 그들은 "큰 민족"이 될 것이고(창 12:2) "민족의 여러 왕이 그에게서 날" 것이다(창 17:16). 여기에는 제왕적이고 민족적인 의미가 명백하게 나타나며 이는 아마도 이것들이 왕조 시대에 기록되었음을 반영하는 듯하다.

신학의 렌즈로 본 구약개관

는 모습이 아닌 삶의 형태를 의미한다. 우리는 이것이 언약의 조건이며 아브라함과 그의 자손에게 주어진 것임을 알게 된다. 그리고 이 표현은 땅의 수여와 연결된다. 명령적인 어조가 계속된다. 이스라엘 집안의 모든 남자는 할례를 받아야만 한다. 이것 역시 아브라함에게 요구된 것이다. 그러나 할례 의식은 더 많은 사람들에게 주어진다. 왜냐하면 이를 통해 이스라엘 집안의 모든 새로운 세대들이 언약의 공동체가 되기 때문이다.

끝으로 창세기 17장의 언약은 자손에 대한 약속이 지닌 독특한 특징을 보여준다. 창세기 16장에 보도된 가족 내의 불상사는 지금까지 모호하게 주어졌던 자손에 대한 약속에 기인한 것이다. 그 문제는 누가 아브라함의 후계자의 어미가 되어야 하는가에 대한 것이었다. 창세기 17:15은 사라에게서 자식이 태어날 것임―하갈이 아닌 그녀가 열국의 어미가 될 것―을 진술하고 있다.

요약하면, 약속의 말은 언약의 말로 연결된다. 창세기 15장과 17장은 창세기 12:1-3의 보편적인 약속을 더욱 명료하고 상세하게 설명한다. 더불어 이 본문들은 의무를 감당하시는 하나님을 묘사한다. 하나님은 약속을 제공하시고 그 답례로 그에 합당한 생활 방식―하나님 앞에서 행하기―을 요구하신다.

4) 약속의 결과

방금 확인했듯이, 약속은 땅과 자손이라는 두 가지 요소를 가지고 있다. 그렇다면 언약을 통해 승인된 그러한 약속은 어떻게 이행되었을까?

땅의 약속은 땅의 소유권에 대한 언급을 명확히 담고 있지 않으며 오히려 거주에 대해서만 언급한다. 오로지 언약의 내용에서만 소유의 문제를 다룬다. 이런 점에서 아브라함의 이동과 땅에 대한 그의 법적 지위를 살펴보는 일은 흥미롭다. 아브라함은 약속의 말씀을 들은 후 활동장소를 네게브로 옮기고 이집트로 내려갔다가 후에 팔레스타인으로 되돌아와 마므레에서 제단을 쌓는다. 아브라함은 그랄로 떠날 때까지 마므레에 머문다(창 20장). 우리는 그가 팔레스타인에 언제 돌아왔는지 정확히 알지 못한다. 그러나 그는 창세기 21장에서 다시 팔레스타인의 남부지방에 머물고 있다. 여기서 우리는 그가 우물의 소유권을 얻은 것과 "블레셋 사람의 땅에서 여러 날을 지냈다"(창 21:34)는 사실을 알게 된다. 그리고 나서 창세기 23장은 아브라함이 그의 아내와 자기 자신의 매장을 위해 마므레 근처의 들판과 동굴을 구입한다고 보도한다(창 25:10).

이러한 경과를 살펴보면, 아브라함은 겨우 발 디딜 정도의 적은 땅만을 얻었을 뿐이다. 그러나 우물과 장사지낼 터전을 구하는 그의 노력이 곧장 하나님의 약속의 성취로 이어지는 것은 아니었다. 땅의 약속은 아브라함의 생전에는 이루어지지 않았다. 그리고 그것은 창세기가 끝나도록, 심지어 오경이 끝날 때까지도 이루어지지 않았다. 결과적으로 이스라엘은 여전히 약속의 백성으로 남아 있을 뿐이었다.

반면 자손에 대한 약속은 상황이 다르다. 데라/아브라함 이야기의 대부분을 이끌어가는 주제는 땅에 대한 약속이라기보다는 자손에 대한 약속이다. 자손에 대한 약속이 성취되어가는 과정을 보여주는 에피소드들을 살펴보는 것이 다소 도움을 줄 것이다.

자손에 대한 약속이 주어진 지 얼마 지나지 않아, 아브라함과 사라는 이집트로 내려가고, 거기서 사라는 파라오의 집에 들어간다. 그러한 상황은 그 가족이 후사를 얻을 수 있는 가능성을 위협했다. 이야기의 결말에 가서야 이들 부부는 재결합한다. 그리고 나서 첫 번째 언약 이야기가 나온 후 사라는 꾀를 낸다. 집안의 하녀인 하갈에게 배우자의 역할을 대신하게끔 하여 아브라함의 아이를 갖게 한 것이다. 비교 문화 연구에 의하면 이스마엘과 같은 아이는 합법적인 상속자가 될 수 있다고 한다. 이 계획이 시행된 후 사라 자신이 아들을 가질 것이라는 두 번째 언약 이야기가 나온다. 그리고 나서 두 번째 아내-누이 에피소드가 아브라함의 아내이자 그의 아들의 어미가 될 사라의 역할을 위태롭게 한다. 그러나 그들이 재결합한 후 사라는 아들, 곧 이삭을 낳는다. 이스마엘과의 잠재적인 충돌은 이스마엘이 불가피하게 집을 떠나야 하는 결과로 이어진다. 그러나 이삭이 홀로 남은 상태에서 또 다시 상속자의 생존에 문제가 발생한다. 하나님이 아브라함에게 그를 죽이라고 명령하셨기 때문이다. 그러나 결국 이삭은 살아남는다. 사라가 죽은 후, 이삭에게 좋은 아내를 구해주려는 시도가 진행된다. 가족 구조를 유지하기 위해서 그는 데라의 혈통에 속한 사람과 결혼을 해야만 했다. 따라서 그는 데라의 후손 가운데서 리브가를 아내로 맞이한다. 결혼은 이삭의 자녀들에 대한 다음 이야기의 무대를 만들어 준다.

하갈과 이스마엘, 그리고 그들이 나타내는 모든 것들이 모호하다는 점에 특별히 주목해야만 한다.[14] 이스마엘은 집안의 아들로서 약속을 이행할 수 있었다. 아브라함은 자신이 이름 지어준 그 아이에게 깊은 애정을 갖고 있었다. "아브라함이 그의 아들로 말미암아 그 일이 매우 근심이 되었더니"(창 21:11). 또한 하나님은 하갈에게도 약속을 주신다(창 16:10). 이어서 그녀는 "그녀에게 말씀하신 야웨"를 위해 새로운 이름을 지어드렸다(창 16:13). 이 이집트인 노예 소녀는 한 민족의 어머니가 될 것이다.

그렇지만 이스마엘과 하갈은 여전히 이스라엘의 친족구조 주변에 머문다. 비록 그 아이가 집안에서 버려지기는 했지만, 성서 저자는 "하나님이 그 아이와 함께 계셨다"라고 언급한다(창 21:20). 이 전승은 하나님이 단지 이삭에게만 관심을 갖고 있지 않음을 말해준다. 이스마엘을 향한 하나님의 관심은 창세기 12:1-3을 관통하는 모티프에 부합한다. 즉 축복이 이스라엘 집안 너머에까지 적용된다는 사실이다. 구약성서는 이스라엘이 이스마엘의 자손들과 인척관계에 있음을 나타내면서, 이러한 모티프를 인정한다. 그들은 결코 서로 싸우지 않는다. 그들의 평화로운 관계는 이스마엘

---

14) 우리는 아랍 민족들이 자신을 이스마엘을 통한 아브라함의 자손이라고 주장함을 잘 알고 있다. 결국 유대인, 그리스도인, 이슬람교도들은 모두 데라/아브라함 이야기를 자신의 이야기로 읽고 있는 셈이다. 그러나 각각의 종교적 전통들은 그 이야기를 서로 다른 방법으로 해석한다.

과 이삭이 함께 아브라함의 장례를 치르는 모습으로 상징화된다(창 25:9).

데라/아브라함 이야기는 탄생에 대한 연속적인 방해와 상속자의 생존 문제가 해결되는 과정을 보여준다. 자손에 대한 약속은 계속적으로 위협받지만 결국 실현된다. 이스라엘의 저자들은 이것을 신학적인 이야기로 이해했다. 아브라함이 그의 아내를 누이로 속이고 사라는 꾀를 부렸지만, 하나님은 언약 안에서 사라가 약속을 구현할 아이의 어미가 될 것임을 확언하셨던 것이다.

5) 데라/아브라함 이야기의 신학적 성찰

클라우스 베스터만(Claus Westermann)은 이 이야기에서 신학적 성찰의 특정한 단계가 나타난다고 주장했다.[15] 그가 제시한 해당 본문은 창세기 15:6, 16:6, 18:16-33, 22장이다. 우리는 이 본문들이 데라/아브라함 이야기의 후대 첨가라는 사실에 굳이 동의하지 않는다. 하지만 베스터만이 창세기에서 독특한 요소들을 발견했다는 점, 그리고 창세기의 마지막 부분을 명백한 신학적 진술들로 증명한 점은 그의 공헌으로 인정하고자 한다.

데라/아브라함 이야기에서 아브라함과 하나님은 서로 대화 상대자로서 등장한다. 그들의 대화에는 중요한 신학적 문제들이 등장한다. 비록 문장 자체가 모호하지만, 창세기 15:6은 아브라함이 야웨를 신뢰하기 때문에 하나님이 아브라함을 의롭게 여기셨다고 증언한다. 하나님이 아브라함을 이렇게 평가한 것은 매우 이례적인 일이다. 보통 고대 이스라엘에서 의(righteousness, 혹은 정의)는 도덕적 규범으로 사용된다. 개인의 어떤 행동 또는 사회적 행동양식이 의로운 것 혹은 정의로운 것으로 해석될 수 있다. 그러나 창세기 15:6에서 하나님은 아브라함이 자신에게 "믿음"으로 반응하기 때문에 아브라함을 의롭게 여기신다. 이러한 사고는 의의 개념을 사회 혹은 가족 범위에서의 행동뿐만 아니라 생각이나 태도에까지 확대시

---

15) C. Westermann, *Genesis 12-36* (Minneapolis: Augsburg, 1985), 576.

킨 것이다.

창세기 18:16-33은 하나님과 족장 사이에 오고 간 주목할 만한 신학적 대화를 소개한다. 하나님이 아브라함에게 소돔과 고모라를 심판할 계획을 알려주시자, 아브라함은 하나님께 질문한다. "주께서 의인을 악인과 함께 멸하시려 하시나이까?" 어쩌면 이 질문 자체는 아브라함이 롯과 그의 가족을 구하기 위해 사용한 연막일지도 모른다. 하지만 뒤이어 나오는 이야기는 성서 저자가 다른 본문(욥기, 예레미야, 하박국)에서처럼 순전히 신정론(神正論, theodicy)의 문제를 이야기하고 있음을 보여준다. 아브라함의 계속되는 질문으로 진행되는 대화는 결국 아브라함이 의인 열 명만 있으면 그 도시를 멸하지 않겠다는 하나님의 양보를 받아내는 것으로 끝이 난다. 이제 하나님의 공의는 구체성을 띨 수 있게 된다. 더 나아가 그러한 구체적인 조건이 일단 충족되고 나면, 하나님은 그 도시에 의인 열 명이 존재하지 않을 때에는 직접 행동에 나서실 수 있게 된다.

결국 창세기 15장이 공의(righteousness)에, 창세기 18장이 정의(justice)에 초점을 두고 있다면, 창세기 22장은 인간에 대한 하나님의 시험과 하나님에 대한 인간의 경외라는 두 문제를 종합하는 역할을 한다. 처음에 독자는 하나님이 아브라함을 시험하고 계심을 본다. 그러나 아브라함은 자신이 시험받고 있음을 알지 못한다. 독자는 이야기의 끝에 가서야 아브라함이 하나님을 경외한다는 사실을 알게 된다. 하나님을 경외한다는 것은 이해하기 어려운 개념이다. 경외와 존경은 긴밀히 연결되어 있다. 그리고 히브리 성서는 지혜를 얻게 해주는 경외에 관한 표현을 내포하고 있다. 즉 야웨를 경외하는 것이 지혜의 시작이라는 것이다(잠 1:7).

창세기 22장에 대해서는 학문적이고 민감한 해석들이 수없이 제시되어 왔다. 그래서 사람들은 여기에 또 다른 해석을 첨가하기를 주저한다. 맨 먼저 이 본문의 범위 또는 문서의 층위를 확인하는 것이 좋을 듯하다. 창세기 22장은 잘 쓰인 본문이다. 독자들은 각각의 등장인물들이 묘사된 방식, 대화가 진행되는 방식, 문제가 해결되는 방식—굳이 해결이라고 할 수 있다면—을 깊이 생각하게 될 것이다. 창세기 22장은 윤리적 문제를 제기하는 본문이다. 독자들은 이삭을 죽이려는 아브라함의 태도가 선한 행동이었는지 깊이 따져보게 될 것이다.[16] 만일 그것이 무고한 아이를 죽게 만든다면, 하나님께 순종하는 것이 언제나 선한 일인가? 그러한 질문에 대한 답은 특히 어렵다. 왜냐하면 죽이려는 행위가 가족 내에서 발생했기 때문이다. 창세기 22장은 신학적 본문이기도 하다. 왜냐하면 부모에게 그런 일을 시키시는 하나님에 대한 의문이 제기되기 때문이다. 그리고 더욱 일반적으로 본문에서 엘로힘(하나님)은 개인을 시험하시는 분으로 나타난다(전형적으로 구약성서에서는 하나님이 개인이 아닌 이스라엘을 시험하신다). 이 에피소드 이후에 하나님과 그토록 자주 대화를 나누던 아브라함은 더 이상 하나님과 대화하는 모습을 보이지 않는다.

요약하면 데라/아브라함 이야기를 진행시키는 요인은 바로 약속의 개념이다. 약속은 언약으로 발전한다. 특히 자손에 대한 약속은 데라/아브라함 이야기를 구성하고 있는 불연속적인 다양한 에피소드들을 통하여 성취된다. 하나님은 약속을 언약으로 바꾸어가시는데, 때로는 인간의 의지와 노력을 거슬러서라도 이 일을 이루신다. 약속의 능력이 언약을 통해 공식화되면서 하나님은 인간에게 노력을 요구하신다. 그 노력은 일반적인 용어(하나님 앞에서 행하기), 혹은 특수한 용어(할례의 실행)로 표현된다.

이야기의 저자들은 약속이 오랜 시간에 걸쳐 성취된다고 이해했다. 모든 개인은 앞으로 등장할 가족 안에 소속되어 있다. 믿음(약속에서 언약으로)에 대한 본질적이고 신학적인 모티프의 핵심은 독립적인 개인이 아니라 가족의 일원으로서의 개인에게 의미가 있다. 가족관계—특히 데라/아브라함 이야기에서 부모의 세대와 그다음 세대의 관계—는 자손에 대한 약속이 곧 성취될 것을 상징한다. 비록 약속의 마지막 형태—국가와 왕들—가 아직 성취되지는 않았지만 말이다.

---

16) 이에 대한 분석은 S. Kierkegaard의 *Fear and Trembling*이 가장 탁월하다.

신학의 렌즈로 본 구약개관

4. "이삭의 족보는 이러하니라"(창 25:19-37:1)

이삭의 후손들의 이야기는 앞선 이야기와 마찬가지로 짤막한 에피소드들로 구성되어 있다. 그러나 이 이야기는 크게 두 부분으로 나눌 수 있는데, 하나는 야곱과 에서의 이야기이고(창 25-28장; 32-33장) 다른 하나는 야곱과 라반의 이야기다(창 29-31장). 결과적으로 주인공 야곱은 아브라함보다 더 강렬한 인상을 남긴다. 이러한 집중 현상은 "이스라엘"이라는 지위를 얻게 된 한 인물에 대한 저자들의 관심에서 기인한 것이다.

1) 내러티브 개요

이 장들은 "족장들과 어머니들", 즉 이삭과 리브가 그리고 야곱과 라헬 및 레아에 관한 두 가지 이야기를 담고 있다(이삭이 먼저 등장했지만 그는 의미 있는 독자적인 활약을 펼치지 않는다). 야곱은 두드러지게 나타나지만 이삭은 그림자와 같이 등장한다. 오히려 리브가가 그녀의 남편보다 더욱 돋보인다. 형제인 야곱과 에서의 관계는 아버지와 아들인 이삭과 야곱의 관계보다 훨씬 더 중요하다. 창세기 4:1-16에 나오는 가인과 아벨의 이야기는 독자들에게 형제 관계가 틀어졌을 때 나타날 수 있는 극단적인 결과들에 대해 경계심을 준다.

야곱에 관한 이야기는 출생에 관한 기사로 시작하는데, 야곱이 에서의 쌍둥이 동생으로 태어났다고 소개한다. 야곱이 에서의 분노를 피해 그 땅에서 도망칠 때까지 두 사람의 관계가 이야기의 주된 내용을 이룬다. 그러고 나서 야곱-라반 이야기가 시작된다. 이 이야기는 야곱이 자신에게 적절한 배우자를 찾는 과정을 보여주는 동시에 그의 열두 아들의 탄생을 보도한다. 야곱의 가족이 형성되고 그가 라반의 집안을 떠나자마자 야곱과 에서의 이야기가 다시 시작된다. 그러므로 야곱-라반 에피소드는 쌍둥이 이야기 사이에 끼어 있는 셈이다.

두 번째 야곱과 에서의 이야기는 두 사람의 재회(창 33:1-16)와 그 후의 사건들을 보여준다. 그 이야기는 폭력(디나의 강간과 그 후에 일어난 세겜 남자들의 학살)과 해결(야곱의 벧엘 정착과 라헬의 죽음)을 포함하고 있다.

이 이야기에서 장소는 매우 중대한 역할을 한다. 아브라함이 남방(브엘세바, 헤브론, 마므레가 명확히 언급된다) 지방을 돌아다녔던 반면, 야곱의 역할이 두드러지는 이야기들에서는 더 많은 지명들이 등장한다. 야곱은 벧엘, 브니엘, 그리고 세겜 안팎에 자리했다. 즉 그는 아브라함 이야기에 나오는 장소들보다 북쪽에 위치한 장소들에 머물렀다. 아브라함과 야곱 이야기의 배경은 하나님이 약속하신 땅의 영역이 확장되어가는 모습을 자세히 설명해준다. 물론 야곱이 한동안 라반의 땅에서 살기도 했지만 말이다.

벧엘은 특별한 중요성을 띠고 있다. 야곱은 그곳을 발견했고 그곳으로 되돌아온다. 벧엘은 다른 도시와 같지 않다. 그 이름은 "하나님의 집"을 의미한다. 야곱은 하나님 곁—성전이 있는, 즉 문자적으로는 "하나님의 집"이 세워져 있는 예루살렘—에서 살기를 소망하는 이스라엘 사람들의 선조가 된다.

2) 계속되는 약속과 언약 이야기

아브라함 이야기와 달리 야곱 이야기는 하나님의 지시나 약속으로 시작하지 않는다. 이삭은 "기도했고" 하나님은 응답하신다. 리브가는 "질문했고" 하나님은 대답하신다(창 25:21-22). 여기서 인간의 주도적인 역할이 두드러지게 나타난다. 사실상 하나님이 먼저 하셨던 일을 족장 이삭이 시도하고 있다. 하나님과 인간의 축복과 저주가 뒤섞여 있다. 창세기 12:1-3에서 야웨가 아브라함에게 "너를 축복하는 자에게는 내가 복을 내리고 너를 저주하는 자에게는 내가 저주하리니"라고 말씀하셨던 것에 반해, 이삭은 야곱에게 "너를 저주하는 자는 저주를 받고 너를 축복하는 자는 복을 받기를 원하노라"(창 27:29)라고 말한다. 간단히 말해서 데라/아브라함 이야기에서와 달리 야곱 이야기에서는 하나님이 두드러진 등장인물로 나타나지 않는다. 이러한 경향은 창세기의 뒷부분으로 갈수록 더욱더 심해진다.

이 내러티브는 이전의 약속과 언약을 전제하고 있으며 그것들을 기반으로 삼고 있다. 약속들은 여러 세대를 거쳐 성취될 것이다. 야곱의 가족은 그러한 측면에서 결정적인 중요성을 띤다. 왜냐하면 열두 아들과 한 명의 딸(디나)의 탄생을 보도하고 있기 때문이다. 이 가족은 점차 다수의 자손으로 번성해나간다.

야곱과 하나님 사이에서 어떠한 언약도 체결되지 않는다는 사실은 야웨와 아브라함 간의 언약이 야곱 이야기에서도 계속해서 효력을 발휘하고 있다는 관념을 뒷받침한다. 그러나 하나님의 약속—자손과 땅—의 본질적인 요소들은 다시금 등장한다(창 28:13-14; 35:11-12).

3) 대립이라는 주제와 그것의 신학적 중요성

이삭 이야기의 첫 번째 에피소드는 리브가의 임신과 두 아들의 출생에 초점을 맞추고 있다. "아이들이 그의 태 속에서 서로 싸우는지라"(창 25:22)라는 구절에서 독자는 앞으로 본문을 이끌어갈 새로운 모티프를 발견하게 되는데, 그것은 다양한 집단들과 동맹들 간의 갈등이다. 더구나 그러한 대립은 가족 내에서 하나님이 자신의 목적을 이루어가시는 방법이기도 하다. 무엇보다도 이 이야기는 특히 가족이라는 상황 속에서의 대립이라는 주제를 인간 존재에 있어 일상적인 요소로 설명한다(요셉 이야기에 나오는 대립과 달리 여기서 그것은 보다 불가피하다). 대립은 "집안"과 "확대된 가족"이라는 두 가지 주요한 상황에서 발생한다.

이삭과 리브가의 집안에서 발생한 대립은 모태에서 시작하여 출생 이후에도 계속된다. 두 개의 절에 나타난 생생한 묘사와 서술이 대립의 특성을 충분히 강조하고 있다.

> 그 아이들이 장성하매 에서는 익숙한 사냥꾼이었으므로 들사람이 되고 야곱은 조용한 사람이었으므로 장막에 거주하니 이삭은 에서가 사냥한 고기를 좋아하므로 그를 사랑하고 리브가는 야곱을 사랑하였더라(창 25:27-28).

에서와 야곱은 단지 서로 다른 종류의 사람이었을 뿐이다. 그러나 그들의 부모는 집안 내에 분리된 동맹관계를 만들면서 이러한 차이에 반응했다. 아버지와 쌍둥이 형, 그리고 이에 맞서는 어머니와 쌍둥이 동생으로 말이다. 저자는 창세기 27장 이전까지는 동맹관계의 의미를 충분히 드러내지 않는다. 그러는 동안에 두 형제는 특별히 에서에게 무서운 결과를 초래할 일을 저지른다. 저자는 여기서 에서의 성격을 매우 잘 묘사하는데, 그는 자신의 장자권을 무시할 만큼 성급하고 경솔한 사람으로 묘사된다 (창 25:29-34).

이러한 동맹관계의 상황 속에서 하나님이 어느 편을 드셨는지는 정확히 언급되지 않는다. 하나님은 리브가에게 그녀가 낳을 아이들에 대해 미리 말씀하신 바 있다(창 25:23). 그리고 나서 야곱이 장자권과 축복을 모두 얻은 후에야 비로소 하나님은 야곱에게 나타나셔서 아브라함에게 처음 주신 약속을 반복하신다.

집안 내에서 발생한 야곱과 에서의 대립은 상당히 다른 방향으로 전개된다. 에서가 야곱에게 그의 장자권을 팔았다는 기록과 리브가가 이삭을 속였다는 기록 사이에(창 27장), 저자는 에서가 두 명의 히타이트(헷) 여자들과 결혼했음을 보도한다. 이 일은 이야기가 앞으로 진행되어나가는 방식에 매우 중요한 영향을 미친다. 아브라함과 이삭이 데라의 가계로부터 아내를 찾았던 반면(야곱도 그럴 것이다) 에서는 그렇게 하지 않았다. 따라서 장자권을 판 것과는 또 다른 방식으로 에서는 자신의 상속권을 박탈당할 일을 저지른 것이다. 가족은 그를 미래의 상속자로 인정하지 않았으며, 그는 결국 에돔이라는 이름이 상징하는 것처럼 "이방" 존재가 된다.

이 이야기에서 저자는 한 개인이 약속의 가족의 일원이 되거나 약속의 가족에서 이탈하게 되는 다양한 과정을 다룬다. 가족/언약의 일원으로 남기 위한 조건은 할례와 같이 뚜렷이 명시된 언약의 요구조건을 지키는 것만으로는 부족하다. 배우자의 선택은 또 다른 요구조건이다(창 27:46-28:2을 보라). 그러한 조건은 후에 에스라와 느헤미야 시대에 다시금 부각될 것이다(스 9-10장).

아버지의 축복은 약속의 성취 과정에서 중요한 역할을 한다. 창세기 27장은 이삭이 장자에게 주어야 할 축복을 야곱에게 주는 장면을 담고 있다. 자신이 사랑하는 아들에게 축복을 받게 하려는 리브가의 계략은 성공했다. 야곱에게 주어진 축복(창 27:27-29)과 에서에게 주어진 말씀(창 27:39-40)은 이스라엘 백성이 이 두 형제, 곧 이스라엘과 에돔에서 유래한 것으로 이해했던 두 민족의 상대적 위치를 시적으로 표현해준다. 이런 점에서 야곱과 에서는 앞선 이스마엘과 롯의 경우와 같이 상징적으로, 다시 말해 민족에게 이름을 부여하는 시조로서 기능한다. 이스라엘은 시리아-팔레스타인의 여러 민족들(에돔, 모압, 암몬, 이스마엘 후손, 이스라엘)이 다양한 관계를 맺는 과정을 설명하기 위해 이 이야기들을 전했다. 이스라엘의 관점에서 볼 때, 에돔은 보다 궁핍한 곳에서 이스라엘에게 예속된 상태로 살아간다.

야곱을 죽이려는 에서의 의도는 리브가가 이를 엿들음으로써 좌절되었다. 그 후에 야곱은 아버지와 어머니로부터 떠나라는 지시를 받는다. 이후 그의 귀환은 곧 에서와의 필연적인 만남을 의미했다. 몇몇 사람들은 야곱과 에서 내러티브의 마지막 행위를 일종의 화해로 해석한다. 그러나 우리는 본문이 그렇게 말하고 있다고 생각하지 않는다. 만남 이전에 두려움이 앞선다. 그 결과는 신중한 의견 교환과 조심스럽게 진행된 분리였다.

창세기 32:3-33:16에는 선물을 보내면서 에서를 달래려는 야곱의 노력이 묘사되어 있다. 에서는 400인을 거느리고 야곱을 만나러 온다. 야곱은 공격을 받더라도 일부는 살아남게 하려고 자신의 가족을 두 무리로 나누고 가족들을 뒤로하고 나아간다. 두 형제는 만나자마자 서로 부둥켜안는다. 게다가 에서는 야곱이 선물로 보내준 가축을 받는다(창 32:14-15). 그리고 나서 에서는 야곱에게 자신과 함께 가자고 제안한다. 그러나 야곱은 그 제안을 조심스럽게 거절한다. 에서는 다시금 자기 수하의 사람들을 야곱과 함께 머무르게 하겠다고 제안하지만 야곱은 이 역시 사양한다. 그리하여 두 사람과 그들을 따르던 무리는 또다시 헤어진다.

여기서 나타나는 모습은 화해보다는 적응에 가깝다. 이들 사이에는 어떠한 언약이나 서약도 없다. 그 대신 두 집단은 가축의 지불과 교묘한 협상을 통해 서로의 간섭에서 벗어나고 무력충돌을 피하고 있다.

이삭과 리브가의 관계에 대한 언급은 그다지 두드러지게 나타나지 않는다. 야곱을 위한 리브가의 계략은 이스라엘을 향한 하나님의 계획이 된다. 더욱이 이삭도 그 계획을 수용한다(창 28:2-4). 궁극적으로 야곱이라는 한 사람 안에서 인간의 계획과 하나님의 계획이 하나가 된다.

두 번째 주요한 대립이 "동방 사람의 땅"에서 벌어진다. 야곱은 데라의 가계에 속한 라반의 가족을 만난다. 야곱은 오직 데라의 가계에서만 자신의 아내가 될 사람을 구할 수 있다. 저자는 야곱이 아내가 될 라헬을 사랑했다고 보도한다. 그러나 이때 그는 속임을 당한다. 라반이 야곱의 잠자리에 레아를 들여보냄으로써 야곱은 레아와 라헬 모두와 결혼을 하게 된다 (창 29장). 이렇게 확장된 가족 안에 머물기 시작하면서부터 야곱과 라반 사이에 대립이 발생한다. 이러한 대립은 각자의 양떼를 늘리려고 서로를 속이는 라반과 야곱의 관계를 통해 계속된다(창 30장).

새로운 "가족"이 형성되었지만 여기에도 역시 대립이 존재한다. 라헬과 레아는 자식을 낳는 능력을 가지고 서로 대립한다. 아브라함과 하갈의 관계처럼 빌하와 실바라는 대리인들이 가족 내에서 긴장을 야기하는 역할을 수행한다. 게다가 새로 구성된 야곱의 가족과 본래 있었던 라반의 가족 사이에서도 대립이 나타난다. 지금은 야곱의 아내가 된 라반의 딸들은 라반이 자신들을 이방인 취급했다고 주장한다(창 31:15). 그로 인해 라헬은 "가족 신"(드라빔)을 훔친다(창 31:19). 실제로 속임수는 이 에피소드들의 가장 두드러진 특징인데, 그것은 마지막 장면에도 나타난다. "야곱은 그 거취를 아람 사람 라반에게 말하지 아니하고 가만히 떠났더라"(창 31:20). 야곱이 도망치자 라반이 그를 추격한다. 그러나 두 집단이 언약을 통해 합의에 도달함으로써 폭력은 모면할 수 있었다. 아브라함에게 주어진 약속과 언약은 여전히 위협 속에 있는 것처럼 보인다. 이삭과 리브가, 그리고 야곱과 라헬 및 레아는 그러한 언약을 토대로 살아간다. 언약이 체결되어야 하는 상황은 이제 하나님과 인간 사이에서가 아니라 인간들 사이에서만 유효하다. 야곱과 라반의 경우처럼 말이다.

언약 체결 장면(창 31:43-55)은 교훈적이다. 왜냐하면 그것은 두 집단이 신들을 언약의 증인으로 세우면서 언약을 체결하는 모습을 보여주기 때문이다(위의 내용을 보라). 야곱과 라반은 두 집단을 분리시켜주는 경계를 넘어가지 않겠다고 맹세한다. 또 다른 맹세―때때로 미스바 축복으로 알려진―는 상대방과 상대방의 요구―야곱이 라반의 딸들을 학대하지 않겠다는―를 진술하기 위해 하나님의 이름을 부름으로써 행해진다. 무슨 이유 때문인지 야곱과 에서가 맺은 화해에서는 그러한 맹세와 언약이 요구되지 않는다.

요약하면, 이삭의 후손들의 이야기는 수많은 대립의 상황을 보도한다. 이러한 대립은 사라지지 않는다. 이스라엘이 동방 사람들과 맺을 복잡한 관계가 야곱과 라반이 맺은 언약 안에 명시되어 있다. 서로 간에 껄끄러운 감정이 존재하는 야곱과 에서, 즉 이스라엘과 에돔의 관계는 서로를 신중하게 관망하며 조심스럽게 땅을 분배함으로써 분리되는 것으로 묘사되는데, 이는 아브라함과 롯, 즉 이스라엘과 모압 및 암몬의 경우와 유사하다. 사람들은 대립을 피하고 조화를 이루려 하지만 대립의 뿌리는 여전히 남아 있다. 약속과 언약은 자동적으로 이루어지지 않으며 아무런 문제 없이 성취되는 것도 아니다. 오히려 이 가족을 향한 하나님의 목적들은 많은 배우자들과 많은 상속 예정자들이 존재하는 가족 내에서 발생하는 다양한 대립을 통해 실현된다.

4) 야곱과 하나님

우리는 이미 야곱이 그의 조부 아브라함과는 다른 모습으로 하나님과 관계하였음을 살펴보았다. 격렬한 만남, 그리고 심지어 대립의 상황이 대화를 대신한다.

동방을 향한 야곱의 여행길을 보도하는 이야기를 둘러싸고 있는 두 개의 중요한 에피소드가 있다. 그것은 야곱이 그 땅을 떠날 때와 다시 돌아올 때 하나님을 만나는 내용을 담고 있다. 여행―어떤 사람들은 심지어 이것을 "순례"라고 부른다―은 야곱 이야기에서 하나님을 만나기 위한 전제조건이다. 첫 번째 경우에서 야곱은 단순히 잠을 자기 위해 "한 곳에" 눕는다. 그는 알지 못한 채 그곳에 이르렀지만, 사실 그곳은 인간이 하나님의 세계를 경험할 수 있는 경계선상의 장소 중 하나였다. 따라서 그가 잠을 자고 꿈을 꾼 행위는 무심결에 이루어진 "인큐베이션"(incubation)이었다 (여기서 "인큐베이션"이란 신으로부터 어떠한 계시를 얻길 바라는 마음으로 거룩한 장소[일반적으로 성전]에서 잠자는 행위를 말한다; 참조. 삼상 3장에서의 사무엘과 왕상 3장에서의 솔로몬).

야곱이 꿈속에서 발견한 것은 핵심적인 두 개의 층으로 구분된다. 첫째, 그는 스스로, 그리고 처음으로 아브라함에게 주어졌던 약속을 듣게 된다. 둘째, 하나님은 여행 중에 그와 함께하실 것과 그가 반드시 돌아올 것을 보장하신다(이는 다소 역설적인데 귀환은 곧 그를 죽이려고 기다리는 에서와 직면하는 것이기 때문이다). 그럼에도 야곱은 그가 하나님을 만났던 곳이 하나님의 집(히브리어 단어 "베트"[בֵּית, 집]와 "엘"[אֵל, 하나님]의 문자적인 번역)임을 알아차린다. 게다가 그는 조건적인 서약을 한다. 만약 하나님이 약속하신 대로 자신이 되돌아올 수 있다면, "야웨께서 나의 하나님이 되실 것이요"(창 28:21). 이것이 바로 전형적인 야곱의 모습이다. 아브라함이 약속의 의미에 대해 물었다면, 야곱은 그것을 시험한다. 야곱은 하나님을 책임지셔야 할 분으로 여기고 있었다.

야곱은 정말로 되돌아왔고, 예기치 않게 하나님(Deity)을 만나게 된다(창 32:22-32). 많은 종교적 전승 가운데 또 하나의 경계선상의 장소로 간주되는 강의 나루에서 그는 죽음의 사자와 씨름해야만 했다. 야곱이 집요하게 매달리자 그 신비로운 사람은 야곱을 무력화하기 위해 반칙을 행하였

신학의 렌즈로 본 구약개관

다. 비록 불구가 되었음에도 야곱은 이스라엘이라는 이름을 얻었고 하나님의 사람으로부터 축복을 받는다. 하나님과의 대결에서 성공적으로 버텨낸 능력으로 인하여 그는 이스라엘이 된다.

데라/아브라함 이야기와 이삭 이야기의 중요성을 비교·대조하는 방법은 이스라엘의 진정한 조상이 누구인가를 질문하는 것이다. 아브라함인가, 아니면 야곱인가? 그러한 질문에 대한 오답은 없겠지만, 더욱 강력한 대답은 이스라엘로 개명된 야곱이라 할 수 있다(이 개명은 창 32:22-32과 35:9-15에서 두 차례 언급된다). 투쟁과 대립이 이스라엘이라는 이름 속에 녹아들어 있다. 그 이름은 "하나님과 겨루어 이긴 사람"(창 32:28)이란 뜻이다.

인간의 투쟁을 나타내는 에피소드들에서 우리는 단지 다양한 형태의 적응만을 발견할 수 있었다. 이와 마찬가지로 하나님과 야곱의 만남에서도 화해는 존재하지 않는다. 하나님과 야곱은 서로에게 적응했을 뿐이다. 야곱은 자신을 불구로 만든 분에게 적응해야만 했고, 하나님은 자신이 이기지 못한 강력한 야곱에게 적응하셔야만 했다. 야곱이 얻은 것은 새로운 이름과 문자적인 이스라엘의 탄생이었다. 하나님이 얻으신 것은 자신의 신성을 보존하신 것이다. 여기서 하나님은 오직 밤에만 나타나는 분으로 상징화되어 있다.

이 이야기에서 대립과 투쟁은 긍정적으로 평가된다. 그것들은 이스라엘을 출현시키는 핵심 요소로 이해된다. 여기서는 투쟁이 인간의 차원에서 묘사될 뿐 아니라 인간과 하나님 사이에서 중재되는 것으로 설명된다. 적응 역시 심각한 투쟁을 다루는 하나의 방법으로 제시된다.

5. "야곱의 족보는 이러하니라"(창 37:2-50:26)

창세기의 마지막 부분은 일반적으로 요셉이라는 이름과 연관되어 있다. 따라서 우리는 다시금 주인공의 이름이 제목으로 등장하지 않는다는 사실에 놀라게 된다. 그러나 앞으로 보게 되겠지만, "야곱의 후손"이라는 표제에 주어진 강조점을 통해 우리는 이 본문들의 핵심 주제 하나를 이해할 수 있게 된다. 아브라함의 자손들이 하나의 큰 세대를 이루면서—두 명에서 열두 명으로—그들의 삶은 어떤 방향으로 전개되어갈 것인가? 특히 이방 땅에서 그들은 어떻게 살아가게 될 것인가?

이러한 질문에 대한 대답은 이전의 두 가족에 관한 이야기들과는 전혀 다른 종류의 문학적 양식을 통해 제공된다. 우리가 앞서 살펴봤던 두 "시대"(cycles)로 편집된 서로 다른 이야기들 대신에 창세기 37-50장(특히 37-47장)은 짧은 이야기들이 모여 이루어진 하나의 긴 이야기다(다말과 유다 이야기는 요셉 이야기와 그다지 관련성이 없다. 게다가 요셉 이야기의 결말에 해당하는 창 48-50장은 복잡하다). 비록 그 속에 나름대로 내러티브적인 구조를 갖춘 독립적인 에피소드들—예를 들어 요셉과 보디발의 아내 이야기(창 39장) 혹은 바로의 꿈을 해석한 요셉 이야기(창 41장)—이 존재하기는 하지만, 각각의 에피소드는 더 큰 이야기 안에 결합되어 있다.

창세기 내에서 요셉 이야기는 이전에 등장하는 다른 이야기들과 상당히 다르기 때문에 이에 대한 비평적 연구도 다른 방식으로 진행되어왔다. 물론 몇몇 학자들은 요셉 이야기를 고전적인 자료들, 특히 야웨문서(J)와 엘로힘문서(E)로 구분하고자 했다. 그러나 그 이야기의 보다 오래되고 다른 형태들(versions)의 존재에 관하여, 그러한 시도들은 널리 일반적인 동의를 얻지 못했다. 대신에 창세기 37-50장과 창세기의 나머지 부분이 서로 다르다는 사실 때문에, 학자들은 주로 그것들 사이의 차이점을 연구해왔다. 이에 대한 하나의 해답으로서 요셉 이야기가 잠언과 욥기, 즉 지혜문학과 같은 문학적 관심을 반영한다는 점을 중요하게 다룰 수 있다.[17] 그리고 이러한 주장(전승사적 관점에 기초한)은 우리가 요셉 이야기의 신학적

---

17) G. von Rad(*Genesis* [OTL; Philadelphia: Westminster, 1972])는 분명 이에 관한 주장을 처음으로 제기했던 사람이다.

신학의 렌즈로 본 구약개관

의미를 이해하는 데 도움을 준다.

이 주장은 다음과 같은 시사점을 제공한다. 요셉 이야기는 왕궁에서의 출세가 중요했던 시대의 세계상을 보여준다. 이는 잠언에서도 동일하게 나타난다(예를 들어 잠 29:12, 14). 주인공 요셉은 형제들에게 자신이 미래에 얻게 될 지위를 자랑하는데, 이는 지혜사상을 따르지 않은 것이다. 그 결과 그는 실패를 경험하지만, 후에는 여인의 성적 유혹을 물리치고 왕궁의 신하로 봉사하며 앞으로 닥칠 일들을 미리 준비하는 과정에서 전형적인 지혜규범을 따라 행동하며, 그 결과 성공을 맛보게 된다. 요셉은 교훈적인 인물이기는 하지만 지혜로운 인물은 아니다. 더군다나 하나님의 섭리적 돌보심에 대한 믿음이 잠언과 요셉 이야기에 널리 퍼져 있다(아래의 논의를 보라). 요약하면, 요셉 이야기는 이전에 나타난 창세기의 다른 부분들과는 차별화된 신학적 분위기를 지니고 있는데, 그러한 분위기는 주로 잠언에서 발견된다.

보다 최근에 이르러 요셉 이야기에 대한 수많은 문학적 접근이 시도되었다. 이러한 방법론들은 줄거리, 주제, 인물묘사, 다른 내러티브 요소들에 대해 관심을 보였다. 또한 요셉 이야기는 히브리 성서 및 관련 문헌들에 나타나는 다른 이야기들과 비교되었다. 이러한 상황에서 요셉 이야기가 "디아스포라를 위한 단편소설"(Diasporanovelle), 즉 문자적으로 포로로 잡혀간 유대인들의 삶에 주목하는 짧은 이야기라는 주장은 충분히 가능하다. 두 개의 서로 다른 성서 본문인 다니엘서와 에스더서는 이방 땅을 배경으로 하고 있다. 이들 역시 이스라엘 백성 또는 유대인들이 이방 법정에서 살아남는 방식을 서술하고 있다. 이렇게 세 개의 짧은 이야기들이 보여주는 국제적인 측면은 이방 땅에 있는 이스라엘의 고유한 삶을 잘 반영하고 있으며, 특히 기원전 587년의 패망 이후 몇몇 야웨 신앙인들이 약속의 땅 밖에서 살아가던 시대를 반영하고 있다. 더구나 그러한 국제적인 측면은 아브라함에게 주어진 약속의 마지막 부분과 관련되어 있다. 그것은 이스라엘을 넘어 모든 사람들에게 하신 약속이다. "땅의 모든 족속이 너로 말미암아 복을 얻을 것이라"(창 12:3). 요셉 이야기에 따르면 이집트는 풍년 기간에 양식을 비축해둔 요셉의 정책을 통해 복을 받았다.

1) 내러티브 개요

야곱의 가족 이야기는 여러 가지 사건을 통해 전개된다. 첫 번째 사건 이전에 이미 사건의 발단(창 37:2-4)이 나타난다. 거기서 가족관계의 중요한 요소들이 모두 첫 구절에서 묘사된다. 그리고 뒤이어 나오는 꿈 사건은 요셉의 지위가 격상될 것임을 보여준다. 그러나 창세기 37장 끝 부분에서 이러한 일은 상상조차 할 수 없는 것이 되고 만다. 요셉은 서서히 "구덩이"의 운명에서 벗어나 이집트 정부의 고위 관직을 차지한다(창 41장 끝 부분에서). 요셉이 그러한 위치를 얻으면서부터 이야기는 다시 가족문제로 전환된다. 야곱의 가족은 수많은 여정을 거쳐 면밀한 계획에 따라 이집트로 이주한다. 창세기는 야곱과 요셉의 죽음을 보도하면서 끝을 맺는다. 그러나 요셉 이야기의 끝은 분명치 않다. 아마도 그 끝은 창세기의 마지막 장 이전에 위치한 것으로 보인다.

2) 따돌림 그리고 화해

우리는 짧은 이야기들의 결합물로 보이는 요셉 이야기 안에 여러 가지 신학적 특징이 담겨 있다고 생각한다. 여기서 우리는 신학적 특징의 일차적인 면과 이차적인 면을 살펴보려 한다. 우리가 따돌림과 화해라고 규정한 첫 번째 특징은 야곱 이야기에 나오는 특징들(대립과 적응)과 관련되어 있다. 그러나 요셉 이야기에 나타나는 분열은 더욱 강하고 격렬하며, 저자는 이를 상당히 발전된 양식으로 표현했다. 저자는 인간의 격렬한 감정을 묘사하기 위해 "괴로움"(창 42:21), "미워하여"(창 50:15)와 같은 새로운 단어들을 사용한다. 인간의 감정에 주목하는 현상은 창세기의 이 부분에서 처음으로 나타난다.

이 장의 소제목이 지적하는 대로, 이 이야기는 근본적으로 가족—야곱

신학의 렌즈로 본 구약개관

의 가족—에 관한 이야기다. 그러나 야곱의 가족은 아브라함이나 이삭의 가족과는 전혀 다르다. 앞에서 나온 가족들에는 두 명의 잠재적인 상속자가 있었다. 아브라함의 가족에서는 이스마엘과 이삭이, 이삭의 가족에서는 야곱과 에서가 상속자였다. 두 경우 모두 내러티브는 두 명의 후보자 중에 한 명을 상속의 가계에서 물리적으로 제거했다. 그 과정 가운데 대립이 발생했지만(그러한 대립은 국제적인 영역에서도—이스라엘과 이스마엘의 후손 간에, 그리고 이스라엘과 에돔 간에—계속된다), 그러한 대립이 이스라엘 안에서는 더 이상 발생하지 않는다. 이것이 바로 앞선 가족들과 야곱 가족 사이에 존재하는 결정적인 차이점이다.

야곱의 가족 내에서 싸움은 불가피했다. 가족 내에 있는 여러 명의 상속자들이 상대적인 지위를 놓고 싸웠기 때문이다. 그러한 싸움은 훗날 약속의 땅에서도 계속될 것이다(창 49장은 이러한 지위 문제를 시적으로 증언한다. 예를 들어 창 49:8, "유다야 너는 네 형제의 찬송이 될지라"). 이야기는 열두 아들이 함께 거하거나 적어도 친밀하게 지내기를 요구하는 방향으로 진행된다. 그러나 결과적으로 심각한 대립의 가능성은 오히려 심화된다.

야곱의 가족 이야기는 어쩌면 가족 간의 따돌림과 화해를 보여주는 이야기일지도 모른다. 이는 하나님이 선택하시고 약속을 제공하시며 그 약속을 반복하셨던 가족에 관한 이야기다. 그러나 이 이야기에서 가족의 구성원들은 하나님과 직접적으로 영향을 주고받지 않는다. 대신에 그들은 서로를 통해 하나님과 직면한다(창 45:7).

야곱 가족의 이야기는 다양한 인간적 역동성을 통해 전개된다. 어느 특정 인물에게 모든 책임이 돌아가지 않는다. 야곱은 다른 아들들보다 유독 한 아들만을 편애한다. 요셉은 어리석은 자랑과 고자질을 일삼는다. 야곱의 다른 아들들은 아버지의 사랑을 독차지한 그를 시기한다. "그를 미워하여 그에게 편안하게 말할 수 없었더라"(창 37:4). 게다가 형제들은 결국 요셉을 처치하는 문제를 두고 다투게 된다. 르우벤은 그를 버린 후 구출하려고 했지만 나머지 형제들은 그를 죽여야 한다고 생각했다. 결국 유다가 그를 노예로 팔아버리자고 제안한다. 이러한 "역기능 가정"에 대한 책임은 복합적이다. 그러나 극단적으로 분열된 가족이지만 살인을 저지르거나 잘못된 배우자를 선택하지는 않는다. 물론 요셉이 이집트의 여인인 아스낫과 결혼하기는 했지만 말이다(창 46:20).

또한 야곱 이야기에 묘사된 가족에는 여자 족장의 영향력이 배제되어 있다는 사실을 주목해야만 한다. 라헬은 이전 이야기에서 이미 죽었다. 레아, 빌하, 실바의 죽음에 대해서는 시간적 순서조차도 알지 못한다. 이 이야기에서 그들은 아무런 역할도 수행하지 않는다.

야곱의 가족은 기근이라는 급박한 상황으로 인해 재결합하게 된다. 같은 장소에서 산다는 것이 필연적으로 재통합(reunification)을 의미하는 것은 아니다. 화해는 오직 복합적인 사건들의 결과로 일어난다. 르우벤으로 상징되는 형제들(창 42:37)은 곤경에서 헤어나기 위해 자신들의 자식을 기꺼이 바치려 한다. 또한 유다로 상징되는 그들은 요셉에게 특별한 간청을 한다. 야곱은 기꺼이 자신이 유일하게 사랑하는 아들 베냐민을 이집트로 보내고 자신도 이집트로 떠난다. 마침내 요셉은 그가 "그 정을 억제하지 못하게 되었을 때"(창 45:1) 엄혹한 심문관과 재판관의 역할을 그만둔다. 가족을 분열시킨 사람들이 동일하게 가족을 재결합시키는 역할을 감당한다.

본문의 저자는 요셉과 그의 형제들 간의 깊은 괴리감이 그리 쉽게 해소되지 않을 것임을 알고 있다. 창세기의 마지막 장에서 형제들은 아버지의 죽음의 의미를 손상시키면서까지 "요셉이 혹시 우리를 미워하여 우리가 그에게 행한 모든 악을 다 갚지나 아니할까?"(창 50:15)라고 걱정한다. 전체 이야기의 결말 부분에서도 양측 사이에는 여전히 긴장이 존재한다. 그러한 긴장은 요셉이 "그들을 간곡한 말로 위로"(창 50:21)함으로써 해소된다.

야곱(그리고 요셉) 이야기는 데라의 가계를 통해 약속과 언약이 성취되어가는 과정이 녹록치 않음을 보여준다. 특히 하나의 장소에 그토록 많은 아들들이 태어난 새로운 가족 내에서 약속과 언약의 성취는 쉽지 않아 보인다. 약속과 언약에 대한 명백한 표현은 사실상 사라진다(참조. 창 48:15-16). 암시적으로 이 이야기는 땅보다는 자손에 관한 내용을 더 많이 다룬다. 그리고 이 성서의 결말에서 이스라엘은 최소한 일시적으로나마 땅을 잃어버리게 된다.

3) 섭리

이야기의 전반부에서 서술자는 요셉과 보디발의 아내가 등장하는 장면의 끝 부분에 일반적인 논평을 제시한다. "이는 야웨께서 요셉과 함께하심이라. 야웨께서 그를 범사에 형통하게 하셨더라"(창 39:23). 하나님은 요셉의 삶 가운데, 그리고 요셉의 삶을 통해 일하셨다. 이러한 주장을 통해 우리는 이야기 전체에 깔려 있는 신학적 측면을 이해하게 된다. 비록 항상 그렇게 명시적으로 말할 수 있는 것은 아니지만, 하나님은 인간을 통해 일하신다.

그러나 하나님은 단순히 요셉의 성공에만 관심을 갖지 않으셨다. 요셉이 형제들에게 행한 두 차례의 진술에서 우리는 하나님의 더 큰 목적을 알게 된다. 첫 번째 진술에서 그는 형제들에게 자신의 정체를 밝힌 후 "당신들이 나를 이곳에 팔았다고 해서 근심하지 마소서, 한탄하지 마소서. 하나님이 생명을 구원하시려고 나를 당신들보다 먼저 보내셨나이다"(창 45:5)라고 말한다. 하나님이 후에 요셉과 함께하셨듯이, 하나님은 형제들의 악한 행동 가운데서도 그들과 함께 계셨다. 더군다나 그 목적은 "생명"을 구하는 것이었다. 이야기의 문맥상 그러한 구원은 이스라엘의 생존보다 더 많은 사람들의 생명과 연결되어 있다. "각국 백성도 양식을 사려고 애굽으로 들어와 요셉에게 이르렀으니"(창 41:57). 따라서 우리는 여기서 다시 한 번 창세기 12:3의 메아리를 듣게 된다. 그러나 요셉은 계속해서 말한다. "하나님이 큰 구원으로 당신들의 생명을 보존하고 당신들의 후손을 세상에 두시려고 나를 당신들 먼저 보내셨나니 그런즉 나를 이리로 보낸 이는 당신들이 아니요 하나님이시라"(창 45:7-8). 아직 구원받지 못하고 땅에 남아 있는 자들에 대한 표현은 기원전 587년의 멸망과 포로의 상황을 반영하고 있다. 그러나 요셉을 통해 목숨을 보전한 자들에 대한 표현은 재앙에서 살아남은 노아의 모티프를 암시하는 것으로 보인다. 하나님은 모든 생명을 돌보신다. 그러나 특히 이 가족의 생존에 관심을 갖고 계신다. 하나님은 약속과 언약으로 관계를 맺고 있는 데라의 가계와 특별한 언약을 맺으셨다.

창세기의 결말에 이르러 요셉은 자신들의 운명에 대해 염려하는 형제들에게 다시금 말한다. "당신들은 나를 해하려 하였으나 하나님은 그것을 선으로 바꾸사 오늘과 같이 많은 백성의 생명을 구원하게 하시려 하셨나니"(창 50:20). 요셉의 하나님은 사건의 배후에서, 그리고 많은 사람들의 활동을 통해서 일하신다. 섭리적이라 부를 수 있는 이러한 관점은 지혜문학의 저자들에게도 나타난다. 비록 식별하기는 어렵지만 그들 역시 하나님의 목적을 성취하기 위해 하나님의 방법을 내재하고 있는 어떤 세계를 가정했다(참조. 잠 16:4).

요약하면, 야곱 이야기는 이스라엘 가족에 관한 이전 이야기들 위에 새로운 신학적 강조점을 첨가한다. 여기에는 섭리에 대한 깊은 인식이 배어 있다. 행복이란 항상 수월하고 신비하게 이루어질 것이라는 경솔한 판단은 좀처럼 나타나지 않는다. 또한 따돌림에서 화해로 전환하는 모습이 드러난다. 처음에 이러한 전환은 단순히 인간의 노력으로 이루어진 것처럼 보인다. 그러나 이 이야기를 섭리의 관점에서 읽으면, 화해는 이스라엘을 향한 하나님의 더 큰 목적의 일부분으로 이해할 수 있다.

6. 결론

데라/아브라함의 후손들 이야기, 이삭의 후손들 이야기, 야곱 가족의 이야기로 구성된 창세기 12-50장은 가족에 초점을 두고 전개된다. 이 가족은

신학의 렌즈로 본 구약개관

하나님의 약속의 상속자였고 하나님과 언약을 맺은 파트너였다. 이스라엘은 앞으로도 계속 변화해갈 것이다. 특히 하나의 민족 혹은 신앙 공동체로서의 이스라엘이 약속과 언약의 전통을 간직할 때 말이다. 그러나 이러한 이야기들에서 발견되는 신학적 모티프들—약속에서 언약으로, 대립과 적응, 섭리, 따돌림과 화해—은 다양한 사회정치적 배경에도 영향을 끼친다. 이 약속들은 왕조가 붕괴된 이후에 생겨난 문학작품에서 두드러지게 나타난다. 군사적 패배와 포로 생활로 인해 사람들은 하나님이 명백하게 약속을 취소하셨다고 생각했을 것이다. 따라서 그들에게 동일한 약속의 표현은 특별히 더 강렬한 호소력을 지녔을 것이다. 아브라함과 사라에게 주어진 약속은 희망에 대한 토대를 제공했다. 이것이야말로 위르겐 몰트만(Jürgen Moltmann)에 의해 주목할 만한 방법으로 연구된 신학적 모티프의 성서적 근거라 할 수 있다.[18]

결론적으로 그 가족이 부족 동맹이든, 민족 국가든, 포로민이든, 혹은 신앙 공동체든 간에 그들은 야웨 신앙(Yahwism)의 발전을 위한 중요한 배경을 제공하였다. 또한 그러한 야웨 신앙은 약간의 변화를 거쳐 유대교, 그리스도교, 그리고 이슬람교로 이어졌다.

---

18) J. Moltmann, *Theology of Hope: On the Ground and Implications of a Christian Eschatology* (New York: Harper and Row, 1967). (이신건 역, 『희망의 신학』[서울: 대한기독교서회, 2002]).

참고문헌

Blenkinsopp, Joseph. *The Pentateuch: An Introduction to First Five Books of the Bible*. ABRL. New York: Doubleday, 1992.

Brueggemann, Walter. *Genesis*. IBC. Atlanta: John Knox, 1982(강성열 역, 『창세기』 현대 성서주석[서울: 한국장로교출판사, 2000]).

Brueggemann, Walter, and Hans Walter Wolff. *The Vitality of Old Testament Traditions*. Atlanta: John Knox, 1975(문희석 역, 『구약성서 중심사상』[서울: 대한기독교출판사, 1977]).

Carr, David M. *Reading the Fractures of Genesis: Historical and Literary Approaches*. Louisville: Westminster/John Knox, 1996.

Coats, George W. *Genesis: With an Introduction to Narrative Literature*. FOTL 1. Grand Rapids: Eerdmans, 1983.

Fretheim, Terence. "The Book of Genesis: Introduction, Commentary, and Reflections," *NIB*, vol. 1. Nashville: Abingdon, 1994.

Rad, Gerhard von. *Genesis: A Commentary*. OTL. Philadelphia: Westminster, 1972(번역실 역, 『창세기』 국제성서주석[서울: 한국신학연구소, 1981]).

Steinberg, Naomi. *Kinship and Marriage in Genesis: A Household Economics Perspective*. Minneapolis: Fortress, 1993.

Westermann, Claus. *Genesis 1-11: A Commentary; Genesis 12-36: A Commentary; Genesis 37-50: A Commentary*. Minneapolis: Augsburg, 1984-1986.

속박 · 탈출 · 광야

출애굽기 1-18장 | 시편 일부

이스라엘이 이해하고 있는 출애굽 경험과 이에 대한 신앙이 가지는 핵심적인 중요성은 아무리 강조해도 지나치지 않다. 출애굽기 1-15장은 이스라엘이라는 하나의 민족이 어떻게 탄생했는지를 다양한 측면에서 보여준다. 출애굽기는 이집트의 노예로 가혹하게 고통받는 이스라엘에 대한 묘사로 시작한다. 그러나 이야기가 절정에 이르는 순간(출 14-15장), 그들은 하나님의 손에 이끌리어 바다를 지나 새로운 삶을 향해 나아간다. 광야에서의 몸부림이 시작되지만(출 16-18장) 그들은 시내 산에 이르러서 하나님의 언약백성이 된다(본서의 제5장을 보라).

출애굽기에 나타나는 하나님의 승리는 창조를 위협하는 혼돈의 세력을 물리친 우주적 승리인 동시에 역사 가운데서 인간이 행하는 억압적인 세력을 쳐부순 승리이기도 하다. 이스라엘의 해방은 핵심적인 사건이다. 그것은 유대교와 그리스도교 전통을 이어갈 세대들에게 하나님 백성의 정체성을 심어준다. 구약성서 전체에서는 출애굽 경험에 관한 언급이 매우 많이 발견된다(더 깊은 논의는 아래를 보라). 그리고 현재에 이르기까지 유대교 공동체의 각 세대들은 매년 거행되는 유월절 의식에서 출애굽 이야기를 상기한다.

그리스도교 공동체도 출애굽 경험을 중요한 의미로 여겨왔다. 초기 그리스도교는 바다를 지나 새로운 삶을 얻은 출애굽 경험을 기억하며 세례를 받았다. 복음서에는 출애굽에 대한 기억과 언급이 포함되어 있으며 신약성서 전반에 걸쳐 출애굽 전승이 자주 사용된다. 예수도 이스라엘 백성과 마찬가지로 "애굽에서 부름을 받았다"(마 2:15). 그는 제2의 모세처럼 산 위에서 이스라엘 백성을 가르쳤으며(마 5-7장), 자신을 "유월절 어린양"과 동일시했다(고전 5:7; 11:25). 그리스도교의 성찬 예전에서는 "우리의 유월절에 그리스도께서 우리를 위하여 희생당하셨으니 그러므로 우리는 이를 기념한다"라고 선포한다. 바다에서 이루신 하나님의 승리는 부활을 통해 죽음의 세력을 이기신 하나님의 승리와 일치한다. 그리하여 출애굽기 15장은 부활절에 낭독되는 성구 모음에 포함되었다. 그리스도교 역사에서 출애굽 이야기와 억압받는 사람들을 향한 출애굽의 희망은 고통과 억압이라는 절망적인 상황에 있는 공동체에게서 두드러지게 나타났다. 미국 남부의 흑인 노예들이 지닌 영성이나 현재 남아메리카의 해방신학이 그러한 예들이다.

출애굽 경험의 이야기를 읽음으로써 그리스도교와 유대교 신자는 구원받은 하나님의 백성인 공동체가 어떻게 발생했는지를 알게 된다. "너희가 전에는 백성이 아니더니 이제는 하나님의 백성이요"(벧전 2:10; 호 2:23).

1. 출애굽기 읽기

이집트로부터의 구원과 시내 산 언약이 이스라엘의 삶과 구약성서에서 가지는 중요성을 고려하여 우리는 이 주제들을 두 장으로 나누어 고찰할 것이다. 그러나 이 두 가지 경험은 출애굽기에서 주제적으로나 구조적으로 서로 연결되어 있다. 따라서 출애굽기를 하나의 통일체로 놓고 해석하는 방법들을 먼저 살펴보는 것이 적절할 것이다.

1) 정경적 읽기

출애굽기는 독립적인 단편이 아니다. 이것은 반드시 오경 전체의 맥락 속에서 읽어야 한다. 역사적인 관점에서 볼 때, 출애굽기의 히브리 노예들이 창세기의 족장들과 역사적으로 직접적인 관계를 맺고 있는지에 대해서는

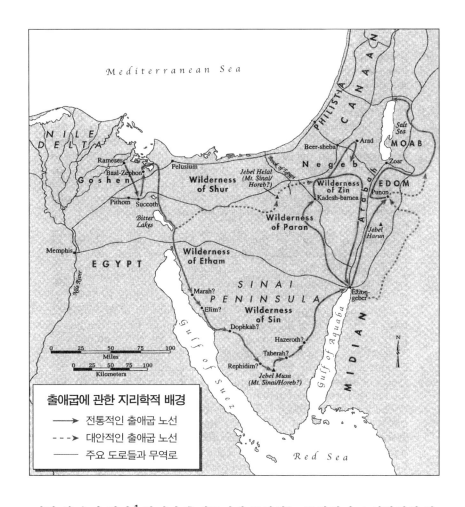

전혀 알 수가 없다.[1] 하지만 출애굽기에 등장하는 문학적이고 신학적인 사건들은 창세기와 출애굽기 간의 관련성을 보여준다. 여기서 창세기와 출애굽기는 약속과 성취의 관점에서 정의된다. 창세기에 나타난 하나님의 약속은 출애굽기에서 성취되어간다. 이 약속들은 창세기의 서로 다른 두 부분에서 언급된다. 한편으로 하나님은 창조 때 인간에게 약속의 명령을

1) "출애굽기에 나타나는 역사와 신앙"에 관한 논의에 대해서는 다음을 보라: Terence E. Fretheim, *Exodus* (IBC; Louisville: John Knox Press, 1991), 7-10.

내리신다. "생육하고 번성하여 땅에 충만하라"(창 1:28). 이제 출애굽기에서 우리는 다음과 같은 본문을 읽게 된다. "이스라엘 자손은 생육하고 불어나 번성하고 매우 강하여 온 땅에 가득하게 되었더라"(출 1:7). 실제로 창조 약속의 성취는 파라오를 위협하는 원인이 되었고 그로 하여금 대량학살 정책을 시행하게 만들었다(출 1:9-10). 그리고 이런 상황으로 인해 하나님의 구원행위가 필요해졌다. 다른 한편으로 출애굽 해방은 아브라함, 이삭, 야곱에게 하신 약속을 이루시려는 하나님의 신실하심과 관련되어 있다. 이 약속들은 땅, 자손, 그리고 땅의 모든 민족들에 대한 축복(참조. 창 12:1-3)을 그 내용으로 하고 있으며 선조들과 맺은 언약을 통해 확증되었다(창 15장). 하나님이 고통받는 이스라엘의 부르짖음을 들으셨을 때 그분은 언약을 기억하시고서 그들의 부르짖음에 응답하셨다(출 2:23-24). 또한 하나님은 모세에게 자신이 선조들에게 약속을 주신 하나님이심을 거듭 강조하신다(출 3:6, 15-16; 6:2-3, 8).

또 다른 측면에서 출애굽기를 보자면, 레위기 법전은 시내 산에서 모세의 중재로 이스라엘에게 주어진 율법과 연속성을 가지고 있다. 레위기의 법 전승이 이스라엘 백성의 역사에서 상당히 후대에 나타난 것이기는 하지만, 이스라엘은 그것들을 권위 있는 것으로 받아들였다. 왜냐하면 그것들은 모세 시대에 하나님의 손에 의해 구원받아 그분과 언약을 맺은 이스라엘 백성으로부터 전해 내려온 것이기 때문이다. 실제로 토라 전체(창세기에서 신명기까지)는 의도와 권위에서 모세의 것으로 간주된다. 비록 거기 담긴 많은 법과 내러티브 자료들이 이스라엘 역사의 후대에 형성되었음에도 말이다. 출애굽기는 이러한 모세적 권위의 핵심을 제공하는데, 그것은 바로 토라(오경) 전체의 중심이 되는 구원과 언약의 사건이다.

출애굽 전승, 특히 바다에서의 구원은 구약 정경 전체에서 중요한 위치를 지닌다. 이스라엘의 다양한 시대와 상황에서 형성된 출애굽 전승의 핵심은 구약 정경 전체에 반영되어 있다. 출애굽 사건의 영향력이 미치는 범위는 다음의 예시들을 통해 설명할 수 있다.

- 여호수아가 가나안 땅에 정착한 백성을 향하여 야웨를 예배하라고 권면하기 위해 제시한 하나님의 구원행위에 대한 회상 중 일부(수 24:5-7).
- 이스라엘의 하나님이 이집트인들에게 행하신 일을 들었던 블레셋 사람들의 마음에 두려움을 가져다준 전승(삼상 4:8).
- 이스라엘의 예배자료 중에서 곤경과 어려움에 처한 사람들을 격려하기 위해 낭송된 희망의 근거(시 77:14-20).
- 신앙 없는 이스라엘 백성을 향해 하나님의 신실하심을 외쳤던 예언자들의 증언(미 6:4).
- 바빌로니아 포로기 예언자들의 메시지에서 다시 한 번 선포된 구원에 대한 희망의 근거(사 43:16-17; 51:10-11).

2) 출애굽기의 복합적인 특성

지난 두 세기 동안의 출애굽기 연구는 주로 자료비평 및 출애굽기의 형성과정에 초점이 맞추어져 있었다.[2] 일반적으로 출애굽기는 여러 세기에 걸쳐 형성된 복합적인 작품으로 간주된다. 최소한 서로 다른 시대에 형성된 세 가지 자료(J, E, P)가 출애굽기를 구성하고 있다는 견해가 수용되어왔다. 바다의 노래(출 15장)와 언약법전(출 20:22-23:33)과 같은 특수한 자료들은 독립적으로 존재했다가 출애굽기의 형성과정에서 결합된 것으로 보인다.

최근 학계에서 "문서가설"(documentary hypothesis)은 점점 논쟁의 여지를 드러내고 있으며 그 유용성은 줄어들고 있다. 물론 출애굽기의 복합적인 특성이나 형성과정의 복잡성을 의심하는 사람은 거의 없다. 그러나 각 자료의 성격과 연대 혹은 출애굽기의 형성과정에 관한 세부사항들에 대해서는 상당한 논쟁이 있을 뿐 아니라 어떠한 합의도 이루어지지 않고

---

2) 본문의 자료 비평적 역사에 관한 학문적 견해에 관심을 갖고 있는 사람들에게 있어서 B. S. Childs의 주석(The Book of Exodus: A Critical, Theological Commentary, OTL [Philadelphia: Westminster, 1974])은 권위 있는 주석으로 출애굽기에 대한 이전의 비평적 연구에 상당히 많은 정보를 제공하고 있다.

있다. 오히려 요즘에는 문학적 접근 내지는 정경적 접근 방법이 중요하게 인식되고 있다. 이 방법론들은 이야기가 나타내고자 하는 바로 그 표현인 본문의 최종 형태를 강조한다. 본문의 최종 형태는 유대교와 그리스도교 공동체에 의해 확정되고 전수되었다. 우리가 현재 읽을 수 있는 형태로서의 본문은 출애굽기를 읽고 해석하려는 우리에게 매우 적절한 연구 범위가 된다.

이 장과 다음 장에서 우리는 본문의 최종 형태에 초점을 맞추어 논의를 진행할 것이다. 물론 본문의 복잡한 형성과정이 때로는 명백해 보이기도 한다는 사실을 인정할 필요가 있겠지만 말이다. 여러 세대를 거치면서 반복적으로 구연된 출애굽 이야기는 하나의 기사로 수집되었지만, 그 안에는 여러 개의 본문 층과 긴장이 명백히 드러난다. 본문에는 서로 다른 다양한 시각과 관점들이 공존하고 있다. 결과적으로 출애굽기는 한 명의 저자에 의해 완성된 작품이라기보다는 여러 세대에 걸쳐 누적된 공동체의 증언이다. 이러한 사실 자체는 출애굽 경험이 지니는 역동성과 중요성을 증명해준다.

3) 역사적 배경과 신학적 선포

출애굽기는 역사 서술이 아니다. 그것은 선포(kerygma)다. 다시 말해 이 책은 공동체의 구원 이야기를 이후 세대들에게 전달하려는 신학적 선포다. 그 목적은 이후 세대들이 출애굽 이야기의 구원자 하나님을 알고 만날 수 있도록 하려는 데 있다. 출애굽기에 나타난 사건들을 역사 속에서 확인하려는 근대적 시도들은 점점 미궁에 빠져들고 있다. 출애굽 이야기가 과거에 일어난 일련의 사건들을 보여주지만, 본문은 사건이 발생한 상황을 역사적으로 설명하기보다 계속해서 변하는 사건들의 신학적 의미에 관심을 두고 있다. 출애굽기 저자는 당시 이집트를 다스렸던 파라오의 이름을 언급할 필요성도 느끼지 않는다. 대부분의 학자들은 제2천년기에 이스라엘의 몇몇 선조들이 다른 셈족 외국인들과 함께 이집트에 머물렀다고 생각하며, 일반적으로 이집트에서 탈출한 연대를 기원전 13세기 초엽으로 보고 있다. 하지만 이것을 포함하여 많은 다른 역사적 세부사항들은 여전히 논쟁의 대상이다.[3] 물론 현재 출애굽기에 나타나는 탈출 이야기는 실제 발생한 사건을 반영할 뿐 아니라 여러 세기에 걸쳐 이스라엘의 후세대들이 가졌던 출애굽 경험의 의미에 대해서도 설명해주고 있다.

문서로서 출애굽기의 최종 형태는 바빌로니아 포로 시대(기원전 587-539년)에 확정된 것으로 보인다. 그리고 이러한 최종적인 편집 작업은 제사장들에 의해 이루어진 듯하다. 그러므로 우리는 이집트의 노예생활로부터의 해방 및 절박한 변화의 상황에서 맺은 하나님과의 언약관계를 보여주는 이러한 전승들을 대할 때 이스라엘이 또 다시 외국 땅에서 속박을 받는다는 시대적 상황을 고려해야 한다. 그뿐 아니라 포로기의 절망적인 상황이 이집트에서의 노예생활과는 달리 이스라엘의 언약위반에 대한 하나님의 심판임을 이해해야만 한다. 속박과 구원, 하나님의 세력과 세상제국 세력 간의 대결, 하나님의 현존과 부재, 언약 순종과 위반, 심판과 용서, 야웨에 대한 예배와 세상제국에 대한 순응 등 이 모든 문제들은 바빌로니아 포로기의 상황에서 긴박하게 부각되기 시작했고, 하나님의 백성인 이스라엘 공동체는 포로 경험을 통해 자신들의 정체성에 위기를 느끼게 되었다. 출애굽기의 최종적인 형성은 이러한 상황을 전제하고 있으며, 위기의 시대에 출애굽 전승이 새로운 생명력을 얻음으로써 그것은 이후의 세대들, 그리고 오늘날 우리에게까지 영향을 미치고 있다. 이 이야기는 기원전 13세기의 조상들에게만 적용되는 것이 아니다. 그것은 속박, 구원, 언약 공동체, 그리고 하나님의 백성 된 모든 세대 가운데—바빌로니아 포로

---

3) 몇몇 학자들은 또한 출애굽 사건들이 더 이른 시기에 일어났다고 주장한다. 출애굽 내 러티브에 나타나는 가능한 역사에 관한 훌륭한 논의를 위해서는 다음을 참조하라: Iain Provan, V. Philips Long, and Tremper Longman III, *A Biblical History of Israel* (Louisville: Westminster John Knox, 2003), 125-132. (김구원 역, 『이스라엘의 성경적 역사』[서울: 기독교문서선교회, 2013]).

민뿐만 아니라 오늘날의 회당 및 교회 가운데도―거하시는 하나님의 영광의 현존에 대한 경험을 나타낸다.

4) 장르·구조·내러티브 진행

출애굽기 15장에는 고대 시(詩)문학의 중요한 단편이 나타나기도 하지만, 여기서 우리는 주로 내러티브 전승들에 대해 논의할 것이다. 이야기 전승은 등장인물들과 줄거리, 클라이맥스에서의 장치를 연속적으로 사용함으로써 이야기를 극적으로 이끌어간다(출 14-15장). 그러나 출애굽기 전체에서는 내러티브의 병렬과 법 전승들이 특별한 주목을 받아왔다. 언약 및 언약과 법 사이의 관련성은 나중에 충분히 다룰 것이다. 그러나 여기서 우리는 출애굽기의 법 전승이 이집트의 속박에서 이스라엘을 구원하신 하나님과 언약을 맺는 내러티브 장면 가운데 자리 잡고 있음을 주목해야만 한다(참조. 출 19:3-6). 내러티브와 법 이외에도 출애굽기에는 예전(liturgy)의 영향이 드러난다. 내러티브 전승의 일부는 이후 세대들의 예배 가운데 사용된 흔적을 담고 있다. 출애굽 이야기는 신앙 공동체 안에서 기억되고 낭독되면서 재형성되었다. 예전적 배경은 특히 유월절 내러티브(출 12:1-13:16), 바다의 노래(출 15장), 광야에서의 만나 이야기(출 16장), 언약 체결 의식(출 24:1-18; 34:10-35), 성막 설계와 건축(출 25-31장; 35-40장)에서 명백히 감지된다. 특히 출애굽기 1-15장의 보다 광범위한 구조는 일반적인 이스라엘의 예배 의전 패턴을 반영하는 듯하다. 속박, 구원, 찬양으로의 흐름은 이스라엘 예배에서 시편이 보여주는 일반적인 패턴인 탄원, 구원, 송영의 전개방식과 동일하다.

출애굽기의 내러티브 전개는 이야기를 구성하는 몇몇 핵심들의 나열로 이루어진다.

(1) **속박**: 비록 하나님이 창조 시에 주신 약속과 아브라함에게 주신 언약이 야곱의 후손을 통하여 이집트에서 성취되었다 하더라도(출 1:1-7), 하나님의 약속과 이스라엘 백성의 미래는 파라오의 억압적인 권력 앞에서

위협받는다. 그는 히브리인들을 두려워했으며 그들을 노예로 삼아 부리고자 하였다. 그의 탄압정책은 결국에 대량학살로까지 이어진다(출 1:8-14). 이러한 속박의 상황에서 하나님은 계시지 않는 듯하지만, 미래에 대한 희망은 파라오의 명령을 거역한 다섯 여인의 용감한 행동을 통해 보존된다(출 1:15-2:10). 그 여인들이 아이들을 살려줌으로써 사회적 양심이 처음으로 자극을 받았고, 그 결과 이스라엘을 구원할 하나님의 대리자인 모세가 태어나게 된다(출 2:11-22). 이 부분의 마지막에서 우리는 하나님이 이스라엘의 부르짖음을 들으셨다는 사실을 볼 수 있다(출 2:23-25).

(2) **파라오와의 대결**: 드디어 하나님이 활동하시기 시작한다. 먼저 하나님은 모세를 부르시고 그에게 사명을 맡기신다. 모세의 거절에도 불구하고 하나님은 그를 세우셔서 파라오를 대면하여 이스라엘의 자유를 요구할 하나님의 대리자로 만드신다(출 3:1-4:31). 모세의 첫 시도들을 통해 파라오의 강압정책은 오히려 가중된다(출 5:1-6:1). 그러나 이야기의 중심은 단순히 모세의 역할이나 그가 행한 일의 성과에 있지 않다. 내러티브들은 하나님의 자기계시, 특히 야웨라는 하나님의 이름이 드러났다는 점에 주의를 기울인다(특히 출 3:1-4:31; 6:2-30). 비록 모세가 혁명적 대리자로서 중요한 역할을 감당하지만, 진정한 대결은 야웨의 해방의 힘과 파라오의 억압의 힘 사이에서 이루어진다. 여러 재앙을 통하여 야웨의 주권이 명백히 드러나며 파라오의 포악한 학살정책은 이후에 역사적으로만이 아니라 우주적인 차원에서도 의미를 지니게 된다(출 7:1-11:10). 파라오에 대한 하나님의 공격은 단지 이스라엘만을 위한 것이 아니라 하나님의 창조의 완전성을 보존하기 위하여 혼돈과 싸우시는 하나님의 전투를 반영한다. 이집트의 장자를 죽이는 마지막 재앙 이야기 전후에는 유월절 의식을 상세히 묘사하는 내러티브들이 나타난다. 유월절 의식은 후대 이스라엘이 예배 가운데 이 사건을 기억하였음을 보여준다(출 12:1-13:16). 장자의 죽음으로 비탄에 빠진 파라오는 이스라엘에게 출애굽을 허락한다. 이집트인들에게 보석과 옷을 얻은 이스라엘 백성은 노예가 아닌 자유의 몸으로 이집트

를 떠난다(출 12:29-36).

(3) **해방**: 파라오의 변심(출 14:5)으로 이스라엘은 위험에 처한다. 그래서 파라오의 힘을 파괴하기 위해 하나님은 과감히 개입하셔야만 했다. 이스라엘의 해방은 억압적인 세력이 무너질 때 이루어진다. 바다에서의 구원 이야기(출 14:1-31)는 "이스라엘을 위해 용사처럼 싸우시는 하나님"(출 14:24-25), "모세를 통해 일하시는 하나님"(출 14:16, 21, 26-27), 그리고 "자연적인 요소들"(출 14:21-22)에 대한 묘사들을 하나로 결합한다. 이야기는 풍부한 이미지들과 더불어 매우 극적이다. 여기서는 하나님의 사자, 구름기둥과 불기둥, 바다의 벽, 바다 가운데 난 길, 수렁에 빠졌다가 파도에 휩쓸려간 이집트의 병거, 바닷가의 시체와 같은 이미지들이 사용된다. 이스라엘의 해방도 물론 참된 결과지만, 야웨는 더 큰 목적을 마음속에 품고 계신다. "내가 너를 세웠음은 나의 능력을 네게 보이고 내 이름이 온 천하에 전파되게 하려 하였음이니라"(출 9:16). "내가 바로와 그의 병거와 마병으로 인하여 영광을 얻을 때에야 애굽 사람들이 나를 야웨인 줄 알리라"(출 14:18). 진정한 주권은 인간 제국의 강압적인 힘이 아닌 야웨께 속한 것이다. 야웨의 주권에 관한 공개적인 인식은 미리암이 이끈 찬양(출 15:20-21, 아마도 최초의 노래일 것이다)과 모세가 이끈 찬양(출 15:1-18, 예전적 사용과 그 과정을 반영하고 있는 긴 시 단편)에 나타난 이스라엘의 최초의 반응을 통해 다루어진다. 전사(戰士)이신 하나님이 파라오를 이기신 승리는 우주적이고 역사적인 것으로 경축된다. 하나님의 승리는 열방에 대한 야웨의 주권 인식, 땅에서의 이스라엘 국가 설립, 하나님의 통치에 대한 선포로 끝을 맺는다.

(4) **광야**: 해방이 곧장 약속의 땅으로 연결되는 것은 아니다. 이스라엘은 광야로 들어선다. 음식과 물이 없는 땅, 새로운 적들과의 만남으로 인한 고통은 야웨를 향한 이스라엘의 믿음을 위협한다. 그들은 모세를 향해 이집트로 돌아가자고 하면서 자신들의 운명을 불평했다(출 15:24; 16:2-3; 17:2-3; 이 주제는 이미 출 14:10-12에 나타난 바다에서의 불평에서 예견되었다). 그

들의 불평에도 불구하고 하나님은 이스라엘의 필요를 채워주신다. 그리고 기적적으로 물(출 15:22-27; 17:1-7)과 음식(출 16:1-36)을 공급하시는 동시에 사막의 적들(출 17:8-16, 아말렉)로부터 그들을 보호하신다. 모세와 이스라엘은 모세의 장인인 미디안 제사장 이드로와의 만남을 통해 훌륭한 조언을 듣는다. 이를 통해 해방은 사법적이고 사회적인 구조로 제도화되고 이스라엘이 아닌 이방인들도 이집트에서 이스라엘을 구원하신 하나님을 인식할 수 있는 기회를 갖게 된다(출 18:1-27).

이 장에서는 출애굽 이야기를 단지 이러한 관점에서만 다루었다. 그러나 출애굽기의 내러티브 진행은 계속해서 **시내 산에서의 언약 체결과 율법 수여**(출 19:1-24:18), 그리고 이스라엘 가운데 거하시는 하나님의 영광을 드러내기 위한 **성막 설계와 건축**(출 25:1-31:11; 35:4-40:38)으로 이어진다. 성막에 대한 자료는 **금송아지로 인한 이스라엘의 배교 이야기**로 잠시 맥락이 끊긴다(출 32:1-34:35). 이스라엘의 우상숭배는 하나님의 진노와 심판을 초래한다. 오로지 모세의 중재를 통하여 하나님의 용서와 언약의 갱신이 가능해진다. 이 에피소드에 대해서는 제5장에서 보다 깊이 고찰할 것이다.

출애굽기의 내러티브 전개는 이스라엘의 삶의 현실을 완전히 뒤바꾸어놓은 사건들에 대한 설명을 통하여 독자들을 감동시키려고 주의 깊게 짜인 듯이 보인다. 출애굽기에서 우리는 이스라엘이 당하는 속박으로 인해 하나님이 부재하시는 것처럼 느끼지만, 억압을 이겨낸 승리를 통해 하나님의 구원의 능력과 이스라엘 가운데 충만하신 하나님의 현존을 경험하게 된다. 우리는 파라오의 도시 건축으로부터, 언약 공동체의 설립으로, 그리고 하나님의 영광을 위한 성막건축으로 이어지는 흐름을 감지할 수 있다. 또한 억압으로부터 해방으로, 그리고 예배 공동체로 진행하는 내러티브를 읽게 된다.

2. 출애굽 전승의 신학적 주제들

1) 우주적 차원의 창조

출애굽 경험에 나타난 하나님의 구속사역은 우주 창조에 대한 하나님의 목적 가운데 놓여 있다. 테렌스 프레타임(Terence Fretheim)은 출애굽기를 이해하는 데 있어 창조신학의 중요성을 특히 강조했다.[4]

우리는 이미 출애굽기 1:7을 통해 이집트에서의 이스라엘의 번성이 "생육하고 번성하여 땅에 충만하라"(창 1:28)는 창조명령(creation mandate)의 성취라는 것을 살펴보았다. 따라서 뒤이어 나오는 이스라엘의 미래에 대한 파라오의 위협(출 1:6-14)은 곧 창조자 하나님의 목적을 위협하는 것이다. 출애굽 이야기는 곳곳에서 이스라엘의 하나님을 "온 천하"의 주로 언급하고 있다(출 9:14, 29; 19:5). 하나님의 구속사역이 이집트의 속박에서 이스라엘을 해방하는 데 초점을 두고 있는 것도 사실이지만, 동시에 이 행위는 하나님이 품고 계신 더 큰 목적을 이루기 위한 것이기도 하다. "내가 이번에는 모든 재앙을…내려 온 천하에 나와 같은 자가 없음을 네가 알게 하리라.…나의 능력을 네게 보이고 내 이름이 온 천하에 전파되게 하려 하였음이니라"(출 9:14, 16).

파라오는 역사 가운데 존재하는 압제의 권력을 상징하기도 하지만 하나님의 창조사역을 방해하는 혼돈의 세력을 상징하기도 한다. 이야기에 나타난 극적인 사건은 역사적 특징뿐만 아니라 우주적 특징도 드러낸다. 그러므로 재앙 이야기들은 하나님의 창조 목적을 파괴하는 파라오를 직접적으로 물리치시려고 인간 외의 창조 요소들을 사용하시는 하나님의 주권을 드러낸다. 이스라엘의 구원은 그 자체로 끝이 아니다. 창조 때에 하나님이 계획하신 온전한 삶을 방해하는 파라오의 행위를 물리치고 새로운 삶을 가능케 함으로써 구원은 하나님의 창조를 회복한다. 출애굽기

---

4) 참조. Fretheim, *Exodus* (IBC; Louisville: Westminster/Jonh Knox, 1991).

신학의 렌즈로 본 구약개관

의 극적인 사건이 보여주는 우주적 차원은 특히 바다의 노래에서 명백히 드러난다(출 15:1-18). 하나님은 바다, 바람, 폭풍, 땅에게 파라오의 군대를 물리치라고 명령하신다(8-12절). 마지막 부분에서는 땅의 모든 민족들이 하나님의 주권을 증언하고(14-16절) 하나님의 통치가 우주 전체에 세워진다(18절). 하나님의 승리는 해방(아래를 보라)인 동시에 새로운 창조였다.

2) 역사적 차원의 압제

이스라엘이 하나님의 백성으로 탄생한 이야기는 민족적 영웅과 승리에 대한 기록이나 하나님의 섭리 가운데 피어난 희망에 대한 증언으로 시작하지 않는다. 구약성서의 중심인 구속 이야기가 하나님이 부재하신 것처럼 보이는 억압과 고통의 상황 가운데서 시작된다는 사실은 상당히 의미심장하다. 도시 건설을 위해 노예를 부리는 파라오에 대한 묘사(출 1:11), 억압받는 자로 인해 발생하는 압제자의 공포, 그리고 그 두려움으로 야기된 학살정책(출 1:8-22)은 인간 역사의 이면을 보여주는 좋은 도구로서 작용한다. 우리는 인간 역사 가운데 너무나 잔혹해서 희망의 가능성마저도 근절시키는 착취의 모습이 존재함을 깊이 인식하게 된다. "그들이 마음의 상함과 가혹한 노역으로 말미암아 모세의 말을 듣지 아니하였더라"(출 6:9). 출애굽 이야기의 신학적인 의미는 억압이 난무하는 사회적 상황 속에서 형성된다. 인간의 능력이 억압적이고 이기적인 제국의 힘(파라오)에 의해 짓밟힌 듯이 보일 때, 새로운 삶을 향한 희망과 가능성을 제공하시는 하나님의 능력이 엄존한다.

그러나 희망과 생명에 대한 첫 번째 조짐은 하나님이 아닌 뜻밖의 인간 대리자로부터 나타난다. 고대 세계에서 파라오의 권력과 대조되는 다섯 여인의 용기와 재치를 상기하라. 강압적인 파라오의 권력을 인간의 말로 표현하기란 어렵다. 히브리 산파인 십브라와 부아는 파라오를 속이고 이스라엘의 남자 아기를 죽이라는 그의 명령을 거역한다(출 1:15-22). 아기 모세는 그의 어머니와 누이의 도발적인 행동으로 생명을 보전한다. 그리고 그는 극적으로 파라오의 딸에게 발견되어 이집트 궁정에서 양육된다(출 2:1-10). 여인들의 행동은 속박 가운데 있는 히브리인들을 향한 하나님의 구원사역보다 앞서 일어난 것이며 하나님의 구원사역을 미리 보여준다. 그리고 이로써 하나님의 대리자인 모세의 생명이 보존된다.[5]

억압과 고통의 상황은 히브리인들의 부르짖음에서 강조된다. 그 부르짖음은 하나님의 해방사역을 동원한다. "이스라엘 자손은 고된 노동으로 말미암아 탄식하며 부르짖으니 그 고된 노동으로 말미암아 부르짖는 소리가 하나님께 상달한지라"(출 2:23b; 참조. 출 3:7, 9; 6:5). "부르짖다"는 의미를 가진 히브리어 동사 "자아크"(zʿq)는 고통뿐만 아니라 불평까지도 의미한다(종종 법률적 의미로도 사용된다). 따라서 이스라엘의 부르짖음은 곧 그들이 자신들의 상황에 순응하지 않고 있으며, 압제와 고통을 자신들의 엄연한 현실로 받아들이기를 거부하고 있음을 보여준다. 그리고 고통에 대한 그러한 부르짖음은 억압적 권력을 분쇄하기 위한 저항으로 연결되며 동시에 새로운 현실에 대한 소망을 구하는 대중적 외침으로 이어진다. 부르짖음의 직접적인 대상이 하나님이 아니었다는 사실은 중요하다. 그것은 대중의 기도가 아니다. 그것은 고통으로 인한 인간의 외침에 불과했지만, 하나님은 이를 들으신다. 그리고 그에 대한 응답으로 하나님의 직접적인 행동이 이야기 속에 등장하게 된다.

3) 하나님의 자기계시

다른 무엇보다 중요한 점은 이스라엘의 하나님이 출애굽 이야기를 통해 자신을 드러내셨다는 것이다. 이야기의 핵심에서 파라오는 드라마틱한 질문을 던진다. "야웨가 누구이기에?"(출 5:2) 내러티브는 반복적으로 하나님의 자기계시 및 출애굽 사건에 대한 하나님의 개입의 근원적인 동기

---

5) 참조. Fretheim, *Exodus*, 36-41; J. Cheryl Exum, "You Shall Let Every Daughter Live: A Study of Ex 1:8-2:10," *Semeia* 28 (1983): 63-82.

가 이스라엘에게(출 6:3, 7; 10:2), 파라오와 이집트인들에게(출 7:17; 8:10, 22; 9:14, 29; 11:7; 14:4, 18), 그리고 궁극적으로는 땅의 모든 민족들에게(참조. 출 15:14-15; 18:8-12) 야웨를 알리기 위함이라는 사실을 진술한다. 출애굽 이야기를 통해 하나님의 성품이 갖는 특징이 처음으로 드러나며 그러한 특징은 성서의 나머지 부분들과 이후 수 세기 동안의 유대-그리스도교 전통에서 핵심적인 중요성으로 부각된다. 다른 무엇보다도 이 본문들은 하나님의 정체성을 다루는 것임에 틀림없다.

하나님의 정체성(그리고 의도)에 대한 결정적인 측면은 출애굽기 3:1-4:17에서 보도된다. 그 측면은 호렙 산(혹은 시내 산이라고도 하는)에서 하나님과 모세의 대면을 통해 처음으로 드러난다. 이어서 나타나는 파라오와의 대결과 노예생활로부터 이스라엘을 해방한 극적인 사건들은 하나님의 활동을 확인시켜주고 상세히 설명해준다. 우리는 출애굽 이야기에 드러난 하나님의 성품을 묘사하기 위해 이야기의 이러한 요소들을 사용할 것이다.

불타는 떨기나무에서 모세에게 자신을 드러내신 하나님은 먼저 자신을 아브라함과 이삭과 야곱의 하나님이라고 밝히신다. 이러한 표현은 **하나님의 성실성**을 확고하게 해준다. 출애굽의 하나님은 약속을 지키시는 하나님이시며 구원 사건은 이 이야기 안에서 조상들에게 주어졌던 약속과 굳게 연결된다(참조. 창 12:1-3). 오경 전체에서 땅, 자손, 그리고 땅의 모든 민족들에 대한 축복의 약속들은 그러한 약속들이 성취되기 시작하는 내러티브로 전개된다. 자신들의 땅으로 이동하게 될 이스라엘(출 3:8; 6:4, 8)은 이미 그 수가 셀 수 없이 많아졌고(출 1:7) 땅의 모든 민족을 향한 사명을 감당하시는 하나님의 언약 파트너가 될 것이다(출 19:4-6). 이스라엘의 조상들은 이 하나님에 대해 충분히 알지 못했고 야웨가 아닌 다른 이름으로 하나님을 불렀지만(출 6:2-3), 하나님은 조상들과 맺은 약속을 기억하시고 그것들을 지키실 것이다(출 2:24; 6:5). 하나님은 신실하시고 신뢰할 만한 분이시다.

호렙 산에서 하나님은 계속해서 자신을 드러내신다. "나는 내 백성의 괴로움을 보아왔다. 그들의 감독으로 인해 그들이 울부짖는 소리를 나는 들어왔다. 나는 그들의 고통을 알며 나는 그들을 애굽에서 구원하기 위해 내려왔다"(출 3:7-8a, 저자의 번역). 이 구절에 등장하는 일련의 강력한 동사들은 이스라엘의 구원 이야기의 핵심에 자리 잡은 하나님이 고대 근동 문화의 다른 신/여신들과 중요한 측면에서 서로 다른 존재임을 드러내준다. 이집트에서 억압받고 있는 노예 집단을 향한 응답으로, 하나님은 그들에게 새로운 미래를 열 수 있는 주도권을 제공하신다. 이러한 주도권은 **하나님의 자유**에서 비롯된 주권행사다. 하나님의 구원은 거저 주어진 은혜의 행위다. 그것은 이스라엘의 공로에 의한 것도 아니고, 하나님이 은혜를 베푸셔야만 할 의무가 있어서 필연적으로 생겨난 것도 아니다(참조. 신 7:8). 출애굽 이야기는 특별히 이집트 신들의 자유와 하나님의 자유를 뚜렷하게 대비시킨다. 이집트에서 파라오 자신은 신으로 간주되며 여러 신들은 권력과 부와 결탁되어 있다. 이집트와 후대 메소포타미아의 제국에서 신들은 지배계층과 동일시된다. 이와 대조적으로, 이스라엘을 구원하신 하나님은 제국의 운명으로부터 자유로운 분이시다. 오히려 하나님은 노예의 편을 들어주신다. 이후에 등장하는 여호수아서와 사사기에서의 가나안 신들은 압제하는 사회 권력과 동일시된다(제6장의 논의를 보라). 야웨를 이집트에서 노예생활을 하던 히브리인들을 위해 반응하시고 행동하시는 분으로 표현하는 것은, 고대 제국의 신들이 지배하고 조종하는 상황을 급진적으로 변화시키는 하나님의 주권적 자유를 증언하는 행위로 간주될 수 있다. 월터 브루그만은 이스라엘 공동체의 새로운 패턴을 위한 하나님의 극단적인 자유의 중요성을 지적한 바 있다. "제국적 의식의 산물인 이집트의 신들을 대신하여 모세는 위엄 있는 자유를 행사하시는 야웨의 주권을 드러낸다. 야웨는 어떠한 사회적 실재로부터 도출되지 않으며 사회적 인식에 고정되어 있지도 않다. 그분은 스스로 자신의 목적을 위해 행동하신다. 출애굽을 경험한 자들은 **새로운 사회 공동체**를 형성하고자 하

신학의 렌즈로 본 구약개관

는 **하나님의 자유**라는 비전에 자신들이 속해 있음을 발견했다."[6] 출애굽 이후 "나는 은혜 베풀 자에게 은혜를 베풀고"(출 33:19)라는 선언과 더불어 언약을 체결하는 가운데 야웨가 강조하신 것은 바로 하나님의 자유다. 이스라엘을 향한 하나님의 자유로운 선택은 이스라엘로부터 **나온** 자유가 아니라 이스라엘을 위한 자유다. 후에 사도 바울은 자유에 대해 설명하면서 이와 동일한 신적 선언을 인용하는데, 그는 하나님과 파라오의 대결을 예시함으로써 초기 그리스도인들에게 구원이 선행(善行)의 결과가 아닌 은혜로 주어진 하나님의 자유로운 선물이라는 사실을 상기시켰다(롬 9:14-18).

모세에게 나타낸 하나님의 자기계시(출 3:7-8a)는 하나님이 자유로운 주도권을 갖고 계시며 인간의 고통과 요구에 관심을 갖고 그렇게 행하셨음을 보여준다. 하나님의 "감찰하심"과 "들으심"은 전지(全知)하신 하나님에 대한 일반화된 표현이 아니라 억압과 고통에 관심을 가지시는 하나님에 초점을 맞춘 표현이다. 하나님의 응답은 고통에 대한 인간의 부르짖음으로 인한 것이다. 아마도 이 구절에서 가장 눈에 띄는 자기계시는 "그 근심을 알고"일 것이다. 여기서 사용된 히브리어 동사 "야다"(יָדַע, "알다")는 지식적인 인지(認知)보다 더 광범위한 의미를 내포한다. 그것은 알려진 대상에 대한 참여와 경험까지 포함하는 개념이다. 따라서 이 표현을 통해 우리는 하나님이 이스라엘의 고통 속에 직접 들어가 그것을 체험하시기로 결정하셨음을 알 수 있다. 이는 **상처받으시는 하나님**이라는 신적 성품이 갖는 특성을 지적해준다. 하나님은 인간이 상처받는 것과 똑같이 상처받으시기로 결심하신다. 이것은 고대 근동 종교에서 권력의 핵심층과 동일시되는 신들과는 매우 대조되는 특징이다. 하나님이 인간의 고통과 함께 고통받으신다는 성서의 증언은 여기서 시작된다. 그리고 그리스도인들은 인

---

6) Walter Brueggemann, *The Prophetic Imagination* (Philadelphia: Fortress, 1978), 16-17. (김기철 역, 『예언자적 상상력』[서울: 복있는사람, 2009]).

간의 고통과 파멸을 완전히 경험하며 십자가에 달려 죽으신 예수(성육신하신 하나님)를 통해 "상처받으시는 하나님"이란 표현이 지시하는 온전한 의미를 발견하게 된다. 성서 이야기에는 출애굽 때 하나님이 받으신 상처와 십자가의 고통 이외에도 상처받으시는 하나님에 대한 또 다른 증언들이 많이 있다. 하나님의 고통, 염려, 동정심, 그리고 인간의 고통에 참여하는 표현들은 특별히 시편과 예언서에서 발견된다.[7] 출애굽기에서 우리는 야웨와 파라오의 능력 대결 및 주권 대결을 볼 수 있다. 여기서 우리는 하나님의 능력이 억압받는 자와 함께 아파하시는 하나님과 조화를 이루고 있음을 보게 되며, 이와 대조적으로 파라오의 힘이 자족적이고 잔인하다는 사실을 알게 된다. 문제는 단순히 "누가 주권자인가"가 아니라 "그러한 주권이 어떤 목적으로 사용되는가" 하는 것이다.

이렇듯 이스라엘의 탄생 이야기에서 발견되는, 하나님이 스스로를 고통받고 소외된 상황에 있는 인간과 동일시하신다는 표현은 정경 전체에서 변함없이 반복된다. 이로써 우리는 힘없고, 가난하며, 억압받고 무시당하는 사람들에게 특별한 관심을 보이시는 하나님이라는 주제를 이해할수 있게 된다. 본서의 남은 장들에서도 우리는 하나님의 이러한 특성이 재차 증언되고 있음을 볼 것이다.

불타는 떨기나무에서 모세에게 하신 하나님의 말씀(출 3:7-8a)이 단지 인간의 고통에 하나님을 동화시키는 것으로 끝나지 않는다는 사실을 중요하게 다루어야 한다. 하나님은 고통받는 자들을 위해 스스로 인간 역사 속에 뛰어드시기로 자유롭게 결정하신다. "내가 내려가서 그들을 애굽인의 손에서 건져내고." 희망 없이 미래를 바라보고 있는 자들을 위해 하나님은 새로운 미래가 가능하도록 활동하신다. 하나님은 모세에게 자신의

---

7) 참조. T. Fretheim, *The Suffering of God: An Old Testament Perspective* (OBT; Philadelphia: Fortress, 1984); B. C. Birch, *Let Justice Roll Down: The Old Testament, Ethics, and Christian Life* (Louisville: Westminster John Knox, 1991).

신학의 렌즈로 본 구약개관

의도를 드러내신다. 그리고 뒤이어 등장하는 많은 내러티브들이 그 목적을 실현하시는 하나님의 행위를 증언하고 있다. 우리는 하나님의 구원·구출·해방에 관한 절정의 사건을 앞으로 보게 될 것이다.

하나님의 성품은 모세와의 만남 속에서 계시된 **하나님의 이름인 야웨**(Yahweh)를 통해 더욱 분명하게 설명된다(출 3:13-18; 6:2-9).[8] 모세는 만약 자신이 하나님의 이름을 알지 못한다면 이스라엘에게 갈 수 없고 또 가더라도 자신이 하나님이 보내신 사람이라는 신뢰를 얻을 수 없을 것이라고 주장한다(출 3:13). 야웨라는 이름은 이미 창세기의 몇몇 내러티브에서 하나님의 이름으로 사용되었다. 그러나 출애굽 전승은 출애굽기 6:2-3에서 분명히 다음과 같이 밝히고 있다. "나는 야웨이니라. 내가 아브라함과 이삭과 야곱에게 전능의 하나님(엘 샤다이)으로 나타났으나 나의 이름을 야웨로는 그들에게 알리지 아니하였고…." 모세의 주장에 대한 대답으로 하나님은 그에게 하나님의 이름인 야웨를 나타내신다(출 3:14-15).

하나님의 이름을 공개한 일은 그 자체로 주목할 만하다. 고대 세계에서 이름을 알려주는 행위는 관계를 맺는 친밀감의 표시다. 그것은 상처받으시는 하나님의 특성과도 연관된다. 왜냐하면 하나님의 이름을 안다는 것은 곧 그 이름을 부르는 사람들이 하나님께 접근하고, 하나님과 교제하며 관계를 맺는다는 것을 의미하기 때문이다. 하나님의 이름을 아는 것은 하나님과의 관계 속에서 그분을 보다 깊이 찬양할 수 있는 가능성을 제공하지만 동시에 하나님의 이름이 악용되고 모욕받을 수 있는 위험성도 지닌다. 십계명 중 하나는 그러한 악용으로부터 하나님의 이름을 보호하고자 한다(출 20:7; 신 5:11). 후대 이스라엘에서 하나님의 이름을 향한 경외는 더욱 발전되었다(출 33:19; 34:6에 있는 공식을 보라). 그러면서 하나님의 이름

---

8) 출애굽기에 나타난 하나님의 자기계시에 관한 자세한 신학적 논의와 과거의 주된 방법론들에 대해서는 다음을 참조하라: Walter Brueggemann, "The Book of Exodus: Introduction, Commentary, and Reflections," *NIB*, vol. 1 (Nashville: Abingdon, 1994), 711-722, 733-737.

을 경외한다는 것은 이스라엘이 하나님께 속해 있음과 그들이 하나님의 이름을 전하는 사람들임을 의미했다(민 6:27을 보라). 후대 유대교에서 하나님의 이름에 대한 경외사상은 야웨라는 이름을 결코 발음하지 않는 관습을 낳았다. 따라서 야웨라는 이름 대신에 "주"(LORD)라는 의미를 지닌 히브리어 **아도나이**(אֲדֹנָי)가 사용되었다. 이것은 유대교 신앙의 관습으로 오늘날까지 계속되고 있다.

모세에게 계시된 하나님의 이름에 담긴 내용에는 언어유희가 포함되어 있다. 이 문제는 상당히 광범위하게 논의되어왔는데, 이는 언어학적으로는 물론 신학적으로도 그러하다. 야웨라고 하는 하나님의 이름은 히브리어 동사 **하야**(הָיָה, "to be")와 연결된다. 14절에서 하나님이 모세에게 하신 말씀에 대한 전통적인 번역은 "나는 곧 나다"(I am who I am; 우리말 개역개정판은 "나는 스스로 있는 자이니라"—역자 주)이다. 이러한 번역은 하나님을 존재 자체의 상태(the state of being itself)로 파악하거나, 하나님의 실재가 신적 존재의 핵심에 고정되어 있음을 제안한다. 그러나 이러한 견해는 출애굽 이야기에서 나타나는 보다 역동적인 하나님 이해를 충분히 포착하지 못한다. 이 구절에 대해 대부분의 학자들은 하나님의 존재를 더욱 역동적으로 나타내는 번역을 선호한다. "나는 내가 되고자 하는 대로 될 존재다"(I will be who I will be/I will cause to be what I will cause to be). 이러한 번역의 정당성은 자신의 존재를 드러내시는 하나님의 성품과 연관된다. 출애굽 이야기의 전후 맥락에서 이제 앞으로 다가올 일은 이스라엘이 구원받는 것과 하나의 민족으로서 탄생하는 것이다. 하나님의 성품은 인간의 역사 가운데 존재한다. 동시에 "되고자 하는 바"(what will be)라는 표현을 통해 하나님의 이름을 드러낸 일은 출애굽기를 읽고 있는 우리에게 구원자 하나님이 곧 창조자 하나님도 되심을 상기시켜준다. 우주와 역사는 모두 하나님에게서 비롯된 것이다. 그분은 모세와 이스라엘에게 자신의 이름을 알리시고 친밀한 관계를 세우신 하나님이다.

야웨를 영어로 으레 "주"(LORD)라고 번역하는 것은 성서에 나오는 하나님 이름의 의미를 충분히 인식하는 데 걸림돌이 된다는 사실을 유념해야 한다. 그러한 관습은 구약 시대 이후 유대교의 관습에서 비롯되었다. 유대교에서는 하나님의 이름을 경외하기 위해서 야웨 대신 **"아도나이"**(אֲדֹנָי)라는 호칭을 사용했다. 이후의 히브리 본문에는 거룩한 이름을 발음하지 않기 위해 야웨의 이름에 해당하는 자음에 대안적인 모음이 붙여졌다. 그 결과 생겨난 특이한 혼합어가 바로 **여호와**(Jehovah)다. 이러한 고대 유대교의 관습을 존중하여 대부분의 현대 영역성서들은 계속해서 야웨를 "주"(LORD, 항상 대문자로 표기되는)로 번역하고 있다. 그러나 그러한 방식의 독법은 피상적일 뿐 결코 적절하다 할 수 없으며, 그러한 번역어역시 남성 단수로 사용됨으로써 야웨라는 이름을 온전히 포착하지 못한다. 앞으로 우리는 본서에서 특정 번역을 인용하지 않는 이상, 더 적절한 이름인 야웨(Yahweh)를 사용할 것이다.

출애굽기 6:2-9는 반복적으로 등장하는 "나는 야웨이니라"라는 표현과 함께 하나님의 이름을 보다 상세하게 설명하고 있다.[9] 대부분의 학자들은 이 본문이 제사장 전승(P)에 속한다고 생각한다. 특히 여기에는 바빌로니아 포로기 때 부각된 야웨라는 이름의 중요성이 반영되어 있다. 출애굽기 3장과 6장에 나오는 하나님의 이름에 관한 주제를 대조해보면, 우리는 문서가설에서 말하는 다양한 자료들을 확인할 수 있다. 각각의 본문들은 서로 다른 시대로부터 비롯된 하나님의 이름에 관한 신학들을 반영하고 있다. 우리는 이미 하나님의 이름에 대한 강조점을 이스라엘의 등장과 연결시켜 논의해왔다. 이러한 강조점은 이스라엘이 자기 정체성을 확립하면서 세계의 일원이 되었던 왕정 시대에 적절한 주제였다(J와 E 문서). 출애굽기 6장은 야웨의 이름을 보다 직접적으로 약속의 성취와 언약의 체결이라는 주제와 연결시킨다. 이 주제들은 언약의 파기를 경험했으나 약속을지키시는 하나님의 성실성이 다시금 나타나기를 고대하던 포로기 세대들

---

9) 참조. W. Zimmerli, *I Am Yahweh* (Atlanta: John Knox, 1982), 1-28.

에게 중요한 것이었다.

완결된 형태로서의 출애굽 이야기의 전후문맥을 고려할 때, 이 본문(출 6:2-9)은 하나님의 이름과 하나님의 언약 수행―조상들에게 주어진 약속의 성취―이 깊이 연결되어 있음을 설득력 있게 보여준다. 약속에 대한 하나님의 성실성은 앞으로 진행될 이야기에 나타나는 극적인 출애굽 사건들을 통해 드러날 것이다. 그러한 사건들은 5-8절에 나오는 일련의 강력한 동사구를 통해 예견된다. "신음 소리를 듣고⋯나의 언약을 기억하노라.⋯너희를 빼내며⋯너희를 건지며⋯너희를 속량하여⋯너희를 내 백성으로 삼고⋯맹세한 땅으로 너희를 인도하고⋯너희에게 주어." 이렇게 열거된 진술 속에서 하나님은 네 번이나 "나는 야웨다"라는 말씀을 반복하신다(6:2, 6, 7, 8). 야웨라는 이름은 출애굽의 구원과 해방을 그 내용으로 하고 있다. "너희를 내 백성으로 삼고 나는 너희의 하나님이 되리니"라는 구절은 시내 산 언약을 연상시키는 공식이자 해방을 넘어서 독특한 언약관계를 예견하는 표현이다. 포로기의 이스라엘은 이처럼 희망의 내용이 담긴 이름인 "야웨"에 헌신함으로써 희망을 얻고자 했다. 또한 이러한 원리는 특별히 고통스럽고 소망 없는 시대를 살았던 유대인 및 그리스도인들의 세대들에게도 똑같이 적용되었다.

4) 해방을 통한 하나님의 구원

출애굽을 통한 이스라엘의 구원은 죄로부터의 구원에 초점을 맞추지 않는다. 대신에 그것은 압제자의 억압에서 해방된 것을 의미한다. 그러므로 우리는 하나님의 구원을 영적인 의미로만 해석하려는 경향을 바로잡는 데 출애굽 이야기를 사용할 것이다.

이 이야기는 해방의 클라이맥스(바다를 건너는 체험)로 곧장 진행되지 않는다. 처음에 독자는 **하나님과 억압적 권력, 역사적 죄악, 우주적 혼돈 사이의 대결**이라는 확장된 드라마를 보게 된다. 이 드라마는 과연 누구의 힘―야웨 혹은 파라오―이 창조와 역사를 지배하는지를 설명하려 한다.

많은 학자들은 야웨(모세로 대변되는)와 파라오의 대결을 담고 있는 에피소드들(출 5:1-11:10)이 예전문의 형태를 취하고 있으며, 아마도 유월절을 기념하기 위하여 여러 세대에 걸쳐 전수되었을 것이라고 본다. 따라서 이 에피소드들은 반복적인 공식들과 주제들로 정형화되어 있다(예를 들어 "내 백성을 보내라", "너로 내가 야웨인 줄을 알게 하리라", "바로의 마음이 강퍅케 되는" 등의 표현들).

이 이야기들 속에서 파라오의 이름이 언급되지 않는다는 사실은 우연이 아니다. 내러티브의 관심은 특정 인물인 파라오와의 대결이라는 역사적 순간을 포착하는 데 있는 것이 아니라 야웨의 주권과 의도에 끊임없이 반대하는 세력을 대표하는 인물로서 파라오를 조명하는 것이다. 한편으로는 파라오의 무시무시하고 강압적이고 학살을 자행하는 정책이 역사적 죄악의 근거로서 기록되어 있다. 그는 이기적이고 지저분한 방식으로 정치적 권력을 사용함으로써 희망을 무너뜨리고 영혼을 파괴한다(참조. 출 1:8-22; 5:1-22; 그리고 특히 6:9). 다른 한편으로 파라오는 혼돈의 세력을 의인화한 대상이다. 그는 하나님이 계획하신 창조질서와 피조물들의 행복을 가로막는 세력이다.

야웨는 파라오의 억압적 권력을 역사적 측면과 우주적 측면에서 모두 분쇄하고자 하였다. 대리자 모세와 더불어(더 상세한 논의는 아래를 보라) 야웨는 극적인 반격을 시작한다. 그러한 반격은 억압받던 이스라엘이 높이 들림 받는 반면, 외적으로는 천하무적이던 파라오가 무력해짐으로써 정점에 이르게 된다. 세계 권력의 현실은 파라오와 그의 부하들이 상상하던 것과는 달랐다. 보통 우리가 열 가지 재앙이라 부르는 것(성서는 그것들을 "표징과 이적"이라 부른다. 출 7:3)은 파라오의 죄악으로 인해 창조질서가 혼란스러워졌음을 보여준다. 이러한 현상은 하나님의 창조질서가 위협을 받을 때 생겨나는 혼돈의 증거다. 그러나 창조질서가 붕괴된 상황에서도 그러한 창조 요소들은 하나님의 주권 아래 있으며 하나님의 의도대로 움직인다. 프레타임은 재앙들을 "역사적 재앙의 생태적 징표"(ecological signs of historical disasters)라고 불렀다.[10] 이 드라마는 모든 것이 "창조와 해방의 주권자이신 야웨를 알게 되"는 결과로 이어진다.

파라오에게 닥친 재앙에 관한 기사들(출 7:8-11:10)은 예전적인 용도를 위해 형성되었음이 틀림없는 복잡한 전승사적 문제를 드러낸다. 본문을 시편 78편 및 105편과 비교해보면, 일곱 가지 재앙 전승들이 이스라엘에 알려져 있었음을 분명히 알 수 있다. 자료 분석을 통해 우리는 이 본문들 안에 적어도 세 개의 자료 층이 뒤섞여 있음을 확인하게 된다. 물론 그것들의 범위에는 논쟁의 여지가 있다. 하나님이 홀로 결정적인 역할을 담당하신 재앙이 있는가 하면, 모세 혹은 아론이 역할을 담당하는 재앙도 있고, 하나님과 모세가 함께 역할을 담당하는 재앙들도 있다. 요약하면, 이들 본문은 복잡한 문헌적 전승사를 거쳐서 형성되었기 때문에 이것들의 원래 모습을 정확히 복구하기란 불가능하다.[11] 우리가 알 수 있는 결과는 주어져 있는 완결된 형태의 내러티브뿐이다. 여기에는 억압적 권력에 맞서는 하나님과 인간 대리인이 뒤섞여 있다. 창조 그 자체는 어지러워졌다. 그리고 하나님, 모세, 아론은 세계를 향한 하나님의 의도를 억압을 통해 방해하는 독재자와 맞서 싸웠다. 열 가지 재앙은 자신의 권력에 의지했던 파라오에 의해 혼돈이 초래되었음을 보여준다.

이제 야웨의 주권에 대항하고 악과 혼돈을 추구하던 무리들의 결말이 드러난다. 억압받던 이스라엘의 해방, 그리고 파괴된 창조의 회복은 파라오와 그의 백성 이집트인들의 희생을 통해 이루어진다. 억압의 결과는 압제자뿐만 아니라 그 억압을 통해 이익을 얻고자 했던 자에게까지 확대된

---

10) Fretheim, *Exodus*, 107-108; T. Fretheim, "The Plagues as Ecological Signs of Historical Disaster," *JBL* 11 (1991): 385-396.

11) B. S. Childs(*The Book of Exodus*, 121-170)는 재앙 내러티브들에서 제기된 중요한 역사적 · 문헌적 · 예전적 질문들에 대해 구체적인 논의와 대답들을 보여준다. 결국 그는 이러한 본문들의 담화가 신학적이라고 주장한다. Brueggemann이나 Fretheim과 같이 말이다. Brueggemann, "The Book of Exodus," 722-723; Fretheim, *Exodus*, 105-112.

다. 이 본문은 다른 사람들을 직접적으로 압제하지 않은 자는 유죄를 면할 수 있다고 생각하는 사람들에게 가혹한 교훈을 전해준다. 억압의 대가는 특별히 두 가지 난해한 주제들로 표현된다. **파라오의 마음이 강퍅케 되는 것과 이집트 장자(長子)들의 죽음.**

어떤 독자들은 재앙 이야기에 나타난 하나님의 행동을 보면서 당혹스러워한다. 왜냐하면 파라오의 마음을 강퍅하게 만든 이가 바로 하나님이기 때문이다.[12] 그렇다면 파라오는 하나님에 의해 어쩔 수 없는 운명에 처한 희생양이 아닌가? 파라오의 마음이 강퍅해지는 장면을 주의 깊게 읽어보면 더욱더 복잡한 상황을 보게 된다. 파라오의 마음을 묘사한 동사는 세 가지다. "강퍅해지다", "완고해지다", "완강해지다." 그것들은 고집, 아집, 완고함, 사려 없음의 다양한 정도를 나타낸다. 열 번은 하나님이 이 동사들의 주어로 나오고, 나머지 열 번은 파라오(혹은 파라오의 마음)가 주어로 나온다. 여섯째 재앙에 가서야 하나님이 주어가 된다는 사실은 의미심장하다(출 9:12; 하나님의 강퍅케 하심은 출 4:21과 7:3에서 미래의 행동으로 예견된다). 여섯째 재앙 이전에는 파라오의 마음을 강퍅케 한 주체가 파라오 자신이었다. 파라오의 고집은 그 자신의 성향이자 이스라엘의 자유를 원하시는 하나님에 대한 고의적인 저항이었다. 하나님은 파라오의 성품을 강화시키면서 그의 마음을 더욱더 강퍅하게 하신다. 모세를 통해 전달된 하나님의 말씀을 향한 파라오의 저항은 그의 고집을 통해 계속해서 강해지며, 결국 하나님은 지속적인 죄악에서 돌이킬 수 없는 파라오를 포기하신다. 파라오가 직접 주체로 등장하는 마지막 경우는 일곱째 재앙에 나타난다(출 9:35). 하나님의 뜻을 거부하는 파라오의 계속적인 죄악은 하나님으로부터 비롯된 것이 아니다. 그러나 하나님이 압제자의 운명을 확인하고 그를 권력으로부터 몰락시킬 수밖에 없는 시점이 온다.

---

12) 파라오의 마음이 강퍅해짐에 대한 새로운 이해를 위해서는 다음을 참조하라: B. S. Childs, *The Book of Exodus*, 170-175; Fretheim, *Exodus*, 96-103.

마지막 재앙인 이집트 장자들의 죽음 이야기(출 12:29-39)는 이스라엘의 유월절 축제를 위해 만들어진 예전적 자료들로 둘러싸여 있다(출 12:1-28, 40-51; 13:1-16). 출애굽기는 야웨와 파라오의 싸움에서의 비극적인 마지막 행위를 아이러니하면서도 불가피한 것으로 표현한다. 이스라엘 백성을 죽이려던 파라오의 의도는 오히려 이집트 백성을 죽게 만든다. 파라오는 계속적인 학살정책을 통해 이스라엘의 처음 난 아들들을 죽이도록 명령했다. 하나님은 모든 이스라엘 백성을 자신의 장자로 규정하시고 이집트 장자들의 죽음을 파라오의 죄에 걸맞은 적절한 처벌로 선고하신다(출 4:23). 파라오가 행한 폭력은 결국 억압받는 자의 장자뿐만 아니라 억압하는 자의 장자까지도 죽이는 결과를 초래했다. 그러한 동등의 원리는 20세기에 벌어진 대규모의 전쟁들만 보아도 충분히 깨달을 수 있다. 압제는 희생자와 수혜자 모두에게 대가를 요구한다. 이러한 하나님의 처벌은 동정심의 결여 때문이 아니라 그분께 압제자의 피할 수 없는 결말을 누그러뜨리실 마음이 없기 때문에 주어진 것이다. 압제의 권력을 관대히 다루거나, 그것으로부터 이익을 얻는 것은 위험한 과정일 수밖에 없다. 또한 일부 압제자들이 하나님의 목적을 무모하게 무시함으로써 아이들과 같이 죄 없는 자들까지 위험에 처하게 된다. 파라오의 잔인한 권력을 의지한 자들, 심지어 죄 없는 이들까지 위험한 상태에 놓였다.

출애굽기 14장과 15장에서 우리는 해방 이야기의 짜릿한 클라이맥스에 도달한다. 이스라엘을 위해 자유와 공의를 행하시는 하나님의 의지는 바다를 가르시고 이집트 군대의 추격을 격멸시키심으로써 실제 사건이 된다. 하나님의 **구원은 해방으로 경험된다.**[13] 이스라엘은 바다를 가로질러 새로운 삶을 얻었다. 이스라엘을 죽음으로 몰아넣으려던 힘은 격퇴된다.

---

13) George V. Pixley는 출애굽 전체에 걸쳐 나타나는 해방이라는 주제의 중요성을 강조한다: *On Exodus: A Liberation Perspective* (Maryknoll, N. Y.: Orbis, 1987). 또한 이 점에 대해서는 다음을 참조하라: J. Severino Croatto, *Exodus: A Hermeneutics of Freedom* (Maryknoll, N.Y.: Orbis, 1981).

신학의 렌즈로 본 구약개관

복합적인 산문 내러티브(출 14:1-31)는 구원 이야기를 전하며 모세와 미리암의 노래(출 15:1-21)는 그 사건을 찬양한다. 바다에서의 극적인 사건들은 세상 속에서 진정한 힘의 근원을 결정하는 공적인 투쟁을 판가름 짓는다. 이는 내러티브와 시로 기록된 찬양 속에서 묘사된다. 승리를 거둔 자는 야웨이시다. 억압받는 자들과 함께 고통당하신 주권자 하나님은, 외견상 천하무적으로 보이는 잔인한 압제자보다 훨씬 더 강력한 분이었다.

절정의 순간에서 야웨가 해방의 근원적인 힘이라는 사실이 확고하게 강조된다. 이 본문에서 야웨는 주로 거룩한 용사(divine warrior)의 이미지로 형상화된다.[14]

"야웨는 용사시다"(출 15:3a). 싸워서 승리를 거둔 이는 바로 야웨시다. 이스라엘은 새로운 삶을 주신 하나님의 능력을 믿고 신뢰해야만 한다. "너희는 두려워하지 말고 가만히 서서 야웨께서 오늘 너희를 위하여 행하시는 구원을 보라. 너희가 오늘 본 애굽 사람을 영원히 다시 보지 아니하리라. 야웨께서 너희를 위하여 싸우시리니 너희는 가만히 있을지니라"(출 14:13-14). 용사이신 하나님이 사용하신 무기(바람, 물, 어둠, 구름)는 우주의 구성요소들이다. 어떠한 인간 용사도 이집트 군대를 격파하기 위하여 바닷물을 벽처럼 세우지는 못한다(출 14:22-29; 15:8-10). 이 본문에서 용사와 전투에 관한 표현은 때때로 현대인들에게 다소 과격하고 공격적으로 들린다. 왜 구원의 순간이 그렇게 폭력적인 언어로 그려져야만 할까? 하나님에 대한 군사적 은유들이 불온한 목적을 지닌 채 하나님의 이름을 가지고 폭력을 행사하는 데 사용될 소지가 있다는 점은 사실이다(또한 실제로 그러했다). 하지만 이 본문이 전하고 있는 진실은, 하나님이 세상 가운데 있는 압제와 부정을 행하는 폭력적 권력을 용서치 않고 무찌르신다는 것이

---

14) 참조. P. D. Miller, Jr., *The Divine Warrior in Early Israel* (Cambridge, Mass.: Harvard University Press, 1973); M. C. Lind, *Yahweh Is a Warrior* (Scottdale, Pa.: Herald Press, 1980).

다. 억압적 권력에 의해 희생된 자들에게 인간성 말살, 착취, 노예화, 인간 소외를 낳는 잔인한 권력에 맞서 싸울 힘이 존재한다는 사실을 믿는 것은 참으로 중요하다. 이 본문은 하나님의 이름으로 폭력을 휘둘러온 사람들에게는 쉽게 수용되지 않을 것이다. 대신에 이 본문은 소외되고 고통당하는 자들을 위한 것이다. 그들은 자신들을 억누르는 폭력에 맞설 힘을 가지고 있지 않지만, "원수를 부술" 야웨의 "오른손"을 신뢰하는 사람들이다(출 15:6).

야웨가 이루신 구원은 사회정치적 질서에서의 해방이다. 이스라엘은 역사적인 압제자의 손으로부터 구원을 얻는다. 우리는 본문을 영적으로만 이해함으로써 하나님의 구원사역의 또 다른 측면을 간과하는 우를 범해서는 안 된다. 따라서 영적인 적들에 대한, 심지어 죽음에 대한 하나님의 승리를 나타내는 하나의 은유로서만 본문을 이해해서는 안 된다. 하나님은 사회정치적 질서 속에서 깨어지고 말살당하는 사람들을 온전케 하시기 위해 일하신다. 그리고 그들의 영혼뿐만 아닌 깨어진 육체를 위해서도 희망을 전해주신다. 출애굽기가 여러 세대를 거쳐 억압적 권력의 희생자들에게 희망을 주는 기능을 했다는 사실은 하나님의 구체적인 해방활동을 인식하는 가운데 잘 나타난다.[15] 우리 시대에 미국의 흑인, 라틴아메리카인, 아시아인, 아프리카인들의 해방신학은 기본적으로 하나님을 해방자로 이해하고 있는 출애굽의 주제들을 깊이 있게 수용하였다. 무력과 소외의 경험을 통해 탄생한 이러한 신학 사조들은 속박―역사의 그늘진 곳으로부터―에서 해방된 이스라엘 노예들의 입장에서 바라본 하나님의 활동이 무엇을 의미하는지를 이해하고자 한다. 출애굽 이야기의 복음은 하나님이 인간의 행복을 가로막는 모든 권력구조에 맞서 싸우시고 그것을 무찌르시는 신뢰할 만한 분이라는 사실이다.

그러나 이 본문이 해방자 하나님을 창조자와 동일시하고 있다는 사실

---

15) 참조. M. Walzer, *Exodus and Revolution* (New York: Basic Books, 1985).

도 중요하다. 물과 바다의 이미지를 통해 묘사된 하나님의 승리는, 혼돈의 세력을 물리치고 그것에 대항하는 하나님의 영원한 창조능력을 드러낸다. 출애굽 이야기에 나타난 구원은 해방이다. 그러나 동시에 그것은 재창조이기도 하다. 하나님의 창조가 다시금 질서 지워지고 하나님께서 의도하신 모든 생명이 그 질서 안에 놓이게 된다. 복음은 사회정치적일 뿐만 아니라 존재론적인 특징을 지닌다. 우리는 파괴와 혼돈을 가져다주는 모든 세력으로부터 우리의 삶을 새롭게 재정비하시는 하나님의 힘을 믿을 수 있다. 파라오와 그의 신들은 패배한다(출 12:12; 15:11; 18:11). 구원은 우주적인 동시에 사회정치적인 승리다.

5) 형성적(Formative)이고 전형적(Paradigmatic)인 것으로서의 출애굽

출애굽 이야기의 깊은 의미는 사건들이 발생했을 때 이스라엘이 경험한 것으로만 이해될 수 없다. 출애굽기 1-15장의 내러티브는 이미 출애굽 이야기가 신앙 공동체의 후세대들에게 계승되어 적용되고 또 다시 재적용되는 과정을 반영하고 있다. 정경 본문이 이러한 과정을 중단시키지는 않는다. 그러한 과정은 정경이 확립된 이후에도 유대교와 그리스도교 공동체를 통해 우리에게까지 계속된다. 모든 세대들은 출애굽 이야기를 자신들의 이야기라고 말한다. 그러므로 출애굽 이야기는 공동체를 이루도록 하는 형성적인(formative) 부르심이며, 동시에 하나님에 의한 구원의 경험을 각각의 세대들에게 전형적(paradigmatic)으로 반영하고 구체화한다.

(1) 사건, 응답, 그리고 의미

출애굽 사건은 과거 이스라엘에만 있었던 일회적 사건이 아니다. 하나님의 해방 행위는 즉각적인 응답을 요구했고 그 응답을 통해 공동체가 형성되었다. 여러 세대를 거쳐서 공동체의 출애굽 증언은 새롭고 누적된 응답으로 일반화되었다. 그러므로 출애굽의 의미는 그 본래적인 사건을 넘어서서 계속해서 형성되는 신앙 공동체들의 모든 세대로부터—이스라엘로부터 현재에 이르기까지—응답을 요구한다. 본문은 이미 그 자체로 출애굽 사건에 대한 응답의 요소를 지니고 있다. 그리고 그러한 요소들은 이스라엘을, 그리고 계속해서 하나님의 백성을 위한 공동체를 형성시켰다.

해방된 이스라엘의 첫 번째 응답은 **송영적**(doxological)이다. 새로운 자유를 만끽한 이스라엘의 환희는 자연스럽게 찬양으로 터져 나왔다. 모세와 미리암은 이스라엘 백성을 이끌고 노래한다.

> 내가 야웨를 찬송하리니 그는 높고 영화로우심이요
> 말과 그 탄자를 바다에 던지셨음이로다.
> 야웨는 나의 힘이요 노래시며
> 나의 구원이시로다.
> 그는 나의 하나님이시니 내가 그를 찬송할 것이요
> 내 아비의 하나님이시니 내가 그를 높이리로다(출 15:1b-2; 참조. 출 15:21).

해방된 이스라엘의 첫 번째 공동체는 찬양 공동체였다. 찬양은 이스라엘의 핵심이자 구성요소였다. 이러한 점은 시편에서 특히 잘 나타난다. 시편에는 이스라엘을 위해 은혜를 베푸신 하나님의 행위를 경축하는 이스라엘의 자연스러운 응답이 담겨 있다. 이스라엘의 예배 중심에 놓여 있는 이러한 찬양은 종종 출애굽 구원을 회상하는 이후 세대의 찬양을 포함한다.

> 할렐루야
> 야웨의 이름을 찬송하라.
> 야웨의 종들아 찬송하라….
> 그가 애굽의 처음 난 자를
> 사람부터 짐승까지 치셨도다.
> 애굽이여,
> 야웨께서 네게 행한 표적들과 징조들을

바로와 그의 모든 신하들에게 보내셨도다(시 135:1, 8-9; 참조. 시 136:10-16).

하나님의 백성이 형성되는 가장 중요한 목적은 하나님을 찬양하는 데 있다. 그리고 출애굽의 주제들은 이스라엘의 찬양 가운데 놓여 있다. 이스라엘은 "내가 나를 위하여 지었나니 나를 찬송하게 하려 함이니라"(사 43:21). 교회에 속한 우리가 이 시대의 해방된 백성이라 한다면, 하나님을 향한 찬양은 교회생활의 한가운데에 반드시 자리 잡아야만 한다.

출애굽 해방에 대한 이스라엘의 응답은 또한 **선포적**(kerygmatic)이다. 찬양은 선포가 된다. 바다의 노래는 찬양(doxology)으로 시작하여 부분적으로 시가 뒤섞인 하나님의 구원 이야기로 이어진다. 이를 낭독함으로써 공동체가 형성된다. 이스라엘이 공동체를 이룰 수 있었던 것은, 부분적으로는 그들이 스스로 증언해야 할 이야기와 선포해야 할 하나님의 구원 기사를 가지고 있었기 때문이다. 출애굽 사건은 이스라엘에게 매우 중요한 최초의 기억이다. 하나님의 백성에 대한 이야기가 점차 다양하게 확장되기는 하지만, 출애굽 사건이 그 이야기 속에서 지니는 핵심적인 역할은 여러 세대를 지나서도 뚜렷하게 남아 있다. 그러므로 출애굽 사건에 대한 선포적 낭독은 구약 정경 전체에 걸쳐 시종일관 드러난다. 그 이야기는 이스라엘의 다가올 세대들이 지녀야 할 신앙의 정체성을 위해서 매우 중요하기 때문이다.

이러한 점은 본문 안에 남아 있는 신조 형태의 여러 구절을 통해 드러난다. 신명기 26:5-10은 수확의 첫 열매를 드릴 때 고백된 신앙의 증언인데, 그 안에 출애굽 사건이 언급되어 있다. 여호수아 24:5-7은 여호수아가 땅에 정착한 백성에게 "너희가 섬길 자를 오늘 택하라"(수 24:15)고 권고하는 장면인데, 여기에 나타나는 이스라엘의 구원 이야기에서 출애굽 사건은 핵심 요소로 자리 잡고 있다. 출애굽 이야기는 이스라엘의 정체성의 일부였으며, 그 이야기는 전쟁 중에 이스라엘과 대치하고 있던 블레셋 사람들에게까지도 알려졌다(삼상 4:8). 또한 그 이야기는 이스라엘을 구원하신 하나님에게 다시 돌아와 순종하라고 권고하는 예언자들의 선포 속에도 등장한다. "내가 너를 애굽 땅에서 인도해내어 종노릇하는 집에서 속량하였고 모세와 아론과 미리암을 네 앞에 보냈느니라"(미 6:4). "이스라엘의 어렸을 때에 내가 사랑하여 내 아들을 애굽에서 불러내었거늘 선지자들이 그들을 부를수록 그들은 점점 멀리하고 바알들에게 제사하며 아로새긴 우상 앞에서 분향하였느니라"(호 11:1-2). 포로기 때에 출애굽에 대한 기억과 낭독은 새로운 삶을 향한 예언자적 기대의 원천이 되었다.

> 나 야웨가 이같이 말하노라.
> 바다 가운데에 길을
> 큰 물 가운데에 지름길을 내고
> 병거와 말과
> 군대의 용사를 이끌어내어
> 그들이 일시에 엎드러져 일어나지 못하고
> 소멸하기를 꺼져가는 등불 같게 하였느니라.
> 너희는 이전 일을 기억하지 말며
> 옛날 일을 생각하지 말라.
> 보라 내가 새 일을 행하리니
> 이제 나타낼 것이라. 너희가 그것을 알지 못하겠느냐(사 43:16-19a).

물론 출애굽 해방의 낭독이 가장 중점적으로 초점을 맞추고 있는 것은 유월절이다. 유월절은 매년 봄에 경축된다. 각 세대는 출애굽 이야기를 다시금 전하고 경축하면서 새로이 형성된다. 모든 세대가 저마다 출애굽 세대가 된다. 출애굽기 12:1-28, 43-49, 그리고 13:1-16의 내러티브들은 이미 유월절 의식을 행하는 여러 세대의 예전적 관습을 반영한다. 더구나 그러한 경축 행위는 현재까지 유대인 공동체에서 계속되고 있다. 복음서에서도 제자들과 함께 기념하는 예수의 마지막 저녁식사가 유월절 만찬이었고, 예수의 죽음 역시 유월절 희생양의 은유로써 이해되었다. 비극적이지만 동시에 필연적인 장자의 죽음이 구원을 가능케 했다. 오늘날의 예전에서는 종종 다음과 같이 선언된다. "우리의 유월절 양 그리스도께서는 우리를 위해 희생되셨다. 그러므로 우리는 이를 기념한다." 하나님의 구원의 복음을 낭독하는 것은 유대교 및 그리스도교에서 하나님 백성의 공동체를 위한 정체성의 중심에 놓여 있다. 유월절은 (그리고 그것과 함께하는 출애굽 이야기는) 신앙 공동체의 각 세대들에게 그들의 삶이 하나님의 생명의 선물임을 상기시켜준다. 하나님이 생명을 주시기 전까지 그들은 어떠한 생명도 가지고 있지 못했다. "너는 애굽 땅에서 종 되었던 것과 네 하나님 야웨께서 너를 속량하셨음을 기억하라"(신 15:15).

끝으로, 출애굽 사건에 대한 이스라엘의 공동체적 응답은 **언약적**(covenantal)이다. 제아무리 찬양을 드리고 이야기를 낭독한다 해도 그 일을 행할 공동체 조직이 없다면 아무런 소용이 없을 것이다. 따라서 출애굽 이야기는 바다에서 시내 산(호렙 산)에 이르기까지 계속되어야만 한다. 그리고 해방된 이스라엘의 "수많은 잡족"(출 12:38)이 언약백성으로 변모하는 사건으로 이어져야 한다. 하나님의 언약백성이 지니고 있는 정체성은 출애굽 경험을 전제하고 있다. "내가 애굽 사람에게 어떻게 행하였음과 내가 어떻게 독수리 날개로 너희를 업어 내게로 인도하였음을 너희가 보았느니라. 세계가 다 내게 속하였나니 너희가 내 말을 잘 듣고 내 언약을 지키면 너희는 모든 민족 중에서 내 소유가 되겠고 너희가 내게 대하여 제사장 나라가 되며 거룩한 백성이 되리라"(출 19:4-6). 출애굽기의 이 부분은 본서 제5장의 주제이지만, 여기서 우리는 출애굽이 전해주는 이야기를 접하게 된다. 이스라엘의 자유는 파라오의 도시 건축을 위한 강제노역으로부터의 해방이었다. 그런데 이제 이스라엘은 하나님의 백성이라는 신앙 공동체를 건설하는 데 필수적인 언약적 노력을 수행하기 위하여 시내 산에 모이게 된다. 출애굽에서 시내 산으로의 이동은 하나님의 백성이 되고자 하는 모든 세대들에게 필연적인 여정이다. 그것은 구원에서 언약으로의, 자유에서 순종으로의 여정이다.

(2) 출애굽 신앙의 형태

출애굽 기억에 대한 명확한 언급과는 별도로 하나의 신앙 형태가 존재한
다. 그것은 바로 출애굽 사건으로부터 비롯되어 확장된 하나님의 은혜의
경험을 이해하는 패러다임이다. 하나님의 백성이 가지는 신앙경험은 출애
굽의 형태를 지닌다. 그리고 그것은 구약성서 전체와 신약성서, 더 나아가
교회와 회당의 역사에도 반영되어 있다.

이러한 형태는 바다에서 이루어진 구원의 클라이맥스로부터 비롯되었
으며, 세 가지 요소로 구성된다.

고통의 상황 → 예기치 않은 구원 → 공동체의 응답

모든 사람과 공동체는 고통의 상황을 경험하기 마련이다. 바다에서 이
스라엘이 경험했던 것과 마찬가지로, 개인적으로나 공동체적으로 그러한
순간이 닥칠 때 모든 세대는 미래를 단념하곤 한다. 이스라엘처럼 우리도
그 순간에 슬픔과 분노를 경험한다(모세에게 대드는 백성을 보라; 출 14:11-12).
우리는 죽음이 눈앞에 닥쳤다고 믿으면서 삶의 가능성을 보지 못한다. 우
리에게 소망은 그 어디에도 없다.

출애굽 신앙은 절망의 순간에 하나님께서 예기치 않은 구원의 가능성
을 제공하셨다는 것을 증언한다. 출애굽 이야기에서 바다가 갈라지고 이
스라엘이 마른 땅을 건너 자유를 얻게 될 수 있다는 사실을 그 누군들 예
측할 수 있었겠는가. 출애굽의 메시지는 하나님이 항상 미래를 향한 길을
열어주시며, 죽음 앞에서도 생명의 소식이 가능하다는 사실을 보여준다.
그것은 주로 "예기치 못한" 방법으로 다가올 것이다. 출애굽 신앙이란, 믿
음의 백성이 항상 그들이 원하는 미래를 보장받을 수 있다는 것을 의미하
지는 않는다. 오히려 새로운 삶을 향한 길은 하나님 안에만 있음을 나타낸

다. 출애굽기 16-18장의 광야 이야기는 믿음 안에서 새로운 삶을 얻기 위해서는 노력이 필요함을 전하고 있다(더 상세한 논의는 아래를 보라). 출애굽 패러다임이 전하는 약속은 죽음이 결코 끝이 아니라는 사실이다. 하나님의 은혜는 새로운 삶을 가능케 하며, 그것은 종종 놀랍고 예상치 못한 방법으로 찾아온다.

고통으로부터 구원받음으로써 공동체가 형성된다. 출애굽을 직접 경험한 1세대 공동체는 하나님이 구원하시고/건지시고/해방시키시는 은혜의 이야기들을 찬양하고 기억하면서 자신들의 삶과 예배를 다른 민족들과는 다른 형태로 바꾸었다. 우리는 제5장에서 공동체의 형성을 언약 개념과 관련시켜 고찰할 것이다.

"고통-구원-공동체"의 패턴은 구약성서와 신약성서의 수많은 문학작품들에 반영되어 있다. 이스라엘의 문학 중에서 그러한 패턴은 특히 시편에서 가장 명확히 드러난다. 탄원시는 여러 가지 형태의 고통을 솔직하고 감동적으로 표현한다. 그러나 잘 알려진 대로 상당수의 탄원시들은 구원을 기대하는 찬양으로 그 내용이 전환된다(출애굽에 대한 명확한 언급을 담고 있는 시 77편을 보라). 감사시는 구원과 새로운 삶을 경험한 자들의 입장에서 고통의 시간을 회상한다(시 33편을 보라). 다른 장르의 시편들은 공동체를 반영한다. 곧 구원 이야기를 기억하며(시 136편), 신앙의 축제 가운데서(시 24편), 하나님의 공동체를 향한 도덕적 요구 안에서(시 15편), 왕에게 기대되는 지도력에서(시 72편) 공동체를 반영한다. 그리스도인들에게 있어 출애굽 이야기에 반영된 신앙의 형태는 신약성서의 핵심적인 구원 이야기에서 발견된다. 십자가, 부활, 오순절 성령강림 사건과 관련지어, 우리는 출애굽 신앙의 기독론적 재현을 발견한다. 십자가 위에서 예수는 가장 깊은 인간적 고통과 절망을 경험한다. 부활을 통하여 하나님은 죽음이 끝이라고 생각했던 사람들에게 예기치 못했던 새로운 생명을 전해주셨다. 그리고 오순절 성령강림 사건을 통해 하나님의 은혜에 관한 새로운 경험이 주는 의미를 증언하고 그 의미대로 살기 위해 새로운 공동체가 탄생하였다. 초기 교회에서 세례는 죽음을 벗어나 생명을 얻는 것(부활)이며 동시에 바다를 지나 새로운 삶(출애굽)을 사는 의미와 연결된다. 출애굽 이야기에 반영된 신앙 경험의 형태는 여러 세대를 거쳐 오늘날까지 하나님의 백성이 지니는 정체성의 핵심적인 부분으로 남아 있다. 브레바드 차일즈(Brevard Childs)는 출애굽 이야기가 지니는 전형적인 특성을 통해 다음과 같은 신학적 의미로 바다에서의 구원 사건에 관한 자신의 연구를 결론지었다.

> 교회는 과거 이집트의 속박으로부터의 구원에 대한 기억을 가지고 살아간다. 또한 교회는 약속된 유산을 고대한다. 교회는 아직도 홍해와 요단 강 사이의 사막 어딘가에서 살아가고 있다. "그러므로 그 누구도 자신이 쓰러지지 않을 것이라고 생각하지 않도록 하라. 그러나 하나님께서는 신실하시며 우리에게 피할 길을 주실 것이다."[16]

6) 모세와 인간 대리자의 역할

하나님의 주도적이고 궁극적인 능력은 이스라엘을 이집트의 속박으로부터 해방시키셨다. 그러나 하나님은 이러한 일을 홀로 행하지 않으셨다. 하나님의 구원 활동에 협력한 인간 대리자의 중요한 역할이, 이스라엘이 해방을 경험한 바로 그 순간에 그들의 증언 가운데서 나타난다. "백성이 야웨를 경외하며 야웨와 그의 종 모세를 믿었더라"(출 14:31b).

출애굽 사건에서 하나님의 능력은 인간 대리자와 무관하게 독립적으로 행사되지 않는다. 우리가 보아온 대로, 이스라엘의 행복을 위한 하나님의 활동이 개시되기 전에 이미 다섯 여인들의 재치 있는 구원 행위가 일어났다(출 1:15-2:10). 게다가 아론 역시 모세 곁에서 중요한 역할을 감당한다. "볼지어다. 내가 너로 바로에게 신 같이 되게 하였은즉 네 형 아론은

---

16) Childs, *The Book of Exodus*, 239.

신학의 렌즈로 본 구약개관

네 대언자가 되리니 내가 네게 명한 바를 너는 네 형 아론에게 말하고 그는 바로에게 말하여 그에게 이스라엘 자손을 그 땅에서 내보내게 할지니라"(출 7:1-2). 아론은 이스라엘 내에서 중요한 제사장 가문의 조상이 된다(출 28:1).

게다가 미리암은 이집트로부터 나온 이스라엘의 광야 여정 시기에 지도자로서 중요한 역할을 한다. 예언자 미가는 그녀를 모세와 아론과 함께 나란히 기록하고 있다. "내가 모세와 아론과 미리암을 네 앞에 보냈느니라"(미 6:4b). 그녀는 바다를 건넌 후에 가장 먼저 이스라엘로 하여금 찬양을 하도록 이끈 자다(출 15:20-21). 그리고 그녀는 중요한 광야 에피소드에서, 특히 모세의 지도력을 미리암과 아론이 거역하는 기사에서 중요한 역할을 한다(참조. 민 12:1-15; 20:1; 26:59; 신 24:9).[17]

하지만 해방의 프로젝트에서 하나님과 인간 대리자의 협력을 가장 잘 보여주는 인물은 바로 모세다. 모세의 영향력은 구원 사건들뿐만 아니라 광야에서의 경험과 시내 산에서의 언약 체결에까지 이른다. 출애굽의 드라마에서 하나님은 이스라엘을 속박으로부터 구원하시려는 자신의 의도를 선언하시고 모세로 하여금 파라오에게 가서 이러한 바람을 실행하라고 명령하신다. "내가 내려가서 그들을 애굽인의 손에서 건져내고⋯이제 내가 너를 바로에게 보내어 너에게 내 백성 이스라엘 자손을 애굽에서 인도하여 내게 하리라"(출 3:8a, 10).

모세는 파라오와 대면하여 이스라엘의 운명을 걸고 대결과 협상을 벌이게 된다(출 5-12장). 그는 동족들이 받는 멸시와 냉대를 목도했다. 그들은 너무나 지쳐 있어서 자유를 위해 모험을 감행할 처지가 아니었다(출 5:20-23; 14:10-12). 또한 모세는 승리와 자유의 결정적인 순간에 하나님의

---

17) 참조. Rita J. Burns, *Has the Lord Spoken Only Through Moses?* (SBLDS 84; Atlanta: Scholars Press, 1987); Phyllis Trible, "Bringing Miriam Out of the Shadows," *BRev* 5 (1989): 14-24, 34.

능력을 중재한다(출 14:15-16). 이 이야기 속에 등장하는 기사와 이적은 우리에게 창조와 역사의 주인이신 야웨의 힘을 상기시켜준다. 그러나 모세의 용기와 성실함은 하나님의 구원 목적이 인간과 사회의 노력을 통해 성취됨을 알려준다. 모세는 하나님의 혁명적인 대리자다. 그는 인간의 억압적 권력을 물리치고 소망 없는 자들에게 희망을 제공한다. 모세는 하나님의 창조 능력을 중재한 사람이다. 그는 하나님과 더불어 혼돈의 세력에 맞서서 온 우주를 향한 하나님의 주권을 변호한다.

정치이론가들은 모세가 자신이 맞서 싸웠던 압제자의 집에서 자라난 사람이라는 모티프를 해방 이야기의 구성요소로서 인식한다. 억압받는 자들은 압제의 상황 속에서 어떠한 주도권도 갖지 못하고 자신들의 능력을 빼앗긴다. 반면 인간 대리자인 모세는 억압의 영향을 받지 않고 특권지위를 누린다. 하지만 그는 억압받는 자들과 착취당한 자들의 운명을 자신의 운명과 동일시한다. 특권층의 자질을 갖춘 그러한 사람은 종종 혁명적인 상황에서 촉매역할을 하는 대리자가 된다. 출애굽기 2장에서 모세는 특권층의 교육을 받지만, 동시에 그의 어머니와 누이와 접촉하면서 자신의 고유한 정체성도 갖게 된다. 어른이 되어서 그는 양쪽의 정체성 사이에서 선택의 기로에 놓인다. 그리고 비록 아직은 하나님의 목적을 깨닫고 그 중재자로서 역할을 수행하지는 않았지만, 정의로움을 선호하는 인물로 나타난다(출 2:11-22). 하나님이 그를 파라오에게 보내셨을 때에야 비로소 모세는 자신이 알고 있던 두 공동체 가운데 서게 된다. 그는 압제로 고통을 받지도 않았고 권력의 소유로 마음이 무뎌져 있지도 않았다. 그렇기에 그는 이스라엘을 향한 하나님의 새로운 가능성을 나타낼 수 있었다.

이 이야기에 나타난 모세의 역할을 주목해보면 압제와 불의에 대항할 때 인간이 하나님의 행동만을 기대하며 수동적으로 기다려서는 안 된다는 사실을 깨닫게 된다. 하나님의 해방하시는 능력을 신뢰한다는 것은 그 과정에서 인간의 참여를 요구한다. 모세처럼 부르심을 받고 보내심을 받은 사람은 모든 세대의 억압적 권력에 대항한다. 이야기에 나타난 모세처럼 대리자의 역할을 수행하는 자들은 사회정치적 질서 가운데 존재하는 대결과 투쟁—모든 시대의 파라오와의 대결—을 수행할 지도력을 갖춰야 한다.

또한 해방자의 리더십은 하나님의 의도와 하나님의 백성 사이를 중재해야만 한다. 모세는 백성의 의심과 도전에 자주 직면했다(출 5:20-23; 14:10-12; 16:2-3). 그는 그가 섬기는 해방의 하나님의 이름으로 그들에게 응수했다. 그리고는 그들이 속박에 매여 있던 시절을 상기시키면서 하나님의 목적에 대한 그들의 완고한 거절을 두고 하나님의 용서를 구했다.

하나님은 해방의 임무를 수행할 인간 대리자를 부르시지 않고서는 결코 그 일을 이루지 않으신다. 하나님은 인간 대리자들의 재능과 약점을 사용하여—모세 시대와 우리 시대에서—일하신다. 하나님의 정의와 구원만을 기다리는 수동적인 인간은 출애굽 이야기의 성서적 모델과는 거리가 멀다. 이 본문을 정치적으로 해석하는 그 어떤 이도 출애굽 사건이 인간 대리자의 힘에 의해서만 이루어졌다고 주장하지 않는다. 우리는 출애굽 사건의 핵심에 하나님의 주도권과 주권이 자리 잡고 있다는 사실을 부인할 수 없다. 이스라엘을 이집트로부터 인도해낸 주체는 야웨이며, 그리고 동시에 모세(이차적으로는 아론)이기도 했다(출 6:13, 26-27; 32:7을 보라).

7) 광야로 인도한 해방

하나님은 이스라엘을 구원하여 즉시 약속의 땅으로 보내시지 않고 광야로 인도하신다. 바다의 노래(출 15:1-21) 이후에 출애굽기는 시내 산에 진을 치기 전(출 19장), 광야에서 몸부림치는 장면을 보여준다. 몇 개의 후대 본문들은 광야생활을 이스라엘의 역사 가운데 있었던 "신혼기간"(honeymoon period)으로 회상하고 있지만(예를 들어 호 2:14-15) 이러한 관점은 출애굽기에 반영되어 있는 광야 전승들의 입장과 다르다(또는 레위기, 민수기, 신명기에 나타난 광야 전승들과도 다소 상이한 점을 보인다). 이 시기에 이스라엘이 공동체로 형성되는 중요한 사건이 일어나지만 이는 분명 시련과 투쟁의 시기였다.

바다에서의 구원 이후에 바로 이어지는 광야 전승들은 물 부족(출 15:22-27; 17:1-7)과 음식 부족(출 16:1-36)으로 인한 불평의 내용을 담고 있다. 여기에는 아말렉과의 싸움 이야기(출 17:8-16)와 모세의 장인 미디안 제사장 이드로와의 재회를 보여주는 내러티브도 있다. 이드로는 모세가 현재 이끌고 온 백성의 관리 체제를 조직해준다(출 18:1-27).

광야에서의 주요 경험들에 대한 보다 상세한 논의는 다음 장에서 이루어지겠지만, 여기서는 처음으로 등장하는 광야와의 만남 가운데 나타난 몇 가지 중요한 주제들을 짧게나마 정리해보려 한다.

(1) 하나님의 구원은 고난 없는 삶을 보장하지 않는다. 속박으로부터 벗어난 세계에도 여전히 위험과 투쟁이 도사리고 있다. 필요가 저절로 공급되지는 않으며, 음식과 물의 부족은 가장 기본적인 인간 욕구에 관한 이스라엘의 안녕을 위협한다.

(2) 그러한 몸부림의 상황에서 과거의 속박상태가 오히려 더 매혹적으로 보이기 시작한다. 광야에 직면한 몇몇 사람들은 자유를 위한 투쟁 대신에 속박의 안정성을 선택한다. "우리가 애굽 땅에서 고기 가마 곁에 앉아 있던 때와 떡을 배불리 먹던 때에 야웨의 손에 죽었더라면 좋았을 것을"(출 16:3).

(3) 광야에서의 투쟁 가운데서 백성은 모세와 아론, 그리고 하나님을 향하여 대항한다(출 15:24; 16:3, 9; 17:2-4). 이러한 충돌로부터 오경 전체를 통해 계속되는 광야에서의 불평과 반역에 관한 전승들이 복잡하게 얽히기 시작한다. 출애굽 사건에 대한 기억만으로는 하나님의 섭리를 신뢰하기에 역부족이었다. 모세는 점점 더 그의 반역적인 백성과 하나님 사이를 중재하고 조정해야만 했다(출 16:11-12; 17:4-7을 보라).

(4) 이 본문들에서 하나님의 응답은 은혜롭고 자비로우며 섭리 가운데 있다. 광야 전승에서 백성의 반역이 하나님의 진노와 심판을 불러일으킨 것은 훨씬 나중의 일이다. 이러한 광야의 고통 가운데서 성서는 백성의 필

요를 채우시는 하나님의 능력을 강조하고 있다. 광야의 투쟁에서 삶을 유지하는 원천은 하나님으로부터 나오며 그분은 신뢰할 만한 분이다. 하나님의 창조에 맞섰던 파라오의 혼돈의 세력을 이기신 그분은 지금 광야에서의 삶을 위해 피조물을 사용하시는 분으로 나타난다.

출애굽기 16장의 만나 이야기는 특별히 중요하다. 이스라엘은 백성의 필요와 하나님의 섭리에 대해 말할 때 종종 이 이야기를 상기한다(민 11장; 신 8장; 수 5:12; 느 9:20; 시 78:24). 백성은 매일 만나가 제공되리라는 사실을 신뢰할 수 있었다. 그들은 날마다 만나를 거두어 먹어야만 했다. 만나 이야기에는 중요한 경제학적 통찰력이 돋보인다. 놀랍게도 만나는 항상 백성의 수요만큼만 공급되었다. "많이 거둔 자도 남음이 없고 적게 거둔 자도 부족함이 없이 각 사람은 먹을 만큼만 거두었더라"(출 16:18). 식량은 필요한 만큼 주어졌고 초과되지 않았다. 후일에 주어진 경제활동에 관한 언약규정에는 하나님으로부터 내려온 만나 이야기에서 도출된 교훈들이 발견된다. 신약성서에서조차 사도 바울은 다른 사람을 구제하는 일과 예루살렘을 위한 헌금이 초과되지 않도록 하는 일의 원리를 설명하는 데 동일한 이야기를 사용한다(고후 8:13-15).

죽음의 위험이 도사리고 있는 광야에서 생명을 공급하는 근원은 야웨시다. 이스라엘은 하나님의 공급을 신뢰해야만 하며, 또한 하나님이 제공하시는 복을 축적하거나 조절하려는 유혹을 피해야 한다. 하나님의 백성은 하나님의 선물을 "받아들이는" 법을 배워야만 한다. 그분의 선물을 "움켜쥐려고" 시도하는 것은 곧 그것을 잃어버리는 것이다(출 16:20).

(5) 이드로가 모세에게 충고하여 이스라엘을 위한 새로운 지휘체계를 세우고 모세의 짐을 덜어주었다는 기묘한 이야기(출 18:1-27) 속에는 두 가지 의도가 담겨 있다. 첫째, 이집트를 패배시키고 이스라엘에게 자유를 주시기 위해 야웨가 행하신 역사를 이스라엘 백성이 아닌 사람들도 인정하고 있다는 사실을 보여준다. 여러 민족이 실제로 야웨가 하나님이심을 "알기" 시작한다. 둘째, 이스라엘의 삶에 질서를 세우는 일은 이스라엘을 언

약 공동체로 형성하는 작업이 앞으로 오랫동안 진행될 중요한 과업임을 예시한다. 출애굽 구원과 함께 시작된 정의는 공동체 내에 사회체계가 설립됨으로써 꽃을 피우기 시작한다. 출애굽기 19장에서 이스라엘은 야웨와 언약을 맺은 새로운 공동체로서 조직을 갖추게 되는데, 이는 다음 장에서 다룰 주제다.

참고문헌

주석서

Bruegemann, Walter. "The Book of Exodus: Introduction, Commentary, and Reflections." *NIB*, Vol. 1. Nashville: Abingdon, 1994.

Childs, Brevard S. *The Book of Exodus: A Critical, Theological Commentary*. OTL. Philadelphia: Westminster, 1974.

Durham, John. *Exodus*. WBC 3. Waco: Word, 1987(손석태/채천석 공역, 『출애굽기』 WBC 성경주석[서울: 솔로몬, 2000]).

Fretheim, Terence. *Exodus*. IBC. Louisville: Westminster/John Knox, 1991(강성열 역, 『출애굽기』 현대성서주석[서울: 한국장로교출판사, 2004]).

Gowan, Donald. *Theology in Exodus: Biblical Theology on the Form of a Commentary*. Louisville: Westminster/John Knox, 1994(박호용 역, 『출애굽기 신학』[서울: 성지출판사, 2004]).

Sarna, Nahum M. *The JPS Torah Commentary: Exodus*. Philadelphia: JPS, 1991.

그 밖의 다른 연구서들

Bloom, Harold, ed. *Exodus*. Modern Critical Interpretations. New York: Chelsea
House, 1987.

Coats, George W. *Rebellion in the Wilderness: The Murmuring Motif in the
Wilderness Traditions of the Old Testament*. Nashville: Abingdon, 1968.

Croatto, J. Severino. *Exodus: A Hermeneutics of Freedom*. Maryknoll, NY: Orbis,
1981.

Daube, David. *The Exodus Patterns in the Bible*. London: Faber and Faber, 1963.

Pixley, George V. *On Exodus: A Liberation Perspective*. Maryknoll, NY: Orbis,
1987.

Walzer, Michael. *Exodus and Revolution*. New York: Basic Books, 1985.

제5장

언약적 삶의 구조

출애굽기 19-40장 ㅣ 레위기 ㅣ 민수기 ㅣ 신명기

오경에서 이 부분은 근본적으로 율법과 관련되어 있다. 그러나 율법은 법조문 형식이 아닌 지켜야 할 계명의 목록으로 표현된다. 그것은 단독으로 나열되지 않고 내러티브의 구조 안에 결합되어 있다. 즉 이집트에서 노예 생활을 하던 이스라엘이 약속의 땅에서의 새로운 삶을 위해 떠난 여정을 보여주는 내러티브와 결합되어 있는 것이다. 율법은 살아 숨 쉬는 공동체 안에서 역동적인 실재로서 기능한다. 공동체가 없는 곳에는 율법이 존재할 수 없다.

"언약적 삶의 체계"를 말한다는 것은 율법을 설명하기 위한 좋은 방법이다. 체계라는 표현은 창조의 주제를 도출시킨다. 공동체의 질서는 하나님이 세우신 우주의 질서와 조화를 이룬다. 율법, 그리고 보다 일반적으로 체계가 하나님의 창조질서에서 필수 불가결한 부분이듯이(창 1:28; 2:15-17), 이스라엘에게 율법을 수여하신 하나님은 사회를 위한 체계를 부여하신다. 율법은 선하며 하나님의 자비로운 선물이다. 또한 그것은 질서정연한 공동체를 위해 제공되었다.

삶에서 체계는 중요하다. 실제로 체계는 우리가 하나님 및 다른 피조물들과 관계를 맺으며 살아가는 데 없어서는 안 될 중요한 요소다. 하나님은 공동체가 가능한 한 최고의 삶을 영위할 수 있도록 하기 위해 율법을 수여하신다. 그분이 의도하신 바는 모든 사람, 특히 불우한 사람들에게 안정과 행복의 삶을 제공하는 것이다. 하나님이 율법을 수여하신 것은 "너희가 살 것이요 복이 너희에게 있을 것이며 너희가 차지한 땅에서 너희의 날이 길도록" 하기 위함이다(신 5:33). 이와 같이 율법은 그것이 마치 모두를 위해 단 한 차례 주어진 것처럼 정적(靜的)인 의미로 이해되어서는 안 된다. 여행을 통해 계속된 변화를 체험한 이스라엘의 입장에서 볼 때, 율법들은 주어질 것이고, 개정될 것이며, 심지어 빼앗기기도 할 것이다.

이 장은 크게 두 부분으로 나누어져 있다. 먼저는 각각의 책들이 자리하고 있는 위치를 고려하여 본문을 고찰할 것이다. 그다음에는 본문을 주제별로 다루고자 한다.

1. 출애굽기 19장-신명기 34장: 신학적 개요

1) 출애굽기 19-40장

이스라엘 백성은 시내 산에 도착하여(출 19:1) 그곳에서 오랫동안 머무른다. 일 년 가까운 기간 동안 일어난 사건들이 성서 본문 58장에 걸쳐 보도되어 있고 그 후에 이스라엘은 다시금 떠나게 된다(민 10:11). 하나님은 산에서 여러 가지 중요한 주도권들을 행사하셨다. 하나님은 자신을 드러내시기 위하여 백성을 준비시키시고(출 19장), 십계명(출 20:1-17)과 언약법전(출 21-23장)을 수여하여 백성을 가르치신다. 또한 그들과 언약을 체결하시고(출 24장) 그들에게 하나님의 성막을 건축하는 방법을 지시하신다(출 25-31장). 이스라엘의 배교와 하나님의 용서 이후에(출 32-34장) 성소가 건축된다(출 35-40장). 출애굽기의 이 부분에서 가장 핵심적인 요소는 법전(law)과 이야기(story)가 뒤섞여 있다는 점이다(아래의 설명을 보라).

도입 부분에 나타난 하나님의 자기증언은 중요하다. "내가 애굽 사람에게 어떻게 행하였음과 내가 어떻게 독수리 날개로 너희를 업어 **내게로 인도하였음**을 너희가 보았느니라"(출 19:4-6). 해방 이후의 여정 가운데 이스라엘은 하나님의 인도를 통해 그분이 현존하시는 장소에 직접적으로 자리하게 된다. 동시에 출애굽기 19:4-6은 하나님과 함께하는 삶이 그분의 현존 안에 놓이는 것 그 이상의 의미를 담고 있음을 보여준다. 하나님

신학의 렌즈로 본 구약개관

의 증언은 계속된다. 이스라엘은 "내 말"을 잘 듣고 "내 언약"을 잘 지켜야한다. 그러면 "내 소유"가 되고 "내게 대하여" 제사장 나라가 되며 거룩한백성이 될 것이다. 하나님을 향한 이스라엘의 응답은 하나님에 대한 인격적 의무로 표현되어 있지만, 이것은 단순한 수직적 관계가 아니다. 이스라엘의 의무는 곧장 이웃과 모든 피조물에 대한 봉사를 수반하게 될 것이다.

이스라엘은 하나님과의 만남을 준비한 이후에, 하나님이 직접 십계명을 수여하시는 장면을 경험하게 된다. 이 본문과 신명기 5:6-21에서 십계명은 오경에 나타나는 두 개의 주요 법전—시내 산에서 주어진 법전(출-레)과 모압 평지에서 주어진 법전(신 5-26장)—에 대하여 각각 서론 역할을한다. 이처럼 십계명은 당위적 형태(즉 "너희"를 향한 선언적 표현)로서 이후에 나열되는 법들을 알리고 뒷받침하는 핵심적인 가치를 제공한다. 이러한 가치는 **공동체**의 삶과 안녕을 증진시키고 보호한다. "너의" 하나님 야웨라는 친밀한 표현은 관계성을 통한 내적인 동기부여의 중요성을 돋보이게 한다. 그것은 타율적 강요도 아니고("하나님께서 그렇게 말씀하셨으니 순종하라"는 식의) 외부로부터 온 강제도 아니다(여기에는 어떠한 형태의 권위적인 표현도 나타나지 않는다). 원래 모든 계명은 아마도 간결한 문장으로서 금지의 형태(~하지 말라)를 취했을 것이다. 또한 계명의 목록은 확대되고 시간의 흐름에 따라 변화하는 공동체의 요구에 맞추어 개정되었을 것이다. 분명한 예시로는 동기의 변화(참조. 출 20:9-11과 신 5:13-15)와 재산목록에서"아내"를 제거한 일(참조. 출 20:17과 신 5:21) 등이 거론될 수 있다. 이러한 변화를 드러내주는 본문들은 성서 시대 이후 계속되어온 변천의 추이에 대해 성서로부터의 내적 정당성을 제공해준다(예를 들어 탐내지 말라는 계명에는 남편들도 그 대상에 포함되어야만 한다).

언약법전이라 불리는 법률모음집(출 21-23장)은 형태와 내용이 다양하다. 형태의 종류로는 조건법(case law, 출 21:26-27), 절대법(apodictic declaration, 출 22:28), 신적 권고(divine exhortation, 출 22:21-27), 약속(promise, 출 23:27-28)이 있다. 법조문은 성(性)윤리(출 22:19), 불우한 자들

에 대한 관심(출 22:21-27), 절기력(출 23:14-17), 야웨를 향한 충성(출 20:23) 등 일상생활의 넓은 범위를 포괄한다. 이러한 법령들은 시간이 흐름에 따라 개정되면서, 유효한 법조문의 단순 나열이 아니라 사법적 업무와 공동체의 삶을 형성하기 위한 기본적인 원리가 되었다. 종교적 문제와 "세속적" 문제가 혼합되어 나타난다는 점은, 삶이 통으로 짠 옷감과도 같은 것이며 이스라엘의 하나님은 종교적 영역에서만 유효한 분이 아니라는 사실을 증언해준다. 삶의 모든 측면이 하나님의 선한 창조질서 속에 포함되어 있다.

출애굽기 24장은 언약 체결 의식에서 하나님에 대한 이스라엘의 응답에 초점을 맞추고 있다. 여기에는 하나님의 말씀을 준행하겠다는 다짐(3, 8절), 다양한 희생제의(4-5절), 말씀 낭독(7절), 피 뿌림 (속죄행위[8절]), 하나님 앞에서의 식사교제(9-11절)를 포함한다. 하나님이 주도적으로 맺으신 이 언약은 아브라함 언약의 그늘 아래 자리 잡고 있다(아래의 논의를 보라). 그것은 이스라엘이 하나 **민족**이 됨으로써 수반되는 관계성에 대해 **상세한 설명**을 제공한다. 시내 산 언약은 백성의 지위에 관한 문제가 아니라 그들을 향한 **부르심**의 문제다. 이로써 하나님은 이 백성에게 한 가지 임무를 맡기신다. 그것은 바로 매일의 삶 속에서 창조세계를 위해 하나님의 말씀에 신실하라는 것이다.

출애굽기 24:12-18에서 모세는 하나님의 산에 올라가 이동 가능한 성소인 성막을 짓기 위한 지침을 전달받는다(출 25-31장). 그것은 하나님이 백성 가운데 머무실 장소다(출 25:8; 29:45-46). 이로써 하나님이 백성에게 나타나시는 방법이 바뀌게 된다. 특정한 상황에만 나타나시는 것이 아니라 이제부터는 항상 함께하시게 된 것이다. 그것도 멀리서가 아니라 가까이서 말이다. 하나님은 고정된 곳에 계시지 않고 성막을 따라 이동하신다. 성막을 건축하는 동안 출애굽기 35-40장에서 반복되는 내용들의 상당 부분은 그 세부적인 사항들이 명확하지 않다. 이 자료의 연대가 불명확하다는 점에서, 어쩌면 그것은 포로기의 상황과 관련되었을 수도 있다. 포로기의 독자들에게는 파괴된 성전으로 돌아가서 다시 성전을 재건하기 위한 미래의 세부적인 계획이 필요했을 것이다. 그러한 계획은 희망의 감정을 불러일으켰다.

출애굽기 32-34장은 성막을 짓기 위한 지침과 성막 건축 보도 사이에 놓여 있다. 이스라엘 백성은 미래를 자신들의 손으로 해결하고자 금송아지 형상으로 야웨(혹은 하나님의 메신저)의 이미지를 만듦으로써 그분을 향한 충성을 더럽힌다(출 32:1-6). 본문의 나머지 부분은 그러한 배교의 결과를 다루고 있다. 그 중심에는 하나님과 모세의 생생한 대화가 놓여 있다. 모세의 중재야말로 이스라엘을 멸절—비록 모두에 대한 심판은 아니더라도—로부터 건져내는 열쇠였다(출 32:9-14, 35). 결국 그는 하나님으로부터 그분이 계속해서 백성 가운데 계시겠다는 보증을 얻어낸다(출 33:1-17). 이스라엘의 미래는 하나님께 달려 있다. 그러나 하나님은 인간의 기도가 미래를 형성하는 데 실질적으로 기여함을 인정하신다(출 32:14; 33:17). 매우 놀랍게도 하나님은 이 백성을 용서하시고 언약을 갱신하신다(출 34:1-10). 하나님의 이러한 반응은 이스라엘의 하나님이 가지신 본성에 기초한다. 그분은 자비롭고 은혜로우며 노하기를 더디하시고 인자와 진실이 많은 하나님이시다(출 34:6-7). 이스라엘의 미래는 그들의 하나님이 바로 이런 하나님이시기에 가능한 것이다.

출애굽기 25-40장은 "창조-타락-재창조"의 구조를 지니고 있다. 금송아지 이야기는 이스라엘의 타락 이야기다. 그다음에 하나님의 은혜로우신 행위와 언약갱신이 이어진다(출 34:9-10은 창 8:21-22과 평행을 이룬다). 이러한 새로운 관계의 표상인 성막은 하나님의 명령에 따라 꼼꼼하게 지어진다. 그리고 그분은 이스라엘 가운데 거하시기 위해 이곳으로 내려오신다(출 40:34-38).

성막 가운데 그리고 백성 가운데 거하시겠다는 하나님의 약속은, 하나님이 그들과 함께하심이 인간의 요구에 부응하는 겸손의 행위임을 확증해준다(언어로써, 그리고 눈에 보이는 실체로써). 이러한 주제가 용서를 위한 준비와 더불어 레위기 1-7장과 결합될 때, 본문은 하나님이 그들과 **더불어** 계시는 분인 동시에 그들을 **위하시는** 분임을 증언하게 된다.

노예생활에서 예배로의 변화는 백성의 지위가 바뀌었음을 의미한다. 또한 그것은 하나님의 변화도 수반한다. 이스라엘에게 자신을 그토록 철저하게 드러내신 일은 하나님에게도 새로운 경험이었다. 따라서 이러한 변화는 백성을 위한 것인 만큼이나 하나님 자신을 위한 것이기도 했다. 하나님은 백성 가운데 자신의 "집"을 마련하기 원하셨다! 산에서 숨어 지내는 것도, 궁전 안에서 머무는 것도, 이제는 더 이상 싫다! 이로써 그분이 사랑하시는 백성과의 관계적 친밀감은 더욱 고양된다. 동시에 그것은 더 큰 상처의 가능성을 열어두게 된다. 거짓으로 꾸민 호의 그리고 친밀감으로 말미암은 무례로 인해 하나님은 보다 쉽게 상처받으실 수 있게 된다. 금송아지 사건은 하나님이 자처하신 친밀감으로 인해 초래되는 위험이 어떠한 것인지를 단적으로 보여준다. 더 이상 백성은, 그리고 그들의 중재자는 하나님께 올라오도록 요구받지 않는다. 대신에 하나님이 그들에게 "내려"오신다. 모세는 더 이상 산에 오를 필요가 없다! 하나님은 "하강"하시기 시작했다. 그리고 요한복음 1:14은 그러한 하강이 성육신 사건을 통해 절정에 이르렀다고 말해준다.

2) 레위기

출애굽기는 성소가 제자리에 놓였다는 내용으로 끝이 난다. 레위기에 이르러서 그 성소는 죄악된 백성을 위해 제 역할을 시작한다. 이러한 초점은 이스라엘의 삶과 예배를 다루는 다른 법규들과 더불어 하나가 된다.

레위기는 오경의 한가운데 위치한다. 이러한 배열은 공동체의 삶과 안녕을 위하여 예배가 얼마나 중요한지를 잘 보여준다. 하나님이 이스라엘의 역사 속에서 활동하셨듯이, 하나님은 예배 가운데서도 활동하시겠다고 약속하신다. 희생제사에서 극화된 축제에 이르기까지, 이러한 시각적이고 실체적인 방법을 통하여 하나님은 계속해서 예속과 죽음을 극복하여 생

레위기에 규정되어 있는 개인들이 주요한 희생제사와 희생제물(제물을 바치는 순서에 따름)

제물 드리는 이유	속죄제사		번제	소제
	속건제	속죄제		
야훼의 성물을 범함(5:14-19)	흠 없는 숫양을 속건제물로 드리고, 더럽혀진 성물에 오분의 일을 더하여 보상			
이웃의 자산권을 범함(6:1-7)	흠 없는 숫양을 속건제물로 드리고, 본래 물건의 오분의 일을 더하여 완전히 보상			
나병 환자의 정결(14:4절)	흠 없는 어린 숫양과 기름 한 록을 속건제물로 드림 (요셀과 함께)	어린 숫양	일 년 된 암양	고운 가루 십분의 삼 에바에 기름을 섞은 소제물
가난한 나병 환자의 정결	어린 숫양	산비둘기나 집비둘기	산비둘기나 집비둘기	고운 가루 십분의 일 에바, 기름 한 록
부주의하게 지은 죄(4:3-5:10): 제사장들 이스라엘 온 회중 족장 평민인 한 사람 가난한 자들		수송아지 수송아지 숫염소 암염소나 어린 양 산비둘기나 집비둘기		고운 가루 십분의 일 에바, 기름을 붓지 않고 유향을 놓지 않음
출산 후 산모의 정결(12:6) 가난한 산모		집비둘기나 산비둘기 산비둘기나 집비둘기	일 년 된 어린 양 산비둘기나 집비둘기	
유출병이 있는 자(15:1-33)		산비둘기나 집비둘기	산비둘기나 집비둘기	
자발적인 제물(1:3-17)			수소, 가축 떼의 양이나 염소 수컷, 산비둘기나 집비둘기 (소, 양, 염소)	고운 가루, 기름, 유향, 소금, 만일 요리한다면 누룩 혹은 꿀을 넣지 않음
화목제(3:1-17) 감사제(7:12-15) 서원 제물(7:16-18)			수컷이나 암컷의 가축들 (소, 양, 염소)	누룩 없는 기름 섞은 무교병, 기름 바른 무교전병, 기름 섞어 구운 과자
자원 제물				

명과 구원을 수여하신다. 레위기는 그 형식적인 특성이 암시하는 것 이상으로 우리에게 생명을 전해주는 말씀이자 세계다.

레위기는 제사장 전승(P)에 속한다. 이 전승을 더 세분하려는 시도들이 있어왔지만(예를 들어 레 17-26장은 성결법전[Holiness Code 문서=H]이라고 알려져 있다), 이 책은 근본적으로 조화를 이루는 자료들로 구성되어 있다. 학자들은 보통 이 본문들이 포로기 혹은 포로기 이후의 상황을 반영한다고 결론짓는다. 최근에는 그 연대를 보다 이르게 잡으려는 시도들이 나타나고 있다.[1] 일반적으로 이 본문들은 제1성전기(기원전 957-587년)에 성립된 사고방식과 관습들을 반영하는 듯하지만, 본문이 결정적으로 형성되어 편집을 거듭한 것은 포로기 동안에 이루어진 일이다(레 26:43-45을 보라).

오래전부터 레위기는 제사장들의 지침서로 간주되어왔다. 그리고 확실히 레위기 1-16장은 보다 직접적으로 제사장들과 관련된 문제들을 다루고 있다. 그 안에는 희생제사 및 제물(레 1-7장), 성직임명(레 8-10장), 정결과 부정을 식별하는 방법(레 11-15장), 속죄일(레 16장)에 관한 문제들이 포함된다. 그러나 단지 몇몇 본문들만이 제사장에게 주어진 하나님의 말씀인 반면(레 6:8-7:21; 16:1-28), 대부분은 "이스라엘 백성"에게 주어진 것이다(예를 들어 레 1:2; 26:46). 윤리규범들과 의식의 규례들이 섞여 있는 레위기 17-26장은 보다 더 평신도 지향적이다. 심지어 제사장들에게 주어진 말씀조차도 여기서는 누구나 읽을 수 있도록 배려되어 있다. 모두가 공유할 수 없는 제사장들만의 비밀스러운 가르침이란 존재하지 않는다. 이러한 민주적 흐름 가운데서 평신도들은 제사장적인 사안들에 대해 어느 정도의 자격을 지니게 된다.

출애굽기 19:1부터 시작되는 이스라엘의 시내 산 체류 이야기는 레위기에서도 계속된다. 이스라엘 제사규정(아래를 보라)의 틀을 제공하는 레위기 1-7장은 배교한 이스라엘에 대한 하나님의 반응의 연속이다(출 32:1-

---

1) 다음을 보라: J. Milgrom, *Leviticus 1-16* (AB 3; New York: Doubleday, 1991).

신학의 렌즈로 본 구약개관

6). 이 본문들은 법전의 형태를 취하고 있지만, 실제로는 복음의 메시지로 구성되어 있다. 은혜롭고 자비로운 하나님(출 34:6-7)이 백성에게 죄를 용서받을 수 있는 구체적이고 실질적인 방법을 마련해주신 것이다. 이러한 하나님의 선물은 이스라엘을 향한 하나님의 구원사역의 또 다른 차원이다. 출애굽은 다른 사람(이집트)의 죄로부터의 구원인 반면, 희생제사는 자기 자신의 죄로부터의 구원이다. 또한 레위기는 구원의 출애굽적인 형태가 계속해서 이스라엘에게 유효할 수 있게 하는 방법—가령 유월절과 같은 극화된 축제들—을 제공해준다. 하나님은 우리를 이집트의 속박으로부터 건져내셨다(레 23:42-43).

이야기의 전개는 레위기 8-10장에서 재개된다. 이 본문은 아론 가족들의 성직임명을 보도하고 있다. 이는 정확하게 출애굽기 29장의 지침을 따라서 진행된다. 출애굽기에서 제사장의 근본적인 임무는 "야웨 앞에 영원한 기념"을 삼는 것이다(출 28:12, 29-30). 이는 그들의 중보적 역할을 강조한다. 이 역할은 레위기에서도 계속된다. 또한 백성의 배교로 인하여, 제사장들의 사명은 백성을 향한 하나님의 말씀과 행동, 특히 "너희를 위하여 속하게 하시려는" 용서의 행위를 중재하는 데 초점을 두게 된다(레 4:20-6:7; 8:34; 17:11; 19:22; 참조. 레 10:10-11).[2]

레위기 11-15장(또한 그 외의 본문에서도, 특히 레 17-21장)은 성결의 문제를 집중해서 다루고 있다. 여기에는 두 개의 기본적인 구분이 제시된다(레 10:10). 거룩한 것(하나님과의 깊은 관계성)과 속된 것(평범하고 세속적인 것), 그리고 정결한 것(정상적인 것)과 부정한 것(이례적이고 비정상적인 것). 이러한 구분—모든 문화는 이 둘을 모두 가지고 있다—은 적절한 경계선을 지녀야 한다. 이것의 적용 범위는 광범위하다. 예를 들어 동물과 먹는 음식, 죽

---

2) 이러한 문제에 대한 상세한 연구로는 다음을 보라: R. Nelson, *Raising Up a Faithful Priest: Community and Priesthood in Biblical Theology* (Louisville: Westminster/ John Knox, 1993).

은 짐승의 고기를 먹은 사람이나 육식동물이 흘린 피(레 11장), 몸의 청결과 몸에서 유출되는 것들, 그리고 더 확대되어 옷과 가옥—일종의 경계선—(레 12-15장), 또한 우상숭배를 포함하여 시간, 장소, 사람, 행동, 성막과 관련된 물건 등에 관한 정결례(레 21장), 피 흘림과 성관계에 관한 도덕적 정결(레 17-18장; 20장)과 같은 것들이다.

이스라엘은 이러한 구분을 종교적인 영역과 합치시킨다. 어떠한 사항들이 하나님을 기쁘시게 혹은 슬프시게 하는가의 여부는, 그것들이 공동체의 완전성과 안정성—실제로는 거룩성—에 긍정적인 영향 혹은 부정적인 영향을 끼치는가의 여부에 달려 있다. 제사장에게는 이러한 구별을 확실하게 할 책임이 주어진다(레 10:10). 그들은 하나님에 의해 설정된 경계선을 식별하고, 백성에게 그것을 가르치며, 정결의식을 통솔한다. 이러한 구분은 도덕적/비도덕적 혹은 더러움/깨끗함 혹은 죄/의로움 등의 술어로 번역되어서는 안 된다. 예를 들어 불결한 것들 중에는 자연스럽고 필연적인 사건과 연관되는 것이 있는가 하면(예를 들어 성관계나 죽음), 죄악과 연관되는 것도 있다(예를 들어 우상숭배, 살인, 간음).

이러한 규례들은 다양한 해석을 낳았다. 일반적으로 제안되는 것들은 다음과 같다. 다른 민족들의 우상숭배적 관습으로부터 이스라엘을 분리시키려는 것(레 18:3, 24을 보라), 위생을 위한 조치, 원시적 터부(금기), 삶과 죽음의 문제(레 17:11을 보라. 피와 정액에 대한 경외는 곧 생명에 대한 경외다), 사회질서를 우주질서와 관계시키려는 것 등. 여기서는 인류학적 해석방법이 점점 설득력을 얻고 있는 추세다(특히 Mary Douglas의 연구를 보라).[3] 이러한 해석방법은 사회 질서와 완전성, 그리고 공동체를 형성시키는 요인으로서의 공동체의 정체성에 강조점을 두고 있다. 성결에 대한 관심은 위에서 제시된 여러 요인들로부터 생겨난 것일 수 있겠으나, 본문 자체는 그러한 문

---

3) M. Douglas, *Purity and Danger: An Analysis of the Concepts of Pollution and Taboo* (London: Routledge & Kegan Paul, 1966).

신학의 렌즈로 본 구약개관

제에 대해 명쾌히 밝히지 않는다. 지금에 와서 그러한 관심들이 지니는 공통점을 찾는다면, 그 원인이 이스라엘을 향한 하나님의 의지에 달려 있다는 점일 것이다. 여기서 혹시 신명기적 표현이 레위기에 적용될 수 있을지도 모른다. "그리하면 너희가 살 것이요 복이 너희에게 있을 것이며"(신 5:33). 이 규례들은 실제로 공동체에게 최고의 중요성을 지녔기 때문에 주어진 것이다.

그리스도인들은 이러한 관심사들을 삶의 다양한 상황과 연관시키고자 한다. 여기에는 의복, 음식, 가옥, 질병, 성관계, 예배의 특성, 종교적 리더십과 같은 문제들이 포함된다. 문제는 이것이다. 하나님과 공동체의 삶, 건강, 안정, 번영 사이의 관계성에 기여하는 데는 무엇이 최선인가? 이 질문에 대해 한마디로 모든 걸 다 포괄할 수 있는 대답은 없다. 세대들마다 해석과 적용의 고된 작업들을 계속해서 새로이 수행해나가야만 한다. 여기에 현대적인 실례들이 있다. 질병통제예방센터(CDC: Centers for Disease Control), 해비타트(Habitat) 운동, 보건위생법률, 혈액관리지침, 식품의약청(Food and Drug Administration), 신학대학원의 예배수업, 성직 안수 입후보위원회와 같은 것들이다.

레위기 16장에 등장하는 속죄일의 의식은 백성 전체의 성결 및 성막의 성결에 초점을 맞춘다(레 16:16). 이 의식에서 전제되는 것은 죄가 단순히 개인적인 차원에서만 이해될 수는 없다는 사실이다. 그것은 집단적인 차원을 지니는 실재다. 그러므로 이 의식은 공동체를 파괴시킬 수 있는 잠재성을 지닌 죄를 공동체의 차원에서 해결하려는 것이다. 끝에 가서는 한 마리의 염소가 모든 백성의 죄를 짊어지고 광야로 내몰린다.

성결법전으로 알려진 레위기 17-26장은 보다 권면적이고 평신도 지향적이다. 그것은 매일의 삶과 예배와 깊이 관련된 범위에서 공동체적 안정성을 증진시키기 위한 행동과 의식의 한가운데 자리 잡고 있다. 그 효력의 실마리는 "너희는 거룩하라. 나 야웨 너희 하나님이 거룩함이니라"(레 19:2)이다. 이 구절은 성결이 노력해서 얻어야 하는 것임을 의미하지 않는다. 이스라엘의 성결은 **현실**이다. "거룩하라"는 요청은 백성이 이미 맺어놓은 관계성의 진실함에 대한 요청이다(출 19:6; 참조. 요일 1:7). 기본적으로 이러한 사실은 예배 가운데서, 그리고 **삶 가운데서** 하나님께 신실한 존재가 되어야 함을 보여준다. 이스라엘의 성결은 단순한 내적 성향이 아니다. 전체적으로 그것은 삶의 모든 영역에서 외부로 표출되어야 한다. 이에 따르는 결과가 레위기 19:18에 요약되어 있다. "네 이웃 사랑하기를 네 자신과 같이 사랑하라"(참조. 레 19:34).

거룩하신 하나님과 그분의 요청에 대한 이스라엘의 관계성이 지니는 효력에 의해, 그리고 하나님의 거룩하게 하시는 행위에 의해(레 20:8; 21:8; 22:9), **거룩함**이란 단어는 단지 제사장만이 아닌 하나님의 백성 **모두**를 특징짓는다(레 11:44-45; 19:2; 20:7, 26; 참조. 민 16:3; 신 14:2; 26:19). 그러나 제사장은 성소와 예배에 대한 그들의 역할로 인해(레 21:6-8) 특별히 거룩한 위치를 지닌다("지극히 거룩한", 출 30:29). 성막에 머물러 계시는 하나님에 대한 이러한 근접성은 성결을 더욱 증대시킨다(또한 예배와 관련되어 있는 장소와 물건들이 "가장 거룩하다"; 출 26:33-34; 레 21:22).

백성이 본래적으로 거룩하기 때문에, 거룩함은 기본적으로 접근불가능성 혹은 "**전적**으로 다른 것"과 같은 용어와는 다르게 이해되어야 한다. 인간이 거룩하신 하나님과 관계를 맺으면서 그가 직접 하나님과 같이 되지는 않는다 하더라도, 그러한 관계성이 주는 유익과 책임을 감안해볼 때 거룩함은 관계적 범주로 이해되어야 한다. 성결과 관련된 엄격한 규칙들은 오염된 세상으로부터 하나님을 보호하기 위해, 혹은 하나님으로부터 세상을 보호하기 위해 존재하는 것이 아니다(비록 폭력이 하나님의 진노에 대한 경험의 수단이 될 수도 있지만; 레 10:1-2). 그것들은 하나님의 하나님 되심을 찬양하면서, 어지럽고 죄악된 세상 속에서 하나님과의 관계를 확실히 하기 위해 존재하는 것이다. 이는 하나님이 결코 가벼이 보시지 않는 심각한 문제다. 과거의 배도가 이러한 발전적인 관계, 특별히 금송아지 사건에서 어렴풋이 드러난다(출 32:7-10). 이와 비슷한 재앙에도 불구하고 하나님

신학의 렌즈로 본 구약개관

은 여전히 은혜로써 백성 가운데 머물기로 작정하신다. 그러나 배도에 대한 백성의 성향이 여전했기 때문에, 재발을 방지하기 위한 안전장치가 필요했던 것이다.

요약하면, 거룩함의 의미는 분리와 구별됨에 초점을 둔다. 이는 내재하시는 하나님과의 관계성으로 인한 결과이며, 비록 하나님의 것이지만 세상 속에 깊이 자리 잡고 있는 사명에 대한 헌신 안에서 이루어진다. 그 목적은 세상을 거룩하게 만드는 것이다.

광야의 세계에 자리한 이 작은 질서 속에서, 다양한 의식들을 통하여 하나님은 다시금 "보시기에 좋았더라"라고 불릴 수 있는 세상의 만물을 위하여 일하고 계신다. 성소의 제사장들이 자신들의 임무를 수행하는 것은 창조 안의 모든 피조물들ㅡ태양, 나무, 인간ㅡ이 나름대로 예전적 예배를 수행하는 것과 마찬가지다. 일상의 삶 속에서 창조의 책임을 부여받은 이스라엘 백성은 다시 한 번 하나님의 의도에 걸맞은 창조사역을 위해 동반자로서 참여하게 된다.

3) 민수기

하나님의 창조 의도와 조화를 이루어 공동체의 정체성을 형성해나가는 데 있어, 민수기는 그에 따르는 문제점과 가능성들에 중점을 두고 있다. 오랜 세월 동안 억압받았던 이스라엘 공동체는 "노예근성"에 깊이 물들어 있었다. 그들은 자신들이 "더 이상 노예가 아니"라는 사고방식을 쉽게 용납하지 못했다. 하나님은 그들이 다시금 "바로 서서 걷도록" 하기 위해 일하셔야만 했다(레 26:13). 최소한 부분적으로나마 유랑의 세월은 그러한 정체성을 확립하기 위하여 해방과 정착 사이에 놓인 필연적인 완충장치였다. 이러한 정체성을 확립하는 것은 이스라엘에게나 혹은 하나님에게나 용이한 일이 아니었다. 심지어 여정을 위한 가장 완전한 대책들도 소용이 없었다. 이집트로부터 백성을 건져내는 일은 가능할지 모르나, 백성으로부터 이집트를 제거하는 일은 보다 더 어려웠다. 드문드문 나타나는 오아

시스에 의존하여 살아가는 불안정한 삶보다는 이집트에서의 익숙한 질서가 더 좋아 보일 수 있다. 다른 말로 표현하면, 가장 핵심적인 문제는 율법을 준수하느냐의 여부가 아니라, 그들이 자유를 주시고 약속을 지키시는 하나님의 팔에 의존하지 못하는 것이었다.

인구조사 목록과 관련하여 이름 붙여진 민수기(Numbers)는 오경 중에서 가장 복잡한 책이다. 이 안에는 다양한 장르의 문학 양식(목록, 기행문, 다양한 법전, 의식적이고 제사장적인 지침, 시의 형태를 띤 신탁, 광야 이야기, 잘 알려진 축도문[민 6:22-27])이 뒤섞여 있다. 율법은 이야기의 각 단계에서 통합된다. 그것은 새로운 상황에 처해질 때마다 계속해서 공동체에 질서를 부여한다. 이 책의 시작 부분과 끝 부분은 긍정적인 어조를 띠지만, 이와 대조적으로 그 안에 담긴 내용(민 10:11-25:18)은 매우 부정적인 그림을 보여준다.

게다가 민수기의 곳곳에는 이상한 이야기들이 등장한다. 말하는 당나귀, 이스라엘 사람이 아닌 점쟁이의 저주가 메시아적 의미를 담고 있는 축복으로 변한 일, 땅이 사람들을 집어삼킨 일, 치료의 능력을 지닌 구리 뱀, 싹을 내는 지팡이, 안식일에 나무를 했다는 이유로 사형시킨 일, 나병에 걸린 미리암, 아내의 정절에 대한 냉정한 가르침, 매우 모호한 이유로 모세에게 벌이 내려진 일 등. 어떤 사람들은 이러한 이야기들이 구원에 대한 공동체의 놀라운 응답에 상응하게끔 하기 위하여 구성되었다고 주장한다. 이러한 문제들을 더욱 복잡하게 만드는 요소가 있는데, 그것은 하나님이 종종 전통적인 이해에 도전하는 방식으로 묘사된다는 것이다. 때때로 하나님의 정체성은 형성되어가는 존재의 과정 안에서 묘사되기도 한다.

민수기 형성의 기원 역시 복잡한 문제다. 대부분의 학자들은 이 책을 여러 시대에 형성된 다양한 자료(구전 혹은 문헌)의 결합으로 보고 있다. 민수기 안에는 "야웨의 전쟁기"라는 책(민 21:14)과 민요들(ballads, 민 21:27-30)도 언급되어 있다. 가장 뚜렷하게 확인되는 자료는 예배와 성직에 대한 관심을 보이는 제사장문서다(아마도 이는 여러 차례의 편집을 거쳤을 것이다). 다른 자료들(예를 들어 J와 E)은 거의 식별하기가 어렵다. 오히려 더 오래된 서사시 전승(epic tradition)에 대해 언급하는 것이 가장 좋을 듯하다. 세 곳의 중요 장소에 따라 구분되는 본문들(시내 산[민 1:1-10:10], 가데스[민 13-20장], 모압[민 22-36장])은 시간의 흐름에 따라 전승들이 수집된 과정을 반영한다. 그리고 이 외에도 여러 편집과정이 있었음 직하다.[4]

민수기의 여정은 땅의 약속에 대한 성취를 이루어나가는 과정이다. 그러나 면밀한 대책에도 불구하고 그 여정 가운데는 많은 어려움이 들이닥친다. 시내 산에서 출발하여(민 1:1-10:10) 광야를 지나(민 10:11 -21:35) 신명기의 무대가 되는 요단 강 동편 모압 평지에 이르기까지(민 22-36장), 민수기는 세 단계를 거치는 여정을 기술하고 있다.

민수기의 의도는 두 차례의 인구조사에 초점이 맞추어져 있다. 민수기의 서두에서는 출애굽을 직접 경험하고 율법을 수여받은 세대를 대상으로 인구조사가 실시된다. 그러나 그들은 신실하지 못한 것으로 드러났고, 결국 하나님에 의해 약속의 땅에 들어가는 것이 금지되어 광야에서 모두 죽고 만다. 두 번째 인구조사(민 26장)는 새로운 세대를 대상으로 실시된다. 이는 조상들에게 주어진 약속에 대한 하나님의 신실하심의 증표이며 그들은 결국 모두 약속의 땅에 들어가게 될 것이다. 이 새로운 세대가 신명기의 청중들이었다.

이야기의 흐름을 보다 상세히 관찰해보면, 민수기 1:1-10:10을 통해 이스라엘의 시내 산 체류가 끝을 맺게 된다. 여기에는 광야를 거쳐 약속의 땅으로 들어가기 위한 다양한 준비가 묘사되어 있다. 먼저 진영배치에 대한 하나님의 모든 명령이 이어지는데, 특히 성소와 성소의 지도자에 대한 언급이 나타난다. 이는 진지 중앙에 머무시는 하나님께 적절한 질서였다(민 5:3). 아론의 축복(민 6:22-27)은 백성을 향하여 선포된다. "야웨는 네게 복을 주시고 너를 지키시기를 원하며, 야웨는 그 얼굴을 네게 비취사 은혜 베푸

---

4) 다음을 보라: J. Milgrom, *The JPS Torah Commentary: Numbers* (Philadelphia, JPS, 1990), xvii-xxi.

시기를 원하며, 야웨는 그 얼굴을 네게로 향하여 드사 평강 주시기를 원하노라." 이 축도는 하나님이 직접 인도하시는 광야의 여정 속에서 그분이 직접 백성에게 말하도록 명령하신 것이다(민 9:15-23). 이러한 축복에도 불구하고 이스라엘이 실패했다는 사실은 참으로 의아한 일이 아닐 수 없다.

민수기의 광야 이야기는 그 내용과 형태가 출애굽기 15-18장과 유사하다. 여기서 우리는 다시금 만나, 물을 내는 반석, 사막 부족들과의 전쟁, 외관상 끊이지 않는 불평들을 접하게 된다. 그러나 차이점도 존재한다. 출애굽기에서의 불평은 백성이 오랫동안 억압받았던 사람들이었으므로 응당 그러려니 하고 너그러이 이해될 수 있었다. 그러나 아마도 금송아지 사건으로 인해서, 민수기는 이스라엘의 불평에 대해 다른 방식으로 접근한다. 약속의 땅으로 들어가는 과정에서 광야와 어려움에 직면하게 되자 그들은 중심이 흐트러져버린다. 하나님의 요구에 대한 순종은 반역으로 바뀌고, 신뢰는 불신으로 바뀌고, 거룩함은 더럽혀졌으며, 질서는 무질서로 변화되며, 하나님의 백성의 미래는 위협받게 된다. 하나님의 심판이 그들 위에 엄습했으며(민 14:32-33), 결국 금송아지를 다시 찾는 배교의 결과로 옛 세대는 재앙으로 인해 죽게 된다(민 25:9). 심지어 모세와 아론조차 하나님을 불신했다가 약속의 땅에 들어가는 것을 금지당한다(민 20:12). 오로지 믿음을 지녔던 정찰병인 갈렙과 여호수아, 그리고 젊은 세대만이 약속의 땅으로의 입성을 허락받는다(민 26:63-65).

민수기에서 심판을 통한 하나님의 응답은 민수기 14장에 잘 예시되어 있다. 민수기 14장에는 백성과 모세의 탄원을 연상시키는(민 11:11-14) 하나님의 탄원이 등장한다(민 14:11). 하나님은 완고한 상태로 꿈쩍도 하지 않는 분이 아니시다. 하나님의 심판은 냉정한 재판관의 심판과 같지 않다. 그것은 상처 입은 연인의 슬픔과 분노가 뒤섞여 있는 심판이다. 하나님의 탄식은 민수기 14:27에서도 반복되는데, 그 사이에 이러한 이해를 강화시켜주는 심판의 말이 놓여 있다.

하나님은 모세에게 호의적으로 대답하시고 이스라엘을 용서하신다(민

신학의 렌즈로 본 구약개관

14:20). 그러나 죄의 결과—결코 완전히 없어지지는 않는—를 개선시키는 용서가 모든 대가를 전부 다 제거해주는 것은 아니다. 따라서 늙은 세대는 광야에서 죽었지만, 그들의 자녀들은 부모들의 불신앙의 결과로 고통을 당해야 했다(민 14:33). 이러한 현실은 모든 용서의 행위에서 진실로 통한다. 무고한 자에게도 영향을 끼칠 수 있는 죄의 결과는 계속적인 구원의 태도를 요구한다(예를 들어 학대자는 용서받을 수 있어도 학대의 결과는 사라지지 않는다). 민수기 21:4-9은 또 다른 예시를 제공한다. 백성이 회개한다고 해도(그리고 용서받는다 해도) 뱀은 제거되지 않는다. 다시 말해 하나님은 뱀을 제거하시는 대신(죄의 결과는 계속되지만) 물린 자들을 치료하기 위한 방법(하나님의 약속과 연관된 이집트의 의학 기술)을 제공하심으로써 이러한 결과를 다루신다(참조. 왕하 20:1-7에서 기도와 의술의 결합).

하나님은 심판을 선언하시고(민 14:21-25) 그것을 도덕적 질서의 표현으로 드러내신다. 핵심 구절은 민수기 14:28이다. "너희 말이 내 귀에 들린 대로 내가 너희에게 행하리니." 그 결과는 이렇다. 너희의 뜻이 이뤄질 것이지만, 그건 내가 한 일이 아니다. 광야에서 죽기를 원했던 그들의 바람(2절)이 허락된 것일 뿐이다(32-33절). 이집트로 돌아가려 했던 그들의 바람(3-4절, 출애굽에 대한 역행!)은 실현을 눈앞에 두게 되었다(25절). 그들이 그 땅에서 사로잡히리라 주장했던 자녀들(3절)은 그 땅에서가 아니라(31절) 그 부모의 손에 의해 그러한 운명에 처하게 되었다(33절). 그들은 새로운 지도자를 원했으며(4절) 후에는 결국 그리될 것이다(30절). 심판은 악한 행동에 대한 당연한 결과로 이해된다. 하나님이 이 장면에 심판을 도입하신 것은 아니다. 하나님은 독단적이지 않으시며, 행위에 따라 결과를 촉진시키신다. 민수기 14:22을 보면서 어떤 사람들은 하나님이 인내심의 한계를 느끼셨다고 생각할지 모른다. 그러나 사필귀정(事必歸正)이야말로 동전의 또 다른 측면이며 결국 하나님은 도덕적 질서가 제기능을 하는 모습을 보시게 될 것이다.

다양한 규례들은 광야의 여정과 연관되어 있다. 그것들의 초점은 정결에 맞추어져 있으며 그 필요성은 광야의 경험으로부터 도출된다(민 15장; 18장; 19장). 그것은 "너희의 대대로 영원한 율례"다(예를 들어 민 15:15). 그렇게 그들은 희망의 징표를 만들어냈다. 예언자 발람의 신탁이 그러했듯이(민 22-24장) 하나님은 외부를 통해 내부에 복을 내리신다. 역설적이게도 이러한 신탁들은 민수기 내에서 조상들에게 주어졌던 약속들에 대한 명쾌한 언급들을 모아놓은 것이다(아래의 논의를 보라). 모세를 포함하여 그 어떤 이스라엘 사람도 그러한 축복을 가져올 수 있는 충분한 지위를 가지고 있지 못했다.

민수기 22:1에서 하나님의 백성은 모압 평지에 도착한다. 그곳은 요단 강을 사이에 두고 약속의 땅을 마주보고 있는 지점이다. 그들은 이제 오경이 끝날 때까지 이곳에 머물러 있게 될 것이다. 두 번째 인구조사 이후에 민수기 26-36장은 전적으로 긍정적인 그림을 보여준다. 어떠한 죽음, 신음, 하나님의 지도자에 대한 반역도 나타나지 않는다. 이는 땅을 눈앞에 두고 있는 기간이다. 다양한 규례들이 이야기 속에 얽혀들어 있다. 특히 예배, 맹세, 땅의 분배와 경계, 레위인의 성읍, 도피성, 상속의 문제 등이 언급된다. 이러한 관심은 약속의 땅에서의 미래를 예견하는 것이다. 거기서도 하나님은 계속해서 백성 가운데 거하실 것이다(민 35:34). 공동체는 그 삶을 그처럼 질서정연하게 만듦으로써 하나님과 백성이 함께 거하는 이 장소를 더럽히지 않게 해야 한다.

누가 하나님의 대변자인가 하는 문제가 광야의 여정 가운데서 쟁점이 되었다. 다른 지도자들이 자신들의 주장을 내세움으로써 백성이 모세의 지도력에 도전하는 장면은 민수기 안에서 집중적으로 등장한다. 가장 날카로운 도전의 목소리는 미리암과 아론에 의해 발설되었다. 하나님은 과연 모세를 통해서만 말씀하시는가? 그분은 우리를 통해서도 말씀하시지 않겠는가?(민 12:2; 참조. 민 16:3) 첫 번째 질문에 대한 대답은 민수기 11:16-30에 제시되어 있다. 하나님의 영(靈)은 칠십 인의 장로들 모두에게 똑같이 임하였다. 그들은 비록 단 한 번이었지만 예언을 하였다. 모세는 예언

신학의 렌즈로 본 구약개관

의 말을 중단시키려는 사람들을 단호하게 제지하면서 이렇게 말했다. "야웨께서 그의 영을 그의 모든 백성에게 주사 다 선지자 되게 하시기를 원하노라!" 하나님의 영은 여호수아에게도(민 27:18), 그리고 심지어 이방인이었던 발람에게도(민 24:2-4, 15-16) 머물렀다. 하나님은 공동체를 향하여 하나의 길만을 고집하시는 분이 아니다. 실제로 하나님은 자신의 말을 대신 전하는 사람들에게 머무신다. 그러나 모세는 하나님과 특별한 관계를 지니고 있었기 때문에 그에 대한 도전은 허용되지 않았다.

민수기에서 하나님은 모세와 더불어, 그리고 그를 통해 자주 말씀하셨다. 실제로 민수기 7:89은 거의 관례화된 방식으로 모세가 하나님을 만나는 장면을 보여준다. 민수기 12:8에서 하나님은 스스로 자신이 모세와 명백한 말로써 얼굴과 얼굴을 마주 대하는 만남을 가졌다고 주장하셨다(출 33:11; 신 34:10을 보라). 모세는 실제로 "하나님의 형상을 뵈었고"(출 24:9-11에서처럼; 참조. 출 33:21-22; 34:5-6) 그러한 경험을 다른 사람들에게 말해주기 위해 살았던 사람이다. 하나님과 모세의 관계성이 완전해지도록 하기 위해, 하나님은 모세의 역할을 미래를 위한 중요한 구성 요소로서 인정하셨다. 실제로 그러한 상호작용으로 인하여 하나님은 이미 내려진 결정 사항을 변경하시기도 했다(민 14:19-20; 참조. 출 32:9-14). 그러나 미래를 향한 하나님의 이러한 개방성은 이스라엘과 창조를 위한 하나님의 변치 않는 목적을 이뤄드리는 가운데서만 존재할 것이다.

이스라엘의 광야 유랑 시기는 하나님의 유별난 인내심과 자비로움에 의해 그 모습을 갖추게 되었다. 하나님은 자신의 자녀들이 청소년기를 보내는 동안에 그들과 함께하고 싶으셨던 것이다. 그 부모가 비록 하나님이라 할지라도 "어린아이"를 단련시키는 것은 쉬운 일이 아니다(호 6:4). 그들의 자유와 타협하지 않고서는 하나님의 그 어떠한 채찍질도 그들을 올곧게 만들 수 없다. 하나님이 성숙한 자녀를 원하신다면, 반항의 가능성을 각오하시지 않으면 안 된다. 부모와 자녀 사이에서조차도 서로를 "시험"하게 된다(신 8:2을 보라). 그러나 이제 곧 성숙의 과정에는 한 세대 이상의 시간이 소요될 것이라는 사실이 명백해졌다. 창조세계를 위하여, 하나님은 이스라엘을 높은 수준으로 이끌어 올리시는 데 결코 타협하지 않으실 것이다.

4) 신명기

신명기는 결말인 동시에 시작이다. 이 책은 조상들에게 주어진 약속과 출애굽의 구원 역사를 상기시킨다. 그리고 신명기는 시내 산과 광야에서의 백성의 경험을 되풀이하여 읊으면서 약속의 땅에서 살게 될 날을(그리고 그 이상을) 고대한다. 신명기는 이전에 있었던 일과 앞으로 일어날 일들을 보기 위한 해석적 렌즈를 제공한다.

신명기(Deuteronomy, "두 번째 율법")라는 이름은 신명기 17:18의 히브리어 구절 "율법서를 등사하여"의 그리스어 번역으로부터 유래했다. 이 번역은 다음과 같은 점에서 올바른 번역이다. ⓐ 신명기는 시내 산에서 수여된 율법 이후에 다시금 주어진 율법이다(신 29:1). ⓑ 신명기는 시내 산과 광야에서의 이야기 및 출애굽기에 나타난 율법—십계명을 비롯하여—을 다시금 기록한 책이다. ⓒ 신명기는 하나님의 율법이 모두를 위해 단 한 번만 주어지는 것이라고 이해하지 않는다. ⓓ 신명기는 첫 번째 수여된 율법이 어떻게 해석되었는지를 알 수 있게 해주는 권위적인 역할을 수행한다. 이러한 특징은 신명기와 모세의 관련성을 알려주는데, 그러한 연관은 역사적 판단이라기보다는 공동체 안에서 이 책의 지위를 반영한 신학적 주장이다(참조. 미합중국 헌법과 그것의 개정헌법 사이의 관계).

신명기의 기원과 형성에 관하여, 일반적으로 수용되는 요소와 여전히 논쟁 중인 요소가 모두 존재한다. 신명기(혹은 그와 같은 형태의 책)가 요시야(기원전 640-609년)의 개혁 기간 동안에 성전에서 발견되었던 율법책과 관련이 있다는 사실은 대체적으로 수용되고 있다. 그 책의 내용과 이스라엘의 실제 관습 사이의 상이성으로 인해 깊은 충격을 받은 요시야는 그의 개혁에 박차를 가하게 된다(왕하 22-23장을 보라). 개혁의 결과와 신명기의 내용이 깊이 상응한다는 사실은 이러한 관련성을 뒷받침해준다(예를 들어 우상숭배의 금지와 예배의 중앙집권화). 널리 수용되고 있는 또 하나의 주장은, 신명기가 그다음에 이어지는 책들(여호수아, 사사기, 사무엘서, 열왕기[=Dtr], 신명기 역사서[Deuteronomistic History])과 깊은 관련을 맺고 있다는 것이다. 이 책들의 최종 편집본에서 보이는 유사한 문체와 신학적 관점은 이들이 모종의 연관성을 지니고 있음을 지적해준다. 비록 그다지 동의를 얻지는 못하고 있지만, 어떤 학자들은 창세기부터 민수기까지(=사경[Tetrateuch]) 를 신명기적 편집으로 간주하기도 한다.

이토록 다양한 증언들은 기원전 8-6세기 동안에 이스라엘의 전통에서 신명기 학파(Deuteronomic School)가 활동했음을 말해준다. 이 학파의 지도자들이 누구인지에 대해서는 논란이 많다. 예언자, 서기관, 레위인들, 또는 예루살렘의 관리들? 본문에서 발견되는 권면적인 문체와 영적인 생활에 대한 관심은 이들이 설교와 가르치는 일에 책임을 맡고 있었다는 점을 지적해준다. 문답식의 문체도 두드러지며, 약자의 필요를 돌보라는 강한 요구는 예언자적인 날카로움을 뚜렷이 감지하게 해준다. 신학적 논쟁점들도 이 책에 깊이 스며들어 있다. 그것은 청중의 마음과 정신을 움직이게 하는 응용신학이다. 실제로 이 책은 이스라엘과 이스라엘의 하나님 사이에 적절한 관계가 유지되는 데 초점을 두고 있다. 이는 이스라엘의 미래를 위한 핵심이다. 이 책은 동일한 사상을 공유한 개인들로 이루어진 집단과 관련되어 있는 것으로 보인다. 이 집단은 이스라엘의 종교적 전통에 깊이 물들어 있고 백성들의 영적 건강을 위해 헌신하던 다양한 지도자 그룹들에 기원을 두고 있을 것이다.

비록 학자들이 신명기가 오랜 시간에 걸쳐 확장되어왔다는 사실을 수용하기는 하지만, 세부적인 면에서는 의견의 일치가 거의 없는 상태다. 하나의 그럴듯한 시나리오는 다음과 같다. 신명기를 구성하는 자료의 핵심 부분은 북 왕국의 종교 중심지로 소급된다. 기원전 721년 북 왕국의 멸망 이후, 쫓겨난 지도자들이 자신들의 전승을 가지고 남쪽으로 내려왔다. 거기서 그들은 마음에 맞는 지도자들과 연합하여 그들과 함께 히스기야의 (다소 이른 감이 있는) 개혁 의지에 힘을 실어주었다(왕하 18:1-8). 배교자였던 므낫세 왕의 통치 동안에(기원전 687-642년) 그들은 지하로 밀려나 있다가, 요시야가 즉위하자 다시금 모습을 드러냈다. 그러나 기원전 609년 요시야 가 죽고 나서 개혁에 대한 소망이 무너져버리고 만 다음, 바빌로니아의 군사적 압박이 밀어닥치기 시작했다. 바빌로니아인들은 결국 기원전 587년 에 예루살렘을 파괴했다. 그러나 이 기간 동안에도 신명기의 자료들은 계속해서 보전되었다. 아마도 파괴와 포로의 경험은 신명기의 형성자들에 게 과거의 사건이었을 것이다(신 4:25-31; 28-31장). 그래서 일부 학자들은 신명기의 핵심층(신 5-26장?)이 여러 세기에 걸쳐 형성되었고 기원전 587 년의 사건을 계기로 하여 완성되었다고 주장했다. 신명기 학파의 구성원 들은 아마도 여호수아와 열왕기의 전승들(Dtr)을 편집하는 데도 참여했을 것이다. 여기에는 아마도 두 개의 편집층이 존재하는데, 하나는 요시야 통 치기에, 다른 하나는 포로기에 이루어진 것이다(기원전 561년은 열왕기하에 나오는 내용 중 최후 사건의 연대다). 신명기의 서두(신 1:1-4:40)는 신명기에서 열왕기에 이르는 전체 모음집을 염두에 둔 도입부로 구성되었을 것이다.

이러한 확장 과정은 신명기가 전하는 경고의 깊이와 믿음의 응답에 대한 필요성을 설명해준다. 이스라엘은 참으로 생존을 위협받는 상황이었다.

여기까지 오경은 율법을 모세에게 수여된 하나님의 말씀으로 드러낸 다(십계명을 제외하고). 그러나 신명기는 약속의 땅으로 들어가려는 세대에 게 주어지는 모세의 말이다. 그래서 그것은 더 공적(公的)인 말씀이다. 이 는 모세의 지위를 격상시켜주며 더 근원적으로는 하나님의 말씀을 해석 하는 데 인간이 차지하는 역할을 높이 평가한다. 심지어 그것은 하나님의 **말씀을 대중의** 언어로 표현하려는 수사학적 전략이다(아래의 논의를 보라). 그리고 여섯 차례 정도 서론격의 표제들이 등장한다(신 1:1-5; 4:44-49; 6:1; 12:1; 29:1; 33:1).

첫 번째 연설(신 1:1-4:40)은 시내 산에서 요단 강 건너편(Transjordan)까

신학의 렌즈로 본 구약개관

지의 이스라엘의 여정을 회고한다. 그것은 백성에 대한 실제적인 그림을 제공하는데, 하나님에 대한 그들의 충성에는 깊은 골이 패여 있다. 이 연설은 하나님의 요구와 약속에 대한 성실함의 중요성을 권고하는 것으로 끝을 맺는다(신 4:1-40). 전체 본문은 모든 세대를 "너희" 혹은 "우리"로 표현함으로써 인격화한다. 두 번째 연설(신 4:44-5:33)은 하나님의 요구와 약속을 제시하는 가운데 새로운 세대가 옛 세대와 근본적인 연속선상에 서 있음을 분명히 밝히고 있다. 그리고 십계명(신 5:1-21)이 이를 뒤따르는 모든 규례(함축적으로 어떤 다른 규례들은 오랜 세월에 걸쳐 형성되었다)에 대한 영원한 가치로서 제시된다. 그것의 편집적 배치와 기능은 출애굽기 20장의 십계명과 정확하게 일치한다(위의 설명을 보라). 율법의 은혜적 근거가 명확히 증언되고 있다. "그리하면 너희가 살 것이요 복이 너희에게 있을 것이며 너희가 차지한 땅에서 너희의 날이 길리라"(신 5:33).

신명기 6-11장은 제1계명의 확실성에 대한 권고다. 본문의 맨 처음은 **쉐마**(שׁמע, "들으라"; 신 6:4-5)로 시작된다. "이스라엘아 들으라. 우리 하나님 야웨는 오직 유일한 야웨이시니 너는 마음을 다하고 뜻을 다하고 힘을 다하여 네 하나님 야웨를 사랑하라." NRSV의 각주에서 제시된 다양한 선택적 번역들에 주목하라. 제1계명에 대한 이 명확한 재진술(신 5:6-7)은 하나이신 유일한 하나님에 대한 충성의 중심에 자리 잡고 있다. 마음과 뜻과 힘을 다하여 사랑한다는 것은 그 누구도 아닌 하나님만을 위해 결정적이고 열정적이며 철저한 충성을 바치는 전인적 차원의 인간과 관련된다. 이 계명은 앞으로의 이스라엘 이야기(Dtr)에 결정적인 형태를 제공할 것이다. 그 영향은 결코 적지 않은데, 그 이유는 훗날 이스라엘 멸망의 이유가 바로 여기에 있기 때문이다. 동시에 이 구절은 예수께서 신앙의 핵심을 설명하시기 위해 인용하신 본문이기도 하다(눅 10:27).

신명기 6-11장은 역사적 회고를 포함한 다양한 관점들로부터 과연 이러한 충성이 무엇을 수반하는지를 살피고 있다. 분명한 것은 이스라엘과 하나님에 대한 문제의 핵심이 제1계명에 놓여 있다는 사실이다. 본문은 다음과 같은 질문에서 절정에 이른다. "이스라엘아, 네 하나님 야웨께서 네게 요구하시는 것이 무엇이냐?"(신 10:12; 미 6:8에 유사한 형태가 발견된다) 신명기 10:13-22에 대한 풍부하고도 강력한 대답은 하나님에 대한 사랑과 "이방인"에 대한 사랑 사이의 통합적 관계를 향해 놓여 있다(참조. 레 19:18, 34; 예수에 의해서도 사용된 결합, 막 12:28-31). 이러한 관계는 하나님의 구원행위에 기초하고 있고 그 행위로 인해 유발되었다.

신명기 12:1-28:68은 약속의 땅에서의 삶을 준비하기 위하여 십계명의 핵심 가치를 매우 특별하게 만들어주는 다양한 규례들을 포함하고 있다. 그것들을 일일이 다 설명하지 않더라도, 그 핵심 내용은 하나님을 향한 사랑과 이웃을 향한 사랑과 관련하여 하나님이 요구하시는 것이 무엇인가 하는 문제다. 그 규례들은 예배에 관한 문제로 시작하여 예배에 관한 문제로 끝을 맺는다. 다른 모든 관계성의 열쇠는 바로 하나님과의 관계성이다. 신명기 12장은 이스라엘의 예배 생활의 중앙집권화를 강조하고 있으며, 이러한 예배 생활이야말로 이스라엘의 신앙을 지켜주는 방법이다. 신명기 26장은 약속의 땅에서의 삶이 하나님의 구원사역에 대한 감사의 응답에 중점을 두어야 함을 강조한다. 이 본문들은 삶의 무수한 세부적인 문제들의 근본을 다루는 여러 법률들을 담고 있다. 그 안에는 리더십의 특성, 다양한 종교적·사회적 제도, 전쟁의 지휘, 음식과 의복, 재산과 동물, 결혼과 가족생활 등이 포함된다. 제1계명에 대한 관심과 불우한 이웃(과부, 고아, 외국인 거주자, 레위인)에 대한 돌봄이 본문 전체에 얽혀 있다. 하나님과 더불어 사는 삶 그리고 이웃과 더불어 사는 삶은 서로 불가분의 관계다.

이 본문은 하나님과 이웃에 대한 관계의 중요성을 강조하는 축복과 저주의 말로 끝맺는다(신 27-28장). 저주의 말은 강력하고 심지어 냉정하기까지 하지만(예를 들어 "그들이 네 자녀의 살을 먹을 것이라"[cannibalism]), 20세기의 역사—인종 청소로부터 환경 파괴에 이르기까지—를 아는 사람이라면 인간의 죄악이 불러온 결과가 얼마나 참혹했는지를 잘 알 것이다. 삶의

신학의 렌즈로 본 구약개관

다양한 국면 속에서 이스라엘 사람들이 행하고 말하는 것들은 다음과 같은 것을 설명한다. 이스라엘의 미래, 보다 정확히 말하자면 모든 피조물들의 미래가 위험에 처해 있다.

신명기의 마지막 부분(신 29-34장)의 중심부는 시내 산 언약에 대한 보충으로서 새로운 세대들이 맺은 두 번째 언약을 담고 있다(신 29-30장). 그 다음에는 언약 체결에 대한 준비(신 31장), 그리고 모세의 죽음을 앞두고 미래를 위해 제시된 말과 행동들(신 32-34장)이 이어진다.

신명기의 의도는 정확히 표현하기가 어렵다. 심지어는 이 책의 장르조차 명확히 규정하기 어렵다. **토라**가 가장 일반적인 자기규정 표현이다. 그러나 이 책의 용도를 생각한다면, 이 책이 단순히 기본적인 의미에서의 "율법", "규례", 혹은 심지어 "가르침" 그 이상의 가치를 지니고 있음을 보게 된다. 신명기 1:5, 4:44에서 모세는 **토라**를 펼쳐놓은 인물로 묘사된다. 그러나 그다음에 등장하는 것은 대부분 이야기(신 1-3장)와 권고의 말(신 6-11장)이다. 신명기 12-26장에서조차 그 내용을 **율법**이라고 부르기에는 적절치 못한 면이 많다(예를 들어 신 15:1-11을 읽어보라). 이 책은 이스라엘의 재판관이나 장로들이 판결을 내리는 데 사용하기 위한 법전으로 의도된 것이 아니다. 신명기의 규례들은 사법권 행사를 위한 지침이라기보다는 오히려 하나님의 의지에 대한 증언이다. 특히 권면적인 수사법은 이 규례들이 보다 근본적인 사회적 협의사항을 위한 하나의 근거를 구성하고 있음을 보여준다.

신명기의 의도는 새로운 세대들의 요구와 연관되어 있다. 이 백성은 전통의 기본들을 가르침 받았을 뿐만 아니라 그것들을 마음에 새기고 그에 따라 살아야만 했다. 비록 그들은 또 다른 용기와 자신감을 통해서 미래를 향해 나아갈 수밖에 없었지만 말이다(수 1:7-9). "**토라**의 말씀"을 마음에 두는 일은 매우 중요하다. 그것은 이전 세대의 죄악 때문이기도 했지만 그들 스스로의 죄악된 성향 때문이기도 했다(신 31:21-29).

이러한 공동의 협의사항 때문에, 신명기는 공동체 규범, 혹은 종교교육 팜플렛, 혹은 개혁문서로 불릴 수 있다. 데니스 올슨(Dennis Olson)이 신명기를 "교리교육서"(catechesis)로 규정한 것은 우리에게 유용한 시사점을 준다. 그에게 신명기는 "인간의 죽음이라는 현실, 그리고 신앙을 후세에 전수해야 하는 당위성으로 인해 요구되는 기본적이고도 계속적인 교육적 문헌이다."[5] 그러나 신명기가 가르침에 초점을 두고 있기는 하지만, 이 책의 기본적인 관심은 보다 정확히 말해 종교적이라 할 수 있다. 전통은 그저 교육되는 것일 뿐만 아니라 내부에 적용되는 것이다. 그것은 단순한 **신앙 내용**(*fides quae*)의 문제가 아니라 **신앙 그 자체**(*fides qua*)의 문제다. 하나님과의 관계성이 위험에 처해 있는 것이다. 그 어느 것도 그보다 더 근본적이지는 않다. 그래서 신명기 6:2은 이렇게 말한다. "곧 너와 네 아들과 네 손자들이 평생에 네 하나님 야웨를 경외하며 내가 너희에게 명한 그 모든 규례와 명령을 지키게 하기 위한 것이며." 그러므로 신명기를 **영적인 지침**(spiritual directions)으로 보는 것이 가장 좋은 이해다. 이러한 표현은 신명기를 묘사하는 보다 적절한 말이 될 것이다. 그만큼 이 책은 종교적 표현이 인격적이며, 영적 깊이가 풍부하기 때문이다. 그러나 이러한 영성이 그저 내향적이고 하나님 지향적이기만 한 것은 아니다. 그것은 능동적 사랑, 특히 불우한 이웃을 향한 사랑으로서의 믿음에 대한 생생한 관심과 결합된다. 더군다나 이러한 영성에 대한 잠재적인 파괴성과 마주하여, 이스라엘의 모든 개인과 제도들(재판관, 왕, 제사장, 예언자)은 자신들의 영성을 보호하기 위한 준비를 갖추어야만 한다.

신명기의 의도는 세대를 뛰어넘는 용어로 표현된다(신 6:2-9; 참조. 신 4:9-10; 11:19). 백성은 이러한 말씀을 자기 자신의 마음에만 새기는 것이 아니라 그것들을 다음 세대에게 전수해야만 한다. 그들은 그 말씀들을 암송해야 하며, 삶의 모든 면에서 그것들을 말하고 기록해야 한다. 또한 다

---

5) D. Olson, *Deuteronomy and the Death of Moses: A Theological Reading* (OBT; Minneapolis: Fortress, 1994), 6.

신학의 렌즈로 본 구약개관

른 사람들이 볼 수 있도록 자기 자신 안에서와 소유물들에서 그 말씀들을 드러내주어야 한다. 아이들의 질문조차도 제 역할을 다 하고 있다(신 6:20-25; 참조. 출 12:26; 13:14-15). "후일에 네 아들이 네게 묻기를 우리 하나님 야웨께서 명하신 증거와 규례와 법도가 무슨 뜻이냐 하거든, 너는 네 아들에게 이르기를 우리가 옛적에 애굽에서 바로의 종이 되었더니 야웨께서 권능의 손으로 우리를 애굽에서 인도하여 내셨나니…이는 우리가 우리 하나님 야웨를 경외하여." 신명기는 그저 고정된 전통을 전수하기 위하여 제작된 것이 아니다. 이 책은 여러 세대를 통해 전해져 내려가는 전통의 **의미**를 묻고 있다.

이와 더불어, 모세의 말은 기록되어서 칠 년마다 모든 공동체 전체에게 읽혀서 들려져야만 했다. "곧 백성의 남녀와 어린이와 네 성읍 안에 거류하는 타국인을 모으고"—여기서의 종교적 관심을 주목하라—"그들에게 듣고 배우고 네 하나님 야웨를 경외하며 이 율법의 모든 말씀을 지켜 행하게 하고 또 너희가 요단을 건너가서 차지할 땅에 거주할 동안에 이 말씀을 알지 못하는 그들의 자녀에게 듣고 네 하나님 야웨 경외하기를 배우게 할지니라"(신 31:12-13).

이러한 목적을 이루기 위해 모세는 이 자료를 마음과 정신에 각인시키는 수사학적 방법을 사용한다(아래의 설명을 보라). 그것들은 기록된 문헌이 아닌 구전으로 전수된 연설이다. 이 책은 "너희"를 위하여 "마음"을 향해 "오늘" 주어진 것이다. 여기서 사용되는 언어는 모두에게 관계적이고 인격화된 것들이다. 여기서 사용된 호격 표현 및 "듣고 주의하라", "보고 새기라"는 부름의 말은 독자를 보다 지성적인 차원에서 배려하고 있다. "너희"라는 표현은 때로는 단수형으로, 때로는 복수형으로 나타나는데, 이는 독자들로 하여금 자기 자신을 개인적 차원과 공동체적 차원에서 이해시키려는 의도를 갖고 있다.

2. 출애굽기 19장-신명기 34장을 이끄는 주제들

A. 조상들에게 주어진 약속 및 이스라엘과 맺은 언약

1) 출애굽기 19-40장

이스라엘은 출애굽 내러티브 전체를 통하여 "내(하나님의) 백성", 혹은 심지어 "내 (처음 난) 자녀"(출 4:22-23)로 규정된다(특히 출 3-10장). 출애굽기 2:24과 6:4-5에서 이 백성은 하나님이 "기억하시는" 백성이다. 그 까닭은 아브라함과 **그의 후손들**에게 세워진 언약 때문이다. 시내 산 언약(출 24:1-8)은 하나님과 이스라엘 간에 새로운 관계를 세우기 위한 것이 아니다. 다른 주요 언약들(노아, 아브라함, 다윗)과 마찬가지로 시내 산 언약은 이미 선택되고 구원받아 신앙과 예배로써 응답한 자들과 더불어 체결된 것이다. 시내 산 언약은 아브라함 언약 안에 놓여 있으며 보다 더 구체적인 언약이다. 후자는 출애굽 내러티브 중에 그 흔적을 남겨놓고 있다(출 32:13). 시내 산 언약의 초점은 부르심과 불가분의 관계에 있다(아래의 설명을 보라).

시내 산 언약이 조건적 언약이라는 일반적인 학문적 시각은 재고되어야 한다. 이러한 관점은 출애굽기 19:5과 같은 본문에 근거한다. "너희가 내 말을 잘 듣고 내 언약을 지키면 너희는 모든 민족 중에서 내 소유가 되겠고." 그러나 "내 말을 잘 듣고 내 언약을 지키면"이란 말이 무슨 의미일까? 여러분은 이런 표현을 이미 만난 적이 있다. 출애굽기 15:26의 공식인 "너희가…순종하고…행하며…귀를 기울이며…지키면"은 하나님과 이스라엘의 관계를 시험해볼 수 있는 일반적인 조건을 제공해준다(참조. 출 16:4). 이 본문과 출애굽기 19:5의 본문은 모두 율법이 이스라엘을 위하여 존재한다는 사실을 확증해주지 못한다. 대신에 이 두 본문이 말하고 있는 율법이란, 하나님이 시간의 흐름에 따라 제시하신 것이며 하나의 실체로서 주어진 것인 동시에(출 20-23장) 삶의 특정한 상황들에서 도출된 것들이다(출 15:25-26; 16:28-29; 18:16, 20). 따라서 율법이 시내 산에서 수여되었을 때 그것들은 하나님의 의도가 무엇인지를 일일이 설명하지 않는다. 새로운 율법은 분명 새로운 시대와 장소를 위해 필요하며 오랜 율법은 개정될 필요가 있다. 시내 산 언약은 이미 순종이 중요한 요소로 자리 잡고 있었던 관계성의 상황에 적합한 것이었다. 이는 하나님의 말씀에 순종하는 것이 시내 산에서 주어진 율법에 순종하는 것보다 더 큰 범위임을 명백히 드러낸다. 순종은 하나님이 어느 때 어느 장소에서 말씀하시든지 간에 그것에 대한 신뢰를 드러내는 방법이다(신약성서에서의 유사한 관점으로는 요일 2:3-6을 보라).

"나의 언약을 지키고"라는 구절은 이야기 속에서 전혀 새로운 표현이 아니다. 그것은 이미 무조건적인 성격을 지닌 아브람 언약에서 등장한 바 있으며(창 17:9-10), "나의 말을 준행하다"라는 표현으로도 드러났다(창 22:18; 26:5). 언약을 지킨다는 것은 곧 하나님의 음성에 순종하는 것이다. 그러나 보다 특별한 의미는 아브라함에게로 소급된다. 이러한 점에서 출애굽기에 등장하는 언약에 대한 유일한 언급은 아브라함과 관련되어 있다(출 2:24; 6:4-5). 그리고 그것은 출애굽기 19:5에서 가장 잘 이해된다. **하나의 공동체로서의** 이스라엘은 이제 아브라함이 그랬던 것처럼 응답하고 있다. 이 구절은 하나님 안에 거하는 백성이 하나님과 맺은 관계 가운데서 신실해야 함을 의미한다. 그리고 그것은 시내 산에서 지금 주어진 율법에 순종하는 것보다 더 넓은 의미를 지니고 있는 책임이 부여된 것이다.

출애굽기 19:8에 기록된 "야웨께서 명령하신 대로 우리가 다 행하리이다"라는 대답은 출애굽기 24:3-7에서의 대답에 종속될 필요가 없다. 출애굽기 19:8의 대답은 하나님이 요구하시는 어떠한 말씀이라도 순종하겠다는 약속이다. 출애굽기 19:4-6에 드러난 하나님 말씀의 인격적인 특성으로 볼 때, 백성들은 율법보다는 하나님께 자신들을 의탁해야 하는 것으로 보인다. 시내 산 율법의 특성을 눈으로 보았을 때, 백성은 이전 약속의 언어로 응답했다(출 24:3-7).

그렇다면 "만일 ~한다면"(if)의 의미는 무엇일까? 다양한 대답이 가능하다. 그것은 하나님의 백성이 되기 위한 방법을 지적해주는 것일 수 있다. 그러나 우리가 살펴본 바와 같이 그들이 지닌 선민으로서의 위치는 이미 확립되어 있었다. "만일 ~한다면"이라는 표현은 본질상 "사실"을 서술한다. 다시 말해 이 표현은 하나님의 말씀에 대한 순종이 계속적으로 이어지는 깊은 관계성으로 나타남을 보여준다. 그것은 이러한 근접성이 오히려 역효과를 가져다줄 수도 있음을 의미한다(출 15:26은 부정적인 결과를 말하고 있으나 그렇다고 하나님의 백성으로서의 자격이 상실되는 것은 아니다). 물론 이런 식의 해석도 있음 직하지만, 또 다른 해석들도 충분히 가능하다. 그 조건이란, 곧 신실치 못한 백성은 세계 가운데서 하나님의 의도를 위해 부르심 받은 존재가 될 수 없다는 사실을 보여준다. 이스라엘이 늘 신실하기 위해서는 하나님의 음성에 순종해야 하며 언약관계에 충성을 다해야 한다. 이스라엘은 세계를 위해 언약을 지켜야만 한다(출 34:10).

출애굽기 32:13에서 모세의 중보는 백성의 배교에도 불구하고 아브라함 언약이 여전히 유효함을 강조한다. 이미 하나님이 모세와 더불어 새로운 시작을 일으키겠다고 말씀하시지만(10절), 결국 모세의 그러한 주장에 동의하신 하나님은 출애굽기 32:14에서 심판 계획을 돌이키신다. 아브라함을 향한 하나님의 약속은 무조건적이다. 신명기 신학조차도 그러한 관점을 유지하고 있다(신 4:31; 30:1-10; 삿 2:1; 삼상 12:22). 하나님의 약속은 그분이 직접 관여하시는 이상 결코 무효가 되거나 공허해지지 않는다. 비록 하나님을 거절한 세대는 약속의 성취를 살아서 목격하지 못하겠지만, 약속 자체는 여전히 유효하다(레 26:44-45). 비록 구성원 모두에게 약속의 성취를 일일이 보장해주지는 못한다 할지라도, 공동체를 향한 하나님의 약속은 영원하다. 약속은 항상 믿고 따르는 자들에게 주어져 있으며, 그러한 이들은 하나님이 약속의 성취를 위해 영원토록 일하실 것임을 얼마든지 확신해도 좋을 것이다.

2) 레위기

레위기 26장은 레위기의 앞선 내용들을 이해하는 열쇠가 된다. 신명기 28

장에서처럼, 두 가지 가능한 미래가 제시된다. 처음엔 긍정적인 가능성이 인격적이고 관계적인 표현으로 진술된다. "내 규례와 내 계명을 준행"하는 목적이 명료하게 표현된다. "내가…내가…내가 너희 중에 행하여(I will walk) 너희의 하나님이 되고 너희는 내 백성이 될 것이니라"(레 26:3-12). 하나님은 단지 백성 가운데 "거하시기"만 한 것이 아니라 그들과 함께 "걸어가신다"(창 3:8; 5:22-24). 함께 걷는다는 것은 밀접함, 심지어 관계의 친밀감을 의미한다. 이러한 "행하여"라는 표현은 42-45절에서 조상들에게 주어진 약속에 대한 언급에서와 마찬가지로, 옛 약속을 상기하는 이스라엘을 하나님과 연결시킨다(창 17:1, 7; 48:15을 보라). 또한 백성을 향해 대항하겠다는 표현을 통하여 잠재적인 심판 역시 명시되고 있다(레 26:21-28, 40-41).

여기에는 부정적인 미래의 윤곽이 보다 크게 그려져 있다(레 26:14-45). 이러한 미래는 신명기 28-32장에 나타난 것보다 구체적이지는 않지만, 자신의 경험적 삶을 본문을 통해 그대로 발견하는 독자들(포로들처럼)에게는 명쾌하다고 할 수 있다. 그들은 부정적인 미래가 자신들에게 현실로 다가왔음을 이해하고 있다. 따라서 또 다시 발생할 잠재성을 사전에 막아야 할 필요성을 가지고 있다. 본문의 의도가 독자들에게 언약관계의 심각성을 주입시키려는 데 있다 하더라도, 여기서 사용되는 표현은 위협이라기보다는 사실에 가깝다. 예배와 삶을 통한 그들의 응답은 개인적이고 공동체적인 모든 차원에서 긍정적으로 혹은 부정적으로 작용한다.

레위기 전체를 통해 나타나는 조상들의 약속은 하나님과 더불어 사는 삶이라는 맥락에서 땅에 관해 언급한 본문들에서 발견된다(예를 들어 레 14:34; 18:3). 레위기 26장은 "나는 너희의 하나님이 되고 너희는 내 백성이 될 것이니라"(레 26:12, 45)라는 말씀을 포함하여 많은 후손들과 조상들에게 주신 언약을 언급한다(레 26:9, 15, 42-45). 이러한 언급들은 언약이 조건부로 이루어지는 것이 아님을 보여준다. 하나님의 백성이 자기들 편에서 그 언약을 파기할 수 있는 반면(레 26:15), 하나님은 그러한 파기를 행하지 않으실 것이다(레 26:42, 44). 어떤 일이 있어도 하나님은 당신의 백성을 포기하지 않으실 것이라는 사실이 이스라엘에게 확증된다(레 26:44-45). 그리고 이 말을 통해 미래에 대해 끊임없이 고민하는 독자들은 동일한 확신을 갖게 된다.

3) 민수기

민수기는 하나님이 조상들에게 주신 약속을 이루실 책임을 지니고 있다는 사실을 전제한다. 일반적으로 하나님은 이스라엘에게 "복"(민 10:29)을 약속하셨다. 특별히 땅의 약속이 강조된다. 이스라엘은 시내 산을 떠나 "야웨께서 주시기로 약속하신 곳"(민 10:29과 그 외 여러 구절)을 향하여 나아간다. 약속의 성취에 대한 조건들이 제시되어 있지만(민 14:8), 그것들은 개개인―혹은 심지어 한 세대―의 미래에만 영향을 미쳤을 뿐, 최종적으로 이스라엘에 대해서까지 그와 같은 영향을 끼치지는 못했다(민 14:22-24, 30-31). 게다가 그 약속들은 발람에 의해서 거의 배타적으로 표현되었다. 위대한 민족(민 24:7-9, 17-19), 축복(민 22:12; 23:20; 24:9), 너희의 하나님이 되려 하여(민 15:41; 23:21-23), 많은 후손들(민 23:10)과 같은 표현들을 보라. 이방인이었던 발람은 이러한 약속들을 가장 명확하게 표현한다. 그의 표현에서 하나님이란 분은 약속을 지키시는 분이었다(민 23:19).

민수기 11-25장에서 이스라엘의 불신과 배교는 약속의 성취를 향한 여정을 복잡하게 만든다. 가나안 땅으로 파견되었던 정탐꾼들(민 13-14장)은 서로 상반된 보고를 올린다. 소수였던 갈렙과 여호수아만이 기쁨의 소식을 전한다. 그곳은 "심히 아름다운 땅"(민 14:7)이며 그분을 신뢰하면 약속의 땅을 볼 수 있게 될 것이라고 말이다(민 14:9). 그러나 백성은 이들의 말 대신에 부정적인 보고에 귀를 기울이며(민 14:36) 이집트로 돌아가자고 떼를 쓴다(민 14:1-4). 그들은 심지어 **이집트**를 "젖과 꿀이 흐르는 땅"(민 16:13)이라 부른다! 계속해서 그들은 앞으로 나가기보다는 되돌아가고 싶어 한다. 그들은 하나님이 약속하신 미래보다 과거의 안정성에 현혹되어

신학의 렌즈로 본 구약개관

있다(민 11:5; 21:5). 그래서 그들은 목적지를 향하여 나아가는 과정을 위협하는 재난을 경험하게 된다. 큰 재앙(민 11:33), 실패로 끝난 정복(민 13-14장), 뱀의 출현(민 21:6). 오히려 발람이 출애굽의 목적지를 신뢰하는 극소수의 사람 중 하나로 드러난다(민 23:22-24; 24:8, 17-19).

다른 한편으로 새로운 세대들이 등장하는 민수기 26-36장은 아직 정복되지 않은 약속의 땅을 할당하고(민 26:53-56; 33:51-56) 경계를 설정하는(민 34:1-15) 문제를 언급하면서 약속에 대한 자신감을 미리 드러내고 있다. 도발적인 사건들을 처리하기 위하여 제시된 규례들 및 또 다른 규례들(민 15장; 18장; 19장)은 공동체가 그러한 사안들을 돌보기 위하여 존재한다는 사실을 암시한다(민 15:2을 보라). 이스라엘의 불신앙에도 불구하고, 땅의 소유는 기정사실이 되고, 정착 시기의 규례들이 제시된다. 어떠한 의미에서 **율법**이 계속적으로 선포되는 것은 **땅**의 약속이 실제로 성취되리라는 사실에 대한 증언이다.

민수기의 첫 장면은 전쟁을 위한 준비로 시작한다(민 1:3). 전쟁 없이 약속의 땅이 이스라엘의 소유가 될 수는 없다. 성공적인 전투가 가나안 접경지대에서 펼쳐진다(민 21:1-3, 21-32; 31:1-32:42). 요단 강 건너편에서 일어난 첫 정복전쟁과 정착은 약속의 성취에 일종의 "계약금을 지불"하는 것과 같다. 이로써 희망의 요소들이 제공된다. 이는 앞으로 이루어져야만 할 일들의 시작이다. 동시에 미래에 땅을 잃게 될 가능성도 힌트로 제시된다(민 33:56; 35:33-34). 그것은 이미 레위기 26장에서 다루었던 주제와 동일하다.

4) 신명기

신명기에서 이스라엘 백성은 하나님에 의해 선택된 하나의 백성이다(신 7:6-8; 14:2). 왕(신 17:15)과 제사장(신 18:5)에 관해 사용된 "선택"이란 표현은 그 대상이 백성에게까지 확대된다. 이러한 선택은 조상들과 **그들의 후손들**에 대한 하나님의 택하심에 기반을 두고 있다(신 4:37; 10:15; 창 17:1-8).

이스라엘 앞에 놓인 "생명을 택하라"(신 30:19)는 요구는 하나님의 백성이라는 그들의 지위를 전제한다. 선택받은 자들이기에 또한 그들은 스스로 선택할 수도 있다. 율법이 단지 하나님과의 관계성을 세우고 보존하고 재정립하기 위한 수단으로만 이해되지는 않는다.

하나님은 자신이 선택하신 자들에게 약속을 주신다. 신명기 본문은 율법에 대한 모든 언급들에서 약속으로 가득 채워져 있다. 하나님은 조상들에게 약속을 **맹세하셨다**(서른 가지 이상의 실례가 있다). 하나님은 약속을 위하여 자신의 생명을 담보로 제공하신다. 신명기에서 가장 두드러진 약속은 땅의 약속이다. 이 약속은 첫 부분에서 제시되어(신 1:8) 마지막 부분에서 재확인된다(신 34:4). 이 책 안에 제시된 모든 것들은 약속의 성취라는 문제에 기반을 두고 있다. 하나님과 함께하는 이스라엘의 미래는 언제나 특정한 땅의 문제로 귀결된다.

가까운 미래에 땅을 소유하게 되리라는 사실이 신명기의 핵심이며(예를 들어 신 26:3) 여호수아서에 대한 예고다. 그러나 땅의 상실 역시 분명해 보인다. 이스라엘은 불신앙으로 인해 땅을 잃어버리게 될 것이다(신 28:63-64; 29:28). 바로 여기서 기원전 587년 예루살렘의 함락과 바빌로니아 포로기에 대한 흔적이 포착된다. 동시에 심판을 넘어서 하나님의 약속은 이스라엘이 그 땅을 회복할 것이라는 사실까지 말해준다(신 30:1-5). 그러므로 결과적으로 땅의 약속은 신명기 안에서 이스라엘을 향한 두 개의 지평을 지닌다. 가까운 장래와 먼 장래, 그리고 그 두 사건 사이에 자리한 상실의 시기.

신명기에서 제시된 땅의 약속은 조상들에게 주어진 또 다른 약속들까지도 확증한다. 많은 후손들, 국민의 신분, 하나님의 임재, 축복, 관계성(신 1:10-11; 2:7; 4:20; 7:12-13; 10:22; 13:17; 15:4-6; 26:5, 15-19; 28:9-13; 29:10-13; 30:16) 등. 이러한 약속 중 몇몇은 이미 성취되었다(예를 들어 후손의 약속, 신 1:10-11). 그러나 그것들 역시 미래를 향해 투사된다. 하나님이 제시하신 약속의 성취에는 오차가 없다.

신명기에서 과거가 지니는 모든 중요성에 대하여, 위험에 처해 있는 것은 바로 미래를 향해 나아가는 공동체의 정체성과 특성이다. 그들이 곧 얻게 될 땅에서 이스라엘은 하나님의 법도를 "평생에 지켜 행해야만"(신 12:1) 한다. 백성의 언행은 남달라야만 한다. 이는 그들 자신의 미래를 위해서일 뿐만 아니라 하나님의 미래를 위해서이기도 하다. 이스라엘의 미래는 결국 하나님의 약속에 의존하고 있으며, 그것은 신앙의 삶이라는 책임감으로부터 결코 이스라엘을 자유롭게 놔두지 않을 것이다. 위험에 처한 것은 이스라엘의 생명과 건강뿐만이 아니라 피조물 전체의 생명과 건강이다.

신명기 안에 나타나는 언약에 대해 보다 자세히 살펴볼 필요가 있다. 신명기는 두 가지 언약을 언급하고 있는데, 하나는 시내 산 언약이고(신 5:2) 다른 하나는 모압 평지 언약이다(신 29:1). 또한 신명기의 옛 형태는 열왕기하 23:2에서 "언약의 책"으로 불렸다. 새로운 세대들이 참여한 언약은 바로 전자의 언약이다(신 5:3). 구약성서의 다른 곳에서는 전혀 언급되지 않는 모압 언약은 시내 산 언약의 보충에 불과하다.

신명기 1-28장에서는 고대 근동의 조약과 비교할 만한 구조적 요소들이 나타난다. 역사를 회상하는 서론(신 1-3장), 언약의 조항들(신 12-26장), 축복과 저주의 말(신 27-28장), 또한 증언에 대한 당부, 주기적인 낭독, 구전으로 된 말씀을 성문화할 것, 그리고 언약궤에 안치할 것(신 31장) 등이 바로 그것이다.

비록 고대 근동의 조약문들과 유사한 점이 보인다 할지라도, 보통 학자들이 제안하는 정도만큼이나 신명기의 언약이 고대 근동의 조약에 종속되어 있는 것은 아니다. 하나님과 백성의 관계가 충분히 묘사되지 않은 것처럼 일반적으로 **언약은 하나의 은유**라는 사실이 강조되어야만 한다. 언약은 너무나 인격적이고 관계적이어서 공정함을 표현하는 동의나 조약문으로 해석하기는 어렵다. 예를 들어 하나님은 이스라엘을 향해 엄격하게 사법적으로 혹은 언약적인 용어로 대답하려 하지 않으신다. 하나님은 마음대로 인내심과 자비로움을 표현하신다.

언약과 율법이 생겨나는 틀은 관계적 범주다. 우리는 경험을 통해 율법이 비인간적으로 변할 수 있으며 이는 "법률 지상주의"와 같은 천박한 율법주의에서 잘 드러난다는 사실을 알고 있다. 이 본문들은 율법을 율법 수여자의 살아 있고 역동적인 의지와 함께 고려해야 한다는 사실을 보여준다.

모압 언약은 고대 근동 조약문과 상당한 차이점을 드러낸다. 그것은 근원적으로 아브라함 언약의 갱신이며(신 29:13; 참조. 신 4:31), 여기서의 갱신은 금송아지 사건으로 인해 출애굽기 32:13에서 이루어진 갱신과는 그 역할이 완전히 다르다. 신명기는 이스라엘이 앞으로 시내 산 언약을 지키는 데 실패할 것이라는 사실을 인식하고 있다. 또한 하나님의 "맹세"(신 29:12, 14)가 그러한 실패로 인해 이스라엘의 미래를 바꿔놓지 못할 것임도 인식하고 있다(레 26:40-45을 보라). 결국 심판은 내려질 것이다. 그러나 이 언약은 백성으로 하여금 "이 모든 일들—심판, 포로, **그리고** 회개—이 일어났을 때"(신 30:1) 하나님이 "저주를 축복으로, 명령을 약속으로, 조건을 선물로" 바꾸실 것임을 확신하도록 만들어준다.[6] 마음에 할례를 행하라는 명령(신 10:16)은 하나님이 그렇게 하실 것이라는 약속으로 변한다. 하나님은 백성이 순종적으로 행하고 땅이 번창하도록 만드실 것이다(신 30:6-10). 미래를 향한 움직임에는 땅으로의 정착, 땅에서의 추방, 그리고 땅으로의 재정착이 뒤따를 것이다. 이 **모든 일**은 본문이 말하고 있는 "너희"가 겪어야 할 일이다.

신명기 31장은 이러한 언약을 성문화된 형태로 제시하여 이후의 공동체들과 지도자들이 볼 수 있도록 하였다. 신명기 32-33장은 옛것과 새것 사이의 역동성을 시적으로 그려내고 있다. 신명기 32장에 나타나는 모세의 노래는 백성 가운데 부어지는 하나님의 은총을 바라보면서 이스라엘

---

6) D. Olson, *Deuteronomy and the Death of Moses: A Theological Reading* (OBT; Minneapolis: Fortress, 1994), 128.

의 실패에 "대항하는 증언"을 제공한다. 그것은 율법과 대구(對句)를 이룬다(신 31:21, 26). 신명기 33장에서는 30:1-10에서 선언된 하나님의 활동에 뒤이어 등장하는 축복들이 제시된다. 하나님의 백성은 실패와 심판, 그리고 약속과 회복이 제공하는 긴장과 더불어 살아가게 될 것이다.

신명기에 의하면 모든 세대(신 29:14-15)는 스스로에게 다시 한 번 의무와 약속을 주장해야만 하며 자신들이 하나님의 백성이라는 선언을 다시 한 번 들어야만 한다. 그들은 단지 지난 세대들이 갖고 있던 책무에만 얽매여 있을 수 없다. 신앙은 유전으로 전수될 수 있는 것이 아니다(참조. 창 22:16-18). 동시에 인간의 실패와 그에 따른 심판을 마주하여, 하나님은 이 백성에게 미래를 보여주실 것이다. 왜냐하면 하나님은 약속을 지키시는 분이기 때문이다.

B. 율법·창조·구속

일반적으로 고대 근동의 법조문처럼 이스라엘의 율법도 가장 근본적으로는 창조와 연관되어 있다. 이러한 점은 사회 질서(예를 들어 가족, 부족, 민족)와 우주 질서의 공생 관계에서 관찰된다. 부정적으로 볼 때, 율법에 대한 불순종은 자연 및 사회정치적 영역에까지 역효과를 불러일으킨다(예를 들어 레 26:19-22, 31-34). 반면 긍정적으로 볼 때, 순종은 하나님의 창조질서가 동일한 영역에서 실제화하는 수단이 된다(레 26:4-10). 이와 같이 율법은 기본적으로 사명의 용어로 이해된다. 즉 그것은 하나님의 창조사역에 기반을 두며, 삶, 안정, 개인과 공동체의 번성을 위한 하나님의 의도에 기여한다. 이러한 사명을 위해 이스라엘은 부르심을 입었다. 그들의 목적은 바로 창조다.

하나님의 창조는 죄와 그것의 결과에 의해 방해받았다. 구속과 율법 안에서 하나님의 목적은 창조의 회복이다. 율법에 유의하면서 이스라엘은 하나님이 구속행위를 통해 바로잡은 것을 유지하시려는 시도, 또한 그러한 바로잡음을 삶의 모든 영역으로 확대하시려는 시도에 동참하게 된다. 끝으로 하나님의 구속사역은 이스라엘에게 사명을 잘 감당할 수 있는 힘을 부여해주며 순종에 대한 패러다임과 동기부여를 제공해준다(아래 설명을 보라).

시내 산에서의 이스라엘은 결과적으로 여섯째 날에 창조된 인간이다. 율법 안에서 이스라엘은 창세기 1:26-28의 전통을 이어받아 "땅을 정복하라"는 임무를 부여받았다. 모세의 율법은 새로이 구원받은 백성에 대해 보다 상세히 설명하고 있다. 그것은 창조를 통해 직접적으로든 간접적으로든 명령된다(창 1:28; 2:16-17; 9:1-7). 율법은 하나님의 창조질서가 다시 한 번 현실화되는 하나님의 방법이다. 여기서 사회질서와 우주질서는 조화롭게 통합된다. 레위기에서 이러한 관점은 창세기 1장과의 연관 속에서 뒷받침된다. 우리는 그러한 연관성을 창조 안에서 하나님이 행하신 분리작업과 제사장적 분별의 의무(창 1:4-7; 레 10:10), "그 종류대로의" 창조(창 1:20-25; 레 11:14-22), "절기"와 안식일에 대한 관심(창 1:14; 2:1-3; 레 23:2-3; 26:2; 땅에 대해서도, 레 25:2-5)에서 발견할 수 있다. 그로 인해 이스라엘의 순종은 하나님의 창조질서와 연결되며 우주적인 중요성을 지니게 된다.

이러한 관심 안에서 율법이 고려하는 범위는 예배와 보다 넓은 사회적이고 자연적인 생활상을 포함한다. 각각의 영역에서 이스라엘의 언행은 세계를 보존하고 세계를 회복시키는 활동이 된다. 그것들은 하나님의 백성이 ⓐ 그들의 삶 속에서 새로운 창조의 특성을 짊어지고, ⓑ 창조를 되찾으려는 하나님의 노력에 동참하는 수단이 된다.[7]

1) 이스라엘의 예배

성막과 그와 관련된 예배에 대한 본문들은 창조와 관련하여 해석할 수 있

---

7) 상세한 논의는 다음을 보라: T. Fretheim, "The Reclamation of Creation: Redemption and Law in Exodus," *Interpretation* 45 (1991): 354-365.

다. 존 레벤슨(Jon D. Levenson)은 창세기 1장의 창조에 대한 묘사에 상응하여 "하나의 세계, 즉 질서정연하고 지속적이며 순응적인 환경으로서의 성소"[8]라는 표현을 쓴 바 있다. 성막은 창조의 소우주다. 하나님이 의도하시는 세계질서는 이스라엘 안에서 조그마하게 운영된다. 이는 하나님의 의지를 완벽하게 반영하는 장소에서 창조를 일으키기 위한 하나님의 사명이 시작되는 것이다. 하나님의 백성은 그분의 지속적인 현존을 보증받는다. 그러나 그분의 현존은 결국 이스라엘을 넘어 전 세계를 포함할 것이다.

성막에서 진행된 이스라엘의 예배에 대한 최근 연구에서, 프랭크 고먼(Frank Gorman)은 그것이 창조와 관련하여 지니는 중요성을 설명한다. 예배를 통하여 "인간은 창조질서에 대한 지속적인 갱신과 보존에 참여하도록 부르심을 받는다."[9] 예배에서 일어나는 일들은 세계를 위한 것이다. 그것은 세계를 만드는 행위다. 예배는 하나님의 백성이 새로운 세계의 재창조에 참여할 수 있도록 하나님이 제공하신 방법이다. 문제는 단지 거룩한 공동체 그 자체로서의 이스라엘이 아니라, 여러 민족 가운데 이스라엘이 자리한 위치다. 왜냐하면 "세계가 다 내게 속하였기"(출 19:5) 때문이다. 예배의 행위는 어느 한 지역에서 이루어지지만, 그것이 지니는 관심과 그것이 불러일으키는 효과는 우주적이다.

희생제사는 예배의 핵심적 측면이다(레 1-7장을 보라). 그러나 이 본문들 안에 명확한 신학적 증언이 결여되어 있다는 사실은 본문의 의미를 이끌어내는 시도를 녹록치 않게 만든다. 중요한 강조점은 실행 그 자체에 놓여 있다. 여기서 몇몇 중요한 관찰사항들이 도출된다.

우리는 제물을 마치 그것의 효험이 의식을 실행하는 데 고유한 것처럼 신비스럽게 이해할 필요는 없다. 하나님은 처음부터 의식을 제정하셨

---

8) J. Levenson, *Creation and the Persistence of Evil: The Jewish Drama of Divine Omnipotence* (San Francisco: Harper & Row, 1988), 86.

9) F. Gorman, *The Ideology of Ritual: Space, Time, and Status in Priestly Theology* (Sheffield: JSOT, 1990), 230.

고 그 안에서 그리고 그것을 통해 **자유롭게** 용서를 허락하셨다. 더구나 죄의 고백은 제물의 효험을 위해서 필수불가결한 요소다(레 5:5-6; 민 5:7; 삼상 7:6). 용서는 믿음을 가진 자들에게만 유효하다. 이러한 사실은 희생제사(sacrifice)와 성례전(sacrament) 사이의 일반적인 구별이 이 본문들에서는 적절치 않음을 보여준다. 하나님의 은혜로운 역할은 희생제사 때 벌어지는 일들을 **은혜의 수단**으로 이해하게 해준다. 이것이야말로 하나님이 구원의 길 안에서 신실한 예배자들을 위해 활동하시는 명백한 수단이다. 희생제사는 성례전적으로 이해된다. 그러나 우리가 굳이 **희생제사**라는 말을 사용하는 것은 이 단어가 의식의 모습을 문자적으로 묘사해주기 때문이다.

희생제사가 지니는 속죄적인 측면에 대해 좀 더 살펴보자. 동사 "키페르"(כִּפֶּר "속죄하다")의 목적어는 죄이지 결코 하나님이 아니다. 희생제사의 속죄행위는 죄의 용서를 위한 것일 뿐, 결코 하나님을 달래기 위함이 아니다. 레위기 17:11은 이렇게 증언한다. "육체의 생명은 피에 있음이라. 내가 이 피를 너희에게 주어 단에 뿌려 너희의 생명을 위하여 속죄하게 하였나니 생명이 피에 있으므로 피가 죄를 속하느니라." 피 자체는 속죄의 능력을 갖고 있지 않다. 그러나 피가 생명을 담고 있으며 하나님이 그것을 희생제사의 핵심요소로 제시하셨다는 사실은 분명하다. 다시금 제사의 중심은 하나님이라는 사실이 명백해진다. 제사를 드리는 자는 하나님의 선물을 받은 자다. 그러나 제사 드리는 자가 가져오는 제물이 불합리한 것은 아니다(아래의 설명을 보라).

희생제사라는 방법이 선용되고 있기는 하지만 그것이 속죄의 효력을 일으키는 데 필수적인 것은 아니다(레 5:11-12). 또한 죽임의 행위에는 어떠한 의미도 주어지지 않는다. 따라서 정의(定義)상으로 속죄에는 처벌이 포함되어 있지 않다. 초점은 구원 사건으로서의 의례에 맞추어져 있다. 더구나 대속이란 표현이 이 본문들에서 명시적으로 사용되지는 않는다. 동물은 제물을 가져오는 사람의 대리자가 아니다(레 16장에서 대속죄일[The

Day of Atonement] 의식에 사용되는 염소는 대속적[substitutionary] 의미로 이해되지 않는다. 그것은 이스라엘의 죄를 광야의 심연으로 보내버리기 위한 운송 수단이다).

레위기 5장에 나타나는 제물을 바치는 자의 경제적 형편과 제물의 관계를 중요하게 다룰 필요가 있다. 물질("부")과 인간의 깊은 연결은 더 가진 자들이(포괄적인 의미에서) "스스로 알아서" 더 많이 낸다는 원리를 제공한다(삼하 24:24, "내가 값을 주고 네게서 사리라. 값없이는 내 하나님 야웨께 번제를 드리지 아니하리라"). 그러므로 예배자들은 제물 안에 **자기 자신을** 담아서 하나님께 드린다. 따라서 희생제사는 **신앙의 가시적 표현**이며 인간이 자신을 하나님께 드리는 구체적인 방식이다. 여기서는 예배자와 동물의 관계에 대한 구차한 이론들이 다 쓸데없다.

그러므로 구약성서의 다른 본문들에서 희생제사가 용서의 필수조건으로 제시되지 않는다는 사실에 놀랄 필요가 없다(예수의 최후의 만찬에서처럼). 용서를 위해서는 회개와 하나님에 대한 신뢰만으로 충분하다. 이러한 점은 시편 51:17에 명료하게 표현된다. "상하고 통회하는 마음"은 인간에게 결정적인 요소다. 다윗이 우리아의 아내 밧세바를 범하였던 죄를 회개하고 난 후, 사무엘하 12:13에서 나단은 다윗에게 희생제사 없이 무죄를 선언했다. 희생제사 의례의 본질을 한마디로 표현하라면, 그것은 하나님과 이웃과의 관계 속에서 개인과 공동체의 생명과 건강을 회복시키려는 하나님의 구원행위다.

후에 신약성서(그리고 교회)는 이러한 자료를 사용할 때 관습 그 자체보다 그러한 관습을 낳은 신학적 확신을 더욱 중요하게 여긴다. 이러한 관점은 속죄에 대한 이해와 신실한 예배자를 위해 하나님이 일하시는 가시적 수단의 사용에도 적용될 수 있다. 그러나 몇몇 특정 관습들은 여전히 계속해서 실행될 필요가 있었다(예를 들어 죄를 고백하는 일).

2) 사회질서

이스라엘을 위한 또 다른 근본적인 창조적/소명적 고려는 바로 사회질서다. 율법은 하나님이 창조를 통해 의도하셨던 바가 인간의 삶 속에 결여되어 있음을 전제한다. 특히 불우한 자들에게 주어지는 매우 부정적인 결과들과 더불어 말이다. 우주적 차원에서 하나님의 질서가 사회 영역에서 실제화되는 수단이 바로 율법이다.

공동체의 안정 및 번영은 율법의 중대 관심사다. 예를 들어 신명기에서는 의식과 예배(신 14:1-16:7), 올바른 지도자를 갖춘 제도(신 16:18-21:14), 결혼과 가정생활(신 21:15-21; 22:13-30; 24:1-5; 25:5-10)을 위한 대책들이 제시되고 있다. 그러한 사회질서의 안정성은 불우한 자의 궁핍을 이해하기 위한 열쇠다. 이것은 언제나 명확한 대상, 곧 외국인 거주자와 고아, 그리고 과부(예를 들어 신 24:17-22)에게 초점을 맞추고 있다. 신명기에서 이러한 사람들의 궁핍은 북 왕국의 멸망(기원전 721년)과 아시리아 사람들에 의해 이스라엘 군대가 궤멸되면서 남 유다에 미친 타격으로 인해 비롯되었다. 그러나 그러한 특수한 맥락에도 우리가 가지고 있는 본문은 가난하고 궁핍한 자들에 대한 관심을 일반화한다. "땅에는 언제든지 가난한 자가 그치지 아니하겠으므로"(신 15:11). 이는 하나님의 백성에게 주어진 계속적인 사명이며, 하나님은 이러한 현실을 극복하기 위하여 복을 내려주신다(신 15:4).

가난하고 궁핍한 자들을 보호하고 돌보라고 명령하고 있는 율법은 구약성서에서 가장 오래된 형태로 나타난다. 고대 근동에서도 그러한 법을 찾을 수 있지만, 구약성서 내에 나타나는 법의 빈도와 밀도를 감안하건대, 하나님과 이스라엘에게 이보다 더 중요한 법은 없다. 이 법은 이집트에서 종살이하던 이스라엘을 위하여 하나님이 일으키셨던 행동에 가장 근원적으로 기초하고 있다(출 22:21; 신 10:17-19을 보라). 궁핍한 자들을 돌보는 것은 이스라엘에게 신학적 문제다. 이러한 명령은 하나님으로부터 내려온 것이지, 시청 복지과에서 하달된 것이 아니다. 하나님의 창조의 완전성은 이러한 사람들이 얼마나 돌봄을 받고 있는가에 따라 좌우된다. 혹자는 사회정의라는 이슈가—모든 "진보적인"(liberal) 관련성에도 불구하고—본래는 "보수적인"(conservative) 경향에 깊이 뿌리내리고 있다고 주장할 수도 있다(참조. 이러한 전통에 대한 예언자들의 호소; 예를 들어 사 3:13-15).

이러한 관심이 나타내는 열정은 신명기가 법전 그 이상의 역할을 담당하고 있음을 보여준다. 이러한 원동력 자체는 보다 오래된 법에 뿌리를 두고 있다. 출애굽기 22:21-27은 말한다. "너는…압제하지 말며…학대하지 말라.…만일 그들을 해롭게 하므로 그들이 내게 부르짖으면 내가 반드시…너희를 죽이리니." 신명기 15:1-11에서도 강력한 권고의 언어로 그와 동일한 강도의 표현이 등장한다. "그 가난한 형제에게 네 마음을 완악하게 하지 말며 네 손을 움켜쥐지 말고…그에게 필요한 대로 쓸 것을 넉넉히 꾸어주라.…반드시 그에게 줄 것이요, 줄 때에는 아끼는 마음을 품지 말 것이니라." 이러한 규례는 단순히 순종하기만 하면 되는 것이 아니다. 순종함에 열린 마음과 자비로운 태도가 수반되어야 한다. 이러한 관심은 음식(신 24:19-22), 하루의 품삯(신 24:14-15), 대출과 이자(신 24:10-13; 23:19-20), 빚쟁이에게 상환을 면해주는 것(신 15:1-11), 법정에서의 정의(신 24:17-18; 16:18-20) 등 매우 구체적인 방식으로 나타난다. 심지어 궁핍한 자들이 이스라엘의 예배 생활의 핵심에까지 고려되기도 한다(신 16:11-14; 26:11; 참조. 신 5:14). 상당히 모순적이게도 이스라엘의 삶 가운데서 노예제도와 고리대금이 나타나고 있지만(신 15:12-18), 인도주의적인 관심도 분명히 나타난다(출 21:1-11의 선례를 주목하라).

3) 땅과 동물들

창조와 사명에 대해 율법이 지니는 또 다른 기본적인 측면은 땅에 관한 문제다. "젖과 꿀이 흐르는 땅"이라는 묘사는 상당히 여러 차례 등장한다(예를 들어 신 6:10-11; 7:13-14; 8:7-10). 이 하사품에는 땅 그 자체와 더불어 철과 구리, 지하수 및 강우, 가축과 짐승, 곡식과 포도, 과일나무들이 포함된다. 모든 것들은 창조주의 선물이자 성스러운 위탁물이다. 그러므로 이스라엘은 자만할 수 없다(신 8:17-18). 백성은 이 선물을 자기 마음대로 사용할 "당연한 권리"를 전혀 가지고 있지 않다. 백성의 응답은 다양한 차원에서 나타난다. 그들은 수여자가 하나님이심을 드러내어 고백하고(신 26:1-11), 소득의 십일조를 바치고(신 14:22-29), 이러한 선물들을 돌보고 가꾼다. 이러한 돌봄의 범위가 확장되어 안식일에는 동물들까지도 쉬게 하였다(신 5:14; 그리고 출 23:12을 보라). 그들은 길을 잃었거나 다치고 굶주린 동물들을 돌보아야만 하며(신 22:1-4; 25:4; 그리고 레 25:2-7을 보라), 새끼를 품은 어미 새를 보호해야 하고(신 22:6-7), 포위된 성읍의 과일나무를 보호하며(신 20:19-20; 그리고 레 19:23-25을 보라), 땅에게도 휴식을 제공해야만 한다(출 23:10-11; 레 25:2-7을 보라).

이런 선물들은 이스라엘의 행동과 별개로 효용을 가질 수도 있지만 이스라엘이 하나님과의 관계에서 신실하지 못하다면 그것들은 유용한 채로 **남아 있지 않을 것이다**(신 11:16-17; 28:22-24, 38-42, 51; 29:22-27; 32:22-24; 그리고 레 26:19-20, 32을 보라). 도덕명령이 역으로 우주질서에 영향을 주기도 한다. 불신앙의 결과는 단순히 땅과 그 소산들로부터 이스라엘이 추방되는 것으로 끝나지 않는다. **땅 그 자체도** 고통을 받는다. 이 본문들은 일종의 생태학적 진술들이다. 예를 들어 신명기 11:17(레 26:19을 보라)에서는 불신앙의 결과가 가뭄과 척박한 토지로 연결된다. 신명기 28:22-23, 38-42에서는 그것이 가뭄, 마름병, 해충, 벌레와 연결되며 신명기 29:22-27에서는 채소를 낼 수 없는 못 쓰게 된 토양과 연결된다. 이것은 창세기 3:18에서 인간의 죄로 인해 가시와 엉겅퀴가 자란 후로 계속해서 하나의 주제가 되어왔다(참조. 호 4:1-3).

본문은 그러한 결과와 하나님의 진노(신 11:17; 29:23-27; 32:22) 혹은 저주(신 28:15-68) 사이의 상관관계가 지니고 있는 특성을 명확하게 제시해주지 않는다. 즉 이는 하나님의 진노가 어떻게 중재되는가의 문제다(신 28:49-57은 다른 민족들을 언급한다). "네게 와서 너를 따르고 네게 이르러"(신

28:15, 45)라는 표현은 죄의 결과에 대한 냉혹함을 드러낸다. 다시 말해서 이러한 결과는 하나님의 책임이 아니라는 말이다. 오히려 그것은 스스로의 행동으로부터 자라난다(지금 이스라엘이 겪고 있는 출 7-12장의 재앙들을 참조하라). 그러나 그러한 과정에서조차 하나님이 배제되어 있는 것은 아니며(예를 들어 신 28:58-68; 그리고 레 26:16-33을 보라), 하나님은 자신이 피조물에 부여하신 도덕적 질서에 주의를 기울이신다(이러한 복잡한 상황은 어떤 본문들이 하나님을 주어로 두는 반면 또 어떤 본문들은 그렇지 않다는 사실에 의해 발생한다). 일반적으로 재앙에 대한 이러한 비전은 이스라엘의 경험(아시리아와 바빌로니아의 공격) 및 다른 민족들의 경험(고대 근동 조약문과 평행을 이루는 저주의 말들)에 근거한다. 생태학적 감수성과 더불어 여기에는 현대 사회에 대한 적용점이 담겨 있다. 예를 들어 인간의 행동과 천연자원의 오염은 서로 연결 고리를 가지고 있다(인간의 건강에 대한 역효과).

모압 언약과 모세의 축복(신 29-33장)은 땅이 다시금 열매를 내고 소출을 늘리게 될 새 날을 그리고 있다(신 30:9; 33:13-16, 19, 28). 땅도 하나님의 복 주심과 구원의 새 날에 인간과 더불어 참여할 것이다(레 26:34-35, 43을 보라; 참조. 사 35:1-10).

4) 다른 민족들

하나님의 창조 전반의 목적은 특히 신명기에서 다른 민족들을 대화의 상대로 등장시킴으로써 명백해진다. 인간을 창조하시고(신 4:32) 하늘과 땅의 주인이신(신 4:36, 39; 10:14) 하나님은 다른 민족들을 이스라엘 앞으로 이끌어오신다(신 4:34, 38; 7:21-22). 하나님은 이스라엘을 여러 민족 가운데서 선택하셨던 방법과 동일하게 민족들을 다스리신다(신 7:6-8). 이때 선택받지 못한 민족들에 대한 하나님의 배려가 계속된다. 하나님은 그들에게도 땅을 주시며(신 2:5, 9, 19) 그 일을 위해 제3의 민족들(예를 들어 호리 사람—역자주)을 쫓아내기도 하시는데, 이는 하나님이 이스라엘에게 행하셨던 것과 명백하게 동일하다(신 2:12). 돌보심과 구원하심의 사역을 통해 하나님은 세계 안에서 이스라엘의 독립을 위해 활동하신다. 사실상 이스라엘은 자신들의 삶을 위하여 그 민족들에게 의존하고 있으며(신 2:6), 하나님이 민족들을 통하여 이스라엘에 **대항하는** 역사를 일으키실 수도 있다는 사실에 주의를 기울여야만 한다(신 1:44; 28:48-49).

이방인들 역시 하나님의 역사에서 참관인과 보좌관의 역할을 수행하도록 부름 받았다. 신명기 4:6-8에서 여러 민족은 이스라엘의 응답을 지켜본 후 그들이 "지혜와 지식이 있는 백성"(참조. 신 26:19)이라고 결론 내린다. 계명은 다른 민족들 사이에서 하나님을 증언하는 데 절대적으로 기여한다. 신명기 29:24-28에 나타나는 하나님의 심판에 대한 다른 민족들의 질문과 결론에는 신학적 통찰력이 담겨 있다. 그들은 이스라엘이 하나님께 신실하지 못했기 때문에 그러한 심판을 받았음을 알게 될 것이다. 신명기 32:26-27(참조. 신 9:28)에서 하나님은 이방 민족들이 하나님의 심판 행위에 대해 어떤 반응을 보일지 관심을 표명하신다. 신명기 4:32-34에서 이방 민족들은 이스라엘 하나님의 활동을 다른 신들의 활동과 비교할 수 있는가라는 질문을 받는다. 여기서 이스라엘의 하나님이 창조 시에 다른 민족들에게 다른 신들을 할당하셨다는 사고가 등장하게 된다. 이는 신명기 29:26과 32:8-9에서 명확히 드러난다(참조. 신 4:19). 그러한 증언은 다른 민족들의 종교적 표현들에 대한 주목할 만한 개방성을 담고 있다. 실제로 그들은 이스라엘의 하나님이 창조질서를 위하여 그러한 종교 다원주의를 만드셨다고 주장한다. 그러나 동시에 이스라엘에 대하여는 야웨 이외에 다른 신이 없다고 주장한다(신 32:39).

신명기는 다른 민족을 침략할 때 대량학살을 긍정적으로 평가하는 내용이 담긴 신명기 7:1-2과 같은 본문(참조. 신 2:34; 3:6; 20:13-14)도 포함하고 있다. 물론 그러한 진멸행위는 이스라엘의 미래에 생겨날 불신앙과 극도의 위험에 대한 염려에 근거하고(신 7:4; 20:18), 또한 불성실한 이스라엘이 그러한 염려를 비켜가지 못한 것도 사실이지만(신 28:15-68), 그럼에도 그러한 행위들은 현대인의 종교적 감수성으로는 도저히 이해하기 힘들다.

아마도 이방 민족들에 대한 위의 성찰들이 이미 내적으로 그러한 관념을 약화시키기 시작한 것 같다.[10]

5) 패러다임과 동기부여

일반적으로 율법, 특별히 신명기와 연관되는 동기부여적인 표현들은 다음과 같은 창조세계의 쇄신과 그 맥을 같이해야만 한다. 개인 및 공동체의 장수, 평화와 안정, 건강과 번영, 자연질서의 번창. 계속해서 이스라엘은 "그리하면 너희가 살 것이요 복이 너희에게 있을 것이며 너희가 차지한 땅에서 너희의 날이 길도록"(신 5:33; 참조. 신 4:40) 하기 위하여 순종해야만 한다. 하나님은 "항상 복을 누리고 우리를 오늘과 같이 살게"(신 6:24) 하시려고 율법을 명령하신다. 이 본문의 권면적인 성격은 여기서 주된 관심사가 "법규를 일방적으로 제정"하거나 "하나님이 그렇게 말씀하셨으므로 순종"하도록 명령하는 데 있지 않음을 보여준다. 이 본문은 설득하고, 반복적으로 가르쳐주며, 또 서서히 가르쳐주고, 정신과 마음에 깊은 인상을 남기려 한다. 하나님은 생명의 풍성함과 하나님의 선하신 창조질서에 연결되는 순종의 근거를 이스라엘에게 제시하신다. 율법에 순종하는 것은 매우 합리적이다. 제아무리 올바른 사고를 하는 사람이라도 이 외의 다른 길을 찾기는 어려울 것이다. 심지어 이방인들조차도 이를 인정한다(신 4:6). 율법에 순종하는 것은 개인과 공동체에게 무엇이 최선인지를 아시는 하나님을 신뢰하는 것이다. 순종은 **이스라엘에게** 최고의 이익을 안겨준다.

또한 순종은 **주변인들과 이방인들**에게도 최고의 이익이 된다. 신명기 10:18-19은 다음과 같이 말한다. 하나님은 "나그네를 사랑하여 그에게 떡과 옷을 주시나니…전에 너희도 애굽 땅에서 나그네 되었음이니라." 이스

---

10) 다음을 보라: P. Miller, *Deuteronomy* (IBC; Louisville: Westminster/John Knox, 1990, 39-42; T. Fretheim, *Deuteronomic History* (IBT; Nashville: Abingdon, 1983), 68-75.

라엘의 순종은 계명을 주신 하나님과의 인격적 경험에서 동기부여를 얻는다. 그 목적은 아직 하나님의 쇄신사업의 결과를 맛보지 못한 사람들에게 평안을 제공하는 것이다. 하나님이 곤경에 처한 이스라엘을 도우셨듯이, 이스라엘도 그러한 도움을 주변 사람들에게로 확장시켜야 한다. 이것이야말로 감사의 윤리(ethic of gratitude)라 불릴 만하다.

이 동기부여는 중요하다. 왜냐하면 (다른 여러 가지 중에서) 그것은 율법에 대한 순종이 하나님과의 올바른 관계를 위한 수단이 아니라는 점을 분명히 해주기 때문이다. 십계명의 서론이 제시하고 있는 것처럼(출 20:2), 이러한 규례들은 이미 구속받은 자들에게 주어진 것이다. 그러므로 율법은 새로운 형태의 노예제도를 도입하는 것이 아니다. 실제로 그것은 아직도 어떠한 종류의 억압에 묶여 있는 자들을 위해 일하시는 하나님의 창조적 쇄신사업을 중재하기 위한 수단이 된다.

삶과 행복의 문제는 "순종하면 하나님께 보상을 받는다"는 말에서 표현되는 것과 같은 보상의 문제가 아니다. 오히려 하나님으로부터의 유익은 본유적으로(intrinsically) 행위와 불가분의 관계를 갖는다고 말할 수 있다(그에 따른 부정적인 효과까지도; 위의 논의를 보라). 이와 같은 삶은 보상을 얻게 마련이며, 이야말로 하나님께서 만드신 세상의 원리다. 물론 인간의 행위가 초래하는 결과에는 부득이한 면도 있다. 삶에는 얼마든지 모순이 개입될 여지가 있다. 그러나 일반적으로 표현해서, 순종은 분명 더 나은 삶으로 이끌어주며, 더 나아가 하나님의 창조의 의도를 경험할 수 있게 해준다.

6) 이스라엘의 율법이 지니는 역동적인 특성

출애굽기-신명기의 핵심적인 구조적 문제는 법과 내러티브가 뒤섞여 있다는 점이다.[11] 율법은 외관상으로 법전이 아니며, 그것은 이스라엘의 계속

---

11) 다음을 보라: T. Fretheim, *Exodus* (IBC; Louisville: Westminster/John Knox, 1991,

　　　　　　　　　　　　　　신학의 렌즈로 본 구약개관

적인 이야기와 통합되어 있다. 예를 들어 출애굽기에서 독자는 이야기로 시작하여(출 19장), 법(출 20:1-17), 이야기(출 20:18-21), 법(출 20:22-23:33), 이야기(출 24장), 법(출 25-31장), 이야기(출 32-34장)를 반복하여 만나게 된다. 이러한 장르혼합을 통해 다음에 제시되는 해석적 의미들이 두드러진다.

- 율법은 하나님의 은혜의 선물이 분명하며, 그것은 생명과 안녕을 위한 것이지 구속(拘束)을 위한 것이 아니다.
- 순종은 법으로서의 율법에 대한 응답이 아니라 하나님이 행하신 모든 이야기에 대한 응답이다.
- 이야기는 율법이 이미 구속된 자들에게 주어진 것임을 보여주며, 율법은 구원을 얻기 위한 수단이 아니라 이미 세워진 이스라엘과 하나님의 관계성을 온전하게 실현하는 방법이다.
- 율법은 이야기의 일부분으로서 인격적이고 관계적으로 드러난다.
- 율법은 엄격하게 고정된 실체가 아니라 이야기와 더불어 움직인다. 새로운 상황에서는 새로운 의무가 주어진다.
- 이야기는 율법에 소명적 특성을 부여하며 하나님의 내러티브적 행동을 통해 이루어지는 창조세계에 대한 갱신의 목적을 고양시키고 증진한다.
- 이스라엘의 삶에서 율법이 취하는 형태는 하나님의 행동이 담긴 내러티브적 형태에 의해 측정된다(하나님께서 자비로우시듯, 너희로 자비로워라).
- 율법에 순종하게 하는 기본적인 동기부여는 이스라엘의 하나님과의 내러티브적 경험으로부터 도출되지, 추상적인 윤리적 근거나 신적 명령에 의해 도출되지 않는다.
- 율법과 내러티브의 주체가 하나님이라는 사실은, 인간을 향한 하나님의 의지에 기반을 둔 그분의 목적이 지속될 수 있게 해준다.

201-207. (강성열 역, 『출애굽기』 현대성서주석[서울: 한국장로교출판사, 2004]).

이러한 의미들은 율법이 정적(靜的)인 용어로 이해되지 않음을 보여 준다. 오히려 율법은 오경의 끝자락에서 이제 약속의 땅으로의 입성을 앞 두고 있는 공동체에게 주어진 역동적인 현실의 일부다. 율법 안에는 우연 과 변화, 복잡성과 모호함으로 가득한 삶 자체가 교차한다. 율법은 그 목 적—가능한 최고의 삶—의 영속적 특성에도 불구하고 경험의 영역을 중 시한다. 이는 곧 율법이 시간의 흐름에 따라 계속 교체되어야 함을 의미한 다. 예를 들어 신명기에는 예언(신 18:15)이나 왕권(신 17:18)과 같은 후대의 제도가 반영되어 있다. 게다가 본문 안에 시민규범, 도덕규범, 문화규범이 혼합되어 있다는 점은 현대의 경향성과는 달리 당시의 이해에서는 삶이 그러한 협소한 범주들로 나뉘지 않았다는 사실을 보여준다. 하나님의 의 지는 삶의 모든 영역을 다룬다. 따라서 삶의 다양한 형태에서 도출된 다양 한 규례들은 하나의 구조물로 통합된다. 율법은 삶에 대해 봉사하는 가운 데서 복잡하고 역동적인 동시에 "하나님-백성-세계"를 관계지어준다.

이러한 역동성은 예배의 영역에서도 현존한다. 예를 들어 레위기 5:7- 13에서는 제물을 드리는 자의 부(富)의 수준이 제물의 종류를 결정하는 데 중요한 고려사항이 된다. 개인적인 상황이 율법의 적용에 영향을 주는 것이다. 이러한 차이에 대한 개방성은 율법에 대한 역동적인 이해를 입증 한다.

이러한 이해에 대한 또 다른 중요한 증언은 출애굽기 21-23장의 규례 들을 신명기가 차용한 (열아홉 차례의) 방법에서 발견된다. 예를 들어 출애 굽기 21:1-11의 노예에 관한 규범은 신명기 15:12-18에서 개정된다. 특 히 신명기 15:17에서 "네 여종에게도 그같이 할지니라"라는 표현을 주의 하여 보라. 율법 안에 나타나는 이러한 긴장과 모순은 잘 해결되지 않으며 율법의 통일성에 대한 위협으로 느껴진다. 그러나 우리는 이러한 현상을 율법이 점차 모습을 드러내는 과정에 대한 정경적 증언으로서 옛것과 새 것을 모두 병치시켜둔 것으로 이해할 수 있다. 그러므로 **율법의 변화 과정** 그 자체도 개별적 혹은 전체로서의 율법과 마찬가지로 정경적이다. 동시에 이들 모두는—보다 오래된 하나님의 말씀이든 보다 새로운 하나님의 말씀이든 상관없이—동일하게 하나님의 율법이다. 율법이 하나님께로부터 나왔다는 이유 하나만으로 불변성을 갖지는 않는데, 특히 하나님이 스스로 율법을 개정하신다는 사실로 인해 그러하다. 그러나 정경 안에 이렇게 서로 모순된 규례들을 모두 보존해두었다는 사실은 우리가 율법을 새롭게 서술할 때 하나님이 주신 그 각각의 말씀들을 신중하게 고려해야 한다는 점을 시사한다. 율법이 광야 여정에 있는 이스라엘에게 나침반을 제공해주었다면, 그것이 이야기와 통합되어 있다는 사실은 그러한 율법이 시대를 초월하는 절대성을 지니고 있음을 의미한다. 계속되는 삶의 뒤틀림과 전환으로 인하여 하나님은 새로운 말씀을 내리실 것이다. 왜냐하면 율법의 목적은 끊임없이 변화할 공동체와 그 안에 사는 개인들의 생명, 건강, 안녕을 위한 것이기 때문이다. 광야에서의 방랑 속에서 백성과 인격적으로 상호작용하셨던 하나님은 가능한 한 최고의 여정을 위해 율법을 수여하신 분이시다.

3. 오경의 결말이 주는 의미

이야기가 종료되는 방식은 전체를 해석하는 데 매우 중요하다. 실제로 어떤 사람들은 책을 읽을 때 작품 전체가 의도하는 바를 총체적으로 파악하기 위해 책의 결말 부분을 먼저 읽어보기도 한다. 오경의 결말은 신명기 전체에서 그리고 신명기의 마지막 장으로서 고려되어야 한다. 여기서 우리는 수사적 장치들을 식별해내면서 독자들이 어떻게 자신들의 삶의 정황 속에서 이 책을 경험할지에 대해 살펴보고자 한다.

신명기에는 이스라엘에 대한 다소 이상적인 그림이 제시된다. 그것은 역사적 특수성을 넘어서 **이스라엘의 모든 세대들**에게 적용된다. 신명기 5:3에서 "이 언약은 야웨께서 우리 조상들과 세우신 것이 아니요 오늘날 여기 살아 있는 우리 곧 **우리와** 세우신 것이라"라고 말하고 있듯이, 모든 세대는 "우리"라는 말을 스스로에게 적용함으로써 자신들이 곧 율법과 약속의 청중임을 깨닫게 된다.

이러한 현실화 경향(과거의 실재를 모든 시대에 적용시키는 것)은 2인칭 대명사의 사용으로 강화된다. 옛 세대와 새로운 세대 간의 구분이 마련되지만(신 1:35; 2:14) 그와 동시에 그러한 구분은 사라지고 만다. 출애굽기에서의 "너희"(신 4:20)는 땅에 정착한 "너희"(신 4:5)와 동일하다. 그리고 반역한 "너희"(신 1:26)도 신실한 "너희"(신 4:4)와 동일하다. 모든 독자는 자신들 스스로를 **이 이야기의 모든 국면에 참여했던 자들로** 인식할 것이다. 심지어 "너희"는 약속의 땅에 사는 이스라엘 백성뿐만 아니라 땅을 상실한 백성(신 4:25-31), 그리고 땅을 되찾을 백성(신 30:1)까지도 포함한다!

이 자료들은 본문을 예배 생활과 연결시킨다. 하나의 예로서 "야웨께서 택하실 그곳"(신 12:1-28)을 들 수 있다. 그 장소는 흔히 예루살렘과 동일시된다. 그러나 본문 자체에 그곳이 정확히 어디인지 명시되어 있지는 않다. 따라서 이런 이유로 그 장소는 변경 가능해진다. 이는 어떠한 세대든 자신들의 핵심적인 성소를 가질 수 있게 하기 위해서 마련된 장치다. 다른 예로는 유월절(신 16:1-8)을 들 수 있다. 유월절은 "기억"을 통해 "너희"를 위해 이루어진 출애굽에 참여할 수 있는 장치로 기능한다.

신명기 본문을 수사학적으로 연구해보면 권면적인 표현의 사용이 두드러짐을 발견할 수 있다. 신명기는 "선포된 율법"(preached law)으로 불린다. 이러한 표현은 이 책이 독자들을 감동시키고 그들의 정신뿐 아니라 가장 깊은 내면의 전인(全人)까지 터치하기 위해 기록되었음을 보여준다. 우리는 이러한 권면의 특성이 단지 신명기에서만 나타난다고 볼 수는 없다. 신명기는 이전의 책들(창세기-민수기) **모두**를 경청하는 것이 얼마나 중요한지를 독자들에게 일깨워주려는 특별한 전략으로 기능한다. 독자들은 처음 네 권의 책을 통해 이러한 점을 확인하게 된다. 즉각적인 응답을 촉구하는 격렬하고 다급한 호소와 더불어, 그러한 표현은 하나님이 독자들의

신학의 렌즈로 본 구약개관

삶 속에서 하시고자 하는 일들의 근본적인 중요성과 연관된다. 이 때문에 신명기 1-3장, 그리고 나중에 9장에서의 역사 회고를 통해 독자들은 민수기에서 출애굽기로 거슬러 올라가는 흐름을 이해하게 된다. 보다 오래된 권면의 표현들(예를 들어 레 26장)은 이러한 신명기적 전략을 위한 준비작업이다. 미래의 가능성(예를 들어 신 28장)과—신실한 대답의 중요성을 강조하는—약속으로 둘러싸인 율법(신 4:31; 30:1-5)과 결합된 이러한 역사 회고는 마음과 정신 모두를 향하여 광범위한 호소력을 발휘한다.

신명기의 결말 부분(여기서는 신 29-34장을 염두에 두기로 하자)은 신명기와 오경의 완결에 그다지 중요하게 고려되지 않았다.[12] 이 부분은 종종 다소 우연히 결합된 여러 장르의 혼합물로 취급되곤 한다. 사실상 이 부분들은 그다지 "정상적"으로 보이지 않는다. 여기에 모인 결합 본문들은 깔끔하게 정리되어 있지 않다. 그러나 이 책이 이토록 허술한 결말로 끝을 맺고 있다는 사실 그 자체에 어떤 의미가 담겨 있는 것은 아닐까? 하나의 가능한 대답으로는, 미래에 대한 불확실성을 느끼도록 하기 위해 그렇게 구성되었다고 생각할 수 있다. 어쩌면 이러한 결말은 자신들의 상황에다가 "끝을 알 수 없는" 포로들의 상황을 반영한 것이라고도 할 수 있다. 이와 같은 종류의 결말은 독자들로 하여금 미래에 대한 기대를 품지 못하게 하고 미래의 확실성에 대해 회의하게 만든다.

그러나 결말의 내용을 통해 또 다른 성격의 평가를 도출할 수도 있다. 즉 신명기의 결말은 약속의 성취를 미루고 있다. 이로써 오경은 미완성 교향곡의 특성을 띠게 된다. 약속은 보류되고 백성은 낙담하며 두려워한다 (신 31:6, 8). 미래는 단지 기쁨으로만 채워져 있는 것이 아니다. 거기에는 위험이 도사리고 있다. 그리고 그러한 위험은 가나안 사람들로부터만 오는 것이 아니라 이스라엘 백성 자신들의 깊은 내면으로부터 유래하기도

---

12) 예외로는 다음을 보라: D. Olson, *Deuteronomy and the Death of Moses: A Theological Reading* (OBT; Minneapolis: Fortress, 1994).

한다(신 31:20-29).

오경에 담긴 율법과 율법의 상당 부분은 순종이 가능하다는 점을 시사하는데, 이는 심지어 결말 부분(신 30:11-14)에서도 마찬가지다. 즉 약속의 땅에서 공동체의 생명과 안녕은 얼마든지 보장될 수 있다. 이처럼 공동체와 관련된 인간의 책임은 약속된 미래가 어떠한 모습을 띨지를 좌우하는 조건이 된다. 그러나 동일한 결말은 이스라엘의 불신앙적 성향과 그에 뒤따르는 재앙에 대한 경고를 계속해서 반복함으로써 오히려 자신감을 잃게 만들기도 한다(신 28:15-68; 29:17-28; 30:17-19; 31:16-29; 32:15-35). 백성은 순종하도록 요구받으며 실제로 순종할 수 있지만 그렇게 하지 않는다. 그들은 불복종의 깊은 성향으로 인해 결국 자신들의 미래에 대한 주도권을 상실하고 율법이 제시하는 질서를 형성하는 데 실패한다. 율법과 예전은 계속해서 그들이 불순종할 가능성에 대해 "반증"(신 31:19, 21, 26, 28)의 역할을 한다. 독자들은 신명기를 읽으면서 필연적으로 불순종하는 백성에게 미래에 어떤 일이 닥칠지 질문을 던지게 된다. 이를 통해 결말 부분은 양면성(ambivalence)을 지니게 된다.

신명기의 마지막 장들(신 28-34장)은 이스라엘의 미래가 부정적인 방향—멸망과 포로로 절정에 이르게 될—으로 진행될 것임을 분명히 암시한다. 일반적으로 이들 본문은 실제적인 경험을 전제로 기록되었다고 간주된다. 이는 설득력 있는 주장이지만, 내러티브적으로 볼 때 이 본문들은 독자들에게 신명기 다음에 이어지는 책들을 읽는 데 도움을 준다. 이러한 암울한 미래가 모세 시대에 이미 결정된 것은 아니었으며, 이들 본문을 특징짓는 것은 조건적 표현들이다(레 26:3-27; 신 28:1-44, 58-68; 29:18; 30:4, 16-17). 오히려 본문들은 모세의 시대에 "암시적으로" 표현되었던 그러한 특정한 미래가 "생생한 가능성"으로 나타날 수 있다는 점을 지적한다.

그러나 몇몇 본문들은 앞으로 반드시 배도와 심판이 **있을 것**이라는 강한 주장을 표명한다(신 28:45-57; 31:16-29). "내가 알거니와 내가 죽은 후에 너희가 스스로 부패하여"(신 31:29). 그 본문들은 앞 일을 예측하려는 의도를 가지고 있지 않다. 오히려 이 본문들은 죄악된 인간의 처지와 그에 따른 비참한 결과에 대한 원론적인 통찰을 제공한다("내가 너희의 반역함과 목이 곧은 것을 아나니"; 신 31:27, 21; 9:24). 그러나 이러한 시나리오는 이스라엘이 순종하더라도 파국적인 미래가 닥칠 것이라는 주장으로까지 이어지지는 않는다. 이 암울한 미래는 단지 그들이 **순종하지 않았기** 때문에 생겨난 것이다(신 28:45, 47). 여기서 신명기가 가진 하나의 중요한 기능이 진술된다. "너희에게 증거가 되게 하라"(신 31:26). 율법은 이스라엘이 저지른 죄의 정체를 드러낼 것이다.

모세의 죽음은 불확실성의 또 다른 차원을 제시한다. 신명기의 마지막 구절(신 34:10-12)은 영광스러운 과거를 떠올리게 하지만, 그것은 백성보다는 한 인간에게 초점을 맞추고 있다. 하나님의 말씀은 주로 모세에게 주어진다. "모든 큰 권능과 위엄을 온 이스라엘의 목전에서 행한 자"(신 34:12; 참조. 출 6:6)가 바로 모세였다. 오로지 그만이 하나님을 "대면"(신 34:10)하였다. 그 어떤 예언자도 모세와 같은 반열에 오르지 못하였다. 여호수아에게 "지혜의 영이 충만"(신 34:9)하였어도, 그 역시 모세만 하지는 못했다. 모세의 죽음으로 인해, 그리고 백성의 배교적 성향으로 인해 여호수아에게 주어진 이러한 칭송은 그다지 반가운 소식이 되지 못하였다. 모세와 그의 권능 없이 이스라엘은 과연 무엇을 할 수 있을 것인가? 미래는 그다지 밝아 보이지 않는다. 이러한 분위기의 결론은 불안하기 짝이 없고, 심지어 무기력하기까지 하다.

어떤 이들은 이런 불안감을 학문적으로 해결하고자 노력한다. 그래서 학자들은 오경의 완결성을 거부하기도 했다. 그들은 육경(Hexateuch)이란 말을 사용했다(혹은 원[原]역사[Primary History]나 신명기 역사[Deuteronomistic History]). 이 같은 방식을 통해 그들은 약속의 성취를 결론으로 장식한 채 이야기—그들의 사고방식을 기준으로 한—를 마무리하려고 했다. 이것이 과연 독자들에게 어정쩡한 오경의 결말을 해결할 수 있는 진정한 탈출구를 제공할까?

오히려 신명기의 결말은 몇 가지 희망의 기초를 제공한다(신 29:10-15; 31:1-8; 33:1-29). 진정한 기대감이란 만들어지는 것이다. 그것은 인간이 처해 있는 현실에서 확인된다. 그래서 백성은 자신들의 힘과 순종할 수 있는 능력이 아닌 하나님의 약속된 현존과 신실함의 확실성 위에 자신들의 희망을 근거지어야만 한다. 하나님이 그들과 함께하시고 그분이 약속을 지키실 것이라는 이유 하나만으로 그들은 강해지고 용기를 얻어 약속의 성취를 확신할 수 있게 된다. 그러므로 신명기의 결론이 말하고자 하는 기본 표현은 다음과 같다. "하나님을 기다리고 그분 안에서 희망을 가지라." 약속된 미래를 향한 길은 오직 하나님이 일하실 때만 가능해진다. 그러한 가능성은 이 백성 안에서 그리고 그들을 통하여 주어질 뿐만 아니라, 심지어 그들을 넘어서, 그들임에도 불구하고 주어진다.

신명기의 결말이 지니는 이러한 의미는, 보다 일반적인 의미에서의 하나님의 말씀처럼 양날을 가진 칼과 같다. 그것은 이스라엘의 미래를 위한 기초로서 하나님의 약속을 제시한다. 그러나 그것은 동시에 불확실성과 죽음에 직면한 인간적 두려움, 지도자의 교체, 약속에의 참여를 위험에 빠뜨리는 배교의 성향에 대해 분명히 밝히고 있다. 이러한 결말은 약속의 땅을 눈앞에 둔 역사적 공동체와 유사한 상황에 놓여 있는 공동체를 위하여 수사적으로 만들어진 것이다. 그렇기에 신명기의 결말은 이야기를 끝내기 위한 수사적 기교가 아니다. 거기에는 미래를 향한 강한 여운이 남아 있다. 그렇다 해도 그것이 여전히 결말임에는 틀림없다.

오경의 결말은 오경의 시작과 대구를 이룸으로써 그 의미를 더해준다. 창조의 아침에 하나님 앞에 선 첫 인간의 상황은 땅의 입성 전날 밤을 맞은 새로이 구속받은 하나님 백성의 상황과 상응한다. 아담과 하와가 하나님의 형상대로 지음을 받아 피조물들을 다스리라는 명령을 받았듯이, 하나님의 언약 파트너인 이스라엘 역시 피조물의 생명과 안녕을 위한 하나님의 목적을 위하여 책임을 부여받는다. 이와 더불어 창세기 2:16-17에서 인간에게 주어진 금지조항—삶과 죽음을 가르는 길—은 모세가 계명들에

신학의 렌즈로 본 구약개관

관해 이스라엘을 향해 한 말들과 대구를 이룬다(신 30:11-20).[13]

두 경우에서 이 명령들은 미래를 향한 일종의 "의존성"을 만들어낸다. 인간의 반응은 미래의 모습을 지금과 다르게 만들어나간다. 지배하고 땅을 "다스리라"는 명령은 피조물들의 되어감, 즉 피조물들이 창조 때 만들어진 모습으로부터 무언가 변화되기를 원하시는 하나님의 의도를 담고 있다. 이러한 목적을 가지고 하나님은 자신의 형상인 인간을 협력자로 세우셨다. 그러나 금지조항이 위반됨으로 말미암아, 여전히 이 세계의 생명과 안녕에 초점을 두고 있던 하나님의 의도는 보다 복잡해질 수밖에 없었다. 하나님은 이제 죄와 그것의 사악한 결과에 깊이 영향을 받은 상황 속에서 일하셔야만 했다. 그러나 하나님은 계속해서 인간을 협력자로 사용하신다(창 3:23; 9:1-7; 참조. 시 8편). 결국 창조 때에 주어졌던 율법을 상당히 특수화시킨 것이 바로 시내 산에서 수여된 율법이다. 그리고 그것은 모세에 의하여 이스라엘 앞에 뚜렷하게 드러났다(신 30:15-20).

금지조항에 대해 아담과 하와가 불신앙으로 응답함으로써, 인간의 상황은 "그의 마음으로 생각하는 모든 계획이 항상 악할 뿐"(창 6:5; 참조. 창 8:21)이게 되었다. 그리고 그러한 인간의 "경향성"은 오경의 결론에서도 확고하게 드러난다(신 31:21, 27). 이는 곧 이스라엘이 그들의 첫 조상들과는 다른 상황에서 선택을 해야 했고(신 30:19), 이러한 현실이 미래를 향한 그들의 여정에 걸림돌이 되고 있음을 의미한다. 앞으로 전개될 이야기 역시 그로 인하여 얼룩지게 될 것이다. 동시에 신명기 30:6-10은 하나님이 이스라엘에게 새로운 마음을 주실 때의 미래상을 보여주며 그들이 자연스럽게 순종하고 신앙을 지킬 것임을 기대하고 있다(렘 31:31-34을 보라). 그러므로 신명기의 결말은 에덴을 넘어서는 중요하고도 비교 불가능한 단계를 다루고 있는 것이다.

---

13) T. Mann, *The Book of the Torah: The Narrative Integrity of the Pentateuch* (Atlanta: John Knox, 1988, 161.

홍수로부터 홍수 이후에 주어진 약속에 이르는 여정은 신명기 28장의 재앙에서 그 이후 29-32장에서의 언약에 이르는 여정과 대구를 이룬다. 인간의 마음이 항시 죄악에 기울어져 있으며 그로 인해 재앙을 초래할 것이라는 사실에도 불구하고, 하나님은 세계 및 이스라엘과 함께하시기로 작정하신다(창 8:21-22; 신 29-32장). 심판은 이 세계와 이스라엘을 향한 하나님의 최후의 수단이 결코 아니다. 신적 위임이 부여된 하나님의 약속(신 4:31; 30:1-6)은 영원토록 고스란히 보존될 것이다.

결론적으로, 어떤 의미에서 모세 시대는 하나님 백성의 계속되는 세대들을 향한 패러다임이 제시된 시대였다(신 5:3; 29:14-15을 보라). 하나님은 이스라엘을 선택하시고, 그들을 속박으로부터 건져내어 하나의 백성으로 만드셨으며, 그들 가운데 거하셨다. 하나님의 백성이 성막 주위에 진을 치는 레위기의 비전은 그들의 구원에 의해 형성된 것인 동시에 공동체로서의 그들의 삶에 지침을 제공하는데, 또한 그것은 다음 세대의 하나님의 백성을 위한 패턴이 된다. 모든 예언자들보다 뛰어난 모세의 노래가 담긴 마지막 구절은 이러한 견해를 더욱 뒷받침해준다(신 34:10-12). 오경의 결말은 "모세 시대를 건설적이고 규범적인 시대로 그리고 있다."[14]

동시에 특별히 인간의 죄악과 실패(그리고 그에 대한 하나님의 반응)에 대한 증언을 되풀이하고 있는 민수기는 이러한 그림 위에 현실의 날카로운 시각을 덧입혀준다. 이 현실들은 이스라엘의 삶 속으로 계속해서 밀려들어온다. 그러나 이와 같은 현실들에 직면해서도 패러다임은 여전히 유지되며(그리고 다윗 통치의 이미지 구성에 기여한다; 예를 들어 삼하 7장; 시 72편), 그 패러다임은 노력하고 꿈꾸어야 할 하나의 이상(理想)이 된다. 보다 비관적이었던 예언자들도 이러한 "꿈"을 종말론적 화면에 투영시켰다(예를 들어 렘 31:31-34).

---

14) J. Blenkinsopp, *The Pentateuch: An Introduction to the First Five Books of the Bible* (New York: Doubleday, 1992), 51.

신학의 렌즈로 본 구약개관

오경의 결말은 향후 이스라엘의 역사에 대해 두 가지 지속적인 접근법, 다시 말해 "저주"(신 28:15-68)와 하나님의 약속에 대한 지속적인 표현(articulation)이라는 관점을 제공해준다. 멸망과 포로기의 상황을 반영하는 신명기 4:31과 30:1-10(참조. 레 26:44-45)은 이스라엘의 실패에도 불구하고 "너를 버리지 아니하시며 너를 멸하지 아니하시며 네 조상들에게 맹세하신 언약을 잊지 아니하시며"(신 4:31), "네 하나님 야웨께서 거기서 너를 모으실 것이며 거기서부터 너를 이끄실 것이라.…너를 네 조상들이 차지한 땅으로 돌아오게 하사 네게 다시 그것을 차지하게 하실"(신 30:4-5) 것이라고 강하게 주장한다.[15]

---

15) 이 장에 나오는 여러 내용들은 다음을 참조하였다: T. Fretheim, *The Pentateuch* (IBT; Nashville: Abingdon, 1996).

참고문헌

Balentine, Samuel. *Leviticus*. IBC. Louisville: Westminister John Knox, 2002.

Balentine, Samuel. *The Torah's Vision of Worship*. OBT. Minneapolis: Fortress Press, 1999.

Birch, Bruce C. *Let Justice Roll Down: The Old Testament, Ethics, and Christian Life*. Louisville: Westminster John Knox, 1991.

Blenkinsopp, Joseph. *The Pentateuch: An Introduction to the First Five Books of the Bible*. New York: Doubleday, 1992.

Brenner, Athalya. ed. *The Feminist Companion to Exodus-Deuteronomy*. Sheffield: Sheffield Academic, 1994.

Brenner, Athalya. *Exodus to Deuteronomy: A Feminist Companion to the Bible* (Second Series). Sheffield: Academic Press, 2000.

Brueggemann, Walter. *Deuteronomy*. Abingdon Old Testament Commentaries. Nashville: Abingdon, 2001.

Clines, David. *The Theme of the Pentateuch*. JSOTSup 10. Sheffield: JSOT, 1978.

Douglas, Mary. *Purity and Danger: An Analysis of the Concepts of Pollution and Taboo*. London: Routledge & Kegan Paul, 1966(유제분, 이훈상 역, 『순수와 위험』[서울: 현대미학사, 1997]).

Fretheim, Terence E. *The Pentateuch*. IBT. Nashville: Abingdon, 1996(이영미 역, 『오경』[서울: 대한기독교서회, 2015]).

Gorman, Frank. *The Ideology of the Ritual: Space, Time, and Status in the Priestly Theology*. Sheffield: JSOT, 1990.

Levinson, Bernard M. *Deuteronomy and the Hermeneutics of Legal Innovation*. New York and Oxford: Oxford University Press, 1997.

신학의 렌즈로 본 구약개관

Mann, Thomas W. *The Book of the Torah: The Narrative Integrity of the Pentateuch*. Atlanta: John Knox, 1988(김은규 역, 『구약 오경이야기』[서울: 맑은 울림, 2004]).

Miller, Patrick D. *Deuteronomy*. IBC. Louisville: Westminster/John Knox, 1990(김회권 역, 『신명기』 현대성서주석[서울: 한국장로교출판사, 2000]).

Nelson, Richard D. *Deuteronomy: A Commentary*. OTL. Louisville: Westminster John Knox, 2002.

Nelson, Richard D. *Raising Up a Faithful Priest: Community and Priesthood in Biblical Theology*. Louisville: Westminster/John Knox, 1993.

Olson, Dennis. *Deuteronomy and the Death of Moses: A Theological Reading*. OBT. Minneapolis, Fortress, 1994.

Olson, Dennis. *Numbers*. IBC. Louisville: Westminster John Knox, 1996(차종순 역, 『민수기』 현대성서주석[서울: 한국장로교출판사, 2000]).

Patrick, Dale. *Old Testament Law*. Atlanta: John Knox, 1984.

Whybray, R. Norman. *Introduction to the Pentateuch*. Grand Rapids: Eerdmans, 1995(차준희 역, 『오경입문』[서울: 대한기독교서회, 2005]).

제6장

땅의 백성

여호수아 | 사사기

고대 이스라엘은 자신들의 정체성을 스스로 인식하면서 최초의 공동체를 형성하였다. 그러면서 그들은 약속의 땅에 들어가 살기를 바라고 기대하였다. 이스라엘의 존재를 가능하게 하신 야웨 하나님과의 첫 만남을 통해 세워진 규범에 관한 기억은 계속적으로 전수되었고, 이를 통해 이스라엘은 자신들에게 야웨가 제시하신 최우선적인 약속이 바로 풍요로운 땅에 무사히 정착하는 것임을 알았다. 또한 그들은 하나님의 신실하심이 이러한 약속을 보증한다고 이해했다. 참으로 구약성서의 이스라엘 민족은 땅에 중독된 백성이다. 그들은 ⓐ **땅**이야말로 훌륭한 공동체 생활의 필수 요건이며, ⓑ **야웨**는 땅을 주시는 하나님이라고 믿었다. 그러므로 이스라엘의 신앙은 **땅**과 **야웨**를 서로 밀접하게 연관짓고 있다.

1. 땅을 향한 오랜 소망

우리는 지금까지의 연구를 통해 이스라엘이 최고로 신성하게 여기는 문헌인 오경, 즉 창세기에서 신명기까지의 책들을 살펴보았다. 이 다섯 권의 책은 주로 네 가지의 주제를 다루고 있다.

첫째, **하나님의 피조물로서의 세계**: 이스라엘이 자신들에 대한 독특한 "역사적 기억"을 갖기 전에, 이스라엘 신앙에 관한 전반적인 내용은 이미 전 세계에 대한 하나님의 통치와 보증으로 구성되어 있었다.

태초에 하나님이 천지를 창조하시니라.…하나님이 그들에게 복을 주시며 하나님이 그들에게 이르시되 생육하고 번성하여 땅에 충만하라. 땅을 정복하라.…하나님이 지으신 그 모든 것을 보시니 보시기에 심히 좋았더라(창 1:1, 28, 31).

하나님은 모든 땅을 평화롭고 안전하며 생산력 있는 곳으로 만들고자 하셨다.

이스라엘은 **약속의 땅**에 대한 자신들의 신앙을 발전시켜왔다. 그 가운데 분명한 사실은 땅이 실제적인 소유지(estate)나 이스라엘의 개인적인 재산(property)이 될 수 없다는 점이다. 약속의 땅은 세상을 향한 하나님의 의지를 온전히 드러내고 구체화하는 것으로서 이해되었다. 그러므로 창조의 **땅**(earth) 전통은 이스라엘의 **토지**(land) 전통에 관한 신학적 주장으로 계속해서 이어져 내려왔다.

둘째, 창세기에 나타나는 **조상들에게 주어진 약속**: 우리는 잘 보전된 이 내러티브들에서 야웨가 반(半)유목민들에게 좋은 땅을 얻게 될 것이라고 반복적으로 약속하셨음을 살펴보았다.

너는 너의 고향과 친척과 아버지의 집을 떠나 내게 네게 보여 줄 땅으로 가라(창 12:1).

내가 이 땅을 애굽 강에서부터 그 큰 강 유브라데까지 네 자손에게 주노니 곧 겐 족속과 그니스 족속과 갓몬 족속과 헷 족속과 브리스 족속과 르바 족속과 아모리 족속과 가나안 족속과 기르가스 족속과 여부스 족속의 땅이니라(창 15:18-21).

네 자손을 하늘의 별과 같이 번성하게 하며 이 모든 땅을 네 자손에게 주리니(창 26:4).

신학의 렌즈로 본 구약개관

네가 누워 있는 땅을 내가 너와 네 자손에게 주리니 네 자손이 땅의 티끌 같이 되어 네가 서쪽과 동쪽과 북쪽과 남쪽으로 퍼져 나갈지며(창 28:13-14).

모든 조상 세대는 아들의 탄생을 끊임없이 확증받는다. 그 아들은 땅의 약속을 이어받아 결국 그 땅을 얻게 될 후계자였다.

셋째, 이집트로부터의 해방: 이 주제는 참을 수 없는 억압과 학대의 땅인 파라오의 땅으로부터 이스라엘이 탈출한 사건을 다룬다. 그러나 이스라엘 특유의 방식으로 정립된 출애굽은 단지 참기 힘든 땅으로부터의 **탈출**만은 아니다. 또한 그것은 좋은 땅을 향한 **진입**을 예견하고 있다. 그렇기에 땅을 향한 희망은 출애굽의 필수적인 요소가 된다.

내가 내려가서 그들을 애굽인의 손에서 건져내고 그들을 그 땅에서 인도하여 아름답고 광대한 땅, 젖과 꿀이 흐르는 땅, 곧 가나안 족속, 헷 족속, 아모리 족속, 브리스 족속, 히위 족속, 여부스 족속의 지방에 데려가려 하노라(출 3:8).

내가 말하였거니와 내가 너희를 애굽의 고난 중에서 인도하여 내어 젖과 꿀이 흐르는 땅, 곧 가나안 족속, 헷 족속, 아모리 족속, 브리스 족속, 히위 족속, 여부스 족속의 땅으로 올라가게 하리라(출 3:17).

출애굽 사건은 새로운 땅을 확실히 얻을 때까지는 야웨에 의해서든 이스라엘 자신에 의해서든 결코 완성되지 않을 것이다. 또한 이스라엘도 그것을 충분히 받아들이지 않을 것이다. 따라서 결말 부분에 나오는 모세의 노래는 안전한 정착에 대한 기대를 반영한다.

주께서 그 구속하신 백성을 은혜로 인도하시되 주의 힘으로 그들을 주의 성결한 처소에 들어가게 하시나이다.…주께서 백성을 인도하사 그들을 주의 기업의 산에 심으시리이다. 야웨여, 이는 주의 처소를 삼으시려고 예비하신 것이라(출 15:13, 17).

넷째, **시내 산 언약**: 이것은 이스라엘로 하여금 야웨께 철저히 순종하도록 만든다. 이는 그들이 향하고 있는 그 땅을 야웨의 의도에 따라 선별적으로 조직하기 위한 조건이다. 시내 산에서 최우선적으로 강조되었던 것은 땅이 아니다. 하지만 시내 산 계명들이 야웨의 거룩한 의도에 따라 이스라엘이 살게 될 땅에 부속되어 있다는 점은 틀림없다.

> 세계가 다 내게 속하였나니 너희가 내 말을 잘 듣고 내 언약을 지키면 너희는 모든 민족 중에서 내 소유가 되겠고 너희가 내게 대하여 제사장 나라가 되며 거룩한 백성이 되리라(출 19:5-6).

> 내가 사자를 네 앞서 보내어 길에서 너를 보호하여 너를 내가 예비한 곳에 이르게 하리니…그러나 그 땅이 황무하게 됨으로 들짐승이 번성하여 너희를 해할까 하여 일 년 안에는 그들을 네 앞에서 쫓아내지 아니하고 네가 번성하여 그 땅을 기업으로 얻을 때까지 내가 그들을 네 앞에서 조금씩 쫓아내리라.…그 땅의 주민을 네 손에 넘기리니 네가 그들을 네 앞에서 쫓아낼지라(출 23:20, 29-31).

모든 기억과 전승은 관습적으로 낭독되면서 성문화(신조화)되었다. 따라서 이것들 모두는 **땅에 대한 소망**에 관한 내용으로 구성되어 있으며, 각각의 주제는 그 자체를 넘어서 **땅이라는 목표**를 향하고 있다(다음의 예를 보라. 신 6:20-24; 26:5-9; 출 3:17). 우리는 먼저 이스라엘 최초의 경전으로 확립된 전통 안에서 두 가지 사실을 관찰하게 된다.

첫째, 이스라엘의 신앙은 세상 가운데 있는 **물질세계**, 즉 실제적이고 생생한 삶의 현장에 끈질기게 초점을 맞춘다. 삶의 현실과는 괴리된 "영적인" 문제만을 추구하는 다른 종교들로부터 이스라엘의 신앙을 구분지어

주는 것이 바로 이 점이다. 이러한 강조점을 통해 이스라엘은 세상 속에서 물리적·사회적·역사적 존재에 대해 주목하도록 배운다. 따라서 이러한 신앙은 경제적·사회적 권력으로부터 발생한 절박하고 모호한 문제들과 결코 분리될 수 없다. 또한 하나님이 이스라엘을 중요하게 사용하시는 무대인 물질세계에 대한 강조야말로 궁극적으로 그분이 나사렛 사람 예수 안에서 구체화되었음을(성육신) 고백할 수 있게 만들어준다. 즉 그리스도인들이 가진 신앙의 확신은 이스라엘(그리고 세계)과 관계를 맺으신 하나님이 구체적으로 역사 공동체에서 육신의 몸으로 존재했다는 믿음을 통해 가능하다.

둘째, 우리는 토라에 나타난 이스라엘의 내러티브적 신앙 증언이 **약속의 땅 바깥에** 놓여 있음을 관찰하게 된다. 아브라함, 이삭, 야곱은 한마디로 약속의 땅에서 "나그네"였다. 그러나 그들은 곧장 이집트로 이동한다. 그 후에도 이스라엘은 이집트의 노예 혹은 절망적인 광야 유랑민으로만 지냈다. 어느 쪽으로 보아도 그들은 약속의 땅에 머물렀던 사람들이 아니었다. 게다가 내러티브의 마지막 장인 신명기 34장으로 종결되는 토라에서도 이스라엘은 여전히 땅 바깥에 머물러 있다. 그러나 지금은 땅에 들어가 약속을 받고 행복을 누릴 준비가 되어 있는 상태다.

토라의 정경적 형태는 기원전 6세기 포로기에 완성된 것으로 보인다. 그러한 개연성에 기초하여, 우리는 포로기의 이스라엘이 자신들의 공동체를 지속하기 위해 땅에 대한 강력한 약속을 담고 있는 토라를 공식화하고 그것에 권위를 부여하여 신앙의 증언으로 만들었다고 결론 내릴 수 있다. 사실상 우리는 **야웨가 주신 약속의 땅을 향한 포로들의 소망**이야말로 이스라엘 자손들이 처한 독특한 상황이라 말할 수 있다. 역사적으로 볼 때, 그들은 약속의 땅을 바라보며 살았던 땅 없는 백성이었다. 따라서 아직 땅 바깥에 있는 상황을 다루는 토라의 뒤를 이어서 **땅으로의 진입**을 다루는 여호수아서와 **땅에서의 거주**를 다루는 사사기가 배열된 것은 적절하다.

물론 왕정 시대에 이스라엘이 땅을 소유하고 있었다는 것은 사실이다.

이스라엘이 땅에서 살던 시기는 분명히 있었다. 따라서 이스라엘의 기억은 항상 변증법적이다. 땅 없는 자의 땅에 대한 소망/땅 있는 자에게 임박한 땅의 상실. 땅이 없었을 때, 이스라엘은 그것을 열렬히 소망하였다. 그리고 땅을 소유했을 때, 이스라엘은 그것을 불안정하게 소유하고 있었다.

2. 다툼의 현실 속에서의 땅

구약성서의 전통이 형성될 때, 여호수아서와 사사기는 중간적인 위치를 차지하게 되었다. 이 책들을 읽으면서 중요하게 관찰해야 할 점은 이스라엘에 대한 보다 큰 내러티브 안에서 여호수아서와 사사기가 차지하는 위치 및 그것들이 수행하고 있는 것처럼 보이는 과도기적인 역할이다.

앞서 지적한 대로 여호수아서와 사사기는 토라의 다섯 두루마리 다음에 위치한다. 창세기의 서론적인 자료들을 제외하면 토라의 대부분은 야웨의 요청으로 이스라엘 공동체를 세운 모세와 그의 활동에 대한 이야기다. 따라서 토라의 자료들이 이스라엘의 **창건 기록**임을 인식하는 것이 중요하다. 여기서 이스라엘에 의해, 그리고 이스라엘을 위해 만들어진 신학적 주장들은 신앙의 모든 상황들을 지속시키는 가장 기본적인 확신들이다. 이러한 주장들은 부분적으로는 생생한 경험으로부터 도출되거나, 또 다른 면에서는 오히려 정반대의 상황에 닥쳐서도 끝까지 놓치지 않으려 했던 신앙고백으로부터 나왔다.

오경(처음 다섯 권의 책)을 넘어서면, 우리는 매우 다른 성격의 문학작품을 만나게 된다. 오경이 **약속의 땅에 대한 기대**를 바탕으로 구성되었다면, 이제 이스라엘은 요단 강을 건너 땅에 들어갈 준비를 갖춰놓은 상태다. 학자들은 일반적으로 여호수아서, 사사기, 사무엘서, 열왕기가 **땅에서의 이스라엘**에 대해 말하고 있는 하나의 통일성을 갖춘 전집이라고 생각한다. 이 모든 자료들이 신명기의 영향을 깊이 받았다는 것이 보편적인 가정이

　　　　　　　　　　　　　　　　　신학의 렌즈로 본 구약개관

다. 그래서 그것들을 총칭하여 "신명기 역사서"(Deuteronomistic History)라고 부른다. 신명기와의 연관성은 이 모든 자료가 토라에 관심을 보이고 있으며 토라에 순종하는 것이 약속의 땅에 들어가 그곳을 유지하기 위한 최우선적인 조건이라고 믿는다는 사실을 의미한다.

따라서 이 책들을 읽을 때 우리는 **땅을 기대하는 문학**(창세기-신명기)과 **땅을 소유한 문학**(여호수아서-열왕기)이란 표현을 제안하려고 한다. 이 문학들은 하나님으로부터 약속의 땅을 받은 백성인 이스라엘의 모습을 단일하게 구성하고 있다.

여호수아 1장의 처음 부분에는 모세가 바라보았던 이념적 이상이 여전히 지배적으로 나타난다. 왜냐하면 여호수아가 받은 위임 가운데서 토라가 가장 중요한 근원이자 표준으로 제시되기 때문이다.

> 오직 강하고 극히 담대하여 나의 종 모세가 네게 명령한 그 율법을 다 지켜 행하고 우로나 좌로나 치우치지 말라. 그리하면 어디로 가든지 형통하리니, 이 율법책을 네 입에서 떠나지 말게 하며 주야로 그것을 묵상하여 그 가운데 기록한 대로 다 지켜 행하라. 그리하면 네 길이 평탄하게 될 것이며 네가 형통하리라(수 1:7-8).

이 위임은 순수한 신학적 이상이며, 이미 등장한 정치-경제-군사적 현실에 의해 때 묻지 않은 것이다. 여호수아 1:7-8은 여호수아에게 주신 하나님의 말씀이다. 모세 이후에 이스라엘은 **모세의 토라**를 신앙의 핵심으로 삼았다.

그러나 실제적인 땅으로의 "진입"은 토라의 이념이 제안한 것만큼 깨끗하고 깔끔하게 이루어지지 않았다. **실제적인 땅**이 신학적으로 **약속된 땅**과는 달리 언제나 싸움, 항쟁, 대결로 가득 찬 곳이었기 때문이다. 그 땅에는 이미 다른 민족들이 살고 있었다. 그들은 이스라엘의 신학적인 주장 앞에 순순히 양보할 사람들이 아니었다. 따라서 이스라엘은 약속을 성취하기 위해 땅을 두고 군사적 **대결**을 벌이거나 아니면 **순응** 또는 **타협**의 길을 선택해야 했다. 이 두 갈래의 길은 모두 토라의 약속이 지닌 단순성과는 거리가 멀었다. 따라서 여호수아와 사사들이 감당했던 일은 **토라의 약속이 지닌 단순하고 규범적인 주장과 현실 속의 삶이 지닌 실질적인 모호성** 사이에서 판단을 내리는 것이었다. 과거를 회고해보면, 이스라엘은 토라의 약속을 완벽하게 의지하고 있었다. 그러나 사무엘과 다윗을 내다보면, 이스라엘은 토라가 제시하는 내용이 끈질기게 논쟁되어야만 하는 대상임을 깨달아야 했다. 왜냐하면 현실은 순진하고 높은 이상을 지닌 주장들을 그냥 내버려두지 않기 때문이다.

그러므로 우리는 여호수아서와 사사기를 읽음으로써 믿음이란 항상 복잡한 삶 가운데 놓여 있다는 사실을 깨닫게 된다. 여호수아서와 사사기는 야웨와 함께하는 삶을 내러티브로 표현하면서 고대 이스라엘이 형성되는 과정을 보여준다. 이 초기 과정 가운데 그들의 믿음은 단순하고 일차원적이며 어린아이 같은 주장들로부터 벗어나 현실세계를 향하게 된다. 현실세계는 온갖 주장들이 끊임없이 서로 다투고 있는 세계다.

3. 가나안 사람들 사이에서

여호수아서와 사사기에 담겨 있는 이스라엘 이야기가 보다 든든한 역사적 기반을 지닌 사무엘서와 열왕기로 이어지는 중간단계에 놓여 있기 때문에, 학자들은 이 두 책이 지니는 **역사적인 의문**을 피할 수 없다. 실제로 무슨 일이 일어났는가? 현대의 학자들이 그러한 질문에 대해 자신 있게 답할 수 없는 형편은 50년 전에 비해 그다지 나아지지 않았다. 오히려 50년 전에 학자들은 실제 역사에 관한 방법론과 성과들에 더 많은 자신감을 갖고 있었다. 그러나 그러한 자신감이 감소했음에도 불구하고, 이 책들을 연구하는 학생들에게 역사적 의문에 관한 대안적인 해답들을 소개해주는

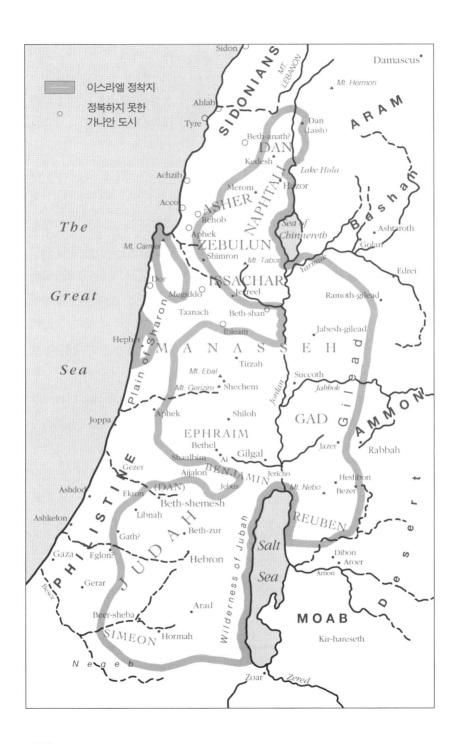

이스라엘 정착지

정복하지 못한
가나안 도시

Damascus

Sidon
SIDONIANS
MT. LEBANON
Mt. Hermon

Ahlab
ARAM
Dan (Laish)
Tyre
Beth-anath?
DAN
Kedesh
Achzib
Lake Hula
Merom
Hazor
Accho
ASHER
NAPHTALI
Bashan
Rehob
Sea of Chinnereth
Ashtaroth
Aphek
ZEBULUN
Golan
The
Mt. Carmel
Shimron
Mt. Tabor
Yarmuk
Edrei
ISSACHAR
Great
Dor
Jezreel
Megiddo
Ramoth-gilead
Taanach
Beth-shan
Sea
Hepher
Ibleam
Jabesh-gilead
MANASSEH
Gilead
Mt. Ebal
Tirzah
Succoth
Mt. Gerizim
Shechem
Jabbok
Aphek
Shiloh
GAD
Joppa
EPHRAIM
Bethel
Jazer
AMMON
Shaalbim
Ai
Gilgal
Rabbah
Gezer
Aijalon
BENJAMIN
Jericho
Ashdod
(DAN)
Jebus
Heshbon
Ekron
Mt. Nebo
Bezer
Ashkelon
PHILISTINE
Beth-shemesh
Libnah
Beth-zur
REUBEN
Gath?
JUDAH
Wilderness of Judah
Salt
Dibon
Gaza
Eglon?
Hebron
Sea
Aroer
Gerar
Arnon
Desert
Beer-sheba
Arad
MOAB
SIMEON
Hormah
Kir-hareseth
Negeb
Besor
Zoar
Zered

제6장
땅의 백성

271

일은 여전히 가치가 있다. 비록 사사기에도 동일한 논의거리와 해답들이 마련되어 있지만, 대부분의 학문적 관심은 여호수아서에 집중되어왔다. 따라서 우리도 여호수아서에 초점을 맞추고자 한다. 전통적으로 여호수아서에 대한 역사적 의문에는 매우 다른 세 가지 대답이 제시되어왔다. 물론 이 대답들은 서로 분리되어 있지 않다.

비교적 오래된 첫 번째 가설은 미국 학계에서 주장되었는데, 이는 여호수아의 영도 아래 이스라엘이 맹렬한 군사적 침공으로 가나안 땅을 "정복"(the conquest)했다는 견해다. 이스라엘은 무력을 통해 효과적으로 땅을 정복하여 그것의 대부분을 자신들의 영토로 삼았다. 여호수아서에 대한 이러한 해석은 20세기 초반에 보다 활기를 띠었다. 당시에는 고고학적인 기초를 바탕으로 하여 고대의 역사를 재구성할 수 있을 것이라는 확신이 팽배했기 때문이다. 흔히 주장되는 것처럼 당시의 고고학이 성서에 나타난 지명과 동일시되는 여러 장소의 문화권이 붕괴되었음을 분명하게 보여준다는 견해는 군사적 파괴를 지지하는 근거였다.

그러나 이 가설은 처음부터 문제를 안고 있었다. 특히 내러티브에서 벧엘과 함께 등장하는(수 8:18-29) 아이의 정확한 위치를 알 수 없다는 것이 논쟁점이었다. 그리고 여호수아가 활동했음 직한 시기에 여리고(수 6장)의 위치에 사람이 거주했었다는 증거가 발견되지 않았다는 점도 설명을 필요로 하는 심각한 문제였다. 이러한 특별한 문제들 외에도, 최근 학자들은 고고학적 증거들이 성서의 언급과 명확하게 연결될 만한 특징들을 지니고 있지 않다고 판단한다. 아주 극소수의 학자들만이 아직도 고고학의 능력이 성서의 역사적 확실성을 증명해준다고 확신할 뿐이다.

독일 학자들에 의해 제시되었던 두 번째 가설은 대대적인 군사적 침략이 없었다는 견해다. 단지 가나안 땅을 향한 이스라엘 사람들의 느리고 "점진적인 침투"(a gradual infiltration)만이 있었을 뿐이다. 이스라엘 백성은 먼저 접근이 용이한(별로 차지하고 싶지는 않은) 지역에 정착하여 그곳을 합병한 뒤, 보다 더 탐나는 지역으로 서서히 이동하기 시작했다. 그러한 와중에 땅의 거주민들과 몇 차례 전투가 벌어지기도 했다. 본문에서 땅에 처음 발을 디딘 이스라엘이 오랜 시간에 걸쳐 땅의 거주민들과 투쟁해야만 했고, 또한 오랜 시간에 걸쳐 서로 상대적인 힘에 따라 다양한 종류의 정치적 타협을 맺어야 했을 것이라는 사실을 생각해보면, 이러한 가설은 나름대로의 장점을 갖고 있다. 다시 말해서 대대적인 "정복 가설"이 이스라엘의 단순한 이념적 주장을 보다 더 지지하고 있는 반면, "침투 가설"은 땅의 실질적인 상황과 거주민 공동체 간의 경쟁을 보다 더 현실적으로 다룬다고 할 수 있다.

세 번째 가설은 "농민 봉기설"(a peasant revolt)이다. 이 가설―점차적으로 학자들의 지지를 받고 있는―은 학생들에게는 생소할 것이다. 왜냐하면 이 가설은 보다 잘 알려진 다른 해석들과 조화를 이루지 못하고 대치하는 느낌을 주기 때문이다. 그러나 사려 깊은 주요 학자들은 이 가설을 진지하게 고려하고 있고, 최근에 유행하는 분석방법론들도 이 가설에 사용되고 있기 때문에, 학생들은 이 가설을 이해하기 위해 약간의 수고를 감수하는 것이 현명한 처사일 것이다. 그리고 이를 통해 얻은 성과를 가지고 본문을 다시 읽고자 노력할 필요가 있다.

이 가설에 의하면, 여호수아서에(그리고 사사기에) 나타나는 땅의 전투는 이미 그 땅에서 살고 있던 사람들 **내부에서** 벌어진 전투다. 즉 외부로부터의 침공은 없었으며 기껏해야 출애굽으로부터 야웨의 소식을 가져온 "혁명 요원들"(revolutionary cadre) 정도가 있었을 뿐이다. 땅 내부에서의 전투는 "가나안 사람들"과 관련되어 있다. 용어의 재정의를 폭넓게 수용하는 가운데, 이 가설은 **가나안 사람**(Canaanite)이란 용어가 민족학적인 고유명사가 아니라, 경제 활동을 관장하며 부의 집중을 즐기면서 도시 권력의 핵심층을 이루는 사람들을 지칭하는 경멸적이고 이념적인 용어라는 견해를 견지한다. 당시의 사회 권력은 "도시국가"(city-states)로 조직되었는데, 이를 주도하는 사람들은 도시의 경제-정치-군사적 핵심을 장악하는 동시에 도시 주변에 분포한 농민들의 경작지를 관리했다. 어떠한 권력

구조에서든지 "도시 엘리트들"의 지배는 농민들의 깊은 원성을 사기 마련이다. 농민들은 농경지에서 일하면서 도시 지배층에게 세금을 뜯기게 되고, 도시 엘리트들은 농민들의 노동과 수확물에 의존하여 넉넉하게 살아간다. 그러므로 **가나안 사람**은 농민들을 학대하는 계층을 지칭하는 말이며, 여호수아서 이야기는 바로 도시 엘리트들("가나안 사람")과 분개한 농민들("이스라엘 사람")의 충돌에 관한 것이다.

농민들의 저항은 출애굽을 통해 드러난 해방의 하나님에 의해 발생하고 결집되었다. 하나님은 농민들을 격려하여 그들로 하여금 경제적 독점과 착취의 중심인 도시를 공격하여 파괴하고, 공동체의 부(富)를 공동체의 일원들에게 재분배시키신다. 그리하여 도시국가의 "가나안적" 시스템이 빚어낸 거대한 사회경제적 불평들을 극복하도록 하신 것이다.

이러한 설명을 따르자면, 여호수아가 이끈 이스라엘의 이동은 이미 이집트의 압제자에 대항하여 승리한 바 있는 야웨의 명령에 의해 그 정당성이 부여된 농민적 저항의 결집이라 할 수 있다. 따라서 "이스라엘"은 야웨로부터 권위를 부여받아 해방의 비전을 수립한 농민들로 구성된 집단이다. 따라서 여호수아서에 나타나는 거대한 "정복전쟁"은 억압적 사회구조에 대항한 농민봉기로 이해된다.

우리는 이 가설이 상당한 설득력을 지니고 있다고 생각한다. 왜냐하면 이 가설은 사회 권력의 투쟁이라는 실질적인 맥락 속에서 이스라엘의 이야기를 고찰했기 때문이다. 그러나 동시에 이 가설이 학자들에 의해 보편적으로 수용되고 있지 않다는 사실도 염두에 두어야 한다. 그것은 유용한 제안이지만, 단지 그럴듯한 가설일 뿐 결코 확실한 대안은 아니기 때문이다.

최근 학계의 가설들은 점차 가나안 땅 **내부에서** 벌어진 **평화로운 침투**(a peaceable infiltration)를 가정하는 것으로 수렴되고 있다. 학생들은 본문에 대한 다양한 해석들이 지니는 가치를 충분히 이해하는 동시에, 우리의 최종적인 탐구 대상은 가설이 아닌 **본문 그 자체**라는 사실을 기억해야 한다. 그리고 역사적인 의문이 제기될 때 우리가 제시할 수 있는 것은 기껏해야 가설에 불과하다는 사실을 명심해야 한다. 앞서 제시된 것들은 역사적 문제에 관한 여러 해석방법의 실례에 불과하다. 그 어떤 가설도 중립적일 수 없으며, 우리는 다양한 측면에서 정당성을 지닌 여러 가설을 가지고 있을 뿐이다.

4. 본문이 증언하는 이념적 옹호

농민 봉기설은 여호수아서와 사사기에 나타나는 **이념적 옹호**(ideological force)를 고찰하기 위한 단서를 우리에게 제시해준다. **이념**(ideology)이라는 문제를 놓고 우리는 어떠한 해석적 입장을 강하게 옹호하는 일이 결코 "순수"하거나 "객관적"이라고 생각하지는 않지만, 분명 어느 누구라도 과거에 대한 이야기를 할 때에는 특정한 관심사에 집중하거나 특정한 종교적·정치적 주장들을 옹호하지 않을 수 없다는 점을 주장하고 싶다. 중요한 것은 이 성서 본문들을 보도(reportage)가 아닌 **옹호**(advocacy)로 이해해야 한다는 사실이다. 이 말은 본문의 내용이 진실과 다르다는 의미가 아니라, 그러한 진실 자체가 언제나 해석적이라는 것을 의미한다. 만약 우리가 사무엘서와 열왕기를 참고하여 여호수아서와 사사기를 읽는다면 그러한 작업은 분명 역사적 자료로 접근하는 것이다. 그러나 이 책들을 오경, 특히 신명기와 관련시켜 읽는다면 우리는 반드시 여기에 담겨 있는 이념적 옹호에 주목해야만 한다. 이미 살펴보았듯이, 학자들은 여호수아서와 사사기가 사무엘서와 열왕기와 더불어 하나의 신학적 관점을 공유하는 신명기 역사서를 구성하고 있다는 사실을 널리 받아들이고 있다. 이러한 문학적 전집은 역사적 자료를 바탕으로 하면서도 독특한 신학적 관점에 그 기반을 두고 있다. 어쨌든 20세기가 다 지나가도록 많은 학문적 해석들은 "무엇이 일어났는가"를 알아내기 위한 역사적 연구의 능력에 대해 점차 자신감을 잃어온 것이 사실이다. 그 결과 많은 학자들은 우리가 "역사적 사실"이라고 알고 있는 내용들이 실제로는 이념적 중요성에 젖어 있는 것들이라고 생각하게 되었다.

여기서 잠시 성서의 정경 본문에 배어 있는 **이념의 역할**에 대해 살펴보도록 하자. 성서에 이념적 요소들이 넘쳐난다는 사실에는 의심의 여지가 없다. 즉 여기서 이념적 요소란, 하나님을 향한 주장 혹은 사회적 현실 내지는 권력에서 파생된 주장을 만들어내는 옹호적 입장을 말한다. 이러한 요소들이 가장 명백하게 드러나는 책이 바로 여호수아서다. 그래서 학자들이 이 책에 그토록 주목하는 것이다. 단어의 가장 기본적인 의미에서 **이념**이라는 말은 어느 집단에서 만들어진 자료를 해석하기 위한 근거를 마련해주는 신념체계를 의미한다. 다시 말해 이념이 개입되면 우리는 "사실성"과는 거리가 멀어지게 된다. 따라서 "무엇이 일어났는가"에 대한 답은 애초부터 해당 집단의 관점과 이익이라는 필터를 통해 걸러져서 형성되는 것이다. 이는 곧 과거 이스라엘이 땅에 정착하게 되었을 때 실제로 무슨 일이 일어났는가에 대한 사실적인 보도를 우리가 여호수아서와 사사기 안에서 발견할 수 없다는 의미이기도 하다. 대신에 우리는 땅 정착이 성서를 기록하고 그것을 가치 있게 여겼던 사람들에게 어떤 의미를 지녔는가에 대한 해석적 설명을 발견하게 된다. 따라서 단지 본문의 역사적 문제만을 다루려는 사람들은 본문이 지니는 이념적-해석적 특성을 고려하는 데 실패하게 될 것이다.

의도적인 해석으로서의 이념 너머에는 그 단어를 규정하는 두 가지 다른 차원이 존재한다. 이념의 두 번째 측면은 공동체가 의존하고 있으며, 규범적인 기준으로 받아들이고, 의문을 제기하지 않는 **현실에 대한 이해를 도모하는 폭넓은 서술**이라는 것이다. 이러한 의미에서 이념은 실제적인 자료로부터 도출된 결론이 아니라 오히려 사실과 결론을 도출시키는 전제가 된다. 그리고 그러한 현실에 대한 의심할 바 없는 의미생산적 기술(account)로부터 도출된 개념이 결국 **신학**, 즉 공동체가 믿는 바에 관한 신앙의 증언으로 이어지게 된다. 여러 세대를 거쳐서도 살아남은 모든 공동체(고대 이스라엘을 포함하여)는 삶의 변덕스러운 경험들을 하나로 묶어주는 내러티브적 기술을 반드시 보유해야 한다.

특별히 칼 마르크스(Karl Marx)가 옹호한 이념의 세 번째 측면은, 그것이 현실에 대한 기본적인 내러티브적 설명이라는 사실이다. 그것은 편견으로 치우쳐 있는 이해관계를 마치 객관적이며 주어진 현실인 것처럼 제시하면서 현실을 **의도적으로 왜곡**하는 데서 비롯된다. 더군다나 마르크스는 어떤 공동체 안에서도 사회의 지배계급은 그러한 왜곡을 만들어내기 마련이라고 주장했다. 그들은 사회 안에 조직된 현상태의 권력구도를 정당화하기 위하여 과거를 뒤틀어놓는다는 것이다.

최소한 우리는 여호수아서와 사사기가 거대한 이념적 요소를 지니고 있으며, 그 문헌들이 과거에 대한 단조로운 사실적 기술―비록 그러한 기술이 실제로 가능하다고 해도―을 담고 있는 것은 아니라고 말할 수 있다. 이에 우리는 여호수아서와 사사기에 나오는 이념의 역할을 다음과 같이 규정지을 수 있다.

- 심사숙고한 **해석**
- **신앙적 주장 및 전제**를 포함하는 의미생산적인 내러티브
- 현재의 권력구조를 정당화하기 위한 과거에 대한 의도적인 **왜곡**

우리가 이들 중 어느 것을 취하든지 간에, 이념적 요소를 인식하는 일은, 이들 성서 본문이 결코 단순하지 않으며 그 자체로 공동체를 통제하기 위한 권력도구라는 사실을 깨닫게 해준다.

우리는 여호수아서와 사사기가 **해석적-신학적 옹호**를 드러내고 있다는 점을 통해 다음과 같은 사실들을 확인할 수 있다.

첫째, 노예들을 이집트의 속박에서 해방시킴으로써 사회변동의 원동력이 되신 야웨 하나님은 이스라엘이 땅에 정착하는 일과 그들이 땅의 소

유권을 주장하는 데 핵심적인 역할을 담당하신다. 야웨는 이러한 사회적 충돌 내러티브에서 강력한 권능자로 등장한다. 함축적인 의미에서 그분은 이미 그 땅에 자리 잡고 있는 사회적 권력 및 그 땅 거주민들이 섬기는 신들과 맞서 싸우는 일에 깊이 관여하신다. 그러므로 땅의 정착은 단순한 군사적·정치적 싸움으로 그려지는 것이 아니라 그 땅의 미래에 대한 주도권을 두고 맞서는 신들의 싸움으로 해석된다. 이 내러티브에서 야웨는 헤아릴 수 없이 강력하면서도 단호하게 당파적인 모습을 지닌 분으로 나타난다. 따라서 야웨는 이스라엘에게 땅에 대한 소유권을 수여하고 그것을 변호해준다. 그러한 소유권이 처음부터 확립되어 있던 것은 아니다. 하지만 그 소유권은 야웨의 거룩한 의도와 약속을 통해 정당화되었다. 그분은 이스라엘의 권리를 단순한 도전 그 이상의 것으로 만들고자 하셨다.

둘째, 야웨는 땅으로의 정착을 정당화할 뿐만 아니라 **땅**을 수여할 만한 힘과 의지를 지니신 하나님이기도 하다. 야웨를 땅의 수여자로 그리는 것 이면에는 어느 사회에서나 왕이 모든 땅의 주인이라는 잘 발달된 토지 이론이 전제되어 있다. 왕은 자신의 자유로운 의지대로 여러 백성에게 땅을 배치하고, 할당하고, 재할당할 수 있다. 야웨는 왕으로서 "세계가 다 내게 속하였기"(출 19:5) 때문에 이스라엘에게 땅을 할당해주실 수 있는 것이다. 실제로 이스라엘에게 땅을 재할당하시는 것이 야웨의 참된 의도다. 그것은 이미 창세기 12:1에서 아브라함에게 처음 약속되었다.

여하간 이스라엘의 근본적인 내러티브에서 땅은 가장 중요한 주제다. 이스라엘은 야웨의 명령에 따라 땅을 향해 나아간다. 고대 세계를 배경으로 하는 이스라엘에게 땅이 어떤 의미를 지녔는지 살펴보는 일은 참으로 중요하다. 만약 이스라엘이 땅 없는 반(半)유목민들과 착취당하던 농민들로 구성된 집단이라면, 이스라엘의 생활은 항상 권력자들의 변덕과 의지에 놀아나는 불안정한 삶이었을 것이다. 실제로 이스라엘 공동체는 "히브리인들"로 구성되어 있었던 것 같다(삼상 4:6, 9). 이 단어는 경제적으로 소외된 사람들로 구성된 사회적 하위 계층을 가리키는 말이다. 그들은 기존 사회질서 속에서 마지못해 주변인으로 살아가면서 불안정한 삶을 영위하던 사람들이다. 따라서 이스라엘이 "계급운동"(class movement)의 일환으로서 땅에 초점을 맞추었다는 사실은 놀라운 일이 아니다. 왜냐하면 땅은 늘상 경쟁관계에 있는 사회적 존재의 온갖 위협과 변덕으로부터 안정과 안전을 보장해주는 장치였기 때문이다. 안전하고 합법적인 땅을 소유한다는 것은 위협으로부터 도피처를 얻는 것이다. 구약성서의 대부분, 그리고 특히 여호수아서와 사사기는 세상 속에서 사회를 구성할 가능성을 반영하고 있다. 이스라엘의 **물질적 목표**가 안전, 보호, 행복의 터전을 마련하는 것이었다면, 그러한 터전의 **이념적 정당성**은 야웨의 약속으로부터 나온다. 땅을 얻고자 하는 모든 공동체들과 마찬가지로, 이스라엘은 폭력의 행사를 통해서가 아니라 가치 있고 믿을 만한 정당성을 근거로 땅의 소유를 주장하고자 했다. 그리고 그러한 정당성은 자신들의 공동체가 따르는 신들의 의도와 연결되어 있다.

셋째, 야웨의 숭고한 결심으로 땅의 소유가 정당화됨에도 불구하고, 여러 본문들은 그 땅이 폭력을 통해 획득되었다고 증언한다. 그러나 이스라엘은 자신들이 **토라**에 순종할 때 땅을 얻을 수 있으며(특히 신명기의 가르침), 그 땅을 얻고 난 다음에도 신명기 율법의 요구에 따라 삶을 재정비할 때에야 땅이 자신들에게 유용할 것임을 이해했다. 다시 말해 이는 특별한 관심을 수반한 사회적 이상을 추구하는 땅의 혁명이다.

토라에 대한 이러한 강조는 특별히 여호수아 1:7-8에서 명확하게 드러난다. 우리는 이 구절을 모든 신학적·이념적 가르침의 대요(大要)로 받아들일 수 있다. 여기에 사용된 수사학은 이스라엘에게 정녕 필요한 것이 군사적 장비가 아니라 단지 토라에 대한 열렬한 순종뿐임을 말해준다. 토라에 대한 순종 앞에서 모든 비(非)토라적인 권력은 스스로 물러나게 될 것이다. 여호수아 1:7-8이 제시하는 땅의 정착에 대한 첫 약속은 예전적 제정이라고 알려진 여호수아 24장과 짝을 이룬다. 거기서 많은 이방인 거주자들은 야웨를 따르기로 선택하는데, 이를 통해 그들은 이스라엘의 혁명에 "가담"(수 24:16-18; 또한 23:6-7에서의 토라에 대한 강조를 보라)하게 된다. 엄숙한 언약 체결 의식에서 백성은 오직 야웨만을 섬기고 그에게 순종하겠다는 서약을 행한다(수 24:24). 여호수아는 "언약을 맺고"(25절) "이 모든 말씀을 하나님의 율법책에 기록"(26절)한다. 그러므로 토라를 향한 순종으로 시작된 프로그램이 결국에는 토라를 향한 충성으로 이어진다. "토라를 향한 순종"은 시내 산 계명들을 가리키지만 그러한 **계명들**이 충성과 신뢰로 맺어진 관계를 이어주는 수단이었음은 분명하다. 순종에 대한 이스라엘의 이해는 항상 계명 **그 이상**의 것이었으며, 그것은 결코 계명의 성취 **그 이하**가 된 적이 없었다.

또 다른 방식으로 사사기에서 자주 되풀이되는 공식은 다음과 같다. ⓐ 야웨를 잊고 다른 신들을 섬기는 일(토라에 대한 경시), ⓑ 야웨께 부르짖어 다시금 야웨와 그의 토라를 향한 충성을 회복하는 일. 사사기를 지배하는 공식의 명확한 의미는 **야웨를 향한 순종**이 땅을 소유할 수 있는 조건이며, 역으로 **야웨의 토라를 향한 거역**이 땅의 상실로 이어지는 첩경이라는 점이다. 이러한 단순화된 공식(이것은 후에 이스라엘의 위대한 예언자들에 의해서 보다 더 상상력이 풍부한 방법으로 공식화된다)은 다음과 같은 본질적인 신학적 명제를 도출시킨다. 땅은 야웨께 속하였으므로 너희는 야웨께 순종해야만 한다. 그러나 이렇게 극단적으로 **단순화된 신학적 주장**과 더불어 또한 여기에는 함축적인 의미에서 무시못할 **엄격성을 지닌 윤리**가 추가된다. 다시 말해 땅에서의 번영은 모든 거주민에게 행복을 가져다줄 정의와 사회윤리의 실행을 필수조건으로 삼는다. 땅을 유지하기 위해서는 규범을 따르는 일뿐만 아니라 이웃을 위해서 사회 권력과 관계망을 조직하는 일도 수행되어야 한다. 왜냐하면 "이웃을 위하는 일"은 토라를 향한 순종이 담고 있는 실질적인 내용들의 상당 부분을 구성하고 있기 때문이다. 사회경제적 문제에서 이웃을 향한 성실함은 하나님을 향한 충성의 행위와 동일하게 취급된다. 이러한 사회윤리는 신명기에 상세하게 기록되어 있으며 예언자들에 의해서도 전개되었다. 그러나 여기서는 단지 토라에 대한 일반적인 언급만을 다루기로 한다. 이스라엘에게 본질적이라고 할 수 있는 토라의 가르침은 폭력을 낳는 어떠한 힘으로도 결코 땅을 얻을 수 없다는 주장을 담고 있다. 진정으로 평화로운 세상을 위하여 또 다른 종류의 분명한 사회적 대책을 합법화하는 일이 가능할 것이다.

넷째, 하나님이 땅을 주시기로 약속하시고 또한 약속의 성취로 땅을 주신다고 할 때, 성서 본문은 분명 땅의 정복이 **권위를 부여받은 인간 대리자**에 의해 이루어지는 실제적인 작업이라는 점을 밝히고 있다. 여호수아서에는 여호수아라는 인물이 두드러지게 등장한다. 그는 의욕적으로 군사적 원정을 지휘했고 땅을 분배하는 엄숙한 의식을 주관했으며 이스라엘과 이방인 거주자들 간에 예배의전의 평화로운 중재를 이끌었다. 여호수아는 모세 혁명의 후계자이자 계승자로서 강력한 정당성을 부여받은 인물이다 (수 1:1-6).

사사기에 나타나는 그림은 훨씬 더 다양하다. 거기에는 한 명의 결정적인 인물이 아니라 일련의 지역적 영웅들이 나타나 심각한 위기 상황에 대처한다. 아마도 그들은 사사기의 내러티브가 그리고 있는 것과 같은 순서대로 등장하지는 않았을 것이다. 오히려 사사기는 여러 지역의 지도자들의 이야기를 담은 잘 알려진 민담들(popular folk)의 모음집으로 보인다. 그들은 위기 상황과 장소에 등장하여 보다 더 강한 군사적 세력에 맞서서 초기 야웨 공동체의 운명을 위해 용감하게 활약했던 인물들이다. 기드온의 경우에서처럼(삿 8:22-23을 보라) 그들의 역할은 일시적이고 실제적인 지휘권을 행사하는 일이었다. 그들은 다양한 방법을 통해 억압적 세력을 급습하여 승리를 쟁취하곤 했다. 억압적 권력에 대한 그러한 도전행위는 농민 봉기 가설과 잘 부합된다. 그 안에서 지도자들은 아주 잠깐 동안만 저항운동을 이끌고 착취적 권력을 물리쳤을 것이다. 이러한 "사사들"(judges)이 여호수아로부터 직접적인 권한을 부여받은 것은 아니지만, 우리는 그들이 야웨의 영에 의해 권능을 받고 농민들의 하나님에 의해 정당화됨으로써 힘을 얻었다고 말할 수 있다. 이러한 신학적·정치적 주장은 훗날 유배와 땅의 상실, 약속의 땅으로의 귀환에 대한 소망을 다룰 때 이스라엘에게 중요하게 부각되었다.

이러한 네 가지 요소들—야웨, 땅, 토라, 인간 대리자—은 여호수아서와 사사기에서 우리에게 주어진 현실을 **해석적·신학적으로 옹호하는** 이야기의 긍정적인 내용들이다. 사람들은 이러한 요소들을 쉽게 따로 떼어 생각할지 모르나, 이 네 가지 요소는 서로 긴밀히 연결되어 있고 서로가 서로를 강화시켜주기 때문에, 이것 중 어느 하나라도—심지어 야웨조차도—따로 떼어놓아 생각할 수 없다. 이것들은 약속의 땅에서 이스라엘이 겪을 미래에 관한 이야기를 구성하는 요소들이다.

그러나 이야기의 긍정적인 요소들은 대조되는 부정적인 요소들을 담고 있다. 즉 이스라엘의 적인 가나안 사람들, 혹은 더 좋게 표현하자면 "그 땅의 백성"을 향한 잔혹하고도 경멸적인 태도가 바로 부정적인 요소다. 땅에 관한 이스라엘의 이야기는 야웨의 승리를 보여주는 이야기만큼이나 많이 등장한다. 그리고 그러한 이야기들은 이미 그 땅에 살고 있던 사람들과의 폭력적인 대결이 땅의 정복과 연결선상에 있다는 점을 알려준다. 그 땅에 살고 있던 백성은 약속의 땅을 자신들의 소유로 여겼기 때문에 야웨와 이스라엘이 합법적으로 주장하는 바를 쉽게 받아들이지 못했다. 따라서 그들은 새로 나타나 그 땅을 자신의 것으로 요구하는 이스라엘을 기꺼이 용납할 수는 없었다.

땅에 대해 보다 오래되고 경쟁적인 권리를 주장하는 다양한 민족들이 있었다. 여호수아 12장은 정복당한 민족들의 긴 목록을 제시하고 있는데, 거기에는 창세기 15:19-21의 메아리를 대략적으로 그리고 분명하게 들려주는 이름들, 즉 "헷 족속과 아모리 족속과 가나안 족속과 브리스 족속과 히위 족속과 여부스 족속"(수 12:8)이 등장한다. 게다가 사사기에서는 땅의 경쟁자들이 더 많이 등장하는데, 그들 중에는 모압 사람, 가나안 사람, 미디안 사람, 블레셋 사람 등이 있다.

이스라엘의 신학적·이념적 의도를 감안할 때, 그 민족들을 확인하

신학의 렌즈로 본 구약개관

는 작업은 그리 중요하지 않다. 다만 그들 모두가 이스라엘과 이스라엘의 하나님을 대적하는 자들이라는 점만 인식하면 된다. 왜냐하면 그들은 땅을 쉽사리 양보하려 들지 않았고 이스라엘의 보다 우월한 소유권 주장을 인정하려 들지 않았기 때문이다. 곧 그들은 야웨의 적이다. 그들은 야웨의 백성이 행사하는 무력을 견뎌내지 못하고 결국 멸망하였다. 본문은 이러한 저항 공동체들을 많이 언급하고 있지만(삿 1:1-36), 환원주의자(reductionist)의 방식대로 "가나안 땅에 거하는" 이들 모두를 그냥 "가나안 사람들"로 통칭하는 것이 편리하다. 즉 그들은 야웨를 따르지 않고 야웨의 방법으로 사회권력을 조직하려 하지 않는 사람들이다. 성서에서 가나안 사람들이란 명칭은 환원주의적인 방식으로 사용되었음이 분명하다. 환원주의자들은 성서와 이스라엘을 옹호하는 학자들과 함께 "가나안 신들"의 정당성을 부정하고 그것에 대해 비난하였다. "가나안 사람들"과 "이스라엘 사람들"은 모두 공통적으로 민족적 뿌리를 나타내는 말이지만, 이 둘의 차이는 분명히 **신학적**이며(땅에 대한 야웨의 주장을 유지하는가의 여부) 근원적으로는 **사회경제적**이다(어느 정도 이웃을 위한 방식으로 사회 권력 구도를 조직하는가의 여부).

그러나 "이스라엘"과 "가나안"의 분명한 차이점에도 불구하고 한 가지 주목해야 할 사실은 이스라엘이 땅을 소유하는 것이 그들의 "공로" 때문이 아니라 단지 그들이 가나안 사람들보다 "더 낫기" 때문이라는 점이다.

> 네가 가서 그 땅을 차지함은 네 공의로 말미암음도 아니며 네 마음이 정직함으로 말미암음도 아니요 이 민족들이 악함으로 말미암아 네 하나님 야웨께서 그들을 네 앞에서 쫓아내심이라. 야웨께서 이같이 하심은 네 조상 아브라함과 이삭과 야곱에게 하신 맹세를 이루려 하심이니라(신 9:5).

비록 무력을 통한 것이기는 하지만, 이스라엘은 자신들이 땅을 획득한 것이 창세기에서 주어진 하나님의 약속을 오랫동안 기다린 결과라고 이해한다. 결국 땅은 하나님의 **선물**이다.

이러한 신학적이고 사회경제적인 특성들은 막대한 중요성을 지닌 채 성서 안에 반영되어 있다. 사회혁명이라는 이름으로 자행된 무지막지한 만행이 쉽게 정당화될 수 있었던 것은 그 일이 바로 하나님의 뜻이었기 때문이다. 그 하나님은 파괴하시는 혁명의 하나님이었다.

> 그들의 마음이 완악하여 이스라엘을 대적하여 싸우러 온 것은 야웨께서 그리 하게 하신 것이라. 그들을 진멸하여 바치게 하여 은혜를 입지 못하게 하시고 야웨께서 모세에게 명령하신 대로 그들을 멸하려 하심이었더라(수 11:20).

5. 신학적 특징을 지닌 본문

우리는 앞서 해석적·신학적·이념적 요소가 본문에 드러나는 방식에 대해서, 그리고 성서 본문이 단순한 역사적 사실에 대한 보도가 아니라는 점을 살펴보았다. 우리가 사용하는 용어들—**해석적·신학적·이념적**—은 의미상 서로 겹치는 부분이 더러 있지만 각각의 기능이 쉽게 조화되지 않는 것도 사실이다. 그럼에도 이러한 표현들을 사용하는 이유는 우리가 여호수아서와 사사기를 성서로서 해석하는 데 보다 더 명백한 도움을 얻기 위함이다.

(1) **신학적**: 하나님에 대한 언급이 있을 때 우리는 그것을 **신학적**이라고 한다. 이러한 정의는 성서 내에서도 마찬가지다. 야웨는 약속을 맺고 지키시는 하나님으로 소개된다. 이러한 사실은 땅의 정복이 끝날 무렵에 다음과 같이 주장된다.

> 야웨께서 이스라엘의 조상들에게 맹세하사 주리라 하신 온 땅을 이와 같이 이스라엘에게 다 주셨으므로…야웨께서 그들의 주위에 안식을 주셨으되 그

조상들에게 맹세하신 대로 하셨으므로…이는 야웨께서 그들의 모든 원수들을 그들의 손에 넘겨주셨음이니라. 야웨께서 이스라엘 족속에게 말씀하신 선한 말씀이 하나도 남음이 없이 다 응하였더라(수 21:43-45).

더군다나 하나님은 자신의 의도에 즉각적으로 반응하지 않는 상황에서도 기가 막힌 방법으로 약속들을 지키실 것이다. 보다 구체적으로 야웨는 이스라엘을 향하여 약속을 맺고 지키실 것이다. 이스라엘이 바로 야웨의 특별한 주목을 받는 선민이기 때문이다. 그러한 야웨의 구체적인 약속은 그들이 곧 소유하게 될 땅에서의 안전·안정·번영의 축복을 보장한다.

이러한 신학적 주장은 여러 세대에 걸쳐 이스라엘 공동체에게 상당한 중요성을 띠게 되었다. 왜냐하면 그것은 땅 없이 유랑하는 백성에게 구체적이고 역사적인 희망으로 생생하게 작용했기 때문이다. 이런 이유에서 동일한 약속이 이들 본문을 성서로 인정하는 교회 공동체에서도 중요성을 지니고 있음을 보게 된다. 그러나 대부분의 경우에 교회의 신앙은 땅에 근거하고 있지 않다(그러나 이 일반적인 원칙에도 중요한 예외가 있다. 가장 두드러지게 나타났던 경우는 유럽 그리스도인들이 북아메리카 영토를 강탈하면서 그곳을 "하나님의 새 이스라엘"로 여기고 식민지화했던 방식이다).

그러한 이유로 여호수아서와 사사기에 나타나는 땅에 대한 주장들이 달리 표현되고 영적으로 해석되었다. 곧 예수가 땅의 약속이며, 성례전으로 표현되는 하나님과의 교제가 교회의 분명하고도 안전한 터전이라는 것이다. 이 전통에 대한 유대교의 구체적인 호소 및 그리스도교의 변형된 주장들 너머에서 오늘날 땅을 주시는 하나님과 땅을 받는 백성 사이의 결합은 혁명적인 신학이 되었다. 이러한 신학의 배후에 자리 잡고 있는 확신은 하나님이 자신의 백성 중에 어느 누구도 당연히 분배되어야 할 땅을 독점해버리는 토지 소유주들로 인해 땅 없이 불안정한 삶을 살아가기를 원하지 않으신다는 것이다. 그러므로 출애굽에 대한 기억과 더불어 땅에 대한 약속은 혁명적 사상의 강력하고도 본질적인 근거가 된다. 그리고 그러한 사상을 통해 땅을 독점하는 세력을 전복시키고 땅의 재분배가 이루어지는 것이다.

(2) **이념적**: 우리가 본문의 가르침과 옹호를 **규범적인 것**(normative)으로 받아들일 때, 우리는 이를 **신학적**(theological)이라고 부른다. 우리가 그것의 기능을 편견과 왜곡(다른 주장들에 맞서서 땅에 대한 자신의 정당성을 주장하는 것)으로 인식하게 되면, 우리는 그러한 것을 **이념적**(ideological)이라고 부른다. 여기서 우리는 본문에 깊이 배어 있는 이념의 세 가지 측면을 살펴보고자 한다.

첫째, 약속의 땅에 있는 다른 거주민들과 경쟁자들("가나안 사람들")은 대대적으로 악마화(demonize)된다. 본문은 의도적으로 야웨와 가나안 신들, 이스라엘 백성과 가나안 사람들 사이에서 "이것 혹은 저것"의 대립구도를 전체적으로 제시하고 있다. 실제로 적을 악마화하는 일은 긴장과 대립이 첨예할 때 선전(propaganda)을 위해 사용되는 특징적인 책략이다. 그러한 작업은 적을 향해 대대적인 만행을 저지를 때 신중함과 거리낌으로부터 자유로울 수 있는 정당성을 제공해주기 때문이다. 성서 본문의 이러한 반(反)가나안적 성향은 가나안 사람들이 무가치하며 땅의 정당한 소유자가 아닌 동시에 야웨가 파괴시키고자 하시는 야웨의 적이라는 주장을 펼쳐나간다.

본문의 이념적 영향이 현 시대의 다양한 상황에서도 여전히 유효하며 영향을 미치고 있다는 점을 깨닫는 것이 중요하다. 특히 야웨의 선택된 백성으로서 땅에 관한 주장들이 현재 이스라엘 국가로 하여금 계속 그 땅에 대해 요구할 수 있는 근거를 제공한다는 사실은 분명하다. 게다가 이 주장은 그 땅에서 팔레스타인 주민들을 쫓아낼 생각을 갖고 있는 극단적인 시온주의(Zionism)의 "위대한 이스라엘"(Greater Israel)이라는 입장을 지지하는 것으로 보인다. 분명한 것은 어떠한 역사적 방법론으로도 고대에 그 땅의 주민이었던 가나안 사람들을 현 시대 팔레스타인 주민과 연결지을 수 없다는 사실이다. 하지만 이념적 해석 방법을 적용한다면 그 땅에 거하는 이스라엘의 "적"을 하나의 대상에서 다른 대상으로 전환하는 것은 어렵지 않은 일이다. 이처럼 ["가나안 사람들"이라는 명칭과 관련하여] 오래된 전통을 채택하는 것이 "다른 민족들"에 관한 유대인들의 견해에서 특징적인 면은 아니지만, 그 전통이 이념적인 맥락에서 이러한 해석을 제공한다는 점은 지적할 필요가 있다.

정당화 전략으로서 적을 악마화하는 일은 우리에게도 그리 낯설지 않다. 우리는 독일, 일본, 러시아, 북 베트남 사람들이 미국의 "전쟁 효과"를 위해 다양하게 악마화되었던 방식을 생각해볼 수 있다. 보다 최근에는 발칸반도의 여러 집단이 "인종 청소"에 연루되어 그와 같은 일을 경험했다. 냉정하게 생각해보면, 발칸반도의 실례에서 드러나는 것처럼, 악마화되어 "척결된" 적들은 사실상 그들을 척결한 자들과 여러 면에서 공통점을 지닌 민족 공동체였다.

미국의 경우를 보더라도, 유럽인들의 북아메리카 "발견"(discovery)은 이미 그곳에 살고 있던 원주민들에 대한 장기간의 대학살로 이어졌다. 더욱이 민간전승을 통해 원주민들을 악마화한 작업은 끝없는 "서부 영화"(Westerns)를 만들어낸 "카우보이와 인디언"이란 전형 안에서 명백하게 드러난다. 미국이라는 나라 자체도 그러한 악마화 작업을 기반으로 하여 땅에 대한 주장을 펼쳐왔다. 이런 실례들을 통해 우리는 성서 본문에 사용된 악마화 전략을 이해하게 된다. 그리고 "가나안 사람"이나 "히브리인" 모두가 공통된 사회적·문화적 단위임을 확인할 수 있게 된다.

둘째, "타인"에 대한 악마화 작업에 이어서 성서 본문은 또한 야웨의 이름으로 자행되는 폭력의 이념을 제공한다. 대개 땅을 차지하는 일은 협상을 통한 평화적인 과정일 수가 없다. 그래서 폭력의 기획은 상대를 제거하는 과격함을 지닌다. 더구나 보다 오래된 거주민들로부터 땅을 빼앗는 데 관심을 가지고 있는 성서 본문에 의하면, 그러한 폭력은 야웨의 폭력적 의도에서 비롯된 것이다. 야웨는 약속을 담지하고 있는 농민들의 땅 소유권을 위하여 기존의 거주민들을 파괴시키고자 한다.

야웨에 의해 형성된 이러한 이념적 주장의 중요성은 아무리 강조해도 지나치지 않다. 이스라엘이 가진 텍스트에서 폭력이 야웨의 명령에 의해 정당화된 것으로 묘사되기 때문에, 그렇게 정당화된 폭력은 이후에 등장하는 신앙 공동체들에게 폭력적 성향에 대한 정당성을 제공하게 된다. 어쩌면 정당화된 폭력이라는 것 자체가 단지 그것이 야웨로 인함이라고 하는 이스라엘의 변명에 불과하다고 할 수 있다. 그럼에도 본문은 폭력을 의도적으로 야웨의 의도와 연관시켜 주장한다. 그래서 그리스도교가 지배하는 서방세계는 신학적으로 의견이 다른 사람들을 학대했던 오랜 역사를 지니고 있다. 그러한 학대의 역사는 특히 십자군 원정과 종교재판을 통해 잘 드러난다. 게다가 미국이 저지른 여러 전쟁 역시 종교적인 미사여구로 장식되어왔다. 마치 그러한 전쟁이 야웨에 대한 헌신의 행위인 양 말이다. 그분의 이름은 폭력적인 군국주의의 이미지에 흠뻑 물든 교회의 수많은 찬송가를 통해 찬양되어왔다(그리스도인들의 폭력적 착취에 대해 약간의 부가적 설명을 덧붙이자면, 동일한 미사여구가 현재의 이스라엘에서도 땅에 대한 이스라엘 국민들의 주장으로서 작용하고 있음을 밝혀둔다).

셋째, 적을 악마화하는 것과 폭력을 정당화하는 것은 모두 본문 안에 깊이 스며들어 있는 주제들이다. 그것들과 더불어, 보다 실제적으로 본문은 신명기에 주어진 야웨의 의도에 따라 땅이 다시금 정리될 것이라는 비전을 암시하고 있다. 여호수아서와 사사기가 의심할 바 없이 신명기와 밀접하게 연관되어 있다면, 그리고 이들 본문이 농민 봉기와 관련된 것이라고 한다면, 이 두 책이 공동체의 분배를 위하여 땅의 재정리를 주장하고 있다는 사실은 그다지 놀라운 일이 아니다. 폭력은 평등사회를 불가능하게 만드는 욕망의 체제에 저항하고 그것을 파괴하기 위해 사용된다. 기드온이 왕정을 거부한 일의 이면에는 아마도 이러한 대안적 사회에 대한 헌신이 자리 잡고 있었을 것이다(삿 8:22-23).

외부적 정책으로서의 이념(악마화와 폭력)은 공동체성에 민감한 **내부적 비전**과 깊게 충돌한다. 분명한 것은 폭력과 거절의 외부적 정책이 결코 더불어 사는 공동체를 위한 살아 있는 모체(母體)가 되지 못한다는 사실이다. 성서의 신앙에는 야웨의 "만행적인 폭력"과 정의를 위한 야웨의 "율법적 질서" 간에 골이 깊은 모순이 자리 잡고 있다. 이스라엘이 이러한 모순을 알아차렸음은 분명하지만, 어쨌거나 본문 전체에는 그것이 뿌리 깊게 배어 있다.

(3) **숭고한 신학적 주장과 널리 퍼져 있는 이념적 가정**에 대한 판단은 어떤 경우에도 미묘한 작업이 아닐 수 없다. 유대교나 그리스도교를 추종하고 성서를 규범으로 삼는 사람들은 여기서 하나님을 만나게 된다. 그 하나님은 이스라엘에게 신실하시고 자비로우시며, 신실한 자들에게 행복을 주시고, 소외된 자들의 주장을 변호하는 데 열정을 지닌 분이다. 동시에 빈틈이 없는 독자라면 이러한 숭고한 신학적 주장들이 비천한 경향성으로 가득 차 있고 그에 의존하고 있음을 간과하지 않을 것이다. 이러한 문제를 쉽게 해결할 수 있는 방법은 없겠지만, 어쨌거나 우리가 맨 먼저 밟아야 할 과정은 우리 앞에 놓여 있는 본문 안에 무엇이 있는지를 살펴보는 것이다. 어쩌면 "쓸 만한 것"만을 고르고 난처한 요소들을 무시하거나 아예 쳐다보지 않는 것이 신앙인들에게는 유용한 전략일지도 모른다. 그러나 우리는 약속을 지키시는 하나님에 대한 고결한 신학적 확신이 현실세계를 무시하지 못할 것이라고 생각한다. 그래서 우리는 그렇게 고귀한 주장이 기초하고 있는 합의된 토대를 꺼림칙하게나마 인식하는 것이 최선이라고 본다.

이러한 판단의 또 다른 측면을 주목해볼 필요가 있다. 중요한 사실은 여호수아서와 사사기를 질서정연한 사회의 부르주아적 표준―보다 너그럽게 수용되어야 할―으로 삼아서는 안 된다는 점이다. "그러한 일을 해서는 안 된다"라는 폭력을 향한 특권층의 저항은 현상유지(*status quo*)에 대한 이해관계가 깔린 이념적 주장이다. 우리의 특권 안에서 우리가 결코 폭력을 받아들이지 못하는 것(이런 책을 읽을 정도라면, 이 책을 읽고 있는 대부분의 독자들은 상당한 특권층일 것이다)은 억압받고 소외되고 경제적으로 학대받는 자들에게는 결코 객관적일 수가 없다. 그들은 그러한 억압이 결코 "옳은 것"일 수 없으며 그것이 결코 하늘과 땅을 만드신 분의 뜻일 수도 없다는 사실을 뼛속 깊이 이해하고 있다. 그러므로 억압받는 자들이 보기에 억압적 권력을 전복시키는 일은 그 수단이 비록 폭력적이라 할지라도 가만히 앉아 안정을 구가하는 것에 비해 윤리적으로 문제될 것이 없다. 최소한 한 가지 차원에서 볼 때, 성서는 필사적인 해방운동을 다루는 오랜 작품이라 할 수 있다. 이는 모든 사회변혁의 주인이신 하나님에 의해 결집되고 보장받는다. 그러한 혁명적 기운이 세계 어느 곳에서나 환영받는 것은 아니다. 그리고 궁극적으로 정당화되지도 못할 것이다. 그러나 현실을 직시해볼 때, 존재하지도 않고 의도되지도 않으며 있을 수도 없는 것을 주장하는 단순함은 배제되어야만 할 것이다. 이들 성서 본문에 배어 있는 확신 가운데 반드시 인식되어야 하는 것은 출애굽의 하나님이 모든 착취구조에 대항하여 당당하게 서 계신다는 사실이다.

(4) 우리는 여태껏 본문에 나타난 신학적 기능 및 이념적 기능에 주의를 기울였다. 이제는 좀 더 냉정한 시각을 가지고 본문에 반영된 "역사"에 대해 질문을 던지고자 한다. 물론 그러한 "역사" 안에 이념적 요소가 들어 있다는 사실은 분명하다. 본문은 땅이 야웨의 선물이라는 요란스런 주장을 펼친 후에, 이제는 그러한 주장과 잘 들어맞지 않는 현실의 경험적 요소들을 헤아리려고 한다. 특히 본문 자체도 땅의 획득이 깔끔하고 대대적이지 못했다는 사실을 분명히 인정하고 있다. 실제로 땅의 정복이 여호수아서의 이념이 바라던 대로 완벽했다면, 사사기 안에 등장하는 사건들은 필요하지도 않았고 발생할 수도 없었을 것이다.

그러므로 실제 현장에서 가나안 땅이 "이스라엘화"되어가는 과정은 복잡하고 점진적이었으며 지역적 상황에 따라 서로 다른 방식을 취했음이 분명하다. 다른 민족들을 모두 제거하라는 이념에도 불구하고, 성서 본문은 이스라엘과 타협을 맺고 아직도 그 땅에 남아 있는 이방 민족들이 존재했다는 사실을 분명히 밝히고 있다. 가장 눈에 띄는 "신실한 여인" 라합(수

2장)과 기브온 사람들의 속임수(수 9장)에 관한 이야기들은 이념에 관한 예외사항으로서 각주로 처리되어야 한다. 더구나 "쫓아내지 못하였으므로"라는 어구가 반복해서 나오는 사사기 1:21-36의 목록이 지적하고 있는 현실은 여호수아 13:1-7, 13절, 16:10, 17:12-13의 내용을 인정함으로써 더욱 강화된다.

성서 본문 자체도 이념적 주장과 현실 사이의 모순을 명백히 알고 있음이 분명하다. 그래서 본문은 땅 정복의 제한적인 성취를 언급하고 해명하면서 정당화시키는 작업을 해나간다. 사사기 2:3은 이스라엘이 순종하지 않았기 때문에 이방 민족들이 여전히 남아 있는 것이라고 주장한다(삿 2:20-23을 보라). (이와는 달리 출 23:29-30은 이방 민족들의 존속에 대해 다른 이유를 제시한다. 그 이유란, 땅이 비어지면 황폐되기 때문에 이스라엘에게 "점차적으로" 땅을 주는 것이 더 낫다는 논리다.)

사사기 2:2-3을 통해 우리는 이제 신학적 강조점을 여호수아서에서 사사기로 전환시키고자 한다. 여호수아서가 거의 완벽하게 땅을 선물로 받은 것처럼 나타내었던 반면에, 사사기는 토라에 순종해야 하는 이스라엘이 이를 거역하는 모습으로 시작한다. 다시 말해 그토록 고결한 열정으로 시작되었던 혁명이 땅에 대한 첫 번째 에피소드에서부터 아쉬운 타협으로 전락해버린다(수 7-8장). 타협은 무질서한 야만의 상태를 드러내고 있는 사사기 17-21장에서 절정에 도달한다.

다시 반복하지만, 우리는 이념적 비전에 미달된 역사적 상황에 대한 인정조차도 이념적으로 채색되어 있음을 발견하게 된다. 사사기가 끝날 때까지 땅의 새로운 주인들은 위험에 빠져 있다. 왜냐하면 그들은 이미 토라의 이념에 맞추어 생활하는 데 실패했기 때문이다. 선물에서 심판으로의 전환은 어느 누구도 이야기 속에서 이념적 요소와 역사적 요소를 갈라놓을 수 없다는 사실을 분명히 보여준다. 왜냐하면 역사적 사실로 인정된 것으로 보이는 사건조차도 제2의 이념적 강조를 위해 사용되기 때문이다. 다시 말해 **약속을 지키시는 하나님**이 주신 땅은 **토라를 강요하시는 하나**

님에 의해 얼마든지 압수당할 수 있다.

(5) 이제 우리는 성서 본문의 신학적·이념적 효과에 대해서 다음과 같은 결론을 내리고자 한다. 첫째, 땅 정복에 대한 정당성, 둘째, 이방인의 배제, 셋째, 가나안의 사회체제와 관습에 지나치게 적응하게 되면 땅을 잃을될 수 있다는 염려. 여러 복잡한 이유들로 인해 많은 학자들은 본문의 이념적 의도가 기원전 6세기 유대의 **포로 공동체**를 위해 제작되었다고 생각한다. 그들은 고향으로부터 추방당하여 그곳에서 다시금 약속의 땅에서살게 되기를 소망하는 자들이었다. 즉 이 책들에 의도된 정경적 자리는 왕조 이후의 공동체를 향하기 때문에, 책의 내용에 드러나는 왕조 시대 이전의 상황과는 상당한 시간적 거리가 있다. 따라서 이 책들은 땅을 잃은 공동체를 위해 다음과 같은 역할을 수행한다.

> 첫째, 추방으로 인해 위기를 맞은 땅에 대한 주장을 정당화시켜준다.
> 둘째, 신앙 공동체의 순수성을 위협하는 것으로 보이는 종교 관습들을 지니고 있는 "이방인들"을 향해 경고한다.
> 셋째, 약속의 땅으로 귀환하는 전제조건인 토라를 향한 순종을 역설한다.

그러므로 이러한 내러티브들에 담긴 역사적 특수성은 그것들이 지닌신학적 의도로부터 주의 깊게 분리되어야 한다. 이들 본문을 정경으로 삼는 작업은 땅에서의 재건을 눈앞에 둔 공동체를 향하여 권고하고 권위를부여하며 격려해주는 일이다. 이러한 맥락에서, 실질적인 문젯거리는 "이방인들"이 아니라 야웨 신앙의 순수성을 위협하는 이교적 종교 관습들이다. 그러한 순수성은 훗날 유대교가 등장하는 데 핵심적인 위치를 차지하게 된다.

6. 권리부여와 전멸의 수사학

이들 성서 본문과 관련된 복잡한 해석의 문제를 다루는 데 있어서, 우리는 이제 본문들의 특성에 보다 더 주목하고자 한다. 여호수아서는 전통적으로 세 부분으로 구분된다.

- 땅의 정복(수 1-12장)
- 땅의 분배(수 13-19장)
- 내러티브의 결말(수 20-24장)

땅 정복에 관한 이야기(수 1-12장)는 여호수아에게 권위가 부여되는 첫 장면(수 1장)과 모든 적들에 대한 완벽한 승리로(물론 전멸은 아니다) 묘사되는 전투 목록으로(수 12:7-24) 구성되어 있다. 후자의 목록은 "가나안 사람들"이 사회 권력을 일련의 도시국가로 조직하는 방식을 잘 보여준다.

여호수아 1-5장은 땅에 들어가기 위한 준비 및 땅에 들어가는 장면을 서술하고 있다. 지적한 바와 같이 여호수아 1장은 신학적 서문이다. 여기서 주장되는 바는 ⓐ 여호수아가 야웨로부터 사명을 감당하기 위한 권위를 부여받았고, ⓑ 땅으로 진출하려는 시도가 토라의 명령에 의한 것이라는 점이다. 여호수아 1장에서의 신학적 정당화와 더불어, 2장에서의 실제적인 전략, 즉 정찰대의 파견은 또 다른 서론 격에 해당된다. 정찰대는 이스라엘이 처음 들어가서 정복해야 할 도시(여리고)에 파견된다. 새로운 땅에서 이스라엘의 첫 번째 동맹 상대가 창녀(라합)였다는 사실은 주목할 만하다. 그녀는 이스라엘에게 협력했을 뿐만 아니라 이스라엘로 하여금 그 땅에 진입하도록 만들어준 혁명적 근거도 잘 알고 있었다.

우리가 듣자마자 곧 마음이 녹았고 너희로 말미암아 사람이 정신을 잃었나니 너희 하나님 야웨는 위로는 하늘에서도 아래로는 땅에서도 하나님이시니라.

그러므로 이제 청하노니 내가 너희를 선대하였은즉 너희도 내 아버지의 집을 선대하도록 야웨의 이름으로 내게 맹세하고 내게 증표를 내라(수 2:11-12).

이러한 두 시작점에 나타난 신학적 권위 부여 및 구체적 군사행동은 요단 강을 실제적으로 건너기 위한 준비였다. 요단 강을 건너는 내러티브는 예전적인(liturgical) 행동으로 묘사되고 있음이 분명하다. 이에 뒤따르는 예전적 행동 역시 이를 본 뜬 것이다(수 3-4장). 더군다나 라합의 출애굽 증언이 보여주는 그러한 행위에 대한 해석은 출애굽의 사건을 그대로 본뜨고 있다.

너희 하나님 야웨께서 요단 물을 너희 앞에 마르게 하사 너희를 건너게 하신 것이 너희의 하나님 야웨께서 우리 앞에 홍해를 말리시고 우리를 건너게 하심과 같았나니, 이는 땅의 모든 백성에게 야웨의 손이 강하신 것을 알게 하며 너희로 너희 하나님 야웨를 항상 경외하게 하려 하심이라(수 4:23-24).

내러티브는 신학적 자기인식을 분명히 하고 있다. 이는 단순한 보도가 아니라 땅의 정복을 출애굽의 결과 혹은 그에 대한 대구(對句)로서 출애굽과 연결시키고 있다. 출애굽과 땅을 잇는 내러티브적 축은 야웨야말로 소외된 자를 위해 모든 **현상태**(*status quo*)를 전복시키신 하나님이라는 것이다. 소외되었던 자들이 이제는 사회의 중심으로 압박해 들어가고 있다.

새로운 땅에서 첫 번째로 이루어진 행동, 다시 말해 할례(수 5:2-7)와 유월절 의식(수 5:10-11)은 예전적 성격을 갖는다. 우리는 두 개의 다른 해석적 기록들에 주목할 수 있다. 먼저 여호수아 5:1-2에서는 다가올 정복 전쟁의 무차별적 성격이 예고되고 있다. 여기서 예외나 변칙은 없다. 이를 추진하시는 분은 바로 야웨시다(시 114편을 보라). 그다음으로 여호수아 5:11-12을 보면, 이스라엘은 더 이상 기적적인 빵(만나)에 기대지 않는다. 순식간에 이스라엘은 정착민 공동체가 되어버린다. 그리고 그들은 새로운 위치로 인한 온갖 경이로움과 위험을 경험한다. 내러티브는 이 순간을 이스라엘의 운명의 진정한 전환점으로 규정한다. 이제 이스라엘은 새로운 종류의 유혹, 즉 땅의 산물들에 종속되기 시작한다.

세 개의 확장된 내러티브가 여호수아 6:1-10:15에 나타난다. 그중 여호수아 6장에 등장하는 첫 번째 내러티브는 우리가 이미 2장에서 만났던 라합에 대해 보도한다. 이 내러티브에서 그녀는 살아남는다(수 6:25). 그 이유는 그녀가 이미 이스라엘을 향해 신실하게 행동했기 때문이다(수 2:12). 그러므로 그녀는 처음에 제시되었던 "이방인은 모두 전멸해야 한다"라는 일반적인 원칙에서 제외된 중요 인물이다. 두 번째 내러티브는 이스라엘 사람 아간에 대해 전하고 있다. 그는 탈취물을 탐내어 그것을 공동체로부터 착복함으로써(수 7:20-21) 동족들을 전쟁의 패배로 내몰고 만 인물이다. 그 결과 그는 이스라엘 사람임에도 불구하고 사형을 당한다. 처음의 두 내러티브는 서로 대조를 이루고 있다. 이방인 라합은 신실함으로 인해 구원받지만 이스라엘 사람 아간은 신실치 못하여 죽고 만다. 이 두 이야기를 함께 놓고 보면서, 우리는 이스라엘의 자의식 안에 담겨 있는 긴장을 발견하게 된다. 표면적 이념은 이스라엘의 삶과 이방인의 죽음을 주장한다. 그러나 두 내러티브에서의 실제상황은 매우 다른 표준을 적용하고 있다. 그로 인해 신앙을 가진 이방인은 구원받지만, 탈취물을 가로챈 이스라엘 사람은 구원받지 못한다. 그러므로 언약적 성실의 문제야말로 이스라엘 백성과 이방인의 구분에 앞서 가장 일차적인 표준이 된다.

이 내러티브에서 라합이라는 인물은 특별히 중요하고 흥미로운 사람이다. 그녀는 "가나안 사람들"이 때때로 이스라엘의 세계에 합류되고 심지어는 이스라엘로부터 확고부동한 사랑을 받는 방식을 나타내는 대표적인 인물이다. 그녀는 "가나안 사람"과 "이스라엘 사람" 간의 분명한 구별이 항상 유지되지 않는다는 점을 보여준다. 실제로 두 민족 간의 차이점은 인종적 혹은 문화적 정체성의 모든 부분에 관련되어 있는 것이 아니라 단지 신학적 충성(loyalty)에 관한 것일 뿐이다. 그녀는 그녀가 남성 중심의 사회에서 여성이라는 것 이상의 주목을 받고 있다. 여성으로서 그녀는 용기 있고 자유롭게 행동하며 내러티브에서 결정적인 역할을 한다. 고대 이스라엘의 설화적 기억 속에는 여성들도 실제로 자신들의 역사를 이끌어가는 주체가 될 수 있었다는 점이 분명히 나타난다. 이 전승에서 라합의 중요성은 그녀가 그리스도교 전통에서 다시금 신앙의 모델로 등장한다는 사실에 의해 증명된다. 히브리서 11:31에서 그녀는 믿음의 조상으로 인용되며 야고보서 2:25에서는 그녀를 믿음을 의미하는 "행위"를 수행한 자로 나타낸다.

세 번째 내러티브는 또 다른 이방인 공동체인 기브온 사람들에 대해 다루고 있다(수 9:1-10:15). 이 내러티브에서 기브온 사람들은 이스라엘의 위협 앞에 두려움을 느낀다. 속임수 전략을 통해 그들은 이스라엘과 조약을 맺는다. 이에 여호수아는 그들과 "화친"을 맺는다. 그러나 그것은 종과 노예 관계로 규정된 **샬롬**이었다(수 9:15; 10:1). 내러티브에서의 요점은 비록 부정직하게 체결된 조약이라도 반드시 지켜져야 한다는 사실이다. 그러므로 여호수아는 기브온 사람들이 전멸계획 속에 포함된 이방인이었음에도 불구하고 그들을 보호하기로 약속한다.

라합과 기브온 사람들의 내러티브는 아마도 본문에서 한 쌍으로 배열되도록 세심하게 구성된 것으로 보인다. 이것들은 모두 이방인의 전멸이라는 원칙에 대한 예외를 다루고 있다. 이는 곧 그 원칙이 절대적이지 않음을 보여준다. 두 경우에서 여호수아와 이스라엘은 이방인을 보호하려는 성실한 행동을 취함으로써 그들을 일반적인 정책에서 제외시킨다. 이 두 경우에서 이방인들이 야웨의 확실한 말씀에 호소하고 있다는 점은 상당히 교훈적이다. 그들은 땅을 향한 의도 및 전멸의 원칙 속에서도 예외를 찾으시는 야웨의 마음을 알아차렸던 것이다. 우리는 확신에 찬 라합의 말을 보게 된다(수 2:11). 그것은 기브온 사람들의 주장과도 짝을 이룬다.

당신의 하나님 야웨께서 그의 종 모세에게 명하사 이 땅을 다 당신들에게 주

신학의 렌즈로 본 구약개관

고 이 땅 모든 주민을 당신들의 앞에서 멸하라 하신 것이 당신의 종들에게 분명히 들리므로 당신들로 말미암아 우리 목숨을 잃을까 심히 두려워하여 이같이 하였나이다(수 9:24).

이 두 경우는 이방인들도 야웨의 호의를 입을 수 있으며 그러한 점을 기초로 땅의 거주민들도 구원받을 수 있음을 보여준다. 또한 이념적 절대성이 세심한 협상의 과정을 통해 조절될 수 있는 정도를 지적해준다.

땅의 정복에 관한 내러티브는 여호수아 10:16-12:24의 정복사업에 대한 요약 보도로 끝을 맺는다. 사람들은 이 구절들에 나오는 정복전쟁의 흉악한 특성을 보고 충격을 받을지도 모른다. 대대적인 파괴로 끝을 맺는 반복적 어구들이 다음과 같이 나타난다.

그들을 크게 살륙하여 거의 멸하였고(수 10:20)

쳐 죽여(수 10:26)

모든 사람을 진멸하여(수 10:28)

한 사람도 남기지 아니하였으니(수 10:30)

칼날로 그것과 그중의 모든 사람을 쳐서 멸하였으니(수 10:32)

그중에 있는 모든 사람을 당일에 진멸하여(수 10:35)

그 안의 모든 사람을 진멸하여(수 10:39)

호흡이 있는 모든 자는 다 진멸하여 바쳤으니(수 10:40)

이는 잔혹하기 그지없는 표현이다. 이러한 요약보도는 날카로우며, 아마도 라합과 기브온 사람들의 이야기와 대비시킬 의도로 기록되었을 것이다. 이러한 결론적 보도의 모음은 거대한 요새도시 하솔에 대한 여호수아 11:1-15의 언급으로 잠시 맥이 끊긴다. 그러나 그 결과는 앞선 내용과 동일하다. 즉 아무도 도망치지 못했다(수 11:11, 14). 게다가 하솔 내러티브가 끝난 뒤에 동일하게 가혹한 기록들이 여호수아 11:16-22의 요약으로 끝을 맺는다. 그런데 여기에는 예외가 등장한다. "기브온 주민 허위 족속 외에는 이스라엘 자손과 화친한 성읍이 하나도 없고"(수 11:19). 맹공의 대대적인 성격은 31명의 왕의 명단으로 끝을 맺는 여호수아 12장에서 더욱 빛을 발한다. 1절, 6절, 7절에서 NRSV는 "패배시키다"(defeat)라는 번역어를 사용하지만, 이에 해당하는 히브리어 단어는 더욱 가혹한 의미를 담고 있다. 따라서 "쳐부수다"(smite)나 "타격을 가하다"(strike)가 더 적절한 번역어가 될 듯싶다. 이 단어들은 사형집행을 의미한다. 정복은 완벽했다. 우리는 그 특이한 규칙과 라합 및 기브온 사람들에 대한 이야기들의 존재에 대해 좀 더 생각해볼 여지를 남겨두고자 한다. 여기에는 이스라엘과 이방인의 관계성에 대한 힌트가 주어져 있는데, 그것은 앞서 잠깐 살펴본 바와 같이 일차원적인 성격의 문제가 아니다.

여호수아서의 중간 부분은 땅의 분배를 다룬다(수 13-19장). 세심하게 균형 잡힌 형태로 구성된 이 자료는, 보장된 영토의 몫을 각 지파별로 할당하고 있다. 이로써 이스라엘의 각 사회적 단위들에게 땅 약속이 구체적으로 실현된다. 학자들은 오랫동안 각 지파들의 영토 경계선을 놓고 고심해왔다. 보다 보수적인 학자들은 이 경계선들을 왕조 이전 이스라엘의 초기상황에서 이해하려고 한다. 그러나 대부분의 학자들은 본문에서의 땅배치가 지리적인 실제를 반영하기에는 너무나 잘 짜여져 있다고 믿고 있다. 아무래도 이 본문은 포로기 공동체에 의해 만들어진 허구적인 목록일 가능성이 높다. 그들은 땅으로의 귀환을 고대하면서, 야웨의 약속대로 모든 것들이 재정비되고 안정을 되찾게 될 때를 상상하였을 것이다. 그러므로 상상력이 가미된 여호수아서의 땅 분배는 바로 야웨의 거대하고 믿을 만한 땅 약속이라는 맥락 안에 자리하고 있는 것이다. 아마도 유사한 목적을 지니고 있는 듯 보이는 이상적인 형태의 땅 할당조차도 에스겔 47:13-48:35에서 확인되고 있다.

우리는 이 본문에서 세 가지 특이점에 주목하게 된다. 첫째, 우리는 총체적인 정복이라는 이념에 의하여 "모든 민족들"이 다 땅으로부터 추방되지는 않았다는 사실을 인식할 수 있다. 이스라엘은 이제 다른 민족들 사이에서 그들과 더불어 살아가는 법을 배우게 될 것이다. 두 개의 본문이 이러한 관심을 나타내고 있다. 여호수아 13:1-7의 서론적 단락은 "정복"(수 1-12장)에서 "분배"(수 13-19장)로의 전환점 역할을 하는 듯하다. 이 구절들은 많은 지역에 아직도 다른 민족들이 여전히 거하고 있음을 시인한다. 가장 관심이 가는 구절은 6-7절에 나타나는 주장인데, 여기서는 아직 점령하지 못한 곳에 대한 정복이 야웨 자신의 몫임을 드러내고 있다. 이제 여호수아는 정복사업을 마치고 땅의 분배에 집중하기 시작한다(또한 수 13:13; 15:63; 16:10; 17:12-13을 보라).

여호수아 17:16-18의 간략한 기록은 땅에 대한 투쟁 가운데서 "계급"의 구분이 생겨났다는 근거가 된다. "가나안 사람들"은 매우 강력한 군국주의를 수용할 만한 기술을 지니고 있었다. 반면 이스라엘은 그러한 기술을 소유하지 못했다(삼상 13:19-22을 보라). 이러한 진술은 "가나안 사람들"이 권력을 독점한 도시 엘리트라는 개념과 연결된다. 반면 "이스라엘 백성"은 그러한 권력에 접근할 수단을 갖고 있지 못하다는 것을 드러낸다. 따라서 다른 민족들이 여전히 땅에 거할 수 있는 가장 근본적인 이유는 우월한 군사적 기술 때문이다. 18절의 주장은 결국 이스라엘이—아마도 야웨의 명령에 따라—이길 것이라는 내용이다.

둘째, 본문에는 제사장 지파인 레위 지파가 땅을 받지 못한다고 하는, 땅의 할당에 관한 표준적인 이스라엘의 공식이 나타난다. 왜냐하면 레위 지파의 "기업은 바로 야웨이기 때문이다(수 13:33; 14:3-4; 18:7; 또한 21:1-42을 보라). 반복적으로 나타나는 이러한 개념은 땅 분배에 관한 이상적 형태가 최소한 제사장에게 경의를 표하는 성스러운 행동으로 나타난다는 점을 지적해준다. 이러한 이해는 이스라엘이 땅의 정결례를 행할 때 중요성을 띠게 될 것이다(겔 48:8-14; 그리고 수 22:19-20을 보라).

셋째, 보다 호기심을 끄는 기록이 갈렙을 특별 대우하는 본문에 나타난다(수 14:6-15; 15:13-19). 획일적인 목록들 가운데 놓인 이 내러티브는 주목할 만한 가치를 지닌다. 갈렙은 민수기 13:30-14:10에서 여호수아와 더불어 돋보이는 인물로 표현되었다. 실제로 그는 위협적인 상황에 직면해서도 야웨를 신뢰했던 신앙과 용기를 지닌 사람이었다.

> 내 종 갈렙은 그 마음이 그들과 달라서 나를 온전히 따랐은즉 그가 갔던 땅으로 내가 그를 인도하여 들이리니 그의 자손이 그 땅을 차지하리라(민 14:24; 그리고 민 26:65; 32:12; 신 1:36을 보라).

이 언급은 갈렙이 그의 두드러진 신앙의 결과로 특별한 땅을 획득하게 되었음을 말해준다. 결국 내러티브의 초점은 땅을 소유하기 위해선 뛰어난 신앙이 필요하다는 사실에 있다. 신앙의 반대 개념은 두려움이다. 두려움은 타협과 순응을 낳아 결국에는 두려움에 떠는 갈렙의 동료들에게 예견된 불순종의 성향을 낳게 한다(민 13:27-28, 31-33). 본문은 결국 타협과 불순종의 길이 땅의 상실로 이어짐을 보여준다.

여호수아서의 마지막 부분(수 20-24장)은 갖가지 자료들로 이루어진 모음집으로 구성되어 있다. 이 자료들은 아직 완료되지 않은 사업들을 보도하고 있는데, "도피성"(수 20:1-9), 레위인들을 위한 배려(수 21:1-42), 지파 간의 단합(수 22:1-34) 등의 내용이 포함되어 있다.

우리는 특히 세 가지 항목들에 주의하고자 한다. 첫째, 여호수아 21:43-45에서 내러티브는 대대적인 결말로 끝을 맺는다. 즉 이스라엘을 향한 야웨의 약속이 전부 성취되었다는 주장이다. "야웨께서 이스라엘 족속에게 말씀하신 선한 말씀이 하나도 남음이 없이 다 응하였더라"(45절). 어떤 학자들은 이 구절이 창세기 12:1에서 처음으로 제시된 땅의 약속을 회상하기 위한 목적으로 기록되었으며, 그 때문에 이 책이 약속과 성취의 이야기로 끝맺는다고 제안한다. 땅을 얻는 일은 야웨의 선물로 이해된다. 야웨는 위협 또는 염려가 존재하는 땅에 안전하고 안정된 공동체를 세우신다.

둘째, 이제 정착민이 된 이스라엘 백성을 향한 여호수아의 연설(수

지파들의 구조와 수

르우벤 지파

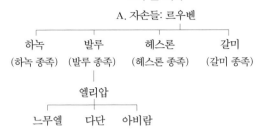

A. 자손들: 르우벤

- 하녹 (하녹 종족)
- 발루 (발루 종족)
  - 엘리압
    - 느무엘
    - 다단
    - 아비람
- 헤스론 (헤스론 종족)
- 갈미 (갈미 종족)

B. 명수: 43,730(민 1장의 46,500과 비교)

시므온 지파

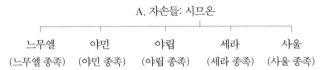

A. 자손들: 시므온

- 느무엘 (느무엘 종족)
- 야민 (야민 종족)
- 야립 (야립 종족)
- 세라 (세라 종족)
- 사울 (사울 종족)

B. 명수: 22,200(민 1장의 59,300과 비교)

갓 지파

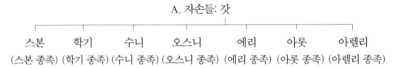

A. 자손들: 갓

- 스본 (스본 종족)
- 학기 (학기 종족)
- 수니 (수니 종족)
- 오스니 (오스니 종족)
- 에리 (에리 종족)
- 아롯 (아롯 종족)
- 아렐리 (아렐리 종족)

B. 명수: 40,500(민 1장의 45,650과 비교)

유다 지파

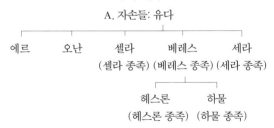

A. 자손들: 유다

- 에르
- 오난
- 셀라 (셀라 종족)
- 베레스 (베레스 종족)
  - 헤스론 (헤스론 종족)
  - 하물 (하물 종족)
- 세라 (세라 종족)

B. 명수: 76,500(민 1장의 74,600과 비교)

잇사갈 지파

A. 자손들: 잇사갈

돌라	부와	야숩	시므론
(돌라 종족)	(부니 종족)	(야숩 종족)	(시므론 종족)

B. 명수: 64,300(민 1장의 54,400과 비교)

스불론 지파

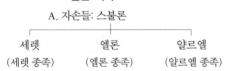

A. 자손들: 스불론

세렛	엘론	얄르엘
(세렛 종족)	(엘론 종족)	(얄르엘 종족)

B. 명수: 60,500(민 1장의 57,400과 비교)

요셉 지파 1: 므낫세(29-34절)

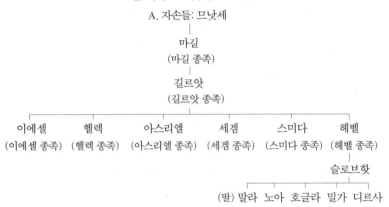

A. 자손들: 므낫세

마길
(마길 종족)

길르앗
(길르앗 종족)

이에셀	헬렉	아스리엘	세겜	스미다	헤벨
(이에셀 종족)	(헬렉 종족)	(아스리엘 종족)	(세겜 종족)	(스미다 종족)	(헤벨 종족)

슬로브핫

(딸) 말라 노아 호글라 밀가 디르사

B. 명수: 52,700(민 1장의 32,200과 비교)

요셉 지파 2: 에브라임(35-37절)

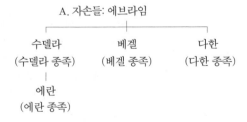

A. 자손들: 에브라임

수델라	베겔	다한
(수델라 종족)	(베겔 종족)	(다한 종족)

에란
(에란 종족)

B. 명수: 32,500(민 1장의 40,500과 비교)

신학의 렌즈로 본 구약개관

23:2-16)은 땅 신학에 관한 매우 의도적인 단편으로서 여호수아 1:2-9에 대응한다. 여호수아가 이스라엘 백성에게 행한 두 연설(여기서 수 1:2-9은 야웨가 여호수아에게 하신 말씀이지, 여호수아가 백성을 향해 연설한 말은 아니다ー 역자 주)은 모두 땅에 초점을 맞추고 있으며, 또한 땅을 토라와 관련시켜 언급한다. 그러나 우리는 이 두 연설이 서로 매우 다른 강조점을 지니고 있음을 주목하게 된다. 여호수아 1:2-9의 연설은 용기를 북돋는 말, 그리고 토라를 향한 순종만이 땅을 얻기 위해 필요한 유일한 "무기"라는 주장을 제공한다. 야웨의 토라를 향한 **순종**은 땅의 획득과 유지를 가능하게 한다. "순종"이 삶의 어떠한 특질과 관련되어 있다는 사실을 기억하는 것이 중요하다. 그 특질은 사랑, 충성, 감사로 이루어진 본질적인 관계성에 뿌리를 두고 있다.

이와는 달리, 여호수아 23:2-16은 확신적 주장이 아닌 경고다. 성서는 이미 이스라엘이 안전한 땅에 정착하면서 자기만족에 빠져 더 이상 야웨를 구하거나 그에게 의존하지 않고 자유롭게 마음대로 살기를 원하게 되었다는 사실을 전하고 있다. 여호수아는 토라에 대한 순종을 역설한다.

> 그러므로 너희는 크게 힘써 모세의 율법 책에 기록된 것을 다 지켜 행하라. 그것을 떠나 우로나 좌로나 치우치지 말라. 너희 중에 남아 있는 이 민족들 중에 들어가지 말라. 그들의 신들의 이름을 부르지 말라. 그것들을 가리켜 맹세하지 말라. 또 그것을 섬겨서 그것들에게 절하지 말라. 오직 너희 하나님 야웨께 가까이 하기를 오늘날까지 행한 것 같이 하라(수 23:6-8).

이스라엘의 유혹거리는 야웨 신앙의 정체성을 다른 백성 및 그들의 신들과 교섭하기 위하여("섞기 위하여") 타협하는 것이다. 이 연설은 다음과 같은 심각한 위협으로 끝을 맺는다.

> 만일 너희가 너희 하나님 야웨께서 너희에게 명령하신 언약을 범하고 가서

다른 신들을 섬겨 그들에게 절하면 야웨의 진노가 너희에게 미치리니 너희에게 주신 아름다운 땅에서 너희가 속히 멸망하리라(16절).

불순종은 땅의 상실을 초래할 것이다. 이스라엘이 토라에 불순종함에 따라 가나안 사람들에게 도로 땅을 빼앗기게 될 것이다.

여호수아서의 대부분에서처럼, 이 자료는 역시 기원전 6세기의 관점에서 비롯된 것이다. 포로기는 땅을 완전히 상실한 시기다. 토라 전통의 관점에서 보면, 유배의 원인은 바로 토라를 향한 거역에 있다. 본문을 정확하게 읽으려 할 때, 우리는 본문 이면에 분명하게 놓여 있는 이스라엘의 오랜 역사가 제공하는 시각을 견지해야 한다. 어쨌든 6절에 나오는 명령과 16절의 경고는 우리로 하여금 사사기에서 만나게 될 일들, 즉 유혹과 불순종으로 인한 위기에 대비하도록 한다.

셋째, 학자들은 여호수아 24장의 군중집회를 이스라엘 전승에서 이미 경험한 모든 사건들의 대요(大要)로 여긴다. 우리는 본문에서 다음과 같은 요소들을 확인할 수 있다.

- 2-13절은 아브라함으로부터 전해져 내려온 규범적 전승을 요약해놓은 내러티브다. 이스라엘이 현재 가지고 있는 정체성은 현재 시제로 되살린 그들의 과거로부터 비롯된 것이다.
- 세겜 총회는 땅의 거주자들을 이스라엘 공동체 안으로 이끄는 협상이다 (14-15절). 이 협상은 야웨를 향한 분명한 결단을 요구하지만, 그 분위기는 여호수아서 초반을 지배하던 전멸의 이념과 상당히 대조된다. 이스라엘은 모든 것이 투명하고 명료한 환경에서 살아가는 것이 아니다. 그들은 유혹의 올무 가운데서 항상 신앙을 위한 길을 모색해야만 한다.
- 여기서 내려졌고 앞으로도 계속해서 내려질 결정은 "이방 신들을 치워버리고"(23절) 야웨의 토라에 순종하겠다는 언약으로 이어진다(25-26절). 땅과 토라의 연관성이 다시금 강조된다.

신학의 렌즈로 본 구약개관

- 여호수아가 죽는다(29-30절). 위대한 정복과 정착의 시대는 끝이 난다. 이제 이스라엘은 뛰어난 지도자가 없이 위험이 도사리는 시기를 맞이하게 된다.

여호수아서는 죽음으로 시작하여(수 1:1) 죽음으로 끝난다(수 24:29-30). 이 두 죽음 사이에서, 이스라엘은 여호수아와 함께 확실한 보증을 가지고 시작하지만 마지막에 가서는 동일한 여호수아로부터 단호한 경고와 위협을 받는다. 이 책은 땅이 풍성한 축복인 동시에 끝없는 유혹임을 말해주고 있는 것이다.

7. 신학적 비전으로서의 사사기

여호수아서에서 우리는 땅-토라 비전이 **확신**에서 **경고**로 바뀌는 것을 살펴보았다. 사사기는 경고, 즉 야웨를 떠나면 땅이 위태로워질 것이라는 전제로 시작한다. 사사기의 중심 부분은 민담들(folk tales)의 모음집 형태를 띤다. 그 안에 등장하는 여러 영웅들은 영리하고 용감한 방법으로 이스라엘에 자유와 행복을 가져다준다(삿 3:7-16:31). 이러한 민담들은 그 이야기들을 듣는 공동체로 하여금 자신들의 정체성을 자랑스럽게 여길 수 있게 한다. 또한 특정한 시대와 장소, 혹은 자신보다 더 강하고 억압적인 권력 앞에서 교묘하게 꾀를 내어 승리를 거두었던 영웅들의 이름을 기릴 수 있게 해준다. 더불어 민담들은 이스라엘을 학대했지만 결국엔 그 어리석음이 드러나 패배하게 된 억압적 민족들을 확인할 수 있게 해주는 수단으로 기능한다.[1] 그러나 이러한 영웅 이야기들(hero tales)은 야웨를 향한 거역이 땅을 위험에 처하게 만들 것이라는 여호수아 23:16의 해묵은 경고를 반복

---

1) J. C. Scott, *Weapons of the Weak* (New Haven: Yale University Press, 1987).

하는 교훈적 목적으로 구성된 것임이 분명하다.

사사기의 시작과 끝은 토라 신앙에 대한 증언으로서 민담들로 구성된 사사기의 핵심 부분이다. 시작 부분은 여호수아서와의 연속성을 제공한다(삿 1:1-3:6). 여호수아 13:1-7의 현실이 반영되어 있는 이 부분의 가장 두드러진 주제는, 다른 민족들이 아직 땅에 남아 있으며 이스라엘은 그들을 몰아낼 능력이 없어서 정치적·지리적 현실에 타협하고 말았다는 사실을 솔직하게 인정하는 것이다(삿 1:19, 21, 27, 29-34). 여호수아서 초반에 나타나는 총체적인 땅 이념은 아직도 성취되지 못했다. 이러한 인정은 어떠한 교훈적 의미도 없는 그저 정치적·군사적 현실에 대한 단순한 증언이다. 그 무대가 기원전 13세기 가나안 사람들의 세계든 기원전 6세기 포로기 세계든 상관없이, 이스라엘은 현실세계에서 살아가야만 했다.

"쫓아내지 못하였으므로"라는 지배적인 주제는 두 가지 다른 강조점에 의해 둘러싸여 있다. 이 강조점들은 당당한 군사적 행동으로부터 앞으로 사사기를 지배하게 될 교훈적인 신학의 첫 등장에 이르기까지의 모든 경로에 놓여 있다. 사사기의 서론격인 사사기 1:5-7에는 당당한 군사적 행동이 서술되고 있다. 이 구절들에는 압제자를 향한 압제받는 백성의 깊은 분노(실상은 미움)가 반영되어 있다. 그들은 자신들의 미움의 대상을 향해 격렬한 복수를 감행한다. 여기서 그 대상은 "아도니 베섹"이다. 그들은 아도니 베섹이 저질렀던 만행을 동일하게 갚아준다. 그는 수족의 엄지가락이 잘리고 탁자 아래서 먹을 것을 줍는다. 본문은 참을 수 없이 잔인한 묘사를 통해 얼굴을 땅에 대고 입으로 빵 부스러기를 줍는 어느 한 굴욕적인 왕의 모습을 담고 있다. 정복자인 이스라엘 백성―아마도 학대받던 농민들―은 너무나 분노로 가득하여서 자신들의 지배자로부터 배웠던 폭력을 그대로 행했다. 구약성서에 나타나는 이스라엘의 신앙은 고통을 통해 배운 잔인한 폭력으로 채워져 있다.

또 다른 극단에서 대대적인 정복의 이념과 모순되는 다른 민족들의 존재는 토라의 가르침이 적용될 수 있는 상황을 마련해준다. 이에 성서는 약

신학의 렌즈로 본 구약개관

속의 땅에 다른 민족들이 존속하게 된 상황에 대해 나름의 이유를 제시해야 했다. 그 이유는 다음과 같다.

> 첫째, 이스라엘이 듣지 않았기 때문에, 그들은 이스라엘을 미혹하기 위한 올가미로 존속하는 것이다(삿 2:2-3). "[너희가] 듣지 않았다"(לֹא־שְׁמַעְתֶּם)라는 표현은 토라에 대한 순종을 염두에 둔다.
> 둘째, 이스라엘은 순종치 않았다(삿 2:20).
> 셋째, 이스라엘이 토라에 대해 얼마나 진지한지를 시험하기 위한 도구로 그들을 남겨두었다(삿 2:22-23; 3:1-7).

이러한 모든 진술들은 야웨의 토라에 대한 이스라엘의 **불순종**에 초점을 맞추고 있다. 여호수아의 세대는 야웨께 신실했다고 한다(삿 2:6-10). 그러나 다음 세대는 그렇지 않았다(삿 2:11-19). 사사기의 수사학은 "다른 신들을 섬겼다"라는 표현을 규칙적으로 사용하는데, 이는 토라를 떠난 이스라엘의 상황이 곧 섬겨야 할 신들을 잘못 선택한 것과 동일함을 말해준다. 하지만 그와 같은 종교적 선택은 그리 간단히 이해될 수가 없다. 왜냐하면 신을 선택한다는 것은 **사회경제적·정치적 실재**까지도 좌우하는 문제이기 때문이다. 야웨께 충성한다는 것은 공동체적 언약사상, 즉 가진 자와 가지지 못한 자 사이에서 이웃 사귐을 실천해야만 한다는 규범을 수용하는 것을 포함한다. 이와는 역으로, 다른 신들을 따른다는 것은 "가나안"의 사회경제적·정치적 실재, 즉 사회 권력을 이웃에 반(反)하여 자신만을 위해 사용하는 규범을 수용하는 것과 동일하다. 중요한 것은 성서 본문이 옹호하고 (추측하기로) 백성들에 의해서는 거부되는 야웨 신앙이야말로 사회권력과 사회적 관계망을 조직하는 데 전반적인 방식이 된다는 것이다. 비록 성서 본문이 이것을 단순히 종교적 선택의 문제로 표현하기는 하지만 말이다.

이러한 서론 격의 도입구절들은 이스라엘의 불순종을 집중 조명한다.

왜냐하면 땅에 정착하는 일은 권력과 자유를 향한 유혹을 동반하기 때문이다(신 8장을 보라). 새로운 탄압을 초래하고 그로 말미암아 구원자 야웨에게로 다시금 돌아가도록 촉구하는 일도 토라에 대한 불순종에서 비롯된 것이다.

사사기 2:11-19에서 분명히 들려오는 이스라엘의 역사에 대한 신학적 해석은 사사기의 핵심 부분인 사사기 3:7-16:31에서 두드러지게 나타나는 교훈적 성향이다. 이 안에는 특별한 순서가 정해져 있지 않은 영웅 이야기들이 나열되어 있다. 그들은 야웨를 섬기는 가운데서 이스라엘을 부흥시키기 위해 압제자에게 용감하게 대항한다. 우리는 이러한 자료들을 읽으면서 **상상력이 풍부한 내러티브적 자유와 교육적으로 양식화된 신학적인 주장** 사이의 미묘한 접점에 주목해야 한다. 본문에서 이 둘은 잘 조화되지 않는다. 그러나 이러한 결합은 살아 있는 내러티브 구조 속에 강력한 야웨의 실재가 녹아 들어가 있다는 이스라엘의 확신을 드러내준다.

옷니엘에 관한 짧은 내러티브는 사사기를 지배하는 분명한 신학적 틀을 제공해준다. 그러한 틀은 보다 큰 내러티브 구조 속에서 네 가지 요점을 보여준다(삿 3:7-11; 그리고 수 15:13-19; 삿 1:11-15을 보라).

> 첫째, 이스라엘이 야웨를 **잊었다**(7절; 그리고 주제와 관련하여 신 8:11, 19을 보라).
> 둘째, 야웨가 이스라엘을 압제 속에 **넘겨버리신다**(8절).
> 셋째, 이스라엘이 야웨께 **부르짖는다**(9a절).
> 넷째, 야웨가 구출 이야기의 영웅이 될 구원자를 "사사"로 **세우신다**(9b-11절).

이스라엘에게 속한 모든 것들은 야웨께 헌신하기로 되어 있다. 그러므로 야웨 윤리의 사회적 지침 역시 당연히 따라야만 한다. 그러나 우리는 사사기가 언약적 "영웅 신화"와 전혀 합치되지 않는 특이한 **영웅** 개념을 가지고 있다는 사실을 인식할 필요가 있다. 사사기 속의 영웅들은 독특하

신학의 렌즈로 본 구약개관

며 그들이 이룩한 성취들은 모두 하나님의 기적처럼 보인다. 에홋은 보통 사람들과는 "다른" 왼손잡이였고, 드보라는 여성이었으며, 기드온은 겁 많은 약골이었다. 더군다나 삼손은 눈먼 죄수였다. 하나님이 이스라엘을 위해 일하시는 방법은 참으로 독특하기 그지없다!

에홋 이야기(삿 3:12-30), 드보라와 바락 이야기(삿 4:1-24), 기드온 이야기(삿 6:1-8:35), 입다 이야기(삿 11:1-40), 삼손 이야기(삿 13:1-16:31)는 모두 재미있게 잘 짜여진 내러티브일 뿐 아니라 성서의 단호한 토라 신학을 담고 있는 심오한 내러티브이기도 하다. 이 이야기들을 읽는 독자는 위의 두 가지 강조점이 뛰어난 상상력과 다채로움 속에서 하나로 융합되는 것을 목격하게 될 것이다.

여기서 우리는 사사기 5장에 실려 있는 위대한 시를 살펴보아야 한다. 이 시는 보통 드보라의 노래라고 불린다. 사사기 4장에서 드보라와 바락은 내러티브 속의 주인공으로 등장하는데, 이 내러티브는 사사기의 핵심을 구성하는 다른 영웅 내러티브들과 병행을 이루고 있다. 여타의 경우와는 다르게, 이 두 영웅에 관한 내러티브 안에는 비교적 긴 시가 포함되어 있다. 그 시가 내러티브와 병행을 이룬다는 점에 주목해야 한다. 승리의 노래인 이 시는 고대 이스라엘에서 가장 오래되고 가장 강력하며 보다 예술적인 시로 평가된다. 이 정도의 시라면 억압받던 백성이 기쁘게 낭송하기에 충분했을 것이다. 왜냐하면 이 시가 담고 있는 내용이 혐오스럽고 억압적인 권력의 패배에 관한 것이기 때문이다.

서두의 2-3절에서는 이 시가 송축하는 대상이 야웨라는 사실을 먼저 밝힌 후에 곧이어 야웨가 드라마틱하고 강력하게 등장하는 모습을 시내산으로부터 와서 거대한 폭풍우 속으로 뛰어든 용감한 용사로 형상화하고 있다(4-5절). 6-11절은 땅의 지배자가 될 농민들의 경이로운 번영을 언급한다. 그들은 장사꾼들을 협박하고 혼란에 빠뜨린다(6-7a절). 이렇게 새롭게 세워진 지배체제는 "이스라엘의 어머니" 드보라의 리더십을 통해서, 그리고 농민들에게 힘과 격려를 부어주시는 "새로운 하나님"을 받아들임으로써 가능해진다.

내러티브와 시의 결합 속에 등장하는 두 명의 주요 인물 가운데 드보라가 핵심 인물이며 그녀가 이스라엘의 기억 속에 크게 자리를 차지하고 있다는 점에는 의심의 여지가 없다. 사사기 5장의 시는 전통적으로 "드보라의 노래"라고 불린다. 이 승리의 시는 훌륭한 여성이 용감하고 강력하게 군대를 이끌어 야웨에게 헌정된 승리를 이루어가는 과정을 보여준다. 드보라와 함께 헤벨의 아내 야엘이 야웨의 승리에서 중요한 인물이라는 점은 주목할 만한 가치가 있다(삿 5:24-27). 드보라와 야엘이라는 두 여성은 이스라엘이 기억하는 초기단계의 이스라엘 사회가 개방적이었음을 증명해준다. 왜냐하면 이 두 여성이 공동체가 경험하는 가장 대중적인 사건에서 결정적인 역할을 하는 모습으로 그려지기 때문이다.

물론 승리의 노래는 전쟁에 대해서도 이야기하는데, 그 전쟁은 가나안 사람들과의 거대한 대결로 그려진다. 이는 이스라엘 대부분의 지파들이 참여하는 대규모 전쟁이다. 거대한 대결은 분명히 므깃도 지역에서 벌어졌을 것이다. 그곳은 예로부터 최후의 전쟁이 벌어질 장소로 알려져 있었다. 우리가 고대의 전쟁 이야기를 말하는 것은 고대의 한정된 기억을 현재 시제로 풀어내는 일과 같다고 할 수 있다. 왜냐하면 당시의 문화는 영화 "게티스버그"(Gettysburg: 미국 남북전쟁의 격전지를 그린 영화 – 역자 주)에서 묘사되는 것과는 다를 것이기 때문이다. 이 시는 네 장면으로 전개된다.

첫째, 이 시는 전쟁을 위하여 각 지파들을 모아 결집시키는 장면을 그린다(12-18, 22-23절). 먼저 그 노래는 드보라와 바락의 설교를 묘사하면서 위기를 고조시킨 다음, 여러 지파들의 결집장면으로 넘어간다. 또한 여러 지파들의 서로 다른 정치적 위치에 주목하는데, 이는 당시 체제가 지파들 간의 느슨한 연맹체였으므로 그들이 일제히 행동하기가 어려웠다는 점을 시사한다. 각 지파는 저마다 위기에 대응하여 그러한 사안이 자신들의 이해관계에 미치는 영향에 따라 행동하였다. 이러한 상황은 최근 보스니아 내전에 대하여 유럽 각국이 서로 다르게 반응했던 모습과 다르지 않다. 시의 언어는 전투 중인 군사들의 힘과 열정과 추진력을 우리에게 전해주는데, 우리는 22절에서 전장으로 달려드는 말발굽 소리를 들을 수 있다.

둘째, 앞장서 싸우는 전사이신 야웨는 이스라엘의 뛰어난 전투대원이시다(23절). 그분은 다름 아닌 하늘과 땅의 창조자시다. 폭풍우를 내리게하시는 자(4-5절)는 이스라엘을 위하여 창조 이야기에 등장하는 거대한천체들을 움직이셨던 바로 그분이시다(수 10:12-13). 이스라엘은 모든 피조물이 그것을 위하여 결집될 만한 가치를 지닌 존재다. 그래서 이스라엘의전사들은 그들의 전우주적 동맹군들로부터 용기와 격려를 얻는다.

셋째, 24-27절은 마치 특별한 장면을 촬영하기 위해 카메라를 클로즈업하듯이 우주적 전투에 초점을 맞추고 있다. 전투 자체는 헤벨의 아내 야엘의 장막에서 벌어진다. 그녀는 이스라엘의 구성원으로서 용감하게 행동하여 유명해졌다. 여기서는 그녀가 어떻게 가나안 군대의 장군 시스라를 거짓으로 환대하고 속였는지를 설명한다. 야엘의 거짓말을 듣고 안심한 시스라는 장막에서 잠을 잔다. 이 기회를 놓치지 않고 그녀는 그를 쳐서 죽인다. 27절의 죽음 장면은 간략하면서도 기교적으로 과장되어 있다. 한마디로 여기 나타나는 일련의 구절은 죽음이라는 충격적인 장면을 극적으로 그려내는데, 마치 TV드라마의 한 장면처럼 길게 늘어뜨려 폭력적으로 묘사한다. 야엘은 이러한 위대한 행동으로 인해 이스라엘에서 영원히 칭송받게 되었다. "장막에 거하는" 정숙한 여인이 위대한 가나안 장군을 이겼다. 이것이야말로 농민 공동체에서 축하할 사건이 아니겠는가.

넷째, 시의 마지막 장면(28-30절)은 앞의 장면들과 뚜렷한 대조를 보인다. 여기서 우리는 가나안 군대지도자의 아내들을 만나게 된다. 그들은 자신의 남편들이 전투에서 되돌아오기를 걱정스럽게 기다리면서 밖을 내다보고 있다. 그들은 왜 남편들이 더디 돌아오는지 궁금해한다. 그들은 장수들이 도박과 여인들로 흥청대고 있을 것─군인들이 으레 그러하듯이─이라 상상한다. 그 여인들은 머지않아 자신의 남편이 이스라엘의 손에 의해완전히 패배했음을 깨닫게 될 것이다. 그렇게 슬픔에 잠긴 여인들은 칭송받을 여인 야엘과 대조를 이룬다. 이 시가 알고 있고 또한 모든 이스라엘이 알고 있는 사실은 가나안 사람들이 결코 전쟁터에서 집으로 돌아오지 못할 것이라는 점이다. 왜냐하면 이스라엘이 승리하였기 때문이다!

사실상 31절은 이처럼 특색 있는 전쟁 수사학을 동원하여 이스라엘의 적이 곧 야웨의 적임을 밝히고 있다. 전쟁에서의 승리는 이스라엘을 향한 야웨의 의도가 성공할 수밖에 없다는 사실을 강력하게 주장하고 있다. 땅은 "우리의 것"이 될 것이요, 적들은 패배할 것이다. 다른 산문 내러티브들보다도 더 오래된 것으로 보이는 이 시는 토라 신학의 손을 거치지 않았다. 따라서 그것은 전통에 얽매이지 않은 이스라엘의 목소리이자 분명한 야웨의 음성이다.

야웨에 대한 이런 확신은 마지막 "사사"였던 삼손의 이야기 끝 부분에서 희미하게나마 다시금 드러난다. "주 야웨여, 구하옵나니 나를 생각하옵소서. 하나님이여, 구하옵나니 이번만 나를 강하게 하사 나의 두 눈을 뺀 블레셋 사람에게 원수를 단번에 갚게 하옵소서"(삿 16:28). 그리고 나서 삼손은 마지막으로 자신의 괴력을 발휘할 수 있었다. 그러나 이 일이 비극일 수밖에 없었던 것은 그 역시 그의 적들과 함께 죽고 말았기 때문이다. 삼손 이야기와 그 뒤를 이어 나오는 사사기 17-21장의 비참한 이야기들에서 절정을 이루는 내러티브적 배열은, 이 시기까지도 야웨를 향한 열심이 지나치게 절충되고 동화되는 바람에 이스라엘을 향한 위협에 대항했던 사사들의 능력조차도 약해지고 효력을 잃게 되었음을 보여준다. 이 이야기들에서 반복적으로 서술되는 불순종은 이스라엘에게 심각한 타격을 입힐 것이다.

사사기의 결말 부분은 사사 시대의 총체적인 실패를 서술하고 있다(삿 17-21장). 여기에 두 가지 내러티브가 등장하는데, 하나는 우상숭배에 관한 것이고(삿 17-18장) 다른 하나는 야만적인 사회관계에 관한 것이다(삿 19-21장). 이 기묘한 이야기들은 다음과 같은 반복 어구로 장식되어 있다.

그때에는 이스라엘에 왕이 없으므로 사람이 각각 그 소견에 옳은 대로 행하였더라(삿 17:6; 18:1; 19:1; 21:25).

이 이야기들은 이제 혼란한 사회관계의 무대가 되어버린 땅에 관해 말하고 있다. "왕이 없으므로"라는 표현은 분명 민간정부를 빗대어 지적하는 것이며 동시에 곧 뒤따를 왕정의 등장—사무엘상에서 드러날—에 대한 예고를 반영하고 있다. 그런데 또한 "왕이 없으므로"라는 표현은 미묘하게도 토라를 바탕으로 한 정부의 실패, 그리고 이스라엘의 진정한 왕이신 토라의 하나님에 대한 무시로 이해될 수도 있을 것 같다. 어떠한 경우든 여호수아서에서 추진된 약속의 땅으로의 진입이라는 거대한 비전은 유감스러운 결과를 맞이하게 되었다. 분명한 것은 이 이야기들이 토라 신앙과의 긴장관계 속에서 장차 다가올 왕정체제를 이스라엘의 유일한 희망으로 강력하게 옹호하고 있다는 사실이다. 이스라엘은 왕정이라는 믿을 만하고 안정적인 체제 없이는 사회적 혼돈 속에 빠져들 수밖에 없다는 것이다. 이러한 주장은 본래적인 설명이라기보다는 이스라엘의 "진정한" 정체성에 관한 논쟁을 통해 도출된 선언(assertion)이라고 할 수 있다.

사사기 18:9-10의 기괴한 땅 이야기에 등장하는 단 지파의 다섯 사람은 이렇게 주장한다.

일어나서 그들을 치러 올라가자. 우리가 그 땅을 본즉 매우 좋더라. 너희는 가만히 있느냐? 나아가서 그 땅 얻기를 게을리 하지 말라. 너희가 가면 평화로운 백성을 만날 것이요, 그 땅은 넓고 그곳에는 세상에 있는 것이 하나도 부족함이 없느니라. 하나님이 그 땅을 너희 손에 넘겨주셨느니라.

이러한 수사법은 갈렙과 여호수아의 주장을 연상시킨다.

우리가 두루 다니며 정탐한 땅은 심히 아름다운 땅이라. 야웨께서 우리를 기뻐하시면 우리를 그 땅으로 인도하여 들이시고 그 땅을 우리에게 주시리라. 이는 과연 젖과 꿀이 흐르는 땅이니라(민 14:7-8; 그리고 민 13:17; 14:9을 보라).

민수기에 나타나는 땅에 대한 상당한 기대감을 제외하면, 땅에 대한 주장은 이제 우상숭배로 인하여 억제되어 그 효력을 상실하게 된다. 초두에 나타난 웅대한 확신은 이제 가엾은 푸념이 되어버린다. 땅의 새로운 정착민들에게 토라의 요구는 너무 벅찬 것이었던 모양이다. 약속의 땅은 거대한 문제의 땅이 되어버렸다. 이스라엘의 이러한 문제 상황은 포로기에 이르러서 더욱 심화되었다(왕하 23:26-27을 보라).

8. 결론

우리는 구약성서의 중심에서 땅에 대한 깊은 숙고를 발견할 수 있다. 실제적인 의미에서 이스라엘은 결코 땅으로부터 벗어날 수 없다. 왜냐하면 약속의 하나님은 물질세계와 사회의 행복을 돌보시는 분이기 때문이다.

하나님의 백성, 율법, 땅 사이에는 분리될 수 없는 연결고리가 놓여 있다. 이러한 "현실주의적" 유대교가 없었다면, 그리스도교에 대한 유대교의 근본적인 기여도 불가능했을 것이고 세계를 향한 증인의 역할을 지속적으로 충분히 감당할 수도 없었을 것이다. 인간이 하나님의 사역을 받아들이는 이해력은 오늘날 그토록 매력적으로 보이는 신비주의들(mysticisms)과 관념론들(spiritualisms)로부터 얼마나 스스로를 지켜나가고 있단 말인가![2]

---

2) Amos Wilder의 말. W. D. Davis, *The Territorial Dimension of Judaism* (Quantum Books 23; Berkley: University of California Press, 1982), 138에 인용된 것을 재인용함.

신학의 렌즈로 본 구약개관

첫째, **땅은 선물이다.** 하나님은 땅 없는 자들이 안전하게 거할 수 있는 땅을 얻도록 의도하셨기 때문이다.

둘째, **땅은 소환장이다.** 땅에 사는 자들은 이러한 선물에 대해 응답해야만 하기 때문이다.

셋째, **땅은 유혹이다.** 땅의 안전성은 그것을 선물이 아닌 재산으로 여기게 될 소지를 제공하기 때문이다.

여호수아서와 사사기는 세상을 혁명적으로 갱신하신 야웨의 능력을 찬양하고 있음이 분명하다. 이들 본문에서 또 한 가지 분명한 것은 땅에 대한 이스라엘의 기억과 희망이 폭력으로 물들어 있으며, 여기에는 야웨도 연루되어 있다는 것이다.

이 두 권의 책에 대한 연구는 이스라엘과 그로부터 파생된 그리스도교의 역사에 지속적으로 나타나는 과도한 폭력의 문제를 고찰하는 데 도움을 준다. 약속의 땅에 대한 이념은 온갖 종류의 제국주의적 면모를 드러내는데, 가장 두드러진 예를 미국의 역사에서 볼 수 있다. 처음부터 북아메리카는 유럽인들에 의해 약속의 땅으로 간주되었고, 이에 그들은 과거 이스라엘이 가나안 사람들에게 행했던 것과 동일하게 원주민들을 폭력으로 기꺼이 내몰았다. 시간이 흘러 오늘날에도 그러한 이념은 상당히 완화된 방식으로 현대 이스라엘의 군국주의를 지탱하고 있다. 폭력으로 점철된 미국의 방대한 역사와 이스라엘의 최근 이념을 넘어서, 우리는 오늘날에도 거대한 전쟁들을 목격하게 된다. 예전에 그러했던 것처럼 오늘날에도 전쟁은 땅의 문제와 관련되어 있다. 스페인의 바스크 지방, 발칸반도, 북아일랜드, 그리고 이스라엘과 팔레스타인에서도 문제는 땅이다.

고대 이스라엘은 전체주의적 이념을 쉽게 무비판적으로 받아들였다. 물론 그때나 지금이나 땅을 조직하기 위한 대안적 방법으로 토라에 순종하자는 역주장도 존재해왔다. 하지만 토라의 필요성에 대한 주장은 땅의 소유라는 이념 앞에서 현실적으로 알맹이 없는 공허한 외침이 되어버렸다. 이스라엘은 그러한 태도가 결국 추방과 축출, 그리고 포로 상황으로 이어진다는 것을 배우게 될 것이다.

> 땅이여, 땅이여, 땅이여, 야웨의 말을 들을지니라(렘 22:29).

이스라엘은 포로의 상황에서 땅에 관한 모든 약속의 주체이신 하나님께 소망을 두는데, 그 소망의 내용은 불순종의 열매인 포로 상황을 극복할 수 있다는 것이다.

> 야웨의 말씀이니라. 너희를 향한 나의 생각을 내가 아나니 평안이요 재앙이 아니니라. 너희에게 미래와 희망을 주는 것이니라. 너희가 내게 부르짖으며 내게 와서 기도하면 내가 너희들의 기도를 들을 것이요, 너희가 온 마음으로 나를 구하면 나를 찾을 것이요 나를 만나리라. 이것은 야웨의 말씀이니라. 나는 너희들을 만날 것이며 너희를 포로 된 중에서 다시 돌아오게 하되 내가 쫓아 보내었던 나라들과 모든 곳에서 모아 사로잡혀 떠났던 그곳으로 돌아오게 하리라. 이것은 야웨의 말씀이니라(렘 29:11-14).

신학의 렌즈로 본 구약개관

Butler, Trent C. *Joshua*. WBC. Waco: Word, 1983(정일오 역, 『여호수아』 WBC 성경 주석[서울: 솔로몬, 2004]).

Carroll, Robert P. "The Myth of the Empty Land," *Semeia* 59 (1992), 79-93.

Davies, W. D. *The Territorial Dimension of Judaism*. Quantum Books 23. Berkeley: University of California Press, 1982.

Exum, J. Cheryl. "The Centre Cannot Hold: Thematic and Textual Instabilities in Judges," *CBQ* 52 (1990), 410-31.

Gnuse, Robert. "Israelite Settlement of Canaan: A Peaceful and Internal Process," Part 1, *BTB* 21(1991), 56-66. Part 2, *BTB* 21 (1991), 109-117.

Gunn, David M. "Colonialism and the Vagaries of Scripture: Te Kooti in Canaan," *God in the Fray: A Tribute to Walter Brueggemann*, edited by Tod Linafelt and Timothy K. Beal. Minneapolis: Fortress (1998), 127-142.

Hawk, L. Daniel. *Every Promise Fulfilled: Contesting Plots in Joshua*. Literary Currents in Biblical Interpretation. Louisville: Westminster/John Knox, 1991.

Mitchell, Gordon. *Together in the Land: A Reading of the Book of Joshua*. JSOTSup 134. Sheffield: Sheffield Academic, 1993.

O'Brien, Conor Cruise. *God's Land: Reflections on Religion and Nationalism*. Cambridge: Harvard University Press, 1988.

Polzin, Robert. *Moses and Deuteronomist: Deuteronomy, Joshua, Judges*. A Literary Study of the Deuteronomic History. New York: Seabury, 1980.

Prior, Michael. *Bible and Colonialism: A Moral Critique*. Sheffield: Sheffield Academic Press, 1997.

Prior, Michael. *Zionism and the State of Israel: Moral Inquiry*. London:

Routledge 1999.

Schwartz, Regina M. *The Curse of Cain: The Violent Legacy of Monotheism*. Chicago: University of Chicago Press, 1997.

Scott, James C. *Weapons of the Weak*. New Haven: Yale University Press, 1987.

Stone, Lawson G. "Ethical and Apologetic Tendencies in the Redaction of the Book of Joshua," *CBQ* 53 (1991), 25-36.

Webb, Barry G. *The Book of the Judges: An Integrated Reading*. JSOTSup 46. Sheffield: Sheffield Academic, 1987.

Whitelam, Keith W. *Invention of Ancient Israel: The Silencing of Palestinian History*. London: Routledge, 1997(김문호 역,『고대 이스라엘의 발명: 침묵당한 팔레스타인 역사』[서울: 도서출판 이산, 2003]).

Yee, Gale A., ed. *Judges and Method: New Approaches in Biblical Studies*. Minneapolis: Fortress, 1995.

제7장

왕정의 출현

사무엘상·하 | 열왕기상 1–11장 | 시편 일부

사무엘상의 처음 부분은 이스라엘에서 사회변혁이 일어난 시기를 소개한다. 사사 시대가 끝나고 왕정 시대가 시작된다. 몇몇 중심인물(사무엘, 사울, 다윗, 솔로몬)을 통해 진행되는 내러티브 속에서, 이스라엘은 먼저 위기의 시기를 맞게 된다. 그 위기는 기원전 1000년경 선지자 사무엘이 왕정의 성립에 참여함으로써 종결된다. 불안하기 짝이 없던 사울의 과도기적 통치는 이스라엘을 통일한 지도자 다윗에 의해 대체된다. 그는 왕국을 안정된 기반 위에 올려놓고 아들 솔로몬에게 왕위를 물려준다. 솔로몬의 통치 시대에 이스라엘은 주변 왕국들로부터 많은 문물을 받아들인다. 그만큼 이스라엘의 영향력은 대단했다. 그러나 그의 통치는 기원전 922년 왕국분열을 초래하게 될 씨앗을 뿌려놓는다. 비록 사무엘상·하와 열왕기상 1-11장이 우리에게 이스라엘의 새로운 국면에 대해 역사적이고도 사회정치적인 사실들을 제공한다 할지라도, 성서 본문은 무엇보다도 그러한 변화에 대한 신학적 관점을 우선적으로 제공하고 있다. 주변 가나안 문화로부터 상당한 요소들을 차용한 왕정의 성립으로 말미암아 현실에 대한 일종의 순응이 이루어진다. 이러한 상황에서 하나님 백성인 언약 공동체는 스스로를 어떻게 이해했는가? 하나님의 통치라는 견지에서 초기 왕들의 통치는 어떻게 이해되었는가? 역사적 전환기에서 과연 하나님은 무엇을 하셨는가? 왜 사울은 거절당하고, 다윗은 지지를 얻었으며, 솔로몬은 비판받았는가? 우리는 먼저 이 시대를 지정학(地政學)적인 관점에서 살펴보고자 한다. 그런 다음에 본문 및 이 책들의 전승들에 대한 신학적 관점을 살펴볼 것이다. 이를 통하여 이스라엘이 하나님과의 관계성 안에서 자신들의 삶을 이해하면서 그 새로운 시대를 어떠한 의미로 받아들였는지를 이해하고자 한다.

1. 이스라엘의 위기와 왕정으로의 전환

사무엘상의 처음 부분은 이스라엘이 위기에 처해 있음을 점차적으로 드러낸다. 위기는 안팎에서 찾아왔고, 그리하여 이스라엘의 통치와 리더십은 중앙집권화 되어야만 하는 상황으로 내몰리게 된다. 우리가 지금 알고 있는 성서의 전승은 이러한 새로운 체제를 왕정으로 규정하고 있다. 그러나 사울로부터 시작된 왕정은 고작 작은 부족 정도의 규모에 불과했다.[1]

왕정을 향한 **내부적 압력**은 엘리의 아들들의 타락 이야기에서 정점에 도달하게 된다. 엘리는 실로의 제사장이었는데, 그곳은 언약궤가 안치되어 있으며 이스라엘의 종교적 전통들이 보존되어오던 곳이다(삼상 2:11-17). 엘리는 아들들의 행동을 교정할 힘이 없었다(삼상 2:22-25). 한술 더 떠서 우리는 당시에 "야웨의 말씀이 희귀"(삼상 3:1)하였음을 보게 된다. 이보다 앞선 시대(사사 시대)에서, 이스라엘의 각 지파들을 통합했던 리더십 체제는 그 특성상 대체로 종교적이었다. 이러한 체제 안에서는 의례의 집전(제사장)과 언약 율법에 대한 해석(사사, 그리고 아마도 선견자 혹은 하나님의 말씀의 해석가들)이 포함되어 있었다. 간헐적으로 밀어닥쳤던 군사적인 위협은 카리스마적 군사 지도자들을 배출해 냈고, 그 지도자들은 이스라엘을 위협에서 구원해주었다. 그러나 이러한 리더십체제는 위기의 상황이 지나고 나면 다시금 해체되었으며, 게다가 이스라엘의 모든 지파들을 다 포괄하지도 못했다.

성서 본문과 고고학적 자료의 정보를 사용하는 최근의 사회학적·인류

---

1) 다음을 보라: James W. Flanagna, "Chiefs in Israel," *JSOT* 20 (1981): 47-73.

학적 방법들을 통해 우리는 사무엘상의 사건들 이전에 이미 초기 이스라엘 지파들에게 중앙집권화에 대한 압력이 점차 증가하고 있었음을 알 수 있다.[2] 이러한 압력의 요인으로는 인구의 증가, 다양한 문화집단들의 혼합, 그리고 고원지대 농업의 한계상황을 들 수 있다. 이 시대 경제적 상황에 대한 최근의 연구에 의하면, 당시에는 유지해야 할 부(富)의 축적이 증가하고 있었다. 이로 인해 사람들은 상호협력적이고 중앙집권적인 관리 및 방어체계의 필요성을 느끼게 되었다. 지파체제의 이스라엘은 이미 왕을 요구한 바 있다. 미디안 족속을 물리친 이후에 기드온은 왕이 되어달라는 제의를 받는다. "당신과 당신의 아들과 당신의 손자가 우리를 다스리소서"(삿 8:22). 그는 "야웨께서 너희를 다스리시리라"(삿 8:23)라고 응수하면서 그 제안을 거절한다. 그러나 그의 아들 아비멜렉은 세겜을 근거지로 하여 왕정을 세우고자 시도하였다가 비참한 종말을 맞게 된다(삿 9장). 사사기의 마지막 부분(삿 17-21장)은 지파들 간에 폭력적인 충돌이 있었음을 보여준다. 그 때에는 백성들을 통합하고 관리하며 윤리적 지침을 이끌어 갈 만한 권위가 존재하지 않았다. "그때에 이스라엘에 왕이 없었으므로 사람이 각각 그 소견에 옳은 대로 행하였더라"(삿 17:6; 21:25).

이스라엘의 위기 및 왕정으로의 전환은 또한 **외부적 압력**의 결과이기도 하다. 그 결정적인 원인은 블레셋의 성장이었다. 사사기에 반영된 사사들의 시대에, 먼저 이스라엘은 적들의 군사적 위협에 직면했고, 그럴 때마다 각 지파들을 연합하여 위협으로부터 승리와 안정을 이끌어내는 지도자들이 등장하곤 했다. 공격적이고 야심만만한 이웃 민족들의 위협이나 약소민족들을 잡아먹는 적대적인 집단들의 위협을 종식시키는 데에는 단 한 차례의 전쟁이면 충분하였다. 그런데 블레셋으로부터의 위협은 그와는 사정이 좀 달랐다.

---

2) 다음을 보라: Frank S. Frick, *The Formation of the State in Ancient Israel: A Survey of Methods and Theories* (SWBA 4; Sheffield: JSOT press, 1985).

기원전 12세기 초엽에 블레셋은 지중해 해안평야에 정착했다. 블레셋 민족은 에게 해(海)로부터 이주해온 해양민족의 일부였다. 그들은 동부 지중해 연안 전체에 걸쳐 자신들의 영토를 확보하고자 했다. 이들 해양민족들은 이집트에 진출하고자 했으나 결국 돌아서야 했는데, 이 사건은 메디네트 하부(Medinet Habu) 유적의 벽화와 금석문들에 묘사되어 있다. 파라오 람세스 3세(Rameses III)는 그들로 하여금 이스라엘 지파 영토의 남서부에 위치한 해안평야에 정착하도록 하였다. 거기서 그들은 다섯 개 도시 국가들—가자, 아스글론, 아스돗, 에글론, 그리고 가드—의 연합체를 결성하였다. 이 해양민족 집단의 명칭인 "블레셋인들"(Philistines)은 기존의 가나안 지배계층을 대신하게 되었다. 그들은 전문적인 보병과 용병 전차부대로 구성된, 잘 정비된 군대를 갖추어놓았다. 또한 그들은 해안평야에서의 강력한 경제적 기반을 바탕으로 철제무기를 소유하게 되었다.

기원전 11세기 말엽, 블레셋과 남쪽 지파였던 유다 및 단 지파 사이에 충돌이 일어났다. 블레셋 사람들은 자신들의 영토와 영향력의 범위를 확장시키려 했다. 이러한 충돌은 삼손 이야기에 반영되어 있다(삿 13-16장). 결과적으로 단 지파는 이스라엘 영토의 북쪽 끄트머리로 이주해야만 했고(삿 17-18장), 유다 지파는 잠시 동안이나마 블레셋의 속국이 되어야 했다(삿 15:11).

이러한 위협은 사무엘상 1장의 시작부터 더욱 심각해진다. 블레셋은 중앙 고원지대에 자리 잡은 이스라엘 백성의 영토 전체를 차지하기 위해 군사적 원정을 단행한다. 우리가 앞으로 보게 될 것이지만, 사무엘상 4-6장은 이스라엘이 블레셋 군대에게 크게 패배했다는 기록을 전하고 있다. 언약궤는 빼앗겼고, 성소였던 실로는 파괴되었다. 고원지대에는 블레셋 수비대가 주둔하게 되었고, 철기 제조가 독점되는 바람에 이스라엘은 무기를 만들지 못하게 되었다(삼상 13:19-22). 또한 위협에 맞서기 위한 군대의 모집도 이루어지지 못했다. 따라서 이스라엘은 블레셋에게 병합되거나 아니면 그들로 인해 야기되는 위기에 맞설 수 있도록 새로운 형태의 군사적·사회적 리더십을 배출해내야만 했다.

사무엘상의 시작에서부터 우리는 중앙집권적인 새로운 통치기구와 군사적 리더십에 대한 요구가 점차 증가하는 분위기를 감지하게 된다. 이스라엘의 주변 민족들에게서 발견되는 가장 주된 통치체제는 바로 왕정이었다. "우리도 우리 왕이 있어야 하리니 우리도 다른 나라들 같이 되어 우리의 왕이 우리를 다스리며 우리 앞에 나가서 우리의 싸움을 싸워야 할 것이니이다"(삼상 8:19b-20). 하나님의 언약백성이라고 하는 이스라엘의 정체성과 관련된 종교적 통치체제는 점차 혼탁해지고 이기적인 것으로 변하게 되었다(삼상 2:11-17, 22-25). 사무엘서가 끝나기까지 우리는 이러한 리더십의 위기 속에서 이스라엘이 배출한 새로운 두 종류의 지도자들을 만나게 된다. 하나는 하나님의 말씀을 대언하는 예언자, 그리고 다른 하나는 하나님의 기름 부음 받은 자인 왕이다.

2. 왕정에 대한 신학적 관점

앞서 간략히 살펴본 이스라엘의 대내외적 위기는 역사적이고 사회경제적인 용어로 묘사될 수 있다. 그러나 사무엘상은 근본적으로 이러한 위기를 신학적인 관점에서 바라보고 있다. 하나님은 엘리 집안의 신실치 못함을 참지 않으실 것이다(삼상 2:25b, 27-36). 하나님은 블레셋 사람들이 하나님의 백성을 이기는 것을 참지 않으실 것이다(삼상 5:1-7:1). 하나님은 이스라엘에 야웨의 말씀이 전달되지 않는 상황을 참지 않으실 것이다(삼상 3:19-4:1a). 만약 이스라엘에게 새로운 미래가 있다고 한다면, 그것은 하나님이 왕들과 예언자들을 일으키시는 것이다. 그러나 이러한 확신은 어느 정도 이스라엘 안에서의 신학적 긴장과 모호성들을 수반했다.

1) 하나님의 통치

이스라엘의 왕정 성립을 단순한 사회정치적 변혁이 아닌 신학적 변혁으로 이해하기 위해서, 우리는 "하나님의 통치"라는 개념을 잠시 살펴보아야만 한다. 야웨를 신성한 통치자로 이해하는 사고방식은 성서의 이야기에서 이미 오래 전에 등장한다. 예를 들어 하나님은 위대한 창조주인데, 인간은 그분의 형상을 몸안에 지니고 있으며 또한 그분의 통치를 대행한다(창 1:26-29). 이집트의 속박으로부터 이스라엘을 건져내신 용사 야웨의 승리는 출애굽기 15:18에서 하나님의 통치에 대한 선포를 통해 경축된다. "야웨께서 영원무궁하도록 다스리시도다." 야웨의 통치를 신적 통치로 그려내는 이미지는 이스라엘의 이야기에서 계속적으로 중요성을 띠어왔다. 특히 그러한 표현은 예언서와 등극시(enthronement psalms)에서 두드러진다. 야웨의 통치를 강조하는 데에는 두 가지 구별된 초점들이 존재한다. 하나님은 우주를 다스리시는 주권자시며, 또한 그분은 당신의 백성 이스라엘을 다스리시는 주권자시다.

야웨가 **모든 피조물을 다스리시는 분**이라는 점을 가장 명쾌하게 주장하는 모습은 등극시들에서 발견된다. 이러한 예전문들은 야웨가 왕임을 선포한다. 야웨의 통치는 다른 모든 신들보다 뛰어나게 드러나며 모든 피조물에 대한 창조주의 자격으로서 지닐 수 있는 신적 통치에 기반을 둔다. 우주를 창조하시고 그것의 지배자가 되시기 위하여 야웨는 고대 근동의 전승에서 일반적인 모티프로 등장하는 혼돈의 세력("홍수", "라합", "물들"로 등장하는)을 물리치신다.

> 야웨는 크신 하나님이시요
> 모든 신들보다 크신 왕이시기 때문이로다.
> 땅의 깊은 곳이 그의 손 안에 있으며
> 산들의 높은 것도 그의 것이로다.
> 바다도 그의 것이라 그가 만드셨고

　　　　　　　　　　　　　　신학의 렌즈로 본 구약개관

육지도 그의 손이 지으셨도다(시 95:3-5).

야웨여 주의 기이한 일을 하늘이 찬양할 것이요
주의 성실도 거룩한 자의 모임 가운데에서 찬양하리이다.
무릇 구름 위에서 능히 야웨와 비교할 자 누구며
신들 중에서 야웨와 같은 자 누구리이까?
하나님은 거룩한 자의 모임 가운데에서 매우 무서워할 이시오며….
주께서 바다의 파도를 다스리시며
그 파도가 일어날 때에 잔잔하게 하시나이다.
주께서 라합을 죽임 당한 자 같이 깨뜨리시고
주의 원수를 주의 능력의 팔로 흩으셨나이다.
하늘이 주의 것이요 땅도 주의 것이라.
세계와 그 중에 충만한 것을 주께서 건설하셨나이다…
야웨는 우리의 방패이시며
이스라엘의 거룩한 자가 우리의 왕이기 때문입니다(시 89:5-7a, 9-11, 18[18
절은 저자의 번역]).

야웨께서 다스리시니 스스로 권위를 입으셨도다.
야웨께서 능력의 옷을 입으시며 띠를 띠셨으므로
세계도 견고히 서서 흔들리지 아니하는도다.
주의 보좌는 예부터 견고히 섰으며
주는 영원부터 계셨나이다.
야웨여 큰물이 소리를 높였고
큰물이 그 소리를 높였으니
큰물이 그 물결을 높이나이다.
높이 계신 야웨의 능력은 많은 물소리와
바다의 큰 파도보다 크니이다(시 93:1-4).

모든 피조물에 대한 야웨의 통치는 여러 민족 간의 관계성에 대해 윤리적 의미를 지닌다. 하나님의 통치는 윤리적으로나 신학적으로나 결코 가치중립적이지 않다.

공의와 정의가 주의 보좌의 기초라.
인자함과 진실함이 주 앞에 있나이다(시 89:14; 참조. 시 97:2).

모든 나라 가운데서 이르기를 야웨께서 다스리시니
세계가 굳게 서고 흔들리지 않으리라.
그가 만민을 공평히 심판하시리라 할지로다….
그가 의로 세계를 판단하시며
그의 진실하심으로 백성을 심판하시리로다(시 96:10, 13b).

이렇게 하나님을 주권적 창조자로 그리는 것은 창세기 1장에 나타나는 최초의 하나님 묘사에 대한 기초를 제공한다. 능력과 권위를 입으신 하나님은 혼돈의 물 위에 창조의 질서를 세우시고, 자신의 형상대로 지으신 인간에게 "통치권"(dominion)을 주심으로써 인간으로 하여금 피조물들에 대한 신적 통치를 대행하게 하신다. 왕에게 적용되는 "통치권"이라는 표현은 땅을 마음대로 다룰 수 있다는 것을 의미하는 것이 아니다. 오히려 그것은 "하나님의 형상"을 입은 자로서 창조주의 주권을 대신 수행할 수 있게 하는 임명장인 것이다.

성서의 전통에서 하나님은 또한 **이스라엘의 주권자**로 증언된다. 하나님은 역사 속에서 어느 특정한 백성을 다스리는 분이다. 이런 하나님 이해는 초기 이스라엘의 전통에서 출애굽-시내 산 전승과 관련하여 발전하였다. 바다의 노래는 파라오에 대한 야웨의 승리와 이스라엘의 구원을 경축하면서 하나님의 주권과 그분의 거룩한 처소를 노래하고 있다(출 15:17-18). 모든 민족들에 대한 창조주 하나님의 주권은 이제 이스라엘의 왕권과 연결되며, 혼돈에 대한 승리는 역사 가운데 나타난 억압으로부터의 구원과 연관된다.

> 야웨 그들의 하나님이 그들과 함께 계시니
> 왕을 부르는 소리가 그 중에 있도다.
> 하나님이 그들을 애굽에서 인도하여 내셨으니
> 그 힘이 들소와 같도다(민 23:21b-22).

하나님의 통치 및 그것이 지니는 공의와 정의를 향한 윤리적 성향은 이제 이스라엘 역사의 한 부분으로서 특별하게 경험될 것이다.

> 야웨께서 다스리시니 만민이 떨 것이요
> 야웨께서 그룹 사이에 좌정하시니…
> 능력있는 왕은 정의를 사랑하느니라.
> 주께서 공의를 견고하게 세우시고
> 야곱에게 정의와 공의를 행하시나이다….
> 그의 제사장들 중에는 모세와 아론이 있고
> 그의 이름을 부르는 자들 중에는 사무엘이 있도다(시 99:1, 4, 6).

이러한 전통들을 통해 볼 때, 기드온이 그와 그의 아들들이 왕이 되어야 한다는 백성의 주장에 대해 "우리에게는 이미 왕이 있다"라고 대답했던 사실을 충분히 이해할 수 있게 된다(삿 8:22-23). 지상의 왕권이 야웨의 왕권 사상과 충돌을 일으킬 수 있다는 견해는 사무엘의 시대에도 지배적이었던 것 같다. 앞서 살펴본 사무엘 시대의 위기가 사고의 균형을 깨뜨리기 시작했지만, 여기에는 여전히 진지한 신학적 함축과 적용이 담겨 있다.

2) 사무엘서의 문헌 전승들

사무엘서 전체와 열왕기의 첫 열한 장은 사울을 통해 불안정하게 시작되어 다윗에 의해 견고해지고 솔로몬의 치하에서 짧게나마 제국으로 군림했던 왕정 성립의 이야기를 담고 있다. 그러나 이들 내러티브는 그러한 역사를 보도하는 데 있어 결코 중립적이거나 공평한 시각을 지니고 있지 않다. 또한 여기에는 하나의 일관된 이야기만 담겨 있는 것도 아니다. 거의 모든 학자들은 현재 형태의 내러티브들이 이스라엘에서 처음으로 왕정이 수립되던 시절에 나타난 모호성들과 긴장들을 반영하고 있으며, 동시에 이스라엘의 삶에서 결정적인 순간이 닥쳤던 후대에 이 사건을 신학적으로 재평가하는 것이라는 점에 의견일치를 보고 있다. 그러므로 **문헌 전승들에 대한 신학적 관점**에 대해 잠시 언급해둘 필요가 있겠다.[3]

특별히 사울 왕권의 시작에 대한 내러티브 안에는 왕정에 대한 서로 다른 평가가 담겨 있다. 몇몇 자료는 분명히 왕정을 승인하지 않고 그것을 죄로 여기고 있다(예를 들어 삼상 8장; 12장). 반면 다른 에피소드들은 사울과 그의 왕권에 대해 확실히 긍정하면서 이러한 일들을 하나님의 구원 사역으로 보고 있다(예를 들어 삼상 9:1-10:16; 11:1-15). 이전의 학자들은 으레 이 본문에서 왕정 찬성 자료들과 왕정 반대 자료들을 찾고자 했다(전자는 보다 더 오래되었고 후자는 보다 이후의 것으로 간주되었다). 그러나 그와 같은 시도는 거의 성공하지 못했다. 오히려 이 전승들은 왕정이 세워질 무렵의 혼란과 긴장을 어느 정도 반영하는 것으로 보인다. 분명 왕정의 성립 과정에서는 지지와 반대가 동시에 존재했음에 틀림없다. 이 시기에 해당되는 특정 이야기 단편들의 내러티브 모음집은 시간이 흐름에 따라 점차 확장되었을 것이다.

---

3) 사무엘서의 복잡한 문헌 전승사에 대한 다양한 가설들을 논의해 놓은 책은 다음과 같다: Bruce C. Birch, "The First and Second Books of Samuel: Introduction, Commentary, and Reflection," *NIB*, vol. 2 (Nashville: Abingdon, 1998), 951-958; R. P. Gordon, *1 and 2 Samuel* (OTG; Sheffield: JSOT Press, 1984), 14-20.

신학의 렌즈로 본 구약개관

대부분의 학자들은 사무엘상 16장-사무엘하 5:10에서 "다윗의 등극 역사"(a History of the Rise of David)를, 사무엘하 9-20장과 열왕기상 1-2 장에서 "다윗의 궁정역사"(a Court History of David, 혹은 왕위계승 내러티브 [the Succession Narrative]라고도 부른다)를, 그리고 열왕기상 3-11장에서 "솔로몬의 통치 내러티브"를 찾아내었다. 그러나 왕정에 대한 다양한 평가들을 담고 있는 이러한 이야기들 및 모음집들은 예술적으로 하나의 보다 큰 내러티브로 결합되었다. 이러한 작업은 이스라엘 역사 후기에, 왕정에 대한 자신들의 경험들을 반영하는 후대 사람들에 의해 이루어졌다. 몇몇 학자들은 이 이야기에서 예언자적 편집의 증거를 발견하였다. 여기서는 왕들에게 기름을 붓고, 그들로 하여금 하나님의 뜻을 구현하게 하며, 궁극적으로 어떤 이(사울)는 거부하고 어떤 이(다윗)는 인정하는, 그러한 예언자적 역할이 강조된다. 대부분의 학자는 사무엘상·하와 열왕기상 1-11장의 최종적인 문학형태를 만들어낸 사람들이 바로 신명기 사가(申命記史家: Deuteronomistic Historian)라고 생각한다. 이들 본문은 여호수아서에서 열왕기하에 이르는 보다 큰 역사책의 일부분에 속하게 되었으며, 여기에는 바빌로니아 포로기와 왕정의 몰락이라는 경험이 반영되어 있다. 이렇게 이스라엘의 왕정 이야기를 포로기의 상황에서 신명기 사가적으로 그려내는 일을 통해 사무엘서와 열왕기의 최종 형태가 확립되었다. 왕정의 몰락이라는 포로 경험은 때때로 신명기 사가들로 하여금 이스라엘의 초기 왕들에 대해 다시금 말하지 않을 수 없게 만들었던 것이다.

이렇게 재진술된 왕정 이야기 및 통일왕국 이야기들은 당시의 사건들에 대해 나름의 고유한 관점을 지니고 있었으며, 하나님의 백성으로서 그들이 경험한 바에 따라 그 이야기 속에서 의미를 발견하고자 시도했다. 우리는 최종 형태의 본문을 보면서 종종 그 안에 명확하게 드러나는 선입견들에 주목하게 된다. 우리는 이야기의 화자(話者)가 결코 공정하고 중립적인 관점을 지니지 않았다는 사실을 알아차려야만 한다. 그러나 또한 우리는 이 이야기가 현재 형태로 여러 세대를 거쳐 신앙 공동체에게 전수되었고 오늘 우리에게도 무언가를 말해주고 있다는 사실 역시 이해해야 한다. 이야기의 각 부분은 사무엘, 사울, 다윗, 그리고 솔로몬이라는 네 명의 등장인물에 의해 차례로 전개된다.

3. 사무엘: 위기와 전환(삼상 1-7장)

우리는 이미 이 시대에 이스라엘의 삶의 형태를 새롭게 바꾸어놓은 대내외적 위기들에 대해 살펴보았다. 이러한 위기들은 사무엘상의 첫 부분에 잘 나타나지만, 의미심장하게도 이스라엘 역사 가운데 이 시대의 이야기는 이처럼 중대한 사안들을 거대한 필치로 그려내지 않는다. 오히려 사무엘상은 "한나"라는 이름의 자식 없는 한 여인의 절망으로부터 시작한다. 사무엘상 1장에서 한나는 엘가나의 두 아내 중 한 명으로 소개된다. 비록 한나는 엘가나의 사랑을 받지만 그녀는 또 다른 아내인 브닌나에게 조롱을 당하면서 그 당시 자식 없는 여인들이 당하는 치욕을 감내해야만 했다. 실로의 성소를 순례하는 동안에, 그녀는 대담하게 하나님께 아이를 달라고 기도하면서 그 아이를 야웨께 바치겠다는 헌신의 서원을 행한다. 제사장 엘리는 그녀를 보고서 그녀가 취했다고 생각하지만, 결국 엘리는 그녀의 탄원에 대해 축복한다. 야웨께서 "그를 생각"(삼상 1:19)하셨고, 그녀는 임신하여 아들을 낳아 그 이름을 사무엘이라 지었다. 아이는 젖을 떼자 마자 제사장 엘리에게 맡겨져 실로에서 야웨께 헌신하며 자라게 되었다.

한나의 이야기의 절정에서, 아이를 얻는 일은 "요청받은, 빌려준"이란 의미의 히브리어 동사 "솨알"(שאל)과 연관되어 묘사되는데(삼상 1:20, 27-28), 이 단어는 사울이라는 이름의 어근이기도 하다. 물론 사무엘은 하나님의 예언자가 되고 그의 삶은 이스라엘의 첫 번째 왕이 될 사울의 삶과 서로 얽히게 될 것이다.

　　　　　　　　　　　　　신학의 렌즈로 본 구약개관

한나의 이야기는 의심할 바 없이 이후에 등장할 이스라엘 이야기를 대표하는 것으로 의도되었다. 우리가 앞으로 보게 되겠지만, 이스라엘은 불확실한 미래를 목도하고 있다. 한나와 같이 아이를 갖지 못한 여인의 간청을 하나님이 기억한다는 사실은 하나님이 이스라엘의 미래를 위해 기억하시고 은혜를 베푸시리라는 희망을 제공해준다. 우리는 앞으로 계속되는 예언자들과 왕들, 전쟁과 정치의 이야기들이 진정으로 말하고 있는 것이 바로 하나님의 은혜임을 주목하게 될 것이다. 이스라엘의 미래는 하나님의 은혜로 말미암는 것이지 결코 스스로 만들어지는 것이 아니다. 왕정을 도입한 이스라엘의 미래에 대한 하나님의 은총은 한나와 그녀의 아들 사무엘로부터 시작된다. 실제로 한나의 이름은 히브리어로 "은총"을 의미한다.

사무엘상 2:1-10에 나타나는 한나의 노래는 감사의 찬양으로서 아마도 이스라엘의 방대한 송영(doxological) 전통에서 비롯되었을 것이다(시 113편을 보라). 그러나 이것을 노래하는 한나는 단지 사무엘의 어머니가 아니라 이스라엘의 어머니다. 이 찬양은 한나의 뿔("힘"[strength])이 높아졌다는 말로 시작하여(삼상 2:1a) 하나님의 기름 부음 받은 자인 왕의 뿔("힘"[power])이 높아지리라는 말로 이어진다(삼상 2:10b). 하나님의 은혜로운 행위였던 사무엘의 출생은 또한 하나님의 은혜로운 행위로서 이스라엘 왕정의 탄생과 긴밀히 묶여 있다. 곧바로 이어지는 본문에서 이스라엘의 미래는 삭막해 보이지만, 한나의 노래는 하나님이 가능케 하실 힘의 반전을 경축하고 있다. 약함을 강함으로 만드시고, 비천함을 고귀함으로 만드시고, 배고픔을 채우시고, 가난함을 부유함으로 만드시고, 아이 낳지 못하는 자에게 아이를 주신다(삼상 2:4-8a). 사실 하나님의 능력 안에서만 가능한 이러한 반전들은 사무엘서의 중요한 주제이다. 사무엘하 22장(시편 18편과 거의 동일한)에서 다윗은 한나의 노래에 사용된 동일한 주제들 중 많은 것들을 차용하여 감사의 노래를 부른다. 결국 사무엘서는 이스라엘의 미래를 거스르는 장애물을 극복하기 위한 하나님의 능력을 기대하고 깊이 인식하는 한나의 노래와 다윗의 노래로 둘러싸여 있는 셈이다. 한나의 노래는 후에 마리아 송가(눅 1:46-55)의 패턴을 마련해준다. 다시 한 번 한 여인이 하나님의 은총의 힘으로 가능하게 된 탄생을 경축한다. 그리고 다시 한 번 그 노래는 기름 부음 받은 자("메시아"[חָישִׁמ]; "기름 붓다"[חַשָׁמ]라는 히브리어 동사에서 파생되었다)의 도래를 내다본다. 이들 두 개의 노래는 모두 하나님의 능력을 약하고 힘없는 자들을 위한 변혁의 힘으로 이해한다. 또한 이 둘은 모두 이스라엘과 교회를 위해 하나님이 가능하게 만드실 새로운 권력 질서와 잠재력을 노래한다. 이스라엘에게 이것은 궁극적으로 다윗을 통해 성취될 것이다. 그리고 교회에게 이것은 다윗의 후손 예수를 통해 성취될 것이다.

한나의 고통을 통하여 하나님의 은혜를 배운 후에야 우리는 이스라엘의 고통을 만나게 된다. 엘리의 아들들은 타락했고 제물을 자신의 몫으로 취했으며 비도덕적인 행위를 일삼았다. 엘리는 그들을 막기에 역부족이었다(삼상 2:12-17, 22-25). 하나님은 그러한 불신앙을 참으실 수 없었다. 엘리 집안을 향한 하나님의 심판이 사무엘상 2:27-36에 선포되어 있다(아마도 이러한 운명의 성취를 눈으로 볼 수 있었던 신명기 사가가 이를 기록했을 것이다). 엘리의 아들 홉니와 비느하스는 이러한 심판의 증표로 동일한 날에 죽을 것이다. 엘리의 집안은 칼로 망하게 될 것이다(삼상 22:6-23에서 사울은 놉에 거하던 그들을 모두 죽였다). 오직 한 사람(아비아달)만이 도망칠 것인데, 그 역시도 비통함 가운데 생을 마칠 것이다(왕상 2:26-27에서 그는 솔로몬에 의해 추방당한다). 하나님은 새로이 신실한 제사장(사독: 그의 가문이 솔로몬 성전의 제사장직을 보유하게 된다; 왕상 2:35)을 일으키실 것이다.

엘리 집안의 타락과 심판에 관한 이야기 전반에 걸쳐 사무엘은 이스라엘을 향한 하나님의 새로운 미래를 이끌어갈 선구자적 역할을 인정받고 있다. "아이 사무엘이 점점 자라매 야웨와 사람들에게 은총을 더욱 받더라"(삼상 2:26; 또한 2:11, 18, 21b; 3:1a을 보라; 또한 눅 2:52와 비교하라). 사무엘상 3장은 "야웨의 말씀이 희귀하여"(삼상 3:1b)라는 기록으로 시작된다. 그리고는 하나님의 말씀이 아직 어린 소년인 사무엘에게 임하는 이야기가 이어진다. 사무엘은 자신의 멘토인 엘리에게 전달해야만 하는 심판의 말씀을 듣는다. 이는 매우 대조적인 이야기다. 경건하지만 우유부단했던 엘리는 이스라엘의 미래를 이끌 수 없었다. 그러나 그는 사무엘의 경험을 통해 야웨를 인식했던 사람이다. 미숙하고 순진한 소년에 불과했던 사무엘은 이스라엘의 미래의 시작이었다. 이 장은 제사장직에 대한 불신임으로 끝나지만, 대신에 사무엘을 "야웨의 예언자"이자 온 이스라엘을 향한 하나님의 말씀의 통로로 세워놓는다(삼상 3:19-4:1a).

이스라엘의 내부적 위기에 대한 우리의 서론은 외부의 위협, 즉 블레셋에 대한 설명으로 연결되는 길을 제공한다. 잠시 동안 사무엘에 대한 언급이 사라진다. 그러는 가운데 우리는 이스라엘이 처한 상황의 심각성을 보게 된다. 이스라엘의 생존은 그야말로 경각에 달려 있다. 사무엘상 4-6장의 이야기를 진행하는 화자는 하나님의 능력만이 이스라엘을 구원할 수 있으며 여기서 인간 대리자의 역할은 거의 존재하지 않는다는 시각을 견지한다. 이 본문은 보통 법궤 내러티브(the Ark Narrative)라고 불리며, 몇몇 학자들은 이 본문이 법궤가 예루살렘에 안치되는 사무엘하 6장과 연결되는 것으로 여긴다(이는 전혀 확실치 않다).[4] 이 에피소드들의 중심에 놓여 있는 것은 바로 법궤다. 법궤는 이스라엘 가운데 하나님의 현존을 드러내는 상징으로서 실로의 성소에 안치되어 있었다. 그것은 이스라엘에서 오래 전부터 내려온 보물들을 담고 있는, 금으로 싸여진 상자였다. 하지만 법궤가 중요했던 이유는, 그 위에 날개 달린 그룹들이 법궤를 덮고 있는데

---

4) 법궤 내러티브와 관련된 문제들에 관한 논의에 대해서는 다음을 보라: Patrick D. Miller, Jr. and J. J. M. Roberts, *The Hand of the Lord: A Reassessment of the "Ark Narrative" of 1 Samuel* (Baltimore: Johns Hopkins University Press, 1977). 또한 John T. Willis("Samuel versus Eli: 1 Sam 1-7," *TZ* 35 (1979): 201-212)는 법궤 내러티브가 독립적으로 존재했던지 그렇지 않던지 간에 현재 결합되어 있는 삼상 1-7장은 한 단위라는 주장을 설득력 있게 펼쳤다.

그 사이에 하나님이 눈에 보이지 않게 좌정하고 계신다는 사실 때문이다. 왕이신 하나님에게 법궤는 일종의 보좌와도 같은 받침대였던 것이다. 법궤의 제작에 관해서는 출애굽기 37:1-9에 기술되어 있다.

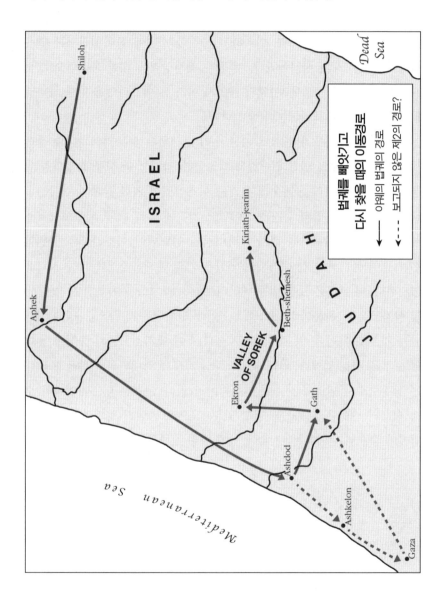

사무엘상 4장은 이스라엘의 중앙산지를 정복하기 위한 블레셋의 원정을 강한 필치로 그려내고 있다. 이스라엘은 위협에 맞서 더 많은 군인을 징집하려고 애썼음에도, 두 차례의 전투를 통해 결정적으로 패배하고 말았다. 설상가상으로 두 번째 전투에서는 하나님의 현존을 보증하기 위해 법궤를 전장으로 가져왔다가 도리어 그것을 블레셋에게 빼앗기고 만다. 전쟁터로 법궤를 메고 왔던 엘리의 아들들은 이전에 선포된 예언대로 죽임을 당한다. 그리고 이 소식을 전해들은 엘리도 스스로 넘어져 죽고 만다. 이는 엘리 집안의 몰락의 서곡이었다. 우리는 다른 자료들을 통하여 블레셋 사람들이 땅을 점령하여 곳곳에 수비대를 세우고, 이스라엘이 무기를 만들지 못하도록 철의 제조를 독점하였음을 보게 된다(삼상 13-14장). 예레미야서의 언급들은 실로가 이 시기에 파괴되었다고 보도한다(렘 7:12; 26:6, 9). 이스라엘에게 있어 정치적 자율과 종교적 정체성은 이러한 적들에 의해 완전히 와해되어버릴 위기에 처해 있었다.

법궤 내러티브의 핵심적인 신학적 질문은 "어찌하여 하나님이 이러한 일들을 방관하시는가", 그리고 "그러한 상황에서 이스라엘은 앞으로 어떻게 될 것인가" 하는 것이다. 이러한 질문들은 사무엘 시대 블레셋의 침략에 의해 야기된 중요한 문제들이었을 뿐만 아니라 훗날 다시금 법궤와 성소를 잃게 된 바빌로니아 포로들과 이러한 이야기를 재구성하려는 신명기 사가들에게도 심각한 질문들로 제기된 것들이다. 이러한 관련성은 사무엘상 4:21에 등장하는 이가봇이라는 아이의 이름에서 명확하게 드러난다. "영광이 이스라엘을 떠나 **유배당했다**"(저자의 번역).

현재 사무엘상 1-3장 이후에 배열된 본문들을 보면, 첫 번째 질문에 대한 답은 하나님이 신실치 못한 이스라엘의 지도자들을 심판하시기 위해 이러한 사태들을 내버려두셨다는 것이다. 법궤 내러티브는 그 자체로는 엘리 집안의 죄악에 대해 아무런 언급도 하지 않고 다만 엘리와 그의 아들들의 죽음만을 보도한다. 따라서 독자들은 이 결과를 그들의 타락과 연결시킨다. 사무엘상 5장과 6장은 두 번째 질문에 답을 제공한다.

사무엘상 5-6장의 메시지는 분명하다. 곧 소망이 없어 보이는 상황 속에서 하나님만이 소망의 근원이 되신다는 것이다. 사무엘상 5장에서 국면의 전환이 일어난다. 블레셋 사람들은 자신들이 이스라엘을 지배하게 되었다는 의미로 법궤를 자신들의 신인 다곤 신전에 둔다. 아침이 되자 다곤 신상은 엎드러져 얼굴이 땅에 닿아 있었다. 그 다음 아침에는 다곤의 두 손과 목이 끊어져 너부러져 있었다. 야웨는 패배한 듯이 보였지만, 이제 블레셋 사람들을 향한 "하나님의 손이 엄중히 더하시므로"(삼상 5:6, 7, 9, 11) 그들은 재난을 당하고 다곤은 손이 잘려 무기력하게 엎드러진다. 이러한 재앙 앞에서 블레셋 사람들은 법궤를 되돌려보내기로 결정한다(삼상 6장). 그들은 젖소가 이끄는 수레에 법궤를 실어 이스라엘 하나님의 분노를 가라앉힐 제물과 함께 돌려보낸다. 법궤를 통해 드러난 하나님의 힘은 그것의 귀환을 반가이 맞았던 이스라엘 사람들에게조차 동일하게 위험한 것이었다. 결국 법궤는 기럇 여아림에 머물게 되는데, 그것은 거기서 다윗 시대까지 잊혀지게 된다(삼상 6:19-7:2).

사무엘서의 시작 부분에 나오는 일련의 사건들 속에서 인간 지도자가 아무런 역할을 하지 못한다는 사실은 의미심장하다. 왜냐하면 사무엘서와 열왕기의 대부분에서는 강력하고 카리스마적인 인물이 지배적인 역할을 하고 있기 때문이다. 우리는 법궤 내러티브를 통해 구원이 궁극적으로 하나님의 은혜로 주어지는 것임을 기억하게 된다. 왕권의 드라마가 계속되는 가운데서, 이들 사건과 이야기의 배후에 있는 진정한 힘이 바로 야웨라는 사실에 대한 기억은 계속해서 보존될 것이다.

사무엘상 7장에서 이스라엘의 위기는 내부와 외부에서 동시에 밀어닥친다. 신실하고 진정한 지도자에 대한 내적인 요구에 걸맞게, 하나님은 **하나님의 말씀**의 대언자로서 예언자 사무엘을 세우신다. 진정한 힘의 근원을 설명하기 위한 외적인 요구에 걸맞게, 야웨는 **하나님의 손**으로 블레셋과 그들의 신 다곤을 굴복시킨다. 이제 사무엘과 블레셋은 사무엘상 7장에서 동시에 등장한다. 사무엘은 이스라엘 백성을 우상숭배에서 돌이키고

신학의 렌즈로 본 구약개관

(삼상 7:3-4) 야웨 앞에서 기도하도록 이끈다(삼상 7:5-6). 이스라엘이 모였을 때 블레셋이 침공하지만, 사무엘은 야웨께 부르짖고 블레셋 사람들은 야웨의 천둥으로 말미암아 혼란에 빠져서 이스라엘에게 추격당한다(삼상 7:7-11).

여기에 나타나는 패턴은 우리가 앞서 사사기에서 발견한 것과 유사하다. 사실상 이 장에서 사무엘은 세 차례 이스라엘을 "다스렸다"(judged)고 언급된다(삼상 7:6, 15, 16). 이스라엘이 우상숭배로부터 돌아선 일, 하나님이 신실한 지도자를 세우신 일, 하나님의 능력으로 적을 쳐부수고 이룬 승리, 그리고 사무엘의 남은 생애 동안 지속된 평화의 시기로 이어지는 패턴이 나타난다. 물론 이것은 사울과 다윗의 시대에 있었던 블레셋과의 충돌에 대한 많은 언급들과 조화를 이루지는 못한다.

여기서 사무엘은 이상적인 인물로 묘사된다. 앞서 그는 하나님의 말씀의 예언자로 등장했으며, 이제는 옛적 사사들과 같은 카리스마적인 구원자로 등장한다. 더 나아가 그는 사무엘상 7:15-17에서 언약의 율법을 관리하기 위하여 순회재판을 계속하고 제단을 쌓는(제사장의 역할) 인물로 묘사된다. 사무엘은 위협과 고통의 시기 가운데 여러 사건들로부터 비롯된 난국에 대처하여 영향력을 끼쳤던 지도자로 그려진다. 그는 거의 혼자 힘으로 이스라엘의 존재와 정체성을 유지시켜나간다. 바로 이 점에서 하나님이 이스라엘의 대내외적 위기에 맞설 수 있는 신실한 지도자를 세우셨음이 드러난다. 과연 이스라엘이 왕을 요청할 만한 이유가 있었을까? 사무엘상 8장에 나타나는 이스라엘 장로들의 왕에 대한 요구는 실제로 불필요한 것이었다. 사무엘이 야웨께 간청하면 야웨께서는 응답하셨다(삼상 7:9). 하지만 사무엘은 사무엘상 8장에서 왕을 선택한 사람들이 언젠가 야웨께 부르짖어도 야웨께서 응답하지 않으실 것이라고 경고한다(삼상 8:18). 특별히 이것은 야웨 대신에 왕을 신뢰했던 포로들을 향해 주어진 이야기다. 사무엘상 7장의 에피소드는 그러한 포로들에게 그들이 여전히 부르짖을 수 있으며 만약 인간의 제도가 아닌 하나님(그리고 하나님의 예언자?)을 신뢰한다면 야웨께서 응답하실 것이라고 제안한다. 우리가 앞으로 보게 되겠지만, 심지어 왕들조차도 그들이 자신의 권력이 아닌 야웨를 신뢰한 다면 구원받게 될 것이었다. 우리는 이제 이스라엘의 왕정 시대를 살펴보게 될 텐데, 사무엘상 7장은 진정한 안전이 언제나 야웨께 있음을 마지막으로 확인시켜주는 장치가 된다.

통일왕국의 연대*

기원전 1020년	사울 통치의 시작
1000년	사울의 죽음, 헤브론에서의 다윗 왕의 통치
993년	다윗 왕의 이스라엘 전체 통치
961년	다윗의 죽음, 솔로몬의 왕위 등극
922년	솔로몬의 죽음: 왕국 분열

*연대는 불확실하며, 근사치임을 밝힌다.

---

4. 사울: 위협, 약속, 왕정의 비극(삼상 8-15장)

사무엘상 8장에서 이스라엘 장로들은 예언자 사무엘에게 나아가 자신들에게 왕을 달라고 요청한다. 사울은 아직 등장하지 않았다. 우리가 이스라엘의 왕정을 처음 만나게 되는 지점은, 백성의 요구에 사무엘이 왕정의 문제점들과 위험성들을 이야기해 주는 본문이다.

이스라엘의 사사로서 사무엘의 후계자가 된 그의 아들들이 타락했다는 사실에 대한 암시를 제외하고는(삼상 8:1-3, 5), 왕정이라는 이슈를 정당화할 만한 이스라엘의 위기는 어떠한 것도 언급되고 있지 않다. 블레셋 사람들에 관한 언급도 없을뿐더러 장로들의 요구 역시 사무엘의 아들들의 문제와는 거의 관련성이 없다. 오히려 하나님의 언약백성이라는 이스라엘의 종교적 전통에 대한 도전으로서 왕정이 부각되고 있다. 우리는 앞으로 왕정으로의 전환의 정당화가 가지는 실용성에 대해 고찰할 것이다.

왕정의 위협은 왕에 대한 백성의 요구에서 처음으로 발견된다: "모든 나라와 같이!"(삼상 8:5, 20) 하나님의 언약백성으로서 이스라엘의 삶은 그들을 다른 민족들과 구분시켰다. 언약을 향한 충성과 복종의 패턴은 세계에 유일하게 존재하는 공동체 모델을 통해 잘 드러난다. 이러한 전환기에 이르러 문제시되는 것은 바로 언약을 통해 소명 받은 이스라엘의 구별성, 그리고 주변 민족들의 문화적 패턴에 순응함으로 인해 생겨난 위험성이다. 구별과 순응의 문제는 앞으로 이스라엘의 왕정 역사에서 다양한 형태로 계속 반복해서 등장하게 될 것이다. 그 위험성에 대한 사무엘의 경고에도(삼상 8:11-18), 백성은 "아니로소이다. 우리도 우리 왕이 있어야 하리니 우리도 다른 나라들 같이 되어 우리 왕이 우리를 다스리며 우리 앞에 나가서 우리의 싸움을 싸워야 할 것이니이다"(삼상 8:19-20)라고 주장한다.

왕정의 신학적 위협은 또한 하나님의 주권에 대한 도전으로 표현된다. 이러한 충돌에 대해 흥분하기보다 그저 불쾌해했던 사무엘은 하나님께 기도한다. 하나님은 "그들이 너를 버림이 아니요, 나를 버려 자기들의 왕이 되지 못하게 함이니라"(삼상 8:7b)라고 대답하신다. 야웨는 백성의 행동이 출애굽 이래로 계속되어온 우상숭배의 한 형태임을 시사하신다. 하나님의 통치를 포기하는 것과 마찬가지인 왕정은 배교와 동등한 의미를 갖는다. 지상의 왕에 대한 충성은 오직 하나님께만 바쳐야 할 충성을 대체하고 말 것이다. 그러나 놀랍게도 야웨는 사무엘에게 백성의 말을 들어주라고 말씀하신다. 그러나 사무엘은 백성에게 "왕의 제도"가 어떤 것인지를 경고해야만 했다.

왕의 제도를 묘사하는 사무엘의 진술에는 동사 **취하다**(take)가 두드러지게 사용된다(삼상 8:11-18). 왕정은 권력을 기반으로 한 "착취 행위"로 유지된다. 반면 언약 공동체는 충성과 복종을 기반으로 하는, 하나님과의 관계성이라는 선물을 통해 유지된다. 왕권의 힘은 스스로의 필요를 위해 사용된다. 많은 학자들은 사무엘의 경고 안에 반영된 제도들이 사무엘의 예견이 거의 현실화되었던 솔로몬 치하의 실제 상황을 보여준다고 생각한다. 결론에 가면 가장 가혹한 경고가 주어진다. "너희가 그의 종이 될 것이라. 그 날에 너희는 너희가 택한 왕으로 말미암아 부르짖되 그 날에 야웨께서 너희에게 응답지 아니하시리라"(삼상 8:17b-18). 이는 백성이 부르짖었을 때 하나님이 응답하셨던 출애굽의 상황과는 정반대다(출 2:23-24). 백성은 자신들이 벗어났던 노예제도를 다시금 채택하고자 했던 것이다. 왕을 세우는 일은 하나님이 구원하신 언약 공동체를 파괴해버리는 위험을 초래했다.

하나님은 사무엘에게 추가로 지시하신다. "그들의 목소리를 듣고 **그들을 위하여 왕을 세우라**"(삼상 8:22, 저자의 번역 및 강조). 만약 왕이 필요하다면 하나님께서 그분의 예언자를 통해 그리하라고 지시하셨을 것이다. 그러나 이번 첫 번째 실험은 백성이 바라는 조건대로 이루어졌다. 이 실험에서 하나님은 그들을 결코 포기하지 않으실 것이다. 결과적으로 사울의 왕권이 몰락했을 때, 하나님은 자신이 바라시는 조건대로 다시금 왕정을 세우셨다. 후에 다윗에게 기름을 붓기 위하여 사무엘을 보내실 때, 하나님은 "이는 내가 **스스로를 위하여** 그[이새]의 아들 중에서 한 왕을 보았느니라"(삼상 16:1)라고 말씀하셨다. 실제로 사무엘은 다윗을 "야웨의 마음에 맞는 사람"(삼상 13:14)으로 기대하면서 처음으로 사울을 거절한다.

아마도 여기에는 왕정에 대한 이스라엘 내부의 서로 다른 이해가 반영된 듯하다. 사무엘의 경고 다음에는 사무엘상 9:1-10:16에서 **왕정의 약속**이 담겨 있는 이야기가 뒤따른다. 사울은 이야기 속에서 아버지의 잃어버린 나귀를 찾기 위해 나선 젊은이로 등장한다. 상당히 매력적이고 풍부한 세부 묘사가 담긴 이 이야기에서, 독자들은 하나님이 사무엘에게 이 미숙한 젊은이에 대하여 다음과 같이 말씀하시는 것을 듣게 된다. "그가 내 백성을 블레셋 사람들의 손에서 구원하리라. 내 백성의 부르짖음이 내게 상달되었으므로 내가 그들을 돌보았노라"(삼상 9:16). 사울에게 주어진 역할은 이보다 더 긍정적일 수 없었다. 그는 출애굽 사건을 떠올리게끔 하는 하나님의 구원의 대리자가 될 것이다.

사무엘은 그에게 "나기드"(נָגִיד)로서 기름 부었다. 이 말은 "지도자"(ruler) 혹은 "군주"(prince)로 번역된다. 몇몇 학자들은 이 단어가 왕보다는 군대지휘관의 역할을 지칭하는 것으로 이해한다. 그러나 모든 에피소드들이 사무엘상 10:16에서 "왕권의 일"로 지적되고 있는 점에서 그러한 이해들은 적절치 못한 것으로 보인다. 아마도 이 단어는 아직 보좌에 오르지 않은 임명된 왕(a royal-designate)을 가리키는 말일 것이다. 사울과 그의 젊은 동료는 고지식하게도 잃은 나귀를 찾는 데 도움을 얻기 위해 사무엘을 찾아간다. 그러나 이는 하나님이 추진하시는 더 큰 드라마의 일부분이다. 사울은 연회에서 귀한 손님으로 대접을 받고 아침에 사무엘로부터 기름 부음을 받고 지도자로 임명된다. "야웨께서 네게 기름을 부으사 그의 기업의 지도자로 삼지 아니하셨느냐"(삼상 10:1). 사무엘은 확실한 증표를 약속하였는데 그것들은 세부적으로 묘사되어 있다. 사울이 황홀경에 빠진 예언자 악단을 만났을 때, 하나님은 그에게 "다른 마음"을 주시고, 그는 "하나님의 영"에 붙잡혀 그들과 함께 예언한다(삼상 10:9-13). 사울이 자신에게 맡겨진 임무를 위하여 하나님의 영에 의해 변화된 것이다.

이제 사울은 하나님의 기름 부음 받은 자이며 하나님의 영을 담지한 자다. 사무엘상 10:17-27에서 하나님에 대한 거부라는 주제가 잠깐 언급되고 있기는 하지만(19절), 사울은 제비뽑기로 선출되어 사무엘에 의해 백성으로부터 "야웨께서 택하신 자"로 칭함 받는다(24a절). 백성은 사울을 왕으로 갈채했다(24b). 이제 사울에게 남은 일은 하나님의 영의 능력을 보여줌으로써 백성들의 환호가 정당하다는 것을 입증하는 것뿐이다. 사무엘상 11장의 에피소드는 이러한 목적에 기여한다. 사울은 야베스-길르앗 거민들이 암몬 족속에 의해 포위되었다는 소식을 전해 듣는다. 사사기의 이야기 형식대로 사울은 하나님의 영에 크게 감동된다(삼상 11:6). 그는 각 지파들로부터 군대를 징집하여 야베스-길르앗을 해방시킨다. 다시 한 번 백성은 그를 왕으로 떠받든다(삼상 11:14-15). 이는 사울의 즉위 모습과 병행을 이루는 듯하지만, 여기서는 그것이 갱신된 형태로 나타난다(삼상 11:14). 몇몇 사람들은 일찍부터 "이 사람이 어떻게 우리를 구원하겠느냐?"(삼상 10:27)라고 하면서 사울에 대해, 혹은 어쩌면 왕권 자체에 대해 의혹을 표명해왔다. 그러나 지금 그러한 의혹에 대한 답은 확실해졌다.

이야기의 최종 형태에서, 사무엘상 9-11장은 사무엘상 8장에서 제기되었던 왕정에 대한 의혹에 대해 긍정적인 응답을 보여주고 있다. 그러나 그것은 조건적인 응답이다. 이러한 긍정적인 본문들에 드러난 것은 하나님의 기름 부음 받은 자에 관한 급진적인 신학이다(히브리어 단어, מָשִׁיחַ "마쉬아흐" 혹은 "메시아"). 이스라엘 안에서 왕이 허용되지만, 그는 하나님에 의해서만 세워지고 하나님의 예언자에 의해 기름 부음 받아야만 한다. 그는 하나님의 영에 의해 힘을 얻고 백성에 의해 지지를 얻게 될 것이다. 그는 권능의 행위를 통해 하나님의 영의 능력을 입증할 것이다. 사울과 또 다른 하나님의 기름 부음을 받은 왕들은 하나님의 언약에 순종하는 여부로써 그 업적을 평가받아야 하며 하나님의 예언자에 의해 감시를 받아야 하는 위치에 있다. 하나님의 기름 부음을 받은 자들에 관한 신학에는, 이스라엘의 왕이 권위를 가지고 스스로를 정당화함으로써 하나님의 궁극적인 주권과 겨루어서는 안 된다는 점이 분명히 지적된다. 그는 하나님의 위임과 책임을 가지고 통치한다. 사무엘서에서, 왕정 신학은 왜 사울이 몰락하고 다윗이 그 뒤를 이었는지에 대한 질문에 답을 제공한다. 훗날 사울은 불순종으로 인해 예언자 사무엘에게 책망을 받고 결국 거부당하게 된다. 사울과 마찬가지로, 다윗은 예언자에 의해 기름 부음을 받아 하나님의 영에 감동된다. 그는 공식적으로 사울을 보좌하는 인물로 묘사되면서, 골리앗을 죽이는 대단한 업적을 이룬다. 그리고 결국 그의 삶은 신실하다고 평가받는다. 다윗과 그의 왕조는 거부당하지 않고 예언자 나단에 의해서 그 지위가 확고해진다. 이러한 패턴에서 예언자의 두드러진 역할로 인하여, 많은 학자들은 사무엘상의 최종 형태에 여러 전승들을 현재의 모습으로 형성시키고 결합시킨 예언자적 편집이 반영되어 있다고 믿는다. 이러한 이야기 패턴은 이스라엘의 왕들이 하나님의 영의 힘으로 통치하며 그들의 궁극적인 권위가 그러한 힘을 가능케 하시는 하나님께 의존하고 있음을 분명하게 보여준다. 사울은 이러한 사실을 뒤늦게 가서야 비로소 비통함 가운데 깨닫는다.

사무엘상 12장에 나타나는 사무엘의 위대한 설교는 사울이 왕이 되는 과정 및 왕으로서의 직무를 수행하는 이야기 가운데서 핵심적인 위치를 차지한다. 이것은 신명기 사가의 손길이 묻어나는 본문이자 중요한 분기점에 위치해 있다(예를 들어 수 24장; 삼하 7장). 또한 이스라엘의 이야기에 등장한 왕정에 대한 위협과 약속의 갈등을 타개시켜준다. 먼저 자기 자신의 리더십에 대한 변호(1-5절)와 이스라엘을 향한 하나님의 신실하심이 언급되고 난 뒤에(6-11절), 사무엘은 왕정의 출현이야말로 하나님의 통치에 대한 불순종과 거부라고 선언한다(12절). 그는 왕을 일컬어 "너희의 택한" 그리고 "야웨께서 너희 위에 왕을 세우셨다"(13절)고 언급한다. 백성은 자신들의 죄를 깨닫고 고백한다. "우리가 우리의 모든 죄에 왕을 구하는 악을 더하였나이다"(19절). 그러나 왕정이 불순종에서 기인하였음에도 그것은 하나님의 의도와 백성의 행복에 기여할 수 있다. "또 너희와 너희를 다스리는 왕이 너희의 하나님 야웨를 좇으면 좋으니라마는"(14절). 그러나 위험은 여전히 도사리고 있다. "만일 너희가 여전히 악을 행하면 너희와 너희 왕이 다 멸망하리라"(25절). 사울에게 다가온 위험은 곧바로 이어지는 맥락에서 현실이 되어버린다. 이는 그가 하나님의 말씀을 불순종함으로 말미암아 거부당했기 때문이다(특히 삼상 15장). 이스라엘 이야기의 보다 큰 흐름 속에서, 이러한 경고는 이미 신명기 사가들의 바빌로니아 포로 경험을 반영하고 있다.

이스라엘의 이야기에서 왕과 예언자가 동일한 시점에 출현한 것은 우연의 일치가 아니다. 사무엘은 이스라엘의 왕 곁에 늘 예언자들의 역할이 필요하다는 사실을 분명하게 보여준다. "나는 너희를 위하여 기도하기를 쉬는 죄를 야웨 앞에 결단코 범하지 아니하고 선하고 의로운 길을 너희에게 가르칠 것인즉"(삼상 12:23). 예언자의 중보기도와 지도는 왕정이라는 이스라엘의 새로운 시대에 언약의 신실성을 보다 확고하게 만들어줄 것이다. 사무엘서와 열왕기에서 이 시점으로부터 드러나는 것은 바로 이러한 모델 아래서 경험되는 이스라엘의 삶이다. 하나님과 백성의 이야기로 전해 내려온 것들은 이제 하나님, 왕, 예언자, 백성에 관한 보다 복잡한 이야기가 된다. (제사장의 역할은 이 시기에 먼저 생겨난 제의 문제에 관한 리더십으로 규정된다. 그러나 이러한 특성조차도 솔로몬 성전의 건축으로 인해 재정의될 것이다.)

사무엘상 9-11장에서 사울의 등극을 경축했던 세 가지 에피소드들과 마찬가지로, 13-15장 역시 그와 같은 세 가지 에피소드를 통해 사울의 몰락을 그려내고 있다. 이 장들과 사울의 비극적인 자살(삼상 31장)에 이르기까지의 다윗 이야기에서, 사울 이야기는 **왕정의 비극**—왕국을 하나님의 언약과 조화를 이루도록 하는 데 실패함으로써 야기된 불행한 결과—을 모델로 삼는다.

사무엘상 13:7-15에서 사울은 블레셋으로 인해 악화된 군사적 상황을 지켜보면서 조급해 한다. 그래서 사무엘의 도착을 기다리지 못하고 먼저 제의를 주관한다. 사무엘이 도착했을 때 그는 사울의 행동을 질책하고 이스라엘에서 그의 왕위가 끊어질 것이라고 말한다. 사무엘상 14:1-46에서 사울의 아들 요나단은 블레셋에 대항하여 앞장서서 영웅적인 행동을 보인다. 이로 인해 이스라엘은 크나큰 승리를 거두게 된다. 사울은 기회를 이용하는 데 신중했다. 그는 행동에 앞서 먼저 의례적 보증을 원했다. 그는 승리를 보장받기 위해 무분별한 맹세를 하였다. 그리고는 이 맹세를 깨뜨리게 된 자기 아들의 목숨도 기꺼이 빼앗으려 하였다. 그러나 백성이 이를 만류하였다. 여기서 사울의 지도력은 불분명하고 허약해 보인다. 그는 표면상으론 경건했지만 그의 행동에는 하나님의 의도가 이루어질 것이라는 신뢰가 결여되어 있었다. 사무엘상 15장에서 사울은 예언자 사무엘로부터 아말렉 족속을 정복하여 그들을 멸하라는 명령을 받는다(적과 그들의 소유에 대한 종교의례적 파괴). 하지만 사울은 아말렉 왕을 죽이지 않고 가두기만 했으며 최상품의 가축들을 노획하였다. 이러한 불순종으로 인하여 사무엘은 하나님이 사울의 왕권을 폐하시고 그의 왕국을 그의 손으로부터 떼어내셨다고 선언한다.

사무엘상 15:11에서 하나님은 사울을 왕으로 삼으신 것을 후회하신다. 사울과 더불어 진행된 실험은 끝이 난다. 백성이 요구한 왕정은 사울의 불순종으로 몰락하고 만다. 거절의 순환이 완결된다. 백성은 하나님의 통치를 "거절"하였다(삼상 8:7). 사울은 하나님의 말씀을 "거절"했고, 하나님은 사울의 왕권을 "거절"하셨다(삼상 15:23b).

이제 사울의 죽음을 살펴보고자 한다. 특히 이 부분에서 그의 이야기는 이스라엘을 상징하는 비극적 인간의 이야기로 표현된다. 사울이 별난 행동을 했을 때 그에 대해 동정심을 갖기는 쉬우나, 그가 거룩한 전쟁의 법령을 어겼을 때에는 동정심을 가질 수 없다. 여기서 사무엘은 중립적이고 순수한 신학적 목소리를 낸다. 그는 이스라엘의 보다 더 오래된 지파체제에 대해 이념적 중요성을 드러냄으로써 새롭게 변화될 미래에 반대하는 입장을 취한다. 사무엘과 사울의 충돌은 곧 하나님이 이스라엘을 향하여 역사하시는 방법에 대한 보다 더 오래된 관점과 새로운 관점 사이의 충돌이다. 그럼에도 사울은 단순한 희생양이 아니다. 또한 여기서 문제가 되는 것은 자율적인 정치적 권위가 종교적 제도의 영역을 침범하고 정치적 목적으로 언약준수를 위반함으로 생겨나는 위험성이다. 사무엘상에서 하나님의 관심은 사울이 아니라 이스라엘의 미래다. 사무엘상 13-15장의 에피소드들은 사울의 허약함을 드러낸다. 그는 백성의 왕이었지만 그의 통치는 그다지 수월하지 않았다. 이스라엘의 미래가 왕과 함께 다 "멸망하게" 될 위험성이 도사리고 있었다(삼상 12:25). 하나님의 후회하심은 사울을 더 이상 이스라엘의 미래를 이끌 지도자로 삼지 않겠다는 결정에서 확연히 드러난다. 거절의 내용이 담겨 있는 두 개의 이야기들에서 이미 다윗은 이스라엘의 미래로 등장하고 있다. 사무엘상 13:14에서 사울 이후의 통치를 위해 하나님이 찾으신 "그의 마음에 맞는 사람"은 바로 다윗이다. 사울의 손으로부터 빼앗은 왕국을 얻게 될 "왕보다 나은 왕의 이웃"(삼상 15:28)이 바로 다윗이었다. 하나님은 다윗과 더불어 왕정의 새로운 기반을 닦기로 결정하셨다. 사울은 백성의 왕이었고(삼상 8:22) 왕정은 순종의 여부에 달려 있었다(삼상 12:14-15, 25). 다윗은 하나님이 세우신 왕이 될 것이며(삼상 16:1), 다윗 왕조는 하나님의 무조건적인 위임과 그러한 위임에 대한 하나님의 신실하심에 의존하게 될 것이다. 다윗 역시 죄를 짓게 될 것이지만, 그는 죄의 결과로 인한 고통을 감내하였고, 이에 하나님은 자신의 신실하심으로 다윗 왕조가 지속될 수 있게 하셨다(삼하 7장에서의 논의를 보라). 실제로 다윗과 그의 왕조는 하나님의 신실하심에 대한 소망의 상징이 된다. 비록 훗날 왕조는 멸망하게 되지만 장차 도래할 기름 부음 받은 자(메시아)에 대한 종말론적 소망은 여전히 남아 있다. 다윗은 이스라엘 왕국 이야기의 진정한 핵심이다. 이제 그의 이야기를 살펴볼 차례다.

5. 다윗: 하나님의 마음에 합한 자(삼상 16장-삼하 24장)

성서의 전통은 끊임없이 다윗이라는 인물에 대해 전하고 있다. 그가 등장하게 되리라는 단서들이 이미 사무엘상 전체에 걸쳐 나타난다. 성서는 다윗 이야기를 척도로 이후의 왕들을 평가한다. 그는 시편의 시인으로 소개되며, 그의 이야기는 이상화되어 역대기에서 다시금 등장한다.

사무엘상에서 다윗이 등장하자마자 이야기의 초점은 다윗에게로 이동한다. 아직 사울이 왕좌를 차지하고 있었음에도 말이다. 오랫동안 학자들은 사무엘상 16:1부터 사무엘하 5:10에 걸쳐 다윗 등극에 관한 자료들의 모음집이 있다는 사실을 인정해왔다. 이러한 방대한 모음집의 서두에서 우리는 사울의 이야기와 유사한 패턴을 지닌 에피소드들을 발견하게 된다. 다윗 역시 예언자 사무엘에게 기름 부음을 받는다(삼상 16:1-13). "다윗이 야웨의 영에게 크게 감동되니라"(13절). 사울이 하나님의 영에 사로잡혔던 일은 보다 더 희화적(戲畫的)이다. 다윗은 사울의 궁정에서 공식적으로 처음 등장하지만(삼상 16:14-23), 그는 아직 자신을 왕으로 드러내지 못하였다. 아직은 사울이 왕위에 있기 때문이다. 다윗은 용감한 행동으로 골리앗을 죽이고 이스라엘을 구원한다(삼상 17장). 그 이후에 등장하는 사건들은 다윗의 등극과 그의 통치에 대한 세부적인 내러티브들이다. 그는 거절당하지 않고 예언자 나단에 의하여 확고한 왕위를 보장받게 된다. 그리고 왕조에 관한 약속을 수여받는다(삼하 7장). 다윗은 하나님의 기름 부음을 받은 자의 성공적인 사례가 된다.

애석하게도 다윗이 하나님의 영에 감동된 이후에 바로 야웨의 영이 사울을 떠났다는 언급이 나타난다. 더구나 "악령이 그를 번뇌케"(삼상 16:14)한다. 하나님이 사울과 함께하셨다는 증표가 야웨의 영이었듯이, 동일한 원리로 사울이 하나님으로부터 소외되었다는 증표로서 악령이 등장한다. 이것이 사울의 행동 전체를 악한 것으로 결정지어 말하는 것은 아니다. 몇몇 학자들은 여기서 "악"(evil)으로 번역된 단어를 "괴롭히는"(troubling)으로 번역하는 것이 더 낫다고 생각한다. 이러한 "괴롭히는" 영이 사울에게 임하는 일은 이따금씩 일어난 사건이다. 이는 사울에게 닥쳤던 우울, 공포, 통제력 상실의 상황을 의미하는 듯하다. 역설적이게도 다윗의 음악이 이러한 상황을 해소시켜준다(삼상 16:23). 이러한 악령이 사울의 모든 행동들을 다 지배한 것은 아니라는 사실을 염두에 둘 필요가 있다. 다윗의 등극 이야기는 불행하게도 사울의 몰락 이야기다. 사울은 이스라엘의 미래를 위한 왕이 될 수 없다. 그러나 여전히 그는 완전한 인간으로서 자유를 누리고 있다. 불행하게도 이것은 사울이 선택한 방식이 아니다. 처음에 다윗이 군사 지도자로서 획득했던 성공은 사울을 기쁘게 하기보다는 오히려 화나게 했다. 그는 광적인 질투심에 사로잡혀 다윗을 죽일 음모를 꾸몄다(삼상 18-19장). 다윗이 도망자의 신세로 내몰리게 되었을 때, 사울은 그를 추격하느라 블레셋의 공격에 대비해야 할 왕국의 에너지를 낭비하고 말았다. 사울은 자신의 아들(삼상 20:30)과 신복들(삼상 22:7-8)을 공격하기에 이른다. 광기의 순간에서 그는 다윗을 도왔다는 혐의로 놉의 제사장들을 학살한다(삼상 22:6-23). 애처롭고 피폐한 인간 사울은 결국 블레셋 군대의 손에 자신의 군대가 패배하고 자식들이 죽어가는 모습을 목격한 이후 길보아 산에서 스스로 목숨을 끊고 만다(삼상 31장).

다윗은 사울의 몰락을 딛고 일어선다. 우리는 여러 차례 "야웨께서 다윗과 함께 계셨다"(삼상 17:37; 18:12, 14, 28; 20:13; 삼하 5:10)라는 표현을 보게 된다. 다윗이 이스라엘을 향한 하나님의 미래를 드러내는 인물이라는 사실은 분명하다. 다윗의 등극에 관한 본문들(삼상 16:1-삼하 5:10)에 등장하는 이야기들은, 다윗을 왕위에 오르게 만든 행동들과 사건들에 관한 신학적 확신 및 사회정치적 현실을 독특하게 섞어놓았다. 다윗은 진정으로 경건한 사람이다. 그는 하나님께 자신을 지켜달라고 기도하며, 자신이 하나님의 뜻에 종속되어 있음을 인정했다. 그리고 하나님이 자신의 미래를 활짝 열어놓으셨음을 신뢰했다. 다윗의 등극에 관한 전승들의 모음은 아마도 다윗이 불법적인 방법으로 권력을 획득했다는 주장으로부터 그의 결백을 입증하려는 의도를 지녔을 것이다. 그 이야기들은 조심스럽게 그가 사울의 존경을 받으며 심지어 남은 생애에서까지도 그러했다는 사실을 보여준다(삼상 24장; 26장). 그가 블레셋 사람들에게 투항할 때에도, 그는 자신의 지위를 유다 백성을 위해 사용하였고 결코 이스라엘과 싸우지 않았다(삼상 27장; 29장). 그는 사울과 요나단의 죽음을 애도했으며, 이스보셋과 아브넬의 죽음에 대해서도 무고했다(삼하 1-4장). 그는 능력 있는 군사 지도자였고 기민한 정치가로서 적절히 행동하였다. 또한 그는 "하나님의 마음에 합한 자"였고 그의 생애에서 하나님의 섭리를 인정하였다(예를 들어 삼상 23장을 보라).

다윗 이야기의 한 가지 요소는 그가 소외되고 가지지 못한 자였다는 점을 드러낸다. 이스라엘을 향한 하나님의 선택은 거의 알려지지 않은 베

신학의 렌즈로 본 구약개관

들레헴 사람의 여덟 번째 아들에게 주어졌다(사울은 비교적 부유하고 잘 알려진 집안의 사람이었다). 그는 왕의 딸을 위해 결혼 지참금을 지불할 여력도 없었다(삼상 18:23). 그는 도망자로서 이스라엘의 경제적·정치적 부랑자들을 끌어 모았고 그 부랑자들은 후에 다윗의 측근이 되었다(삼상 22:1-2). 이런 오래된 이야기들에서 다윗은 추앙받지만 이상화되지는 않는다. 그는 용감하고 기략이 풍부하며 친구에게 충직하되 야심 많은, 그리고 어느 정도는 투박한 인물이었다. 그는 생존하기 위하여 해야만 할 일들을 행하였다. 그것은 한때 이집트의 노예였던 백성의 미래를 위한 선택치고는 그리 나쁘지 않은 일이었다.

사무엘하 5-8장에서 우리는 다윗의 등극 이야기가 다윗의 궁정 이야기로 전개되는 것을 보게 된다. 본문은 우리에게 **다윗 왕국**과 **왕정신학**의 발전에 대해 말해준다. 여기서 다윗은 남부와 북부 모두를 다스리는 왕이 된다. 그는 왕국을 합병하고 확장시킴으로써 이스라엘 역사에서 최초로 진정한 의미의 왕국을 이루어낸다. 사울 이야기에서 사울은 완전한 왕정을 꿈꾸었다고 한다. 그는 기브아에 작은 수도를 세우고 몇 명의 상설 관리들을 임명하였는데, 그중에는 아브넬과 같은 군대 지휘자도 있었다. 그는 자신의 왕조를 위하여 아들 요나단이 왕좌를 물려받기를 원했다(삼상 20:31). 그럼에도 이 시기를 연구하는 많은 역사가들은 그가 이룩해낸 것은 부족국가 이상의 것이 아니며 그의 영향력은 대체로 그가 속했던 베냐민 지파 및 이스라엘 영토의 인접 지역에 제한되어 있다고 믿는다. 이스라엘에서 진정한 왕국을 세우는 일은 다윗의 몫으로 남겨졌다.

다윗의 등극 이야기의 마지막 부분(삼하 2:1-5:10)에는 마침내 다윗을 왕위에 오르게 만드는, 사울의 죽음 이후에 뒤따르는 일련의 복잡한 사건들이 묘사되어 있다. 이 내러티브 진행에서 가장 중요한 점은 다윗이 먼저 헤브론에서 유다 지파의 왕이 되었다는 사실이다(삼하 2:1-4a). 유다 지파는 다윗의 출신 지파이며 유다 땅은 그가 블레셋의 수하에 있을 때 영향력을 구축해놓았던 곳이기도 하다. 북쪽에서는 사울의 군대 장관이었던 아브넬이 사울의 아들 이스보셋으로 하여금 왕위를 유지하도록 하고자 했다. 그러나 그는 결국은 다윗을 지지하기 위해 이러한 노력을 포기하고 만다. 결국 그는 개인적인 원한으로 인해 다윗의 군대장관 요압에게 살해된다(삼하 3:6-39). 이어서 이스보셋 또한 암살되어 그의 머리가 다윗에게 전달된다(삼하 4:1-12). 다윗은 아브넬에게 애도를 표하고 이스보셋의 암살자를 처형한다. 이는 이러한 죽음들에 대한 개인적 책임을 모면하기 위함이다. 그의 노력은 결국 성공을 거두었다. 사울의 북쪽 왕국에 남아 있던 이스라엘의 장로들은 다윗에게 와서 그를 왕으로 삼는다(삼하 5:1-5). 결국 다윗은 두 개의 왕좌를 차지하게 되고 통일된 이스라엘에서 사울보다도 더 넓은 기반을 획득하게 된다. 블레셋 사람들에 대한 의미심장한 승리들(삼하 5:17-25)은 진정한 왕국―국가―의 발전을 위해 그 경계를 공고하게 해주었다. 다윗은 이 작은 왕국의 국경선을 확장시키고(삼하 8:1-14) 페니키아의 도시인 두로와 경제적 교류를 시작한다(삼하 5:11). 사울이 부족장에 머물러 있었다면, 다윗은 분명 진정한 왕이었다. 다윗의 활약과 성취에 대한 그림은 왕국의 건설을 묘사하며, 그는 자신의 왕국을 건설하는 데 있어서 정치적으로 기민하고 군사적으로 만만치 않은 인물로 묘사된다. 그러나 이야기 전체에서 우리는 다윗의 성공에 야웨의 궁극적인 역할이 내재해 있음을 보게 된다. 다윗의 등극 이야기는 사무엘하 5:10에서 다음과 같이 마무리된다. "만군의 하나님 야웨께서 함께 계시니 다윗이 점점 강성하여 가니라." 그의 군사적 성공은 사무엘하 8:14b에서 이렇게 평가된다. "다윗이 어디로 가든지 야웨께서 이기게 하셨더라." 하나님의 섭리의 역할은 단지 이야기의 화자와 독자들 사이에서만 공유되는 것이 아니다. 다윗 역시 자신이 하나님의 은총을 입었음을 인식하고 있었다. "다윗이 야웨께서 자기를 세우사 이스라엘 왕으로 삼으신 것과 그의 백성 이스라엘을 위하여 그 나라를 높이신 것을 알았더라"(삼하 5:12).

다윗의 활동 중 두 가지가 특히 중요한데, 이것들은 모두 신학적인 동시에 정치적이다. 다윗은 수도를 결정하는 문제에 직면하게 된다. 그는 자신을 왕으로 삼아준 유다인들과 이스라엘 사람들 모두에게서 호의를 얻을 만한 여력이 없었다. 사무엘하 5:6-10에서 우리는 다윗이 여부스 족속의 성읍인 예루살렘을 소리 없이 정복하여 수도로 삼는 것을 보게 된다. 예루살렘은 유다 지파와 베냐민 지파 사이의 경계에 위치해 있다. 따라서 그곳은 말 그대로 다윗의 성읍이 되고, 그 어떤 지파에도 속해 있지 않은 곳이었다. 많은 학자들은 다윗이 예루살렘을 차지함으로써 정치적으로 중립적인 수도를 얻게 되었을 뿐만 아니라 가나안 스타일의 도시 기지를 얻게 되었다고 제안한다. 그곳에는 많은 수의 서기관, 무역인, 건축가, 경영인들이 있었고 그들은 왕정과 그에 따르는 관료제를 수립하는 데 필수적인 사람들이었다.[5] 작은 마을에 기반을 둔 부족적인 이스라엘은 기술 관료가 될 만한 인재들을 충분히 보유하고 있지 못했다. 다윗은 예루살렘에서 자신의 필요에 따른 토대를 발견하였고, 결국에는 자신의 왕국의 영토 안에 들어오게 된 다른 모든 가나안 도시들을 포섭하게 된다.

별다른 모델이 없는 상황에서, 다윗과 솔로몬 그리고 그의 후계자들은 대체로 가나안 도시국가들 혹은 이 지역의 소(小)국가들에 세워진 왕정을 모델로 하여 제도적 시스템을 구축할 수밖에 없었다. 그러나 이러한 문화적 차용은 가나안의 이념까지 불러들이는 결과를 초래했다. 이렇게 이스라엘에게 낯선 제도와 관습을 차용하는 일은 이스라엘과 이스라엘의 야웨 신앙의 독특성을 지키는 데 위험을 가져왔다. 의심할 바 없이 이것은 이스라엘에서 어떠한 형태의 왕정도 거부했던 사람들에게 위험으로 다가왔다. 사울의 몰락으로 이어졌던 사무엘과 사울의 대립을 야기한 것도 바로 이러한 옛 전통과 새로운 방식의 충돌이었던 것이다.

다윗은 통치 초기에 두 번째 드라마틱한 활약을 펼친다. 이것은 앞서

---

5) 다음을 보라: Norman K. Gottwald, *The Tribes of Yahweh: A Sociology of the Religion of Liberated Israel, 1250-1050 BCE* (Maryknoll, N.Y.: Orbis, 1979), 571; George E. Mendenhall, "The Monarchy," *Int* 29 (1975): 160.

언급한 긴장을 해소하고 새롭게 시작한 이스라엘의 왕정에서 야웨 신앙의 역할을 보존하기 위해 실행된 일이다. 사무엘하 6장에서 다윗은 법궤를 찾는 일에 착수한다. 당시 법궤는 사무엘상 4-6장에 기록된 이스라엘이 블레셋에 패한 일로 기럇 여아림에 은밀히 머물러 있었다. 다윗은 축하 의식을 통해 법궤를 예루살렘으로 가져왔고 그 앞에서 춤을 춘다. 그는 그것을 예루살렘의 성소 안에 안치했다. 그럼으로써 다윗의 수도는 이제 야웨를 섬기는 언약 신앙의 중심적인 성지가 된다. 전통과 반목하였다가 실패한 사울과는 달리, 다윗은 이제 옛 언약 전통의 수호자가 된다. 다윗으로 인해 그의 왕국은 언약 신앙을 대체하는 것이 아니라 오히려 그것에 헌신할 수 있게 된다.

이러한 법궤와의 관련성은 이스라엘에서 다윗 신학 혹은 왕정 신학이 발달하는 기반이 된다. 이를 통해 다윗 왕조의 발전을 이스라엘의 야웨를 섬기는 언약 신앙에 대한 보다 깊은 표현으로 이해하려는 시도들이 생겨났다.

시편 132편은 갑작스레 출현한 다윗 신학의 초기단계를 보여준다. 이 시편은 법궤를 향한 다윗의 열심, 그리고 법궤를 적절한 안식처에 두려는 다윗의 관심을 기억하고 경축한다(1-7절). 더불어 야웨가 다윗에게 주신 "확실한 맹세"를 찬양한다. 이 맹세 안에는 다윗 왕조를 지속시키겠다는 약속과 시온을 하나님의 거처로 선택하셨다는 내용이 포함되어 있다. 다윗 왕조와 시온 산의 성전(솔로몬이 건축한)은 이스라엘을 향한 하나님의 은총의 새로운 상징이었다. 그러나 시편 132:11-12에서는 조건적인 요소들이 나타난다.

네 몸의 소생을
네 왕위에 둘지라.
네 자손이 내 언약과
그들에게 교훈하는 내 증거를 지킬찐대,

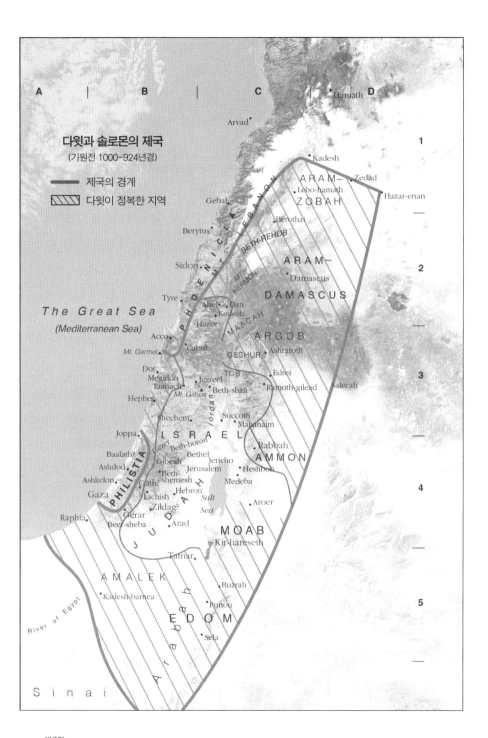

다윗과 솔로몬의 제국
(기원전 1000-924년경)

제국의 경계
다윗이 정복한 지역

그들의 후손도

영원히 네 왕위에 앉으리라.

다윗 왕조에 속한 왕들은 언약과 그것의 가르침을 따르는 "종"(servant)
이 되어야만 했다.

이러한 다윗 신학은 사무엘하 7장에서 예언자 나단이 다윗에게 제시
한 신탁에서 더욱 풍부하게 표현된다. 복잡하지만 핵심적인 중요성을 띠
고 있는 이 본문은 다윗 시대 이후 오랜 기간 동안 확장되어왔다. 그래서
여기에는 이스라엘 왕정 신학의 출현과 발전 모두가 반영되어 있다. 그것
의 핵심적인 특징은 하나님이 다윗 왕조의 영구성을 무조건적으로 약속
(어떤 이들은 언약이란 용어를 사용한다)하셨다는 사실에 있다. 시편 132:12에
나타난 조건("if")은 사라진다. 조건적 약속과 무조건적 약속의 긴장은 이
스라엘의 삶 가운데 계속되었던 몸부림이었다. 우리는 이러한 문제가 훗
날 이스라엘에 대한 심판 선포 및 포로기에 나타난 신학적 위기 속에서
다시금 반영된다는 사실을 보게 될 것이다. 하나님의 약속은 불순종으로
인해 종결되는가? 아니면 불순종에도 불구하고 그것은 여전히 유효한가?
이스라엘의 다윗 왕조 경험에서 시편 132편과 사무엘하 7장은 이러한 신
학적 긴장에 대해 서로 다른 입장을 드러낸다.

다윗은 야웨의 집을 건축하길 원했다(삼하 7:1-2). 왜냐하면 그는 백향
목으로 지은 좋은 집에 거하면서도 법궤는 장막 속에 거하고 있었기 때문
이다. 이 장은 **집**이라는 단어가 가진 복합적인 의미를 이용한다. 여기서
집은 "성전" 혹은 "궁전"을 의미한다. 예언자 나단을 통하여 하나님은 다윗
에게 그가 야웨를 위해 그러한 집을 지을 수 없을 것이라고 대답하신다.
게다가 하나님은 결코 그러한 집을 필요로 하지 않으시고 그저 장막 혹은
성막으로 만족하신다(삼하 7:5-7). 여기서 본문은 법궤와 성막의 이동성으
로 표현되는 하나님의 자유와, 성전으로 대표되는 하나님의 고정성(혹은
소유) 사이의 긴장을 반영한다. 성전은 가나안 종교와 연관되어 있으며 이

신학의 렌즈로 본 구약개관

본문은 아마도 그러한 가나안 관습의 차용을 반대하는 입장에서 기록되었을 것이다.

　예언자 나단은 하나님이 집을 원치 않으시고 대신에 다윗을 위한 집을 지으시겠다고 약속하셨다고 전한다(삼하 7:11). 여기서 **집**은 "왕조"를 의미한다. 다윗 이후에 통치할 그의 아들이 야웨를 위한 "집/성전"을 지을 것이다(삼하 7:13). 그의 아들이란 명백하게 솔로몬을 가리킨다. 다윗의 후손인 그의 아들들은 영원히 통치할 것이다. 여기에는 어떠한 조건도 제시되지 않는다. 설사 다윗의 후손들이 불순종하여 벌을 받는다 하더라도, 하나님은 사울에게 하셨던 것과는 달리 그들로부터 자비를 거두지는 않으실 것이다(삼하 7:14-15). "네 집과 네 나라가 내 앞에서 영원히 보전되고 네 왕위가 영원히 견고하리라"(삼하 7:16). 시편 132편과는 달리, 사무엘하 7장은 왕위를 영구적이고 무조건적인 약속으로 보장한다. 이것은 왕정 신학의 발달에 있어 보다 후기의 단계를 반영하는 것이다.

　이 본문을 단지 자기 충족적인 정치적 관심으로 이해하려는 사람들에게는 사무엘하 7장이 신적 권위를 빌려 지상의 권력을 정당화하려는 노력으로 보일 것이다. 그러나 이 독특한 본문은 그리 쉽게 비판될 수 있는 것이 아니다. 신적 섭리에 대한 이해 위에 놓여 있는 하나님의 무조건적인 약속이라는 견지에서, 그 약속은 왕들의 개인적인 죄 혹은 어쩌면 자기 충족적인 왕정이념에 의해 단념될 수 없다. 하나님의 약속은 이스라엘의 왕국을 위한 미래가 인간의 죄에 의해 제한되지 않을 것임을 말해준다. 죄는 나름의 결과를 낳지만, 약속은 취소되지 않을 것이다. 이러한 사실은 다윗 신학을 이스라엘을 향한 하나님의 은총에 대한 강력하고도 새로운 증언으로 만들어준다. 사실상 이 약속은 포로기로 종결되는 유다의 정치적 왕권보다도 더 오래 지속될 것이다. 그리고 그것은 유대교의 메시아 사상 안에서 표현될 것이다. 이 본문에서 제시된 약속을 신뢰하는 것은, 절망 가운데 희망을 가져다주고 죽음의 왕국에서 생명의 왕국을 일으켜주는 인물이 바로 다윗의 계보에서 등장할 것이라는 소망을 피어나게 해준다. 초기 그리스도교는 다윗의 계보에서 나신 예수 그리스도를 통해, 하나님의 왕국이 반드시 도래할 것이라는 약속을 지키실 하나님의 신실하심을 설명하고자 하였다.

사무엘하 9-20장의 내러티브들은 학자들에 의해 오랫동안 독립된 자료로 간주되어왔다.[6] 몇몇 학자들은 여기에 열왕기상 1-2장을 더하여 이 연대기에 왕위계승 내러티브(the Succession Narrative)라는 이름을 붙였다. 왜냐하면 이들 본문의 주된 강조점이 누가 다윗의 왕위를 계승할 것인가라는 문제에 놓여 있기 때문이다. 열왕기상 1-2장에서 최종적으로 선택받은 인물은 바로 솔로몬이었다. 어떤 학자들은 왕위 계승의 문제를 단순히 국지적인 것으로 파악하고 이 자료들에 다윗의 궁정 역사(the Court History of David)라는 이름을 붙여주었다. 왜냐하면 이들 본문이 왕의 궁정과 왕의 가족들 사이에서 일어난 사건들을 강조하고 있기 때문이다. 이러한 주장을 펼치는 대부분의 학자들은 열왕기상 1-2장을 여기서 분리시켜 솔로몬 이야기의 서두에 포함시킨다. 사무엘하 21-24장의 잡다한 자료들은 보통 "사무엘서의 부록들"로 불린다. 그러나 그것들을 단지 보충자료로만 보는 것에는 문제가 있다. 따라서 우리는 이들 본문을 "왕위계승 내러티브/궁정 역사"와 보다 밀접한 관계를 맺고 있는 것으로 파악하고자 한다. 이 이야기들에서 우리는 다윗의 보다 더 인간적인 측면들을 발견하고 또한 그의 인간적인 나약함을 충분히 파악하게 된다. 여기에는 왕의 권력이 아닌 인간의 취약성이 드러난다. 이들 본문은 보기 드문 문학적 예술성과 심리학적 통찰로 채색되어 있다. 많은 학자들은 사무엘하의 이들 본문이 보기 드문 문학적 감수성을 통해 인간의 가능성과 나약함을 그려냄으로써 단순한 보도와 내러티브를 뛰어 넘는 문학적 성취를 이루었다고

---

6) 최근 가설들에 관한 논의를 위해서는 다음을 보라: Birch, "The First and Second books of Samuel," 1269-1271; P. Kyle McCarter, *II Samuel* (AB 9; Garden City, N. Y.: Doubleday, 1980), 4-16.

신학의 렌즈로 본 구약개관

판단하고 있다.

사무엘하 9장과 10장에서 다윗은 주로 언약과 관련하여 충절(דֶסֶח, "헤세드")과 확고한 책임감을 지닌 인물로 묘사된다. 사무엘하 9장에서 그는 요나단의 아들에 대해 이러한 충절을 지킨다. 그가 궁정으로 소환되어 영예로운 위치를 얻게 됨으로써, 다윗이 친구 요나단과 맺었던 충절의 서약은 지켜지게 된다. 요나단은 사울의 아들이자 다윗의 사랑을 입은 자였다(삼상 20장; 삼하 1장). 사무엘하 10장에서 다윗은 자신의 사절들에게 창피를 준 암몬 족속에 대해 성실함으로 행동한다. 그는 암몬 족속과 전쟁을 일으켰고 그들을 도우러 왔던 아람 족속과도 전쟁한다. 결과는 다윗과 이스라엘의 승리였다. 이 두 에피소드들은 사무엘하 11장에 등장하는 다윗, 밧세바, 우리아의 이야기를 위한 무대를 만들어준다. 여기서 충절을 지킨 인물은 다윗이 아닌 우리아였으며, 우리는 여기서 다윗이라는 인물의 어두운 면을 발견하게 된다.

사무엘하 11장에서 다윗이 왕권을 이용하여 맨 먼저 행한 일은 다른 사람의 아내였던 밧세바를 "취하는" 것이었다. 그러고 나서 그는 자신의 실책을 은폐하기 위하여 그녀의 남편 우리아를 죽게 만든다. 밧세바가 임신하게 되자, 우리아는 전장에 있던 다윗의 군대로부터 소환된다. 그는 충성스럽게도 전투 서약을 깨지 않으려고 아내와 동침하지 않는다. 그는 다시 전쟁터로 보내졌고 그곳에서 죽게 된다. 왕의 특권을 보호하기 위하여 왕권을 사용한 이러한 폭력은 과거 사무엘이 경고했던 왕에 의한 "취함"(taking)을 반영한다(삼상 8:11-18). 이번에는 예언자 나단이 다윗에게 와서 어느 가난한 자의 하나밖에 없는 양을 빼앗아 도살한 부자 이야기를 들려준다. 다윗이 그러한 사람은 죽어야 마땅하다고 분노했을 때, 나단은 "당신이 그 사람이다"(삼하 12:1-7)라고 응수한다. 다윗은 이러한 고발을 정당한 것으로 받아들이고 회개한다. 그럼에도 나단의 심판 신탁은 다윗 집안에 폭력이 난무할 것임을 선언한다. 이는 마치 다윗이 우리아의 집안을 파괴했던 것과 같다.

다윗 가족의 계보

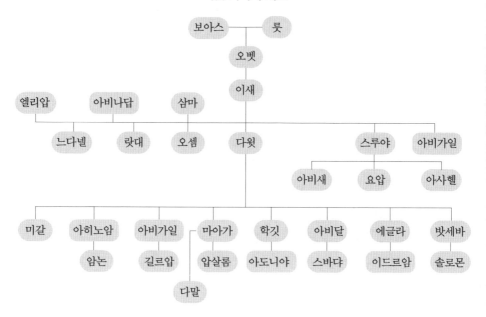

다윗의 또 다른 아들 9명은 역대상 3:6-8에 기록되어 있다.

사무엘하 13-20장의 이야기는 다윗 가정의 비극을 다루고 있다. 다윗의 아들 암논이 그의 이복누이 다말을 강간하는데, 그는 다말의 오빠 압살롬에 의해 살해된다. 압살롬은 이 행위로 인해 추방당하지만 후에 드고아의 지혜로운 여인의 중재 덕분에 복귀한다. 그러나 비통함의 씨앗은 결국 싹을 맺게 되어, 압살롬은 다윗에 대항하여 반란을 일으킨다. 그로 인하여 다윗은 어쩔 수 없이 예루살렘으로부터 치욕적인 후퇴를 감행해야만 했다. 반란이 저지되면서, 다윗의 군대장관 요압이 압살롬을 죽인다. 다윗은 자신의 아들이 반역을 일으켰음에도 그로 인해 비탄에 잠기게 되고, 왕국의 일을 소홀히 하며 슬픔에 빠져든다. 이러한 승리 이후에도 다윗은 세바가 일으킨 반란을 진압해야만 했다.

다윗의 마지막 장면은 임종의 자리다. 그는 늙고 무기력해졌다. 왕위계승자를 두고 왕궁 내에서 분파적인 로비가 진행되고, 나단과 밧세바의

　　　　　　　　　　　　　　　　신학의 렌즈로 본 구약개관

설득 끝에 마침내 솔로몬(밧세바의 아들)이 후계자로 지목된다.

죽음을 앞에 두고서 다윗은 영웅적인 모습을 보여주지 못했다. 우리는 그의 등극 과정 및 왕국의 왕정이념에 대한 영웅적 이미지를 너무나 많이 보아왔다. 그러나 그의 생애 마지막 에피소드에서는 기묘하게도 그 힘이 상실되어 있다. 왜냐하면 다윗이라고 하는 한 인간의 나약함이 노출되었기 때문이다. 결국 그는 우리와 다름없는 인간이었던 것이다. 우리가 아는 다윗이 백성의 영웅이자 국가의 군주이기만 했다면, 어쩌면 그의 이야기는 어색한 미완성작이 되어버렸을 것이다. 성서의 전승을 보존했던 공동체가 다윗의 인간적인 면도 함께 보존했다는 사실은 주목할 만하다. 후대 사람들은 그것을 거북하게 여기고는 긍정적인 것으로 각색시켜버리기도 했다(역대기 사가). 그러나 사무엘서는 다윗의 인간적인 면모를 여러 장면에서 가감없이 그려내고 있다.

다윗이 저절로 이스라엘에게 새로운 미래를 가져다준 것은 아니다. 다윗은 이스라엘을 위해 하나님이 제공하신 새로운 미래였다. 더 나아가 하나님의 섭리는 인간적인 약함에도 불구하고 다윗 안에서, 다윗을 통하여 이루어졌다. 데이비드 건(David Gunn)은 다윗 이야기에서 "놓아줌"(gift)과 "움켜쥠"(grasp)의 패턴을 추적하였다. 다윗이 주는 일과 받는 일의 조율을 극대화하였을 때, 모든 것은 순조로웠다. 반면 그가 자신의 권력을 이용하여 움켜쥐려고 했을 때(밧세바 사건의 경우에서처럼), 재앙이 들이닥쳤다. 그의 왕국이 하나님의 선물로 이해되었을 때, 그것은 이스라엘을 향한 하나님의 은총의 근원이었다. 반면 그의 왕국이 움켜쥐어야 할 권력으로 이해되었을 때, 그것은 이스라엘과 이스라엘의 왕을 "멸망"시켰다. 이는 사무엘이 경고했던 바요, 궁극적으로 포로기를 통하여 설명되었던 것이다.[7] 월터 브루그만은 이처럼 "신뢰받는 피조물"을 통해 하나님의 의도가 진행되

---

7) M. D. Gunn, *The Story of King David: Genre and Interpretation* (JSOTSup 6; Sheffield: JSOT, 1978).

고 있음에도 하나님은 기꺼이 인간의 자유와 책임감을 위기로 몰아넣으신다는 사실이 다윗 이야기 전체에 걸쳐 강조되고 있음을 발견하였다. 또한 그는 다윗 시대 직후 형성된 창세기의 원역사에 담겨진 인간의 자유, 책임, 죄악의 이야기에서 다윗 이야기의 이러한 측면들이 의도적으로 비쳐진다는 사실을 발견했다.[8] 영웅적인 다윗은 그러한 자유와 재능을 최대한 설명해주고 있는 반면, 왕위계승 내러티브/궁정 역사에서의 다윗은 모든 인간이 죄악된 욕심과 그것의 고통스런 결과에 유혹받고 있음을 잘 보여준다. 이들 이야기에서 다윗에 대한 묘사는 곧 인간 자체에 대한 풍부한 묘사다.

비록 솔로몬 이야기와 이스라엘 제국의 짧은 치세가 아직 남아 있기는 하지만, 우리가 앞으로 확인할 수 있는 것처럼, 그의 이야기는 숙명적인 파국으로 이어지게 될 것이다. 다윗 이야기는 지속적으로 상상력을 자극하는 전통으로 자리 잡고 있으며, 이후의 여러 세대들에게 새로운 의미를 투영시켜준다. 지상 권세자의 통치를 평가하는 기준으로서 **왕정의 이상**(理想)이 처음 출현한 곳이 바로 다윗 이야기이며, 후에 지상 통치자가 몰락했을 때 하나님의 기름 부음을 받은 자(메시아)가 도래할 것이라는 희망이 제시된 곳도 바로 다윗 이야기다.

사무엘하 21-24장에 나타나는 사무엘서의 부록은 다윗 이야기의 결론으로 의도된 것이다. 이 안에는 다윗의 업적을 회고하고 그 이후의 부가적인 사건들을 살펴보는 내러티브, 목록, 노래들이 담겨 있다. 내러티브와 목록들은 정치적 술수와 다윗의 꾀, 전사들의 업적과 다윗 시대의 용사들을 다루고 있다. 그러나 다윗 이야기의 이러한 익숙한 주제들의 핵심에는 다윗을 하나님이 세우신 의로운 왕의 원형으로 규정하는 두 개의 노래들이 자리하고 있다(삼하 22:1-51; 23:1-7). 사무엘상 2장에 있는 한나의 노래와 더불어 이 노래들은 사무엘서를 앞뒤로 감싸고 있으며, 가난하고 억압

---

8) W. Brueggemann, "The Trusted Creature," *CBQ* 31 (1969), 484-501.

신학의 렌즈로 본 구약개관

받는 자들을 일으키고 교만하고 힘센 자들을 무너뜨리기 위하여―정의와 공의의 통치를 세우기 위하여―이러한 사건들을 통해 일하시는 하나님의 역사를 분명히 드러내준다. 다윗은 이스라엘에서 이러한 소망을 꽃피우기 위하여 하나님이 심으신 씨앗이다.

> 이스라엘의 하나님이 말씀하시며
> 이스라엘의 반석이 내게 이르시기를,
> 사람을 공의로 다스리는 자,
> 하나님을 경외함으로 다스리는 자여,
> 그는 돋는 해의 아침 빛 같고
> 구름 없는 아침 같고
> 비 내린 후의 광선으로 땅에서 움이 돋는 새 풀 같으니라(삼하 23:3-4).

이러한 왕정의 이상은 제왕시들(royal psalms)에서 드러나는데, 거기서는 하나님의 왕권이 경축될 뿐만 아니라 지상의 왕도 하나님의 통치를 구현하는 대리인으로 칭송된다.

> 하나님이여 주의 판단력을 왕에게 주시고
> 주의 의를 왕의 아들에게 주소서.
> 그가 주의 백성을 공의로 재판하며
> 주의 가난한 자를 정의로 재판하리니…
> 그가 가난한 백성의 억울함을 풀어주며
> 궁핍한 자의 자손을 구원하며
> 압박하는 자를 꺾으리로다(시 72:1-2, 4; 또한 시 101:1-8을 보라).

이스라엘과 유다 왕들이 죄를 범하는 현실로 인해 야웨 신앙의 언약적 전통이 전복되려는 때에도 이러한 왕정의 이상은 여전히 살아 남아 이스라엘에 영향을 끼쳤다. 그것은 기름 부음을 받은 자(메시아)에 대한 예언자적 소망에서도 나타난다. 그분은 백성에게 진실로 의로운 통치를 되돌려 주실 것이다(예를 들어 사 11:1-9를 보라; 여기서 이상적인 왕의 모습은 "이새의 줄기"로부터 나와 평화의 시대를 예고한다). 포로기에 이르러 지상의 다윗 왕조는 단절된 것처럼 보였지만, 메시아의 통치 아래서 하나님의 정의롭고 공의로운 왕국의 궁극적 회복에 대한 종말론적 소망은 계속되었다. 다양한 종류의 메시아 대망 사상이 존재했던 시대에, 초기 교회는 예수 그리스도를 메시아 왕국에 대한 소망의 성취로 이해했다. 비록 그가 지상의 왕권을 획득한 적은 없었지만 말이다. 예수가 다윗의 계보에서 출생하였다는 사실은 전통의 중요한 측면이다.

다윗 이야기는 역대상을 기록한 역사가에 의해 이상화되어 다시금 전달된다. 여기서는 다윗 이야기의 모난 측면은 무디어지고, 이스라엘의 종교적 삶에서 그가 행했던 역할이 한껏 강조된다. 공동체 리더십의 모델은 곧 정치적 영역과 예전적 영역에서 하나님의 대리인으로 표현되었다.

그러나 이스라엘 연합 왕국의 이야기는 완성되지 못한다. 솔로몬이 왕위를 이어받지만, 그는 이스라엘과 이스라엘 주변에서 왕정의 이상을 실현시키기 위한 증인이 되지는 못하였다. 그 화려함에도 불구하고 그의 이야기는 왕정 연대기에서 왕정의 이상을 구현하는 데 실패한 역사의 첫 장면을 장식하게 된다. 솔로몬 통치 하에서 왕정의 현실은 왕궁과 백성 간의 괴리감 증가, 예언자의 영향력 쇠퇴, 그리고 이스라엘의 정치종교적 삶에서 가나안과 이집트로부터의 영향력 증대로 점철된다.

6. 솔로몬: 제국과 분열(왕상 1-11장)

성서에서 솔로몬은 지킬(Jekyll) 박사와 하이드(Hyde)와 같은 인물로 그려지고 있다. 이야기의 첫 부분에 솔로몬의 무자비하고 폭력적인 면이 등장한다(왕상 1-2장). 다윗이 솔로몬을 후계자로 지명하고 죽자, 솔로몬은 그의 권력을 모아 반대자들을 무자비하게 숙청한다. 그는 자신의 이복형제이자 경쟁자였던 아도니야를 죽이고, 다윗의 군대장관 요압을 위시하여 아도니야 편에서 영향력을 끼치던 지지자들마저 죽인다. 그리고 다윗의 제사장 아비아달을 추방한다.

열왕기상 3:3-15에서 우리는 뜻밖에도 "솔로몬이 야웨를 사랑하고 그의 아버지 다윗의 법도를 행하였으나"(3a절)라는 진술을 접하게 된다. 그리고 경건한 솔로몬이 기브온에서 야웨께 기도하는 모습을 보게 된다. 환상 속에서 하나님은 솔로몬에게 선물을 선택하도록 요구하시며, 솔로몬은 다음과 같은 선택을 한다. "누가 주의 이 많은 백성을 재판할 수 있사오리까? 듣는 마음을 종에게 주사 주의 백성을 재판하여 선악을 분별하게 하옵소서"(9절). 하나님은 그의 요청을 기뻐하셨고, 솔로몬에게 지혜뿐만 아니라 부와 명예도 허락하신다. 이러한 만남 이후에 곧장 한 아이를 두고 서로 자신의 아이라 우기는 두 여인에 관한 에피소드가 등장한다. 솔로몬은 여기서 자신의 실제적인 지혜를 증명하면서 문제를 해결한다(왕상 3:16-28).

이야기의 후반부에서 그의 이미지는 다시금 솔로몬 전승의 어두운 측면들로 변질된다. 열왕기상 11장은 우상숭배에 연루된 솔로몬의 모습을 그리면서 그의 죄로 인해 왕국이 분열될 것임을 밝힌다. 솔로몬은 700명의 아내와 300명의 첩을 거느렸다. 이는 고대 세계에서 그의 영향력을 측정하는 기준이었다. 왜냐하면 이것은 대체로 조약을 비준하기 위한 정략결혼이었기 때문이다. 솔로몬의 영향력은 최초로 언급된 그의 결혼 상대자가 파라오의 딸이었다는 사실에서 잘 드러난다(왕상 3:1-2). 이는 곧 솔로몬의 통치 기간에 이집트의 영향력이 상당히 흘러들어왔다는 증거가 된다. 이들 아내들과 첩들은 각자 자신의 신을 들여올 수 있도록 용인되었다. 솔로몬은 이들의 이방 신들을 위한 신전을 세워주었을 뿐만 아니라 그 자신이 여러 이방 신들의 숭배자가 되었다(특히 왕상 11:4-8). 이러한 배교로 하나님은 솔로몬에게 분노를 드러내셨고, 그의 왕국이 그의 아들 대에 이르러 "찢어질"(9-13절) 것임이 예고되었다. 여기서의 표현은 사무엘이 사울에게 하나님의 분노를 전달했던 내용과 흡사하다(삼상 15:28). 유다는 살아 남게 될 것이지만 이스라엘의 나머지는 결코 다시는 다윗 왕조의 통치 아래 들어오지 못할 것이다. 솔로몬은 경건하고 겸손한 사람의 모습에서 거절당한 우상숭배자로 변모하였다.

그 사이에 끼인 열왕기상 4-10장에서 우리는 솔로몬의 정책, 건축 사업, 행정, 그리고 국제적인 지혜로 인해 고양된 솔로몬의 명성에 대한 세부적인 묘사들을 발견하게 된다. 여기서 우리는 이러한 전승들을 다시 한 번 서로 다른 두 가지 정서로 읽을 수 있다. 한편으로 솔로몬 통치에 관한 전승들은 이스라엘의 황금시대―여러 국가들 사이에서 장엄하고도 영향력 있었던 시대―의 증거로 읽힌다. 다른 한편으로 우리는 솔로몬의 정책과 업적들을 주의 깊게 살펴보면서, 그가 대체로 가나안/페니키아 혹은 이집트를 모델로 한 제도 및 관습에 호의를 보임으로 말미암아 야웨의 시내 산 전승에 뿌리를 둔 언약의 관습들을 제거하고 있음을 발견하게 된다.

실제로 솔로몬의 궁정은 왕권으로 획득한 화려한 장식물들로 채워져 있었다. 열왕기상 4:22-23은 다음과 같이 보도한다. "솔로몬의 하루의 음식물은 가는 밀가루가 삼십 고르요 굵은 밀가루가 육십 고르요 살진 소가 열 마리요 초장의 소가 스무 마리요 양이 백 마리이며 그 외에 수사슴과 노루와 암사슴과 살진 새들이었더라." 이 수치는 이스라엘 사람들의 일상적인 평균과는 거리가 멀었다. 왕권의 호화스러움에 대한 보다 중요한 증언은 솔로몬의 건축 사업에서 드러난다. 고고학적 증거들은 솔로몬의 광범위한 군대와 공식적인 건축 사업을 확인해주고 있다. 그는 땅 전체에 걸쳐 방어력을 보강하기 위해 요새, 전차도시, 수비대를 건설한다. 열왕기상 4:26과 10:26을 보면, 솔로몬이 1,400대의 전차와 12,000명의 마부, 40,000필의 말을 거느렸음을 알 수 있다. 그는 그의 많은 아내들을 위해 신전과 궁전을 짓고 또한 다양한 형태의 공공건물들을 지었다(예를 들어 관리의 거

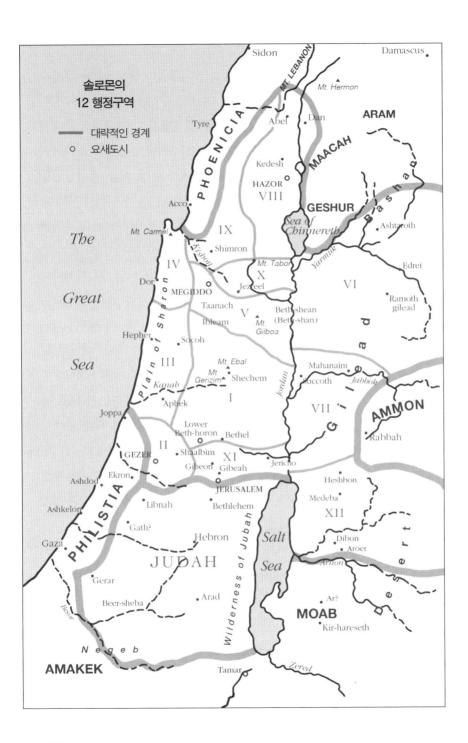

솔로몬의
12 행정구역

━━━━ 대략적인 경계
○ 요새도시

Sidon

Damascus

MT. LEBANON

Mt. Hermon

PHOENICIA

Tyre

Abel

Dan

ARAM

MAACAH

Kedesh

HAZOR
VIII

GESHUR

Acco

Bashan

Mt. Carmel

IX

Sea of
Chinnereth

Ashtaroth

The

Shimron

Kishon

Mt. Tabor

Edrei

Great

IV

Dor

Plain of Sharon

MEGIDDO

Jezreel

X

VI

Ramoth
gilead

Taanach

V

Beth-shean
(Beth-shan)

Hepher

Ibleam

Mt.
Gilboa

Sea

Socoh

III

Kanab

Mt. Ebal

Mt.
Gerizim

Shechem

Jordan

Mahanaim

Succoth

Jabbok

Gilead

Aphek

I

VII

AMMON

Joppa

Lower
Beth-horon

Bethel

Rabbah

II

GEZER

Shaalbim

Gibeon

XI

Gibeah

Jericho

Heshbon

Ashdod

Ekron

JERUSALEM

Medeba

Ashkelon

Libnah

Bethlehem

XII

Gaza

PHILISTIA

Gath?

Hebron

Salt

Sea

Dibon

Aroer

Arnon

desert

Gerar

JUDAH

Arad

Wilderness of Judah

Ar?

Beer-sheba

Besor

MOAB

Kir-hareseth

Negeb

AMAKEK

Tamar

Zered

주지; 왕상 7:1-12; 9:15-19를 보라).

이 모든 일에는 재정이 필요했다. 솔로몬의 탁월한 행정정책은 재정수입원을 상당한 정도로 확보했다. 다윗은 자신의 적절한 수요를 채우기 위하여 왕국의 국경을 확장시킴으로써 문제를 해결했다. 그러나 솔로몬에게 이는 더 이상 가능한 일이 아니었다. 실제로 그의 생애 동안에 이스라엘의 영토는 반란으로 인해 줄어들었고 솔로몬에게는 분명 이를 통제할만한 힘이 없었다. 에돔(왕상 11:14-22)과 시리아(왕상 11:23-25)가 떨어져 나갔다. 대신 솔로몬은 왕국의 영토에 대한 세금을 무겁게 부과하였다. 효과적인 조세체제를 만들기 위하여, 그는 왕국을 열두 구역으로 나누고서 각기 일년에 한 달씩 왕궁의 식물을 책임지도록 하였다(왕상 4:7-27). 각 지역마다 왕실관리들을 임명하고 그 경계는 지파의 경계와는 무관하게 설정되었다. 이렇게 엄격한 관료 체제로 인하여 권위와 통치에 관한 전통적인 지파 형태는 점점 무너지게 되었다. 솔로몬이 속해있던 유다 지파는 이러한 열두 구역 체제에서 제외되었다. 또한 솔로몬은 부역(때때로 강제 노역이라 불린다) 정책을 실시하였다. 이는 국가를 위해 노동력을 지불하는 형태로 징수되는 세금이었다. 노동이 가능한 남자들은 세 달을 교대로 각 지파에서 차출되어 솔로몬의 다양한 건축 사업현장에 투입되었다(왕상 5:13-14). 후에 르호보암이 자신의 대표 자격으로 강제 노역관리를 북쪽 지파들에게 보냈을 때, 그들은 그 관리를 너무나 미워한 나머지 돌로 쳐서 죽였다(왕상 12:18).

솔로몬의 행정정책 하에서, 언약적 율법에 반영된 경제적 평등분배에 대한 관심이 기득권 위주의 경제체제로 대체되었다. 이로 인해 이스라엘 내에서 부유한 자와 가난한 자의 격차가 심해지게 되었다. 지파 영토의 인위적인 재분배는 보유지 및 상속지를 강제로 변경시킴으로써 조상 대대로 이어받은 땅의 영역을 분리하는 결과를 초래했고, 결국 왕실의 권력구조와 연관된 부유한 엘리트 계층들이 땅의 소유에서 주도권을 가지게 되었다. 솔로몬 치하에서 시작된 이러한 경제변화는 특히 이스라엘 이야기의 후반부에 이르러 예언자들에 의해 고발당한 경제체제였다.

정치권력이 언약의 율법에 담긴 정의에 대한 강조를 대체해버렸다. 약하고 가난한 자들은 더 이상 왕실이 정해놓은 영역에 접근할 수 없게 되었다. 중요한 사실은, 사울과 다윗의 경우와는 달리 솔로몬이 왕위에 오르는 데 백성의 역할이 전무했다는 점이다. 솔로몬은 순전히 왕실 내부의 권력투쟁의 결과로서 정권을 잡게 된 사람이었다. 그의 정책은 확실히 일반 백성에게는 가혹한 것이었다. 이는 솔로몬 통치 끝 무렵에 반란이 발생했던 사실에서 잘 알 수 있다(왕상 11:14-40). 솔로몬 치하에서의 반란들 중 하나는 여로보암에 의해 촉발되었다. 그는 솔로몬의 수중에서 탈출하였다가 그의 사후에 되돌아와서 북쪽 지파들을 이끌었던 사람이다. 그는 솔로몬의 아들에게 부왕의 무거운 정책을 개선하여 가볍게 해주기를 요구했다. 이 요구가 거절당하자 여로보암은 북쪽 지파들을 데리고 새로운 왕국을 건설하였다. 이스라엘은 솔로몬의 억압적 정책으로 말미암아 영구히 나뉘게 된 것이다.

솔로몬에 관한 자료들은 예루살렘 성전 건축에 대해 많은 관심을 갖고 있다(왕상 5:1-6:37; 7:13-8:66). 이는 곧 이스라엘의 계속되는 전통에서 성전이 얼마나 중요한지를 단적으로 드러내주는 것이다. 그러나 성전은 솔로몬에게 있어 애매모호한 성공이었다. 여러 차원에서 그것은 이스라엘의 언약 전통에 드러난 매우 자유로운 하나님을 제약된 공간에 길들일 위험성을 내포하고 있다. 성전은 강제노역으로 건축되었고(왕상 9:15), 왕궁 근처에 세워졌다. 비록 왕궁 건축에 대해서 단지 열두 절만 할애하고 있기는 하지만(왕상 7:1-12), 성전건축은 단지 7년 만에 완성되었던 반면 왕궁건축에는 13년이라는 시간이 소요되었다. 왕궁은 성전보다 훨씬 컸다. 성전이 200평방미터(왕상 6:2)인 반면 왕궁은 1,000평방미터였다(왕상 7:2). 성전은 거의 왕궁의 부속 건물처럼 보인 듯하다. 성전의 모형은 일반적으로 가나안/페니키아 양식에 상응한다. 여러 장소에서 층 설계의 유사성이 발견되었기 때문이다. 영원히 거하실 곳이라는 개념이 이스라엘의 성막개념과 긴장관계에 놓이게 되었다. 솔로몬 성전은 왕실의 이익을 위하여 하나님을 길들일 수 있다는 생각을 하게끔 만드는 유혹거리를 제공한다. 이것은 솔로몬이 사독과 그의 후손을 예루살렘 성전의 영구적인 제사장으로 임명한 것과는 무관하다. 사독은 솔로몬의 즉위 때 그를 후원했다는 이유로 그러한 보상을 받은 것이다. 반면 다윗의 또 다른 제사장이었던 아비아달은 추방당했다(흥미롭게도 아비아달이 쫓겨난 곳인 아나돗 출신의 예레미야는 성전에 대한 반대 입장에서 자신의 유명한 설교를 하였다; 렘 7장; 26장).

하나님이 시온에 거하신다는 사상은 궁극적으로 이스라엘의 왕정 신학에서 그 적절한 위치를 찾게 되었다(우리가 시 132편에서 보았듯이). 예배 의전 자료로서 시편들은 이스라엘을 위한 하나님의 구원전승이 기억되고 경축되는 장소로 기능했던 성전을 지목하고 있다. 성전의 역할은 흔히 일상에서 실행된 예전(liturgical) 관습들과 특별한 절기들을 통해 기능했다. 성전은 하나님이 거하시는 곳으로 간주되었고, 하나님의 현존은 제사장들과 희생제의를 통해 성전에서 중재되었다. 후에 예언자 예레미야와 에스겔은 이러한 모습들로 인해 하나님이 마치 이스라엘의 소유물인 것처럼 해석되어서는 안 된다고 경고한다. 우리는 나중에 포로경험 및 성전파괴가 어떻게 성전의 역할을 새롭게 회복했는지를 보게 될 것이다. 미래의 새로운 성전은 이스라엘의 삶 속에서 과거 왕정이 빚어놓은 앙금들을 청산시켜줄 것이다.

솔로몬은 경제적으로나 정치적으로나 이스라엘을 여러 나라 중에서 두드러진 위치로 이끌었다. 스바 여왕의 방문 및 왕실의 원정, 그리고 그로 인한 부의 축적에 대해 전하고 있는 열왕기상 10장은 세속적 권력의 절정에 오른 솔로몬의 모습을 보여준다. 그러나 솔로몬의 정책이 왕국 붕괴의 씨앗이 되었고 야웨를 섬기는 언약 신앙의 핵심인 평등과 정의에 대한 관심을 손상시켰다는 사실은 분명하다. 더 나아가 그의 우상숭배 및 성전과 왕권의 결탁은 이스라엘의 언약 신앙과 충돌을 일으키는 "왕정의 현실"과, 다윗으로부터 시작되어 발전된 "왕정의 이상" 사이에 충돌을 야기

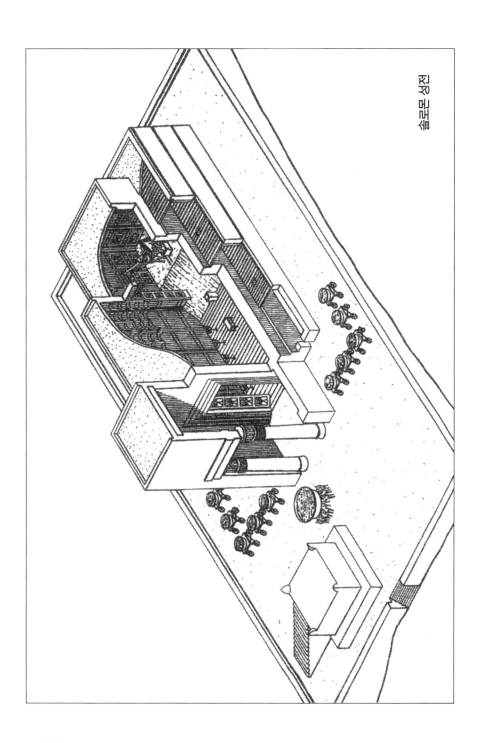

솔로몬 성전

했다. 왕정의 권력과 특권, 그리고 국가주의화 되는(길들여지는) 종교의 프락시스(praxis)에 대항하여 언약 신앙 및 왕정의 순수한 이상을 옹호하게 될 투사들이 바로 예언자들이다.

솔로몬의 지혜는 과연 어디로 사라져버린 것일까? 그는 백성을 잘 다스리기 위해 지혜를 구했고 또 그것을 얻지 않았던가? 이 질문에 대한 한 가지 대답은, 선물을 받았다고 해서 그것이 허비되지 말라는 법은 없다는 사실이다. 열왕기상 9:1-9에서 솔로몬은 두 번째 환상을 경험한다. 이번에는 하나님이 솔로몬을 기뻐하지 않으신 듯하다. 그 환상은 언약 복종의 길에서 벗어난 결과에 대한 엄중한 경고였다. 다윗과의 약속이 다시금 언급되지만, 이번에는 사무엘하 7장의 무조건적인 진술보다는 시편 132편의 조건적인 진술에 더 가깝다. 이스라엘과 그 왕은 내쳐질 수 있다. 솔로몬이 세운 집(성전)도 돌무더기로 변할 수 있다. 솔로몬 이야기의 맥락에서 그것은 경고였다. 그리고 곧장 솔로몬의 우상숭배와 그 결과에 대한 본문이 뒤따른다. 바빌로니아 포로들을 향한 신명기 사가적 사관의 보다 더 넓은 시각에서 보면, 그것은 포로가 된 자신들이 겪는 바로 그 운명에 대한 불길한 설명이었던 것이다(참조. 왕하 17:7-8; 21:11-15).

그러나 솔로몬의 지혜에 관한 질문은 그가 지혜의 선물을 사용한 방식에 대해 지적함으로써 대답될 수 있다. 대체로 그는 그 선물을 실제적인 통치 사안들을 위해서는 사용하지 않은 듯하다. 대신에 그는 그의 백과사전적 지식, 그가 말한 잠언들, 현자들과의 논쟁으로 유명해졌다(왕상 4:29-34; 스바 여왕 역시도 그와 같은 지혜로 인한 그의 명성을 경험하고 시험하고자 왔다; 왕상 10:1-10). 이 본문들은 메소포타미아와 이집트의 왕실에서 잘 알려지고 회자되었던 국제적인 지혜전승 및 잠언들이 솔로몬의 통치기에 이스라엘로 유입되기 시작했음을 보여준다. 솔로몬은 아마도 지혜롭게 통치하는 일보다는 그러한 지혜에 정통함으로써 국제적 명성을 쌓는 일에 더 관심을 보였던 것 같다. 지혜로 인한 솔로몬의 명성은 이스라엘에서 후대에 발전된 지혜전승조차도 솔로몬의 것으로 간수하게 만들었다. 삼언과 선도서는 그 안에 후대 편집의 특징이 역력함에도 불구하고 스스로 저자를 솔로몬이라고 증언하고 있다. 또한 기원전 1세기에 그리스어로 기록된 외경 "지혜서"(The Wisdom of Solomon)조차도 그 저자를 솔로몬으로 지목하고 있다. 솔로몬은 아마도 그 책들 모두의 저자라기보다는 이스라엘 지혜 전통의 수호자이자 설립자로 이해되어야 할 것이다. 이는 마치 그토록 많은 시편들이 다윗이라는 이름과 연관된 것과 마찬가지다. 이상하게도 이스라엘에서 그와 같은 지혜전승을 솔로몬이 육성했다는 사실은 그가 통치자로서 획득한 어떠한 권력이나 장엄함보다도 더욱 널리 알려져 있다.

이스라엘의 통일왕국 시대는 막을 내린다. 사울을 통해 왕정은 미숙아로 태어났다. 다윗의 치하에서 우리는 왕정의 약속을 실감할 수 있었다. 그리고 솔로몬과 더불어 왕정의 약속은 깨어졌다. 이스라엘 왕국 시대에서 왕정의 이상과 현실, 그리고 언약에 대한 신실함과 불순종에 관한 모든 주제들은 이들 세 왕의 이야기를 통해 소개된다. 이스라엘의 통일이 좌절된 시기에서 우리는 이제 그러한 주제들이 왕들, 예언자들, 길거리에 내쳐진 백성의 많은 변수들 가운데서 어떻게 작용하는지를 살펴야만 한다. 결국 비극적이게도 북 왕국은 잊혀질 것이고 남 왕국은 포로 신세가 될 것이다. 포로들이 가졌던 의문들과 고뇌는 이스라엘의 처음 왕들에 대한 신명기 사가들의 재구성을 자극시켰고, 그로 인하여 이 전승들은 후세에 보존되었던 것이다.

참고문헌

주석서

Anderson, Arnold A. *2 Samuel*. WBC 11. Waco: Word, 1989(권대영 역, 『사무엘하』 WBC 성경주석[서울: 솔로몬, 2001]).

Birch, Bruce C. "The First and Second Books of Samuel: Introduction, Commentary, and Reflection," *NIB*, vol. 2. Nashville: Abingdon, 1998.

Brueggemann, Walter. *First and Second Samuel*. IBC. Louisville: Westminster/John Knox, 1990(차종순 역, 『사무엘상/하』현대성서주석[서울: 한국장로교출판사, 2000]).

Klein, Ralph W. *1 Samuel*. WBC 10. Waco: Word Books, 1983(김경열 역, 『사무엘상』 WBC 성경주석[서울: 솔로몬, 2004]).

McCarter, P. Kyle, ed. *I Samuel*. AB 8. Garden City, NY: Doubleday, 1980.

McCarter, P. Kyle, ed. *II Samuel*. AB 9. Garden City, NY: Doubleday, 1984.

그 밖의 다른 연구서들

Birch, Bruce C. *The Rise of the Israelite Monarchy: The Growth and Development of I Samuel 7-15*. SBLDS 27. Missoula, MT: Scholars Press, 1976.

Brueggemann, Walter. *David's Truth in Israel's Imagination and Memory*. Philadelphia: Fortress, 1985.

Brueggemann, Walter. *Power, Providence, and Personality: Biblical Insight into Life and Ministry*. Louisville: Westminster/John Knox, 1990.

Gunn, David M. *The Fate of King Saul*. JSOTSup 14. Sheffield: JSOT, 1980.

Gunn, David M. *The Story of King David*. JSOTSup 6. Sheffield: JSOT, 1978.

Miller, Patrick D. Jr., and J. J. M. Roberts. *The Hand of the Lord: A Reassessment of the "Ark Narrative" of 1 Samuel*. JHNES. Baltimore: Johns Hopkins University Press, 1977.

Rad, Gerhard von. "The Beginning of History Writing in Ancient Israel," *The Problem of the Hexateuch and Other Essays*. New York: McGraw-Hill, 1966, 166-204(German original, 1944(김정준 역, 『폰 라드 논문집』[서울: 대한기독교출판사, 1978]).

제8장

분열왕국의 왕들과
예언자들

열왕기상 12장-열왕기하 13장 | 시편 일부

불행하게도 분열왕국 시대 이스라엘에는 아브라함 링컨(Abraham Lincoln)과 같은 지도자가 없었다. 만일 그 시대에 그와 같은 지도자가 있었다면 이스라엘의 역사는 달라졌을 것이다. 미국 남부가 노예제도 문제로 미합중국으로부터 분리되었을 때, 링컨의 인격과 정책은 미국을 온전히 보전하는 데 중요한 역할을 했다. 이스라엘 역사에서 북부는 남부로부터 분리되었지만, (또 다른 형태의) 노예제도는 여전히 남아 있었다. 그러나 정치적으로나 군사적으로 분열의 딜레마를 해결할 수 있는 링컨과 같은 인물은 등장하지 않았다. 분열된 이스라엘은 결국 멸망하게 된다. 이스라엘은 먼저 둘로 나뉘고(기원전 922년), 뒤이어 하나만 남게 되고(기원전 721년), 마침내는 아무것도 남지 않게 되었다(기원전 587년).

군사적·정치적 책략이 한창이던 시대에 성서는 이스라엘의 가장 중대한 문제가 다름 아닌 영적 질병이라고 주장한다. 이 질병은 서서히 그러나 확실하게 백성의 영혼을 좀먹고 있었다. 열왕기상 12장-열왕기하 13장 본문은 분열된 왕국의 긴밀한 역사를 그리고 있는데, 가장 주된 관심은 종교적이고 신학적인 문제에 집중되어 있다. 이 때문에 내러티브의 중요 부분들은 예언자들, 특히 엘리야와 엘리사를 통한 하나님의 활동과 말씀에 초점을 맞추고 있다.

종교적 관심이 무엇보다 중요하기 때문에, 본 장에서는 먼저 내러티브를 살펴본 후에 그것을 뒷받침하는 핵심적인 신학적 문제를 고찰할 것이다. 그리고 그러한 신학적 관점을 통해 열왕기(그리고 또 다른 신명기 역사서들)에 의해 해석된 이스라엘의 혼란스러웠던 역사를 다루고자 한다. 그런 다음에 우리는 다시금 역사의 문제로 되돌아올 것이다.

1. 배교에 의해 형성된 이스라엘 역사

열왕기와 이스라엘의 예언자들이 그토록 예리하게, 그리고 줄곧 지적해 왔던 배교는 과연 무엇인가? 혹은 열왕기상 9:8-9의 질문(예루살렘 멸망의 견지에서 기록된; 참조. 신 29:24)을 인용하자면, "야웨께서 무슨 까닭으로 이 땅과 이 성전에 이같이 행하셨는고?" 이에 대한 대답이 곧이어 등장한다. "그들이…그들의 하나님 야웨를 버리고 다른 신을 따라가서 그를 경배하여 섬기므로…."

가나안 종교의 영향은 이스라엘 역사에서 중요한 역할을 수행했다. 그 종교에 관한 우리의 지식은 특히 시리아 해변에 위치한 우가리트(라스 샤므라[Ras Shamra])에서 고고학적 문헌들이 발견됨으로써 상당한 정도로 축적될 수 있었다. 그 문헌들의 연대는 대략 기원전 제2천년기 중반으로 추정된다. 가나안 종교는 특히 분열왕국 시대에 들어와 북 이스라엘에 강한 영향력을 끼쳤다. 열왕기에 따르면, 이 종교는 특별히 북 왕국(이스라엘)의 첫 번째 왕이었던 여로보암의 강령과 정책 하에서 이스라엘 백성의 삶에 침투하기 시작했다. 그러나 가나안 종교가 남북 왕국의 야웨 신앙을 위협할 정도로 악랄하게 실행되었던 때는 바로 아합과 이세벨의 통치 기간이었다(아래의 논의를 보라).

가나안 종교는 다신론적이다. 가나안 만신전(萬神殿)의 우두머리는 엘(El)이며, 그의 배우자는 아세라(Asherah, 이 여신은 또한 바알과도 연관되어 있다; 왕상 16:32-33; 18:19)였다. 엘은 신들의 회의를 주재하는 우두머리다. 구약성서의 독자들에게 가장 익숙한 신은 바로 바알(Baal)일 것이다. 그의 배우자는 아낫(Anat, 그리고 아스다롯[Astarte])이다. 그들의 성행위는 죽음의 세력을 이기고 생명의 재생을 가능케 하는 것으로 간주되었다. 이는 특별히 비가 내림으로 땅이 비옥해진다는 사실(가나안에 거하는 생명체들에게 중요한 요소)에서 잘 드러난다. 이러한 드라마는 매년 재연되며 사람들은 이와 관련된 의례들(rituals)에 참여하게 되는데, 이 의례들은 본래가 성적인(sexual) 특성을 지닌다.

가나안 종교는 이스라엘의 종교에 부정적인 동시에 긍정적인 측면으로도 영향을 끼쳤다. 긍정적인 측면으로는, 야웨에 관한 칭호들과 상징들이 형성되었다는 점이다(예를 들어 엘의 다양한 이름들, "구름을 타신 자"와 같은 폭풍의 이미지). 중요한 의례들과 축제들과 또한 신학적 주제들(예를 들어 혼돈을 물리치신 야웨, 풍요의 근원이신 야웨, 재생을 포함하여 죽음과 삶을 관장하시는 야웨)이 가나안 종교로부터 차용되었다. 부정적으로는, 이러한 중요한 유사점들이 바알과 야웨에 대한 관념들과 의례들을 혼합시켜버리는 주된 요인으로 작용했다는 사실을 지적할 수 있다. 여기서 다음과 같은 추론이 제기된다. 야웨를 섬기면서 동시에 땅의 풍요와 생명의 주기를 관장하는 신을 함께 섬겨도 괜찮지 않겠는가? 이러한 혼합주의적 신학 및 이와 관련된 우상숭배적 예배 관습들이 점차 일반화되기 시작했고, 따라서 야웨에 대한 이스라엘의 전적인 헌신이 심각하게 희석되어버렸다.

특별히 엘리야와 같은 초기의 예언자들은 이스라엘의 신앙과 삶을 위하여 이러한 위기 가운데 뛰어들었다. 그들은 혼합주의적 경향성을 거부하고 이스라엘이 야웨 한 분만을 예배해야 한다고 주장했다. 엘리야와 바알 사제들 간의 대결을 묘사하는 열왕기상 18장(아래의 논의를 보라)은 이스라엘의 삶과 그에 대한 예언자적 강령에 비친 바알 신앙의 부정적 영향력을 이해하는 데 주요한 자료가 된다. 우리가 살펴보게 될 열왕기의 여러 가지 내러티브들은 강력한 박해에 직면해서도 야웨에 대한 충성을 지키려는 하나님 백성의 몸부림을 수사적으로 다루고 있다. 예언자 엘리야는 이러한 문제에 대해 딱 잘라 말한다. "너희가 어느 때까지 둘 사이에서 머뭇머뭇 하려느냐? 야웨가 만일 하나님이면 그를 따르고 바알이 만일 하나님이면 그를 따를지니라"(왕상 18:21).

이스라엘의 배교의 초점은 하나님을 향한 불신앙이다. 그것은 근본적으로 다른 신들을 섬기는 데서 드러난다. 문제는 십계명의 제1계명(신 5:7-10; 6:5)이다. 그것이 제기하는 핵심적인 문제는 신앙과 불신앙에 관한 것이지, 법조문에 대한 외관상의 순종 여부가 아니다. 계명을 지키는 데 실패한다는 것은 보다 확대된 문제, 즉 하나님을 향한 이스라엘의 불충과 예언자들의 회개 촉구에 대한 거절을 의미한다. 열왕기하 17:7-18에는 이스라엘이 아시리아에 의해 멸망하게 된 요인을 설명해주는 신학적 진술이 등장한다. 이러한 패망의 원인으로 인용된 모든 죄악들은 우상숭배와 연관성을 지닌다(또한 왕상 11:4-11; 왕하 23:4-25을 보라). 또한 언약을 "저버리는" 일은 특히 제1계명의 준수 여부로 판가름 난다(신 29:25-26; 왕상 11:9-11; 왕하 17:15, 35-38). 더구나 우상숭배는 신명기 역사서에서 반복하여 주장된 "여로보암의 죄"에 해당한다(아래의 논의를 보라). 이스라엘의 왕들에 대한 이러한 반복되는 평가들은 백성을 야웨로부터 멀어지게 하는 우상숭배적 관습에 초점을 두고 있다(예를 들어 왕상 15:30-34; 16:19-31; 왕하 17:21-22).

2. 왕국의 분열

솔로몬 사후 북 왕국(이스라엘)과 남 왕국(유다)으로의 분열은 이스라엘의 왕정 이전의 역사에 이미 그 뿌리를 두고 있다. 북쪽의 열 지파(에브라임이 주도하는)와 남쪽의 두 지파(유다가 주도하는)는 서로 다른 역사와 종교적 신념을 가지고 있었다. 사울 왕의 죽음으로 이러한 분열이 시작되었고 이는 다윗이 전국을 통일하기까지 7년간 지속되었다. 솔로몬은 이와 같은 불안한 연합을 유지하고자 애썼으나, 그의 강압적인 정책과 혼합주의에 대한 장려는 많은 사람들, 특히 북쪽 지파 사람들을 소외시키고 말았다. 왕실의 호화스러운 삶과 광범위한 건축 사업은 백성에게 무거운 세금 부담

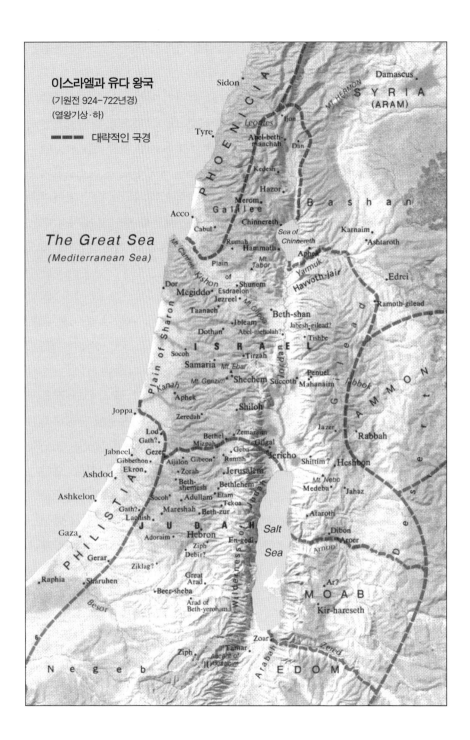

이스라엘과 유다 왕국
(기원전 924~722년경)
(열왕기상·하)

■■■■■ 대략적인 국경

Damascus

SYRIA
(ARAM)

Sidon

PHOENICIA

MT. HERMON

Leontes

Tyre

Ijon

Abel-beth-maachah

Dan

Kedesh

Hazor

Merom

Galilee

B a s h a n

Acco

Chinnereth

Cabul

Sea of
Chinnereth

Karnaim

Ashtaroth

The Great Sea
(Mediterranean Sea)

Rumah

Hammath

Aphek

Mt. Carmel

Plain

of

Mt.
Tabor

Yarmuk

Havvoth-jair

Edrei

Kishon

Dor

Esdraelon

Shunem

Megiddo

Jezreel

Mt. Gilboa

Ramoth-gilead

Taanach

Beth-shan

Ibleam

Jabesh-gilead?

Dothan

Abel-meholah?

Tishbe

Socoh

I S R A E L

Tirzah

Samaria

Mt. Ebal

Mahanaim

Plain of Sharon

Mt. Gerizim

Shechem

Succoth

Penuel

Kanah

Aphek

Jabbok

G i l e a d

Zeredah

Shiloh

Joppa

Jazer

Lod

Bethel

Zemaraim

A M M O N

Gath?

Mizpah

Rabbah

Mizpah

Gilgal

Jabneel

Gezer

Geba

Ramah

Jericho

Shittim?

Heshbon

Gibbethon

Gibeon

Aijalon

Ekron

Ashdod

Zorah

Jerusalem

Mt. Nebo

Beth-shemesh

Bethlehem

Medeba

Jahaz

Ashkelon

Socoh

Adullam

Etam

Tekoa

Gath?

Mareshah

Beth-zur

Lachish

J U D A H

Ataroth

Gaza

Adoraim

Hebron

En-gedi

Salt

Dibon

Aroer

PHILISTIA

Ziph

Gerar

Debir?

Sea

Arnon

Ziklag?

Great
Arad

Ar?

Raphia

Sharuhen

Beer-sheba

M O A B

Kir-hareseth

Arad of
Beth-yeroham?

Desert

Wilderness of Judah

N e g e b

Zoar

Tamar

Ziph

Zered

Ascent of
Akrabbim

Arabah

E D O M

Besor

을 떠안겼다. 많은 사람들이 솔로몬의 사업을 이루기 위하여 노역에 동원되었다.

이러한 억압적 상황은 더욱 악화되었고, 급기야 예언자 아히야는 북쪽 지파들의 지도자(여로보암)에게 반란을 촉구했다(왕상 11장). 비록 여로보암의 반란이 처음에는 실패했지만, 그는 다시금 솔로몬의 아들 르호보암에게 북쪽 지파들의 권익을 요구했다. 르호보암이 개혁에 대한 여로보암의 호소를 거절했기 때문에 북쪽 지파들은 성공적으로 유다로부터 떨어져 나가 여로보암을 왕으로 삼았다(왕상 12장). 그는 세겜을 자신의 정치적 수도로 삼고, 후에 디르사로 천도한다. 그리고 시간이 흘러 기원전 870년에 오므리 왕은 사마리아를 영구적인 수도로 삼았다.

3. 여로보암: 신학적 문제들

여로보암은 북 이스라엘 영토의 남단과 북단에 위치한 벧엘과 단에 종교적 중심지를 세운다. 이는 예루살렘에 대한 헌신의 연속성을 근절시키기 위함이었다. 그는 각각의 성소들에 금으로 만든 송아지(실제로는 황소)를 세운다. 이러한 신상들이 우상으로 의도된 것은 분명 아니었다. 오히려 그것들은 눈에 보이지 않는 야웨가 딛고 서는 받침대로 간주되었다(따라서 이것들은 예루살렘 성전의 법궤와 병행을 이룬다). 그러나 이는 위험한 발상이었다. 왜냐하면 풍요를 상징하는 황소는 가나안의 바알 신과 연결될 가능성이 농후했기 때문이다. 그러한 위험성은 바알숭배 관습이 이스라엘의 삶에 영향력을 키워감으로써 곧바로 현실화되었다(이미 왕상 14:15에서). 이러한 후대의 전개 상황에 비추어 열왕기상 12-14장의 내러티브는 단호한 용어로 여로보암의 행동을 비판한다. 이는 예언자 아히야에 의해 날카롭게 지적된다(왕상 14:6-16). 여로보암의 행위는 우상숭배적이며, 출애굽기 32장에 나타난 금송아지 전승을 기반으로 삼고 있다(참조. 왕상 12:28과

신학의 렌즈로 본 구약개관

출 32:4; 또한 호 8:5-6; 10:5-6을 보라). 앞서 살펴본 대로 열왕기는 왕들에 대해 신학적 판단을 내릴 때 그들이 여로보암의 종교정책과 어떻게 관련되었는지를 염두에 둔다(스무 군데 이상; 첫 번째는 왕상 15:26에서; 마지막은 왕하 17:22-23에서). 여로보암이 깔아놓은 주춧돌을 그의 후계자들이 뒤집어버릴 수 있었을 것이라고 가정할 수도 있지만, 어느 누구도 그렇게 하지 않았다. 시간이 흐를수록 상황은 의심할 바 없이 더욱 악화되었다.

여로보암의 통치에 나타난 부정적인 전개 상황을 보면서 독자들은 열왕기상 11:26-39에서 그가 전달받은 예언자의 말에 의구심을 갖게 될 것이다. 하나님의 말씀은 여로보암의 멸망을 의도하셨던 것인가? 이 문제를 다루기 위해서는 두 가지 요인이 설명되어야 한다.

첫째, 하나님은 여로보암의 행위에 보조를 맞추신 것뿐이다. 비록 예언자 아히야를 통해 여로보암에게 전달된 하나님의 강력한 말씀이 본문의 장면을 가득 채운다 할지라도, 반역(rebel)이란 단어가 처음부터 중요한 의미로서 등장한다(왕상 11:27). 하나님의 말씀은 솔로몬의 정책에 이미 대적했던 한 사람에게 주어졌다. 하나님은 여로보암의 행동들 안에서, 그리고 그 행동들을 통하여 일하셨다. 하나님이 일하시는 방법은 솔로몬의 대적자인 하닷과 르손에게서도 분명하게 드러난다. 그들은 하나님이 세우시기 전부터 이미 반역적인 인물들이었다(왕상 11:14-25을 보라). 미래의 역사를 계획하기 위하여 여로보암이 해왔던 일들과 앞으로 하게 될 일들은 하나님의 행하시는 바 및 하나님의 예언자가 말하는 바와 단순하게 동일시될 수 없다. "여로보암"과 "하나님/하나님의 말씀"은 모두 다 효과적인 계기들이다. 특별히 여로보암의 신앙 혹은 불신앙의 여부는 미래를 결정짓는 중요한 가름대였다(왕상 11:38).

둘째, 하나님이 38절에서 여로보암에게 말씀하신 미래는 분명한 가능성의 영역 안에 포함되어 있었다. 하나님은 여로보암을 다윗과 비교하시면서 그와 그의 통치에 대해 높은 기대를 거셨다. 여기서 하나님은 중요한 신학적 표현을 사용하신다(왕상 11:35-38). 하나님은 그에게 왕국을 "주실"

것이고 그는 통치하게 될 것이다. 하나님은 여로보암과 "함께하실" 것이고 그에게 견고한 왕조를 "세워주실" 것이다. 하나님은 그의 잠재력을 보셨다. 그는 솔로몬과 르호보암의 치하에서 자행되는 억압적 권력에 저항할 만한 힘을 가지고 있었다. 결국 하나님은 그를 구원자의 모습으로 세우신 것이었다(왕하 13:5을 보라).

엄밀히 말해 여로보암을 향한 하나님의 기대가 과연 현실로 이루어질 수 있는지의 여부는 결코 미리 결정되거나 알려지지 않았다. 하나님이 자신의 기대가 현실로 이루어지지 않을 줄을 뻔히 아시면서도 일부러 여로보암에게 속임수를 쓰셨다고 믿을 이유는 없다. 하나님이 여로보암의 왕국에 대해 거신 기대는 진실한 것이었고, 그에게 제시된 조건들 역시 실제적인 조건들이었다(왕상 11:38; 또한 9:1-9에서 하나님이 "만약", 그리고 "만약… 아니라면"이라고 말씀하신 것에 주목하라).[1] 사실상 열왕기상 12:15, 24은 하나님이 예언자의 말을 꼭 이루신다는 사실을 보여준다. 하나님은 여로보암의 미래가 부정적으로 변할 것임을 분명 알고 계셨다. 그러나 여로보암에게 제시되었던 긍정적인 말씀 **또한** 진정한 가능성을 지니고 있었다. 이는 하나님과 여로보암 **모두에게** 마찬가지다. 여기서 하나님은 가능한 미래의 틀 안에서 **진정성을 가지고** 여로보암을 다루셨다. 그를 향한 하나님의 뜻은 분명하다. 동시에 여로보암의 충성/불충성은 그의 미래와 이스라엘의 미래 모습을 결정하는 일에 너무나 중요한 계기로 작용할 것이었다.

여러 측면에서 보았을 때 분명 하나님은 남 왕국의 미래를 돌보시는 것만큼이나 북 왕국의 미래를 돌보신다. 하나님의 선민은 남북 왕국에 퍼져 있다. 이러한 점은 이어지는 내러티브들에서 분명히 드러난다. 또한 중요한 것은 북쪽 지파들이 모세 언약과 그 언약에 포함된 명령을 예루살렘

---

1) 이 본문이 하나님의 절대적인 예지(豫知)를 주장하지 않는다는 사실에 대한 논증에 관하여는 다음을 보라: T. Fretheim, *The Suffering of God: An Old Testament Perspective* (Philadelphia: Fortress, 1984), 45-59.

384   신학의 렌즈로 본 구약개관

성전처럼 자신들의 신앙의 핵심으로 존중하기를 그칠 것이라는 암시가 어디에도 없다는 사실이다. 그러나 곧 드러나게 될 것처럼, 하나님의 이러한 관심에도 불구하고 "여로보암의 죄"가 드러났고 미래의 현실은 급격히 부정적인 방향으로 선회한다. 여로보암을 향한 하나님의 의지는 실현되지 못했다. 이는 하나님의 실패가 아니라 여로보암의 실패다. 여로보암의 죄악은, 그것이 그와 그의 왕조를 향한 하나님의 뜻에 대한 실제적인 저항이라는 점에서 중요하다. 혹자는 여로보암과 관련하여 열왕기상 12:28-32에 장황하게 서술되어 있는 그의 죄악들을 하나님의 뜻으로 이해할 것이다. 그러나 하나님의 뜻은 오히려 그의 행위를 우상숭배로 고발한 성서 기자의 **유죄판결**에서 분명히 드러난다. 여로보암은 처음에 구원자로 출발했으나 결국 죄인으로 끝마친다. 이스라엘의 최종 상태는 처음보다 더욱 악화되었다. 그를 향한 하나님의 기대는 산산조각 나버렸고 이스라엘을 향한 하나님의 뜻은 좌절되었다.

여로보암의 모든 죄악은 어떠한 면에서 예배와 관련되어 있다. 그가 자신의 반란(하나님의 허락을 받았던)의 기반 세력이었던 억압받는 자들을 위해 정의를 구현한다는 원칙을 위반했다는 지적은 없다. 정치적·윤리적 관점에서 본다면 여로보암의 활약은 칭송받을 만한 것이었다. 그러나 그가 많은 사람들의 전례를 따라 종교를 개인적이고 정치적인 목적에 이용하면서 종교적으로 실패하게 됨에 따라 그가 이루었던 긍정적인 정치적 성과마저도 와해되어버렸다. 하나님을 향한 예배가 올바르게 서지 못한다면, 정치적 해방은 결코 성공할 수 없다. 이러한 상황은 후대 예언자들이 지적했던 문제와는 정반대였다. 예언자들의 시대에는 예배가 풍성했지만 정의는 오히려 부재했다(암 5:21-24; 사 1:10-15). 예배와 정의 그 어느 것도 홀로 설 수는 없다. 이스라엘의 삶과 행복을 위해서는 이 두 가지가 모두 필요한 것이다.

분열왕국 시대의 왕 연대기*	
유다	이스라엘
① 르호보암(기원전 922-915년)	① 여로보암 1세(기원전 922-901년)
② 아비얌(915-913년)	
③ 아사(913-873년)	
	② 나답(901-900년)
	③ 바아사(900-877년)
④ 여호사밧(873-849년)	④ 엘라(877-876년)
	⑤ 시므리(876년)
	⑥ 오므리(876-869년)
⑤ 여호람(849-843년)	⑦ 아합(869-850년)
⑥ 아하시야(843/2년)	⑧ 아하시야(850-849)
⑦ 아달랴(843-837년)	⑨ 여호람(849-843/2년)
⑧ 요아스(여호아하스, 837-800년)	⑩ 예후(843/2-815년)
⑨ 아마샤(800-783년)	⑪ 여호아하스(815-802년)
	⑫ 요아스(802-786년)
⑩ 웃시야(아사랴, 783-742년)	⑬ 여로보암 2세(786-746년)
	⑭ 스가랴(746-745년)
	⑮ 살룸(745년)
⑪ 요담(742-735년)	⑯ 므나헴(745-737년)
	⑰ 브가히야(737-736년)
	⑱ 베가(736-732년)
⑫ 아하스(735-715년)	⑲ 호세아(732-724년)
	사마리아 멸망(722/1년)
⑬ 히스기야(715-687/6년)	
⑭ 므낫세(687/6-642년)	
⑮ 아몬(642-640년)	
⑯ 요시아(639-609년)	
⑰ 여호아하스(609년)	
⑱ 여호야김(609-598년)	
⑲ 여호야긴(598/7년)	
바벨론의 첫 번째 예루살렘 정복과	
제1차 포로(597년)	
⑳ 시드기야(597-587/6년)	
예루살렘 멸망과 제2차 포로(587/6년)	
* 괄호 안은 왕들의 대략적인 통치연대다.	

신학의 렌즈로 본 구약개관

4. 분열왕국: 내러티브의 반복

성서의 저자는 여로보암(그리고 르호보암)으로부터 시작하여 두 왕국의 역사를 교차적으로 서술해나간다. 먼저 어느 한쪽을 다루고 그 다음에 다른 한쪽을 다루는데, 서로 중첩되기도 하고 다시 나누이기도 한다.[2] 이러한 서술 방식은 남 왕국과 북 왕국이 비록 분열된 상태이지만 모두가 하나님의 한 백성이라는 이해를 담고 있다. 이렇게 반복되는 이야기 가운데 주요한 "중지들"(interruptions; 예를 들어 엘리야 이야기)과 장면전환을 위한 본문들이 섞여 있다.

각각의 통치를 소개하는 서론과 결론은 전형적인 구조(예를 들어 왕상 14:21-24, 29-31; 15:1-8, 25-32)를 사용하여 내러티브를 강조한다. 각 정권들에 대한 반복되는 평가는 정치적이고 군사적인 성공과는 관계없이 오직 종교적인 측면에서만 서술된다. 배교는 두드러진 주제다. 하나님을 향한 신실함은 오랫동안 찾아보기 어렵게 된다. 이러한 리듬의 반복적인 울림이 역사를 해석한다. 그러나 또한 저자는 독자들에게 경고의 말과 개혁의 요구를 제시한다. 저자의 근본적인 관심은 사료를 통해 과거를 재구성하여 역사를 사실적으로 서술하는 데 있지 않다. 오히려 저자의 진정한 관심은 독자들에게 하나님의 말씀을 전달하고 또한 공동체의 미래를 위한 계획을 세우는 거울로서 과거의 교훈을 제시하고자 하는 데 있다. 예언자들이 등장하게 되면서 이야기는 더욱 확장되고 신학적 해석이 보다 더 많은 역할을 수행하게 된다. 결국 내러티브를 진행시키는 동력은 하나님의 관심사이며, 그것이 곧 중요한 이슈를 결정하게 된다.

왕들의 치세에 대한 요약과 그에 관한 언급들은 다양성을 띠는데, 이

---

2) 세부적인 내용 및 고대 근동의 병행문에 관하여는 다음을 보라: B. Long, *1 Kings, with an Introduction to Historical Literature* (FOTL 9; Grand Rapids: Eerdmans, 1984), 159-164.

기록들은 겉으로 드러난 것보다 객관적인 분석은 적게 하는 반면 민감한 신학적 주제들을 보다 많이 다루고 있다. 여러 왕들이 하나의 공식화된 문구로 간소하게 다루어지기는 하지만, 정치적 실패를 항상 죄악과 연관 짓지는 않으며, 혹은 번영을 하나님에 대한 깊은 신앙심과 반드시 연결시키는 것도 아니다. 예를 들면 열왕기하 13-14장에서 하나님은 이스라엘의 **불신앙**에도 그들의 번영을 허락하신다. 여로보암 2세는 "악한" 왕이었지만 솔로몬 제국을 회복한다(왕하 14:23-27). 여호아하스는 "악한" 왕이었지만 그의 기도는 응답된다(왕하 13:4-5). 하나님의 연민과 약속은 악한 길 가운데서도 계속하여 이스라엘의 삶을 형성시킨다(왕하 13:23을 보라!). 유다에서 아사랴/웃시야는 그의 죄로 인하여 하나님께 심판받았지만(왕하 15:5), 그는 무려 52년이나 왕으로서 나라를 다스렸다! 아마샤는 선한 왕이었고 율법을 성실하게 지켰지만(왕하 14:6), 그는 이스라엘의 악한 왕에게 패하여 암살당하기까지 했다.

이러한 본문들이 하나님의 약속을 제시하면서도 동시에 "모순적인" 모습을 띠고 있다는 점은 독자들에게 종종 기이하고 의아스럽게 보인다. 물론 성서 기자는 신학적 해설을 동원하여 약간은 기계적으로 왕정 이야기를 만들어낸다. 그 안에는 통치의 기본적인 방향성과 그것의 장기적인 결과들이 소개된다. 그러나 선하고 악한 왕들과 그들에게 일어나는 일들 사이의 관계성이 엄밀한 인과응보로 처리되지는 않는다. 하나님의 활동 및 인간의 활동은 왕정 이야기들을 기계적으로 이해하는 것을 허락하지 않는다. 하나님은 자신의 계획을 수행하시고, 사람들을 책임 있는 존재로 만드시며, 모두를 위한 행복을 추구하신다. 그러나 어떠한 인과응보의 원리도 교리적인 권위를 가질 수는 없다.

이와 같은 왕들의 이야기에서 단 하나의 주장만이 성립될 수는 없는 법이다. 왜냐하면 하나님은 삶의 모든 측면들—사회·경제·정치·군사—에서 일하시기 때문이다. 도덕적 책임에 관한 문제가 여느 때와 같이 표면에 떠오를 것이다. 지도자들은 하나님에 의해 혹은 종종 다른 사람들을 봉해 공동체 안에서 벌어지는 **모든** 국면들에 책임을 져야 하는 위치에 선다. 이들에 대한 신학적 판단들을 살펴보는 일은 하나님이 세상의 삶을 평가하시는 방식을 있는 그대로 살펴볼 수 있는 기회가 된다. 하나님은 공적인 무대를 떠나 뒤로 물러나지 않으실 것이다. 왜냐하면 인간의 삶을 향한 하나님의 의도는 교회 건물과 신앙고백의 영역 밖에서도 유효할 것이기 때문이다.

성서 기자는 종종 "이스라엘/유다 왕 역대지략"(예를 들어 왕상 14:19, 29) 과 같은 참고문헌을 제시하기도 한다(아마도 정확성을 기하기 위해서). 그 참고문헌의 제목은 이 책이 신학적 문제에 최우선의 관심을 두고 있는 열왕기에 비해 상대적으로 더 "사실적"(역사적)인 자료임을 암시한다. 몇몇 추가적인 목록이 역대하 10-36장에서 제시된다. 그러나 역대기 사가는 북쪽의 배교자들에 대해서는 전혀 다루지 않는다. 분열왕국의 200년에 걸친 연대기적 틀은 아직도 해결되지 않은 문제들을 드러내고 있는 셈이다.

5. 분열왕국: 타락의 악순환

분열왕국의 역사를 이해하는 데는 두 왕국을 서로 대조하는 작업이 큰 도움이 된다. 열 지파의 왕국은 200년의 역사 동안 아홉 개의 왕조(열아홉 명의 왕)로 구성된다. 북 왕국 내부의 정치적 불안은 왕위 계승을 통해 즉위한 왕과 예언자에 의해 임명된 왕 사이에서 누구를 택할 것인가를 놓고 계속해서 의견의 일치를 보지 못함으로써 더욱 심화되었다. 이 기간 동안에 남쪽 지파들은 오직 단 하나의 왕조인 다윗 왕조(스무 명의 왕)의 통치를 받았다. 다윗 왕조는 예언자에 의해 하나님으로부터 선택받은 왕조로 지목되었고 영원한 약속에 그 기반을 두었다(삼하 7장).

비록 왕정은 실패했지만, 독자들은 다윗 왕조와 그와 관련된 언약의 지속성이 지니는 힘과 상징적인 가치를 과소평가해서는 안 된다. 다윗 왕조를 위해 기능하는 이러한 이미지들은 소위 제왕시들(royal psalms)에 상당히 반영되어 있다. 이 시편들은 다윗 왕조의 역사에서 왕들의 의례에 사용되었다. 그 안에는 대관식 노래와 예전문(시 2편; 72편; 101편; 110편; 132편), 기원과 감사의 기도(시 18편; 20-21편; 89편; 144편), 그리고 왕의 결혼 축가(시 45편) 등이 포함되어 있다. 후대의 메시아적 희망은 이러한 왕정 전승들로부터, 특히 하나님의 약속들로부터 상당한 이미지들과 에너지를 이끌어냈다. 물론 다윗 왕조의 왕들은 계속해서 실패하며, 그들의 통치는 이러한 시편들에 담긴 이상을 배반하게 된다. 그러나 예언자들은 이러한 주제들을 다시금 살려내어 그것들을 미래에 투사시켰다. 언젠가 한 왕이 일어나서 진정으로 하나님의 통치를 구현할 것이다(사 7장; 9장; 11장). 예언자들은 왕정의 실패가 하나님의 약속을 취소시킬 수 없다고 주장했다. 그리고 그리스도인들은 그러한 약속이 예수 그리스도 안에서 완전하게 최종적으로 현실화되었다고 주장한다. 하나님은 약속을 현실화하기 위하여 자신의 전략을 수정하신 것처럼 보인다. 예수가 쓰셨던 왕관은 가시관이었으며 유대인의 왕은 나무에 달리지 않았던가!

유다는 이와 같이 계속해서 반복되는 왕정전승들에 의해 뒷받침되었기에, 이스라엘에 비해 정치적으로 안정을 구가할 수 있었다. 대신 이스라엘은 다른 측면들에서 주도권을 잡은 것처럼 보이지만, 그것은 착각이다. 물론 지리적으로 이스라엘의 영토는 유다보다 세 배나 더 컸다. 그러나 이스라엘의 영토가 넓었던 만큼 그 경계선은 제대로 지켜지지 못했다. 또한 이스라엘은 비옥한 농토와 천연자원을 유다보다 더 많이 보유하고 있었지만, 당시 이런 부는 빈부의 격차를 증대시키는 데 기여했을 뿐이다. 이스라엘의 인구는 유다의 두 배였지만, 그 구성원 간의 동질감은 오히려 유다보다 약했다. 이스라엘에는 가나안 사람들이 상당히 많이 섞여 살고 있었고, 이런 점은 대중 사이에서 혼합종교가 성행하는 요인이 되었다. 이와 같은 현실 속에서 이스라엘 초기의 종교적 보수주의는 당시의 상황을 오히려 불안정하게 만드는 역효과를 낳았다. 따라서 이스라엘은 유다보다도 더 급속하게 이방종교의 영향력이 지닌 마법에 굴복하게 되었다. "승리자가 희생양으로"(victor-to-victim)의 패턴은 보통 북 왕국의 특징으로 이해된다. 타락의 악순환은 계속해서 왕들의 마음을 옭아맸다. 파멸을 향한 여로에는 잠깐 동안의 휴식만이 있을 뿐이다. 반면 남 왕국에서는 "배교-개혁"(apostasy-reform)의 패턴이 일반적이었다. 왜냐하면 예루살렘 성전과 다윗 왕조가 계속해서 더 나은 안정성을 제공했기 때문이다. 그러나 결국엔 유다도 하나님과의 관계를 위반했던 이스라엘만큼이나 많은 죄악을 저질렀다고 평가받는다(참조. 렘 3:6-11). 따라서 유다의 멸망 역시 이스라엘 못지않게 대대적이었다.

또한 왕국의 분열은 수십 년 동안 북 왕국과 남 왕국 사이에 간헐적인 내전을 야기했다. 이러한 전쟁에서는 확실한 승자가 있을 수 없다. 다툼은 서로를 약화시켰고, 이로써 한때나마 이집트에게 침략의 기회를 제공했다. 특히 유다의 피해는 심각했다(왕상 14:25-26). 아람(시리아) 및 모압과의 간헐적인 충돌은 이후 세대에 지속적인 근심거리가 되었고, 이때에는 특히 이스라엘이 고통을 당했다(왕상 20장; 22장; 왕하 3장; 5-16장). 그리고 기원전 8세기 아시리아의 발흥은 결국 북 왕국의 파괴를 초래했다(기원전 721년). 남 왕국도 거의 멸망할 뻔했다(기원전 701년).

분열의 역사 대부분에 걸쳐서 두 왕국은 고대 근동에서 그저 이류 국가에 불과했다. 왜냐하면 대개 어리석고 타락한 지도자들의 통치 하에서 옛 솔로몬 제국의 영토와 영광은 거의 상실되었기 때문이다. 북 왕국의 여로보암 2세(기원전 786-746년)와 남 왕국의 아사랴/웃시야(기원전 783-742년) 치하에서 비교적 평화롭고 번창하는 시기가 도래했다. 그러나 그것도 잠깐이었다. 다음 단락들에서 우리는 북 왕국과 남 왕국이 번영의 시대에 이르기까지 가졌던 각각의 역사를 짧게나마 추적해볼 것이다(왕상 12장-왕하 17장). 여기서는 남 왕국에 대해 조금이나마 더 많은 관심을 기울일 것이지만, 지나치게 상세히 다루지는 않을 것이다(대하 10-36장은 오로지 남 왕국의 역사만을 다루면서 더 많은 정보들을 제공해준다).

내전과 불안의 시기 이후에 북 왕국의 오므리 왕(기원전 876-869년)은 유다와의 관계를 안정시키고 주변 국가들과 동맹을 맺기 시작한다. 이로써 이스라엘은 상업적으로 중요한 위치를 점하게 된다. 그러한 동맹 중 하나는 이스라엘에 심각한 영향을 가져다주었는데, 그것은 바로 오므리의 아들 아합이 시돈 왕의 딸 이세벨과 결혼한 일이다. 아합의 통치(기원전 869-850년)는 대외적으로는 성공적이었지만, 성서 기자는 이러한 결혼 관계로 인해 생겨난 악독한 종교적 행태가 계속해서 유지되었다는 사실에 관심을 두고 있다(왕상 16:29-22:40). 아합과 이세벨은 이스라엘 내에서 바알숭배에 권위를 부여하고 바알에 대한 종교적 관습들을 때로는 열정적으로 장려하기까지 했다. 그들이 우상숭배 및 혼합주의적 종교 관습에 대항한 예언자들과 충돌하는 장면을 통해 우리는 당시 야웨 신앙이 얼마나 위협받고 있었는지를 파악할 수 있다.

　　예언자 엘리사의 도움으로 왕이 된 예후(기원전 842-815년)는 오므리 왕조와 바알숭배자들을 척결했다. 예후 왕조는 거의 한 세기 동안 지속되었다(그에 대한 엇갈린 평가에 대해서는 왕하 10:28-31을 보라). 예후의 숙청작업을 후원했던 예언자들은 아마도 이스라엘이 존폐의 위협에 놓여 있다고 판단했을 것이다. 그러나 잘못된 열정과 지나친 폭력(후에 호 1:4에서 정죄된다)은 결국 핵심적인 문제를 해결하지는 못했다. 예후의 노력은 그의 후계자들에 의해 지속되지 못했고, 바알숭배는 이후 보다 더 왕성한 형태로 등장하게 된다. 더구나 예후는 외국의 침입에 저항하느라 국력을 소진시킨다. 그가 한창 영토를 넓혀가던 아시리아를 달래기 위해 조공을 바쳤을 때, 당시 하사엘이 통치하던 시리아가 크게 분노하여 이스라엘을 쳐서 굴복시킨다. 그러나 이후에 아시리아가 시리아를 공격함으로써 이스라엘은 여로보암 2세 치하에서 수십 년 동안 번영을 누릴 수 있게 된다.

　　남 왕국에도 우상숭배의 관습이 잠식해 들어오기 시작한다. 아사 왕과 여호사밧 왕에 의해 단행된 개혁 활동이 보도되고 있지만(왕상 15장; 22장; 참조. 대하 14-15장; 17-20장), 그들의 노력은 일시적인 것이 되어버린다.

　　　　　　　　　　　　　　신학의 렌즈로 본 구약개관

이는 특히 여호사밧이 자신의 아들(여호람)을 아합의 딸 아달랴와 결혼시켰기 때문이다. 아달랴는 유다의 예배 생활에 이교적인 요소를 도입시키고 유다에서 바알 종교를 공식화하고자 노력했다. 여호람이 죽자 그녀는 왕위를 찬탈하고 다윗 계보의 모든 구성원들을 학살했다. 오직 한 사람— 여호람의 손자 요아스—만이 살아남았다. 6년에 걸친 그녀의 통치(기원전 842-837년)는 종교 지도자들과 정치 지도자들이 제휴하여 대항함으로써 막을 내리게 된다. 그들은 그녀를 죽이고 요아스를 즉위시킴으로써 다윗 왕조를 소생시킨다(왕하 11장; 대하 22-23장). 성서 기자는 이를 간략하게 언급하고 있지만, 이는 분명 한 시대의 종결을 생생하게 그려내고 있다. "온 백성이 즐거워하고 성[예루살렘]이 평온하더라"(왕하 11:20). 요아스(기원전 837-800년)는 중요한 종교 개혁들을 단행하고(왕하 12:1-16) 아사랴/웃시야의 치하에서 다소간 지속될 평화와 번영의 시대를 맞이하기 위한 길을 닦았다.

6. 이스라엘에서 예언의 시작

요사이 예언자(prophet)란 말은 종종 오해되고 있다. 많은 사람들이 예언자를 그저 미래의 일을 미리 말하는 사람, 혹은 사회정의를 부르짖은 사람 정도로 이해하고 있다. 예언자들의 말에서 이러한 요소가 실제로 발견되는 것은 사실이지만, 예언이란 여러 세기에 걸쳐 전개된 보다 복잡한 현상이다. 성서의 독자들에게 예언을 한 가지로 정의내릴 수는 없다. 예언에 대한 보다 충분한 그림은 본서의 후반에 가서 보다 깊게 논의할 것이다.

이스라엘에서 예언의 기원은 분명하지 않다. 고대 세계에서 예언은 이스라엘만의 독특한 현상이 아니었다. 예언은 가나안을 비롯한 이스라엘의 주변 국가들에서도 등장한다(왕상 18장을 보라). 따라서 이스라엘 백성은 보다 넓은 문화의 차원에서 그러한 요소들에 익숙했을 것이다. 이스라엘의 예언은 이미 존재하고 있었던 비(非)이스라엘 예언자들의 수사학적 기교 및 역할들과의 상호작용을 통해 발전했다. 동시에 이스라엘의 모든 예언자들은 자신이 이스라엘의 하나님을 위한 대언자로서 특별히 부르심을 받았다는 자의식을 지니고 있었다. 그리고 자신들이 부르심을 받은 방식이 다른 데는 없는 독창적인 방식이라 여겼다. 또한 그들은 자신들이 하는 말이 하나님의 영(보다 초기의 예언자들에게 해당되는 특징; 예를 들어 왕상 22:24), 혹은 환상(암 1:1), 혹은 하나님의 말씀(예를 들어 렘 1:2)으로부터 비롯된다고 믿었다.

이스라엘에서 예언은 그 기원이 사사 시대로 소급된다. 아브라함, 모세, 미리암과 같은 사람들도 때때로 예언자라 불렸지만, 그러한 명칭은 후대의 신학적 판단에 의해 붙여진 것이다. 후대 사람들은 이들이 나중에 등장하는 예언자들과 상당히 밀접한 연속성을 지니고 있다고 인식했다. 독자들은 예언자들과 종교적·정치적·군사적 책임을 맡았던 초기 이스라엘의 사사들 사이의 연관성을 식별해낼 수 있을 것이다(예를 들어 기드온, 드보라). 이스라엘의 위기상황에서 하나님의 영이 사사들에게 임하면, 그들은 담대하게 말하고 행동했다. 실제로 우리는 예언자들에 대해서도 이와 상당히 유사한 방식으로 정의내릴 수 있다. 비록 그들의 활동이 일반적으로 사사들과 상당히 다른 모습을 띠기는 했지만 말이다.

기원전 11세기, 블레셋의 위협 속에서 이스라엘에는 지도자가 부재했다. 백성은 위기를 타개할 수 있는 왕을 요구했다. 아마도 왕정에 대한 강한 반대로 인해 사사들의 역할이 사무엘과 사울에게 각각 나누어 맡겨져 독자적으로 발전하게 된 것으로 보인다. 군사적·정치적 임무는 "나기드"(נָגִיד "군주"[prince]; 사울이 최초의 "나기드"였다)의 몫이 되었고, 반면 야웨의 말씀을 식별하여 선포하는 책임은 예언자적 인물("나비"[נָבִיא]; 이러한 인물들을 묘사하기 위해 유사한 의미를 가진 다른 단어들이 몇 차례 사용되지만, 의미상의 차이는 거의 없다. 예를 들어 선견자[seer], 환상가[visionary], 하나님의 사람[man of God] 등)의 몫으로 돌아가게 되었다. 예언자의 역할은 왕의 임명을 정당화하고, 지속적으로 왕의 상담자이자 양심으로서의 기능을 수행하는 것이었다. 이는 매우 중요한 평형추의 역할이었다.

예언자가 어느 정도로 "관료"(office)의 성격을 띠었는지, 그리고 예언자가 전문적인 직업 계층이었는지의 여부는 불확실하다. **선지자의 무리**(sons of the prophets)라는 표현(왕상 20:35) 및 엘리야와 그의 후계자 엘리사의 관계(이는 분명 특별한 관계였다)에 비추어볼 때 예언자 학교 혹은 예언자 공동체가 존재했음을 알 수 있다. 예언자들은 민간 전승들이 종종 말하고 있는 바와는 달리 고립된 괴짜나 과격분자가 아니었다. 일반적으로 초기 예언자들은 개별적인 지도자들(보통은 왕들)과 더불어 일했다. 반면 후대의 예언자들은 그들이 비록 왕들과 교류를 했다고는 하지만 그보다는 이스라엘 백성 전체를 향하여 말했다. 예언이 개인에게 주어지다가 공동체 지향적으로 바뀌게 된 시점은 문서 예언자의 등장(기원전 8세기 중반의 아모스)과 그 시기를 같이한다. 이러한 전환 이후에야 하나님의 백성 전체에 대한 미래의 심판 및 구원의 메시지가 분명히 드러나게 된다. 그들의 말이 성취되었을 때, 그것은 예언자의 말로서 보존되기 시작했다.

비록 그 기능의 범위가 다른 부분에도 미치고 있지만, 사무엘은 이스라엘의 첫 번째 예언자가 된다. 사무엘이 제사장 집단과 관련을 맺고 있었다는 사실은 예언자들이 (종종?) 이스라엘의 예배와 연관되어 있었음을 지적해준다(참조. 후대의 에스겔). 왕정이 시작되면서부터 예언자들은 정기적으로 왕실과 연관을 맺게 되었다. 남 왕국과 북 왕국 모두에서 그들은 비판과 지지의 기능을 수행했다. 이러한 모습은 나단과 다윗의 관계에서 가장 극명하게 드러난다. 나단은 다윗 왕조에 관한 언약을 선포하는 동시에 (삼하 7장) 우리아-밧세바 사건으로 다윗을 비난하기도 한다(삼하 12장). 또한 아히야에게서도 이러한 이중적인 역할이 발견된다. 앞서 살펴본 대로 그는 왕국이 분열되는 시기에 핵심적인 인물이었다(왕상 11-14장).

그러나 이스라엘의 왕들은 점점 세상의 일반적인 왕처럼 행동하기 시작했다. 그들은 비판 듣기를 꺼려하고 자신들을 위한 절대적 권력을 지지

하는 발언만을 원하게 되었다. 이로 인하여 예언자와 왕의 관계는 보다 복잡해지고 긴장으로 가득하게 되었다. 어떤 예언자들은 자신의 위치를 망각하고 왕을 지지했다. 그러나 또 다른 예언자들은 여전히 매우 비판적이었다. 열왕기상 22장에서 예언자 미가야는 후자의 역할을 감당한다. 이처럼 보다 비판적인 태도는 점차 왕실과의 관계에 있어 예언자의 주된 역할로 자리 잡게 된다. 예언자들 간의 불협화음은 수 세기에 걸쳐 격렬해졌으며 참 예언자와 거짓 예언자를 극단적으로 분리시키는 결과를 초래했다. 하지만 참과 거짓을 구별하는 엄밀한 기준이 제시된 적은 없었다(신 13:1-5; 18:9-22; 렘 23장; 28장을 보라). 후대에 이르러서야 사람들은 참 예언자를 식별해낼 수 있었고, 급기야 참 예언자들의 말과 이야기를 수집하기에 이르렀다. 지금까지 살펴본 바와 같이 예언자와 왕의 심각한 충돌은 북 왕국에서 발생했다. 이러한 첨예한 갈등의 주인공은 바로 예언자 엘리야와 아합 왕, 그리고 이세벨이었다.

7. 엘리야와 엘리사

열왕기상 17장-열왕기하 10장의 대부분은 엘리야와 그의 후계자 엘리사의 사역에 초점을 맞추고 있다. 대부분의 학자들은 이 내러티브들이 보다 오래된 형태(아마도 구전 혹은 문서)로 독립적으로 존재하여 내려오다가 나중에 이르러 현재의 모습을 갖추게 되었다는 점에 동의한다. 그것들은 신명기 사가들에 의해 더 큰 이야기 속으로 편집되었다. 아마도 이 본문들은 거의 개작되지 않았을 것이다. 그 이유는 그 내용이 이스라엘의 배교자 왕들에 관한 더 큰 이야기의 맥락 속에 적절했기 때문이었을 것이다.

1) 엘리야와 그의 시대

엘리야는 북 왕국 아합 왕(기원전 869-850년)과 그의 아들 아하시야 왕(기원전 850-849년)의 통치 기간에 예언자로 활약했다. 아합의 집안으로 인해 이스라엘은 심각한 위기를 맞게 된다. 그러나 이런 위기가 대외적으로는 잘 드러나지 않는다. 아합의 아버지 오므리의 치하에서 이스라엘은 다시 한 번 국제관계에서 주도적인 위치에 올라서게 된다. 수십 년 동안 군사 및 경제정책은 성공적이었다. 아합은 비교적 평화롭고 번창하던 시기에 통치할 수 있었다. 그러나 이스라엘의 역사 과정에서 종종 그러했듯이, 대외적인 성공은 내부의 취약성을 은폐하기 마련이다. 이스라엘은 바알숭배와 관련된 우상숭배에 굴복하게 되었고, 이는 야웨 신앙인들에 대한 폭력적인 탄압으로 이어졌다. 또한 불우한 사람들에 대한 억압적 정책이 강화되었다(왕상 21장을 보라). 여러 선구자들의 전통에 서서 엘리야는 예리하고도 특별한 하나님의 말씀을 가지고 이러한 다양한 국면을 야기한 기존 체제를 비판하고 나섰다. 그는 왕실에 대한 비판자였을 뿐 아니라 대중적으로도 "이스라엘을 괴롭게 하는 자"(왕상 18:17)로 불렸다.

열왕기상 15-16장에서 반복되는 틀에 박힌 왕들의 이야기는 17:1에서 내러티브로 전환됨으로써 그 맥락이 "끊기게" 된다. 문체의 전환은 곧 내용의 전환이다. 엘리야는 방해자다! 엘리야는 탁월한 인물이며 새로운 모세였다. 그는 일반적인 경로를 벗어나서 갑자기 등장한다(길르앗은 요단 동편에 위치하며 권력의 핵심부와는 거리가 멀다). 그는 타협을 거부하면서 권력 구조에 맞선다. 엘리야에 관한 생생한 이야기들은 그가 바알과 바알의 추종자들에 대항한 일에 초점을 맞추고 있다. 이 이야기들은 아합이 우상숭배 관습을 도입했다는 보도(왕상 16:31-33) 이후부터 등장한다. 야웨를 향한 엘리야의 열심은 바알을 향한 아합과 이세벨의 열심보다 더 컸다. 이 이야기들은 이러한 문제에 있어 타협의 여지가 없다고 주장한다. 야웨와 바알이 혼합주의라는 명목 하에 평화롭게 공존할 수는 없다.

그러나 엘리야의 여정이 단순히 영웅적인 면모로만 묘사되는 것은 아니다. 그의 여정에는 자기 자신에 대한, 소명에 대한, 그리고 하나님에 대한 깊은 회의가 여지없이 드러난다. 의심할 바 없이 이러한 복잡성 때문에 엘리야는 이스라엘의 기억 속에 깊이 남게 된다. 그렇기에 그는 구약성서의 마지막 부분에서도(말 4:5-6) 주의 날을 예비하기 위하여 다시금 돌아올 것이라고 기대된다. 동시에 열왕기는 단순한 예언자의 생애를 담은 이야기가 아니다. 그것은 또한 하나님께 사로잡힌 삶, 그리고 예언자와 하나님의 상호작용에 관한 이야기다. 이 백성을 향한 하나님의 미래가 눈앞에 펼쳐진다. 하나님과 예언자 그 어느 누구도 이런 몸부림에 대하여 태연하지 않다.

2) 엘리사와 그의 시대

엘리사는 여호람, 예후, 여호아하스, 요아스의 통치 기간(기원전 849- 786년)에 활약했다. 엘리사는 엘리야에 의해 지목된 그의 후계자였다. 그러나 엘리사의 역할은 엘리야와는 다소 달랐다. 엘리사 이야기의 여러 요소들, 특히 그의 기적적인 활동들은 그의 스승의 모습을 연상시킨다. 엘리야 이야기가 의도한 바는 하나님의 말씀과 활동의 중재자로서 예언자의 명성을 드높이는 것이었다(왕하 4:1-7을 왕상 17:8-16과 더불어 참조하라). 그러나 엘리사는 정치적이고 군사적인 위기와 관련된 활동에 보다 깊이 관여한다. 여기에는 국가적인 사안들도 포함된다. 그는 모압(왕하 3장)과 아람(왕하 6-8장)이 이스라엘의 안녕을 위협하는 상황에서 이스라엘을 구원하기 위한 모략을 꾸미고, 심지어 시리아의 통치 문제에도 개입한다(왕하 8:7-15를 보라). 또한 그는 이스라엘 내부의 정치적 문제에도 관여하여 예후의 활동을 도움으로써 아합 왕조의 통치를 종식시키고 여호람, 이세벨, 바알숭배자들을 처단한다(왕하 9-10장).

엘리사는 종교적인 측면뿐만 아니라 삶의 모든 영역에서 활동하시는 하나님의 말씀과 행동을 표현한다. 겉으로 보기에는 하나님이 침묵하시는 듯하지만, 하나님은 이러한 사건들의 소용돌이 속에서 예언자들을 통해 이스라엘의 역사를 만들어 나가신다. 독자들은 하나님이 그러한 계략과 폭력에 연루되어 있다는 사실에 의아해할지도 모른다. 그러나 하나님

신학의 렌즈로 본 구약개관

은 그와 같은 방식으로 일하기를 선택하셨고 이는 분명 유용한 것이다. 하나님은 백성 안에서 그들을 통해 일하기로 작정하시지만, 그전에 그들을 완전하게 만들어놓지는 않으신다. 따라서 폭력은 세상 속에서의 하나님의 활동과 모종의 관련을 맺게 된다.

대개 열왕기의 내러티브들은 다양한 의도를 지니고 있다. 그 내러티브들은 이스라엘의 사악한 지도자들이 펼치는 정책과 관습을 고발하기 위하여, 바알에 대한 우상숭배를 반대하기 위하여, 이러한 위험한 시대에 이스라엘의 미래를 구상하려는 예언자들의 역할을 강화시키기 위하여, 그리고 이스라엘의 하나님을 찬미하기 위하여 기록된 것이다. 분명히 알아야 할 것은 우상숭배와 심판에 관한 이러한 슬픈 이야기들이 그저 과거의 이야기가 아니라는 사실이다. 이 내러티브들은 이후의 모든 세대들에게 강한 어조로 남아 있다. 그것들이 말하고자 하는 바는 이스라엘의 삶과 예배에서 제1계명이 지니는 핵심적인 중요성 및 혼합주의와 배교의 위험성에 관한 것이다.

우리는 엘리야와 엘리사에 관한 여러 이야기들을 보다 가까이서 살펴보기로 하겠다. 이 이야기들은 앞서 말한 목적을 가지고 내러티브의 양식으로 기록되었다. 여기서 가장 근본적인 증언은 이스라엘의 하나님이야말로 모든 영역에서 진정한 삶을 가능케 하신다는 사실이다.

8. 열왕기상 17장: 죽음 가운데서의 삶의 기적

이 본문은 바알에 대한 반대를 날카롭게 표명하고 있다. 특별히 바알이 인간과 자연 질서에서 생명과 죽음을 관장한다는 견해를 공격하고 있다. 이 이야기들은 생명과 죽음이 바알이 아닌 하나님의 손에 있음을 증언한다. 동시에 각각의 이야기에서 하나님은 말씀을 통하여(왕상 17:4, 9, 16, 24) 생명을 주재하신다. 이러한 모습은 자연, 가난한 과부, 그리고 예언자 자신과 같은 다양한 피조물들을 통해 나타난다. 하나님의 선하신 창조 안에서 그들의 위치와는 상관없이, 하나님의 효력 있는 말씀은 그들의 생명을 살린다.

처음 이야기(왕상 17:1-7)에서, 이스라엘의 하나님은 건기와 우기의 계절을 주관하시고 자연 피조물(까마귀)을 통하여 신실한 자에게 음식과 물을 제공하시는 창조주로 나타난다. 이러한 주제는 야웨와 바알의 대결이 두드러지는 열왕기상 18장에서도 계속된다. 두 번째 이야기(왕상 17:8-16)에서, 엘리야는 바알숭배의 중심지(시돈; 왕상 16:31을 보라) 근처에 위치한 사르밧으로 갈 것을 명령받는다. 바로 진실한 삶이 이스라엘의 하나님께 달려 있음을 그 대적의 중심지에서 드러내기 위해 그는 보냄을 받은 것이다. 하나님은 가난한 자(정치적 권력구조에 의해 무시당하는 사람들)를 위하여 음식을 제공하시고 비천한 사람들을 통하여 신실한 자들을 돌보신다. 여기서 예언자는 그의 기본적인 필요를 위하여 그러한 비천한 사람에게 의존한다.

세 번째 이야기(왕상 17:17-24; 이와 유사한 엘리사의 이야기가 왕하 4:18-37에 나타난다)는 동일한 장소에서 동일한 등장인물들로 계속해서 진행된다. 이번에는 삶과 죽음의 문제가 보다 첨예하게 떠오른다. 이스라엘의 하나님은 생명의 하나님이시다. 단지 자연세계와 음식물의 공급에 대해서만이 아니라, 인간의 삶 속에 물리적인 죽음이 침투해 들어온 지점에서조차 하나님은 생명의 하나님이시다. 까마귀와 가난한 과부처럼 예언자 자신도 과부의 죽은 아들을 살림으로써 하나님의 능력을 대행하는 사람이 된다. 그는 이미 성행하고 있던 치료의식에 따라 (자신의 생명의 일부를 소년에게 전달하기 위해) 자신의 몸을 소년의 몸 위에 포개어놓았을 뿐 아니라, 소년의 생명을 회복시켜달라고 하나님께 간절히 기도했다(여기서는 명령법이 사용되었다). 그러나 기도만으로 모든 것이 다 해결되지는 않는다는 사실을 염두에 둘 필요가 있다(이와 비교하기 위하여 왕하 20:1-7을 보라). 하나님은 예언자에게 응답하신다. 실제로 하나님은 엘리야의 기도를 "들으셨던" 것이다!

이야기의 절정은 부활의 사건에 있지 않고 오히려 여인의 증언에 있다 (왕상 17:24; 또한 18:39을 보라). 여인의 원망이 확신으로 변하는 가운데, 바알의 땅에 살고 있던 사람들은 이러한 하나님과 하나님의 예언자에 대해 공개적으로 증언한다. 하나님과 그분의 증언자들은 적의 영토에 들어가서 죽음의 세력을 **내부로부터 정복하기 시작한다.** 여기에는 어떠한 군사적·정치적·종교적 활동도 작용하지 않는다. 그것은 단지 겉으로 보기에 작은 행동, 미약한 말, 비천한 여인의 증언을 통해 이루어졌을 뿐이다. 작은 치유 행위, 그녀와 같은 보다 많은 여인들의 증언, 그리고 생명을 주시는 하나님에 관한 진술들이 여기저기에서 회자될 것이다! 이러한 증언은 열왕기상 18장에서 드러날 엘리야의 중요한 대결을 앞두고 그에게 힘을 실어 주었을 것이다.

이러한 기적 이야기들(왕하 4-5장에 나타나는 엘리사의 유사한 이야기들도 여기서 다룰 것이다)은 독자의 시선을 보다 큰 사회적 문제로부터 개인들—가난한 자와 부유한 자 모두—의 요구로 이동시킨다. 왕실의 사람들과 그들의 정책에는 희망이 없다. 그들은 결국 현실을 포착하지 못한다. 배교와 그 결과가 하나님의 세계를 흔들지는 못한다. 이스라엘에서 분노와 죽음을 만들어내는 모든 것들 안에서도 지속되는 생명에 대한 하나님의 의지야말로 이 이야기들이 가장 근원적으로 말하고자 하는 바다. 난국은 헤쳐 나가야만 하는 대상이다. 생명은 되살려 회복되어야 한다. 하나님은 여전히 선을 위하여 일하고 계신다.

필요의 충족이라는 문제는 단지 종교적이고 영적인 의미만을 지닌 협소한 것이 아니다. 이는 예수의 기적들에서도 마찬가지다. 이 예언자의 이야기는 예수의 이야기를 예견하는 동시에 그것을 해석하는 데 도움을 준다. 여기에는 충분한 음식, 안전한 음식, 가정을 파괴시키는 부채로부터의 해방, 질병, 그리고 죽음과 관련된 세속적인 문제들에 대한 관심이 드러난다. 고통은 엄연한 현실이다. 부유한 자와 가난한 자, 심지어 신실한 자들에게도 아픔은 날마다 경험된다는 사실이 인식되고 있다. 하나님의 백성은 삶에서의 고통과 슬픔으로부터 면제되지 않는다. 이는 마치 시편 23:5 이 "주께서 내 원수의 **목전에서 내게 상을 차려 주시고**"라고 말하는 것과 같다. 이는 도피주의자들의 이야기가 아니며, 독자들로 하여금 세상을 멀리하도록 하려는 것도 아니다. 대신에 이 이야기들은 하나님의 창조목적에 따라 생명을 제자리에 돌려놓는다.

예언자의 기적적인 행위들은 하나님이 자신의 창조세계에 의도적으로 혼란을 초래하는 것처럼 묘사되지는 않는다. 실제로 그러한 행위들은 꽤나 통상적인(matter-of-fact) 사건으로 나타난다. 여기서는 하나님의 선한 창조가 그것을 방해하는 세력들 가운데서 **적절히 작용하고 있음이 증언된다.** 본문은 이러한 일들이 어떻게 일어났는지를 설명하는 데 거의 관심을 갖지 않는다. 단지 각각의 경우에서 하나님이 이미 사용되고 있는 방법을 통해 일하신다는 사실만이 확연히 드러난다. 창조주는 세상의 인간 존재들과 함께 머무르며, 세상을 향하여 깊은 연민의 정과 탁월한 은총을 가지고 그 필요에 따라 생명과 행복을 나누어주신다. 각각의 이야기에는 인간의 활동이 포함되어 있다. 예언자는 다른 사람의 생활 속에 들어가 그들의 상황을 개선시켜준다. 더군다나 예언자는 다양한 피조물들을 재료로 사용한다. 그의 사역은 무로부터의 창조는 아니지만, 이미 존재하고 있던 하나님의 창조의 은총을 확대시키고 발전시킨 것이다. 이를 우리의 시대에 적용하였을 때, 우리는 창조주가 주신 은총을 감지해냄으로써 우리도 동일한 생명의 환희를 느낄 수 있다. 예를 들자면 의학적 연구 및 의사와 상담자들의 기술에서 말이다. 성서는 기적이 일어나게 된 방법을 촉진시키는 데에 관심을 두지 않는다. 대신 본문을 통하여 독자들로 하여금 아직 발견되지 못한 창조적 근원들을 상상할 수 있게 만든다.

결국 이들 본문은 인간과 그 외의 다른 피조물들을 통한 하나님의 생명 사역의 의지가 사악한 시대에서도 생생하게 살아 있음을 증언한다. 하나님의 세계 안에서 생명과 치유의 가능성은 우리의 계산과 이해력을 뛰어넘는다. 이에 우리는 하나님이 우리와 같은 사람들을 통해서도 이 세계

신학의 렌즈로 본 구약개관

안에서 기적을 일으키실 수 있다는 소망을 가질 수 있다.

이러한 이야기들이 실재에 관한 현대의 사고방식과 반드시 대치되는 것만은 아니다. 현대 물리학(양자역학[quantum mechanics], 카오스 이론[chaos theory])은 우리에게 이 세계가 인과관계의 지배를 받는 폐쇄계(a closed system)가 아님을 보여준다. 신비스러움, 새로움, 놀라움, 우연의 가능성을 만드시는 하나님의 계획 안에서(욥 38-41장을 보라) 복잡한 원인이 만들어져 "작동하게" 되면, 인과관계는 무너져버린다. 또한 이 세계는 하나님이 자연법칙과 혼돈의 상호작용 **안에서 일하실 수 있음을 보여준다**. 하나님의 창조는 결정적이거나 고정된 것이 아니다. 그 안에는 놀라움과 새로운 가능성이 가득 담겨 있다. 역사가들은 아직도 특정한 기적들이 과연 일어났었는가 하는 문제를 확률적으로 분류하느라 고생하고 있지만, 그들은 결코 성공할 수 없는 일을 하고 있는 셈이다.

9. 열왕기상 18장: 야웨만이 홀로 하나님이시다

열왕기상 18장은 이스라엘 땅을 강타한 심각한 가뭄의 시기를 배경으로 삼고 있다. 이는 야웨와 바알의 대결을 위한 무대를 제공한다. 과연 누가 가뭄을 해소시키고 농경지와 가축을 위해 비를 내려줄 것인가? 바알은 이 분야에서 "전문가"로 알려진 신이다. 그러나 엘리야는 바로 바알의 주특기에 도전장을 던짐으로써 급소를 찌른다. 엘리야는 문제의 해결을 위해 자신(그리고 야웨)과 450명의 바알 선지자들의 대결을 계획한다. 바알 선지자들은 다양한 황홀경 및 행위의식을 동원하여 바알이 응답을 내리길 간구한다. 그러나 아무런 일도 일어나지 않는다. 엘리야는 풍자로 가득 찬 대꾸를 통해(27-29절) 그러한 노력이 아무런 쓸모가 없다고 조롱한다. 바알은 잠을 자고 있거나 명상 중이거나 여행을 갔음이 틀림없다. 혹은 그가 화장실에 갔나 보다!

엘리야는 자신의 전략을 진행시킨다. 그는 제단을 쌓고 희생제물을 준비한다. 그는 제단 위에 (가뭄의 종료를 상징하는) 물을 붓고 야웨께 누가 참 하나님인지 알려달라고 부르짖는다. 하늘로부터 "야웨의 불"이 내려와 번제물과 제단 전체를 삼켜버린다. 이에 백성은 야웨가 하나님이라고 고백하게 되고, 엘리야의 명령으로 바알 선지자들은 사로잡힌다. 엘리야는 혼자서 그들 모두를 죽인다. 가뭄은 끝이 나고, 바알이 아닌 야웨가 생명과 풍요의 신이라는 사실이 증명된다.

여기서 명백히 드러나는 폭력에 대해 해명할 의무를 회피해서는 안 되며, 그것이 필연적으로 정의로운 것이라고 간주해서도 안 된다. 다시 한 번 하나님은 홀로 일하시지 않는다는 사실이 확인된다. 하나님은 사용 가능한 방법들을 통해, 다시 말해 약점과 결점에서 자유롭지 못한 인간들과 함께 일하신다. 다시 한 번 언급하지만, 하나님은 인간을 사용하기로 작정하시기 전에 먼저 그들을 완벽하게 만드시지는 않는다. 더구나 이러한 하나님의 행위는 하나님이 일하기 위해 사용하시는 인간적인 수단에 대해 긍정적인 가치만을 부여하지는 않는다. 또한 이러한 일에 하나님이 관여되어 있다고 해서 결과가 수단을 정당화한다고 말할 수는 없는 노릇이다. 어떤 경우에도 특정한 사건 속에서의 하나님의 활동을 인간적인 차원으로 축소해서는 안 된다.

어떤 독자들은 이 이야기의 주된 관심사가 하나님의 탁월한 능력을 증명하는 것이라고 말하고 싶을 것이다. 바알이 가진 문제점(일반적으로 우상 전반에 대하여, 시 115:3-8; 렘 10:5을 보라)은 그가 우리와 멀리 떨어져 있다는 것이 아니라(물론 그렇기도 하지만), 그가 말하거나 느끼거나 행동하거나 헤아리지 못한다는 것이다. "아무 소리도 없고 아무 응답하는 자도 없고 아무 돌아보는 자도 없더라"(왕상 18:26, 29). 여기서의 관심은 하나님의 탁월함보다는 오히려 야웨의 내재성을 변론하는 데 있다. 야웨는 엘리야의 기도를 들으시고 그에 응답하셨다.

또한 독자들은 야웨와 우상을 대조하는 이 이야기가 야웨의 자유를 강조하는 것이라고 생각할 수도 있다. 그러나 여기서 보다 중요한 관심사는 자유를 스스로 제한하시는 하나님의 책임감을 강조하는 것이다. 하나님은 비를 보내주시겠다고 약속하셨다(왕상 18:1). 하나님은 예언자와의 관계성을 귀중히 여기셨다. 하나님은 예언자의 기도에 대한 특별한 응답을 통해 아브라함과 이삭과 이스라엘(야곱)에게 주어진 약속을 기억하셨다. 이 백성을 이스라엘(왕상 18:31; 열두 지파를 가리키는 말로서)이라 명명하신 하나님은 그들을 또한 내 것이라 칭하셨고 그들과 신실한 관계를 맺으셨다.

본문의 관심은 단순히 야웨가 홀로 하나님이시라는 사실을 보여주는 것만이 아니다. 또한 본문은 하나님의 기본적인 성품을 드러내고자 한다. 야웨는 인간의 사건 안에서 활동하시며, 듣고 말하고 행동하신다. 그분은 자신이 선택하신 대리인들, 그리고 자신과 특별한 관계를 맺고 있는 백성에게 주어진 약속을 귀중히 여기신다. "이스라엘 백성에게 유일한" 하나님은 바로 **이런 하나님**이시다. 더 나아가 (이스라엘 백성에게만 아니라) "유일한" 하나님은 바로 이런 하나님이시다. 야웨는 이스라엘의 유일한 하나님이시며, 야웨와 바알을 함께 섬기는 일은 야웨를 저버리는 것과 동일한 차원의 불신앙이다.

하나님이 어떠한 대결에서도 패하시지 않는다는 사실을 지적하기 위해 이 이야기를 사용하는 것은 적절치 않다. 그러한 관점을 수용하게 되면 여로보암과 아합, 그리고 다른 왕들이 배교하거나 이스라엘이 몰락해도 하나님께는 전혀 손해가 없다고 주장해야 한다. 배교가 하나님의 뜻이라면 하나님은 어떠한 일에도 화내실 필요가 없을 것이다. 성서 본문들에서 우리가 배교를 발견하게 된다는 사실은 곧 하나님의 뜻에 저항할 가능성이 존재함을 의미한다. 그것은 하나님께 손해를 의미하며 하나님도 슬픔을 경험하신다는 것을 보여준다(시 78:40; 엡 4:30을 보라).

우리는 다음과 같이 보다 제한적인 표현 방식을 채택해야 한다. **이러한 특별한 대결에서 하나님은 결코 패하지 않으신다.** 그러나 하나님의 활동은 인간의 이전 활동과 관련을 맺으며 또한 인간의 활동은 하나님의 활

동과 무관치 않다. 다음과 같은 내용들은 고려할 만하다. 아합과 모든 거
짓 예언자들 앞에 설 수 있었던 엘리야의 용기, 바알은 아무것도 아니며
야웨가 하나님이라는 그의 확신 및 그러한 확신에서 우러나온 말과 행동,
완벽한 제사 장면을 연출해냈던 그의 세심함과 자신감, 명쾌한 역사적 의
미와 적절한 공동의 동기부여를 제시함으로써 하나님께 응답받는 데 성
공한 그의 기도(참조. 왕상 17:22), 그리고 비가 내릴 것을 대비하는 그의 의
식적 행위들 말이다. 인간의 활동은 중요하다. 그것은 상황에 대하여, 그
리고 하나님께 대하여 중요하다. 이러한 대결적 상황에서 하나님의 행동
가능성은 예언자의 말과 행동에 의해 더욱 촉진된다.

10. 열왕기상 19장: 예언자에게 닥친 개인적 위기

열왕기상 19장은 하나님과의 만남으로 인해 주어진 예언자적 위임(15-18
절)과 엘리사의 계승(19-21절)을 핵심적으로 다룬다. 열왕기하 2장은 계속
해서 엘리사의 계승에 대해 다루고 있다. 여기서 엘리사는 실제로 엘리야
의 외투를 취하여 그의 후계자가 된다.

　열왕기상 18:22에서 엘리야는 하나님께 자신이 바알에게 무릎 꿇지
아니한 유일한 예언자라고 불평한다. 실제로 그는 성읍에 남아 있던 유일
한 참 "하나님의 사람"이었다. 엘리야의 불평은 열왕기상 19:14에서 명백
히 나타난다. 여기서 하나님은 그에게 엘리사가 그의 뒤를 이을 것이라고
약속하신다. 그는 스스로 생각하는 것처럼 유일한 "남은 자"가 아니었다.
하나님께 신실한 칠천 인이 여전히 남아 있었다(왕상 19:18).

　엘리야는 아합과 이세벨의 위협을 피하여 살기 위해 도주한다. 그는
신적 계시의 전통적인 장소인 호렙 산을 향해 남쪽으로 향했다. 도중에 그
는 광야에서 이스라엘의 체험을 다시금 겪게 된다. 그는 자신의 실패에
대해 불평하면서 죽기를 간청한다(아이러니하게도 그는 지금 왕실로부터 죽임

당하지 않으려고 도주하고 있지 않았던가!). 그러나 하나님은 다시금(참조. 왕상 17:1-16) 죽음 가운데서 생명을 부여하신다. 그가 호렙 산에 도착하자, 하나님은 반복하여(9, 13절) 그가 **여기에** 와 있다는 사실에 대해 그를 꾸짖으신다. 아마도 하나님의 위로를 기대하면서 자기 자신만을 생각하고 있었던 엘리야는 동일한 대답을 내어놓는다. "내가 만군의 하나님 야웨께 열심이 유별하오니 이는 이스라엘 자손이 주의 언약을 버리고…그들이 내 생명을 찾아 빼앗으려 하나이다"(10, 14절, 저자의 번역). 그는 마치 하나님이 두 번이나 질문하시는 동안 아무것도 듣지 못한 것처럼 행동한다. 그리고 실제로 많은 요란한 소리들이 있었지만(지진, 바람, 불: 이는 폭풍의 신 바알의 상징이다. 그것들은 그 "안"에서 이스라엘의 하나님이 발견될 수 있는 실재는 아니었다), 실제적인 대화는 이루어지지 않는다. 요란한 소리들이 그치고, "세미한 소리"가 있었다.

엘리야가 그의 대답을 단순하게 반복했을 때, 하나님은 응답하셨다. "우울을 걷어내고 슬픔에서 벗어나라, 해야 할 일이 많다, 함께 시작할 몇몇 사람들이 있다. 너는 혼자가 아니다"(15-18절, 저자의 번역. 또한 왕상 18:3-4을 보라). 호렙 산에서 엘리야에게 주어진 말씀은 새로운 것이 아니었다(엘리야는 모세가 아니다!). 그것은 핵심적으로 동일한 옛 말씀이었다. 엘리야에게 특별한 보호 장치는 주어지지 않는다. 단지 새로운 임무와 도움의 약속만이 주어졌을 뿐이다. 하사엘과 예후는 하나님의 목적을 위한 도구가 될 것이다. 그리고 이 일을 위하여 후계자가 세워질 것이다. 그리고 칠천 인을 기억하라.

두 왕들에게 기름을 부으라는 하나님의 명령은 실제로 엘리야가 아닌 엘리사와 엘리사의 생도에 의해 실행되었다(왕하 8:7-15; 9:1-13). 하사엘을 아람의 왕으로 삼으신 것은(왕하 10:32-33) 그로 하여금 이스라엘의 영토를 침공하게 함으로써 우상숭배로 말미암아 이스라엘에게 내릴 하나님의 심판을 대행하게 하시려는 것이었다(마치 이후에 하나님이 아시리아와 바빌로니아를 이용하시듯이). 두 번째 경우(왕하 9:1-13)는 또한 하나님의 심판과 관련되어 있다. 예후는 아합 왕조를 멸절시키고 이스라엘의 삶에서 바알 신앙을 제거하기 위한 개혁을 주도한다. 이 두 경우에서 다시금 하나님은 인간의 폭력적인 행위에 연루되신다. 게다가 이스라엘의 불신앙으로 인한 심판이 이방 백성에 의해 자행된다. 엘리야는 엘리사에게 예언자 직분을 계승하도록 명령받는다(왕상 19:19-21). 계승에 대한 그러한 관심은 이스라엘에서 예언자가 세워지는 일상적인 방식이 아니었다. 계승은 이 경우에서만 하나님이 사용하신 방법이다. 이는 엘리야가 표현했던 것처럼 당시 이스라엘에서 야웨 신앙이 극심한 위기에 처해 있었기 때문이다. 이러한 위기는 현장에서 문제를 적나라하게 지적할 수 있는 "하나님의 사람"이 계속 등장할 것을 요구한다. 연속성에 대한 이러한 강조는 하나님의 대언자로서의 예언자의 소명이 이 내러티브의 핵심적인 관심사임을 보여준다.

엘리사(매우 부유한 사람이었던)는 엘리야의 겉옷을 취하는 것에 열정을 보이지 않고 대신에 작별인사를 위한 말미를 달라고 요청한다. 엘리야가 그를 꾸짖었는지의 여부는 분명치 않다. 엘리야는 마치 소명이 없었던 것처럼 엘리사에게 돌아가 하던 일을 계속하라고 말한다. 엘리사는 너무나 우유부단하여 엘리야가 마음에 담고 있었던 소명에 부응하지 못했다. 그러나 엘리사가 집으로 돌아왔을 때, 그는 자기가 밭에서 몰던 소들을 (값을 받고 파는 대신에) 잡아서 공동체를 위한 잔치를 베푼다. 그에게 두 번째 기회가 주어진다(눅 9:61-62과는 달리). 엘리사의 행동은 그가 결심을 굳혔다는 증표였으며, 그것은 돌이킬 수 없다. 그에게는 더 이상 되돌아갈 직업이 없게 되었다. 자신의 모든 농기구들을 불사르고 나서, 그는 밭을 떠나 엘리야를 따랐다. 그리고 그의 생도가 된다.

엘리사는 실제로 열왕기하 2장에서 그의 출중한 후계자가 되어 있다. 이 이야기의 기본적인 관심은 엘리야의 "승천"이 아니다. 오히려 이 이야기는 이후의 내러티브에서 등장하는 엘리사의 신앙과 권위를 지지하기 위한 것이다. 이러한 요점은 단순히 엘리야와의 관계성으로만 설명되는 것이 아니라, 모세와 여호수아의 이야기에 대한 본문과의 관련성을 정교

신학의 렌즈로 본 구약개관

화 할 때도 설명된다. 상징적인 내러티브를 통해 이 이야기들을 평가하는 작업은 성서 저자가 엘리야와 엘리사 내러티브들의 반복적 순환을 어떻게 구성했는지를 발견하는 데 유용하다.

11. 상징적인 내러티브에 대하여

현대 독자들은 이러한 본문들을 역사적인 방법으로만 편협하게 해석해서는 안 된다. 왜냐하면 본문의 근본적인 관심은 이스라엘 역사를 재구성하는 데 있지 않기 때문이다. 본문은 과거에 관한 이야기를 전해주며 이를 연대기적 도식에 따라 구성한다. 그러나 본문의 사건들을 실제적인 역사적 진술로 이해하는 것은 본문을 무시해버리는 것과 마찬가지며, 그것을 판타지, 동화, 도덕 교과서로 격하시키는 것이다.

본문의 상당 부분을 이해하기 위한 유용한 방법들 중 하나는 상징적 내러티브의 개념을 통해 설명하는 것이다. 이러한 방식은 두 가지 중요한 방향으로 전개된다. 첫째, 특정한 성격은 어떤 인물의 형태를 통해 표현된다. 예를 들어 아하시야는 열왕기하 1장에서 역사적으로 중요치 않은 역할을 담당하지만, 또한 그는 이스라엘의 질병을 몸에 지닌 전형적인 배교자로 묘사된다. 동시에 그는 야웨 신앙인과 바알숭배자 사이에서 하나님의 선민을 위해 발버둥치는 전형이 된다. 그는 실제보다 과장되어 그려졌다. 유사한 경우가 엘리야와 엘리사에게도 적용된다. 그들은 이스라엘에서 야웨 신앙의 미래가 심각하게 위협받을 때 등장했다. 그러한 때에 하나님의 말씀이 그들을 통하여 선포되고 성취된다는 사실이 차분하게 묘사된다. 엘리야가 죽음을 맛보지 않고 하나님에 의해 취함 받았다는 사실은 단지 그의 비범한 사역이 하나님의 승인을 얻었다든지 이스라엘의 하나님의 능력은 죽음을 이긴다든지 하는 사실만을 표현하고 있는 것이 아니라, 두 예언자들의 사역의 연속성을 표현하는 것이다. 어느 정도 불가해한 방식으로 엘리야는 여전히 엘리사의 사역 안에 살아 있다. 엘리사는 일반적인 수명을 초월하여 다시 한 번 나타난 엘리야였다.

둘째, 상호텍스트성(intertextuality)의 중요한 단계가 내러티브 안에 나타난다. 즉 특정 본문 안에 다른 본문들 및 전승들에 대한 직간접적인 암시가 드러난다는 말이다(특히 모세와 여호수아의 이야기). 이러한 연결성에 의해, 독자는 본문에 드러나거나 그것과 연결된 또 다른 본문을 통하여 낯선 세계를 상상할 수 있게 된다. 성서 저자에 의해 시도된 이러한 상호텍스트성 작업은 논의 중에 있는 사안에 대한 해석의 중요한 단계를 함축한다. 이는 곧 독자들이 예언자나 다른 사람들 혹은 자연물들의 말과 행동에 의해 발생한 불가사의한 사건들을 지나치게 문자적인 방식으로 해석해서는 안 된다는 사실을 의미한다. 예언자들의 말의 권위를 드높이고 그들의 사역이 하나님께로부터 비롯되었으며 하나님의 놀라운 사건들이 그들 안에서 그들을 통해 이루어진다는 점을 상징하는 것이 바로 이러한 기적들이다.

성서의 내러티브 안에는 신비스럽고 이해하기 어려운 것들이 녹아들어 있다. 성서 저자는 발생한 사건들을 "설명"하거나 세부 사항을 상세히 밝히지 않으며, 심지어 그러한 신비로운 사건들을 하나님과 긴밀히 연관 지으려 하지도 않는다. 열왕기하 2장에서 예를 들면, 성서 저자는 오직 1절에서만 하나님을 사건의 명백한 주체로 설정한다. 실질적으로 모든 말과 행동에는 상징적인 가치가 주어져 있다. 이처럼 얽히고설킨 말들이 갖는 의미는 오직 상호텍스트성 작업을 통해서만 식별된다. 물론 그러한 작업이 이루어진다고 해서 완전한 해석이 가능해지는 것은 아니다.

성서 저자는 "신비스러운 일"에 사로잡혀 있지 않다. 각각의 사건들은 평범한 용어로 표현된다. "이해 가능한 세계 안에서 기적 그 자체는 평범한 일들 그 이상이 결코 아니다."[3] 성서 저자는 기적의 신비로움을 맛보기

---

3) B. Long, *2 Kings* (FOTL 10; Grand Rapids: Eerdmans, 1991), 34.

를 멈추지 않는다. 그러나 일어난 사건에 대하여 공포나 경이로움의 표현은 나타나지 않는다(심지어 왕하 2:12에서조차도). 따라서 독자는 구경거리에 초점을 두기보다는 그러한 진술의 신학적이고 종교적인 중요성을 탐구해야 한다. 그러한 관심사의 핵심은 이렇게 요약된다. 수많은 강력한 적들에 직면하여, 하나님은 반드시 당신의 말씀을 전하는 사람을 남기신다. 또한 이스라엘과 세계를 향한 하나님의 의도를 증언할 신실한 자들을 남기신다. 이것이야말로 진정한 "기적"이다.

12. 이스라엘 역사를 형성시킨 하나님의 말씀

신명기 역사서의 중요한 관점 중 하나는 바로 예언자를 통한 하나님의 말씀이 이스라엘의 역사를 형성한다는 사실이다.[4] 하나님의 말씀은 약속과 심판의 형태를 지닌다. 이들 모두에는 교훈적이고 권면적인 표현이 담겨 있다(예를 들어 왕상 8장; 왕하 17장). (예루살렘 함락 이후에 살았던 어느 저자가 사용한) 이러한 표현에는 이스라엘이 어떠한 재앙의 경험도 넘어설 수 있는 미래를 가진다는 주장이 포함되어 있다. 왜냐하면 이스라엘과 관련을 맺으시는 하나님이 바로 그런 하나님이시기 때문이다.

(1) 예언자에 의해 전달된 말씀이 후대 역사 속에서 성취되었다는 점에서, 많은 본문들 안에 담겨 있는 **심판**의 말은 하나님의 말씀으로 존중받게 되었다(참조. 수 6:26과 왕상 16:34; 삼상 2:31과 왕상 2:27). 이런 심판의 말은 이스라엘 역사에서 강력한 영향을 끼쳐왔다고 이해된다. 대체로 예언자들은 심판의 가장 근원적인 이유가 바로 이스라엘의 배교 때문이라고 주장

---

4) 참조. G. von Rad, "The Deuteronomic Theology of History in I and II Kings," in: *The Problem of the Hexateuch and Other Essays* (New York: McGraw-Hill, 1966, 205-221. (김정준 역, 『폰 라드 논문집』[서울: 대한기독교출판사, 1978]).

했다. 심판으로 말미암아 왕국은 분열되었고, 마침내 이방 군대에 의해 두 왕국이 멸망하였다(먼저는 아시리아에 의해, 다음은 바빌로니아에 의해). 우리는 본 장의 앞부분에서 이러한 배교의 특성을 살펴본 바 있다.

그러나 "예언자의 심판의 말"에 관한 이야기에 대해서만 성취의 여부가 문제시되는 것은 아니다. 때때로 예언자들을 통해 전달된 "하나님의 심판의 말씀"도 (문자 그대로) 성취되지는 않았다.

예를 들어 이사야는 히스기야에게 그가 죽을 것이고 회복되지 못할 것이라고 선언했다. 그러나 히스기야의 기도에 대한 응답으로 인해 하나님은 예언자의 말을 직접 뒤바꿔놓으셨다(왕하 20:1-6). 이와 유사하게 엘리야를 통한 하나님의 말씀에 대해 아합이 회개의 응답을 했을 때 하나님은 그 말씀의 성취를 연기하신다(왕상 21:27-29; 참조. 대하 12:1-12). 혹은 열왕기상 19:15-18에서 엘리야에게 내린 하나님의 말씀은 그의 사역 가운데서 단지 부분적으로만 성취된다. 이 말씀의 또 다른 측면은 다른 사람에 의해 성취되도록 남겨졌다(왕하 9-10장). 게다가 백성을 향한 하나님의 지속적이고 자비로운 상호작용은 이스라엘의 역사에 영향을 끼쳤고, 심지어 예언자의 말이 정반대의 목소리를 낼 때도 그러한 자비는 계속되었다(참조. 왕하 13:23).

예언자의 말들 중 **일부가** (문자 그대로) 성취되지 않았다는 사실은, 이런 **모든 경우**에서 실제로 성취가 이루어지기 전까지는 또 다른 미래의 가능성이 여전히 열려 있다는 사실을 의미한다. 이스라엘의 미래는 절대적으로 예언자의 말들에 의해 결정되지 않는다. 다시 말해 예언자들의 심판의 말들은 기계적으로 작용하지 않는다. 이런 말들이 하나님의 지속적인 관심의 손이 닿지 않을 만큼이나 자율적인 힘을 가지고 있다고 생각해선 안 된다. 더욱이 선포와 (잠재적인) 성취의 중간에 존재하는 "활동"의 전개는 심판 중에라도 여전히 약속의 여지를 남겨둔다. 실제로 하나님은 종말 그 자체로서가 아니라, 약속의 말씀을 위하여 구원을 위한 연단으로서 심판을 사용하신다. 사랑과 달리 분노는 하나님의 속성이 아니라(죄가 없다면 분노도 없을 것이다) 이스라엘의 죄에 대한 조건적 응답일 뿐이다. 하나님의 분노는 항상 죄의 행위에 의해 "유발된다"(왕상 14:9, 15, 그 외 여러 본문에서).

(2) 신명기 역사서는 다윗과 이스라엘 백성 모두를 향하여 **약속**의 말씀을 무조건적인 것으로 드러낸다(신 4:31; 삿 2:1; 삼상 12:22; 삼하 7:16; 왕하 13:23). 여기서 주목받는 것은 이스라엘 역사에서 약속의 성취가 계속되는 모습이며(왕상 8:20, 56), 그 말씀은 그 자체가 지니는 어떠한 힘에 의해서가 아니라 오로지 하나님에 의해서만 성취된다(왕상 8:15, 24; 참조. 삼하 7:25). 그러나 약속이 성취되는 때에도 문자적인 해석은 고려되지 않는다. 예를 들어 땅에 관한 하나님의 모든 말씀이 이루어졌다고 주장하는 여호수아 23:14의 강력한 말씀들(참조. 수 11:23; 21:43-45; 왕상 8:56)은 아직도 점령하지 못한 땅들이 남아 있다는 사실과(참조. 수 15:63; 23:4-13; 삿 1장) 긴장 관계에 놓여 있다. 약속의 말씀은 현실로 나타나지만, 이런 약속이 본래의 문자적 의미대로 정확하게 이루어질 것이라고 기대할 수는 없다.

약속의 말씀의 성취와 관련하여 비교할 만한 관점이 다윗에 대한 본문에 나타난다. 다윗에게 주어진 사무엘하 7:16의 약속은 솔로몬에게 주어진 열왕기상 9:5-7(참조. 왕상 2:3-4)의 말씀에서 조건부 약속으로 바뀐다. 그러나 이어지는 내러티브를 통해 우리는 그 조건이 약속의 전체적 틀이라는 범위 안에 제한되어 있음을 보게 된다. 다윗에게 주어진 약속의 골자는 제한적인 표현으로나마 예언자 아히야에 의해 다시금 되풀이된다(왕상 11:11-13, 32-38). 이 약속은 배교의 시대(왕상 15:4-6; 왕하 8:19)나 신앙의 시대(왕하 18:3-7) 모두에서 분명하게 표현된다.

그러나 역사의 끄트머리에서 유다를 향한 심판의 말씀이 명확하게 표현되는 반면(왕하 23:26-27), 약속의 성취는 다윗 계통의 왕 여호야긴의 석방에 관한 언급 안에서 모호하게 진술된다(왕하 25:27-30). 보다 오래된 본문 안에 명시되어 있는 다윗의 약속은 결코 경시된 적 없이 계속해서 유효한 것으로 이해되어왔음이 틀림없다. 재앙으로 인해 약속이 흐려졌다는 점에서, 내러티브적 묘사의 이와 같은 모호성은 이스라엘의 **체험**과 상응한다. 가장 파괴적인 심판의 재앙에도 불구하고, 그 약속은 계속해서 신뢰되어야 할 것으로 남게 된다. 또한 회개하는 백성을 향한 하나님의 용서의 가능성이 여전히 열려 있다(왕상 8:46-53). 백성은 이러한 회개에 무관심했지만, 하나님은 아직도 그들 가운데서 역사하고 계셨다(왕상 8:57-58).

이러한 긴장은, 비록 신명기의 결말 부분에서 약속이 명시되어 있음에도 불구하고(신 30:1-10), 배교와 심판이라는 맥락 안에서(신 28: 45-57; 31:16-29) 여전히 모호성을 수반한다. 그러나 신명기 안에서도 약속은 이스라엘의 미래에 대한 구상에 있어 주도권을 갖는다(신 30:4-5; 참조. 신 4:31; 레 26:40-45). 실제로 하나님의 약속에는 이스라엘의 마음에 대한 할례의 거행을 통해 백성이 제1계명을 따르게 될 것이라는 사실이 포함된다(신 30:6; 마음에 할례를 하라는 신 10:16의 명령이 여기서 약속으로 전환된다). 결과적으로 약속의 우선권은 하나님의 율법을 순종하는 자에게 주어진다. 심판과 약속에 관한 주제는 신명기 32-33장에서 시적으로 표현된다. 그러나 약속에 대한 여운은 신명기 33:26-29에서 강력한 결론의 말을 통해 절정에 이른다. 신명기와 신명기 역사서는 마침내 시내 산 율법을 순종하는 자에게 다윗의 약속을 부여한다. 하나님은 심판과 약속 모두를 내리실 것이지만, 결국 그분은 파괴적인 심판과는 멀리 떨어져 서 계신다.

예언자들을 통한 하나님의 약속의 말씀은 실패하지 않는다고 말할 수 있다. 하나님이 관심을 보이시는 한 약속은 절대 무위로 돌아가지 않는다. 약속의 성취는 결국 하나님에 대한 신앙에 달려 있다. 이러한 약속은 믿을 만하다. 비록 반역의 세대는 약속의 성취를 보지 못하겠지만, 남은 자들은 그것이 연단이었음을 알게 될 것이다. 재앙과 죽음에 관한 예언자들의 말은 영원한 죽음 혹은 전멸을 의미하지 않는다. 완전한 파국이 표현되거나 선언된 적은 한 번도 없다.

이스라엘의 역사는 심판과 약속의 긴장 안에서 진행되어왔다. 그러나 우리는 죽음의 심판과 약속 사이에 어떤 본래적인 신학적 모순도 존재하지 않는다는 사실을 분명히 짚고 넘어가야 한다. 하나님이 죽음을 통해 생명으로 이끄신다는 사실은 성서의 두드러진 주제다. 결국 약속의 말씀은 배교와 그로 인한 심판을 뛰어넘어 계속해서 존재하는 이스라엘의 운명에 결정적인 요소임이 증명된다.

기원전 587년 예루살렘의 멸망에 뒤이어 기록된 예레미야애가(the book of Lamentations)는 열왕기와 그 시각을 달리한다. 사랑의 하나님에 대한 신뢰와 신앙이 냉혹한 재난의 한가운데서 예리하게 드러난다(애 3:22-33). 여기에는 하나님에 대한 신뢰가 분명하게 울려 퍼진다. 비록 그것이 예레미야애가 5:20-22의 열왕기적인 모호한 결말과 병존하기는 하지만 말이다. 미래의 희망에 대한 신뢰는 오로지 하나님으로부터만 가능하다.

이와 유사한 긴장으로 가득 찬 또 다른 성서 본문은 시편 제3권(시 73-89편)이다. 그중 여러 시편이 예루살렘 멸망으로 인한 불안을 분명하게 반영하고 있다(시 74편; 77편; 79편; 89편). 여기에는 공동체의 탄원시(community lament)가 약속의 하나님에 대한 희망 및 신뢰와 뒤섞여 있다. 적에 의한 압제로부터의 회복을 구하는 탄원시들과 기도들(시 73편; 80편; 83편; 85-86편; 88편) 및 하나님의 완고하심과 그분의 심판에 대해 부르짖는 시편들(시 78편; 81-82편)이 확신에 찬 시온시들(psalms of Zion; 시 76편; 84편; 87편)과 교차적으로 배열되어 있다. 시편 제3권의 마지막 시편인 89편은 깊은 회의적 탄원과 더불어 하나님 백성의 미래를 모호한 표현으로 진술하고 있다. 동시에 시편 89편은 다윗을 향한 무조건적인 약속을 계속해서 주장하고 있다. 거짓이 없으신 하나님의 하나님 되심에 기반을 둔 이 약속은 침해될 수 없는 영원한 약속이다. 모든 현실이 이와는 달리 나타남에도 불구하고, 이스라엘은 자신을 버리지 않으신 바로 그 하나님의 보좌 앞에 나아가 이 약속을 이행하실 것을 계속해서 요청한다(3-4, 18-37절; 참조. 삼하 7:13-16).[5]

---

5) 본 장의 여러 단락들은 Westminster/John Knox 출판사의 허락을 받아 다음의 책을 끌

참고문헌

Brenner, Athalya. *A Feminist Companion to Samuel and Kings*. Sheffield: Sheffield Academic, 1994.

Brueggemann, Walter. *1 & 2 Kings*. Smyth & Helwys Bible Commentary. Macon: Smyth & Helwys, 2000.

Fretheim, Terence. *First and Second Kings*. Louisville: Westminster/John Knox, 1999.

Long, Burke O. *1 Kings, with an Introduction to Historical Literature. 2 Kings*. FOTL 9-10. Grand Rapids: Eerdmans, 1984, 1991.

Nelson, Richard D. *First and Second Kings*. IBC. Louisville: John Knox, 1987[김회권 역, 『열왕기상/하』 현대성서주석(서울: 한국장로교출판사, 2000)].

Petersen, David L. *The Prophetic Literature: An Introduction*. Louisville: Westminster John Knox, 2002.

Provan, Iain W. *1 and 2 Kings*. Peabody, MA: Hendrickson, 1995.

Rice, Gene. *1 Kings: Nations Under God*. ITC. Grand Rapids: Eerdmans, 1990.

신명기 역사서에 관한 참고문헌에 대하여는 제6장의 끝 부분을 보라.

어다 사용하였다: T. Fretheim, *First and Second Kings* (Louisville: Westminster/John Knox, 1999).

제9장

예언과 개혁:
여로보암부터 요시야까지

열왕기하 14-25장 | 아모스 | 호세아 | 미가
이사야 1-39장 | 신명기 | 스바냐

기원전 8세기와 7세기에 우리는 신아시리아 제국에 의한 북 왕국의 멸망과 남 왕국의 종속을 목격하게 된다. 더구나 이 두 세기에 고대 근동의 정세는 매우 중요한 변화를 겪었다. 아시리아는 그 대부분의 기간 동안 전성기를 누리다가 결국 바빌로니아에게 패망하고 만다.

구약성서는 이러한 사건들을 기본적으로 두 종류의 문학 양식을 통해 드러내고 있는데, 그것들은 모두 신학적으로 채색되어 있다. 한편으로는 주요한 역사서인 열왕기하와 역대하에서 조직적인 형태―연대기적 형태로 왕들을 열거하는―로 나타나며, 다른 한편으로는 다양한 예언서들이 예언자들의 활동 기간에 일어났던 몇몇 사건들에 초점을 맞춘다. 비록 예언자들이 열왕기에서 요약된 형태로 언급되기는 하지만(예를 들어 "야웨께서 각 선지자와 각 선견자를 통하여 이스라엘과 유다에게 지정하여 이르시기를"[왕하 17:13]), 자신의 이름으로 된 예언서가 있는 예언자들 중에서는 오직 이사야(와 요나; 왕하 14:25)만 그 이름이 언급된다. 이믈라의 아들 미가야와 같은 다른 예언자들(왕상 22장)은 오로지 신명기 역사서를 통해서만 우리에게 알려져 있다. 아모스, 호세아, 미가가 중요하다 할지라도, 우리는 그들을 열왕기나 역대기에서 확인할 수 없다. 이러한 사실은 성서 저자들이 당시의 사건들을 참으로 다양한 각도에서 그려냈음을 보여준다. 서로 다른 두 종류의 역사가들의 작품들(신명기 역사서와 역대기 역사서―역자 주), 그리고 다양한 예언자들의 작품들을 통해서 말이다. 앞으로 살펴보겠지만, 각각의 문학작품들은 동일하지는 않지만 저마다 뚜렷한 신학적 관점들을 드러내고 있다.

1. 기원전 8세기와 7세기

기원전 8-7세기는 신아시리아 제국이 전성기를 이루었다가 몰락하게 된 시기다. (학자들은 종종 고아시리아, 중아시리아, 신아시리아라는 구분을 사용한다.) 성서가 기원전 9세기를 배경으로 시리아-팔레스타인의 비교적 작은 도시 및 국가들을 언급했다면(예를 들어 모압, 왕하 3장; 아람, 왕하 5장), 기원전 8세기에 와서는 성서에서 언급되는 지역의 범위가 더욱 넓어진다. 기원전 8세기 초반에 유다(아마샤와 웃시야 치하)와 이스라엘(여로보암 치하)은 오래된 적들로부터 자신의 영역을 지킬 만한 힘을 가지고 있었다. 그러나 기원전 8세기 중반에 이르게 되면, 성서는 디글랏 빌레셀 3세(Tiglath-Pileser III, 성서에서는 "불"[Pul]이라고 알려진)가 이스라엘을 공격했다고 보도한다(왕하 15장). 신아시리아 제국에 의한 침입은 그 제국의 전략과 잘 맞아떨어졌다. 그리고 아시리아가 붕괴되기 전까지 침입은 계속되었다. 그러나 우리가 앞으로 보게 되겠지만, 이스라엘의 역사가(와 예언자들)은 그러한 상황을 이스라엘을 향한 하나님의 의도의 일부라고 이해했다(예를 들어 왕하 17:7). 고분고분하지 않는 속국을 응징하는 한편 모종의 경제적 이익을 지키기 위하여 계획된 아시리아의 원정은 성서를 기록한 역사가들에 의해 다른 신들을 섬기던 이스라엘을 향한 하나님의 심판이라고 해석되었다.

열왕기와 역대기는 모두 왕위에 올랐던 인물들을 언급하고 그들의 통치를 평가함으로써 그 시대에 관해 말해주고 있다. 판에 박은 듯 정형화된 평가들은 한결같이 왕의 정치, 군사, 경제적 무용담이 아닌 종교적 행위들을 근거로 하고 있다. 대부분의 왕들에 대하여 역사가는 "그가 야웨 보시기에 악을 행하여"(예를 들어 왕하 21:2)라고 평가한다. 여로보암 2세와 같은 몇몇 왕들은 유능한 통치자였지만, 그럼에도 북 왕국의 모든 왕들은 그와 같은 부정적인 평가를 얻었다(왕하 14:25). 반면에 남 왕국의 몇몇 왕들은 비교적 좋은 평가를 받았다. "그가 야웨 보시기에 정직히 행하였다." 이러한 평가는 아마샤(왕하 14:3)와 그의 아들 웃시야에게도 적용되었다(왕하

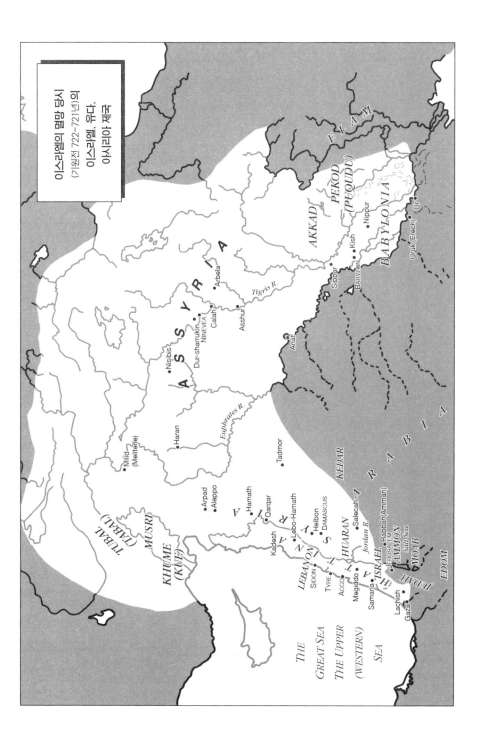

15:3). 그러나 이러한 개인들조차도 어떠한 의식적 행동, 예를 들어 산당에서의 제물과 제사를 타파하지 않았다는 이유로 비판받았다(왕하 15:4).

정치적이거나 군사적인 역사의 관점에서, 이들 두 세기 동안에 획기적인 사건들이 몇 차례 발생했다. 소위 시리아-에브라임 위기(Syro-Ephraimitic crisis, 기원전 735-732년), 사마리아의 파괴(기원전 721년), 예루살렘에 대한 산헤립의 공격(기원전 701년), 므낫세의 장기 통치(기원전 687-642년), 니느웨의 함락(기원전 612년), 그리고 요시야의 전사(기원전 609년)가 바로 그런 예다. 성서의 역사가들과 예언자들은 각각의 시기를 유심히 관찰했다. 따라서 우리는 이들에 대해 약간의 설명을 제공하고자 한다.

(1) 시리아-에브라임 위기는 이스라엘이 유다에 대항하여 다메섹과 동맹을 맺었던 사건이다. 이에 남 왕국은 북쪽의 동맹에 대항하여 아시리아에게 원조를 요청함으로써 맞대응했다. 남 유다의 이런 비굴한 전략은 지정학적으로 흥미로운 결과를 초래했다. 그러나 이사야는 이 상황을 이스라엘을 위한 신학적 시험으로 이해했다. 유다 사람들이 야웨를 의뢰하는가 아니면 정치적 동맹을 의뢰하는가? 이사야가 바라본 시각은 아시리아를 향한 아하스의 구조 요청을 중립적으로 바라보았던 역사가들의 시각과는 사뭇 달랐던 것이다(왕하 16장).

(2) 기원전 721년 사마리아의 파괴와 북 왕국의 패배는 왕국 내부의 극단적인 불안정—25년간 여섯 명의 왕들이 교체되었다—의 필연적 결과이자 아시리아 제국의 침략으로 인한 결과였다. 그러나 호세아와 신명기 사가들의 눈에, 이런 결과를 초래한 진정한 이유는 바로 야웨가 아닌 다른 신(바알)을 섬겼던 종교적 타락 때문이었다(신명기 사가들의 노골적인 표현은 왕하 17:7-18에 나타난다). 더구나 이 작품들은 이스라엘을 파괴시킨 장본인이 이 아시리아(혹은 아시리아의 신)가 아니라 바로 야웨임을 확증하고 있다.

(3) 히스기야의 통치기(기원전 715-687년)에, 유다는 신아시리아의 왕 산헤립에 의한 공격으로 고통을 받았다. 이 사건은 아시리아의 연대기에 기록되어 있으며, 성서에도 매우 비슷한 모습으로 나타나 있다(사 36-39

장; 왕하 18-20장). 시리아-에브라임 위기 때와 마찬가지로, 유다는 이번에도 또 다른 주요 세력인 이집트에 원조를 요청한다(왕하 18:21). 그러나 이번에는, 최소한 성서 역사가의 보도에 따르면, 아시리아 사람들은 이스라엘의 하나님이 아시리아의 편이라고 명확하게 주장했다(왕하 18:25). 이런 놀랄 만한 주장에 맞닥뜨려서, 히스기야는 예언자 이사야에게 조언을 구했다. 이사야는 유다가 야웨께서 이스라엘을 위하여 행동하시기를 기다려야만 한다고 대답했다(왕하 19:6-7). 이는 필연적인 결과였다. 열왕기하 19:35-37에 의하면, "야웨의 사자"가 아시리아 군대를 공격하여 많은 군사들을 죽임으로써 포위가 풀리게 된다. 이토록 놀라운 구원 사건은 하나님이 예루살렘을 보호하신 방법을 노래한 몇몇 시편들에 반영되어 있다(예를 들어 시 48편). 군사적 위협으로부터 구출된 이 특별한 순간은 이사야에게 있어 하나님이 예루살렘을 지키신다는 믿음을 더욱 확장시키는 하나의 계기가 되었다.

(4) 므낫세는 기원전 687년부터 642년까지 통치했다. 이 통치는 그 자체가 하나의 중대한 사건이었다. 므낫세는 다윗을 포함한 다윗 왕조의 모든 왕들 중 가장 오랜 기간을 통치했던 인물이다. 우리는 격렬한 대내외적 도전들에 직면하여 유다의 정체성을 유지하기 위해 그가 맞섰던 도전들을 단지 상상만 할 수 있을 뿐이다. 그러나 히스기야와 헵시바 사이에서 태어난 이 아들은 성서 역사가들로부터 전혀 좋은 평가를 받지 못했다(대하 33:11-13은 므낫세에 대해 호의적인 진술을 보인다. 그러나 이 장면은 열왕기에는 나타나지 않는다). 왕조의 안정은 신명기 사가들에게 결코 중요한 문제가 아니었다. 그들은 그릇된 종교행위로 인한 처참한 결말에만 신경 쓸 따름이었다(왕하 21:3-7). 므낫세의 악행─히스기야가 파괴한 산당을 재건하고 가나안의 종교적 관습을 장려한 일─은 너무나 격렬했기 때문에, 신명기 사가들은 므낫세의 행동을 예루살렘이 파괴되고 유다가 패배하게 되는 **바로 그 이유**로 설명했다. 종교에 대한 성서 역사가들의 판단이 정치적 수명의 가치에 대한 고려보다 더 중요했다.

(5) 기원전 7세기 말에 이르러, 메소포타미아에서는 중대한 변화가 일어나고 있었다. 지배 세력이었던 신아시리아가 만회하기 어려운 도전에 직면하게 된 것이다. 남쪽으로부터는 신바빌로니아가 죄어오고, 또한 아람(Aram), 리디아(Lydia), 메디아(Media)와 같은 다른 민족들과도 마주하게 되었다. 어느 한 제국에서 다른 제국으로의 세력 전환은 갑자기 발생한 것이 아니다. 기원전 612년 아시리아의 수도 니느웨의 함락이 중요한 계기가 되었다. 열왕기와 역대기는 이 중요한 전환에 대해 전혀 언급하지 않고 있다. 대조적으로 예언서는 니느웨의 함락에 대한 관점을 제공하고 있다. 이사야서와 같은 보다 이른 시기의 상황을 반영하는 책에서조차 아시리아에 내릴 심판이 예견되고 있다(사 10:13-19). 그러나 아시리아의 수도 니느웨에 대해 주목할 만한 관심을 보이고 있는 책은 바로 자그마한 예언서인 나훔서다. 나훔서의 처음에는 아크로스틱(acrostic) 형태의 시가 등장하다가, 그 다음에는 멸망하는 니느웨에 대한 시각적 묘사가 나타난다. 확실히 야웨는 이스라엘을 벌하시기 위해 니느웨를 사용하셨다(사 10장). 그러나 아시리아는 자신의 분수를 넘어서 극단적인 폭력을 행사하고 또한 자신들이 야웨의 도구임을 인정하지 않았다. 따라서 아시리아 제국의 상징인 니느웨는 파괴될 수밖에 없었던 것이다. 의심할 바 없이 유다는 이 소식을 듣고 기뻐했을 것이다. 그러나 이러한 갈채에는 일종의 아이러니가 포함되어 있었다. 왜냐하면 니느웨를 정복한 신바빌로니아가 예루살렘을 향한 하나님의 심판의 대리자로서 바통을 이어받았기 때문이다.

(6) 요시야 왕의 죽음은 위에서 언급한 판도 변화와 연결된다. 그러나 이 사건은 이스라엘에게는 단순한 고대 근동의 정치적 변화 그 이상의 의미였다. 앞으로 곧 보게 될 것이지만, 요시야는 특이하게 의로운 왕으로 평가된다. 왕의 질문에 대답하면서 여선지자 훌다는 요시야에게 "그러므로 내가 너로 너의 조상들에게 돌아가서 평안히 묘실로 들어가게 하리니"(왕하 22:20)라는 신탁을 전한다. 이러한 평온한 운명은 "정당"한 것이었다. 요시야는 신명기 사가들이 중요하게 여겼던 기준에 따라 행동했고, 언

약의 말씀을 따름으로써 저주 대신 복을 받을 수 있었기 때문이다. 그러나 이는 현실로 나타나지 못했다. 성서 역사가들은 요시야가 이집트 군대에 의해 죽었다고 보도한다. 이집트와 아시리아는 바빌로니아를 공격하기로 합의했다. 그리고 요시야는 전선으로 이동하는 이집트 군대를 가로막았다. 여기서 발생한 충돌의 결과로 그는 죽음을 당했고, 이와 같은 그의 죽음은 훌다에 의해 제시된 약속과는 다른 모습이었다.

혹자는 훌다의 예언이 틀렸다고 쉽게 규정할지도 모른다. 그러나 몇몇 신학적 관점을 놓고 볼 때, 우리는 요시야가 이집트 군대와 관련하여 치명적인 실수를 저질렀다고 표현하는 편이 더 낫다는 사실을 알아차릴 수 있다. 요시야의 행동은 아시리아와 바빌로니아 모두를 향한 하나님의 의도를 거스르는 일이다. 아시리아의 시대는 지나가고 바빌로니아의 시대가 도래하고 있었다. 그러므로 인간적인 시각으로는 정당하지 못한 듯 보이는 그의 운명이 보다 넓은 신학적 맥락에서 이해될 수 있다. 의로운 요시야의 죽음과 그로 인해 벌어지는 사건들은 또한 예루살렘 멸망의 징조였다. 예루살렘은 요시야가 죽은 지 불과 25년도 안 되어 무너지게 될 것이었다.

1) 히스기야와 요시야

성서 역사가들은 히스기야와 요시야, 이 두 유다 왕들을 특별히 주목한다. 전자에 대해서 성서는 이렇게 보도한다. "히스기야가 이스라엘 하나님 야웨를 의지하였는데 그의 전후 유다 여러 왕 중에 그러한 자가 없었으니"(왕하 18:5). (흥미롭게도 역대기 사가는 열왕기의 저자보다 히스기야에 대해 훨씬 더 긍정적인 시각을 가지고 있다.) 신명기 사가들은 요시야에 대해서도 유사한 평가를 내린다. "요시야와 같이 마음을 다하며 뜻을 다하며 힘을 다하여 모세의 모든 율법을 따라 야웨께로 돌이킨 왕은 요시야 전에도 없었고 후에도 그와 같은 자가 없었더라"(왕하 23:25). (세심한 독자들은 이러한 묘사들이 긴장 가운데 놓여 있음을 발견할 수 있을 것인데, 이는 이러한 역사에 대한 기록 중 하나의 형태[version]가 요시야의 즉위 이전에 완성되었을 수도 있다는 점을 시사한다.)

성서 역사가들은 이러한 열렬한 평가에 대한 몇몇 이유들을 제시한다. 이들 두 왕은 모두 이스라엘의 하나님을 향한 참된 예배를 위하여 행동했던 인물들로 기억된다. 고대 이스라엘의 역사와 종교를 공부하는 사람들은 종종 히스기야와 요시야의 "개혁"에 대해 다루게 된다. 그렇게 함으로써, 그들은 히스기야와 요시야가 행했던 종교적 활동들이 무엇이었는지에 대해 관심을 쏟는다. 성서는 히스기야가 "여러 산당들을 제거하며 주상을 깨뜨리며 아세라 목상을 찍으며…야웨께서 모세에게 명령하신 계명을 지켰더라.…저가 앗수르 왕을 배반하고 섬기지 아니하였고…블레셋 사람들을 쳐서 가사와 그 사방에 이르고"(왕하 18:4-8)라고 말한다. 처음의 두 행동들은 분명히 예루살렘 밖의 종교적 산당들을 파괴하는 작업을 포함했을 것이다. 물론 그 산당들이 야웨를 위한 것이었는지 다른 신들을 위한 것이었는지는 분명치 않다.

역사가들은 이러한 행위들을 "모세의" 권고에 대한 지지로 연결시키기 때문에, 우리는 히스기야의 활동을 혁명이라기보다는 개혁으로 이해해야 한다. 히스기야가 맞섰던 것들은 신명기에 정확하게 규명되어 있다.

단—신명기 7:5; 12:2
주상—신명기 7:5; 12:3
아세라—신명기 7:5; 12:3

그러므로 이러한 활동은 "훌륭한 옛 시대"의 종교를 지지하는 종교적 보수주의로 해석될 수 있다.

히스기야가 주도한 종교개혁은 그의 또 다른 두 가지 활동, 즉 반란 및 공격과 잘 맞아떨어진다. 열왕기에 따르면 히스기야는 속국의 지위를 거부하고 아시리아에 대항해 독립을 선언했다. 게다가 그는 서쪽을 향하여 대대로 이스라엘의 적인 동시에 아시리아의 속국이었던 블레셋을 공격했다. 역대기에서는 히스기야의 활동에 관한 그림이 보다 큰 배경 속에서 묘사된다. 성전을 청결케 하고 대규모로 유월절 축제를 거행하는 일과 같은 의례의 문제들이 보다 상세히 언급된다. 이 유월절에는 유다뿐만 아니라 이스라엘—북단에 위치한 단에 이르기까지—로부터 온 백성도 함께 참여했다(대하 30:1-5). 본문은 에브라임과 므낫세 지역의 산당들이 파괴되었음을 인상적으로 보도하고 있다(대하 31:1). 역대기에 의하면 히스기야는 기원전 721년의 멸망 이후 북 이스라엘 주민들을 남쪽으로 통합시키는 촉매 역할을 수행했다.

히스기야의 개혁에 관하여는 최소한 두 가지 사실이 지적되어야 한다. 첫째, 그의 개혁은 정치적 합의사항과 연결된다. 북 왕국이 사라진 상황에서 유다에게는 자신의 영향력이 미치는 범위를 확장시키는 일이 시급했다. 지역 성소의 파괴는 히스기야가 옛 이스라엘의 영토—지금은 아시리아의 영토인—에 진출하는 일을 정당화하는 하나의 방법이었다. (히스기야의 이러한 행동이 사르곤 왕이 죽고 산헤립이 즉위하던 바로 그 시기에 발생했다고 생각할 만한 정당한 근거들이 있다. 가령 그의 종교적·정치적 개혁들은 아시리아 제국 내부의 상황이 고려된 상태에서 실행되었다.) 둘째, 히스기야 이야기 안에 이사야가 등장하기는 하지만(왕하 19장을 보라), 히스기야의 개혁은 예언자들에 의해 주창된 것이 아니었다. 더 나아가 독자들은 이 시기에 활동했던 예언자들이 아니라 바로 왕들이 진정한 개혁가였다고 말할지도 모른다. 그러한 주장은 개혁의 성공이 힘—보통은 정치적 권력—을 필요로 한다는 사실을 인정하는 발상이다. 그와 같은 권력은 예언자들이 평소에 가질 수 없는 것이었다.

요시야 역시 개혁정책으로 말미암아 선한 왕으로 기억되고 있는 인물이다. 히스기야 때의 상황과는 달리, 성서는 이 개혁이 단행되었던 계기를 추적하고 있다. 예루살렘의 성전이 수리된다. 이러한 수리 작업 도중에 성전 내부에서 "율법책"이 발견되었고 그것이 요시야의 손에 들어왔다. 서기관이 이 책을 요시야에게 읽어 들려주고 난 다음, 그는 여선지자 훌다에게 조언을 구한다. 그녀는 그 책의 중요성을 강조했다. 그 결과 요시야는 일련의 개혁을 단행하게 된다. 열왕기하 23장은 그가 행한 일들의 긴 목록을 열거하고 있는데, 예를 들자면 지역 성소들을 파괴하고 예루살렘 성전을 청결케 하며 우상의 제사장들을 파면시키고 성소의 우상들을 제거하는 일 등이다. 역대기에서 히스기야가 그랬던 것처럼, 요시야 역시 중앙 집중화된 유월절 행사를 후원했다. 히스기야 때와 마찬가지로 이번에도 옛 북왕국의 주민들이 참여했다. 열왕기하 23:19은 요시야가 유다의 일반적인 통제 범위를 뛰어넘어 사마리아 각 성읍의 성소를 파괴했다고 보도한다.

역대기에서 요시야의 개혁은 열왕기와 다르게 묘사된다. 아마도 중요한 차이점은 시작점에 있다. 열왕기가 활동의 시작을 기원전 621년으로 보도하는 것과는 달리, 역대기는 북쪽(므낫세, 에브라임, 시므온, 납달리의 성읍들)의 종교개혁과 더불어 기원전 627년부터 이야기를 시작한다. 그러고 나서 역대기가 책의 발견 이야기를 상세히 다루면서 개혁의 두 번째 단계가 시작된다.

두 가지 경우의 개혁에서 히스기야와 요시야는 모두 이스라엘의 주권적 범위를 넘어서는 사건들에 간섭했다. 그들의 종교개혁은 더 큰 국가적 전략의 일부였다. 이 이야기들은 상당히 긍정적인 전망을 가지고서, "만일 적합한 정치적·종교적 지도자들이 세워진다면, 하나님의 백성은 언약에 근거하여 자신의 행실과 행동을 개혁시킬 수 있다"라고 제안한다. 그러나 이런 낙관은 성서의 내러티브에서조차 누그러지고 있다. 먼저 선한 왕 히스기야의 이야기는 불만스런 에피소드로 결말을 맺는다. 여기서 히스기야는 메소포타미아의 관리에게 유다의 재정적·군사적 상황에 관한 정보를 부적절하게 공개했다. 게다가 끝으로 히스기야는 본래적으로 자신의 안락에만 관심을 가지는 인물로 묘사된다(왕하 20:19). 그리고 우리가 앞서 살펴본 대로 요시야의 상황은 보다 비참했다. 그는 전쟁터에서 불명예스럽게 죽는다. 이는 그의 개혁을 바탕으로 그가 기대했던 바와는 다른, 그리고 훌다의 예언과도 다른 결말이었다. 요약하자면, 개혁은 가능했지만 그것이 뿌리내리지는 못했다. 또한 개혁을 주도했던 왕들이 죽고 나서는 그 결과가 그리 오래가지 못했다. 왕실이 주도했던 개혁이 존재했음에도 그 성과는 제한되었고 오래 지속되지 못했던 것이다.

2) 신명기

히스기야와 요시야의 개혁에서 종교적 정화의 작업은 아마도 신명기라는 책과 관련되어 있는 듯하다. 토라에 속해 있는 이 책은 공동체를 향한 삶의 방식을 규정했기 때문에 왕들은 이 책을 근거로 백성에게 호소할 수 있었다. 과연 어떻게 이 책이 신학적으로 기능했으며, 왜 이 책이 개혁의 원인이 될 수 있었는가?

신명기는 복잡한 책이다. 이 책의 핵심에는 법조문이 담겨 있다(신 12-26장). 어떤 이들은 이를 헌법(constitution)이라고 부르기도 한다. 모세가 율법 혹은 **토라**("가르침"[instruction]이라고 번역하는 것이 최선일 듯하다)를 전해주었듯이, 또한 그는 그 율법에 대하여 백성에게 장황한 설교를 베풀었다. 소위 신명기 법전(Deuteronomic law code)이 시작되기 이전에 두 개의 중요한 가르침 단위들이 나타난다(신 1:1-4:43과 4:44-11:32). 그중 두 번째가 특히 중요한데, 이 안에 바로 십계명의 또 다른 버전이 들어 있기 때문이다(신 5:6-21; 참조. 출 20:2-17). "쉐마"(שְׁמַע, Shema), 곧 "이스라엘아 들으라 우리 하나님 야웨는 오직 유일한 야웨이시니"(신 6:4)와 많은 진술들— 어떤 이들은 이것을 설교라고 부른다—을 통해 모세는 백성에게 토라의 중요성과 의미에 대하여 가르침을 주었다. 그러고 나서 모세가 율법들을 선포한 후에, 신명기는 모압에서의 언약 체결 장면을 보도한다(신 27-30장). 그런 다음 모세는 죽고 이스라엘은 가나안에 들어갈 준비를 한다.

신명기 법전은 요시야 개혁의 근간이 되었다. 대부분의 학자들은 성전에서 발견된 책("율법책"; 왕하 22:8)이 아마도 신명기의 어떠한 형태였을 것이라는 데 동의한다. 신명기는 유일한 장소에서 유일하신 하나님을 섬겨야 한다고 주장한다. 요시야 시대에 그 유일한 장소란 당연히 예루살렘을 의미했다. 또한 신명기에는 요시야가 파괴했던 것들의 대부분이 거명된다. 예를 들어 우상의 제사장들, 아세라, 남창(male prostitute), 산당, 무덤 등이다. 어떤 사람들은 요시야가 신명기 안에 규정되거나 금지된 것들의 의례적인 측면에만 초점을 맞추었다고 주장하기도 한다. 하지만 신명기는 의례적인 문제 그 이상의 것들도 다루고 있다. 실제로 신명기의 신학적 특징은 그것의 포괄적인 내용에 있다. 하나님의 백성이 되기 위해 야웨 신앙인들은 종교적 규정뿐만 아니라 경제, 정치, 사회, 심지어 군사적인 측면에서도 삶의 형태를 바로 세워야만 했다.

이스라엘은 여러 방식으로 신명기를 기억했다. 이 책의 이름은 70인역(Septuagint)에서 처음 사용되었으며 그 의미는 "두 번째 율법"(Second Law)이다. 아마도 첫 번째 율법은 시내 산에서 모세에게 계시되어 출애굽기와 레위기에 남아 있는 율법을 가리키는 것으로 보인다(신 29:1). 더욱이 열왕기하 23:21은 이 책을 "언약책"으로 부르고 있다. 신명기야말로 최고의 바로 그 언약책이다. 신명기 26:16-30:20은 이스라엘과 고대 근동에 두루 퍼져 있던 계약 체결과 관련된 의식과 주제들로 채워져 있다. 축복의 말(신 28:1-14)과 저주의 말(신 28:15-46)은 하나님이 이스라엘 앞에 두신 두 가지의 길을 생생하게 보여준다. 아주 단순하게 표현하자면, 그들은 삶과 죽음을 선택할 수 있었다.

조건적 사항들—신명기 법전—이 두드러진다는 점은 신명기 저자(Deuteronomist)가 묘사하고 있는 종교가 매우 정제되고 건조한 율법주의의 종교라는 인상을 준다. 그러나 이러한 인상이 잘못된 것이라는 사실은 다음의 본문을 통해 분명하게 드러난다.

> 너는 마음을 다하고 뜻을 다하고 힘을 다하여 네 하나님 야웨를 사랑하라. 오늘날 내가 네게 명하는 이 말씀을 너는 마음에 새기고 네 자녀에게 부지런히 가르치며, 집에 앉았을 때에든지 길을 갈 때에든지 누워 있을 때에든지 일어날 때에든지 이 말씀을 강론할 것이며(신 6:5-7).

이런 언약관계는 마음의 종교와 공동체의 종교, 간단히 말해서 전인 (全人)적인 종교를 드러낸다. 더 나아가 신명기를 기록한 사람들은 이스라엘을 언약관계 안에서 살아갈 수 있는 존재로 이해했다. "내가 오늘 네게 명령한 이 명령은 네게 어려운 것도 아니요 먼 것도 아니라"(신 30:11). 신명기는 야웨가 이스라엘을 특별한 민족으로 선택하신 하나님이라고 소개한다(신 26:18-19). 그리고 언약의 맥락에서, 이런 관계성은 이스라엘에게 특별한 책임을 부과한다. 앞으로 보게 될 것처럼, 많은 예언자들이 선포하게 될 심판은 바로 이런 기대에 이스라엘이 부응하여 살고 있는가의 여부로 판가름 날 것이다.

오늘이라는 단어는 신명기에 특별히 두드러지게 등장한다(예를 들어 신 8:1; 11:2; 26:17, 18; 30:15). 이 단어는 이 책 안에서 우리의 동기부여가 현재화될 수 있음을 표시해준다. 훗날 이스라엘이 이 책을 듣고 읽을 때마다, 그들은 이 "말씀"(신 1:1을 보라)이 의도하는 범위 안에 신학적으로나 수사적으로 놓이게 된다. 그 말씀들은 "오늘" 그들에게 직접적으로 연관된다. 이런 현재화 전략은 신명기 6:20-25에서도 나타난다. "후일에 네 아들이 네게 묻기를 우리 하나님 야웨께서 명령하신 증거와 말씀과 규례와 법도가 무슨 뜻이냐 하거든, 너는 네 아들에게 이르기를…." 신명기는 이러한 질문을 정확하게 이끌어내기 위해서, 그리고 다음 세대에게 그에 대한 대답을 만들어낼 수 있는 신학적 재료들을 제공하기 위하여 의도되었다. 이러한 현시대적 역동성은 왜 하필 신명기―출애굽기도 아니고 레위기도 아닌―가 히스기야와 요시야 시대에 개혁의 근거가 되었는지를 설명해준다. 신명기는 후세에 도전을 주기 위하여 제작되었다. 그것은 그저 단순한 옛 율법의 보관소가 아니다.

2. 기원전 8-7세기 예언문학

기원전 8세기(800-700년)가 시작된 지 얼마 되지 않아, 자신의 말이 자신의 이름으로 성서에 보존된 한 무리의 개인들이 등장하기 시작했다. 그들은 예언자로 알려져 있는데, "예언자"(prophet)라는 이 단어는 "미리 보다"(foresee), 혹은 "미리 알다"(prognosticate)라는 의미를 가진 그리스어 단어에서 파생되었다. 앞으로 살펴보겠지만, 이스라엘의 예언자들이 비록 미래에 관하여 말하였을지라도 그들은 그것을 훨씬 뛰어넘는 일들을 수행했다.

이러한 예언자들 중 아모스, 호세아, 미가, 그리고 이사야와 같은 예언자들은 히스기야의 개혁 이전에 활약했다. 스바냐는 요시야의 개혁 이전에 등장했지만 그다지 많이 활동하지는 않았다. 곧이어 나훔이 등장했고, 그 다음에는 하박국, 예레미야, 에스겔이 등장했다. 마지막 두 사람은 예루살렘의 파괴와 많은 유다인들의 사로잡힘을 목격했다. 나머지 예언서들은 포로기 혹은 포로기 이후의 시기에 해당된다.

성서학자들은 이러한 개인들과 이들의 이름이 붙은 책들을 이해하기 위하여 각별한 노력을 기울여왔다. 그러므로 이들 책들을 개별적으로 다루기 전에, 예언자와 예언서에 관한 일반적인 내용을 먼저 다루는 것이 순서일 것이다.

1) 예언자

우리는 본서에서 이미 예언자로 알려진 개인들에 대해 살펴본 바 있다. 나단과 갓은 다윗 통치기에 활동했고, 엘리야와 엘리사는 기원전 9세기의 이스라엘에서 두드러진 인물이었다. 앞의 두 사람은 "왕실 예언자"(court prophet)라고 불리는데, 이는 그들이 왕실에 머물면서 지원을 받았기 때문일 것이다. 하지만 나단과 갓은 왕실에서 활동했음에도 왕을 향하여 주목할 만한 비판을 제시했다. 반면 엘리야와 엘리사는 그들의 예언자 선배들과는 상당히 달랐다. 엘리사는 종종 "하나님의 사람"이라 불렸는데, 이 명칭은 엘리야에게도 적용되었다(왕하 1:9). 이 둘은 매우 강력하면서도 신비스러운 방식으로 활약했다. 예를 들면 엘리야는 페니키아 여인에게 고갈되지 않는 감람유를 제공했고(왕상 17:8-16), 엘리사는 도끼를 물 위로 떠오르게 만들었다(왕하 6:1-7).

이처럼 일반적으로 예언자로서 개인이 지니고 있는 특징들이 아주 다양하다는 사실로 인해 한 가지 질문이 제기된다. 예언자란 누구인가? 이 질문에 대답하는 한 가지 방법은 종교학에서 도출되는 일반적인 용어, 즉 중개자(intermediary)란 표현을 사용하는 것이다. 이 단어는 미리 본다는 의미를 지니고 있는 예언자(prophet)라는 단어보다 더 중립적이다. 중개자는 신의 세계와 인간의 세계, 성스러운 세계와 세속적인 세계의 중간에 서 있다. 그리고 그들은 다양한 방식으로 행동한다. 그들은 신의 성스러운 능력을 구체화할 수 있다(왕하 1장의 엘리야). 그들은 신의 말씀을 대언하여 인간에게 전달할 수 있다(호 4:1). 또한 인간의 말을 대변하여 신에게 호소할 수도 있다(암 7:2). 그들은 성스러운 세계 안에서 남들이 보지 못하는 것을 볼 수 있다(슥 3장). 혹은 천상회의에 참여하기도 한다(사 6장). 심지어 그들은 자신의 말을 예언자의 자격으로 제시할 수 있다(렘 28:7-9). 더군다나 그들은 신의 세계로부터 받은 것들을—말, 글, 혹은 행동으로—전달하는 사람으로 기억된다. 어떤 점에서 그들은 제사장과도 같고, 성스러운 세계와 세속적인 세계를 중개하는 종교적 전문가이기도 하다(예레미야, 에스겔, 스가랴와 같은 몇몇 예언자들은 실제로 제사장 가문에 속해 있었다). 그러나 제사장과는 달리 예언자는 자신의 자격을 위하여 특정한 혈통에서 태어날 필요도 없었고 특별한 정결의식을 거행할 필요도 없었다(후자에 대해서는 이사야가 예외적이었다).

예언자가 모든 시대와 모든 문화에서 등장하는 것은 아니다. 어떠한 특정한 사회적·정치적 상황이 예언자의 활동을 필요로 하는 경우가 있다. 물론 예외도 있었지만, 이스라엘에서 예언자들은 주로 왕정 시대에 두드러졌다.

위기의 시대 혹은 사회 급변의 시대는 예언자적 응답을 만들어낸다. 구약성서에 담겨 있는 예언문학의 대부분은 시리아-팔레스타인을 향한 아시리아와 신바빌로니아 제국으로부터의 억압적 상황을 반영한다. 이스라엘의 하나님은 예언자들을 통하여 이러한 위기의 상황에 응답하셨다. 하나님은 비록 새로운 토라를 주시지는 않을 것이지만(참조. 겔 43:12의 주목할 만한 예외), 예언자들은 이스라엘의 서로 다른 세대들에게, 특히 역사상 중요한 순간들마다 토라를 새로운 방식으로 선포하고 해석했다.

고대 근동의 다른 문화권에서도 예언자는 존재했다. 고고학자들은 이스라엘이 존재하기 훨씬 전부터 예언자의 활동이 있었다는 흔적을 발견했다. 기원전 18세기 유프라테스 강 상류의 마리(Mari)에서는 다양한 형태의 예언자들이 활동했다. 이스라엘의 예언자가 그랬듯이 마리의 예언자도 왕실과 민족을 향하여 정치적·군사적 문제에 관하여 말했다. 요르단(데이르 알라[Deir 'Alla])의 또 다른 고고학적 발견은 브올의 아들 발람의 활동을 묘사해놓은 본문 파편에 관한 것이다. 그는 확실히 민수기 22-24장에 등장하는 인물(이스라엘 사람이 아닌)과 동일하다. 이 사람은 성서에서나 성서 외부에서나 모두 "선견자"(seer)로 언급되며, 그가 향하여 말했던 백성의 미래를 내다보았다.

중재자로서 예언자가 지니는 특성은 이스라엘 내부에서나 외부에서나 동일하게 다양한 듯하다. 그러나 기원전 8세기에 아모스와 더불어 등장하기 시작한 이스라엘의 중개자들 중 대부분은 **느비임**(נְבִיאִים)으로 불렸다. **나비**(נָבִיא)는 영어로 보통 "예언자"(prophet)로 번역되지만, 보다 정확한 의미는 아마도 "부르심을 받은 사람"(one called)일 것이다. 이러한 개인들은 몇몇 중요한 문학적 유사성을 공유하고 있는 책들에 나타나 있다. 우리는 이런 책들에 대해 곧 살펴보게 될 것이다.

예언자의 호칭이 "나비"라는 점은, 고대 이스라엘 사람들이 이러한 개인들의 종교적 권위를 이해했던 방식에 대한 단서를 제공한다. 어느 개인

신학의 렌즈로 본 구약개관

이 자진해서 예언자가 되었을 것이라고 생각하기는 어렵다. 대신에 부르심, 곧 예언자가 되라는 소명과 위임의 기록이 나타난다. 아모스는 하나님이 자신에게 목동의 일을 그만두고 "가서 내 백성 이스라엘에게 예언하라"(암 7:15)고 말씀하셨다고 주장한다. 예레미야 1장은 하나님이 예레미야를 열방을 향한 예언자로서 그가 태어나기 전부터 구별해놓으셨다고 기록하고 있다. 에스겔 2장은 하나님이 에스겔에게 "인자야, 내가 너를 이스라엘 자손에게 보내노라"라고 말씀하셨다고 진술하고 있다. 예언자들은 왕의 사자와 유사하게 하나님에 의해 보냄을 받아 특별한 임무를 수행했다.

하나님의 대리자로서 예언자는 특별한 말의 권위를 얻었다. 예언자가 말하면, 그것은 곧 하나님이 말씀하신 것과 동일한 권위를 갖게 되었다. 이따금 우리는 예언자적 선포, 즉 하나님에 관한 예언자의 말이 담겨 있는 본문들을 접하게 된다. 가령 아모스 1:2은 "야웨께서 시온에서 부르짖으시며 예루살렘에서부터 소리를 내시리니"라고 전한다. 그러나 예언문학 안에서 보다 더 두드러진 것은 바로 하나님의 선포이며, 이 점은 예언자가 하나님을 대신하여 직접 선포하는 말들 가운데서 예증된다. 예를 들면, 아모스 1:3-4은 "내가 그 벌을 돌이키지 아니하리니…내가 하사엘의 집에 불을 보내리니"라고 전한다. 여기서 "나"는 야웨이지 아모스가 아니다. 예언자는 말 그대로 야웨의 대변자나 다름없다. 그러므로 몇몇 예언서들이 "야웨의 말씀이라"(호 1:1; 욜 1:1; 미 1:1)와 같은 구절로 시작하는 것도 결코 무리가 아니다.

2) 예언서

예언서에 대한 논의는 소위 고전(classical) 예언자들과 고전 이전(pre-classical) 예언자들로 구분된다. 이와 같은 구분은 일반적으로 통용되는 고전문학(고대 그리스-라틴 문학을 일컫는 일반적 표현—역자 주)에서의 함의와는 거의 관련이 없고, 다만 기원전 8세기 예언자들의 등장으로 인해 구약성서 안에 그들의 활동이 기록으로 남겨지게 된 사실과 연관된다. 이를테면 엘리사에 관한 이야기들의 의도적인 모음집이 분명히 있었음에도(왕하 8:4) 그의 이름으로 남겨진 책은 존재하지 않는다. 반면에 아모스의 책은 존재한다. 예언자들로부터 비롯되었고, 그들에 관하여 말하고 있는 문학 작품들 사이에 이와 같은 특징적인 차이점이 있다는 사실은 분명 설명이 요구되는 문제다. 왜 이 시기부터 개인의 이름으로 기록된 책들이 등장하게 되었는가? 이에 대한 표준적인 답은 없다. 가장 수월한 해답은 이 작품들이 아모스 시대 이후 예언자들의 말이 과연 옳은 것이었는지를 확인하기 위하여 보존되었다는 것이다. 그들(호세아와 아모스)은 북 왕국의 멸망을 예견했다. 당시 그들의 말이 기록되었을 개연성은 신명기가 제시하는 참예언자 판별법과 잘 맞아떨어진다("만일 선지자가 있어 야웨의 이름으로 말한 일에 증험도 없고 성취함도 없으면 이는 야웨께서 말씀하신 것이 아니요"; 신 18:22). 게다가 기원전 721년 사건을 통해 그들의 정당성이 입증됨으로써, 이제는 유다 사람들도 예루살렘의 운명을 선포하는 예레미야와 에스겔 같은 자들에게 주목하게 되었다. 이러한 관심으로 인해 예언자의 말과 행동에 관한 것들을 모으고 그에 대해 숙고하려는 경향이 생겨났다. 결과적으로 예언문학이 책으로 정착되기에 이른 것이다.

그렇게 하여 생겨난 것이 바로 예언서다. 아모스서를 읽어보면 그 안에 수집된 다양한 작은 모음집들(이방 신탁, 환상 보도, 몇 개의 송영들, 이스라엘을 향한 신탁)이 더 큰 하나의 책을 이루었음을 발견하게 된다. 이사야서에서는 "화에 관한 신탁"(woe oracle)이 일부 포함되어 있고(사 5장), 이방 민족들을 향한 신탁도 담겨 있다(사 13-23장).

이 책들과 그것을 구성하는 작은 모음집들에서 두 가지 다른 수사학적 양식이 발견된다. 하나의 양식은 하나님을 대신해서 선포하는 예언자의 말이고, 다른 하나는 예언자가 곧 하나님인 양 선포하는 말씀이다. 후자의 경우에서 하나님은 일인칭으로 말씀하신다. 구약성서의 다른 곳에서도 그러한 경우가 등장하는데, 예를 들면 출애굽기 20:2과 같은 구절들이다. 아모스 5:21-24은 이에 대한 고전적인 예다.

        신학의 렌즈로 본 구약개관

내가 너희 절기들을 미워하여 멸시하며

너희 성회들을 기뻐하지 아니하나니,

너희가 내게 번제나 소제를 드릴지라도

내가 받지 아니할 것이요,

너희 살진 희생의 화목제도

내가 돌아보지 아니하리라.

네 노랫소리를 내 앞에서 그칠지어다.

네 비파 소리도 내가 듣지 아니하리라.

오직 정의를 물같이

공의를 마르지 않는 강같이 흐르게 할지어다.

예언서는 하나님으로부터 온 직접적인 언명을 담고 있다. 오경에서 하나님이 모세에게 직접 말씀하시는 장면이 나오듯이, 예언서 역시 왕정 시대에 하나님이 이스라엘에게 직접 말씀하신다는 그와 같은 확신을 담고 있다. 우리는 이러한 담화(discourse)를 하나님의 말씀이라 칭한다.

아모스 5:6-7에는 또 다른 형태의 담화가 나타난다. 여기서는 예언자가 하나님을 대신하여 말한다.

너희는 야웨를 찾으라, 그리하면 살리라.

그렇지 않으면 그가 불같이 요셉의 집에 임하여 멸하시리니

벧엘에서 그 불들을 끌 자가 없으리라.

정의를 쓴 쑥으로 바꾸며

공의를 땅에 던지는 자들아.

여기서 우리가 예언자의 진술이라고 부르는 것에는 예언자의 목소리가 보다 명백하게 드러난다. 메시지는 유사하지만―이 두 실례에서 정의와 공의가 모두 등장한다―예언자가 예언자로서 하는 말이 하나님의 신

탁보다는 발설하기가 더 쉬울 것이라고 상상해볼 수 있다. 그리고 결국 그 말들은 선포된다. "여로보암은 칼에 죽겠고"(암 7:11)라는 아모스의 말은 북 왕국 사람들의 입장에서는 반역으로 보일 수 있다. 예언자로서 어떠한 권위를 가졌든 간에, 아모스는 국가를 향하여 심판의 말을 전하는 일을 할 수 없도록 금지당했다. 그러므로 우리는 예언자들이 발설한 말들이 지니는 수사학적 효력을 잘 살펴야만 한다.

20세기의 대부분을 통하여 예언서를 연구하는 사람들은 예언서를 구성하는 개인의 말이나 내러티브에 주의를 기울여왔다. 그들은 이런 말들이 여러 가지 외형상의 특징을 공유하고 있음을 발견했다. 아모스 1-2장은 이를 이해하기 위한 좋은 실례다. 각각의 말들은 "야웨께서 이와 같이 말씀하시되"라는 어구로 시작된다. 그 다음에는 "서너 가지 죄"라고 하는 공식적 표현이 등장하면서 그 내용이 다양하게 진술된다. 그리고 나서 심판의 말이 나타난다. 이 장들에서는 동일한 기본 패턴이 반복되고 있으며, 이러한 예는 아모스서의 다른 부분만이 아니라 예언서 전체에 걸쳐 등장한다.

이토록 잘 짜인 문학적 양식은 예언자들이 보다 큰 사회적 맥락으로부터 말의 양식을 차용했다는 사실을 분명히 보여준다. 그들이 이런 양식을 선택한 것은 의심할 바 없이 신학적 관점들에 의해 이루어졌다. 담화의 일부 양식들은 보다 더 독특하다. 예를 들어 우리가 법적(legal) 표현이라고 부르는 것이 특히 예언서 안에 두드러진다. 거기에는 미가 6:1-2처럼 소송으로 결말짓는 법적 요구들이 있다. 또한 아모스 2:6-8과 같은 고발 목록도 있고, 법적 처벌의 표현도 있다. 이러한 종류의 표현들이 워낙 두드러지기 때문에, 어떤 이들은 예언자를 가리켜 하나님을 대신하여 죄인을 기소하는 "검사"라고 부르기도 한다.

신학적 관점으로 보면, 이러한 법적 표현들은 하나님과 백성의 "법적" 동의, 즉 오경에 나타나는 언약, 특히 소위 모세 언약 혹은 시내 산 언약으로부터 비롯된 것이다. 이스라엘 이야기는 하나님이 특별한 관계를 위하여 이스라엘을 선택하셨음을 확증한다. 이러한 관계성은 이스라엘이 언약의 조항(covenant stipulations)으로 묘사된 것들을 의무로서 받아들여야만 성립될 수 있다. 예언서는 그러한 언약적 관계성에 대한 증언이며, 또한 의무가 지켜지지 않는다면 언약의 저주(예를 들어 신 28장)가 그 결과로 일어날 것임을 철저히 상기시켜주는 책이다.

이와 같은 언약의 관점에서 보면, 예언자들은 엄격한 의미에서 신학적으로 보수적인 동시에 급진적이기도 하다. 그들은 이스라엘로 하여금 이스라엘의 신학적 뿌리를 다시금 살펴보고 그와 같은 뿌리와 거리가 먼 삶이 얼마나 비참한 결과를 초래하는지를 깨닫도록 촉구했다.

예언자와 예언서를 일반적으로 규정하려는 이런 모든 시도들은 최소한 두 가지 문제점을 지닌다. 첫째는 우리가 이미 언급한 대로, 예언자의 종류가 실로 다양하다는 사실이다. 다양한 역사적 시대와 사회적 상황에서 활동했던 다양한 종류의 예언자들은 서로 매우 다른 메시지를 전했다. 예언자들의 메시지는 심판의 말에서부터 평안의 말에 이르기까지, 그리고 이스라엘을 향한 말에서부터 유다를 향한 말에 이르기까지 실로 다양했다. 따라서 예언서로부터 일반적인 예언자 신학을 도출하는 일은 설사 불가능하지는 않다 해도 매우 어려운 일임에 틀림없다.

둘째, 예언자들이 말한 바의 상당수가 특이하게도 시로 표현되어 나타난다. 시는 자명한 주제와 의미를 표현하는 논증적인 문학이 아니다. 다양한 형태의 병행법이 특징적으로 나타나는 히브리 시문학은 다른 언어로 기록된 시와 마찬가지로 다양한 형태의 표현을 지닌다. 시의 언어는 난해하다. 호세아 13:3은 좋은 실례를 제공해준다. 이 구절에서 호세아는 은으로 된 우상을 섬기는 자들의 운명에 대해 말하고 있다. 호세아서의 다른 곳에 묘사되어 있는 본능적인 파괴를 근거로 하여(예를 들어 호 13:7-8), 호세아는 이러한 우상숭배자들의 끔찍한 운명을 규정한다. 본문은 다음과 같다.

이러므로 그들은 아침 구름 같으며

쉬 사라지는 이슬 같으며

타작마당에서 광풍에 날리는 쭉정이 같으며

굴뚝에서 나가는 연기 같으리라.

외양상으로 본문의 "그들"이 누구를 가리키는지 확실히 알 수 없다. 앞의 구절인 "송아지와 입을 맞출 것이라"라는 표현은 문자적으로 송아지 우상과 그것에 입 맞추는 백성 모두가 이러한 비유의 주인공임을 암시한다. 이 대명사가 그 구절에서 마지막으로 등장하는 백성을 가리키기 때문에, 인용구절의 주인공은 백성이라고 보는 것이 더 낫다고 주장할 수 있다. 여기서 두드러지는 것은 정치적·군사적 행동에 관한 "실제" 세계의 언어가 아닌 바로 비유의 언어다. 두 개의 서로 관련된 비유들이 나타난다. 첫 번째 비유는 공기 중의 물과 관련되며, 두 번째 비유는 공기 중의 먼지와 관련된다. 만약 이들 비유의 주인공이 백성이라면, 첫 번째 비유는 그들이 구름이나 이슬과 마찬가지로 재빨리 사라져버릴 것임을 암시한다. 두 번째 비유는 바람에 의해 날아가버리는 곡식의 쭉정이와 같은 그러한 사라짐을 연상시킨다. 연기와 마찬가지로 곡식의 낱알들도 한번 날아가면 다시는 되돌아오지 않는다. 그것들은 영원히 떠나버린다.

4행으로 된 이 시가 비록 회화적이라 해도, 독자들이 이것을 보고 쉽사리 처벌의 "교리"를 추론해낼 수는 없다. 또한 그 처벌이 무엇인지도 알 수가 없다. 심지어 우리는 누가 처벌받을지조차 알 수 없다. 예언자가 우상들과 백성 모두에게 무언가 일이 벌어질 것이라고 생각했다는 점은 분명하지만, 과연 무엇이 벌어질지를 정확하게 단정하기는 어렵다. 무언가가 사라질 것이라는 점, 그 이상은 말할 수가 없다. 요약하자면 예언자의 시에서 우리가 예언자 개인의 "메시지"에 관한 무언가를 발견해내는 데는 원천적인 한계가 있다.

본 장에서 우리가 다루게 될 각각의 예언서들로 넘어가기 전에, 먼저 예언문학에 나타나는 근본적인 신학적 이슈들을 확인해보는 일이 필요할 것이다. 앞으로 언급하게 될 경우에서처럼, 특별히 아모스(Amoz)의 아들 이사야와 관련해서, 예언서에 나타나는 신학적 전통은 구약성서의 다른 부분들에서도 나타난다. 특히 하나님이 언약적 관계성 안에 거하신다는 개념은 많은 예언서에서 뚜렷하게 드러난다. 야웨가 이스라엘을 통치하기 위하여 왕위에 등극하셨다는 확신도 사실상 모든 예언서에 등장한다.

우리는 그 외에도 예언서에 담겨 있는 신학적 이슈들의 특징을 규정해 볼 수 있다. 첫째, 대부분의 예언자들은 하나님의 백성이 언약의 관계성을 위반한 특별한 방식을 규정했다. 가령 다른 신들을 섬겼다거나 비윤리적인 행동을 저질렀다거나 하는 것들이다. 다음 단계, 즉 이런 위반이 파괴라는 결과를 초래할 것—하나님의 손에 의해서든 적의 손에 의해서든—이라는 선포 역시 예언자의 전형적인 요소다. 이처럼 예언자에게서 고발과 선고의 말이 반복적으로 나타나기 때문에 우리는 누군가가 출애굽기와 신명기에서 발견되는 언약의 조건 및 저주의 말에 깔려 있는 논리를 구체적으로 밝혀주기를 기대한다. 그러나 대부분의 예언서들은 한 걸음 더 나아가 처벌 이후의 상황에 대해서도 깊이 생각한다.[1] 우리는 일부 학자들이 심판 이후를 다루는 본문들을 예언자들 자신의 것이 아닌 후대의 첨가물이라고 주장한다는 사실을 애초부터 주지할 필요가 있다. 하지만 예언자들과 예언서를 형성한 사람들 모두에게는, 하나님이 정하신 과거로부터 하나님의 백성이 계속해서 살아가게 될 미래가 가능할 것이라는 확신이 있었다.

이제 기원전 8-7세기에 활약했던 예언자의 것으로 간주되는 책들을 살펴보기로 하겠다. 여기서는 "대략적인" 시간 순서에 따르도록 한다. 각각의 책에서 논의되는 비판적이고 신학적인 이슈들이 나름의 독특한 관

---

1) 다음을 보라: C. Westermann, *Prophetic Oracles of Salvation in the Old Testament* (Louisville: Westminster/John Knox, 1991).

점들을 제공할 것이다.

3) 아모스

아모스서는 아모스(Amos)의 전기(傳記)에 관한 몇몇 구미 당기는 단서들을 제공하고 있다. 아모스는 이스라엘에서 예언자로 활동하기 전에 유다에서 나름대로 성공한 목축업자였음이 틀림없다. 농업과 관련된 그의 배경은 그의 출신지에 비해 그다지 중요하게 취급되지 않았을 것이다. 그는 유다인으로서 예루살렘에 있는 야웨의 "집" 혹은 성전과 관련된 의미 있는 전통을 이어받은 사람이었을 것이다. 게다가 또 하나의 "집"인 다윗의 계보는 이 작은 나라의 종교적·정치적 사고에 있어 중요한 요소로 작용했다(참조. 집의 두 가지 개념은 삼상 7장에 잘 나타난다). 아모스서의 끝 부분에서 우리는 다윗의 집안에 대한 언급을 발견하게 된다(암 9:11). 또한 아모스서에 처음 등장하는 시(암 1:2)는 야웨를 예루살렘으로부터 말씀하시는 하나님으로 묘사한다. 이러한 언급들은 필연적으로 유다에게 적합한 말씀이지, 이스라엘에게는 아니었다. 또한 중요한 신학적 문제가 아모스서 안에 놓여 있다. 과연 그는 어떠한 종교적 전통을 근거로 다른 나라인 북 왕국에까지 넘어와서 "선교사명"을 감당하게 되었을까?

아모스서는 이 질문에 다양한 방식으로 답변한다.[2] 가장 인상적인 대답은 바로 책의 첫머리에 등장한다. 여기서 우리는 유다와 이스라엘 외에 이방 민족들을 향한 여섯 개의 신탁을 발견하게 된다. 이들 여섯 신탁(암 1:3, 6, 9, 11, 13; 2:1)을 읽으면서, 우리는 자연스럽게 고발의 말에 초점을 맞추게 된다. 왜냐하면 이 구절들의 위치는 아모스가 이방 민족들이 행한 그릇된 일들을 규명하는 맥락 위에 놓여 있기 때문이다. 그들의 죄악에는 공

---

2) 학자들은 아모스서의 형성에 대해 격렬한 논쟁을 벌여왔다. 가령 Jeremias와 같은 일부 학자들은 소수의 본문만이 아모스 본인의 것이라고 주장했다. 다른 학자들은 실제로 아모스서 전체가 아모스로부터 비롯되었다고 주장하기도 한다. Mays는 이 두 부류 가운데 중간적 입장에 서 있다.

통분모가 있는데, 특별히 전쟁의 맥락에서 인간 공동체의 기본적인 규범을 위반한 일이 바로 그것이다. 아모스 1:3과 13절은 전쟁 중에 벌어진 민간인에 대한 폭력을 반영한다. "모든"이란 단어가 사용된 6절과 9절은 배반을 통한 집단 학살을 묘사한다. 11절은 동족 살해를, 2:1은 죽은 자를 위한 적절한 장례의 권리를 침해한 일을 그리고 있다. 집단 학살, 동족 살해, 민간인 학대, 그리고 적절한 장례의 위반은 고대 이스라엘이 하나님과 맺은 언약을 넘어서는 일반적인 규범과 관련된 것들이다. 실제로 이러한 문제들은 구약성서에서 거의 언급되지 않는다. 이러한 고발들은 "보편적"이고 자연적인 도덕 규범들로서, 아모스가 이방 국가들을 평가하기 위하여 사용한 잣대다. 마지막 단락의 끝에 제시된 또 다른 대답은, 만약 하나님이 시리아-팔레스타인의 다른 나라들을 고발하기로 작정하시면 언제든 그리하실 수 있다는 사실이다. 따라서 하나님은 유다의 예언자를 통하여 이스라엘을 고발하실 수도 있는 셈이다.

소위 이방 신탁(oracles against the nations)이 하나님의 국제적인 활동 범위가 드러나는 유일한 본문은 아니다. 아모스 9:7은 이스라엘의 출애굽과 다른 민족들(즉 블레셋과 아람 사람들)의 이주 간에 직접적인 유비관계를 상정한다. 혹은 (아래서 살펴볼) 마지막 송영인 아모스 9:9은 이스라엘을 향한 하나님의 행동이 "만국 중에서" 일어날 것임을 말하고 있다. 특히 사마리아를 통치하는 자들이 "열국 중 우승하여 유명한"(암 6:1) 자들로 이해될 때, 이러한 언급들은 의미를 갖게 된다. 이러한 평가 이후에, 예언자는 백성에게 묻는다. "너희들이 이 나라들—갈레, 하맛, 가드—보다 나으냐?"(암 6:2) 심지어 아모스는 이방 국가들—아스돗과 이집트—을 사마리아에서 자행되는 "학대"(암 3:9)에 대한 증인으로 초청한다. 요약하면, 비록 명시적으로 "열방의 예언자"로 부르심을 받은 것은 예레미야지만, 그러한 명칭의 개정된 형태, 즉 "국제적인 전망과 임무를 지닌 예언자"는 아모스에게도 적용된다.

비록 아모스가 다른 민족들을 향해 예언의 말을 선포했다고 하더라도,

그는 본래적으로 이스라엘을 위하여 부르심을 받은 사람이었다(암 7:15). 아모스서는 그러한 임무에 대하여 명확한 신학적 근거를 제시한다. 이스라엘을 향한 선포에서, 하나님은 "내가 땅의 모든 족속 가운데 너희만을 알았나니"(암 3:2)라고 말씀하셨다. 야웨가 가능케 하신 많은 탈출(exodus)이 있었음에도 불구하고(암 9:7), 하나님은 지금의 이스라엘과 유다 두 왕국의 선조인 오직 한 백성과만 특별한 관계를 맺으셨다. "알다"라는 단어는 구약성서에서 많은 의미를 지닌다. 그러나 고대 근동의 보다 확장된 맥락에서나 혹은 구약성서에서, 이 단어는 어떤 사람과 언약적 관계를 맺고 있는 상태를 의미한다. 따라서 시의 형태로 기록된 이 본문은 아마도 하나님이 시내 산에서 이스라엘과 더불어 세우신 언약적 관계를 의도했을 것이다. 여기서는 출애굽이 아닌 언약만이 홀로 중요성을 갖는다.

앞서 살펴보았듯이(본서의 제5장), 이스라엘과 맺은 하나님의 언약은 의무 조항을 수반한다. 이스라엘은 특정한 방식대로 행동하도록 요구받는다. 이러한 방식은 소위 언약의 조항들에 명시되어 있다. 이 조항들은 법적·경제적·종교적 삶에서의 구체적인 행동들을 포함한다. 더욱이 그러한 의무는 요약적인 형태로도 표현될 수 있다. 아모스서는 이 문제들을 전하고 있다.

아모스서에는 정의와 공의의 언약규범에 대한 고전적인 언급들이 포함되어 있다. **정의**(מִשְׁפָּט "미슈파트"; justice)가 사회 안에서 소수가 아닌 대다수에게 재화를 분배하려는 규범을 포함한다면, 반면에 **공의**(צְדָקָה "체데크"; righteousness)는 자비, 즉 다른 사람에게 친절하게 행동하려는 의지의 원칙을 표현한다. 정의와 공의는 아모스서의 시 안에서 두드러지게 등장한다.

오직 정의를 물같이
공의를 마르지 않는 강같이 흐르게 할지어다(암 5:24).

신학의 렌즈로 본 구약개관

정의를 쓴 쑥으로 바꾸며

공의를 땅에 던지는 자들아(암 5:7).

더 나아가 만약 언약의 조건이 특별한 행동을 포함한다면, 아모스서는 특별히 잘못된 행동을 드러낸다. 그것은 종교적 영역(암 2:8; 4:4; 5:21-24), 경제적 영역(암 2:6; 5:11; 8:5), 법적 영역(함축적으로 암 5:15)에서 발생한다. (종교적 배반 행위에 대한 그의 고발에서, 아모스는 예루살렘에서만 야웨를 예배할 수 있다는 견해를 주장하는 듯하다.) 만약 언약이 불우한 개인들로 구성된 특정 계층에 대한 관심을 포함하고 있다면(신명기에서는 과부와 고아에 대한), 아모스서에서는 이러한 점이 가난하고 궁핍한 사람들에 대한 배려로 표현된다(암 2:6; 4:1; 5:12; 8:4). 결국 아모스서는 이후 대부분의 예언서에 나타날 것들의 전조를 조금이나마 담고 있다(암 5:25-27; 8:13-14). 즉 여기서의 주된 문제는 야웨 이외의 다른 신들을 섬기는 데 있다. 요약하면, 아모스는 북 왕국을 하나님의 언약을 위반한 혐의로 고발한다. 그러나 동시에 사회 정의에 대한 특별한 관심도 고발의 내용 안에 포함되어 있다.

아모스서에는 이스라엘 백성이 예언자의 고발을 받아들이고 그에 반응하는 다양한 방식이 나타나 있다. 먼저 아모스는 백성을 향하여 단호하게 죄악된 행동을 중지할 것을 촉구했다. 여러 차례의 경고가 "찾으라(Seek)!"는 명령형 단어로 시작된다. "너희는 나를 찾으라, 그리하면 살리라"(암 5:4). "너희는 야웨를 찾으라, 그리하면 살리라"(암 5:6). "너희는 살려면 선을 구하고(seek) 악을 구하지 말지어다"(암 5:14). 이러한 수사법은 최후의 심판이 임박했음을 분명하게 드러낸다. 그러나 여전히 남아 있는 무지한 낙관주의는 또 다른 명령형 동사에 의해 누그러져야 한다. "이스라엘아, 네 하나님 만나기를 준비하라"(암 4:12). 이스라엘이 야웨를 찾아 발견하게 된다면, 하나님과의 그 실제적인 만남은 무시무시한 사건이 될 것이다.

아모스는 서서히 다가오는 재난을 시각적으로 담고 있는 다섯 가지 환상을 통하여 하나님의 세계를 보았다. 두 가지 경우에서 그는 파괴의 중단을 요청할 수 있었다(암 7:1-6). 메뚜기와 우주적 규모의 불을 보았을 때, 그는 다음과 같이 탄원한다. "주 야웨여, 청하건대 사하소서, 야곱이 미약하오니 어떻게 서리이까?" 그러나 다음 환상에서는 더 이상의 중보가 불가능하게 된다. 두 개의 언어유희 환상(wordplay visions; 암 7:7-9; 8:1-3)은 아모스의 기대와는 달리 평범한 것들, 다시 말해 "다림줄"과 "여름 실과 광주리"에 대해 말하도록 만든다. 여기서 하나님은 아모스가 본 것들이 실제로는 죽음과 파괴를 가리킨다고 설명하신다. 그러고 나서 마지막의 무시무시한 환상을 통해(암 9:1-4), 아모스는 하나님이 제단 위에 서서 성전의 파괴를 지시하고 남은 자들을 죽일 것을 즉석에서 선언하시는 장면을 "본다." 여기서는 어느 누구도 도망칠 수 없다.

"야웨를 찾으라"는 권고의 말은 아모스가 이스라엘에게 다가오는 야웨의 심판을 선포하는 많은 상황 앞에서 무색해진다. 그러한 심판에 관하여 적어도 두 가지가 언급될 수 있다. 먼저, 하나님이 직접 일하실 것이라는 사실이다. 아모스 3:14-15은 "내가" 꺾고 파멸시키리라는 점을 강조한다. 유사하게 아모스 5:17은 "내가" 너희 가운데로 지나갈 것이라고 말씀한다. 또한 아모스 2:13에서는 "내가" 누를 것이다. 둘째, 백성이 스스로 야웨의 날을 고대한다는 점에서(암 5:18) 야웨의 심판에는 아이러니가 담겨 있다. 그러나 그들이 기다리는 날은 낮이 아닌 밤과 같은 어두운 날이 될 것이다. 야웨의 날에 대한 모티프 혹은 전승(또한 암 3:14을 보라)은 다른 예언서들에서도 중요한 특징으로 부각된다(참조. 습 1:14-16; 슥 14장).

아모스서는 이스라엘을 향한 고발과 심판을 넘어서는 최소한 두 가지의 전망을 제시한다. 먼저, 이 책에는 세 개의 찬양 단편(암 4:13; 5:8-9; 9:5-6)이 끼어들어 있다. 각각의 단편은 시편에 담겨 있는 찬양의 전형적인 표현들을 사용하여 하나님을 묘사한다. 이 다섯 절에서 묘사된 것처럼, 하나님은 창조주시며 우주의 질서를 담당하시고 여전히 그것들을 운행하시는 분—전쟁에서와 마찬가지로—이다. 게다가 하나님은 "자기 뜻을 사람에게 보이신다"(암 4:13). 이는 정확하게 아모스와 같은 예언자들이 이 책 전체를 통하여 해놓은 작업이다. 여기에는 환상에 대한 보도가 담겨 있고 하나님의 관점으로 해석된 세계상이 제시된다. 슬퍼할 수밖에 없는 상황—아모스서의 찬양시 안에는 시편의 탄원시에서 사용되는 전형적인 표현들이 나타나지 않는다—에도 불구하고, 이 구절들은 자신의 뜻을 인간에게 드러내시는 정의와 능력의 하나님을 찬양하고 있다. 정의의 하나님은 예배받으실 하나님이시다.

아모스서를 끝맺는 시는 위기 너머의 희망을 제시한다. 그러한 기대는 왕정신학에 의해 뒷받침된다. 아모스서는 다윗의 집을 수리되어야 할 건물로 그리고 있다. 그리고 유다가 다시 한 번 다른 국가들을 지배하게 될 당당한 미래를 기대한다. 그런 다음에 이 시는 풍요로움의 상징을 다루기 시작한다. 풍요는 고대 근동 전체에서 왕의 성공적인 통치와 연관된다. 아모스 9:11-15은 하나님의 직접적인 행동의 결과로만 이러한 미래가 실현될 수 있을 것이라고 강조한다. "내가 일으키고, 내가 돌이키리니, 내가 심으리니…." 마치 하나님이 홀로 파괴하셨듯이 말이다.

4) 호세아

이 책의 표제에 의하면, 호세아는 아모스와 거의 비슷한 시기인 기원전 8세기 중반에 활동했다. 그러나 이스라엘과 유다가 다르듯이 호세아와 아모스도 다르다. 이러한 판단은 그들 각자가 말하고 있는 문학적 양식과 신학적 관점에 근거한 것이다. 이 둘은 심지어 사용하는 언어조차 서로 다르다. 왜냐하면 호세아서는 이스라엘의 북 왕국 사투리가 드러나는 구약성서 히브리어의 유일하고도 분명한 예이기 때문이다.

호세아서에서 우리는 서로 구분되지만 동시에 관련을 맺고 있는 두 부분을 발견하게 된다. 호세아 1-3장과 4-14장이 그것이다. 이 둘은 각각 서로 비교할 만한 주제들을 내어놓고 있지만, 그것들을 전개하는 방식은 서로 완전히 다르다. 호세아 1-3장은 샌드위치 구조를 이루고 있다. 처음과 마지막 부분은 저마다 예언자의 상징행위와 전기적·자서전적 사건들을 보도한다. 이와는 달리 가운데 부분은 상징행위로 인해 야기된 문제들을 긍정적이거나 부정적인 표현으로 다루고 있는 시로 구성되어 있다.

가장 먼저 등장하는 상징행위 보도(symbolic action report)의 첫 구절은, 어떠한 의미에서 호세아와 고멜의 관계가 하나님과 이스라엘의 관계에 대한 상징으로 이해된다는 사실을 분명히 보여준다. 그러나 이러한 보도의 보다 명확한 의도는 고멜과 호세아 사이에서 태어난 자녀들의 이름인 이스르엘, 로루하마("긍휼히 여기지 않는다"), 그리고 로암미("내 백성이 아니다")에서 더욱 분명하게 드러난다. 더불어 이러한 이름들은 이스라엘에 대한 고발과 선고를 예시한다. 이스르엘은 북 왕국 통치자의 폭력적인 행위를 의미한다. 결국 야웨는 언약관계를 확증하는 표준적인 방식, 즉 "너는 나의 백성이 되고 나는 너희의 하나님이 되리라"라는 표현을 거꾸로 뒤집어버리신다. 이스라엘은 더 이상 하나님의 "긍휼"을 입지 못할 것이다.

두 번째 상징행위 역시 호세아와 여인의 관계를 서술한다. 여기서는 여인의 이름이 등장하지 않는다. 게다가 자녀들에 대한 언급도 없다. 이 보도의 중요성은 호세아와 여인의 관계에 놓여 있다. 첫 번째 명령은 금지명령인 듯하다. 즉 그 여인은 성관계를 맺지 않고 살아야만 한다(호 3:3). 이는 핵심적인 정치적·종교적 제도가 결여되어 있는 이스라엘의 운명을 상징하는 상황이다(호 3:4).

예언자가 이런 심판을 선포한다는 사실은 놀라운 일이 아니다. 무엇보다도 아모스가 이에 필적할 만한 메시지를 선포했다. 그러나 이 두 가지 상징행위 보도는 심판을 넘어 더 나은 미래를 바라보는 것으로 끝맺는다. 호세아 1:10-11은 이스라엘이 회복될 날을 그리고 있다. 그 날에 자녀들의 이름으로 상징화된 심판은 다시금 뒤바뀔 것이다. 유사하게 호세아 3:5은 포로로부터의 귀환을 예견하고 있다. 상징행위 보도에 대한 이러한 결론 부분은 후대의 경험을 반영하는 첨가물이라고 간주되어 왔다. 그러나 호세아서에는 또 다른 신학적 역동성이 존재하며, 이는 호세아 2장에서도

신학의 렌즈로 본 구약개관

마찬가지로 드러난다.

호세아 2장은 1장에 등장하는 이미지, 즉 호세아와 고멜의 자녀에 대한 언급으로 시작한다. 그러나 5절에 이르기까지 주된 관심은 이스라엘을 상징하는 여인에게로 집중된다. 6절부터 13절까지, 이 시는 하나님이 떠맡으실 여러 가혹한 행위들을 표현한다. 예를 들자면 "내가 가시로 그 길을 막으며"(호 2:6)와 같은 것이다. 하나님을 자신의 아내인 이스라엘을 부끄러워하고 벌주는 남편에 비유하는 것은 이후의 예언문학에서 훨씬 더 격렬하게 나타난다(예를 들어 겔 23장). 유감스럽게도 이 비유는 고대와 현대 세계에서 배우자 학대에 대한 근거로 사용되곤 했다.

호세아 1장과는 달리 2장은 부정적 현실 이면에서 관계가 회복될 수 있다는 소망의 느낌을 드러낸다. "그제야 그가 이르기를 내가 본 남편에게로 돌아가리니"(호 2:7). 이 장의 뒷부분에서 하나님은 명백하게 말씀하신다. "그러므로 보라 내가 그를 타일러…그가 거기서 응대하기를 어렸을 때와 애굽 땅에서 올라오던 날과 같이 하리라"(15절). 또한 "내가 네게 장가들어 영원히 살되"(19절).

구애와 결혼에 대한 인간적인 표현들이 여기서 두드러진다. 여기에는 호세아 1장에서와 같이 자녀에 대한 언급도 없고 3장에서와 같이 성(性)에 대한 언급도 없다. 이스라엘과 하나님 사이의 관계성을 살펴보기 위한 이러한 은유적 구조는 관계성의 절대적 단절이라는 개념을 허락하지 않는다. 이 장들은 이혼의 가능성을 허용하지만, 이를 필연적인 결론으로 여기지는 않는다. 왜일까?

호세아서에 반영된 신학적 논쟁, 즉 야웨와 바알의 충돌로부터 하나의 답이 도출될 수 있다. 이스라엘이 강력한 가나안 신을 섬겼다는 사실은 분명하다. 예를 들어 호세아 2:8, 13, 17을 보라. 호세아는 이스라엘이 바알로부터 제공받았다고 생각하는 것들—포도주, 곡식, 기름—이 실제로는 야웨로부터 주어진 것이라고 주장한다(호 2:8). 바알이 아닌 야웨가 농업의 풍요와 인간 다산(多産)의 주재자다.

그러나 바로 이 지점에서 호세아는 힘겨운 신학적 싸움에 돌입하게 된다. 가나안 종교는 규칙적인 농경 주기를 기념한다. 어떤 이들은 봄비의 회복을 기다리며 어떤 이들은 포도와 곡식의 수확을 기다린다. 만일 호세아가 옹호하는 것처럼 야웨가 신뢰를 얻으려면, 야웨 역시 자연의 순환을 보장해줄 수 있는 능력을 가지고 있음을 증명해야만 한다. 바알이 땅의 남편이듯이, 야웨도 그래야만 했다. 그렇다면 야웨가 "내가 내 곡식을 도로 찾으며 내가 내 새 포도주를 도로 찾으며"라고 말씀하신 것은 과연 무슨 의미일까? 이와 유사하게 바알은 백성의 주인으로서, 다산의 주관자로서 섬김을 받았다. 그리고 야웨도 그래야만 했다. 따라서 야웨가 백성을 고발하고 선고를 내린 이후에도 이스라엘을 사랑해야만 한다는, 그리고 그리할 수밖에 없다는 사고는 어떤 의미에서 필연적이었다. 왜냐하면 백성에게는 야웨와 경쟁하고 있는 신이 존재하기 때문이다. 매년 계속되는 농경주기가 영구적이고 끝이 없는 것처럼 신과 백성과의 관계 또한 그래야만 했다. 그러므로 이혼에 대한 표현은 항상 화해의 희망과 더불어 역동적 긴장 가운데 놓여 있을 수밖에 없다. 배우자 중 하나가 죽어야 비로소 이런 희망이 배제될 것이다.

호세아 4-14장은 동일한 문제들―고발, 선고, 희망―을 여러 다양한 시들을 통해 다루고 있다. 야웨가 아닌 다른 신들을 섬긴 혐의와 같은 많은 고발의 말이 동일하게 나타난다. 그러나 정치적 술수, 외국과의 부적절한 동맹, 제사장들과 다른 지도자들에 의해 자행되는 비윤리적 행위가 추가적인 혐의로 제시된다. 호세아 4-14장에서 처음 등장하는 신탁은 아모스가 말했던 것과 같은 직격탄을 날린다.

오직 저주와 속임과 살인과
도둑질과 간음뿐이요
포악하여 피가 피를 뒤이음이라(호 4:2).

이는 마치 십계명을 다시금 듣고 있는 듯하다. 아모스처럼 호세아도 이스라엘이 언약 조건대로 살지 않았음을 비판한다. 이 계명들은 언약 조건들의 훌륭한 요약이다. 그러나 호세아가 다루는 문제는 다음 구절에서 독특성을 띠게 된다.

> 그러므로 땅 전체가 황폐해지고
> 그 안에 사는 모든 것들이 시들어진다.
> 들판의 짐승들과 공중의 새들과
> 심지어 바다의 물고기까지도 죽어간다(호 4:3, 저자의 번역).

아모스가 국제질서 속에서 특정 민족들에게 초점을 맞추는 경향을 보인 반면, 호세아는 생태학적 질서 속에서의 땅의 풍요와 인간의 실수가 빚은 결과에 관심을 가진다. 바알이 모든 생명체의 주인이라면, 야웨는 그 이상이다. 바알이 비의 주관자라면, 야웨는 땅—육지와 바다—을 메마르게 함으로써 파괴적인 도전을 일으킬 수 있다.

호세아 1-3장과는 달리 호세아서의 후반부는 추방과 죽음에 대한 명확한 표현을 제공한다. 먼저는 관계성의 단절인 고립에 대해 이야기한다. 뒤로 갈수록 보다 완연한 수식어들이 등장한다. 호세아 9:3에서처럼 여기서 우리는 세계의 정치적 현실을 발견한다. 예언자는 포로 된 이스라엘의 현실을 분명하게 내다본다. 그의 청중은 이러한 운명을 예견할 수 있었다. 왜냐하면 강제 이주가 신아시리아 제국의 표준적인 정책이었기 때문이다. 야웨가 자신이 부과하실 재앙에 대해 일인칭으로 말씀하시는 표현에서 보다 극단적인 모습이 발견된다(예를 들어 호 9:16; 10:10; 13:9).

호세아서의 가장 강력한 표현은 선포의 형태로 나타난다.

> 그러므로 내가 그들에게 사자 같고
> 길가에서 기다리는 표범 같으니라.

내가 새끼 잃은 곰같이 그들을 만나

그 염통 꺼풀을 찢고

거기서 암사자같이 저희를 삼키리라.

들짐승이 그들을 찢으리라(호 13:7-8).

　이것은 호세아 2-3장에서의 분리의 표현과는 상당히 거리가 먼 외침이다. 여기서 호세아는 이스라엘이 폭력적인 죽음으로 고통받게 될 것이라고 선포한다. 그러나 이 본문에서조차 우리는 야웨의 또 다른 목소리를 들을 수 있다. 마치 그분이 정말로 그렇게 잔혹하게 백성을 대하시는 분일까 싶을 정도로 말이다.

　호세아 11:8-9은 가장 마음에 사무치는 선포 가운데 하나다.

에브라임이여 내가 어찌 너를 놓겠느냐,

이스라엘이여 내가 어찌 너를 버리겠느냐,

내가 어찌 너를 아드마같이 놓겠느냐,

어찌 너를 스보임같이 두겠느냐,

내 마음이 내 속에서 돌이키어

나의 긍휼이 온전히 불붙듯 하도다.

내가 나의 맹렬한 진노를 발하지 아니하며

내가 다시는 에브라임을 멸하지 아니하리니

이는 내가 하나님이요 사람이 아님이라.

네 가운데 있는 거룩한 이니

진노함으로 네게 임하지 아니하리라.

　이 선포에는 모순이 있다. 호세아의 하나님은 자신이 내린 결정으로 인해 갈등을 겪으시는 강한 인간적 감정을 표현하고 있다. 호세아는 결정을 내리지 못하고 괴로워하는 하나님의 모습을 우리에게 보여준다. 사랑으로 인하여, 사랑하는 자를 향한 폭력의 가능성은 멀어진다.

결국 파괴와 추방은 실현되었다. 이스라엘은 기원전 721년 아시리아에 의해 멸망당한다. 대부분의 주민들은 강제로 추방되었다. 우리는 그들의 소식을 더 이상 들을 수 없다. 일부만이 원래는 이스라엘의 땅이었다가 이제는 아시리아 제국의 속주로 바뀐 그곳에 남아 있다. 또한 일부는 남왕국으로 이주했다. 호세아의 말을 보존하고 호세아서의 초기 형태를 형성시킨 사람들은 바로 남 왕국으로 이주한 이들일 것이다. 앞으로 살펴보겠지만, 호세아서는 후대 예언자의 신학적 관점에 영향을 주게 되는데, 특히 예레미야에게 미친 영향은 지대했다.

5) 미가

기원전 8세기에 해당되는 예언서는 네 권인데, 그중 신학적 정체성이 가장 분명하지 않은 책이 바로 미가서다. 그 이유로는 여러 가지가 있다. ⓐ 미가서의 많은 부분이 이스라엘 대신에 유다를 향해 선포하는 아모스의 목소리처럼 들린다. ⓑ 미가서에서 제기되는 몇몇 문제는 이사야서에서 다루고 있는 것들이다(심지어 동일한 구원 신탁이 두 책에 동일하게 등장한다. 미 4:1-3/사 2:2-4). ⓒ 미가서의 대부분, 특히 4-7장은 후대의 저자 혹은 편집자의 것으로 간주된다. 미가서를 연구하는 대부분의 학자들은 미가의 신학적 독특성은 제쳐두고, 그의 출신지―유다의 농촌―를 더 강조하고 있다. 그러나 이 둘은 서로 연관된다. 이사야에게서도 보게 되겠지만, 유다 출신의 예언자들은 국가의 주요 종교적·정치적 전통들에 깊은 영향을 받았다. 비록 그것에 의해 지배당하고 있지는 않더라도 말이다. 그 전통이란, 곧 야웨의 시온 거주의 중대성과 다윗 왕조의 중요성을 말한다. 그렇다면 유다의 수도로부터 멀리 떨어진 곳에 살았던 예언자는 어떠할까? (아모스의 출신지 드고아는 미가의 출신지 모레셋-가드보다 예루살렘에 더 가깝다. 모레셋은 예루살렘 남쪽 약 40킬로미터 지점의 해안 평야에 위치해 있다.)

미가의 메시지는 그야말로 모방적(derivative)이다. 이 책 안에 신학적 역동성이 자리하고 있다면, 바로 이러한 점에서 그러하다. 미가는 어느 한 곳에서 일어날 수 있는 일이 다른 곳에서도 일어날 수 있다고 분명하게 주장한다. 즉 이스라엘에서 일어난 일은 유다에서도 일어날 수 있다. 그는 이러한 주장을 신학적 전략으로서, 그리고 수사학적 도구로서 사용했다. 미가 1:5은 신학적 전략의 한 예다.

> 이는 다 야곱의 허물로 말미암음이요
> 이스라엘 족속의 죄로 말미암음이라.
> 야곱의 허물이 무엇이냐?
> 사마리아가 아니냐.
> 유다의 산당이 무엇이냐?
> 예루살렘이 아니냐.

만약 미가가 이 본문을 기원전 721년 이후에 유다를 향하여 선포했다고 가정한다면, 여기에는 이스라엘의 운명에 대한 과거 회상이 담겨 있는 셈이다. 즉 아모스(와 호세아가)가 선포했던 것들은 역사적 사건을 통해 입증되었다. 아모스는 고발과 함께 파괴의 선고를 제시했다. 미가는 아마도 아모스의 작품을 알고 있었던 것 같다. 아모스서와 동일하게 미가서는 예루살렘 성전에서 하나님이 나타나시는 모습과 뒤이은 신현현(神顯現, theophany)으로 시작된다. 자연의 질서는 하나님의 현존에 의해 격렬하게 반응한다. 아모스 이래 사마리아는 북 왕국에서 벌어지는 모든 죄악의 대명사가 되었다(암 3:9; 4:1). 미가는 이러한 이미지를 취하여 예루살렘에도 적용한다(아모스가 한 차례 그리했듯이; 암 6:1). 북 왕국을 향하여 예언자들이 말했던 것들은 남 왕국에 대해서도 동일하게 적용된다. 보다 오래된 예언자의 말은 새로운 청중을 향하여 재고되어 다시금 선포될 수 있다.

또한 미가서에는 수사학적 장치가 어떻게 만들어지는가에 대한 예도 나타난다.

야곱 족속의 우두머리들과

이스라엘 족속의 통치자들,

곧 정의를 미워하고

정직한 것을 굽게 하는 자들아, 원하노니 이 말을 들을찌어다.

시온을 피로,

예루살렘을 죄악으로 건축하는도다(미 3:9-10).

보다 일찍이, 야곱과 이스라엘은 아모스가 북 왕국을 지칭하기 위해 사용한 명칭이었다(예를 들어 암 6:8; 7:10). 아마도 미가의 말을 듣는 사람들은 마치 자신이 아모스의 말을 듣는 것 같은 착각을 일으켰을 것이다. 위의 인용문에서, 앞의 두 행만 읽은 독자들은 미가가 북 왕국을 가리켜 말하고 있는 것이라 생각할 것이다. 그러나 나머지 부분을 잘 살펴보면 실상은 그렇지 않다. 야곱의 집에 대한 표현은 동시에 시온/예루살렘을 지칭하는 것이기도 하다. 예언자의 말과 전승은 상황이 요구하는 대로 새로운 길을 지향할 수 있다. 북쪽에서 벌어진 일이 이제 남쪽에서 벌어질 것이다. 미가 1:2이나 6:1에서처럼 미가는 여러 군데에서 소송 형태의 명령형 동사를 사용함으로써 남쪽을 향한 담화에 세련미를 더한다. 첫 번째 예에서는 모든 백성이 소환되었다. 두 번째 예에서는 미가가 야웨의 백성으로 규정한 이스라엘만이 소환되었다.

미가서에 나타나는 고발은 아모스서와 유사하다. 즉 남의 땅과 소유를 탐하는 것이 고발 목록의 처음에 위치하고 있다(미 2:2). 게다가 그는 "우두머리", "통치자", "예언자", "지도자", "제사장", "선견자", "술객"(모두 미 3장에 언급된다; 참조. 미 7:1-7) 같은 지도자에게 초점을 맞추고 있다. 형벌의 선고는 군사적 파괴와 추방을 포함하여 과감하게 내려진다.

시온은 갈아엎은 밭이 되고

예루살렘은 무더기가 되고(미 3:12).

보다 균형 있게, 미가서에는 재앙 이후의 상황에 대한 언급이 아모스서나 호세아서보다도 더 많이 등장한다. 미가 2:12-13, 4:1-5:15, 7:8-20은 포로 귀환을 포함하여 미래에 대한 다양한 전망들을 제시하고 있다. 여기서는 시온과 다윗 왕권, 그리고 남은 자 개념(미 5:7-8) 및 이스라엘의 적들의 파멸이 강조된다.

요약하면, 미가서는 이스라엘을 향했던 예언자의 말이 유다를 향해 다시금 전달되는 모습을 보인다. 상대적으로 적은 분량임에도 미가서는 하나님의 극단적인 파괴로부터(미 3:12) 회복에 이르는(미 2:12-13) 광범위한 개념들을 포함하고 있다. 가장 중요한 점은 이 책을 통해 어느 사람의 위치―지정학적·사회적―가 그의 신학적 발언에 상당한 영향을 끼친다는 사실이 증명되었다는 것이다.

6) 이사야

이사야서는 특별한 문제점을 드러내는 책이다. 이 책이 아모스(Amoz)의 아들 이사야 시대 이후로 오랫동안 기록되어온 문헌들을 반영하고 있기 때문이다. (사 40-55장―소위 제2이사야―은 대개 기원전 6세기 중반에 해당된다. 사 56-66장―소위 제3이사야―은 기원전 6세기 후반 내지는 5세기 초반에 해당된다. 사 24-27장은 페르시아 시대에 형성된 것으로 보인다.) 그로 인하여 학자들은 이사야서의 구성 형태를 설명하기 위한 다양한 이론들을 제시해왔다. 어떠한 공통적 합의도 이루어지지 않았지만, 최종 형태의 정경 이사야서가 포로기 이후 페르시아 시대의 작품이라는 데는 대부분의 학자들이 동의하고 있다. 또한 이 책은 당시 자신의 위치와 예루살렘의 위상을 이해하고자 했던 야웨 신앙 공동체에게 특별한 의미를 가져다준 책이다. 물론 유다의 멸망과 포로 사건 이전에 해당되는 본문들도 존재한다(사 2-11장과 28-32장이 포로기 이전의 자료 대부분을 포함하고 있다). 더구나 이사야서의 뒷부분은 포로기 이전 시기에 해당하는 본문과 강한 연속성을 지니고 있다. 따라서 우리는 이제 강력한 예언자적 표현으로 확장된 보다 오래된 자료들에 초점을 맞추어보고자 한다.

20세기 후반부의 상당 기간에 걸쳐, 게르하르트 폰 라트(Gerhard von Rad)의 저작은 이사야서의 신학적 문제에 접근하는 방식에 지대한 영향을 끼쳤다. 폰 라트는 이사야가 유다에서 중시되었던 두 가지 근원자료, 곧 야웨가 거하시는 난공불락의 요새로서의 시온 전승, 그리고 의로운 영원한 통치의 표상으로서의 다윗 전승으로부터 영향을 받았다는 입장을 견지했다.[3] 폰 라트는 이 점에 있어서 분명히 옳았다. 그러나 그 전승들을 보다 큰 신학적 맥락 속에 자리매김할 필요가 있다.

이사야는 "만군의 주" 야웨가 우주의 통치자라고 하는 장엄한 비전을 제시한다(예를 들어 사 3:1; 10:16, 33을 보라). 이 예언자는 하나님이 때가 무르익었을 때 사람들로 하여금 국내의 상황과 국제 정치를 이해할 수 있도록 하려는 계획을 가지고 계신다고 확신했다.

> 이것이 온 세계를 향하여
> 정한 경영이며,
> 이것이 열방을 향하여
> 편 손이라 하셨나니,
> 만군의 야웨께서 경영하셨은즉
> 누가 능히 그것을 폐하며,
> 그 손을 펴셨은즉
> 누가 능히 그것을 돌이키랴(사 14:26-27; 또한 30:1을 보라).

이전의 예언자들, 가령 아모스는 여러 민족의 운명이 야웨께 달려 있음을 분명히 이해했다. 미가는 "야웨의 뜻"에 대해 말하기도 했다(미 4:12).

---

3) G. von Rad, *Old Testament Theology*, vol. 2 (New York: Harper & Row, 1965), 155-175.

그러나 이사야는 모든 피조물을 향한 포괄적이고 이해 가능한 계획이 존재한다는 사실을 최초로 지적한 사람이다.

이런 주장은 적어도 신학적으로는 이사야의 소명 기사(사 6장)로부터 비롯된다. 자서전적 연대기로 설정되어 있는 이 본문에서 이사야는 지극히 거룩하신 하나님의 현존을 경험한 이후에 천상회의(divine council)의 토의 가운데 참여하게 된다. 이스라엘을 포함한 여러 민족의 운명이 결정된 곳이 바로 이 천상회의다(참조. 왕상 22:19-23). 예언자로서 이사야는 하나님에 의해 제정된 온 인류를 향한 계획을 은밀히 전해 듣게 된다. 더불어 그는 그가 알게 된 사실을 선포하도록 부르심을 받는다.

외양상으로 이사야는 다른 예언자들처럼 고발의 말을 전한다. 유다의 지도자들을 향하여 이사야가 "내 백성을 짓밟으며 가난한 자의 얼굴에 맷돌질하느냐"(사 3:15; 참조. 사 5:8-23)라고 비난하는 모습에서 우리는 아모스와 미가의 메아리를 듣게 된다. 실제로 이사야는 권력자들을 향하여 이러한 독설을 퍼부었다.

> 불의한 법령을 만들며
> 불의한 말을 기록하며
> 빈핍한 자를 불공평하게 판결하여
> 가난한 내 백성의 권리를 박탈하며
> 과부에게 토색하고
> 고아의 것을 약탈하는 자는 화 있을진저(사 10:1-2).

그런 다음 이사야는 심판의 말도 전한다. 유다는 이와 같은 불의로 인하여 처벌받을 것이다. 종종 이런 응답은 그와 같은 악행을 저지른 사람들에게 초점을 맞춘다. "예루살렘의 고귀함과 그곳의 번창은 무너질 것이다." 그러나 모든 사람이 고통을 받게 될 것이다. "백성은 엎드러지며 모든 사람들이 쇠하여질 것이다." 국가의 대재난이 닥치게 될 때, 어느 누구도 살아남지 못할 것이다.

이사야는 아시리아 군대의 침공이라는 모습을 통해 다가올 하나님의 크나큰 심판이 유다에게 임할 것임을 파악하고 있었다. 다음의 구절은 아마도 산헤립의 원정으로 인한 파괴를 반영하는 것 같다.

> 너희의 땅은 황폐하였고
> 너희의 성읍들은 불에 탔고
> 너희의 토지는 너희 목전에서
> 이방인에게 삼켜졌으며
> 이방인에게 파괴됨같이 황폐하였고(사 1:7).

그러나 이런 파괴에도 불구하고, 이사야가 예루살렘이 아시리아로부터 구원받을 것이라고 여겼다는 가정을 지지하는 근거가 있다. 이사야 29:5-6에서 잘 드러나는 것처럼 소위 시온 전승(Zion tradition)이 잔혹한 군사적 공격에도 불구하고 일종의 기대감을 불어넣고 있다. 하나님은 당신이 거하시는 도시를 구원하실 것이다. 기원전 701년에 유다는 분명 산헤립의 포위가 풀리는 역사를 경험했다(사 36-37장을 보라). 어느 정도의 선에서, 처벌은 전면적인 멸망이라기보다는 적당한 징계라고 볼 수 있다(참조. "매를 더 맞으려고"라는 표현). 이런 처벌은 아시리아의 잔혹한 폭력으로 인해 하나님의 본래적인 의도를 넘어설 수 있다. 그러나 아시리아 역시 결국에는 철저한 징벌의 대상이 될 것이다(사 10:5-19; 31:8-9). 그럼에도 유다는 군사적 재난으로 고통받았고, 이사야는 그것을 땅 전체에 만연한 사회적 불의에 대한 하나님의 응답이라고 이해했다. 이는 하나님의 계획 중 일부다.

소위 시리아-에브라임 위기가 이사야에게는 보다 오래된 또 하나의 결정적인 순간으로 간주되었다. 이는 그가 하나님의 계획을 감지했던 또 다른 시점이다. 이사야 7-8장은 기원전 735년의 중대한 순간에 초점을 맞추고 있다. 당시 유다의 왕은 아하스였다. 북쪽과 동쪽의 국가들—이스라엘과 아람—이 유다를 공격하려고 준비하고 있었다. 이는 부분적으로 아하스가 아시리아에 대항하기 위한 군사동맹에 가입하기를 거부했기 때문이다. 아마도 또 다른 군대의 공격을 받고 있었던 아하스는 절망적인 상황에 놓여 있던 것으로 보인다. 그는 유일한 소망이 아시리아의 지원이라고 생각했다. 이사야는 그를 대면하여 신탁을 전한다. 그는 이스라엘과 아람의 위협이 곧 끝날 것이라고 확언했다(사 7:7-9). 하나님의 계획이 바로 그러했기 때문이다. 그러나 아하스가 아시리아와 동맹을 맺음으로써 그러한 계획에 반(反)하는 행동을 하게 되어, 훗날 유다는 바로 그 아시리아의 공격으로 고통을 당하게 된다.

이사야의 말은 확실한 것으로 증명되었다. 아하스는 아시리아로부터의 지원을 얻어냄으로써, 디글랏 빌레셀(Tiglath-Pileser)에 의해 이스라엘과 아람이 타격을 입게 되는 결과를 이끌었다. 그러나 십수 년이 지나서 산헤립이 유다에 대한 군사 원정을 감행했다. 이사야는 이 공격을 비윤리적 행위 및 하나님의 계획을 무시한 결과로 주어지는 처벌이라고 설명했다.

또한 이사야는 하나님이 유다에 대하여 계획을 세우셨음을 간파했다. 이사야는 그의 선배 예언자들과는 다른 방향으로 나아갔다. 그는 특별한 정치적 질서에 관해 말하고 그 질서 안에 등장할 만한 왕과 왕자들에 대해 언급한다. 그것은 그의 시대에 존재했던 질서이자 그가 너무나 갈망하던 질서였다. 분명히 이사야는 하나님의 계획에 따라 행동하지 않은 지도자들을 경험했다. 가장 눈에 띄는 것은 아하스와 그의 왕자들(그리고 또 다른 사람들)이 백성의 행복은 무시한 채 행동했던 점이다. 여전히 왕의 유능한 리더십에 대한 소망이 눈에 띄게 표현되어 있는 본문들이 상당히 존재한다.

이사야 32:1-8은 왕과 왕자들이 이룩할 화려한 통치에 관해 말한다. 그것의 표지는 의와 공평이다(1절). 이는 다른 예언자들에게서도 중요하게 사용되었던 단어 및 가치들이다. 그들의 통치는 그 땅에 속한 모든 사람들에게 혜택이 될 것이다. 그들은 "존귀한 일"(8절)을 낳게 될 계획들을 가지게 될 것이다. 이사야는 그러한 왕이 다윗의 계보에서 나올 것이라 믿었다(사 11:1). 그는 하나님의 영에 의해 힘을 얻을 것이고—이전에 사사들과 다윗의 통치 때처럼—정의로 통치하면서 창조질서 안에 평화를 가져다줄 것이다. 또한 이사야는 그러한 왕이 가까운 미래에 나타날 것이라 생각했다. "이는 한 아기가 우리에게 났고 한 아들을 우리에게 주신 바 되었는데"(사 9:6)라는 구절은 천상회의에서 불리는 노래다. 그들은 인간 왕이 즉위하는 날에 하나님의 아들로 택함 받으리라는 것을 알아차렸다(시 2편을 보라). (아마도 이사야는 히스기야가 바로 그 왕이라고 생각했었던 것 같다.) 이 세 본문(사 32:1-8; 11:1-9; 9:2-7)은 유다의 왕좌에 오를, 의로운 왕에 대한 힘찬 희망의 그림을 제시한다. 그리고 이 본문들은 모두 정의(justice)와 공의(righteousness)라는 단어를 사용하고 있다.

그러나 이사야는 이런 왕의 통치를 경험하지 못했다. 이사야 36-39장이 보도하듯이, 히스기야는 아하스보다는 상당히 나은 통치자였다. 그러나 이사야가 내다보았던 평화, 풍요, 안전은 현실화되지 못하고 그저 희망으로만 남고 말았다. 더욱이 장소와 사람—시온과 다윗—에 대한 이사야의 신학적 확신은 상당한 긴장 가운데 놓여 있었다. 또한 그는 유다와 예루살렘에 도래할 심판을 확신하고 있었다. 우리는 이러한 변증법을 표현하기 위해 이념과 신학이라는 용어를 사용할 수 있다. 이사야의 논리에 의하면, 고대하는 왕이 오지 않는 한, 특히 하나님의 성결이 계속해서 손상되는 한, 하나님이 내리실 심판은 불가피했다.

7) 스바냐

상대적으로 다소 오랜 기간 동안 예언자가 등장하지 않았다(예루살렘에 대한 이사야의 마지막 신탁은 기원전 7세기 초반에 선포되었다). 그 침묵의 기간이 지나고 나서 우리는 스바냐의 목소리를 듣게 된다. 스바냐서의 표제는 그가 요시야 왕의 치세 기간에 활동했던 인물임을 보여준다(기원전 640-609

년). 학자들은 대개 유다와 예루살렘을 공격했던 스바냐의 비판 중 상당수가 요시야의 개혁 때에 선포되었다는 사실에 주목한다. 그러므로 스바냐서를 개혁 직전의 시기에 두는 것이 적절하다.

고대 이스라엘에서 예언문학이 일정한 전통의 흐름 안에서 형성된다고 말하는 것이 정당하다면, 스바냐서와 아모스서의 관계는 그에 대한 상당한 근거를 제시해준다. 스바냐서는 비록 그 분량이 아모스서의 절반밖에 안 되지만, 아모스서에 담긴 많은 특징들, 예컨대 이방신탁(습 2:4-15), 하나님의 백성을 향한 고발과 심판선고(습 1:2-18), 권고의 말(습 2:1-3), 약속의 말(습 3:9-20) 등을 포함하고 있다. 그 외에도 스바냐는 아모스에 의해 주어졌던 모티프―참혹한 재앙으로서의 야웨의 날―를 확장시키고 있다.

처음 읽는 독자들에게 스바냐가 야웨의 날에 대한 자신의 이해를 표현한 방식은 난해해 보인다. 시의 서두에 해당하는 처음 두 구절(습 1:2-3)은 창조질서의 파멸을 묘사한다. 예언자는 전멸을 예견하는 생태학적 파멸을 선포한다. 확실히 인간에 대한 폭력의 표현은 예언문학 속에 빈번히 등장하는 수사학적 소재다. 그러나 이 구절들에서는 특별히 파멸의 강도를 모든 생명이 멸절되는 것으로 설정해두고 있다(우리는 보통 그와 같은 관념을 묘사하기 위해 **묵시**[apocalyptic]라는 용어가 사용되는 것을 보게 된다).

이스라엘의 하나님은 어떻게 모든 생명체에 대한 이런 대참사를 허용하실까? 이 질문에 대답하기란 결코 쉽지 않다. 예언자가 그저 과장법을 사용한 것이고 하나님이 실제로 모든 숨 쉬는 것들을 문자 그대로 다 멸절하지는 않으실 것이라는 대답은 그저 쉽게 생각해낼 만한 단순한 대답에 불과하다. 보다 진지하게 본문을 읽게 되면, 이 두 구절이 이스라엘의 창조 기사인 창세기 1-2장의 표현에서 연유한다는 사실을 인식하게 된다. 여기서의 논리는 이렇다. 하나님이 창조하신 것들, 곧 모든 생명(습 1:2-3)과 땅 자체까지도(습 1:18) 하나님은 제거하실 수 있다. 창조질서는 어떠한 이유에 의해 세워졌지만, 만약 그것들이 위반될 경우에는 더 이상 존재할 가치가 없다.

신학의 렌즈로 본 구약개관

히브리 성서의 다른 전통들을 여럿 포함하고 있는 스바냐서는 생명을 성스러운 것으로 생각하지 않는다. 성스러운 존재는 오직 하나님뿐이다. 만약에 하나님을 예배하도록 특별히 지음 받은 인간이 다른 신들을 섬긴다면, 이스라엘에서 야웨의 배타적 위치를 무시한 그들은 세계를 불순한 것으로 만드는 범인이 된다. 그리고 그 세계 안에 있는 모든 생명은 오염되어 결국 사형선고를 받게 된다. 따라서 스바냐서에 두드러지는 심판의 기록은 특히 바르지 못한 행동으로 인해 정죄받은 사람들―관리들, 왕족, 우상의 제사장들―에게 적용된다.

스바냐서에서는 백성과 장소가 중요하게 부각된다. 하나님은 땅으로부터 추방되었던 자들을 집으로 되돌리실 것이다(습 3:20). 아모스에 의해 사용되었던(암 9:14) 회복의 기쁨에 대한 일반적인 표현이 스바냐 3:20에서 다시금 등장한다. 그러나 아모스가 다윗의 집에 대해 말했던 반면, 스바냐는 다윗이 정복했던 도시 곧 시온―성산(습 3:11)―에 초점을 맞춘다. 성전의 재건에 대한 명확한 언급은 없다. 특별한 건축 대신에 특별한 백성이 나타날 것이다. "곤고하고 가난한…이스라엘의 남은 자"는 "입에 거짓된 혀가 없을" 것이다(습 3:12-13). 이는 마치 스바냐가 야웨를 숭배하는 특별한 단체 혹은 종파를 언급하는 것처럼 보인다. 더구나 이스라엘의 경계를 넘어서서 "입술이 깨끗한"(습 3:9) 많은 민족들이 생겨날 것이다. 이는 아마도 어떠한 종류의 개종을 가리키는 듯하다(참조. 제3이사야서, 혹은 슥 14장). (말과 언어로 표현되는 이미지가 특별히 스바냐서에서 관심을 끈다.)

스바냐와 더불어, 우리는 아시리아의 위협 가운데 이스라엘에서 예언했던 아모스로부터 시작된 기원전 8-7세기 예언자들에 대한 여정을 마치게 된다. 이제 신바빌로니아가 새로운 강대국으로 떠오르게 되는 국제 역학의 판도 변화가 일어나게 된다. 바빌로니아는 하나님이 아시리아를 향해 보내신 복수의 도구이자 유다를 향한 최후의 심판의 도구이기도 하다.

3. 결론

우리는 예언자들의 책들과 더불어 또한 소수의 왕들이 실행했던 종교개혁 이야기의 일부로서 히스기야와 요시야와 관련된 개혁 기사들을 읽었다. 그러나 아직까지는 예언자들에 의해 부각되었던 경제적·사회적·정치적 문제들, 특히 이스라엘의 언약정신을 위반한 것을 포함한 문제들이 이러한 정치 지도자들(히스기야와 요시야—역자 주)과 관련하여 제기되지는 않은 것 같다.[4] 개혁의 주체는 예언자가 아니라 왕이었다. 그러나 이런 개혁은 의식 및 정치 영역에 국한되었다. 결국 본 장이 다룬 기간 동안에 국가로서의 이스라엘은 사라지고 유다는 아시리아 제국의 속국이 된다. 이스라엘에서 왕정의 화려함은 사라진다. 야웨와 야웨를 섬기던 공동체의 관계성이 지니는 본질에 관하여 극단적인 질문들이 생겨나기 시작했다. 언약의 저주는 불가피한가? 유다의 멸망을 설명하는 데 도움을 줄 만한 신학적 전통은 무엇인가? 희망의 종교적 근거는 무엇인가? 그러나 기원전 8-7세기 예언자들로부터 비롯된 예언서들은 의로운 왕의 등장과 같은 중요한 신학적 확신을 담고 있다. 이러한 확신은 훗날 이스라엘이 이런 질문들에 대답할 수 있는 준거를 마련해줄 것이다.

---

4) 참조. Blenkinsopp는 미가가 신명기에게 영향을 주었다고 주장한다. *A History of Prophecy in Israel*, rev. ed. (Louisville: Westminster/John Knox, 1996), 120.

신학의 렌즈로 본 구약개관

참고문헌

Berlin, Adele. *Zephaniah*. AB 25A. New York: Doubleday, 1994.

Blenkinsopp, Joseph. *A History of Prophecy in Israel*. Rev. ed. Louisville: Westminster/John Knox, 1996(황승일 역, 『이스라엘 예언사』 [서울: 은성, 1992]).

Jeremias, Jörg. *Amos*. OTL. Louisville: Westminster/John Knox, 1998(채홍식 역, 『아모스』[서울: 성서와 함께, 2006]).

Mays, James L. *Amos: A Commentary*. OTL. Philadelphia: Westminster, 1969.

Mays, James L. *Hosea: A Commentary*. OTL. Philadelphia: Westminster, 1969.

Mays, James L. *Micah: A Commentary*. OTL. Philadelphia: Westminster, 1976.

Miller, Patrick D. *Deuteronomy*. IBC. Louisville: Westminster/John Knox, 1990(김회권 역,『신명기』현대성서주석[서울: 한국장로교출판사, 2000]).

Petersen, David L. *Prophecy in Israel: Search for an Identity*. IRT 10. Philadelphia: Fortress, 1987.

Rad, Gerhard von. *Old Testament Theology*, vol. 2. New York: Harper & Row, 1965(허혁 역, 『구약성서신학 II』[왜관: 분도출판사, 1977]).

Wolff, Hans W. *Hosea: A Commentary on the Book of the Prophet Hosea*. Hermeneia. Philadelphia: Fortress, 1974.

Wolff, Hans W. *Joel and Amos*. Hermeneia. Philadelphia: Fortress, 1977.

Wolff, Hans W. *Micah: A Commentary*. Minneapolis: Augsburg, 1990.

제10장

멸망·추방·희망

예레미야 | 예레미야애가 | 나훔
하박국 | 에스겔 | 이사야 40-55장

기원전 6세기에 이스라엘의 역사는 심각하고도 돌이킬 수 없는 붕괴를 경험하게 되었다. 이러한 파국이 구약성서에 기록되면서 그 사건은 이스라엘의 신앙에 결정적인 것이 되었다. 그것은 실제로 구체적이고 묘사가 가능한 사회정치적 사건이었으며, 정치사적 특성을 살펴보지 않고서는 이해할 수 없는 것이었다. 어쨌거나 그 사건은 이스라엘의 신앙에 중대하고 결정적인 것이 되었다. 이는 그것이 단지 피할 수 없는 현실이었기 때문이 아니라, 이스라엘이 그 사건을 통해 그들의 삶을 좌지우지하는 주권자 하나님의 헤아릴 수 없는 활동을 발견했기 때문이다. 그러므로 이스라엘의 역사에서 이렇게 두렵고도 중대한 순간을 이해하는 데 있어, 우리는 확인 가능한 정치적 사건의 현실에 집중해야 하며, 또한 이스라엘이 그 사건의 본질을 어떻게 이해했는지에 대한 신학적·해석학적 측면에도 주의를 기울여야만 한다.

1. 유다의 지정학적 현실

구약성서에 나타난 이스라엘의 신앙을 통해 발견되는 생생하고도 공공연한 경험들은 결코 지정학적이거나 정치적인 상태를 배제하지 않는다. 이스라엘은 역사의 모든 순간마다 자신과 이웃한 지역들을 고려해야만 했는데, 그곳에는 이스라엘과 동맹관계를 이루어 이스라엘을 적극적으로 지원하거나 또는 이스라엘을 위협하고 그에 도전하는 다른 공동체들이 각

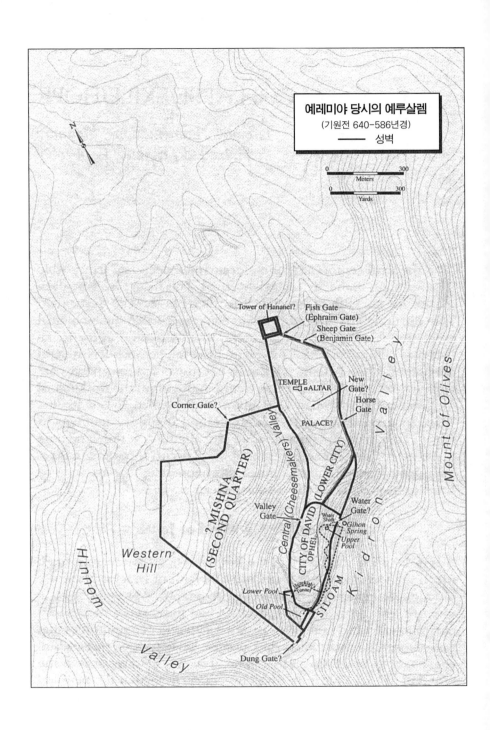

예레미야 당시의 예루살렘
(기원전 640-586년경)
━━━━ 성벽

0 ────────── 300
Meters
0 ────────── 300
Yards

Tower of Hananel?
Fish Gate
(Ephraim Gate)
Sheep Gate
(Benjamin Gate)

TEMPLE
ALTAR
New Gate?
Horse Gate

Corner Gate?

PALACE?

?MISHNA
(SECOND QUARTER)

Central (Cheesemakers) Valley

(LOWER CITY)

Water Gate?

Valley Gate

Water Shaft

Gihon Spring
Upper Pool

CITY OF DAVID
OPHEL

Western Hill

Hinnom

Hezekiah's Tunnel

SILOAM

Kidron Valley

Mount of Olives

Lower Pool
Old Pool

Valley

Dung Gate?

신학의 렌즈로 본 구약개관

시대마다 거주하고 있었다. 그러나 이런 일반적인 현실 속에서, 이스라엘의 역사가 지금 우리와 관련되어 중요하다는 점에서 이스라엘이 살던 환경은 구약성서를 이해하는 데 상당히 의미 있는 부분을 차지한다. 이스라엘의 신앙적 지평이 이전과는 달리 매우 국제적인 측면을 띠게 된 것은 특히 이 시기다.

고대 유다 왕국의 지정학적 위치는 (현대 이스라엘 공화국의 지정학적 위치와 마찬가지로) 남쪽(일관되게 이집트)과 북쪽(우리의 연구 범위에서는 아시리아, 바빌로니아, 페르시아의 순서로; 현대의 이스라엘에게는 시리아, 이라크, 이란)의 강대하고 지속적인 세력 사이에서 항상 위험에 처해왔다고 기록되어 있다. 성서에서 유다는 무조건적인 다윗 언약을 보유한 나라로 등장하지만, 실제로는 대부분의 기간을 예속 상태로 지냈다. 유다 역사는 시기별로 강대국들의 명령과 영향권 아래서 종속적인 성격을 가지고 있었다. 대부분의 상황에서, 유다는 독자적인 정치 및 군사적 방침을 세울 만한 수단이나 저력을 가지고 있지 못했으며, 그렇게 되도록 노력하는 과정에서조차 극도로 취약한 상태였다.

본 장에서 우리가 다루고자 하는 시기는 대부분 바빌로니아 제국 시대(기원전 605-540년)에 일어난 유다의 멸망과 관련되어 있다. 그러나 바빌로니아 패권 시대에 유다의 위기 상황을 적절하게 다루기 위해서는, 바빌로니아 이전의 아시리아 시대와 바빌로니아 이후 페르시아 시대를 함께 살펴보아야만 한다. (우리가 다루고자 하는 시대에, 메소포타미아 세력의 경쟁자였던 이집트는 지속적으로 세력을 펼치기 위해 노력했지만 결국 유다에 대해 결정적인 영향력을 끼치지는 못했다. 이집트는 항상 존속하면서 유다에 대안적인 시나리오를 제공했다. 하지만 대체로 우리가 집중적으로 살펴볼 것은 바로 북쪽의 세력들이다.)

우리의 주제에 관하여 가장 중요한 지정학적인 사실은, 기원전 7-6세기 동안에 유다를 둘러싼 고대 근동 지역에 권력 교체라는 흔치 않은 정치적 격동이 벌어졌다는 점이다. 구약성서를 연구하는 학생들이 이에 대한 자료를 매우 구체적으로 살펴볼 필요는 없지만, 사건의 대체적인 윤곽은 구약성서를 이해하는 데 있어 꼭 알아두어야 한다.

(1) 기원전 7세기 아시리아 제국의 붕괴는 유다에게 결정적인 사건이었다. 기원전 745년 디글랏 빌레셀 3세의 등장 이래로 아시리아 제국과 수도 니느웨는 고대 세계의 정치와 경제를 주름잡고 있었다. 아시리아 제국은 분열된 이스라엘과 유다에 관심을 보이더니, 결국 721년 이스라엘 왕국 멸망의 원인을 제공했다. 끊임없이 위협받던 민족들에게 아시리아는 너무나도 잔인한 세력으로 비쳐졌다. 이미 이사야서를 통하여 우리는 산헤립 치하의 아시리아가 예루살렘을 빈번히 위협하여 두 차례나 공격했다는 사실을 알고 있다.

그러나 아시리아는 기원전 7세기에 불행한 날을 맞이하게 된다. 기원전 663년에 아시리아는 공격적인 군사적 확장정책으로 비옥한 초승달지대를 가로질러 이집트의 테베까지 지배 영역을 확장시켰다. 잠시 동안이나마 아시리아는 고대 세계 전체를 완전히 장악하게 되었던 것이다. 그러나 50년이 지나서 아시리아의 수도 니느웨는 함락되고 제국은 사라지게 되었다. 수도와 제국의 몰락은 중대한 전환점이 되어 유다를 한껏 고무시켰다. 이로 인해 유다는 지속적인 위협으로부터 벗어나 안도의 한숨을 쉴 수 있는 여유를 얻게 되었다.

(2) 아시리아 제국의 몰락은 고대 근동에서 잠깐 동안 세력의 공백 상태를 초래했다. 그 시기에 유다를 통치했던 왕이 바로 요시야였다(기원전 639-609년). 그는 유다의 독립을 주장하면서 옛 다윗 왕국의 북쪽 영토를 회복하고자 했다. 그러나 유다의 재확장과 재탄생은 잠깐뿐이었다. 아시리아의 멸망으로 인한 세력 공백은 오래 지속되지 못했다. 기원전 626년 이후 나보폴라살(Nabopollassar)은 아시리아로부터 바빌로니아가 독립해야 한다고 주장하기 시작했고, 국제정치 무대의 새로운 세력으로서 바빌로니아 왕국 및 바빌론이라는 도시를 건설했다. 기원전 605년에 이르러 아시리아의 세력은 완전히 소멸되었다. 이집트 세력을 쳐부숨으로써 바빌로니아 시대의 건설을 완성시키는 일은 나보폴라살의 아들 느부갓네살

　　　　　　　　　　　　신학의 렌즈로 본 구약개관

(Nebuchadnezzar)의 몫으로 남겨졌다. 그는 결국 기원전 605년 갈그미스에서 이집트를 격파했다. 따라서 이 전쟁은 느부갓네살의 결정적이고도 효과적인 리더십 하에서 바빌로니아 패권 시대의 서막을 알리는 전환점이 되었다.

이집트를 쳐부수고 나서, 느부갓네살이 이집트에 노출되어 있는 측면을 방어해야만 했음은 당연한 일이다. 따라서 유다가 확고하게 바빌로니아의 정책과 영향력 하에 종속되어야 할 필요성이 대두되었다. 예루살렘의 다윗 왕조는 이처럼 위험하고 불안정한 상황 속에서 지속적인 정책을 펼칠 만한 리더십을 발휘하지 못했다. 그래서 유다는 때로는 바빌로니아의 요구를 들어주다가도(물론 조공을 포함하여), 때로는 이집트의 요구로 인해 바빌로니아의 요구를 거절하기도 했다.

이러한 변덕스런 충성의 결과로 느부갓네살과 그의 장군 느부사라단(Nebuzaradan)은 기원전 598년, 587년, 581년 세 차례에 걸쳐 유다와 예루살렘을 침공했다. 이는 정복지에서의 반란을 진압하여 발본색원하기 위한 바빌로니아 정책의 일부였다. 그들은 그곳의 거주민들을 고향으로부터 이방 땅으로 강제 이주시키는 정책을 사용했다. 그 결과 떠나간 리더십은 전혀 위협이 될 수 없었고, 리더십이 부재한 본토는 어떠한 심각한 반란도 일으킬 수 없게 되었다. 바빌로니아의 정책은 식민지를 유순하고 고분고분하게 만드는 것이었다.

그러나 유다의 입장에서 이러한 강제 이주는 신학적 현실의 문제를 초래했다. 강제 이주된 사람들이 주로 유다 공동체의 지도자들 혹은 여론을 주도하는 사람들이었기 때문에, 그들은 공동체 전체를 대표하는 것으로 이해되었다. 따라서 그들 고유의 수사학은 유다 전체의 수사학이 되어버렸다. 이에 강제 이주는 유다인들 전체를 포함한 것이 아님에도 불구하고 유다의 "포로"(exile)라는 말로 표현되었다.

수도 바빌론으로 추방된 소수의 유다인들은 모든 이스라엘의 이미지와 자기이해를 구성하는 데 주도권을 쥐는 독단적이고 상상력이 풍부한 생성적인 공동체가 되었다. 게다가 그들은 그렇게 행동하면서 자신들("포로들")을 영웅으로, 합법적인 상속자로, 또한 이스라엘의 오랜 기억을 전수받은 자들로 여겼다. 이러한 이유로 현대의 수많은 학자들은 "포로"라는 개념을 이 소수의 공동체가 자신의 정당성을 위해 이념적으로 구성한 것으로 여긴다. 물론 추방된 공동체의 역사성을 인정하면서 그러한 상상적인 체계에 대해 관심을 갖고 문제를 살펴보는 사람들도 있다. 이런 생성적인 구조의 결과 중 하나가 바로 그 땅에 남아 추방을 피할 수 있었던 유대인들이 이스라엘의 규범적인 역사에서 대부분 "제외되었다"는 점이다. 당시 이스라엘의 신앙을 결정적으로 규정한 이러한 추방은 바빌로니아에게 있어서 단순히 불안정한 점령지의 "분쟁제거"(pacification)를 위한 정책수단이었을 뿐이다.

바빌로니아의 지배 세력은 기원전 562년에 끝난 느부갓네살의 통치 이후 단지 몇 년간 더 존속되었다. 어떤 의미에서 바빌로니아 제국은 매우 개인적인 차원에서 느부갓네살 자신의 제국이었다. 이스라엘의 삶을 결정적으로 침범했던 바빌로니아 제국은 느부갓네살이 죽은 지 겨우 20년 후인 기원전 540년에 멸망하고 만다. 제국이 그토록 치명적인 패배나 파괴를 당할 정도로 기력이 다했던 것은 아니다. 다만 허약한 지도자들이 등장하고 백성들 사이에서 돌이킬 수 없을 정도로 도덕적 권위와 종교적 정통성이 상실됨으로 말미암아 제국의 몰락이 가속화되었던 것이다. 바빌로니아 제국은 기원전 615-605년에 급격하게 등장했던 것만큼이나 급속하게 540년에 몰락했다.

(3) 바빌로니아 세력이 물러나고 페르시아가 그 자리를 대신한다. 페르시아는 고레스(Cyrus)의 영도 아래 동쪽으로부터 밀고 들어온 비(非)셈족 국가였다. 페르시아는 신중한 행정정책을 통하여 바빌로니아의 강제 이주 정책을 바꾸어 포로들이 고향으로 돌아갈 수 있도록 허락했다. 이는 보다 협력적인 신민을 양성하기 위한 모험이었다. 유대인들(the Jews, 예루살렘으로 돌아온 자들을 현재 일컫는 말) 역시 이런 모험적인 정책의 대상이었

기 때문에, 그들은 페르시아를 우호적인 세력으로 여기게 되었다. 광대한 영토를 지닌 페르시아는 그리스의 알렉산더 대제와의 충돌로 세력을 잃을 때까지 크게 융성했다.

우리가 지금까지 간략하게 살펴본 것처럼, (a) **아시리아** 세력의 몰락, (b) **바빌로니아** 제국의 갑작스런 출현 및 갑작스런 멸망, (c) **페르시아** 세력의 등장은 이러한 미증유의 단절에 대하여 우리의 구약성서 연구를 위한 배경을 세워준다. 유다는 이러한 거대한 세력들과 관련하여 그들 앞에서 그들의 요구에 맞추어, 자신의 삶과 신앙을 이해하며 생존해야 했다. 그러나 우리의 초점은 바로 이러한 단절(추방, 포로) 그 자체에 있다. 따라서 구약성서는 다음과 같은 질문에 주의를 기울인다. "야웨의 가장 사랑하시는 파트너임에도 불구하고 이스라엘이 불안한 국제정세 속에서 그토록 허약한 채 강대국들 앞에 속수무책일 수밖에 없었다는 사실은, 그들의 신앙에서 어떤 의미를 가지는가?"

2. 성서가 말하는 유다의 지정학

그러나 지정학적 지식은 우리의 연구에 있어 단지 접근 방법에 불과할 따름이다. 왜냐하면 이러한 위기의 시대에 성립된 성서 문학은 지정학 그 자체 혹은 강대국의 흥망에 대한 역사적 보도에 관심을 두고 있지 않기 때문이다. 성서의 의도는 오히려 이러한 사건들에 대해 독특하고도 집약적인 해석을 제공하는 것이다. 이런 해석들은 부분적으로는 사건들—그러나 신실한 이스라엘 백성은 그 자체로 고유하게 여겼던—자체에서 발생하기도 하고 혹은 사건들에 편승하기도 했다.

이토록 드라마틱한 지정학적 시나리오는 "사필귀정"(事必歸正)이라는 측면에서 **현실정치**(Realpolitik)의 한 가지 경우로 이해될 수도 있다. 아마도 우리의 상당히 세속화된 맥락 속에서, 이런 이해는 우리가 가장 먼저 가질 수 있는 해석적 경향일 것이다. 그러나 앞서와 같은 지정학적 시나리오로부터 출현하여 이를 반영하고 있는 성서 본문은 사건을 그러한 식으로 보고 있지 않다. 오히려 본문은 상당히 독특한 해석적 관점을 제공하는데, 이 관점은 고대 이스라엘의 야웨 하나님이 공적 역사의 과정에서 핵심적인 주인공이자 결정적인 주도자라는 규범적인 진술을 바탕으로 한다. 이런 시각에서 야웨는 **현실정치**에 대한 신학적 "부가장치"가 아니라, 눈에 보이는 세력판도 안에서 벌어지는 일들을 직접 주도하고 결정하는 분이다. 게다가 이러한 주장은 야웨의 이름을 불렀던 이스라엘 공동체에만 속한 것이 아니다. 그것은 야웨의 이름을 알지 못하는 다른 세력들에게도 동일하게 중요한 것으로 적용된다.

야웨의 중요성에 대한 이런 기본 가정은 위기의 상황을 그리고 있는 구약성서 본문에서 두 가지 중요한 파생적 의미를 지닌다. 첫째, 야웨의 중요성은 그분의 특별한 백성인 이스라엘이 고대 근동 정치세계에서 일어나는 모든 사건들의 핵심적 참여자로 이해된다는 사실을 의미한다. 이러한 주장은 겉으로 드러나는 바와는 잘 조화되지 않는다. **현실정치**의 측면에서 아무리 살펴봐도 이스라엘은 기껏해야 작은 역할만을 담당하기 때문이다. 둘째, 지정학적 이해를 위한 야웨의 중요성은 야웨의 의롭고 주권적인 뜻을 역사 속에서 결정적인 것으로 확신하게 만든다. 이러한 의롭고 주권적인 뜻의 작용은 일관성에 대한 주장(다시 말해 하나의 패턴과 의도를 지니는)만을 포함하지는 않는다. 또한 그것은 야웨에 의해 감지되는 윤리적 차원을 주장한다. 따라서 정의와 공의의 문제도 역사의 과정에서 실질적인 작용을 하는 것으로 이해된다. 다음과 같은 주장은 명백하다. ⓐ 야웨는 역사를 주도하는 분이시다. ⓑ 역사 전체는 일관성을 지닌다. ⓒ 이스라엘은 핵심적인 등장인물이다. ⓓ 공적 활동의 효과적 측면으로서의 윤리는, 무엇이 일어나는가와 그것이 무슨 의미를 지니는가에 대한 매우 이질적인 대답을 제시한다. 이토록 대담한 본문을 다루는 학생으로서, 우리는 이토록 고무적이고 상상력이 풍부한 시각에 대해 충분히 놀랄 만하다. 사실 이런 시각은 그 시대의 제국주의적 등장인물들에게 "상식" 즉 **현실정치**로 받아들여지는 것에 정면으로 맞서는 것이다. 일련의 성서 본문들에 대한 우리의 연구는, 역사에 대한 이러한 독특한 시각이 어떻게 모든 현실—역사적·정치적·군사적·경제적·신학적 현실—을 재구성해내는지에 대해 주목할 것이다.

3. 유다의 붕괴

기원전 587년 느부갓네살 군대의 두 번째 유다 침공으로 인해(첫 번째 침공은 기원전 598년), 예루살렘 주민들이 가치 있게 여기던 모든 것들은 가혹한 방식으로 종결되었다.

  - **다윗 왕조**는 중단되었고, 왕은 수치스럽게 끌려갔다.
  - 이스라엘을 향한 야웨의 약속된 장소였던 **도시 예루살렘**이 파괴되었다.
  - 야웨의 확실한 현존의 장소였던 **성전**은 황폐되었다.

명백하고 제도적인 모든 것, 야웨의 신실함에 의해 신학적으로 보증되었던 모든 것들, 상징적인 확신과 통일성을 제공한 모든 것, 의미, 정체성, 안전에 관련된 모든 것이 사라져버렸다. 하나의 국가로서 유다라는 실체는 더 이상 존재하지 않는다. 그야말로 유다는 제국의 무자비함이 낳은 희생양이 되었다. 필연적인 결과로서 유다의 가장 신뢰할 만한 신학적 확신들은 벼랑 끝에 내몰리게 되었다. 그리고 이 모든 것은 바빌로니아 사람들의 파괴적인 손안에 놓이게 되었다.

기원전 587년의 파괴는 "멸망과 회복"에 대한 우리의 연구에서 핵심적인 부분이다. 그러나 이러한 깊은 상실과 추방의 순간을 이해하기 위해서, 우리는 잠시 그에 앞선 사건들을 살펴보아야 한다. 우리는 아시리아가 기원전 663년에 절정기를 구가하다가 612년에 멸망했다는 사실을 보았다. 고작 50년 만에 말이다. 아시리아 제국의 몰락은 실제로 유다에게 환영할 만한 소식이었다. 아시리아의 극악무도함이 오랜 세월 동안 유다를 죄어 왔기 때문이다. 아시리아의 붕괴는 구약성서에서 가장 기이한 책들 중 하나인 **나훔서**에서 충분히 경축되고 있다. 이 짧은 시모음집은 니느웨가 함락된 지 얼마 되지 않은 시점에 형성되었다. 이 책에는 증오의 도시 니느웨의 패배에 대해 거리낌 없는 환희가 표현되어 있다. 니느웨에서 벌어지는 잔악함에 대해서는 동정의 표현이 일절 나타나지 않는다. 왜냐하면 그들은 오랫동안 자행해왔던 잔학한 행위들에 대한 응분의 대가를 치르고 있기 때문이다. 나훔서의 시는 "전쟁 신앙"의 오랜 전통을 계승한다. 이 전통은 "하나님이 우리 편이시다"라고 쉬이 확신하면서, 증오스러운 적들의 침공과 파괴를 생생하게 묘사한다(혹은 고대한다?). 따라서 이러한 시는 엄격하게 정제되고 풍부한 수사학을 지닌 작품으로서, 미움 받는 압제자에게 거둔 승리를 예찬한다. "나훔"이라는 이름이 종종 "위로"라는 의미로 쓰이는 히브리어 어근 "나함"(חנם)에서 파생되었다는 사실은 주목할 만하다. 아시리아의 패배는 실질적으로 유다에게 있어 "위로"였던 것이다.

동정심을 완전히 결여하고 있는 이러한 미움, 보복, 앙갚음의 서사시는, 초보적인 독자들에게는 성서의 내용에 걸맞지 않게 보일 수 있다. 그러나 우리가 잔인함의 지속적이고 침투적인 효과 및 그로 인한 적대감을 고려한다면, 이는 문제될 게 없다. 오히려 제국의 침략 행위를 낭만적으로 바라보면서 전혀 비현실적인 시각을 갖는 것이 문제라면 문제인 것이다. 따라서 우리는 나훔서에 나타난 시들을 두 가지 긍정적인 측면에서 평가할 것이다.

첫째, 나훔서는 깊은 분노의 시다. 이는 그토록 오랫동안 위협받고 위험에 처해 있던 공동체가 이제 그로부터 자유를 얻었을 때 터져 나오는 외침이다. 그동안 쌓여왔던 원한을 표현하는 데는 제한이 있을 수 없을 것이다. 이 시는 마닐라에서 농민들이 호화스런 궁전을 습격함으로써 마르코스(Marcos)정부에 대한 원한을 쏟아냈던 일이나, 부쿠레슈티의 폭도들이 차우셰스쿠(Ceausescu)의 철권통치를 종식시켰던 일과 다를 바 없다. 성서는 고통에 대한 필연적인 저항의 목소리를 결코 무시하지 않는다.

둘째, 그러나 증오에 대한 이런 방식의 표현은 단순히 인간적인 복수만을 염두에 둔 것이 아니다. 가장 중요한 사실은 나훔서의 시가 상당히 야웨 중심적이라는 점이다. "노하기를 더디 하시며 권능이 크신 분"(나 1:3)은 바로 야웨시다. "네게 대하여 명하시는 분"(나 1:14)도 바로 야웨시다. 그러므로 니느웨의 함락은 신학적인 사건이며, 야웨의 역사 가운데서 벌어진 일이다. 니느웨의 멸망은 유다에게 해방을 가져다주었을 뿐만 아니라, 열방에 대한 야웨의 통치를 다시금 확인시키고 세워준 사건이었다. 야웨의 통치는 압제자를 멸함으로써 그분의 백성을 보호한다.

> 야웨는 선하시며
> 환난 날에 산성이시라.
> 그는 자기에게 피하는 자들을 아시느니라.
> 그가 범람하는 물로
> 그곳을 진멸하시고
> 자기 대적들을 흑암으로 쫓아내시리라(나 1:7-8).

그러므로 니느웨의 멸망은 열방에 대한 야웨의 확실한 통치를 확인시켜주는 동시에 유다에게 행복과 안전의 기회를 제공하는 사건인 것이다.

영원할 것만 같았던 거대하고 잔인한 세력의 몰락으로 인해 발생한 놀라운 역사적 전환점은, 유다에게 있어서 야웨가 이끄시는 역사 가운데 자신이 특별한 의미를 지니고 있다는 사실을 증명해주는 근거가 되었다. 즉 아시리아의 위협으로부터 해방된 일은 유다인들에게 숨 쉴 공간을 만들어주었고, 바로 이러한 공간 속에서 요시야의 개혁(왕하 22-23장) 및 예루살렘 정부의 온건한 영토 확장 노력이 가능하게 된 것이다(요시야의 개혁에 대해서는 본서의 제9장을 보라). 아시리아의 멸망은 역사의 과정 속에서 야웨가 유다를 지키신다는 보증의 표시였다.

그러나 만약 유다가 아시리아의 멸망에 대해 지나친 의미를 부여했다면, 그것은 크나큰 오산이다. 진정한 위협의 세력은 실제로 아시리아가 아닌, 새롭게 출현한 바빌로니아이기 때문이다. 바빌로니아는 아시리아가 하지 못했던 일들을 예루살렘에서 성공적으로 수행할 것이다. 예루살렘에 대한 바빌로니아의 위협은 기원전 605년부터 시작되어 지속적으로 깊은 근심거리가 되었다. 이런 근심은 요시야 왕의 뒤를 이은 그의 아들들의 줏대 없는 정책들에 반영되어 있다. 이집트의 도움을 받아 바빌로니아에 저항하느냐, 아니면 바빌로니아의 요구를 수용하느냐의 여부에 따라 왕관의 주인이 결정되었다. 결국 바빌로니아는 변덕스럽고 허약한 종속국의 왕실정책에 지친 나머지 인내심을 상실하고 만다. 기원전 598년 바빌로니아 군대는 소년 왕이었던 여호야긴(요시야의 손자)을 포로로 잡아갔다(왕하 24:12). 더 나아가 기원전 587년에는 요시야의 아들이자 여호야긴의 삼촌이었던 또 다른 왕 시드기야를 잡아갔다(왕하 25:1-7).

그러나 우리의 관심은 왕실의 정책이나 제국의 정책에 있지 않다. 성서가 관심을 보이는 만큼이나 이 시대는 왕실 세력의 영향력과는 거리가 먼 두 인물에 의해 주도된다. 그들은 바로 예레미야와 에스겔이다. 그들을 중심으로 수집된 문학은 정경 속에 편입되었고, 기원전 587년의 사건을 유다가 어떻게 받아들였는지에 대해 우리에게 상세히 증언해주고 있다. 그들이 그 사건에 대해 신앙적으로 고민하며 반응한 결과, 그들의 삶과 신앙과 기억은 돌이킬 수 없이 변형되었다. 상당히 단순화시켜서 말하자면, 이 예언자-시인-종교지도자들은 붕괴의 시기에 활동했고, 붕괴 이후 포로기 동안에도 계속해서 강력한 모습으로 영향을 끼쳤다. 두 경우 모두에서 예언자 개인들은 포로 공동체에서 다음 세대를 향하여 생명을 주는 힘이 되었다. 그들의 죽음 이후에도 그들의 말은 다시금 사용되고 확장되어 다양한 방식으로 해석되었다. 우리는 예레미야와 에스겔의 작품을 두 개

신학의 렌즈로 본 구약개관

의 구분된 단원으로 나누어 살펴볼 것이다. 먼저는 기원전 587년 이전의 예루살렘을 향한 심판에 대하여, 그 다음에는 기원전에 587년에 포로들에게 제시된 희망에 대하여 다루고자 한다.

우리가 가지고 있는 최종 형태의 **예레미야서**는 오랜 편집과 해석과정의 극치를 보여준다. 이런 과정은 매우 섬세하고 상상력이 풍부하면서도 웅변적인 예언자 개인의 작품으로 시작한다. 그리하여 신명기 전통에 의해 채워지고 호세아의 예언자 전통에 깊이 영향을 받은(본서의 제9장을 보라) 강한 신학적 비전에 이르게 된다. 시작 단계에서의 웅변적인 개인적 증언과, 완성 단계에서의 신학적 비전의 틀 사이에 중요한 차이점이 존재함에도 불구하고, 이 책 전체는 통일성을 갖추고 있다. 우리는 이 책 전체를 "예레미야"에게로 소급하여 다룸으로써 정경적 예레미야서를 형성시킨 전체적인 해석과정을 포함하여 논의하고자 한다.

예레미야의 전통은 모세에 대한 오랜 기억, 특히 신명기의 가르침들에 깊이 뿌리박고 있다(신명기에 대한 논의는 본서의 제5장과 제9장을 보라). 오랜 모세 전승은 신학적 공동체로서의 이스라엘이 시내 산 사건 이래로 야웨와의 언약관계에 놓여 있으며 거기서 주어진 야웨의 계명에 종속되어 있다고 이해한다. 따라서 세계 속에서 유다의 운명은 그들이 야웨의 언약적 계명을 순종하는지의 여부에 달려 있다. 이스라엘은 야웨의 계명에 순종할 때는 번영을 누리는 반면, 불순종할 때는 고통을 당하게 된다. 확실히 신명기의 수사학은 강한 **행위와 결과**의 원리를 드러낸다. 그러나 이스라엘의 신학적 전통은 이러한 문제를 매우 해석적인 융통성을 가지고 다루었음이 틀림없다. 결국 언약은 깊고도 조건적인 친밀한 관계성에 관심을 기울인다. 이러한 관계성은 다른 어떠한 딱딱한 공식보다도 개방적이고 복잡하다.

예레미야서에 나타나는 서정시적인 운문체 본문들은 예언자 자신에게로 소급되며, 그 내용은 결코 교훈적이지 않다. 이 본문들은 꾸짖거나 강요하거나 이스라엘에게 무엇을 하라고 명령하지 않는다. 대신에 그것들은 자신의 공동체가 겪는 고통과 패배에 대해 격렬한 감수성을 보이는 어느 시인의 목소리를 담고 있다. 이 시인은 유다의 삶 속에 나타나는 핵심적인 실패를 통찰력 있게 바라보고 있다. 이러한 실패는 왕실의 자기기만적 속임수의 방패로 은폐되지 않는다. 매우 독창적인 이미지를 담고 있는 이 시는 예루살렘 공동체로 하여금 그들이 보고 싶어 하지 않는 것들을 보게끔 한다. 그들은 그들이 보아야만 할 것을 봄으로써, 야웨에 대한 위임과 신뢰를 바탕으로 자신들의 삶을 보존하고 개선해야 했다.

오늘날의 주제화된 형태(thematized form)에서 예레미야서는 소위 "예레미야의 소명 기사"(the call of Jeremiah)로 시작한다. 야웨는 그로 하여금 예언자가 되어 이스라엘 가운데 야웨의 말씀을 전하고, 자신들이 자멸하고 있다는 사실을 거부하는 사회 분위기 속에서 야웨의 진실을 드러내도록 그를 위임하셨다(렘 1:4-10). 간결하게 말해서, 부정적인 취지의 단어들이 예언자에게 맡겨졌다. "뽑고 파괴하며 파멸하고 넘어뜨리며"(렘 1:10). (두 개의 긍정적인 동사인, "건설하고 심게"는 포로기 유대교가 지닐 너무나 귀중한 희망사항이 되었다. 그것들은 예루살렘의 재건을 의미한다.) 즉 예언자의 입에서 나오는 말은 야웨가 유다를 이미 멸망시키기 시작하셨다고 단언한다. 이는 유다가 야웨의 언약동반자로서 신뢰할 만하지 못하고 부적절하며 불순종적이라는 사실이 드러났기 때문이다. 우리는 이러한 주장이 담고 있는 극단성을 놓쳐서는 안 된다. 여기에는 어떠한 **현실정치**(Realpolitik, 이념보다는 현실적인 고려에 의해 움직이는 외교와 정치 형태-역자 주)도, 바빌로니아의 확장정책도 언급되지 않는다. 예레미야서의 전통에서 파괴의 근원은 유다를 포기하고 파괴하기로 결정하신 야웨의 주권에 달려 있다.

네 개의 단어들로 표현된 파괴라는 주제(렘 1:10)는 예레미야서 전체에서 반복되는 모티프다(렘 18:7-9; 24:6; 31:28; 45:4). 예레미야서는 유다를 멸망시킨 장본인이 바로 야웨라고 주장한다. 유다의 역사는 강력한 신학적 차원을 지닌다. 그 역사의 중심에는 어떤 불신앙도 허용하시지 않으며 자신이 사랑하신 백성의 멸망을 허락하시는 주권자가 버티고 있다.

신학의 렌즈로 본 구약개관

예레미야서의 운문체 본문은 다가올 재난이라는 주제를 다양한 창조적·창의적 이미지들로 표현한다. 그것은 마치 웅변의 대가(大家)가 자신의 모든 재능을 사용하여 대중과 왕실이 인식하려고도 하지 않고 또 인식할 수도 없는 것들을 전달하고자 애쓰는 모습과도 같다. 우리는 예레미야를 연구하는 학생들에게 본문을 큰소리로 읽어볼 것을 권한다. 또한 재난의 운명을 설명하기 위해 사용된 대담하고도 강력한 이미지들에 주목할 것을 요청한다. 많은 이미지가 있지만 여기서는 두 가지에 대해서만 언급하고 넘어가겠다.

예레미야 2:2-3과 3:1-5에서 본문의 시는 야웨를 모욕당한 남편으로, 이스라엘을 부정한 아내로 표현한다. (우리의 현대적 감수성으로 볼 때, 이러한 이미지는 상당히 가부장적이고 여성차별주의적이다. 특히 "여성"이 범죄자로 그려지면서 "남성"의 학대적인 행동은 두드러지지 않는다. 그러나 이러한 인식이 이스라엘의 변덕스러움과 그로 인한 위험에 대한 메시지를 전달하는 데 있어 이미지의 효과를 경감시키지는 않는다.) 이 장면에서 본문은 행복했던 "결혼시절"을 회상한다. 그때 이스라엘은 야웨께 지극히 민감했다(렘 2:2-3). 그러나 그 후에 변덕과 순종의 거부(렘 2:5), 그리고 "버림"(렘 2:13, 17, 19)이 일어난다. 당시 가부장적인 고대 세계에서, "타인의 아내"가 된 변심한 아내와의 관계가 회복된다는 것은 불가능한 일이었다. 본문은 성적 범죄를 그와 같이 언급하고 있지는 않지만, 불성실함을 표현하기 위한 은유로 이런 이미지를 사용했다. 이로써 왜 관계성이 무너질 수밖에 없었는지에 대한 이유가 설명된다. 이미지의 확장 가운데 사람들은 "남편"의 입장에서 그리움과 동경의 심리를 간파할 수 있을 것이다. 그러나 여기서의 배신감은 너무나 크기 때문에 화해란 생각할 수조차 없다.

야웨와 이스라엘의 관계를 남편과 아내라는 용어로 표현하는 것은 아주 신랄한 비유다. 왜냐하면 그것이 계약적이며 법적인 관계들에 비해 놀랄 정도로 훨씬 더 단순하고 강력하게 언약과 배반의 감정적인 상호작용을 잘 전해주기 때문이다. 그러나 동시에 이 관계에서 야웨를 남자 배우자로 여기는 이 비유적 표현은 구약성서 전체에서 드러나는 가부장적인 정서를 반영하고 있다. 게다가 동일한 용법은 현시대 교회에서도 가부장적인 정서를 북돋운다. 그리고 이런 결과로 남성과 여성의 관계 속에서 힘의 오용이 나타나고 남성 배우자가 특별히 하나님과 같은 지배권을 갖고 있다고 여기게 만든다. 따라서 이 이미지는 신랄하면서도 계몽적이지만 동시에 치명적인 권력의 매개체이기도 하다.

두 번째 이미지는 이스라엘이 병듦으로 인한 절망적 상태를 전달하고자 사용되었다. 이스라엘은 치명적인 병에 걸렸다. 야웨는 치료하고자 하지만, 이 병은 이미 치료 불가능한 상태다.

> 딸 내 백성이 상하였으므로 나도 상하여
> 슬퍼하며 놀라움에 잡혔도다.
> 길르앗에는 유향이 있지 아니한가?
> 그곳에는 의사가 있지 아니한가?
> 딸 내 백성이
> 치료를 받지 못함은 어찌 됨인고(렘 8:21-22; 참조. 렘 30:12-13).

이 이미지에서, 이스라엘에게는 희망이나 소생의 가능성은 없다.

이러한 이미지들은 **현실정치**의 세계로부터 유다의 미래에 대한 문제를 제거해버린다. 실제로 계명들과 법률적 범주들은 사라지고 배신당한 관계성 및 육체의 손상으로 인한 근본적인 위기만이 남아 있다. 본문은 사회에 드러난 모든 것들의 "아래로" 들어가서 독자들로 하여금 야웨의 성난 마음을 살피도록 한다. 그 안에서 독자는 지나치게 민감하고 세심해진 야웨의 모습을 발견한다. 유다의 행동과 태도는 야웨에게 너무나 견딜 수 없는 것이었다.

그러나 본문이 현실의 문제를 완전히 기피하고 있는 것은 아니다. 몸과 가정에 관한 상세한 이미지와 더불어, 성서 저자는 아직 닥치지 않은 군사적 침공의 위험이 눈앞에 놓여 있다는 사실을 참신한 이미지로 그리고 있다. 본문은 "북방에서"(렘 1:14) 다가오는 사람들의 침공을 강력한 병거와 말들로 묘사한다(렘 4:13-18). 적들은 누군가 잠들어 있는 텐트 속을 꿰뚫어보기까지 하며(렘 4:19-22), 그들은 유다에 거하며 유다가 소유하고 있는 모든 것을 삼켜버릴 것이다(렘 5:17). 침공을 묘사하는 수사법은 유다에 대한 위협과 위험이 모든 피조물을 파괴하는 우주적인 위협으로 확대되는 점층적인 기교를 사용한다(렘 4:23-26). 이는 마치 희귀한 고도의 감수성을 지닌 시인이 유다의 어리석고 거짓된 자기기만적 선택의 결과를 바라볼 수 있는 것처럼 묘사한다. 유다는 자기기만과 자기도취로 마비되었다. 그래서 시인은 파멸에 무감각한 유다인들의 상태를 꿰뚫기 위해 극단적이고도 기발한 수사적 장치를 사용한다. 유다는 자신의 상태를 부인하면서 영원히 존재할 것처럼 생각하지만, 다가오고 있는 깊은 고통은 멈추지 않을 것이다.

시인은 보다 깊은 급소를 공격하고 있다. 잘 알려진 "성전설교"(temple sermon)에서, 시인은 예루살렘 성전의 파괴를 그리고 있다. 성전은 유다인들에게 타락과 방종의 원동력이 되어왔다(렘 7:8-15). 그래서 야웨의 명령을 무시하는 일이 공동체의 지평 위에 두드러지게 나타나고 있었다. 예레미야의 성전설교는 성전제도에 대한 신랄한 비판이 담겨 있는 가장 중요한 예언자적 본문들 중 하나다. 이 본문은 일반적으로 이해되어왔던 것과는 달리 성전이 예루살렘의 안전을 보장하지 않는다고 주장하면서 예루살렘 성전의 파괴를 예견한다. 예레미야가 겪게 될 시련은 바로 성전체제를 공개적으로 비판했던 이 사건으로 인해 촉발되었다(렘 26:7-19). 만약 선배 예언자 미가가 아니었더라면, 예레미야는 매국노로 처형되었을 것이다. 미가 역시 한 세기 전에 예루살렘 성전 파괴를 예견한 바 있다(렘 26:17-19; 미 3:12). 이 본문 전체는 이스라엘의 신앙 안에 놓인 깊은 긴장, 그리고 신학적 옹호 안에 놓인 사회적 쟁점을 잘 드러내준다. 항상 그랬듯이, 시인은 파괴적이고 굴욕적인 심판이 공의를 행치 아니하는 왕 여호야

김에게 임할 것이라고 선언한다(렘 22:13-19). 또한 그는 소년 왕 여호야긴이 버림받았다는 사실을 파괴적이고 애수에 섞인 뉘앙스로 선포한다(렘 22:29-30). 이와 병행하여, 예레미야는 현상태가 그대로 유지되리라고 거짓을 말하는 예언자들을 비난한다(렘 23:9-22). 또한 공동체를 마비시키는 데 기여하는 무딘 리더십에 대해서도 대대적인 비난을 가한다.

> 이는 그들이 가장 작은 자로부터 가장 큰 자까지
> 다 탐욕을 부리며,
> 선지자로부터 제사장까지
> 다 거짓을 행함이라.
> 그들이 내 백성의 상처를 가볍게 여기면서
> 말하기를 평강하다 평강하다 하나
> 평강이 없도다.
> 그들이 가증한 일을 행할 때에 부끄러워하였느냐?
> 아니라, 조금도 부끄러워하지 않을 뿐 아니라.
> 얼굴도 붉어지지 않았느니라.
> 그러므로 그들이 엎드러지는 자와 함께 엎드러질 것이라.
> 내가 그들을 벌하리니 그때에 그들이 거꾸러지리라 야웨의 말씀이니라
> (렘 6:13-15).

예레미야의 말과 더불어, 본문은 또한 그가 귀에 거슬리는 발언을 함으로써 어떠한 일을 겪게 되었는지를 분명하게 보도하고 있다. 여기서는 단지 세 가지만 언급해보고자 한다. 첫째, 예레미야는 그의 생애에서 시련을 겪게 된다. 이는 그가 통치 권력의 국가종교를 공개적으로 비판했기 때문이다(렘 26:10-19). 오랜 기억과 예민한 신학적 감수성을 지닌 사람들의 중재가 있었기에 그는 가혹한 처벌을 면할 수 있었다. 둘째, 모든 적법한 합리적 수단들이 다 부적절한 것으로 드러나게 되자, 곤경에 처한 왕들이

상담자로서의 자격이 없었던 예레미야를 불러다가 상담을 청하는 모습이 발견된다(렘 37:17-21). 왕들을 향한 그의 상담은 국수주의적 야웨 신앙과는 반대로 야웨의 뜻을 따라 바빌로니아에 항복할 것을 촉구하는 내용이다. 셋째, 그는 친(親)바빌로니아적으로 비칠 수 있는 태도를 보임으로써 반역자로 몰려 죽을 위험에 처하는 어려움을 당한다. 왜냐하면 백성의 거취 문제에 대한 그의 의견이 당시 세력을 쥐고 있던 관리들의 시각과 충돌을 일으켰기 때문이다(렘 38:4).

예레미야 개인이 남겨놓은 유산은 풍부하고 귀중한 것이었음이 분명하다. 따라서 그것은 예루살렘 붕괴 이후에 등장한 계속적인 정치적 이해 세력들의 관심을 불러일으킬 만한 것이었다. 공식적으로 예레미야서를 보존하고 형성시켰던 집단은 신명기 신학의 영향을 강하게 받은 사람들이었다. 실제적으로 그 집단은 특별히 사반의 집안과 동일시되는데, 그들은 분명 예루살렘의 정치권에서 매우 유력하고 영향력 있는 집안이었을 것이다(렘 26:24; 36:11-19을 보라). 그 집안은 쉽사리 왕실가문 내로 접근할 수 있었지만, 미련하고 해로운 것으로 취급되던 왕실의 정책에 대해서는 찬동하지 않았다. 사반과 그의 후손들 이외에도, 예레미야의 전승은 네리야의 두 아들, 바룩(렘 36:4-32)과 스라야(렘 51:59-64)와 연결되어 있는데, 네리야의 집안은 유력한 가문으로서 서열 두 번째의 서기관 집안으로 보인다.

자신들의 기억에 남아 있는 예레미야의 말을 모아서 그것을 정치적·신학적 견해로 채색함으로써 예레미야가 예견했던 포로기에 이르러서도 그 말이 영구적인 가치를 지니도록 만들어주었던 것은 바로 그처럼 지속성을 가진 정치 집단이었다. 예언자의 말을 재해석하는 과정에 대한 연구는 중요하다. 이는 단지 예언자의 말이 예언서로 형성되는 과정에 관한 것뿐만 아니라, 예언자의 말이 어떻게 세대를 거듭하면서도 계속해서 강력하게 영향력을 끼칠 수 있었는지에 대해서도 보여주기 때문이다. 이러한 해석적 과정에서, 우리는 포로기 유다인들의 자기 이해에 중요한 것으로 간주된 세 가지 모티프를 규정해보고자 한다.

(1) 본문이 북쪽으로부터 오는 적을 예견하고 있지만(렘 1:14), 다가오는 적군의 정체는 본문 어느 곳에서도 명확히 규정되지 않고 있다. 지정학적인 현실을 놓고 보았을 때, 아마도 본문에 나타나는 적은 바빌로니아를 가리킬 것이다. 그러나 그조차 명확히 언급된 것은 아니다. 이후의 해석공동체는 단서가 될 만한 것을 명확하게 찾아냈다. 적군은 분명 느부갓네살의 바빌로니아 군대이며, 따라서 야웨 신앙적인 주장과 지정학적 현실이 맞아떨어지게 되었다는 것이다. 실제로 이 전승들은 야웨가 "내 종 바벨론의 왕 느부갓네살"(렘 25:9; 27:6)이라고 말씀하셨다는 사실을 포함하고 있다. 예루살렘을 파괴하려는, 두려움과 미움의 대상이었던 바빌로니아의 통치자가 야웨의 목적을 위한 도구로 이해된다. 따라서 바빌로니아에 의한 예루살렘 파괴는 유다를 멸망시키기 위한 야웨 자신의 활동이었던 것이다. 이는 정치적 전개과정에 있어 쉽게 수용되기 힘든 주장이다. 야웨는 유다를 멸망시키고 유다의 공식적인 삶과 정체성을 종결시키고자 하셨다. 그리고 역사 속에서 그러한 일을 정말로 실행하셨던 것이다.

(2) 이후의 해석공동체는 예레미야의 주목할 만한 시들을 수집하여 그것들을 지침으로 삼았다. 그 시들은 이스라엘이 회개하여(렘 18:8; 23:22; 25:3; 26:3; 36:3) 다시금 토라에 순종함으로써 재앙을 돌이킬 수 있을 것이라고 주장하며 또한 기대한다. 이러한 회개의 촉구는 진지한 순종을 통해 다가오는 기원전 587년의 참사를 되돌려놓기 위해 제시되었던 것 같다. 그러나 만약 회개 촉구의 본문이 후대에 첨가된 것이라면, 표면상으로 예루살렘 주민들을 향한 회개의 촉구가 실제로는 포로기의 공동체를 향한 호소인 셈이다. 어느 쪽이 진실이든, 이러한 해석은 시인의 말을 넘어서 진지하고도 자발적인 순종을 겸비한 공동체로서의 유대교 출현에 기여하게 된다.

(3) 이러한 후대의 해석공동체는 포로기의 상황에서 자신들의 관심사에 맞추어 활동했다. 기원전 598년의 강제 이주(렘 52:28; 왕하 24:8-17) 및 기원전 587년의 강제 이주(렘 52:29; 왕하 25:1-21)와 더불어, 포로들 가운데

경쟁적인 유대인 공동체들이 생겨나게 되었다. 게다가 왕조의 붕괴와 함께, 서로 경쟁하는 공동체들 사이에서 자신의 공동체를 "참된 공동체"로 내세우려는 강한 동기가 작용하기 시작했다. 오직 참된 공동체만이 과거를 "올바르게" 해석하고 미래에 대한 권위를 보장받을 수 있었다(이는 제2차 세계대전 당시 [나치의 지원을 받은 비시 정부에 대항하여-역자 주] "참된 프랑스"를 주장했던 샤를 드골[Charles de Gaulle]의 전략과 다를 바 없다). 예레미야의 전통에서 활동하던 공동체는 기원전 598년에 포로로 잡혀간 사람들이 "참된 유다"라고 주장했다(렘 24:4-7에 나타나는 "좋은 무화과"). 이와는 달리 바빌론이 아닌 다른 곳으로 잡혀간 포로들 및 아직 유다 땅에 남아 있는 자들은 참된 유다가 아니었다(렘 24:8-10에 나타나는 "악한 무화과"). 따라서 편집 과정에서부터 예레미야서는 추방의 현실을 극복하여 미래를 형성하기 위한 관심으로서의 진실과 권력의 문제를 가지고 씨름했던 것이다. 사실 예레미야서가 오로지 미래에 대해 깊이 숙고하고 있었다는 사실은 놀라운 일이 아닐 수 없다. 이는 이스라엘의 미래를 전혀 예견하지 못했던 시인 예레미야의 지평을 넘어서는 일이다.

예레미야의 "심판전승" 안에서 또 다른 하나의 요인이 특별히 주목을 받을 만하다. 야웨를 향한 일련의 기도들 가운데서(보통 "예레미야의 고백들"[confessions of Jeremiah]이라 불린다. 렘 11:18-23; 12:1-6; 15:10-21; 17:14-18; 18:18-23; 20:7-18을 보라), 시인은 야웨께 상처, 슬픔, 분노, 절박한 위험의 감정으로부터 건져줄 것을 기도한다. 시인은 야웨로부터의 도움을 구하면서 또한 야웨께서 자신을 위협하는 자들에 대항하여 간섭해주실 것을 청원한다. 만약 실제로 이것들이 하나의 시리즈였다면, 이 시리즈는 절망으로 인한 격렬한 울부짖음으로 끝나게 된다(렘 20:14-18).

이러한 기도문들을 누가 만들었는지는 전혀 확실치 않다. 비록 여기서의 단어 사용과 양식이 비교적 분명하기는 하지만, 예레미야서 안에서 그것들이 어떠한 의도, 목적, 기능을 가지는지는 알기 어렵다. 일반적으로 가정되어왔듯이, 그것들은 야웨의 신실한 종의 울부짖음이다. 그는 야웨와의 친밀감을 즐기면서 신실함의 위기와 희생에 대해 야웨께 직접적으로 대담하게 말하는 자다. 마치 개인의 기도인 양 나타나 있지만, 이 기도들은 아무래도 그 형태와 구성을 살피건대 위기에 처한 이스라엘의 기도라고 가정할 수 있겠다. 이제 이스라엘은 중대한 위험의 상황에서 야웨의 도우심과 지키심을 구하고 있다. 그에 대한 해석은 쉽지 않다. 잠정적으로 이러한 기도들이 예레미야의 전통 안으로 열정, 아픔, 분노, 궁핍의 차원을 도입시켰다고 주장할 수 있다. 즉 예레미야의 영향력은 축복과 저주에 대한 언약신학의 차원을 넘어선다. **현실정치**의 위태로운 세계 속에서, 야웨를 마주보고 있는 인간의 현실은 그보다 더욱 초라하고 불안할 수밖에 없다. 따라서 이러한 기도들은 지나치게 단순화하려는 어떤 환원주의(reductionism)적 역사관도 거부한다. 우리가 앞으로 보게 되겠지만, 이러한 열정의 목소리는 붕괴를 넘어서 희망으로 향하는 예레미야의 전통만큼이나 중요하다.

예레미야 전승은 질서정연하거나 매끈하게 편집되어 있지 않다. 그러한 이유로 예레미야서는 읽기가 대단히 어렵다. 그러나 동일한 이유에서 예레미야서에는 해석의 지평이 끝없이 열려 있다. 세부사항들이 불분명하고 불안정할 경우, 본문에 나타나는 것들은 여지없이 역사 가운데 있었던 끔찍한 종말에 대한 증언들이다. 예루살렘에 의존하던 모든 것, 그리고 야웨가 약속한 모든 것이 끝장날 것이다. 더구나 이러한 전승은 "역사"의 순수한 힘이 야웨의 의도를 제압하도록 내버려두지 않는다. 이와는 대조적으로, 종말의 위력은 분명 야웨(느부갓네살이 아니라)의 요청에 의한 것이다. 그분은 결국 희망의 가능성이 없는 계획으로서 자신의 사랑하는 이스라엘을 내치실 것이다. 그러한 형언할 수 없는 현실 속에서, 예레미야 전승이 이 현실을 단속적이고 혼란스러우면서도 단호한 것으로 말할 수 있었다는 사실은 결코 놀랄 일이 아니다. 죽음의 강제추방이 임박한 이유는, 야웨가 결코 타인에 의해 놀림 받을 분이 아니시기 때문이다!

기원전 598년의 추방과 587년의 결정적인 멸망 이전에, 유다 왕국의 마지막 몇 년은 상당한 정도로 역사적 격변의 시기였고, 신학적으로는 불안정과 불확실의 시대였다. 이때에 예레미야의 전승은 대담하고도 선언(宣言)적인 수사학을 선보인다. 통제 불능인 것처럼 보이는 세상 역사 속에서의 야웨의 통치에 관한, 그리고 그분의 통치의 정의로움에 관한 질문들은 난해하면서도 회피될 수 없는 것이었다. 그러한 질문들은 진지한 사람들에 의해 제기될 수밖에 없었다. 격변 속에서도 진지했던 신앙의 사람들이 직면한 곤경은 **하박국서**라는 작은 책 안에 반영되어 있다. 자신의 작품이 정경 안에 포함된 하박국은 예레미야만큼이나 활동적인 인물은 아니었다. 아마도 하박국서는 이 시기 즈음에 형성되었을 것이다(합 1:6에서 바빌로니아 사람들에 대한 언급). 그러나 학자들은 이 책의 연대를 정하는 일에 대해 상당히 조심스러워 하고 있다.

이 작은 책의 수사학은 유다에게 임하는 거칠고 파괴적인 힘에 관해 다루고 있다. 이는 아마도 유다 공동체에 내재한 사악함 혹은 아시리아 사람들에 의해 저질러진 대대적인 악행들을 가리킬 것이다(합 1:2-4). 양쪽 모두의 경우에서, 하나님은 악을 응징하시기 위하여 바빌로니아 사람들을 보내신다. 그들은 굳세고 무자비한 세력을 가지고 등장한다(합 1:5-11). 그러나 바빌로니아 역시 실제로는 차선책에 불과하다. 왜냐하면 성서 본문은 비록 바빌로니아가 하나님의 도구로 사용된다 할지라도 그들의 힘이 역사에 대한 영구적인 해답이라고 주장하지 않기 때문이다. 이전과 이후의 모든 강대국들과 마찬가지로, 이 강대국 역시 거만하고 난폭하게 될 것이다. 여기서 하박국 2:4을 특별히 주목해볼 필요가 있다.

> 보라 그의 마음은 교만하며
> 그 속에서 정직하지 못하나
> 의인은 그의 믿음으로 말미암아 살리라.

이 본문은 강렬한 인상으로 "교만한" 적들을 이스라엘의 신실한 자들과 대조시키고 있다. 신실한 자들은 야웨를 신뢰한다는 이유로 구원받을 것이다. 후에 이 구절은 그리스도교 복음에 대한 바울의 이해에 있어 중요한 영향을 끼쳤고(롬 1:17; 갈 3:11; 또한 히 10:38을 보라), 이어서 마르틴 루터(Martin Luther)가 주창한 은총의 신학에 주된 근거가 되었다. 본문의 본래적이고 파생적인 용법에서, **하나님을 신뢰하는 것**이 행복과 안전의 충분조건임이 확실히 드러난다. 그러므로 바빌로니아가 야웨의 도구라는 주장에 이어, 하박국 2:6-19에는 일련의 화(禍)에 관한 신탁(woe-oracles)이 등장하는데, 그 내용은 거만하고 폭력적이며 자기도취에 빠진 바빌로니아를 향한 위협의 말들로 구성되어 있다.

하박국 2장을 결론짓는 다소 기이한 구절은 하박국서 전체의 전환점을 표시해준다.

> 오직 야웨는 그 성전에 계시니
> 온 땅은 그 앞에서 잠잠할지니라(합 2:20).

이 구절은 아마도 하박국서의 시 전체에서 이 지점까지는 의로운 자에게 아직 어떤 것도 주어지지 않았음을 말해주는 듯하다. 이스라엘은 단지 하박국 3장에서 벌어질 야웨의 활발한 간섭을 조용히 기다릴 수밖에 없다. 이제 본문의 관심은 더 이상 바빌로니아나 다른 역사적 대리인 혹은 사건들에 있지 않다. 이어지는 장은 야웨의 강력한 도래에 대한 비전과 기대를 제시한다. 그분은 오셔서 착취적 권력에 의한 약탈의 참상을 회복시키실 것이다. 결말 부분에서, 본문은 야웨가 모든 어려움이 도사리는 역사를 바로잡으실 것이라는 사실에 대한 확고한 신뢰를 보여준다. 하박국 3장의 결말(16-19절)은 야웨를 기다리고 바라는 확신 안에서 모든 어려움이 해결된다고 밝히고 있다.

> 무리가 우리를 치러 올라오는 환난 날을

내가 기다리므로…

비록 무화과나무가 무성하지 못하며

포도나무에 열매가 없으며

감람나무에 소출이 없으며

밭에 먹을 것이 없으며

우리에 양이 없으며

외양간에 소가 없을지라도

나는 야웨로 말미암아 즐거워하며

나의 구원의 하나님으로 말미암아 기뻐하리로다.

주 야웨는 나의 힘이시라.

나의 발을 사슴과 같게 하사

나로 나의 높은 곳으로 다니게 하시리로다.

시인은 모든 피조물을 향한 위협―폭력으로 인해 생겨나는―을 충분히 인식하고 있다(17절). 하지만 그는 이어서 하박국 2:4에서 이미 언급되었던 믿음을 통해 보다 깊은 차원의 "극복"을 고백한다(18절). 예언자들의 말 속에는 삶의 비애가 충분히 담겨 있지만, 바로 그러한 비애 가운데서 야웨가 모든 문제를 뛰어넘어 행복으로 이끌어주시리라는 확신이 자리하고 있다.

이 구절들은 보다 영향력 있는 예레미야서와 에스겔서를 지배하는 신앙의 기본적 윤곽을 우리에게 제시해준다. 하박국서의 역사적 특수성은 비록 애매모호하지만, 우리는 그러한 불확실함 속에서 유다의 신앙을 특징 짓는 주제들의 역할을 주목해야만 한다.

  - 파멸과 그로 인한 끔찍한 결과에 관한 충분하고도 적나라한 인식.

  - 결국 야웨가 파멸을 회복시키실 수 있고, 또 그러실 것이라는 강한 확신.

  - 심각한 파멸과 보다 더 진지한 확신을 한데 결합시키는 방법은 지배에 관

한 두 단계의 개념들 안에 있다는 사실. ⓐ 바빌로니아는 야웨의 도구이며, 동시에 ⓑ 바빌로니아는 멸망하게 될 야웨의 적이다. 야웨의 도구로서 바빌로니아는 유다의 처벌 도구다. 야웨의 멸망당할 적으로서 바빌로니아는 유다에게 희망과 구원의 근거를 세워준다. 그러므로 여기서 두 번째로 언급되는 바빌로니아는 야웨의 주권적 심판 및 다가올 주권적 구원을 설명하기 위한 열쇠가 된다.

피할 수도 없고 재촉할 수도 없는 심판과 멸망의 드라마를 지켜보면서, 믿음의 사람들은 야웨의 통치가 지정학적 조건을 통해 그 안에서 실현되기까지 정직한 확신을 가지고 **기다려야만 한다**. 하박국은 신실한 자들에게 기다리라고 강력히 권면한다. 결국에 가면, 야웨가 이기실 것이며 교만한 제국은 패망할 것이기 때문이다(합 2:3).

예레미야서 및 에스겔서와 보조를 맞추는 이러한 작은 분량의 하박국서에서, 우리는 비록 쉬이 알기는 어려우나 간결하면서도 분명하게 드러나는 포로와 희망의 신학을 발견하게 된다. 유다를 위하여 온 천하는 거룩하신 분 앞에서 잠잠해야만 한다.

예레미야서와 더불어, 바빌로니아의 침략을 통한 야웨의 심판에 직면하여 "멸망"의 문제를 다룬 두 번째 위대한 문헌이 바로 **에스겔서**다. 예레미야서와는 달리, 에스겔서는 보다 주의 깊게 조직적으로 편집되었다. 예레미야서가 한 쌍의 주제, 즉 "뽑으며 파괴하며, 그리고 건설하고 심는 데" 관심을 두었듯이, 에스겔서도 마찬가지로 "흩뜨리고 모으는"(겔 11:17; 참조. 렘 10장) 유사한 주제 쌍을 지니고 있다. 이는 다시 말해서 예레미야서와 에스겔서 모두가 기원전 6세기의 유다 역사에서 "두 단계"의 개념을 명시하고 있다는 의미다. 첫째는 붕괴로 인한 포로 생활, 둘째는 포로기 이후 귀환을 통한 회복이다. 에스겔서는 포로 생활로의 "흩뜨림"을 1-24장에서(본 소단원에서는 이 부분만을 다룰 것이다), "모으는 일"을 25-48장에서 말하고 있다. "두 단계"의 주제들 중 첫 번째 것을 다루는 데 있어서, "흩뜨

립"에 대한 우리의 고찰에 회복의 주제가 스며들어옴으로써 심판의 효과
가 경감되도록 방치해서는 안 된다는 사실을 유념해야만 한다. 왜냐하면
본문 자체는 붕괴에 대한 어떠한 역사적 대가나 신학적 중대성이 완화되
기를 허용하지 않기 때문이다. 즉 흩뜨림의 선포에서, 본문은 마치 이것이
모든 것의 종말인 듯 말하고 있다. 포로로 잡혀가는 일은 세상에서 야웨와
함께했던 유다의 삶이 끝장나는 순간이라는 것이다.

> 이제는 네게 끝이 이르렀나니,
> 내가 내 진노를 네게 나타내어
> 네 행위를 심판하고
> 네 모든 가증한 일을 보응하리라.
> 내가 너를 불쌍히 여기지 아니하며 긍휼히 여기지도 아니하고
> 네 행위대로 너를 벌하여
> 네 가증한 일이 너희 중에 나타나게 하리니(겔 7:3-4).

에스겔은 일반적으로 기원전 593-571년에 바빌론의 포로들 중에 살
면서 활동했던 인물로 간주된다. 예레미야와 마찬가지로 에스겔 역시 기
원전 587년 사건의 전후에 걸쳐 활동했다. 에스겔이라는 인물은 예루살렘
의 제사장 가문 출신이다. 또한 에스겔서가 제사장적인 관심과 인식을 반
영하면서, 대개 동시대의 것으로 간주되는 오경의 제사장 전승(P)과 긴밀
한 관계를 지니고 있음에는 의심의 여지가 없다. 인식과 표현에 있어서 이
러한 제사장적 양식은 우리에게 특별한 흥미를 제공하는데, 이는 에스겔
서의 제사장적 요소가 신명기를 통하여 주어진 모세에 대한 기억으로부
터 파생된 예레미야의 전통과 매우 다르기 때문이다. 예레미야와 에스겔
모두는 제사장이었지만, 그들은 서로 다른 신학적 기억과 관점을 지니고
있었다. 따라서 이 둘은 서로 상당히 다른 렌즈를 통하여 유다의 절박한
위기를 함께 조망했던 것이다. 즉 한쪽은 순종에 대한 모세 언약의 강조와

언약의 상벌을 통하여, 다른 한쪽은 거룩과 성결에 대한 제사장-성직자적 강조를 통하여 그렇게 했다. 두 가지 전통에 대한 비교와 대조는 유다의 전통이 풍부한 근원을 가지고 있음을 명백하게 보여준다. 그러나 이와 동등하게, 붕괴와 포로기에 대한 "제한된" 경험은 예루살렘 파괴를 둘러싼 사건들로부터 야웨 신앙적인 의미를 도출해내기 위해 대단히 모험적인 해석과 주석을 요구하기도 한다.

유다의 "흩뜨림"—유다인들이 바빌론으로 끌려가고 예루살렘이 파괴되는 것으로 정점에 이르는 예루살렘을 향한 심판—은 에스겔 1-24장을 지배한다. 상당한 정도의 다양함과 대담함이 담겨 있는 이 장들에서, 야웨로부터 비롯된 참혹한 심판에 대한 확고한 설명은 가차 없이 현실로 이루어진다. 이러한 자료들을 읽으면서, 우리는 유다가—야웨와 함께—사랑하는 예루살렘을 떠나야만 한다는 괴롭고도 어이없는 평결이 선포되는 데 기여한 풍부한 다양성들에 주의를 기울여볼 만하다.

(1) 에스겔이 8-11장에서 표명한 예루살렘에서의 문제 상황은, 오로지 야웨만을 위하는 성전이 "가증한 짐승"과 "각양 곤충" 및 이방의 신이었던 탐무즈(Tammuz)를 예배하는 곳으로 변질되었다는 사실이다(겔 8:7-15). 이 본문이 성전에서 벌어지고 있는 일에 대한 실제적인 묘사인지 아니면 논지를 입증하기 위한 과장된 표현인지의 여부를 떠나서, 예루살렘과 성전은 야웨의 거룩함을 너무나 더럽혔기 때문에 야웨는 더 이상 그곳에 머물러 계실 수 없게 되었다는 사실이 중요하다. 성전의 음란한 오염에 대하여 에스겔은 두 가지로 반응한다. 첫째, 야웨를 모욕하는 데 참여한 모든 자들에게 사망선고가 내려진다(겔 9:5-10). 둘째, 야웨는 모욕을 참지 못하고 몸소 눈에 보이는 형태를 취하여 포로들에게 날아가신다(겔 10:18-22). 에스겔 1장의 "보좌수레" 환상(vision of wheels)은 야웨의 이동성(mobility)을 드러낸다. 신학적 사고의 이러한 놀라운 혁신은, 야웨가 예루살렘 성전에 영원히 거하실 것이라는 관념을 깨뜨려버렸다. 포로의 극단적 상황은 야웨조차 이제는 성전으로부터 떨어져 나와 포로의 조건과 상황에 놓이게

되었음을 말해준다. 이러한 주목할 만한 이미지 안에서, 에스겔은 고발과 선고에 대한 예언자적 표현을 특징 있게 드러낸다. 그러나 또한 야웨의 순수한 성결과 측량할 수 없는 영광을 위하여, 그는 성전에 대한 신랄한 지적을 잊지 않았다. 그 결과 예루살렘은 난데없는 야웨의 부재 상황에 직면하게 되었고, 야웨가 예루살렘을 떠나실 때 그 도시와 그곳의 거민들에게는 더 이상 미래도 희망도 남지 않게 되었다.

(2) 두 번째 매우 다른 형태의 본문에서(겔 4-6장), 예언자는 강제적인 이미지를 통해 피할 수 없이 다가오는 예루살렘의 사로잡힘을 표현하고자 했다. 그곳은 심판 아래 놓인 도시였다. 이 내러티브들은 예언자에게 있어 도시의 운명이 이미 정해진 일임을 보여준다. 그 도시의 행위는 야웨께 너무나 모욕적이었다. 그러나 도시와 그곳의 지도자들은 위협을 목도하기를 거부했다. 결과적으로 예언자는 불길하고도 갑작스런 미래를 분명히 하기 위하여 과격한 수단을 사용해야만 했다.

예언자는 단지 말에만 의존하지 않고 드라마틱한 행위를 통해 절박한 사로잡힘과 추방을 증거했다. 주의를 불러 모으는 그의 행위는 포위 상태에 놓인 예루살렘의 작은 모형을 건설하는 일(겔 4:1-3), 추방의 기간과 포로 생활의 희망 없음을 분명히 보여주기 위하여 정해진 기간 동안 공개적으로 좌우로 누워 있는 일(겔 4:4-8), 포로 된 이스라엘의 "부정하고" 더러운 삶을 예시하기 위하여 "부정한" 방식으로 음식을 만들어 먹는 일(겔 4:9-15), 유다의 흩어짐을 드러내기 위해 머리털을 잘라 바람에 날린 일(겔 5:1-4)로 구성되어 있다. 에스겔 12:1-16에서 예언자는 곧 다가올 세력에 분명히 사로잡힐 것임을 자신 스스로가 준비하고 있다는 점을 보여주기 위하여 자신의 행구(行具) 옆에 서 있었다.

이러한 여러 가지 행위들은 결코 타협할 수 없는 야웨의 거룩함이라는 불변의 사실을 보여줌으로써 동시대인들(이어서 독자들)의 상상력을 자극하기 위한 것이었다. 예레미야처럼 에스겔도 예루살렘 이데올로기─유다, 예루살렘 성읍, 예루살렘 성전, 왕을 향한 야웨의 위임은 취소될 수 없다는 주장—의 반발에 직면했다. 극단적이고 대담한 방식을 통하여 에스겔은 야웨의 위임을 받은 모든 것이 취소될 수 있으며 또 이제 실제로 취소되었다는 사실을 분명히 하고자 했다. 유다와 유다의 종교체제가 자신의 이해관계에 따라 야웨를 속박한다는 것은 불가능한 일이었다. 자유 안에 거하시는 야웨는 이제 엄청난 혹독함으로 유다를 공격하려고 하신다.

(3) 예레미야 23장과 다를 바 없는 비판이 등장하는 에스겔 13장에서, 예언자는 동시대 예언자들을 공격한다. 그들은 자신들의 상상력으로 야웨의 이름을 빌려 거짓된 용기를 불어넣는다. 예언자들은 스스로 현실을 "왜곡하여" 사회적 현실을 실제보다 더 낫게 부풀리면서, 평강이 없음에도 "평강"(10절; 참조. 렘 6:14; 8:11)을 말한다. 그러나 이런 예언자들은 공동체의 끝없는 자기기만에 목소리를 더할 뿐이다. 공동체는 야웨의 거룩함과 영광이 이스라엘의 행복과 계속해서 연결되어 있을 것이라고 상상한다. 이런 자기기만은 유다를 착각의 세계 안에 머물게 만든다. 이런 상태에서는 현실의 정확한 의미가 전달되지 못하며, 이토록 고집 센 백성을 야웨가 멸하려 하신다는 사실을 알아차릴 수 없게 된다.

(4) 에스겔의 수사학은 눈에 띄게 양식화되어 있다. 야웨의 적들에 대한 고전적인 저주—칼, 기근, 역병—가 상술되어 있는 본문이 가장 확실한 실례다(겔 6:11-12; 14:12-20; 참조. 렘 15:2; 24:10). 이 세 가지 저주에서, 예언자는 실제로 보다 오래된 저주들을 상기시킨다. 혹은 이 세 가지 저주가 군사적 침략의 현실성을 반영하는지도 모른다. 파괴적인 군대(여기서는 바빌로니아 군대)에 잇따라서, "칼"이 지나간 곳에는 으레 "기근"이 뒤따른다. 식량이 몰수되고 파괴됨으로써 사회의 하부구조가 와해된다. 그리고 "역병"이 등장하게 된다. 그러므로 이러한 저주들은 인간 대리자에 의해 폭력적으로 진행되는 유다의 멸망을 제시하고 있는 것이다. 결국에 가서, 유다는 속수무책으로 야웨의 손에 노출될 것이다. 그분은 유다의 멸망을 위하여 인간 대리자를 보내실 것이다.

(5) 에스겔 18장에서 예언자는 "돌이키고 살지니라"라는 우리에게 익

숙한 제언을 내놓는다. 이러한 제언은 더 늦기 전에 유다가 자신의 삶에서 돌이켜 멸망을 막을 수 있다는 희망을 드러낸다(혹은 이러한 호소가 이미 포로 된 자들을 향하여 후대에 선포된 것일 수도 있다). 어찌되었거나, 이 장에 나타나는 강력한 권고는 미래에 있을 유다의 부활이 예배, 경제, 성(性)의 문제에 있어 백성이 책임 있는 행동을 하느냐의 여부에 달려 있다고 하는 때 묻지 않은 확신을 반영한다(겔 18:5-9). "생명"을 위한 충분조건은 "돌이킴"이다. 이 장에 나타나는 제안과 불길한 초대는 잠정적인 것일 뿐이다. 야웨가 "죽을 자가 죽는 것도 기뻐하지 아니하신다"(32절) 해도, 생명이 거저 주어지는 것은 아니다. 생명은 오로지 야웨의 명령에 합치하는 삶을 살 때에만 유지될 수 있다. 그러므로 에스겔서의 맥락에서 생명의 제안은 단지 유다가 살아왔던 방식에 따른 결과적인 운명, 즉 죽음을 강조할 따름인 것이다. 유다는 "돌이킬" 기회를 모두 놓쳐버렸고, 그래서 야웨와 함께 하는 삶과 미래를 위한 모든 기회를 박탈당했다.

　(6) 에스겔 8-11장의 성전 환상, 4-6장의 상징행위들, 13장의 거짓 예언자 비판, 6장과 14장의 저주들의 상술(詳述), 그리고 18장의 돌이키기 위한 마지막 기회, 이 모든 내용으로부터 우리는 에스겔서의 본문들이 예루살렘의 끝, 예루살렘에서 야웨의 현존의 끝, 유다에 대한 야웨의 위임의 끝이 매우 임박했다고 하는 분명한 확신을 가지고 있다는 사실을 보게 된다.

　야웨의 거룩함에 기초한 이러한 유일한 확신과 관계되었음에도 불구하고, 예언자는 가장 포괄적인 방식으로 이스라엘 역사에 대해 세 가지 확장된 진술을 제공한다(겔 16장; 20장; 23장). 이는 이스라엘에서 표준적인 관습이었다. 왜냐하면 아마도 오래전부터 이스라엘을 향한 야웨의 은총의 행위를 되읊음으로써 과거를 되풀이하는 일이 있어왔기 때문이다(신 6:10-14; 26:5-9; 수 24:2-13; 시 105편에서와 같이). 그러한 은총은 에스겔에게도 여전히 인식되고 있다(겔 16:1-14; 20:6, 10-12). 그러나 이제 "함께 살아가기"(life together)의 되풀이를 주도해나가는 추진력은 더 이상 야웨의 지속적인 은총의 결과가 아니다.

이제부터의 강조점은 이스라엘에게 감사와 응답이 결여되었다는 사실에 있다. 이는 방종적인 자율 및 그로 인해 야웨를 심히 모욕함으로써 생겨난 결과다. 따라서 에스겔 16:15-34, 20:8, 13, 16, 21과 23:3-49에서는 상황이 되바뀐다. 야웨의 선하신 주도권으로부터 이스라엘의 꼴사나운 응답으로 주의가 환기된다. 여러 가지 다양한 범죄들이 확인되지만, 이스라엘의 죄악을 표현하는 가장 지배적인 이미지는 괴팍한 소녀의 성적(性的) 간음이다. 이 이미지는 예언자가 성(性)과 여자에 대해 불건전한 시각을 가졌다거나, 그의 말이 무비판적인 가부장적 관계현실을 수용하고 있다는 주장을 펼치기 위해 곧잘 인용된다. 이러한 문제는 우리의 논의의 범위를 벗어나는 것이기는 하지만, 이러한 이미지가 야웨에 대한 가장 거칠고 음란하며 생각하기조차 어려운 배신을 표현하기 위한 목적으로 충분히 사용될 수 있다고 생각된다. 다시 말해 여기서 우리는 남성과 여성 간의 불균형적인 관계의 성적 이미지들이 예언자에 의해 사용되고 있음을 볼 수 있다. 또한 우리는 이 이미지가 파괴적일 수 있는 권력관계 모델을 강력하게 드러내는 동시에 그것을 전수하고 있다는 점에 주목해야 한다. 이보다 덜한 이미지는 이 본문의 의도를 충족시키지 못했을 것이다.

우리가 지금 에스겔의 수사학에 대해 알고 있는 바와 같이, 유다의 성적 모욕에 대한 야웨의 강압적인 응답이 단순한 처벌이 아니며 오히려 상처입고 수치를 당하며 멸시를 받은 애인이 분노 속에서 나타내는 거칠고 비이성적인 반응이라는 사실은 놀랍지 않다. 야웨는 자신이 모든 것을 걸었던 바람피우는 애인을 파괴시키실 것이다.

> 그리한즉 나는 네게 대한 내 분노가 그치며 내 질투가 네게서 떠나고 마음이 평안하여 다시는 노하지 아니하리라(겔 16:42, 참조. 35-43절).

> 또 내가 내 손을 들어 광야에서 그들에게 맹세하기를 내가 그들을 이방인 중에 흩으며 여러 민족 가운데에 헤치리라 하였나니…또 내가 그들에게 선하

지 못한 율례와 능히 지키지 못할 규례를 주었고 그들이 장자를 다 화제로 드리는 그 예물로 내가 그들을 더럽혔음은 그들로 멸망하게 하여 나를 야웨인 줄 알게 하려 하였음이라(겔 20:23, 25-26; 참조. 겔 23:22-45).

주석가들이 제안하는 대로, 수사학의 극단성은 실제로 예언자의 개인적인 성향을 반영하는 것 같다. 그러나 수사학의 참 의도는 이스라엘에게 두려운 분이신 야웨를 드러내 보여주고자 하는 데 있다. 그분은 견딜 수 없는 모욕에 대하여 파괴로서 응답하시는 분이다. 이는 단순한 계명위반이나 규칙위반이 아니라, 바로 야웨 자신이 겪는 깊은 감정적인 상처다. 에스겔의 표현 방식대로라면, 야웨는 화를 내실 수도 있고 모욕을 받으실 수도 있다. 그러나 처벌의 원동력은 깊고도 비합리적인 분노로부터 비롯된다. 그러한 분노 앞에서 유다는 완전히 절망하게 된다. 처벌은 "북방", 즉 바빌로니아로부터 올 것이다(겔 23:24). 그러므로 종국에 이르러서는 이러한 긴밀하고 개인적인 모욕에 대한 진술은 지정학적 현실로 전이된다. 그러나 지정학은 이미 완전히 뒤틀어진 관계성에 대한 뒤늦은 도구일 뿐이다.

이 시적인 예언자들—하박국, 특히 예레미야와 에스겔—은 다양한 주제와 이미지들을 가지고 바빌로니아에 의해 자행된 가혹한 현실에 대해 신학적 기반을 제공해준다. 유다의 경험은 실제 현장에서 이러한 시인들의 수사학적 대담성과 잘 맞아떨어졌다. 실제로 느부갓네살과 그의 군대가 쳐들어왔다. 그들은 기원전 598년에 이르러 3,023명의 유다인들을 잡아갔다. 기원전 587년에는 832명의 유다인들을, 이어서 기원전 581년에는 일종의 소탕 작전으로 745명의 유다인들을 잡아갔다. 도합 4,600명의 사람들이 제국정책의 가혹한 행위로 인해 끌려갔다(렘 52:28-30).

이런 수치는 그 자체로서 그다지 많아 보이지는 않는다. 그러나 숫자와 연대에 초점을 맞추다가는 시인들의 핵심을 놓치는 수가 있다. 야웨의 관점으로 사건들을 해석하지 않는 "제삼자"(outsider)는 이러한 위기를 그저 제국의 침략에 따른 불행으로 여기고 말 것이다. 그러나 이스라엘의 예언자적 수사학에 있어서 "당사자"(insider)들은 보다 더 많이, 보다 더 잘 알고 있었다. 그들은 제국의 행동처럼 보이는 것들이 실상은 야웨의 행동이었음을 알았다. 제한적이고 징벌적인 강제 이주처럼 보이는 것이 실제로는 이스라엘 전체의 이동이었다. "현상태를 초래한 이유"가 실제로는 하나님의 열정—분노, 부끄러움, 상처, 분개, 의로움—이 낳은 행위였다. 더욱이 그러한 행위를 통하여, 유다에서 확실해 보였던 모든 것이 종결되었다. 그것은 느부갓네살로 인한 종결이 아니라, 바로 야웨로 인한 종결이었다.

이로써 역사 속에서 야웨가 행하신 수치스러운 실험이 끝났다. 예레미야는 가엾게도 끌려간 소년 왕을 향하여 열정의 목소리로 종말을 노래했다. 그 소년 왕의 처지는 이스라엘의 역사적 실험이 실패했음을 보여주는 상징이었다.

> 땅이여, 땅이여, 땅이여,
> 야웨의 말을 들을지니라….
> 너희는 이 사람이 자식이 없겠고
> 그의 평생에 형통하지 못할 자라 기록하라.
> 이는 그 자손 중 형통하여
> 다윗의 왕위에 앉아
> 유다를 다스릴 사람이 다시는 없을 것임이라(렘 22:29-30).

에스겔은 도망자로부터 그 소식을 듣게 된다.

> 그 성이 함락되었다(겔 33:21).

예레미야의 전승은 이러한 결과를 예견했다.

신학의 렌즈로 본 구약개관

> 만군의 야웨께서 이와 같이 말씀하시되 사람이 토기장이의 그릇을 한번 깨뜨리면 다시 완전하게 할 수 없나니 이와 같이 내가 이 백성과 이 성읍을 무너뜨리리니(렘 19:11).

에스겔은 앞으로의 일을 잘 알고 있었다(겔 7:3-4). 이러한 대담한 수사학에 담겨 있는 예견들이 이제 실현되었다. 모든 것은 끝나버렸다!

4. 포로기

예레미야와 에스겔의 전승들에 나타나는 가장 극단적인 수사학을 통해, 우리는 세상 가운데서 야웨의 백성인 이스라엘이 완전히 끝나버리고 더 이상 아무것도 남지 않게 되었다는 결론을 내릴 수 있다. 또한 바로 그러한 결론이 본문의 의도임에는 의심의 여지가 없다. 게다가 의심할 바 없이, 이는 언약의 생활(예레미야 학파와 신명기 사가들에서처럼)과 성전생활(에스겔 학파와 제사장 전승들에서처럼)을 진지하게 위임받았던 사람들이 겪은 일이다. 언약과 성전은 모두 유다의 경험 속에서와 예언자들의 신랄한 수사학 안에서 심히 위태로워졌다.

그러나 삶은 계속된다! 기원전 587년의 참사 이후 수 년 동안, 우리는 멸망의 수사학이 실제 상황과 맞지 않음을 보게 된다. 오히려 신앙 공동체는 계속해서 존재하게 되었다. 게다가 그 공동체는 사회정치적 정체성을 잃지 않았다. 삶이 계속된다고 말하는 것은, 추방당한 유대인 공동체의 삶이 다양한 장소와 상황에서도 계속된다는 사실을 인정하는 것이다. 예루살렘을 둘러싼 마을들에도 여전히 공동체가 존속하고 있었음이 분명하다. 바빌로니아의 강제 이주 정책이 야웨의 선민들의 땅을 완전히 비워놓지는 못했기 때문이다. 이와 동등하게, 추방당한 사람들의 흩어진 공동체들 역시 고대 세계의 각지에서 존속하게 되었음이 분명하다. 가장 두드러진 공동체는 에스겔이 살았던 바빌론 근교의 포로 공동체였다. 물론 예레미야가 끌려갔던 이집트의 포로 공동체 역시 존속했다. 그러나 성서는 다른 여타 공동체들에게는 별 관심을 보이지 않는다. 그렇다 해도 타 공동체의 구성원들 역시 자신들의 고통과 더불어 나름대로의 예배 생활과 희망의 싹을 보존하고 있었음이 틀림없다.

성서는 바빌론의 유대 공동체에만 주된 관심을 기울인다. 이제는 많은 지역에 흩어져 있는 보다 큰 유대 공동체의 부분집합에 불과한 이 공동체가, 아마도 가장 숙련되고 유능하며 창의적인 유대인들의 집합이었던 것으로 보인다. 유대교(Judaism)의 등장에 기여했던 전통들을 핵심적으로 수행하고 지지했던 사람들이 바로 이들이다. 실제로 이들이 후에 구약성서가 될 문헌 전승들에 눈을 돌렸다는 사실은, 그저 이해관계가 없는 단순한 모험이 아니었다. 우리는 구약성서가 바빌론의 유대 공동체에 의해 형성되어 보존되었다고 믿는다. 이는 그들이 스스로에게 유대 신앙(Jewish faith)에 대한 표준적인 해석가로서의 권위를 부여했다는 의미가 된다. 그러므로 그들은 회복된 유대교의 사회정치적 삶에서 중심적인 등장인물이 되었다.

예언자들의 모든 멸망 수사학에 대하여, 예레미야와 에스겔의 전승들은 추방당한 공동체의 곤경과 궁핍에 주목하기 시작했다. 그러면서 그들을 위한 신학적 자원들, 즉 자민족의 정체성과 의식적인 생존 등의 주제들을 캐내고자 했다. 이에 예레미야 29:1-9에서 예언자는 포로들에게 편지를 쓰면서, 그들에게 신앙을 지키고 예루살렘에서 멀리 떨어져 있는 공동체를 유지할 수 있는 생존양식을 발전시키며, 삶의 터전으로 바빌론에서의 포로 생활을 받아들이라고 권고한다. 더구나 매우 다른 형태로, 에스겔은 이동하시는 하나님에 대한 놀라운 환상을 체험했다(겔 1:1-21). 하나님은 예루살렘에만 거하지 않고 땅 위를 돌아다니실 수 있다. 마침내 포로기를 맞아 그분은 포로들에게 나타나신다. 위대한 이 두 예언서에서, 신앙적인 삶은 옛 제도들로부터 벗어나서도 계속될 수 있다는 청사진이 제시된

신학의 렌즈로 본 구약개관

다. 옛 제도들은 이제 더 이상 지지를 얻지 못하며, 그 형태조차 상당히 바뀌게 될 것이다.

포로기의 가장 두드러진 신학적 측면은, 기원전 587년의 깊은 상실이 신앙에 대한 완전한 낙담과 상실로 이어지지 않았다는 점이다. 오히려 포로기는 유대 공동체의 삶에서 주목할 만한 순간이 된다. 이 시기에 이르러 신앙은 창조적으로 꽃피게 되고, 그러한 신앙이 새롭게 표현될 만한 실험이 이루어졌다. 또한 너무나 풍부하고도 결정적인 구약성서 문헌이 형성되었다.

상실과 추방의 경험은 포로기의 이스라엘에게 다음과 같은 중대한 질문을 제기했다.

- 야웨는 강한 분인가?
- 야웨는 믿을 만한가?
- 포로의 상황에서 우리는 어떻게 희망을 가질 수 있는가?
- 우리는 어떻게 포로의 상황을 넘어설 수 있는가?
- 포로 생활 이후의 삶이 존재할 것인가?

이러한 질문들은 분명하고도 상상력 있는 사고를 요구한다. 그러나 신앙에 대한 재고 및 재구성의 과정은 단순한 지적 작업이 아니다. 신앙의 요구는 깊고 직접적이며 근본적인 문제이기에 대담하고도 수사학적이며 창의적인 신학적 서술들이 제기되기에 이르렀다. 이러한 서술들은 개인과 공동체 모두의 추방에 대한 가장 기본적이고 감정적인—삶의 모든 면에 결정적으로 영향을 주는 실패와 혼란이라는—의미에서의 응답이다. 알란 민츠(Alan Mintz)는 현대에 이르러 발생한 유대인들의 위기(홀로코스트[Holocaust])에 대해 말하면서, 재난의 힘에 대해 다음과 같이 썼다.

(재난의 힘은) 의미에 대한 기존의 패러다임, 특히 하나님과 이스라엘 백성

사이를 이어주는 끈을 해체하려고 한다. 창조적 생존을 위한 혹독한 과제는 이러한 패러다임을 해석과정을 통하여 재구성하는 일이다. 이러한 모험을 통해 문학적 창조력은 탁월하게 된다.[1]

문학적 창조력을 통해 신앙의 패러다임을 재구성하는 작업에서, 포로들을 위한 첫 번째 작품은 삶 속에 배어든 분노, 비애, 슬픔, 깊은 상실감을 표현해야만 했다. 그들은 자신들이 가치 있게 여겼던 모든 것, 그리고 그들에게 삶의 터전을 마련해주던 모든 것을 상실했다. 따라서 생존을 위한 최우선적인 요소는 새로운 상황의 현실을 있는 그대로 수용하는 일이었다. 자신들의 삶의 진실을 드러내고자, 포로 공동체는 애가의 옛 예전의 관습으로 호소했다. 이 안에는 삶 속에서 그릇된 모든 것들이 하나님께 직접적으로 소리 높여 호소되고 있다. 한편으로 이러한 호소는 필요불가결한 카타르시스다. 다른 한편으로 그것은 야웨를 향한 기도다. 이를 통해 그들은 하나님으로 하여금 자신들의 고통에 관심을 가지시도록 이끌고, 하나님의 무관심과 무능력에 항의하면서 그분의 도우심을 구했다. 그러나 우리는 이런 항의를 머릿속의 신학으로 과도하게 축소시켜서는 안 된다. 왜냐하면 그 항의는 사색적인 방식으로 단순화시키기에는 너무나 투박하고 숨김이 없기 때문이다. 여기서 이스라엘은 예술적 기교를 가지고 비참한 진실을 말하고자 한다. 그러나 그들은 자기 표현에 있어서 감정적으로나 신학적으로나 스스로를 억제하지 않았다.

그들의 표현 중 가장 중요하게 주목받는 것이 바로 **예레미야애가**(the book of Lamentations)다. 이 책은 예루살렘 성전 파괴에 대한 반응으로서 기록되었다. 이 책은 다섯 편의 시로 구성된 시모음집인데, 그중 넷은 아크로스틱(acrostic) 형태를 지닌다. 즉 각 행의 첫 글자들이 일련의 히브리

---

1) A. Mintz, *Hurban: Responses to Catastrophe in Hebrew Literature* (Columbia University Press, 1984), x.

신학의 렌즈로 본 구약개관

어 알파벳 순서대로 짜 맞추어져 있다. 아마도 이는 이스라엘의 슬픔을 A에서 Z까지 모조리 표현하려는 의도였을 것이다. 이 책에는 죄에 대한 인식이 복잡하게 조율되어 있으며 절망적으로 살아가는 비애의 표현이 담겨 있다. 예레미야애가 3:21-33에는 야웨를 향한 희망과 확신이 간략하게 표현되어 있다. 이런 희망은 포로들 사이에서 여전히 유효하게 작용하고 있었다. 그러나 희망의 목소리가 이 책의 주된 특징은 아니다. 오히려 깊은 상실감과 불신이 더 자주 등장한다. 마지막 시는 강한 확신이 담긴 송영(애 5:19)과 기대가 담긴 간구(애 5:21)로 끝난다. 그러나 이러한 긍정적인 진술은 당황과 불확실 가운데(애 5:20, 22) 삽입되어 있다. 이스라엘은 희망의 방법을 알고 있다. 그러나 이 책은 현실에 대해 침묵하지 않으며, 이런 현실은 긍정적인 신학적 확신으로도 완화되지 않는다.

예레미야애가 외에도, 우리는 항의와 불평이 담긴 보다 큰 예전의 형태를 지니는 여러 개의 시편에 대해 언급할 수 있다. 이 시편들은 바로 포로기의 특별한 위기상황을 반영하고 있다. 그중 가장 잘 알려진 것은 시편 137편이다. 이 시는 특히 "바빌론의 여러 강변"(1절)에 위치한 포로들의 노래다. 이 시는 상당한 과장을 통하여 포로들의 견딜 수 없는 상황을 설명하고 있다(1-3절). 여기에는 기억과 동경을 통해 예루살렘에 대하여 깊고도 양보할 수 없는 집착을 보이는 포로들의 목소리가 담겨 있다(4-6절). 또한 무자비한 열정을 가지고 바빌론 지배자들을 향한 강한 분노를 드러낸다(7-9절). 이 시편의 후반부 구절들은 종종 이 공동체에게 그다지 중요하지 않고 무가치한 것으로 취급된다. 그러나 우리는 그 구절들에 가치를 부여하고자 한다. 그 이유는 이 절망적인 공동체의 허심탄회함 때문이기도 하고, 자신들의 감정을 기꺼이 야웨의 통치 안에 복속시키려는 모습 때문이기도 하다. 즉 분노한 포로들은 스스로 "바빌론의 어린 것들"을 죽이려고 하지 않는다. 그들은 단지 자신의 깊은 원한을 야웨께 복속시켜서 모든 것을 야웨의 손에 맡겼던 것이다. 이런 시는 폭력이 난무하던 세계 속에서 성서 전승이 살아남을 수 있었던 방법을 드러낸다. 사람들은 이스라엘 내에서 이런 폭력이 실질적으로 일어났다기보다 그것이 수사학적인 표현이라고 여길 수 있다. 하지만 그럼에도 폭력적인 논조는 매우 분명하다고 결론 내릴 수 있을 것이다.

깊은 분노와 상실감이 뚜렷하게 나타나는 또 다른 주목할 만한 본문은 시편 74편과 79편이다. 우리는 이 두 시편에서 계속적으로 반복되는 주제들에 주목하게 된다. 포로들은 성전의 파괴로 인해 당한 모욕을 장황하고도 상세하게 묘사한다. 따라서 여기에는 상실감의 목소리가 들려온다(시 74:4-8; 79:1-4). 이 시편들이 성전에 초점을 맞추고는 있지만 이는 야웨를 향한 기도이기도 하다. 성전의 파괴에 야웨가 연루되어 있다는 사실이 다양하게 제기된다. 때때로 야웨는 파괴를 통해 유다를 벌하신 장본인으로 표현된다(시 74:1; 79:5). 그러나 다른 부분에서는, 파괴의 장본인이신 하나님이 동시에 이스라엘의 진정한 희망으로 나타난다. 따라서 시편 74:2, 18, 22에서 시인은 야웨로 하여금 "기억"하시도록 촉구한다. 만약 야웨가 주목하기만 한다면, 그분은 분명 견딜 수 없는 상황을 바르게 돌려놓으실 것이기 때문이다. 이러한 희망은 야웨를 향한 서사시적 송영 안에 나타난다(12-17절). 여기서 모든 역기능적 상황을 올바르게 바꾸어 놓으실 수 있는 야웨의 능력이 설명된다. 유사한 형태로 시편 79편은 일련의 기원문을 통해 절정에 이른다. 포로 생활 중에 있는 이스라엘은 야웨가 자신들을 회복시켜 되돌려놓으실 만큼 강하다는 사실을 의심하지 않는다(시 79:9-13).

위의 주제와 관련하여 가장 독특한 시편은 44편이다.[2] 이 시편은 야웨가 구원, 승리, 변화의 행위를 행하셨던 과거를 회상한다(1-8절). 그러나 이러한 확신 이후에, 9절에서는 갑작스럽게 어조가 바뀐다. 이제 야웨는 강한 원망의 대상이 되어 이스라엘에게 고통을 준 장본인으로 나타난다.

---

2) 이 시편에 대해서는 D. Blumenthal, *Facing the Abusing God: A Theology of Protest* (Louisville: Westminster/John Knox, 1993), 85-110을 보라.

이 모든 일이 우리에게 임하였으나
우리가 주를 잊지 아니하며
주의 언약을 어기지 아니하였나이다.
우리 마음은 위축되지 아니하고
우리 걸음도 주의 길을 떠나지 아니하였으나
주께서 우리를 승냥이의 처소에 밀어 넣으시고
우리를 사망의 그늘로 덮으셨나이다(17-19절).

더구나 이러한 주장을 따르자면, 이스라엘은 무고하며 포로 생활의 잔인함을 겪을 만한 죄를 짓지 않았다. 많은 성서 본문들에서, 추방의 사건은 이스라엘을 향한 야웨의 심판으로 이해되었다. 이는 예레미야와 에스겔의 전승들에서 더욱 확실하다. 그런데 이 본문에서는 그렇지 않다. 오히려 여기서는 심판이 야웨의 실수로 나타난다. 그러므로 이스라엘은 야웨에게 명령조의 간청을 잇달아 내놓으면서, 야웨가 여태껏 무관심하셨으니 이제는 1-8절에 나오는 과거의 경우처럼 책임 있는 행동을 하셔야만 한다고 주장한다.

주여 깨소서 어찌하여 주무시나이까?
일어나시고 우리를 영영히 버리지 마소서….
일어나 우리를 도우소서….
주의 인자하심으로 말미암아 우리를 구원하소서(23, 26절).

이 구절들은 이스라엘의 절망적 요구와 대담한 믿음을 분명히 드러낸다. 포로기의 이스라엘은 희망을 발견했고, 큰 용기를 가지고 야웨가 이제는 이스라엘의 요구에 걸맞은 방식으로 행동하시리라는 사실을 기대하고 주장한다.

이 시편들과 관련하여 강조하고자 하는 바는, 멸망 및 종말에 관한 예언자들의 주장이 완전히 극복되었다는 사실이다. 단념이 주장의 활로를 열어주었다. 고백이 기대를 낳았다. 실제로 이스라엘 신앙의 특징적인 노정은 포로기에 이르러서 화려하게 제정되었다고 할 수 있다. 항의와 불평의 강력한 전승과 더불어, 이스라엘은 새로운 희망으로 나아갈 수 있게 되었다. 오래전부터 예전 의식을 통하여, 이스라엘은 오늘날 심리요법 (psychotherapy)이 과학적 형식으로 재발견해낸 것들을 그대로 행하고 있었다. **솔직함**에 대한 필연적인 요청이 있었고 그로 인해 **희망**이 가능하게 되었다. 이 시편들은 이스라엘이 자신이 수용한 종말로부터 예견된 회복으로의 전체적인 과정을 거쳐 나아갔음을 분명히 보여준다. 더구나 이는 패배와 기대에 대한 각각의 태도 안에서 충분히 인식되었다. 이러한 태도들은 야웨를 향한 것이고, 그분은 마침내 이스라엘의 미래를 당신의 손에 두셨다. 물론 그렇다고 해서 이스라엘이 자신의 포로 생활을 처벌로 인식하지 않았다는 말은 아니다. 그러나 대부분 이스라엘은 그러한 인식에 그저 머물러 있지만은 않았다. 포로기의 이스라엘에서는 야웨로부터 비롯된 그분에 관한 주장들이 새롭게 제기되었다. 야웨는 포로기의 원인이 되신 분이다. 그러나 거기에는 지정학적 관련성의 구체적인 현실이 직접적인 원인으로 작용했음도 분명하다. 느부갓네살과 바빌로니아 사람들은 포로기를 초래하게 만든 결정적인 역할을 했다. 어찌되었든 결국에 포로기를 청산시키실 수 있고 또 그렇게 하실 분은 야웨시다. 그분은 땅으로의 귀환과 온전한 회복을 허락하실 것이다. (우리가 앞으로 보게 되겠지만, 느부갓네살이 포로기의 원인으로서 제 역할을 감당했듯이, 페르시아의 고레스는 귀환의 원인으로서 역할을 수행하게 될 것이다.)

5. 희망의 무대

구약 신앙의 가장 주목할 만한 특징 중 하나는 멸망, 추방, 패배의 경험으

　　　　　　　　　　　　신학의 렌즈로 본 구약개관

로 점철되는 포로기가 절망이 아닌 희망을 만들어냈다는 사실이다. 즉 포로기에 형성된 본문들(후에 구약성서의 일부가 된)은 야웨의 선한 의도에 기반을 두고 있는 새로운 역사의 가능성을 특색 있게 주장하고 있다. 이 본문들은 포로기의 현실과 그에 따른 패배감 및 방황을 매우 진지하게 다룬다. 그러나 그것들은 이런 현실을 이스라엘 역사의 최종적인 운명이라고 여기지는 않는다.

여기서 우리가 다시금 주목해야만 하는 두 예언자는 역시 예레미야와 에스겔이다. 우리는 이들의 수사학에서, 야웨와 이스라엘에 관한 심각한 신학적 논거로서의 포로기에 대한 수용뿐 아니라, 포로기를 뛰어넘어 야웨와 이스라엘에 관한 완전히 다른 주장이 제시되고 있음을 보게 된다. 예레미야는 "뽑으며 파괴하기" 위한 야웨의 결심으로 포로기를 이해했다. 그러나 이러한 동사들은 회복과 재건설을 의미하는 다른 두 동사로 즉시 대체되고 극복된다.

> 보라! 내가 오늘 너를 여러 나라와 여러 왕국 위에 세우고
> 네가 그것들을 뽑고
> 파괴하며 파멸하고 넘어뜨리며
> 건설하고 심게 하였느니라(렘 1:10).

> 깨어서 그들을 뿌리 뽑으며 무너뜨리며 전복하며 멸망시키며 괴롭게 하던 것 같이 내가 깨어서 그들을 세우며 심으리라. 야웨의 말씀이니라(렘 31:28).

더구나 에스겔은 포로들의 "흩어짐"을 설명하기 위해 많은 노력을 기울였다. 그러나 그는 곧바로 그것을 "모이다"라는 동사—귀환을 의미하는—로 대체해버렸다.

> 너는 또 말하기를, 주 야웨의 말씀에 내가 너희를 만민 가운데에서 모으며 너

희를 흩은 여러 나라 가운데에서 모아 내고 이스라엘 땅을 너희에게 주리라 하셨다 하라(겔 11:17).

그러므로 우리의 주제는 이스라엘의 신앙에 놓인 강력한 회복에 관한 주장이다. 야웨가 이스라엘에게 행하신 끔찍한 파멸은 새로운 행복의 은 총으로 극복될 것인데, 이는 하나님의 결정으로 이루어지게 된다.

포로기를 넘어서는 이러한 결정적인 확신의 기반은 분명 바빌로니아 제국의 멸망과 깊이 연관되어 있다. 앞서 살펴보았듯이, 바빌로니아 제국 의 가공할 만한 위력은 기원전 562년 느부갓네살의 죽음 이후로 시들어버 렸다. 제국의 남은 힘은 이 뛰어난 왕 이후에 20년간 지속됐다. 그러나 기 원전 540년 페르시아의 고레스는 바빌론의 동쪽에서 발흥하여 바빌론에 입성했다. 바빌로니아의 자원과 영토는 어떠한 저항도 없이 새롭게 성장 한 페르시아 제국의 몫이 되었다.

분명히 유대인 난민들은 이렇게 엄청난 지정학적 변화를 예의 주시 했을 것이다. 그들은 자신들이 그리워하는 고향으로 되돌아가기 위해서 는 그 전제조건으로 바빌로니아에 의해 시행되었던 강제 이주 정책이 무 효화되어야 한다는 사실을 잘 이해하고 있었음이 틀림없다. 그러므로 예 루살렘 주변지역에서 유대교가 회복되기 위한 새로운 가능성은 지정학적 전개의 기능 및 결과였다. 속주 식민지들에 대한 페르시아의 정책은 각 지 역의 지도자들에게 상당한 자율과 자치권을 인정해주는 것이었다. 물론 그러한 정책이 보다 넓은 제국의 요구와 목적에 부합해야 했음은 당연하 다. 다시 말해서 페르시아는 유대인 포로들에게 어떠한 특혜를 주려는 의 도를 갖고 있지는 않았다. 그러나 페르시아는 전략적 계산을 통하여, 바 빌로니아에 의해 실행된 압박보다는 지방 자치를 인정하는 것이 제국에 더 득이 될 것이라고 판단했다. 그러한 정책의 결과는 이스라엘에게 대단 히 긍정적인 것이었고, 이로 인해 기원전 537년의 제1차 귀환과, 기원전 520-516년의 예루살렘 성전 재건, 그리고 잇따른 에스라와 느헤미야의 개혁이 가능하게 되었다. 후대에 형성된 구약성서 본문들은 페르시아의 정책을 대개 친절하고 관용적인 것으로 간주한다. 이러한 점은 착취적이었던 바빌로니아 제국의 선례와 필연적인 대조를 통해 더욱 두드러지게 된다.

그러나 이 시대의 이스라엘 역사에 대한 신학적 해석은 이스라엘의 삶에 나타난 놀라운 긍정적 전환에 대해 적절한 지정학적인 설명을 제공하지 않는다. 즉 페르시아의 정책을 통해 희망을 설명하는 것은 적절치 않다는 것이다. 이는 마치 바빌로니아의 확장정책으로 예루살렘의 멸망을 설명하지 않았던 것과 마찬가지다. 신학적 범주에서 이스라엘의 역사 이해는 역사적 과정에 개입하려는 야웨의 의도와 결심으로 설명된다. 그러므로 느부갓네살(부정적으로)이나 고레스(긍정적으로)는 모두 이스라엘에게 벌어지는 일들에 대한 직접적인 대리인에 불과하다. 그들은 자신도 의식하지 못한 채 야웨의 도구가 된 것이다. 그러나 그들은 결정적인 대리자임에 틀림없다. 이스라엘은 야웨가 인간과 맺은 관계를 통해서 일하신다는 사실을 알고 있기 때문이다. 따라서 느부갓네살은 자신의 파괴적 행위에도 불구하고 야웨에 의해 "내 종"(렘 25:9; 27:6)이라 불리었으며, 고레스 역시 야웨에 의해 "내 종"(사 45:1)이라 불린다.

이러한 관점에서 우리는 저마다 바빌로니아의 몰락과 페르시아의 성공을 야웨 신앙적으로 해석하는 두 개의 본문을 지적해볼 수 있다. "이방신탁"을 포함하고 있는 본문은 예언서의 특성을 지닌 것들이다. 이 본문들(참조. 암 1-2장; 사 13-23장; 렘 46-51장; 겔 25-32장)은 여러 민족을 거명하면서 특징적으로 고발하는데, 주로 그들의 죄목은 교만한 행위, 잔인한 행위, 그리고 야웨를 무시하는 행위다. 모든 경우에서, 운문체의 신탁은 야웨를 향한 저항과 대항이 오래가지 못할 것임을 주장한다. 따라서 여기에 거명된 민족들은 참혹한 벌을 받거나 멸절되고 말 것이다. 야웨가 모든 나라들을 통치한다고 주장한다는 점에서, 이 신탁들은 대담하고도 전면적인 행위로서의 신학적 수사학이다.

특별히 예레미야 50-51장은 바빌로니아를 향한 광범위하고도 가차 없는 고발을 드러낸다. 바빌로니아는 큰 미움을 받으며 이제 야웨의 적으로까지 취급된다(여기서의 어조는 나훔서의 아시리아를 향한 시각과 다를 바 없다). 바빌로니아, 즉 느부갓네살이 보다 일찍이 동일한 예레미야의 전승 속에서 야웨의 대리인이자 종으로 묘사되었다는 사실을 기억할 필요가 있다. 그러나 이제 야웨의 옛 도구는 자신의 임무를 넘어서 버렸다. 바빌로니아는 심판받아야만 하며, 결국 기원전 540년에 멸망하고 만다. 야웨의 주장과 지정학적 현실이 서로 수렴되어가고 있다는 점을 주목하라. 아마도 당시에 형성된 병행적인 시 본문에서, 이사야 13:1-14:23은 야웨가 바빌로니아를 파괴하셨다는 사실을 크게 기뻐한다.

> 내가 세상의 악과
> 악인의 죄를 벌하며
> 교만한 자의 오만을 끊으며
> 강포한 자의 거만을 낮출 것이며…
> 열국의 영광이요
> 갈대아 사람의 자랑하는 노리개가 된 바벨론이
> 하나님께 멸망당한
> 소돔과 고모라같이 되리니…
> 그의 때가 가까우며
> 그의 날이 오래지 아니하리라(사 13:11, 19, 22b).

이 시는 역사적·정치적·군사적 설명을 가미하지 않은 대담한 상상력의 작품이다. 그러나 이 시의 독자들은 심지어 바빌로니아에게 벌어질 역사적 과정조차 그 안에 의도가 담겨 있음을 주목하게 된다.

바빌로니아의 파괴에 대한 예견이 "사후적"(after the fact)—다시 말해 "현장"에서 관찰한 바를 단순히 반영한 것—인지 아니면 말 그대로 예견인지의 여부는 물론 난해한 의문사항이다. 우리는 이 자료들의 연대를 정확하게 알지 못하기 때문에, 그 의문에 대해 답하기가 어렵다. 그러나 이 자료들을 신학적으로 고려해보자면, 착취적 교만을 참지 못하는 야웨의 특성을 숙고하던 이스라엘 사람들이 야웨의 통치 아래서 이런 제국이 오래가지 못할 것이라고 결론 내릴 수 있었음이 분명하다. 하지만 성서가 경축하는 바는 신학적 주장과 삶의 현실이 서로 수렴된다는 사실이다.

바빌로니아가 역사의 뒤안길로 사라지고 그의 위협적 세력이 종말을 고하게 되었다는 사실에 대한 야웨 신앙적 해석은, 고레스와 페르시아에 대한 야웨의 주장과 잘 맞아떨어진다. 이사야서의 더욱 확장된 전승(우리가 곧 살펴보게 될)에는 우리가 언급한 이사야 13-14장의 시와 연결되는 본문들이 있는데, 여기서 고레스는 야웨의 택함 받은 대리자로 거명된다.

> 네 구속자…나 야웨가 이같이 말하노라….
> 고레스에 대하여는 이르기를 내 목자라.
> 그가 나의 모든 기쁨을 성취하리라 하며,
> 예루살렘에 대하여는 이르기를 중건되리라 하며,
> 성전에 대하여는 네 기초가 놓여지리라 하는 자니라.
> 야웨께서 그의 기름부음을 받은 고레스에게 이같이 말씀하시되,
> 내가 그의 오른손을 붙들고
> 그 앞에 열국을 항복하게 하며,
> 내가 왕들의 허리를 풀어
> 그 앞에 문들을 열고
> 성문들이 닫히지 못하게 하리라….
> 내가 나의 종 야곱,
> 나의 택한 자 이스라엘 곧 너를 위하여
> 네 이름을 불러 너는 나를 알지 못하였을지라도 네게 칭호를 주었노라
> (사 44:24, 28; 45:1, 4).

고레스는 야웨의 뜻을 이루기 위해(이스라엘의 구원을 위해) 세움 받았다. 비록 "너[고레스]는 나를 알지 못하였을지라도" 말이다. 즉 페르시아의 고레스가 이스라엘의 하나님 야웨를 알고 인정해야 할 필연적인 이유는 없다. 실제로 고레스는 분명 그와 같은 하나님을 알지 못했다. 그러나 이러한 점이 희망에 젖은 유대인들에겐 문제될 바가 아니다. 야웨는 의도적인 협력관계 없이도 대리자를 들어 사용하신다. 더구나 고레스는 "기름부음 받은" 그의 "메시아"로 지명된다. 이는 곧 그가 왕권을 위임받았다는 의미다. 고레스에 대한 특이한 규정은 역사적 현실과 신학적 주장이 한 점으로 수렴되기 위한 모델을 제시해준다.

성서 본문에 대한 충분한 인식을 위해서는 두 가지가 갖추어져야 하는데, 이는 하나의 현상, 즉 야웨가 지배하는 공적인 역사의 현실에 대한 두 가지 다른 측면이다. 야웨 없이는 역사가 전개되지 않는다. 그러나 이스라엘과 야웨는 신학으로 포장된 누에고치 속이 아닌 실제적인 세계 속에 거하고 있다. 그러므로 모든 것은 다음과 같은 수렴에 의존한다. 결과적으로 이러한 믿음에 의하면, "예루살렘의 붕괴"는 야웨의 의도와 느부갓네살의 바빌로니아 "확장정책"이 만나는 접점에 놓여 있음으로써 그 의미를 지니게 된다. 역으로 이러한 믿음에 의하면, 포로들에게 주어진 희망 역시 제국정책의 일환으로 유대인들의 귀환을 허용한 페르시아의 고레스가 하나님의 의도를 대행함으로써 의미를 갖게 되는 것이다. 분노하신 야웨에 의한 이스라엘의 심판과 성실하신 야웨에 의한 이스라엘의 미래가 함께 역사의 과정을 이루어나가게 된다. 따라서 심판과 희망은 역사가 진행되는 방식에 관한 주제를 조직화한다. 심판과 희망은 둘 다 야웨께 온전히 속해 있다. 각각의 경우에 이스라엘은 느부갓네살에서 고레스로 이어지는 인간 대리자의 결정적인 역할을 잘 알고 있었던 것이다.

성서 본문은 포로기 유대인들을 위한 새로운 가능성의 지정학적 특성에 그다지 많은 지면을 할애하고 있지 않다. 오히려 본문은 과거 위대한 예언자들—포로의 현실에 깊이 몰두했던 시인들—이 했던 말들을 기억함으로써, 야웨가 이제 막 시작하려는 일들을 의기양양하고 대담하게 과장된 상상력으로 표현하고 있다. 이제 세계는 야웨가 허락한 "새로운 세계질서"로 재편될 것이다. 우리는 이제 이 문제에 대해 세 가지 주요한 전승을 살펴볼 것이다.

6. 희망의 목소리

첫째로, 포로기의 현실에서도 그 현실을 초월하여 이스라엘의 희망을 표현했던 성서 본문은 **예레미야 전승**, 특히 그중에서도 예레미야 29-33장이다(이 장들에 나타나는 이스라엘의 특별한 가능성은 렘 46-51장에 나타나는 바빌로니아 및 이방 국가들의 부정적인 붕괴와 짝을 이룬다). 예레미야 29-33장의 자료는 희망의 진술들을 한데 모아 편집한 것으로 보인다.

우리는 이미 예레미야서(와 그로부터 파생된 전승들)가 모세에 대한 기억에 깊이 뿌리박고 있음을 보았다. 결과적으로 유다는 언약의 하나님의 위협 아래 놓인 것으로 이해되었다. 그분은 시내 산 언약을 위반하는 뻔뻔스러움을 벌하시는 분이다. 따라서 예언자의 선포 의도가 종말이었음은 의심의 여지가 없다. 이러한 예레미야 전승은 예언자 자신의 죽음 이후에도 계속해서 살아남았고, 예언자의 말은 포로기를 걸쳐 더욱 확장되었다. 결과적으로 이스라엘을 먼저 사랑하셨던 하나님(참조. 신 7:6-11)은 포로기 때에도, 그리고 그 이후에도 여전히 이스라엘을 사랑하시는 분으로 주장될 수 있었다. 그러므로 "뽑으며 파괴하며"에서 "건설하며 심는" 것으로 결정적으로 바뀐 전승은 실제로 현실화된다. 이는 이스라엘을 향한 하나님의 마음 밑바닥에 깊은 사랑의 저수지가 있어서 야웨로 하여금 이스라엘을 위하여 슬퍼하며, 동정하고, 관심을 가지며, 마침내는 새로운 행동을 하게끔 만들었기 때문이다.

칼에서 벗어난 백성이

광야에서 은혜를 입었나니

곧 내가 이스라엘로 안식을 얻게 하러 갈 때에라.

옛적에 야웨께서 나에게 나타나사

내가 영원한 사랑으로 너를 사랑하기에

인자함으로 너를 이끌었다 하는도다(렘 31:2-3).

배반당한 애인은 그럼에도 계속 사랑한다. 그분은 이스라엘의 계속되는 병을 걱정한 나머지 이제는 그것을 치료하기로 결심한다. 대담한 이미지를 통해 야웨는 남편, 아버지, 의사, 애인이 된다. 이스라엘에게 생명은 너무도 각별한 것이기에, 야웨는 포로 생활을 할 만큼 못났던 공동체에게 새로운 생명을 주실 것이다. 여기서와 그 밖의 다른 본문들에 나오는 희망의 수사학에서 성(性) 이미지는 건설적이고 생산적인 방식으로 사용된다. 앞선 사용에서 나타났던 폭력적 측면은 사라진다.

에브라임은 나의 사랑하는 아들,

기뻐하는 자식이 아니냐?

내가 그를 책망하여 말할 때마다

깊이 생각하노라.

그러므로 그를 위하여 내 창자가 들끓으니,

내가 반드시 그를 불쌍히 여기리라 야웨의 말씀이니라(렘 31:20).

예레미야 30-33장의 풍부하고도 다양한 이미지들 속에서, 예레미야 전승은 포로기 이후에도 지속 가능한 삶을 이스라엘에게 주기로 결정한 분으로서 야웨를 묘사한다. 이러한 전승이 모세에 대한 기억에 뿌리박고 있기 때문에, 미래의 희망은 시내 산 언약과 다를 바 없는 새로운 언약으로, 그리고 여호수아의 땅과 같은 새로운 행복의 땅으로 묘사된다.

(1) 예레미야서에서 미래에 대한 가장 잘 알려진 약속은 용서를 근간으로 한 새로운 언약에 대한 기대다(렘 31:31-34). 기껍고도 즐겁게 순종할 "새 언약"(the new covenant)은 옛 언약과 같지 않을 것이다. "그들의 마음에 기록하여"(33절)라는 잘 알려진 구절은 이스라엘의 새로운 자리 배치를 의미하는 것 같다. 그곳에서 야웨의 토라가 요구하는 바는 더 이상 강요되거나 외부로부터 촉발된 것에 의한 저항에 부딪치지 않게 될 것이다. 이제 그것은 기꺼이 수용되고 이스라엘의 참된 특성과 위치로서 실행될 것이다. 이미 신명기 30:14에서 토라가 마음의 문제임을 말하고 있다는 사실을 주목해야 한다. 언약은 지속될 수 있다! 그러나 그것은 토라에 대한 순종에 초점을 맞추고 있는 옛 언약과의 연속선상에 놓여 있다. 이러한 기대는 그리스도인들에게 특히나 잘 알려져 있는 것으로 유명해졌다. 그들은 "새 언약"이 하나님의 새로운 선물인 예수 그리스도를 가리킨다고 생각하기 때문이다(히 8:8-12; 10:16-17). 그러나 본문에 대한 이런 식의 이해는 상당히 부차적인 문제다. 본문이 실제로 약속하고 있는 바는 야웨와 그분의 백성 이스라엘의 갱신된 신앙 관계이며, 그 관계는 이제 훌륭한 신앙으로서의 순종을 요구하고 있다.

(2) 그러나 이런 관계가 단지 협소한 "영적"인 문제에 국한되는 것은 아니다. 이스라엘에게 관계란 한 번도 그런 식으로만 이해된 적이 없다. 그러므로 새 언약과 더불어 여기에는 "땅의 상실", 즉 포로라는 상황이 이제는 약속의 땅에서 완전히 회복되리라는 확신이 담겨 있는 것이다. 특별한 세습 토지에 대한 토지 소유권을 확실히 해두는 문제를 다루고 있는 예레미야 32:1-15의 내러티브는, 포로들에게 주어진 물질적 약속의 표상이다. 15절의 결론적 진술(참조. 42-44절)은 이 이야기에 등장하는 특별한 땅이 이제 포로들을 위해 보장된 땅의 약속을 상징한다는 사실을 분명히 보여준다.

땅의 약속과 더불어(혹은 보다 더 낫게 표현하면 땅의 약속 한가운데서), 파괴된 도시 예루살렘—느부갓네살에 의해 부끄러움을 당하고 애가에서 애도되었던―이 새로운 광채로 회복될 것이라는 약속도 주어진다. 이런 소망은 지정학적 정확성(렘 31:38-40)과 서사시적 표현의 자유로움을 통해(렘 30:18-20) 분명히 명시된다.

(3) 회복된 언약과 재정착된 땅은 지속 가능한 공동체적 삶의 갱신을 상징한다. 이는 다양한 이미지들과 공식들을 통해 표현되어 있다. 이에 언약적 친밀성이 온전히 회복되리라는 약속이 제공된다.

> 너희는 내 백성이 되겠고,
> 나는 너희들의 하나님이 되리라(렘 30:22; 참조. 렘 11:4; 24:7; 31:33; 32:38; 겔
> 11:20; 14:11; 36:28; 37:23, 27).

"운명이 회복될 것"이라는 말은, 안전하고 번창하며 생산적인 물질세계를 향한 모든 축복이 복 주시는 창조주 야웨와의 건강한 관계로 가능할 것이라는 사실을 의미한다(렘 30:18; 31:23; 33:11, 26). 마치 결혼식장과 같은 기쁨의 회복이 있을 것이다. 그리고 이런 기쁨은 새로운 공동체에게 자신감과 쾌활함의 척도가 될 것이다(렘 33:10-11).

이러한 서사시적 기대에 있어 절정의 결과는 모든 생명이 샬롬을 이루기 위하여 회복되어야만 한다는 주장에서 비롯된다.

> 너의 장래에 소망이 있을 것이라.
> 너의 자녀가 자기들의 지경으로 돌아오리라.
> 야웨의 말씀이니라(렘 31:17).

이러한 영광스런 본문의 독자들은, 이 본문의 화자(話者)가 그토록 잔인하게 "뽑으며 파괴하리라"고 말씀하셨던 바로 그 화자―동일한 하나님과 동일한 백성―와 동일인지 의아해할 것이다. 본문이 우리에게 제시하는 답은 "그렇다, 이것은 동일한 인물들의 이야기이다"라는 것이다. 이

제 등장하는 것은 야웨의 생명 속에 있는 깊은 사랑과 강력한 결심이다. 이는 예언자의 전승을 통해 우리에게 전달된 바, 그것들은 상실감에 젖은 백성을 위해 새로운 삶을 창조할 것이다. 예레미야의 전승은 심히 모욕당한 야웨의 사랑과 깊게 결심된 야웨의 사랑 모두—각각 포로와 귀환의 원인이 되었던—를 이해하고 있다. 모욕을 당할 때, 야웨는 고대의 언약적 저주와 처벌을 내림으로써 백성을 추방했다. 그런 다음 새로운 결심으로, 야웨는 그러한 위협의 체계를 넘어서 삶의 새로운 가능성으로 힘차게 나아가시려고 한다.

둘째로, 이에 필적하여 **에스겔 전승**은 포로 기간 동안에 "흩뜨림"에서 출발하여 귀환과 회복의 또 다른 비전인 "모음"으로 전환했다. 그러나 이스라엘의 새로운 가능성에 대한 표현은 에스겔서에서 매우 다르게 나타난다. 우리가 이미 살펴본 대로, 에스겔 전승은 제사장적 거룩함을 근간으로 한다. 그래서 하나님의 거룩하심이 손상됨으로써 야기된 하나님의 부재야말로 커다란 위협이 된다. 제사장적 범주에서 하나님의 부재는 그분의 생명이 거두어짐으로 인해 삶이 불가능해지는 것을 의미한다. 그러므로 만약 회복—유다를 위한 삶—이 이루어진다면, 무엇보다도 먼저 하나님께서 예루살렘에 현존하시는 것이 선결되어야 한다. 그러나 야웨는 너무도 심히 모욕을 당했기 때문에 우리는 실제로 그분의 현존이 무엇을 통해 회복될 수 있을지 묻지 않을 수 없다.

예레미야와 달리 에스겔은 이스라엘을 향한 야웨의 사랑을 호소하지 않는다. 실제로 에스겔은 이스라엘을 향한 야웨의 사랑, 심지어 야웨와 이스라엘의 관계조차 언급하지 않는다. 그러나 에스겔 18장을 특별히 주목해보아야 한다. 이 장에서 예언자는 새로운 세대가 "돌이키면 살 수" 있으며 과거에 의해 운명이 결정되지 않는다는 사실을 보여준다. 여기에는 주목할 만한 목양적(pastoral) 어조가 나타난다. "죽을 자가 죽는 것도 내가 기뻐하지 아니하노니"(32절). 그러나 포로 생활을 넘어선 이스라엘의 새로운 가능성은 야웨의 자기 평가, 즉 야웨의 이름과 명성에 대한 스스로의 관심에 기반을 두고 있다. 따라서 에스겔 36:23에서 야웨는 "나의 큰 이름을 내가 거룩하게" 하겠다고 결심한다. 이는 곧 그 이름의 온전한 거룩함을 위하여 그것을 회복하겠다는 것이다. 에스겔 39:25에서 야웨는 "내 거룩한 이름을 위하여 열심을 낸다"라고 말씀하신다. 이 두 본문에서, 이스라엘에게 도래할 새로움은 오로지 야웨가 스스로의 명성을 고양시키고자 행동하실 때만 가능하다. 그러나 사람들은 야웨가 이스라엘을 위해 긍정적인 일을 행하시는 것을 보고 그분을 "주목"하게 될 것이다. 그리고 이를 통해 이방 민족들에게 하나님은 자신의 거룩하심을 드러낼 것이다. 이로써 이를 구경하던 이방 민족들과 이방 신들은 놀라게 될 것이다. 이스라엘의 회복은 열방 가운데 야웨의 비할 수 없는 거룩하심을 세우는 도구가 될 것이다. 야웨는 자기 자신을 위하여 행동하지만, 동시에 그것은 이스라엘을 위한 일이 되는 것이다.

또한 야웨는 교만하고 빈정대며 제멋대로인 이방 국가들에 대항함으로써 자신의 뛰어난 권위, 주권, 권세를 드러내신다(겔 25-32장). 이 이방신탁은 우리가 예레미야 46-51장에서 보았던 것과 다를 바 없다. 포로기 문학에서, 바빌로니아를 향한 신탁이 없다는 점은 특이하다. 어쩌면 발설하기가 너무 위험한 일이었는지도 모른다. 어쩌면 에스겔의 공동체는 자신들이 바빌로니아로부터 혜택을 입고 있다고 생각했는지도 모른다. 그러나 우리는 에스겔 29-32장에서 이집트가 특별하고 광범위한 주목을 받고 있음을 보게 된다. 에스겔서가 여러 방면에서 기이하고 초현실적이었기 때문에, 우리는 여기서 이집트가 실제로 바빌로니아를 가리키는 대유(代喩)적 암호인지, 혹은 이집트가 공격적 성향을 지닌 모든 국가들―바빌로니아를 포함한―을 대표한 것인지 여부를 궁금해할 수 있다. 어쨌든 이 신탁들은 야웨 지향적 세계를 온전히 회복시키기 위한 야웨의 강력한 의지를 분명하게 담아내고 있다.

에스겔 34-37장, 38-39장과 40-48장에 나타난 새로움―야웨가 유다에게 보장하시는―에 관한 풍부한 기대는 바로 거룩함에 대한 야웨의 결심을 바탕으로 하고 있다.

(1) 이러한 기대들 중 가장 감미로운 것은 바로 야웨가 잃어버린 자, 쫓긴 자, 상한 자, 병든 자를 위한 "목자"(shepherd)가 되어주실 것이라는 약속이다(겔 34:11-16). 실패한 왕을 대신하여 야웨가 이렇게 돌봐주겠다고 결심하신 것은, 곧 야웨가 포로들을 진정한 목양적 관심으로 대해주실 것이라는 기대의 반영이다. 이러한 표현은 신약성서에서 "선한 목자"(The Good Shepherd) 개념을 통해 다시금 분명히 드러난다(요 10:11-18). 또한 이는 마태복음 25:31-46의 도덕적인 표현 안에 반영되어 있다. 회복된 이스라엘은 이제 야웨와 더불어 새로운 기초 위에 올라서 있다. 그분은 이스라엘의 필요를 온전히 돌보실 것이다.

(2) 우리에게 잘 알려진 "마른 뼈" 환상은 잃어버림을 당하고, 죽음을 당하고, 소망을 잃고, 가능성을 상실한 이스라엘의 회복을 예견한다(겔 37:1-14). 그리스도인들은 이 본문을 부활에 대한 언급으로 이해했지만, 여기서 부활은 유다의 귀환을 의미한다는 사실을 인식하는 것이 중요하다.

> 그러므로 너는 대언하여 그들에게 이르기를, 주 야웨께서 이같이 말씀하시기를 내 백성아, 내가 너희 무덤을 열고 너희로 거기에서 나오게 하고 이스라엘 땅으로 들어가게 하리라. 내 백성아, 내가 너희 무덤을 열고 너희로 거기에서 나오게 한즉 너희는 내가 야웨인 줄 알리라. 내가 또 내 영을 너희 속에 두어 너희가 살아나게 하고 내가 또 너희를 너희 고국 땅에 두리니, 나 야웨가 이 일을 말하고 이룬 줄을 너희가 알리라. 야웨의 말씀이니라(겔 37:12-14).

포로 상태에서 고향의 풍부한 삶으로 귀환한다는 것은, 사실상 추방으로 인한 죽음과 절망에서 새로운 생명으로 부활하는 것이나 다름없었다. (어떤 유대인들은 이 이미지가 현대의 이스라엘 공화국의 건설을 의미하는 구원행위라고 해석하기도 한다.)

(3) 동일한 장(겔 37장)에서 "마른 뼈" 환상(1-14절) 다음에 유다의 미래

에 관한 두 개의 주목할 만한 표현이 등장한다. 15-23절에는 솔로몬 사후 분열되었던 유다와 이스라엘의 지파들이 "한 백성"으로 회복되는 환상이 나타난다. 과거의 특정한 정치적 사건들은 여기서 그다지 중요하지 않다. 다만 이 환상이 완전히 하나 된 이스라엘의 온전한 회복을 제안한다는 점에서 중요성을 지닐 따름이다. 그리고 24-28절에서는 희망의 주제들이 풍부하게 모여 다윗을 위시한 이스라엘의 청사진을 그려준다. 여기에는 예루살렘 성소에서 야웨와 더불어 모든 세대에게 지속될 "화평의 언약"에 대한 확신이 제시된다. 더구나 이런 확신은 언약공식의 반복으로 더욱 강화된다. "나는 그들의 하나님이 되고 그들은 내 백성이 되리라"(23, 27절). 이런 갖가지 약속의 모음은 다가오는 미래를 예견한다. 그 날이 오면 모든 생명체는 이스라엘이 과거로부터 알아왔던 가장 훌륭한 행복의 범주로 굳건히 세워지게 될 것이다.

(4) 에스겔서는 추방되었던 땅으로의 완전한 회복을 꿈꾸는 매우 확장된 청사진으로 마무리된다. 대개 그것은 미래를 향한 제사장적 비전으로 이해되는데, 여기서 그리고 있는 회복의 중심지는 완전히 재건되어 재정비될 예루살렘 성전이다. 그곳은 야웨의 현존이 머무를 적절한 장소가 될 것이다. 즉 이런 정교하고도 상세한 환상의 본질은 이스라엘의 도덕적 · 제의적 실패로 인해 떠날 수밖에 없었던 야웨의 현존이 이제 다시금 예루살렘에 온전히 나타나실 것이라는 사실이다.

에스겔서에 반영된 제사장적 전통은 야웨의 현존이란 개념을 매우 구체적으로 나타낸다. 에스겔 8-11장에서 야웨의 "영광"이 포로들을 향해 날아갔듯이, 여기서 다시금 그 영광은 "많은 물소리와 같은 소리"(겔 43:2)를 내면서 예루살렘으로 "날아"온다. 너무나 강력하고도 주의 깊으며 생명의 근원이 되는 야웨의 현존에 대한 표현을 통해서, 예루살렘 공동체의 도래는 이제 확실하게 되었다. 이 전승은 여러 제사장적 질서에 대하여 제의의 모든 책임을 상당한 정도로 부여한다. 이런 질서는 새로운 성전을 야웨가 보시기에 적절하고 친밀감 있는 곳으로 만들 것이다. 야웨가 다시금 거주지를 마련하심으로써, 하나님의 모든 생명력은 이스라엘에게 다시 유효하게 된다. 이렇게 미리 앞을 내다보는 진술 속에서, 야웨는 다시금 성전에 거하실 것이고 다시는 이 백성을 떠나지 않으실 것이다.

이 문은 닫고 다시 열지 못할지니 아무 사람도 그리로 들어오지 못할 것은 이스라엘 하나님 나 야웨가 그리로 들어왔음이라. 그러므로 닫아 둘지니라(겔 44:2).

성전에서의 야웨의 현존을 의미하는 제사장직의 재정비와 더불어, 우리는 이 성전 환상에서 세 가지의 또 다른 특징을 확인할 수 있다. 그것들은 모두 포로가 된 유다의 회복과 관계되어 있다.

- 예루살렘을 통치할 한 군주(נָשִׂיא "나시")가 있을 것인데, 그는 야웨를 대신하여 섭정할 인물이다(겔 44:3; 참조. 겔 34:23-24). 이로써 미래에 회복될 다윗 왕조의 형태가 약속된다.
- 에스겔 전승에서 예견된 바, 모든 피조물의 갱신이 미래의 계획 안에 포함되어 있다. 여기서의 예언자 전승은 창세기 2:10-14의 창조 비전과 상당한 병행을 보인다. 성전의 문지방에서 흘러나오기 시작한 물줄기(겔 47:1)는 모든 땅을 살리는 물이 된다(47:7-12).
- 에스겔 전승은 땅의 전체적인 재분배에 대한 중요한 언급을 제공한다. 이는 약속의 땅을 분배하는 장면이 나오는 여호수아서의 본문을 떠올리게 한다(수 13-19장). 이런 전통을 사용하고 있는 에스겔서에서, 땅은 성전에(겔 45:1-5), 성읍에(겔 45:6), 왕에게(겔 45:7-8) 할당된다. 보다 광범위하게, 땅은 "보다 큰 이스라엘"의 경계 안에서 여러 지파에게 분배된다(겔 47:13-48:29). 보통 이러한 땅의 분배는 매우 도식적이고 인위적인 것으로 생각된다. 이 모든 것의 초점은 에스겔 48:30-35의 최종 진술에 맞추어져 있는데, 다시 말해서 가장 중요한 것은 바로 야웨의 진정한 처소인 예루살렘을 드높이는 일이다. 새로운 가능성에 대한 놀라운 선언은 예루살렘의 새로운

이름인 "야웨 샴마"(야웨가 거기에 계신다)에서 절정에 이른다(겔 48:35). 하나님의 임재에 대한 확고한 약속은 그것의 부재의 경험과 날카로운 대조를 이룬다. 야웨가 도시와 백성 모두를 포기하셨던 포로기의 단절은 완전히 극복된다. 예레미야와 에스겔의 전승들이, 야웨가 의도하신 바 포로들의 불가사의한 귀환에 대한 약속을 공통점으로 지니고 있지만, 이 둘은 그런 약속을 표현하는 이미지 사용 방식과 신학적 기반에 있어 매우 다른 길을 걷고 있다. 이들 사이에서 신명기의 언약 전통과 제사장의 성직 전통은 이미지의 다양성을 제공해주며, 이 모두는 새롭게 발흥하는 이스라엘의 신앙을 표현하는 수단으로 사용된다. 여전히 포로기의 상황이었음에도, 그들의 신앙은 이토록 대담한 표현을 만들어낼 수 있었던 것이다.

포로기의 예언자적 희망이 담겨 있는 세 번째 주요 전승은 이사야 40-55장에 나타난다. 이 본문은 이사야 전승의 확장된 부분으로서, 예레미야와 에스겔의 전승보다도 더 오래된 예루살렘의 왕/성전 주제들을 근원으로 삼고 있다. 일반적으로 학자들은 이사야 40-55장이 이사야서의 보다 오래된 부분으로부터 영향을 깊게 받은 중요한 문학적·신학적 작품이라는 데 견해를 같이한다. 그러나 이 본문의 연대는 포로기 말엽인 기원전 540년경이며, 이때에 바빌로니아의 위세는 끝나가고 페르시아의 시대가 지평선 너머로 떠오르고 있었다. 우리가 이미 살펴본 대로, 이 감동적인 시의 핵심에는 페르시아 왕 고레스에 대한 언급이 나타난다(사 44:28; 45:1). 따라서 이 시는 관대한 식민정책을 가지고 있었던 페르시아 세력이 당시의 최강국이었던 바빌로니아를 대체하는 시점에 위치해 있는 것이다. 이 시에서 페르시아의 출현은 야웨가 유대 포로들을 구출하기 위해 보낸 도구로 이해된다.

최종 형태의 이사야 39장은 일반적으로 "제1이사야"(First Isaiah)의 마지막 본문으로 간주되는데, 여기서 우리는 바빌로니아 포로에 대한 예견을 발견하게 된다(사 39:5-7). 이 장은 단지 히스기야 시대 한참 후에 도래할 포로기를 내다볼 따름이다. 학자들의 의견에 따르면, 이사야서에서 39장과 40장 사이에는 오랜 단절이 나타난다고 한다. 이는 기원전 8세기 히스기야 및 이사야의 시대와 기원전 6세기 포로기 사이의 오랜 단절에 상응한다. 이사야서가 이와 같이 배열됨으로써, 드라마틱하게 말하자면, 이사야 39장 이후에는 포로기의 어둡고 오랜 기다림이 자리하고 있는 것이다.

이사야 전승은 이사야 40:1에서 갑작스럽게 다시 시작된다. 본문은 경이적인 새로운 주장으로 시작된다. 세상의 역사 안에서 실행될 주권적 명령이 하나님의 통치로부터 주어진다. 제2이사야(Second Isaiah)의 시를 지배하는 동시에 포로기 말기 유대인들의 삶을 지배하게 될 이 명령의 요체는 예루살렘이 평온케 되리라는 것이다!(사 40:1-2) 근심의 기나긴 밤은 이제 끝이 날 것이다. 포로기 유다를 향한 이러한 "기쁜 소식"의 근본은 궁핍한 그들을 구출하기 위한 새로운 힘과 결심으로부터 비롯된다(사 40:9-11). 이사야 40-55장에 나타나는 시의 장엄한 표현은 야웨가 세계 역사에 새롭고도 결정적인 간섭을 하시려 한다는 주장을 강하게 드러낸다. 야웨는 세계 속에서 예루살렘을 향하여 "새 일"을 행하실 것이다. 이토록 새로운 것들이 과거 이스라엘 신앙의 기억으로부터 완전히 단절된 것은 아님이 분명하다. 옛것과 새것은 변증법적으로 정교하게 얽혀 있기 때문이다. 야웨의 간섭으로 인해 바빌로니아 세력은 사라질 것이고, 이어서 이스라엘은 포로 생활로부터 해방될 것이다. 기쁘고, 기운차고, 의기양양한 예루살렘으로의 귀환이 허락될 것이다. 이러한 주장을 접할 때마다, 우리는 그것이 지정학적 현실─바빌로니아 세력의 종말과 페르시아 지배의 등장─과 긴밀히 연결되어 있다는 사실을 인식해야만 한다.

이토록 풍부하고도 우아한 시적 표현 안에는 깊이 주목해볼 만한 다양한 이미지와 주제들이 등장한다. 우리는 여기서 네 가지 사항에만 초점을 맞추고자 한다.

(1) 야웨는 이제 모든 피조물을 강력한 주권으로써 다스리실 것이다. 강한 능력 안에서 그분은 모든 반항 세력을 당신의 뜻에 복속시키실 것

이다. 제2이사야의 시는 이러한 주권을 주장하기 위해 광범위한 송영적 (doxological) 표현을 사용한다. 그러므로 창조주의 권능에 대한 찬양은 그분 앞에서 다른 모든 권능들, 다른 모든 신들, 그리고 다른 모든 정치적 세력들이 "통의 한 방울 물"(사 40:15)과 같이 되리라는 놀라운 주장을 제기한다. 야웨를 세계를 지배하는 권능으로 표현하는 것은 이 시에서 두 가지 특별한 측면을 지닌다. 한편으로, 그것은 야웨가 다른 모든 신보다 강하다는 주장이다. 따라서 이사야 41:21-29에서 다른 신들은 힘과 권위를 다투는 경기에 초대받는다. 물론 그 신들은 무기력하게 입을 다물고 있다. 왜냐하면 그들은 사실상 신이 아니며, 야웨의 결정에 반대하는 어떤 것도 될 수 없기 때문이다. 실제로 시인은 다른 신들을 조롱하고 내쫓기를 즐기고 있다. 그들은 참으로 무능력하며 헛되이 사칭하는 자들이기 때문이다 (사 44:9-20). 다른 신들을 조롱하며 몰아내는 것은 이사야 46:1-7에서 훌륭하게 옹호된다. 여기서 다른 신들은 인간의 조형물이며 결코 창조적인 힘이 없다. 그러므로 그것들은 그저 등에 지고 다녀야 할 짐에 불과하다 (사 46:1). 그것들은 야웨와는 전혀 다르다. 그것들과는 달리, 야웨는 살아서 활동적으로 운동하시는 분이며 운반이 필요 없는 분이다(사 46:3-4).

이런 내용들이 다른 신들에 대한 포괄적인 공격이라면, 이사야 46:1에는 비웃음 당하는 신들의 이름이 거명된다. 바로 바빌로니아의 신들―벨(Bel)과 느보(Nebo)―이다. 이들은 바빌로니아 세력을 분명하게 정당화하는 신들이다. 그러므로 우리는 다른 신들에 대한 이러한 논박이 신학자들의 지적 담론이 아닌, 세계의 지배자를 사칭하는 자들에 대한 의도적 비판임을 보게 된다. 다른 신들을 향한 비판의 실제적 의도는 곧 이런 신들이 정당화하는 정치적 세력에 대한 비판인 것이다.

다른 한편으로, 동일한 이유로 인해 이사야 47:1에서 신들을 향한 비판이 세상 권력을 향한 비판―여기서는 특히 "처녀 딸 바벨론"을 향한 비판―으로 전환된다는 점은 놀랄 일이 아니다. 바빌로니아의 합법성에 대한 주장은 이제 무효화될 것이다. 게다가 바빌로니아는 교만한 방종을 저질렀기에 고발당한다. 그들의 행위는 "긍휼히 여기지 않는"(사 47:6) 잔인함에서 극대화된다. 바빌로니아는 자신의 힘을 야웨의 표준에 따라 자비롭게 사용하지 않았다. 그래서 그들의 힘은 공허하게 되었다. 이 시에는 날카로운 역사철학이 존재한다. 곧 합법적인 세력은 경제적·군사적 힘을 통해서가 아닌 자비의 실천을 통해 번영하게 된다는 사실이다. 야웨의 권위와 주권적 권능을 주장하는 송영은 포로들이 절대시했던 바빌로니아 세력을 무력화하는 데 기여한다.

(2) 바빌로니아 세력의 이러한 무효화는 유대 포로들에게는 좋은 소식이었다. 야웨의 주권적 권능이 거대하고 떠들썩하면서도 도전적인 송영을 통해 주장되는 반면, 포로들에게 주어지는 말들은 매우 다른 어조로 표현된다. 소리 높여 불리는 송영과는 완전히 반대로 여기서는 목양적인 친절함과 상냥함이 돋보인다.

자신에 찬 송영과 더불어, 포로 상태의 이스라엘은 나긋나긋한 확신을 전해 듣는다. 예를 들면, 이사야 41:8-13에서 포로 상태의 이스라엘은 포로들의 주인으로부터 말씀을 전해 듣는다. 8-9절에는 이스라엘이 소중히 여기는 이름, 야곱과 아브라함의 모든 길에 대한 회고, 자신들이 선택받았고 야웨의 사랑하시는 자였다는 사실에 대한 회상의 내용이 모여 있다. 이토록 소중한 피조물이자 야웨의 백성인 자들에게 주어진 실제적인 메시지는 간결하다. "두려워하지 말라, 내가 너와 함께함이라"(10절).

야웨의 말씀은 포로기의 모든 부정적인 것들—두려움, 위험, 기억과 뿌리에 대한 상실감, 좌절감—을 극복하고 물리치기 위해 주어진다. 그토록 오래 지속된 포기의 상황 앞에서, 이제 야웨가 유대인들을 포기하지 않을 것이라는 확신이 주어진다. 그들이야말로 하나님의 관심과 활동의 핵심에 놓인 자들이다. 사실상 포로기의 이스라엘은 남편으로부터 오랫동안 버림받고 수치를 당했던 아내와도 같다(사 54:4-8). 남편이신 야웨가 이스라엘을 저버리고 포로의 상황으로 내몰았다는 사실은 부인할 수 없다. 그러나 이는 "잠시"(7절)뿐이었다. 버림받았던 바로 그 포로들을 향하여, 이제는 야웨가 버림받은 이스라엘을 향해 "큰 긍휼"(7절)과 "영원한 자비"(8절)로 다가오고 계신다는 소식이 이들에게 용기를 주고 있다.

야웨의 입장에서 새로운 자비로움의 결과는 이제 곧 이스라엘이 바빌로니아의 세력으로부터 벗어나 고향으로 자유로이 돌아가게 되었다는 사실을 의미한다. 해방의 근거는 바로 야웨의 "계획"이 유다의 절망적인 계획과 같지 않고 바빌로니아의 억압적인 계획과도 같지 않다는 사실에 있다(사 55:8-9). 야웨에게 그 계획이란 오로지 귀환을 의미했다. 포로들은 이제 기쁨으로 나아가며 평안히 인도함을 받아서 **샬롬**으로 되돌아갈 수 있는 존재가 된다(사 55:12-13). 그로 인해 이제 그들의 삶은 다시 시작된다.

이 시가 역사적 사건을 해설하기 위해 기록된 것이 아니라는 점을 인식해야 한다. 오히려 그것은 야웨의 주권적 표현이다. 그분은 상황에 갇혀 계신 분이 아니다. 이 시를 정경 안에 포함시킨 유대교는 이 시를 참되고 결정적인 야웨의 말씀으로 받아들였다. 역사의 결과는 그분의 의도에 따른다. 역사 속에서 가엾은 유다와 힘 센 바빌로니아의 대결은 게임이 안되는 대결이었다. 당연히 바빌로니아가 이긴다. 그러나 이 시에서는 헤비급 선수이신 야웨가 유다의 편에 서신다. 그리고 역사는 전혀 예상치 못했던 방향으로 흘러간다. 이 시는 역사란 정치적·경제적·군사적 힘에 의해 환원되지 않는다고 주장한다. 결국 야웨의 성실하심과 거룩하심에 뿌리를 둔 또 다른 의도가 역사를 불가해한 방향으로 돌려놓는다.

(3) 신학적 주장과 지정학적 현실 사이의 놀라운 수렴 관계를 주목할 필요가 있다. 여기서 야웨의 말씀은 실제로 현실이 된다. 여기서 신학적 주장과 지정학적 특수성의 접촉점은 바로 페르시아 왕 고레스다. 이러한 새로운 세력은 물론 거칠고 제국적인 호전성을 띤다. 고레스는 분명 야웨에 대해서 들어본 적도, 유대인에 대해서 생각해본 적도 없다. 그러나 이스라엘 최고의 시에 의하면, 고레스는 야웨의 의도에 따라 복무했던 사람이다.

누가 동방에서 사람을 일깨워서

신학의 렌즈로 본 구약개관

공의로 그를 불러 자기 발 앞에 이르게 하였느냐?

열국을 그의 앞에 넘겨주며

그가 왕들을 다스리게 하되

그들로 그의 칼에 티끌 같게

그의 활에 불리는 초개 같게 하매

그가 그들을 쫓아가서

그의 발로 가 보지 못한 길을 안전히 지났나니

이 일을 누가 행하였느냐, 누가 이루었느냐,

누가 태초부터 만대를 불러내었느냐?

나 야웨라. 처음에도 나요,

나중에 있을 자에게도 내가 곧 그니라(사 41:2-4).

야웨의 행하심은 세계 속에서 그대로 발휘된다. 이스라엘의 신앙은 영적인 이상향에 있지 않다. 야웨의 결심은 공개적 사건의 실제 세계 안에서 효과를 나타내며, 따라서 하나님의 말씀은 "육신이 된다." 즉 야웨의 의도는 공개적이고 역사적인 형태를 취한다.

고레스를 신학적 주장과 지정학적 현실의 수렴점(convergence point)으로 규정함으로써, 이스라엘의 신앙을 특징짓는 신앙과 삶의 기이한 응집성(coherence)이 분명하게 드러난다. 후에 그리스도인들이 하나님의 뜻이 나사렛 사람 예수 안에서 "구현되었다"는 대담한 주장을 할 수 있었던 근거 역시 바로 이러한 응집성이다. 그러나 이런 최초의 "구현"은 예수 이전에 이미 고레스를 통하여 완벽한 실례를 보여준다.

(4) 마침내 우리는 이 시에서 우리의 관심을 불러일으키고도 남을 수수께끼 같은 요소에 주목해볼 차례가 되었다. 오랫동안 학자들은 제2이사야의 여러 시에서 "야웨의 종"(Yahweh's servant)에 대한 언급을 주목해왔다. 그는 야웨의 일을 대리하는 결정적인 인물이다(사 42:1-4; 49:1-6; 50:4-9; 52:13-53:12). 이 독특한 인물은 역사를 향한 야웨의 거대한 목적을 이루

기 위해 선택된 대리자다. 과연 이 "종"이 누구인가에 대해서는 알 도리가 없다. 유대교 해석자들은 오랫동안 이스라엘 공동체가 바로 그 종이라는 확신을 견지해왔다. 야웨의 종에 대한, 특히 보다 친숙한 이사야 52:13-53:12에 대한 그리스도교적 해석의 역사에서, 우리가 이 질문에 주목하는 이유는 그가 바로 예수에 대한 암시이자 그림자라고 이해되기 때문이다. 그 종을 규명할 수 있는 명쾌한 방법은 어디에도 없다. 확실히 본문 자체의 시야에는 예수가 포함되어 있지 않다는 사실이 인식되어야만 한다. 따라서 이 본문에 대한 그리스도교적 해석은 분명히 뒤늦게 생겨난 것이다.

유대인들과 그리스도인들이 공유해야 할 보다 중요한 인식은, 이렇게 논쟁이 되는 본문이 포로들을 치유하기 위한 새롭고도 근본적인 방법을 다루고 있다는 사실이다. 다음의 본문은 분명 역사 속에서 실현되었다.

> 그는 실로 우리의 질고를 지고
> 우리의 슬픔을 당하였거늘
> 우리는 생각하기를 그는 징벌을 받아
> 하나님에게 맞으며 고난을 당한다 하였노라.
> 그가 찔림은 우리의 허물 때문이요
> 그가 상함은 우리의 죄악 때문이라.
> 그가 징계를 받음으로 우리는 평화를 누리고
> 그가 채찍에 맞음으로 우리는 나음을 입었도다(사 53:4-5).

데이비드 클라인즈(David Clines)가 관찰한 대로, 이 시에는 어떤 대명사도 선행사를 갖고 있지 않다. 다만 분명한 것은 역사의 과정 속에서 새로움의 등장은 다른 이들을 위해 고난을 당함으로써 가능하다는 사실이다. 그 대상이 유대 공동체든, 예수든 상관없이 말이다. 이 시의 시인은 이런 고통의 수용이 실제로 소외감의 악순환을 근절하고 행복을 가져다준다는 사실을 보아왔다. 결국 여기서 고려되어야 할 바는, 과연 야웨의 종이 누구냐가 아니라, 추방의 악순환이 깨어지고 치유될 수 있다는 가능성의 확신이다. 물론 대가(代價)가 없는 것은 아니다!

제2이사야의 시는 그 안에 담겨 있는 예전문과 이미지들을 통하여 이스라엘을 귀환의 문턱으로 데려다준다. 귀향 포로들은 예루살렘으로의 여정 가운데 머지않아 기쁨으로 넘쳐나게 될 것이다.

> 너 예루살렘의 황폐한 곳들아,
> 기쁜 소리를 내어 함께 노래할지어다.
> 이는 야웨께서 그의 백성을 위로하셨고
> 예루살렘을 구속하셨음이라….
> 너희는 떠날지어다 떠날지어다. 거기서 나오고
> 부정한 것을 만지지 말지어다.
> 그 가운데에서 나올지어다.
> 야웨의 기구를 메는 자들이여 스스로 정결하게 할지어다.
> 야웨께서 너희 앞에서 행하시며
> 이스라엘의 하나님이 너희 뒤에서 호위하시리니
> 너희가 황급히 나오지 아니하며
> 도망하듯 다니지 아니하리라(사 52:9, 11-12).

시인은 그 이상 더 나아가지 않는다. 이 서사시를 넘어가면, 유대인들은 재건을 촉구하는 학개와 스가랴, 교정을 주장하는 말라기, 개혁을 추구하는 논쟁가인 느헤미야와 에스라를 만나게 된다. 이렇게 보다 눈에 드러나는 활동들은 유대교의 출현에 크게 기여할 것이다. 그러나 이들의 활동 전체가 가능할 수 있었던 것은 위와 같은 시인들이 자신들의 상상력 있는 신앙과 유창한 언변을 통하여 야웨의 선물인 새로운 세계를 받아들이도록 하기 위하여 유대교를 패배의 닫힌 세계로부터 해방시켰기 때문이다.

7. 계속되는 증언: 고통과 희망

우리는 맨 먼저 나훔의 증오를 시작으로 예레미야의 상처를 거쳐서 제2이 사야의 희망을 살펴보았다. 이밖에 다른 여러 가지를 포함한 모든 전승들은 포로와 귀환이라는 틀 속에서 형성되었다. 그렇게 될 수 있었던 이유는 구약의 이스라엘에게 포로기가 너무나 중대한 경험이었으며, 그것이 이후 계속되는 유대의 상상력을 규정짓는 요소가 되었기 때문이다. 이 모든 본문에서, 우리는 지나가 버린 역사적 순간만을 반영하는 문학작품들을 다룬 것이 아니다. 포로기의 위기는 현시대를 사는 우리의 신앙생활 속에도 강력하게 남아 있다. 이러한 신학적 문학들을 계속해서 다루어할 당위성이 바로 여기에 있다.

위기의 경험에서 이런 문학들을 통하여, 이스라엘은 자신이 하나님과 삶을 공유하고 있다는 진실을 포착했다. 그분은 이용될 수 있는 분이 아니며, 오히려 당신이 사용한 자들을 마음대로 내버리실 수 있는 분이다. 이스라엘은 이런 하나님의 모습을 중대한 상실의 순간에 목도했다. 더 나아가 이스라엘은 이러한 위기 속에서 새 역사의 가능성을 만드시고자 하는 하나님의 놀라운 의지를 읽어냈다. 이는 바로 "길 없는 곳에서 길을 만드시는" 하나님의 자발성이다. 이러한 하나님의 모습은 또한 귀환의 가능성이 높아가는 상황을 통해서도 이스라엘에게 반영되었다. 하나님에 의한 내어버림의 진실과 하나님으로부터 비롯된 생명 회복의 가능성은, 고통 속에서와 떠오르는 희망 속에서도 솔직한 모습을 드러내는 유대교적 영성의 특징을 규정짓는 것으로 등장한다. 여기서 우리는 이런 주제화가 적어도 네 가지 윤곽을 통해 더 많은 생각거리를 제시해준다고 본다.

(1) 상실과 가능성이라는 포로기적 주제는 시편에 표현되어 있는 것처럼 유대인들의 경건과 영성을 보여준다. 시편은 주로 애가와 불평의 노래 및 찬양과 감사의 노래로 구성되어 있다. 탄원(lament)과 찬양(praise)은 하나님과의 교제에서 가장 특징적인 양식이다. 그것들은 신앙과 삶에 대한

가장 극단적인 목소리를 들려준다. 탄원은 포로기에 초점을 맞춘 상실감을 노래한다. 그리고 찬양은 귀환을 통해 형성된 가능성을 노래한다.

(2) 상실과 가능성의 주제는 그리스도교 신앙을 위한 핵심적인 단초—예수의 죽음과 부활—가 된다. 그리스도교 신앙에서 "죽음-부활"의 틀(금요일-주일의 틀)이 가능한 것은, 그리스도교 신앙이 바로 이 틀 안에서 되풀이되기 때문이다. 상상할 수 있는 가장 크나큰 상실과 생각할 수 있는 가장 놀라운 가능성이 지니는 짙은 밀도에도 불구하고 말이다. 사실상 죽음-부활 패러다임은 이토록 어렵게 형성된 유대교적 내러티브를 나름대로 재활용한 그리스도교적 방식인 셈이다.[3]

(3) 상실과 가능성이라는 주제는 아마도 유대인 대학살에 관한 신학적 숙고에 대해 가장 유용한 범주를 제공해줄 것이다. 리처드 루벤슈타인(Richard Rubenstein)이 잘 말했듯이, 확실히 어떠한 해석적 범주도 결국엔 이렇게 수치스러운 해프닝을 설명하는 데 성공하지 못한다. 그럼에도 신앙의 백성은 자신의 전통 안에서 이런 설명이 가능하다고 생각해야만 한다. 가장 깊은 상실의 구렁텅이 속에서 이스라엘의 거룩한 자가 새로운 생명을 세상에 내놓을 것이라는 확신은 바로 이런 포로-귀환 전통에서 비롯된다. 어느 누구도 대학살에 담긴 악의 조밀함, 복잡성, 특질을 하찮게 여겨서는 안 된다. 그럼에도 대학살의 현장에서 우리는 이스라엘이 그토록 오래 알아왔던 하나님의 위기가 재현된 것을 볼 수 있다.

(4) 기술 지배적 대량소비가 판치는 현대사회는 그 삶의 형태에서 조직적으로 포로들을 양산해내고 있다. 이 시대 우리는 추방당하는 개인들의 끝없는 행렬을 목격하고 있다. 환영받지 못하는 이주민들, 탈주자, 난민들, 영구적인 하층민들이 바로 그들이다. 이러한 사회적 거부 현상은 상

---

3) 다음을 보라: G. Steiner, *Real Presences* (Chicago: University of Chicago Press, 1989), 231-232; N. T. Wright, *The New Testament and the People of God* (Minneapolis: Fortress, 1992), 396-403. (박문재 역, 『신약성서와 하나님의 백성』[서울: 크리스천다이제스트, 2003]).

품 만능 시대의 우발적 사고가 아닌 필연적인 결과다. 현실에 대한 이러한 "현대적" 설명은 하나님에 의한 깊은 상실의 처벌을 피할 수 없다는 확신을 불러일으킨다. 또한 인간과 기계의 능력을 넘어서는 새로운 가능성이 존재하지 않는다는 확신도 생겨난다. 즉 이 모든 것은 고통을 위한 자리, 혹은 희망을 위한 자리가 세상의 지평에서 실제적으로 배제되어버린 우리의 현실에 관한 이야기인 것이다. 이 둘 모두는 현대세계의 지평에서 배제되고 만다. 고통과 희망의 자리는 거부되며, 포로들은 넘쳐나고 있다.

　성서를 읽는 현대의 독자들은 실패한 현대 체제의 끝자락에서 고통과 희망에 관한 성서의 증언들에 주목해야만 한다. 그것들은 구체적인 역사 가운데서 일어난 일이지만, 거룩하신 하나님을 중심축으로 돌아간다. 이런 성서의 증언은 고통이 거부되며 희망이 배제되고 있는, 우리가 사는 현실의 이야기를 대체할 수 있다. 두 가지 강제적이고 양립할 수 없는 현실의 설명들―고통과 희망―사이에서, 우리는 자신에게 주어진 현실에 주목해야 한다. 이스라엘의 이야기는 "보다 훌륭한 길"을 제시할 수 있다. 이러한 두 가지 설명 사이의 긴장에서, 우리는 성서 속에서 가능했던 또 다른 모습의 사회적 현실을 발견하게 된다. 그리고 이런 현실의 중심에는 하나님이 계신다. 그 하나님은 다음과 같은 분이다.

　　강한 자로 임하실 분
　　어린양을 그 팔로 모아 품에 안으시는 분(사 40:10-11, 저자의 의역).

참고문헌

Ackroyd, Peter R. *Exile and Restoration: A Study of Hebrew Thought of the Sixth Century B.C.* OTL. Philadelphia: Westminster, 1968.

Brueggemann, Walter. *A Commentary of Jeremiah: Exile and Homecoming.* Grand Rapids: Eerdmans, 1998.

Klein, Ralph W. *Ezekiel: The Prophet and His Message.* Columbia: University of South Carolina Press, 1988(박호용 역, 『에스겔: 예언자와 그의 메시지』[서울: 성지출판사, 1999]).

Klein, Ralph W. *Israel in Exile: A Theological Interpretation.* OBT 6. Philadelphia: Fortress, 1979.

Raitt, Thomas M. *A Theology of Exile: Judgement/Deliverance in Jeremiah and Ezekiel.* Philadelphia: Fortress, 1977.

Rubenstein, Richard. *After Auschwitz: Theology and Contemporary Judaism.* Second edition. Baltimore: Johns Hopkins University Press, 1992.

Rubenstein, Richard. "Job and Auschwitz," *Union Seminary Quarterly Review* 25. New York: Union Theological Seminary. Summer 1970, 421-437.

Smith, Daniel L. *The Religion of the Landless: The Social Context of the Babylonian Exile.* Bloomington, IN: Meyer-Stone, 1989.

Smith-Christopher, *Daniel. A Biblical Theology of Exile.* OBT. Minneapolis: Fortress, 2002.

Stevenson, Kalinda Rose. *The Vision of Transformation: The Territorial Rhetoric of Ezekiel 40-48*. SBLDS 154. Atlanta: Scholars Press, 1996.

Weems, Renita J. *Battered Love: Marriage, Sex, and Violence in the Hebrew Prophets*. Minneapolis: Fortress, 1995.

Westermann, Claus. *Lamentations: Issues and Interpretation*. Minneapolis: Fortress, 1994.

신학의 렌즈로 본 구약개관

지혜 · 질서 · 항변

잠언 | 욥기 | 전도서 | 시편 일부

명민한 독자라면 본서의 내용이 대략 연대기적인 순서에 따라 논의되어 왔음을 눈치챌 것이다. 다시 말해 우리는 고대 이스라엘의 가장 오래된 기억을 시작으로 온갖 변화와 위기로 점철되는 이스라엘의 역사 과정을 시간 순서에 맞추어 살펴왔다. 실제로 이러한 연대기적 구성은 구약성서를 개괄하는 데 가장 이해하기 쉽고 간편한 방법이다. 물론 연대기라는 것 자체가 상당한 불확실성을 내포하고 있다는 점은 감안해야 한다.

스스로를 하나의 백성으로 인식한 이스라엘의 자기이해는 역사적 과정 속에서 커다란 두 가지 전제들을 기반으로 진행되어왔다. 첫째, 사회적·정치적·경제적·군사적 사건들은 삶의 실질적인 재료이자 신앙의 실질적인 논쟁거리라는 점이 전제되어 있다. 이스라엘은 실제적인 세계 안에서 살고 있다. 그러므로 구약성서를 연구하는 학생들은 이런 현세적 문제들에 대하여 상세하게 알아야만 한다. 이스라엘의 "역사 기록들"로부터 추적되고 해석된 그들 나름의 역사 과정을 숙지해야함도 물론이다. 또한 고대 근동의 보다 넓은 범위의 역사와 관련된 사항들도 알아야 하는데, 특히 막강한 세력을 지녔던 일련의 제국들의 역사에 주목해야 할 것이다.

둘째, 이스라엘은 자신의 하나님 야웨가 세계의 역사 과정에서 결정적인 주도권을 쥐고 있는 분이라는 사실을 확신하고 있었음이 전제되어 있다. 하나님은 강대국의 "흥망성쇠"에 깊이 관여하신다. 이스라엘은 예언자적 신탁과 송영을 통하여 **공적인 삶과 권력의 현실들과 그 가운데 있는 하나님의 실재**를 함께 보유해왔다. 이스라엘은 자신의 정치적·역사적 경험을 **하나님과 분리시켜** 이해하기를 거부했다. 그리고 동일한 열정으로 하나님을 자신의 존재 경험과는 괴리된 분으로 상상하기를 거부했다.

1. 지혜사상의 지평

그러나 본 장에서 우리는 구약성서의 문학들 중에서 "역사와 하나님"에 대한 서술과는 다소 거리가 먼 작품들을 살펴볼 것이다. "이야기의 시간적 흐름"으로서의 신앙과 더불어, 고대 이스라엘에는 또 다른 형태의 신앙이 존재했다. 그것은 매우 상이한 해석적 범주를 지니고 있으며 나름의 담론과 숙고를 함축한 채 전개되었다. 신앙과 담론의 또 다른 형태는 대체로 지혜(wisdom)라는 다소 애매한 용어로 설명되는데, 이러한 지혜적 요소들이 결국에는 구약성서의 "지혜서"(wisdom books), 즉 잠언, 욥기, 전도서로 정착된다. (그리스어 정경에는 지혜서의 범주에 "집회서"[Ecclesiasticus]와 솔로몬의 "지혜서"[Wisdom of Solomon]도 포함되어 있다.) 본 장은 이런 또 다른 형태의 신앙이 어떻게 기능하며, 성서의 신학적 다원주의를 표방하는 이 작품들의 형태를 어떻게 이해해야 하는지에 대해 다루고자 한다.

지혜의 범주는 광범위하며 불명확하다. 그리고 일반적으로 구약성서 내에서 그것은 역사적 내러티브와 율법이라는 중심 흐름에 비해 다소 구석으로 밀려난 것이 사실이다. 우리는 이제 지혜문학에서 반복적으로 등장하는 특징적인 면을 다섯 가지로 나누어 살펴볼 것이다.

(1) 지혜문학은 상당히 세속적인 **삶의 경험**(lived experience)을 반영한다. "역사적 신앙"이 거대한 위기와 변화(출애굽, 땅의 정착, 포로기와 같은)에 초점을 맞추는 반면, 지혜는 인간 사이의 상호작용의 평범한 일과에 관심을 보인다. 또한 지혜는 말, 돈, 우정, 일, 성(性), 토지 등의 의미와 사회적 중요성에 대해 질문한다. 이런 문제들이 상당히 진지하게 성찰된다. 인간의 삶의 본질은 일상적인 현실세계를 올바르게 이해하고 누리는 것이다.

(2) 지혜문학은 이런 각각의 세속적 문제들이 **윤리적 의의**(ethical

significance)와 **윤리적 결과**(ethical outcomes)로 채워져 있다고 주장한다. 따라서 지혜로운 삶이란, 매일의 선택에 책임을 지고 그 선택의 결과를 예견함으로써 일상적 삶에 "주어진 것들"(givens)을 소중히 여기는 삶이다. 지혜교사들은 삶이란 주어진 바와, 선택, 결과의 미묘한 균형 관계이며, 어느 누구도 삶의 일상성이 제공하는 필요, 훈련, 요구를 억누르거나 회피할 수 없다는 사실을 인식했다. 이러한 단순한 원리들은 간결하게 표현된다. "뿌린 대로 거둘 것이다"(참조. 갈 6:7). 어느 누구도 이와 같은 조직적인 도덕범주를 벗어날 수는 없다. 그 누구도 삶의 현실에서 면제될 수 없으며, 따라서 지혜교사들은 "악함과 의로움", "지혜로움과 어리석음"에 관하여 오랫동안 사색했다.

(3) 지혜의 활동은 **말**(speech)의 활동이다. 구약성서의 지혜문학은 단순한 경험들의 모음집에 불과한 것이 아니다. 그것은 잘 다듬어진 말을 통해, 강요하고 설득하기 위해 삶의 경험을 **사색하고 해석한 것**이다. 다시 말해서 지혜교사들은 젊은이들―공동체의 가르침을 따라야만 하는 이들―에게 삶의 방식에 대한 특색 있는 의미를 전달해주고 싶어 했다. 이러한 설득력 있는 전달을 위하여, 그들은 숨겨진 것과 드러나는 것을 결정하는 다양한 수사학적 전략을 사용하여 자신들의 말을 상당할 정도로 숙련되게 다듬었다. 말의 방식이야말로 사람의 기분을 좌우하는 요인이다. 따라서 그들은 매일의 취사선택의 중요성을 설명하기 위하여 특정한 이미지, 은유, 어투를 사용했다. 숙련된 말이란 단순히 단조롭고 명백히 파악할 수 있는 경험에 대한 것이 아니다. 오히려 그것은 충분한 인내와 사색을 통해서만 알아챌 수 있는, 삶에서 자주 나타나는 패턴과 기이한 예외사항들에 주목할 수 있게 하는 것이다. 말은 생생한 경험을 날카롭게, 빈틈없이, 책임 있게, 정확하게 인식하여 분별하는 데 도움을 주는 도구다.

(4) 지혜의 성찰은 사실상 **지적인 작업**(intellectual enterprise)이다. 그것을 떠맡은 사람들은 사물이 운행하는 원리에 대해 깊고도 진지한 호기심을 갖게 되고, 그에 걸맞은 해답을 찾아내기 위해 부단히 인내한다. 그

들이 지식을 얻는 방법과 형태는 현대과학의 그것과는 거리가 멀지만, 고대의 지혜교사들이 실재에 대한 과학적 이해에 근접했다고 말해도 그리 틀린 표현은 아닐 것이다. 즉 그들은 항구적인 현실세계를 신뢰함으로써 세계의 질서정연한 패턴을 관찰한다. 여러 시대에 걸쳐 이루어진 관찰을 근간으로 하여 그들은 사회를 지탱하는 원리를 예견할 수 있게 되었다. 예를 들면, 어리석게 행동하는 사람은 자신의 돈을 잃게 될 것이다. 용서하는 자는 친구를 얻을 것이지만, 원한을 품은 사람은 그리하지 못할 것이다. 지혜교사들은 오랜 시간의 관찰을 통하여 이 세계에 대해 일정한 패턴을 읽어낼 수 있게 된 것이다.

지혜를 향한 지적 활동은 관찰된 경험, 수용된 윤리적 주장, 설득력 있고 매력적인 언어들을 함께 조합하려는 대담한 시도들로 구성된다. 몇몇 학자들이 지혜교사들을 엘리트 계층으로 구성된 인정받는 사회집단으로 규정짓는 것도 무리는 아니다. 지혜의 가르침은 단순히 상식적인 교육이 아니라 **현실을 잘 연구함으로써 도출된 사려 깊은 판단**이다. 그 가르침은 어떻게 사는 것이 안전하게, 책임 있게, 행복하게 사는 것인지에 관하여 다음 세대들에게 신뢰할 만한 교훈을 제공한다. 지혜사상은 오늘날 앤 랜더스(Ann Landers) 혹은 닥터 로라(Dr. Laura)와 같은 사람들이 제공하는 것과 유사하다. (앤 랜더스 여사는 오늘날 세계에서 가장 많은 독자층을 가진 칼럼니스트이며, 슐레징어 로라 박사는 세계적으로 저명한 가정문제 상담자다─역자 주.) 이런 사람들이 상담을 통해 제시하는 신뢰할 만한 교훈들은 사람들로 하여금 무언가 결정을 내리는 데 지침과 도움을 제공한다.

(5) 지혜사상은 **신학적 문헌**(theological literature)이다. 즉 지혜사상은 야웨 자신과 이 세상에 대한 야웨의 원대한 의도를 증거한다. 이스라엘의 "초기 지혜"가 하나님과 직접적으로 연결되지 않는 "세속적"인 것이라는 점은 오래전부터 인식되어왔다. 그러나 고대 세계에서 "세속적" 사고는 사실상 가능하지 않았다. 왜냐하면 지혜교사들이 관찰하고 반영하고 있는 것은 야웨에 의해서 의도되고, 지배되고, 유지되는 세계질서이기 때문

이다.

　보다 구체적으로 지혜사상이 "창조신학"(theology of creation), 즉 창조주에 의해 의도된 세계를 신앙의 눈으로 관찰하는 태도를 장려한다는 견해가 일반적으로 수용되고 있다. 창조주 하나님은 이 세계가 온전하고, 안전하고, 번영하고, 평화롭고, 정의롭고, 번창하고, 생산적이기를 의도하셨음이 틀림없다. 즉 이 세계는 모든 영역에서 **샬롬**(shalom)을 추구한다. 종국에 가서 창조주는 행복이라는 풍성한 선물을 제공하신다. 동일한 방식으로 창조주 하나님은 한계를 정하시고 피조물들에게 상벌의 규칙을 세우신다. 이런 상벌은 지혜로운 행동 혹은 어리석은 행동에 의해 좌우된다. 그러나 무엇이 지혜롭고 어리석은 것인지에 대한 경계는 그 자체로 명확하지 않다. 그것은 오랜 시간에 걸쳐서 많은 "경우들"에 대한 연구를 통해 결정된다. 이로써 인간은 어떤 행동이 행복을 낳고 어떤 행동이 어려움을 초래하는지 알아낼 수 있다. 이와 같은 모든 관찰과 일반화 작업의 전제는 삶과 행복의 거대한 틀이 바로 하나님의 창조라는 사실이다. 창조주 하나님은 창조의 모든 부분이 서로 간에 미묘하게 연결되어 있기를 원하신다. 그러므로 어느 개체로부터 비롯된 모든 결정과 행동은 나머지 전체의 모습과 행복에 필연적으로 결부된다.

　따라서 우리는 잠언 1:7을 지혜교육의 모토(motto)로 내세울 수 있다.

　야웨를 경외하는 것이 지식의 근본이어늘
　미련한 자는 지혜와 훈계를 멸시하느니라.

　현실을 참되게 이해하기 위해서는 무엇보다도 창조주 야웨를 진지하게 인정하는 것이 가장 중요하다. 창조주의 뜻과 목적을 무시하는 것은 분명 어리석은 행동을 초래하게 되고 그 결과로 주어지는 파괴의 씨앗을 품게 되는 일이다.

　우리는 본 장을 공부하면서 지혜사상의 지적·도덕적·수사학적·신학적 성취에 대해 경탄을 금치 못하게 될 것이다. 흥미롭게도 여기에는 대개 성서의 신앙과 연관되는 "핵심용어들"이 거의 포함되지 않았다. 즉 지혜사상에는 언약, 계명, 제의, 역사, 기적, 포로기에 대한 언급이 없다. 또한 그리스도교가 성서적인 것으로 인정하는 오랜 관습적 요소들도 언급되지 않는다. 즉 지혜사상의 신앙은 세계를 향해 개방되어 있다. 이런 신앙은 어떠한 권위주의도 찬동하지 않으며, 세속적 죄악을 따지는 일에 무관심하다. 대신에 지혜사상은 하나님의 세계 안에서 살아가는 일이야말로 경축되어야 할 신앙의 경로임을 확신한다. 신앙의 권위적인 관습으로 인해 상처를 받은 사람들에게, 지혜사상의 가르침은 책임 있는 삶, 그리고 하나님과의 연합의 즐거움으로 이끌어주는 대안을 제공할 것이다.

2. 상식 속에 배어든 하나님의 거룩한 뜻

잠언은 구약성서에 포함된 지혜사상의 정수(精髓)다. 최종 형태로서의 잠언 안에는 지혜의 격언들이 풍성하고도 복잡하게 수집되어 있다. 그것들의 범위는 실용적인 상식적 충고에서부터 삶의 핵심에 놓인 신비스러움에 대한 서정적·사색적·송영적인 주장에 이르기까지 실로 다양하다. **상식적 충고와 신비에 대한 칭송**은 서로 간에 고려할 만한 차이점을 분명히 드러낸다. 그럼에도 잠언에 나타난 다채로운 지혜사상은 우리에게 주어진 창조주 하나님의 위대한 신비에 따라 세상 가운데서 생각하고, 말하고, 살아가라는 공통된 강령을 전체적으로 공유하고 있다.

잠언의 핵심 단위는 속담 경구(proverbial saying)인데, 그것은 특징적으로 1행 혹은 2행의 길이를 지닌다. 이런 경구들을 자주 접하다 보면 그것들은 그저 단순하고 당연한 내용을 말하는 것처럼 보인다. 그러나 깊이 생각해보면 그것들은 곧잘 예민하면서도 은폐되어 있는 문제들—다양한 여러 경험을 통해 밝혀진—의 정곡을 찌르곤 한다.

이 경구들의 기원이 가족, 씨족, 지파로 구성된 사회적 맥락에서 비롯되었다는 설명은 상당히 설득력 있다. 이런 사회구조 안에서, 노인들은 젊은이들을 지속적으로 사회화하는 일에 종사하면서 "그것이 어찌 그러한가, 너희는 어찌 살아야 하는가"에 대해 주장하기 위한 가정, 태도, 행동들을 가르쳤을 것이다. 가장 기본적인 차원에서 잠언이 두 가지 양식으로 표현되었다는 사실은 이미 학계에서 관습적으로 굳어진 설명이다. 하나의 양식은, 가르침을 위한 보다 교육적인 형태(didactic mode of instruction)다. 대개 여기에는 젊은이들에게 "너는 그리하여서는 안 된다"라는 부정 명령형의 표현이 사용된다. 모든 가족 및 단위 공동체에는 공동체의 전 구성원, 특히 젊은이들에게 금지된 태도 및 행동들에 대한 합의가 마련되어 있다. 지혜문학에서의 금지명령 양식은 간결하게 표현되는 특징을 지닌다. 금지의 이유나 위반 시의 처벌 규정이 특별하게 제시되지 않는다. 왜냐하면 이 양식의 어조에는 위반의 가능성이 전혀 고려되지 않기 때문이다. 금지조항은 공동체 전체가 신뢰하는 진리다. 그리고 그것은 공동체의 안전과 행복을 위해 당위적인 것으로서 널리 수용된 것이다. 그러므로 젊은이들은 응당 이에 순종해야만 한다. 단지 하나의 예를 살펴보는 것만으로도 충분하다. 잠언 22:28은 다음과 같이 말한다.

> 네 선조의 세운
> 옛 지계석을 옮기지 말지니라.

이것이 전부다. 어떤 부가적인 설명도, 위반 시의 처벌규정이나 위협의 말도 제시되지 않는다. 아마도 이 공동체는 몰래 혹은 강제로 혹은 교묘한 책략으로 땅의 경계를 옮기는 일이 공동체를 파괴하는 행위라는 값비싼 교훈을 (시행착오를 통해 힘겹게?) 얻었을 것이다. 따라서 그들은 일찌감치 젊은이들에게 토지소유의 분배원칙을 소중히 여기도록 가르쳤던 것이다. 잠언 23:10에는 동일한 관심사가 보다 정교하게 강조되어 나타난다.

옛 지계석을 옮기지 말며

고아들의 밭을 침범하지 말지어다.

대저 그들의 구속자는 강하시니

그가 너를 대적하여 그들의 원한을 풀어주시리라.

　여기서 첫 행에 나타나는 기본적인 금지조항은 둘째 행에서 더욱 구체적인 맥락을 드러낸다. 이제 본문의 금지조항이 사회적으로 불우한 고아들의 재산은 보호되어야 한다는 구체적인 맥락을 담고 있었음이 분명해진다. 더욱이 다음의 두 행은 위반 시의 제재규정을 제시하고 있다. "그들의 구속자"는 아마도 하나님을 가리키기보다는 그 고아를 위해 법정에 서 줄 수 있는 유력한 친척을 가리키는 듯하다. 즉 이런 본문은 실제로 소유의 분배를 흐트러뜨리려는 심각한 사회적 위기가 존재하고 있었다는 현실을 반영한다. 따라서 젊은이들은 그런 일을 해서는 안 된다는 교훈을 일찍부터 들어왔던 것이다. "말지어다"라는 단어는 상당한 권위를 담고 있는 표현임을 주목하라. 그러나 그 권위의 정체는 알 수 없다. 어쩌면 본문의 화자는 공동체 내에서 장로로 존경받는 사람이었을지도 모른다. 그러나 실제로 이런 사회윤리적 규범을 강요하는 주체는 다름 아닌 **그 공동체**다. 공동체는 스스로 공동체 안의 균형을 유지하고자 하는 목적을 가지기 때문이다.

　잠언의 두 번째 양식은, 학자들에 의해 단순하게 하나의 **경구**(saying) 혹은 **속담**(sentence)이라고 불리는 것들이다. 그것들은 보다 미학적으로 채색되어 있다. 잠언은 이런 경구나 속담을 상당히 많이 담고 있는데, 그것은 아마도 서민 문학으로부터 비롯되었을 것이다. 그것들은 분명 오랜 기간에 걸쳐 사실로 검증된, 공동체의 신뢰할 만한 금언(aphorism)이다. 이런 금언들은 사회 작용을 구성하고 주도하려는 의도를 지닌다. 우리는 세련되게 구성된 다음과 같은 경구들에 익숙해 있다.

손안의 새 한 마리가 수풀 속의 새 두 마리보다 낫다.

입에 삼킬 선물로 말을 바라지 마라.

물 한 방울이 돌을 뚫는다.

한 땀이 아홉 땀을 막아준다.

일 페니를 아끼는 것이 일 페니를 버는 것과 일반이다.

이런 표현들 속에서 공동체는 젊은 청자(聽者)에게 사회 전체가 수용할 만한 태도와 행동 원칙을 제시해준다. 이 책을 읽는 사람들은 누구나 자신의 가족 공동체의 고유한 경험들로부터 이와 같은 경구들을 얼마든지 만들어낼 수 있을 것이다. 우리는 잠언에서 이런 경구들에 담겨 있는 다양한 수사학적 전략들을 확인할 수 있다. 이렇게 정교화된 언어 패턴 중 하나가 "비교급 경구들"(better sayings)이다. 그것을 통해 교사들은 어느 한 가지 선택이 다른 것보다 더 "낫다"라고 주장한다.

채소를 먹으며 서로 사랑하는 것이

살진 소를 먹으며 서로 미워하는 것보다 나으니라(잠 15:17).

마른 떡 한 조각만 있고도 화목하는 것이

제육이 집에 가득하고 다투는 것보다 나으니라(잠 17:1).

가난하여도 성실하게 행하는 자는

입술이 패역하고 미련한 자보다 나으니라(잠 19:1).

왕 앞에서 스스로 높은 체하지 말며

대인들의 자리에 서지 말라.

이는 사람이 네게 이리로 올라오라고 말하는 것이

네 눈에 보이는 귀인 앞에서 저리로 내려가라고 말하는 것보다 나음이니라

(잠 25:6-7).

흥미롭게도 이런 경구들은 한 가지 선택이 **왜** 다른 것보다 더 나은지에 대한 이유를 전혀 제시하지 않고 있다. 그러나 곰곰이 생각해보면, 이런 경구들을 만들어낸 공동체가 겸손, 평화, 일치의 덕목에 의존하여 자신들의 행동 원칙과 사회관계 이론을 형성시켰음을 발견할 수 있다. 요약하자면, 보트를 흔들어댐으로써 자신에게 지나치게 주의를 집중시키기지 않는 것이 **더 낫다.**

두 번째 수사학적 전략은 "이것"이 "저것"과 같다는 식의 비유를 드는 것이다(comparisons).

경우에 합당한 말은
　아로새긴 은 쟁반에 금 사과니라.
슬기로운 자의 책망은
　청종하는 귀에 금 고리와 정금 장식이니라.
충성된 사자는
　그를 보낸 이에게 마치 추수하는 날에 얼음냉수 같아서
　능히 그 주인의 마음을 시원하게 하느니라.
선물한다고 거짓 자랑하는 자는
　비 없는 구름과 바람 같으니라….
자기의 이웃을 쳐서 거짓 증거하는 사람은
　방망이요 칼이요 뾰족한 화살이니라.
환난 날에 진실하지 못한 자를 의뢰하는 것은
　부러진 이와 위골된 발 같으니라.
마음이 상한 자에게 노래하는 것은
　추운 날에 옷을 벗음 같고 소다 위에 식초를 부음 같으니라
(잠 25:11-14, 18-20).

이 가르침들은 비교의 대상이 어떻게 유사한지를 설명하지 않고 다만 청자로 하여금 그 관계를 스스로 연결하도록 의도한다. 이러한 교수법은 청자에게 사물이 의미하는 바를 추리하도록 만드는 데 적합하다. 즉 이 속담은 어떠한 중량감과 권위를 갖춘 주장으로 제시된 것이 아니다, 단지 생각할 거리를 제공해주고 청자로 하여금 그 안에서 주어진 단서들을 연결하도록 하려는 시도일 뿐이다. 이런 비유법은 후에 예수가 "왕국"(kingdom)에 대해 가르치실 때에도 사용되었다. "천국은…와 같으니"(마 13:24, 31, 33, 44, 45, 47). 어떤 이들은 이런 "비유적 진술"에서 보다 더 세부적인 것에 주의를 기울이기도 한다. 교사들은 창조의 섬세함이 창조주의 거대한 비전으로 하여금 가장 친밀한 삶의 일상으로 나아가도록 만든다고 믿었다.

교육적 목적을 지닌 수사학의 세 번째 전략은 목록(lists)을 만들고 번호를 매기는 것(numbering)이다. 이런 형태는 잠언 30:15b-16, 18-19, 21-23과 같은 본문에서 분명하게 나타난다.

족한 줄을 알지 못하여
족하다 하지 아니하는 것 서넛이 있나니
곧 스올과 아이 배지 못하는 태와
물로 채울 수 없는 땅과
족하다 하지 아니하는 불이니라….
내가 심히 기이히 여기고도
깨닫지 못하는 것 서넛이 있나니
곧 공중에 날아다니는 독수리의 자취와
반석 위로 기어 다니는 뱀의 자취와
바다로 지나다니는 배의 자취와
남자와 여자가 함께한 자취며…
세상을 진동시키며

세상이 견딜 수 없게 하는 것 서넛이 있나니

곧 종이 임금된 것과

미련한 자가 음식으로 배부른 것과

미움 받는 여자가 시집 간 것과

여종이 주모를 이은 것이니라.

이런 일련의 경구에서 교사들은 한 가지 공통점이 발견되는 서로 다른 네 가지 현상들을 열거한다. 그러므로 15b-16절에서, 결코 족하다 하지 아니하는 것은 불이다. 18-19절에서, 가장 기이한 것은 남자와 여자가 함께한 자취다. 그것은 독수리의 자취나 뱀의 자취보다 실제로 더 기이하다. 주목할 만한 이 목록들은 우리 주변의 경험들에 대해 의문을 갖게 만들고 보다 익숙한 경험을 새로운 문맥 속에 위치시킴으로써 전에는 한 번도 생각지 못했던 방식으로 사물을 새롭게 인식하도록 하는 데 기여한다. 지혜 교사들은 즉각적으로 유효한 현실 속에 생생하게 살아 있으면서, 심지어 정상적인 현상에 대해서조차 의문을 가져야 한다고 주장한다. 아무리 정상적인 것이라도 새로운 방식으로 접근하다 보면 완전히 새로운 것이 되기 때문이다.

충분히 발전된 지혜담론(wisdom discourse)—아마도 가장 신선하고도 자의식적인—에는 보다 긴 말이나 담론들도 포함되어 있다. 그것들은 단순한 기호(嗜好)로서의 잠언을 넘어서는 주제들을 담고 있다. 여기에는 이스라엘의 신앙을 그들의 삶의 경험과 특징적으로 연결시키는 보다 확장된 신학적 설명들이 허용된다.

이런 표현들의 문학적 효과는 그 자체로서 고유한 권위를 지닌다. 지혜 교사들은 예언자처럼 "야웨께서 가라사대"라는 표현을 결코 사용하지 않는다. 교훈적인 금지조항에서조차 권위적인 어조는 좀처럼 드러나지 않는다. 이 경구들의 권위는 또 다른 차원의 문제다. 확실히 그것들은 전통사회에서 결코 가볍게 여길 수 없는 공동체의 진지함을 지닌다. 그러나 이런 측면을 넘어서, 경구들의 권위는 청자가 그것을 들으면서 자신의 경험과 공감대를 느낄 때에야 성립될 수 있다. 따라서 지혜교훈의 권위는 표현상의 권위일 뿐, 그 권위의 정도는 듣는 사람에 의해 결정된다.

그러나 지혜교사가 경구의 실행 여부를 투표로 의결하거나 민주적인 절차를 따라 이행하는 것은 물론 아니다. 경구란 머리가 굵은 청자들에게 사물의 운동 원리와 생활규범 및 세계의 원리 등을 가르쳐주는 사회화(socialization)의 도구로서 기능한다. 이런 사회화 과정은 사회학자 피터 버거(Peter Berger)와 토마스 럭크만(Thomas Luckmann)에 의해 잘 설명되어 있다.[1] 그들은 사회화 과정의 특징에 대한 설명을 제공하는데, 공동체의 "사회세계"는 교육을 통해 외면화되는 동시에 적절하고 그럴 듯하며 확실한 것을 제공받은 젊은이들을 통해 내면화된다는 것이다. 지혜교사들은 적절하게 "현실을 구성"하는데, 그들의 처방은 수차례 장기 복용할 수 있는 것이 아니라 그저 한 번에 하나씩 쓸 수 있을 뿐이다.

여러 세월에 걸친 경험에 대한 해석들의 집적된 결과는 결국에 가서 개인의 삶을 이해하고 자리매김하기 위한 적절한 상황을 형성한다. 이런 가르침들이 표방하는 "세계"는 안전하고 안정적인 세계이며, 어쩌면 농민들을 위한 세계이기도 하다. 물론 몇몇 경구에서는 "왕"이 언급되기도 한다(잠 16:10, 12-15; 20:2; 25:2). 그러므로 경구들을 통해 구성되고 표현되는 세계는 젊은이들이 적응해야 할 균형 잡힌 사회체제를 제시한다. 더구나 세계가 안정을 누리기 위해서는 사회적 규약이 전제되어야 하는데, 젊은이들은 세계의 혜택을 나눠가지는 만큼이나 또한 세계의 일정 부분을 떠맡도록 요구받는다.

우리가 사회적 균형과 통제에 대해 살펴본 만큼이나, 또한 이 가르침 안에는 창조신학의 역할이 기능하고 있다는 점도 염두에 두어야만 한다.

---

1) P. L. Berger and T. Luckmann, *The Social Construction of Reality: A Treatise in the Sociology of Knowledge* (Garden City, NY: Doubledays, 1967).

잘 조화된 이 세계의 의지와 의도는 야웨로부터 비롯된다. **세계가 야웨에 의해 기획되었다라는 명제가 세계는 우리에게 유익하다라는 명제와 동일시된다는 사실**은 거의 의심할 수 없다. 따라서 창조신학은 분석의 과정을 거쳐 스스로에게 헌신하는 이념으로 재구성된다. 이런 재구성은 의심할 바 없이 사회화를 추구하는 모든 공동체에게 주어지는 유혹이다. 그러나 동시에 우리는 **창조신학**이 **이념적 유익**을 점검하는 수단으로 기능하는 것을 보기도 한다. 예를 들면 다음과 같다.

> 겸손한 자와 함께하여 마음을 낮추는 것이
> 교만한 자와 함께 하여 탈취물을 나누는 것보다 나으니라(잠 16:19).

> 노하기를 더디하는 자는 용사보다 낫고
> 자기의 마음을 다스리는 자는
> 성을 빼앗는 자보다 나으니라(잠 16:32).

> 마른 떡 한 조각만 있고도 화목하는 것이
> 제육이 집에 가득하고도 다투는 것보다 나으니라(잠 17:1).

각 절에서 "더 나은" 것은 완전히 대항(對抗)문화적(countercultural)이다. 여기에는 창조주에 의해 보증된 영구적인 인간적 가치가 암시되어 있다는 사실과 함께, 궁핍이 사리사욕이나 개인의 즉각적 유익보다 더 가치 있다는 점이 제안된다.

잠언의 다양한 모음집은 공동체를 위한 **신정론**(theodicy)을 제공한다. 신정론이란 용어는 하나님이 세상 속의 고통과 불의 가운데서도 의롭고 선하신 분이라는 사실을 내포한다. 잠언의 경구들을 통해 공동체는 고통과 즐거움, 궁핍과 안락을 분배해야 한다는 합의에 도달한다. 즉 잠언은 무언가를 얻을 만한 자격을 가진 사람이 과연 누구인지를 가려낸다. 지혜로운 사람과 의로운 사람은 안전과 행복을 얻을 만하다. 악한 사람과 어리석은 사람은 가난과 비참함을 얻을 만하다. 공동체 역사의 긴 과정을 통하여, 무엇이 기대할 만하며 또 무엇이 단념되어야 하는지에 관한 원리들은 모두에게 일반적인 것으로 수용되기에 이르렀다.

잠언의 사회화 작업은 이와 같은 일반적 합의를 증진시키고 유지하며 확증하기 위한 것이다. 또한 그것은 공동체의 젊은이들이 신정론에 긍정적인 방식으로 동의하도록 만들려는 목적도 가지고 있다. 이와 동일한 종류의 신정론이 우리 시대에도 상승을 꿈꾸는 중간계층에 의해 신봉되고 있다. 그들은 자녀에게 "좋은 대학에 들어가기 위해 열심히 공부하라. 대학에서는 좋은 직장을 구하기 위해 열심히 준비하라. 좋은 직장에 들어가서도 더 나은 직장을 얻거나 보다 건강하게 노후를 즐길 수 있는 대책을 마련하기 위해 열심히 일하라"라고 말한다. 중간계층에게 주어지는 이러한 교육은, 고통스런 노력을 기울이는 것이 결국에는 사회적 성공을 획득하기 위한 정당한 수단이 된다는 사실을 옹호하는 일종의 신정론이다. 그리고 여기에는 사회적 성공이라는 가치를 추구하는 일이 창조주의 뜻과 일치한다는 정당성이 전제되어 있다. 사실 잠언이 사회를 바라보는 시각도 이와 크게 다르지 않다. 물론 이 책의 본문은 해당 문제들을 신학적 의도를 지닌 것으로 보다 세련되게 다듬어놓았지만 말이다. 비록 기교를 동원하여 표현되기는 했지만, 잠언은 세속적인 유흥거리도 아니고 쓸데없는 지절거림도 아니다. 그것은 신앙으로부터 비롯된 진지하고 일관된 주장인 동시에 구체적인 미래를 위한 실용적인 눈을 제공해준다.

3. 왕실과 서기관의 기능

우리가 앞서 살펴본 많은 종류의 잠언들은 아마도 가정 공동체로부터 비롯되었을 것이다. 학자들은 그것을 "서민적인"(folk) 기원을 가진 것으로 이해한다. 다시 말해 상대적으로 성찰이 부족한 사람들이 나름대로 진지하게 자신들이 관찰할 수 있는 삶과 행동의 형태에 관해 언급한 것이라는 말이다. 이런 말들은 즉석에서 만들어져서 자유롭게 공동체 내에서 유포되었을 것이다.

그러나 잠언의 책에 나타나는 잠언들은 임시방편적인 말들의 막연한 모음집이 아니다. 그 근원이 무엇이든 간에 이 잠언들은 점차 수집되어 안정적이고 의도적인 모음집으로 형성됨으로써 영구적 가치를 지닌 해석과 성찰이 담긴 본문들로 자리 잡게 되었음이 분명하다. 더구나 수집과 편집 과정이 "비교적 무분별한 사람들"의 작업이 아니라 상당히 계획성 있는 지식집단의 작품이었음도 분명하다. 그러므로 잠언이 처음에 만들어진 과정과 그것이 의도적으로 수집된 과정은 서로 다른 배경과 목적을 지닌 서로 다른 사람들에 의해 진행된 별개의 작업이었을 것이다.

일반적으로 학자들은 잠언에 각기 개별적으로 시작되고 형성된 다수의 모음집이 있는 것으로 간주한다. 잠언은 다음과 같은 목록으로 구성되어 있다. 특별히 학생들은 각 모음집의 도입양식을 주의 깊게 살펴야 할 것이다.

- 잠언 1-9장: 이 책에서 가장 복잡한 신학적 자료다. 아마도 이집트의 지혜 양식과 깊게 관련되어 있으며 잠언 내에서 가장 늦게 형성된 부분으로 보인다.
- 잠언 10:1-22:16: 솔로몬의 것으로 간주된 경구들의 모음이다(1:1에서 솔로몬을 저자로 언급한 내용을 보라).
- 잠언 22:17-24:22: 단순히 "'지혜 있는 자'의 말"로 소개되며 옛 이집트의 작품들과 상당한 유사성을 보인다. 이스라엘의 지혜 교육은 지혜에 관한 범세계적인 가르침의 맥락에서 이해되어야 한다. 따라서 이 본문은 이집트의 선례를 상당한 정도로 따랐을 것이다.
- 잠언 25-29장: 솔로몬의 작품으로 소개되며 히스기야 통치기에 관리들에

신학의 렌즈로 본 구약개관

의해 필사되었다.
- 잠언 30:1-9: 아굴의 잠언.
- 잠언 30:10-33: 작자 미상의 작품.
- 잠언 31:1-9: 르무엘의 잠언.
- 잠언 31:10-31: 모범적인 한 여인을 칭송하는 작자 미상의 작품.

위와 같은 구분을 통해 우리는 잠언이 다수의 모음집에서 발췌된 모음집이며, 단일성을 가진 작품이 아니라 매우 상이한 요소들로 구성된 책이라는 사실을 분명하게 알 수 있다. 이런 구분을 통해 우리는 여러 가지 사항을 도출할 수 있다. 첫째, 정경적 잠언에 담겨 있는 지혜사상은 범세계적인 가르침의 일부분으로서 형성되었다는 점이다. 이집트와의 관련성은 명백하다. 우리는 이집트에서 지혜운동이 두드러지게 전개되었다는 사실, 그리고 이집트가 왕정 시대의 유다에 상당한 영향을 끼쳤다는 사실을 알고 있다. 특별히 잠언 22:17-24:22은 이집트의 아메네모페의 가르침 (Instruction of Amenemope)으로부터 비롯되어 그것과 깊은 연관을 가지고 있음이 자주 지적된다. 아굴(Agur)과 르무엘(Lemuel)이라는 이름은 보다 광범위한 지혜전승의 맥락에 속한 비(非)이스라엘 사람을 가리키는 것이 분명하다. 이런 국제적 성향 및 창조신학에 대한 강한 호소는 이스라엘의 관습적 범주로부터 탈피한 성서적 신앙의 길을 제시한다. 그러므로 잠언의 자료는 "구속과 선택" 전승이 짙게 깔려 있는 신명기와 같은 책과는 상당히 거리를 두고 있다. 그러나 이 모두는 어느 하나 예외 없이 저마다 충분히 성서적이다.

둘째, 잠언의 수집 과정은 분명히 왕실의 장려 하에 촉진되었다. 잠언 10:1과 25:1은 모두 솔로몬과 연관되어 있는데, 그는 구약성서에서 가장 뛰어난 지혜의 소유자였다(왕상 4:29-34은 솔로몬이 지혜교육을 장려했다고 언급한다). 게다가 전도서와 아가까지도 정경적으로 솔로몬의 것으로 소개된다. 대체로 비평적인 학자들은 솔로몬과 지혜의 역사적 관련성에 대해 의혹을 제기한다. 그들은 왕실 내에 있던 국제주의자, 절충주의자들이 자신들의 입지를 대변하기 위하여 이 자료들을 해석하는 열쇠로 솔로몬의 이름을 사용했을 것이라 추측한다. 이와는 대조적으로 잠언 25:1에 나타난 기원전 8세기의 왕 히스기야와 지혜와의 관련성은 학자들에 의해 역사적으로 보다 신뢰할 만한 것으로 간주된다. 기원전 8세기 말엽 히스기야의 통치는 유다의 개혁정책과 중흥 가운데 대단히 생산적인 결과를 낳았다. 그러므로 히스기야 치하에서 지혜의 가르침들이 성문화되었다는 가정은 상당히 설득력 있다. 아마도 그 시기의 편찬 작업은 이른바 솔로몬의 명성을 통해 기억되었던 것들을 복구시키려는 시도였을 것이다. 이처럼 지혜문학을 히스기야 왕과 관련지음으로써 그것은 "서민문학"(folk art)과는 상당히 거리가 먼, 급료를 받는 전문적인 지식인 집단의 생산물로 간주된다.

셋째, 히스기야 및 다른 왕들—만약 상호관련성을 역사적으로 인정할수 있다면, 솔로몬까지도 포함하여—은 지혜운동의 수호자였지만 그들 스스로가 그 일에 종사하지는 않았다. 즉 왕실과 관련된 지혜교육은 배움과여가가 전제된 전문적인 책임을 요하는 것이었으므로 왕 스스로 그 분야의 전문가가 될 수는 없었다. 따라서 우리는 지혜사상의 모음집이 왕의 관료들에 의해 제작되었다고 가정할 수 있다. 그들이 바로 **서기관**(scribes)이라고 불리는 자들이다. 물론 어떤 학자들은 그들을 **현자**(sage)라고 부르기도 한다. 서기관은 교육받은 사람으로서 특히 필사—고대에는 매우 희귀한 재능이었다—에 능했다. 그들은 지혜에 관한 가르침과 전승들을 모으고 정리했다.

서기관들의 활동에 동기를 부여한 관심사가 무엇이었는가라는 질문에 대해서는 아마도 이런 모음집을 가능케 한 세 가지 동기를 제시해볼 수 있을 것 같다. 첫째로, 서기관들은 자신들이 속한 지식인 집단 내에서 이 세계에 관한 깊은 호기심을 느꼈다고 가정할 수 있다. 우리는 지혜문학 안에 본질적인 호기심이 자리하고 있었다고 가정해볼 수 있다. 그것은 마치 현대의 학자들이 연구 그 자체를 위해, 지적 열정을 위해, 그리고 새로운

데이터를 축적함으로써 얻게 될 기쁨을 위해 연구에 몰두하는 것과 비슷한 맥락일 것이다.

둘째로, 이것은 보다 확실성 있는 이유인데, 우리는 서기관들이 왕을 드높이고 체제의 명분을 세워주는 대가로 급료를 받았을 것이라고 상상해볼 수 있다. 18세기와 19세기에 독일의 여러 대학은 왕들의 후원을 받았다. 당시의 왕들은 자신들이 고용한 명망 있는 학자들을 반기거나 새로운 연구를 후원하는 데 강한 자부심을 가졌다. 당시 지혜활동이 전세계적으로 보편화되었던 것으로 볼 때, 전쟁으로 인한 국력소모가 없던 시절에 이스라엘의 왕들이 스스로의 만족을 위해 에너지와 자원을 지혜운동에 투자했을 것이라는 가정은 충분히 설득력을 갖는다.

셋째로, 지혜의 수집, 정리, 조직 작업은 실용적인 기능을 가지고 있었다. 왕실의 조직에 있어 왕실 구성원들에게 자신들의 고상한 직분에 걸맞은 예절과 양식을 가르치는 일이 필수적이었을 것이다. 이런 이유로 서기관들은 왕실 내의 사회화 과정을 담당하는 매니저 역할을 했을 것이다. 그들을 통해 왕실 사람들은 왕실의 문화, 자원의 경영, 특권을 유지시키는 의전의 시행 등 한마디로 지위에 걸맞은 처세의 기술을 습득할 수 있었을 것이다. 당시에 왕실의 지원을 받는 학교가 존재했는지는 분명치 않다. 만일 그런 학교가 존재했다면 그 목적은 권력 유지를 위한 사회화였을 것이고, 교사는 서기관이었을 것이다. 설사 학교와 같은 공식적인 제도가 없었다 해도 그런 교육과 사회화의 과정이 비공식적인 방식으로나마 수행되었을 것이라고 짐작해볼 수 있다. 어쨌든 간에 우리는 왕의 전문 수행원으로서 서기관이 왕실 내에서 상당한 영향력을 행사했으리라고 충분히 짐작할 수 있다.

이런 영향력은 기원전 587년 예루살렘의 공식적인 통치기구가 무너지면서 더욱 확장되었다. 왕이 사라지자 리더십의 공백은 다른 누군가로 하여금 왕을 대신하여 활동하도록 요구했다. 바로 이런 일을 맡게 된 사람이 서기관들이었다. 실제로 기원전 5세기에 이르기까지 유대 사회는 거의 서기관들의 사회가 되다시피했다. 이와 병행하여 성전의 파괴와 더불어 몇몇 예전적 기능이 교육적 기능으로 변환되는 현상이 생겨났다. 따라서 토라의 교육을 담당하던 서기관들은 점차 특별한 위치를 차지하게 되었다.

유대 사회에서 서기관들의 성장은 그들의 활동에 상당한 가치를 부여하게 되었다. 또한 그들의 전문 분야인 지혜전승 역시 그 가치를 인정받게 되었다. 그런 점으로 미루어볼 때, 대부분의 학자들이 인정하는 것처럼 잠언들이 수집되고 확장되어 하나의 책을 이루게 된 과정은 포로기 이후에, 아마도 기원전 4세기 경에 이루어진 일이라고 결론 내릴 수 있다. 그러나 이런 연대는 잠언의 기나긴 형성과정에서 절정에 해당할 뿐이다. 해석적 양식과 신학적 활동으로서의 지혜전승들은 고대 가족 공동체의 법규에까지 소급되며, 다만 그것들은 후대에 이르러서야 정경으로 완성되었을 뿐이다. 그 모든 기간 동안에 이스라엘은 그들만의 독특한 신학적 범주에 호소하지 않고 지혜에 대한 국제적인 해석활동에 참여해왔던 것이다. 다른 문화권의 지혜 공동체에서와 마찬가지로 이스라엘에서도 야웨의 세계 안에 거하는 삶은 경축되어야 마땅한 것으로 간주되었다. 그러나 이스라엘이 경축하는 삶은 매우 실용적인 관심사, 즉 지혜의 요구 및 "지혜로운 행동"의 증언에 대한 관심으로 특징지어진다.

구약성서 신학의 대안적 양식이라 할 수 있는 지혜사상은 두 가지 서로 다른 방향성으로 전개되는 경향을 보여왔다. 우리는 이 둘에 대해 **실용적**(pragmatic), 그리고 **송영적**(doxological)이란 수식어를 부여하도록 하겠다. 그것들은 모두 신정론을 옹호하기 위해 제안된 것들이다.

지혜사상의 **실용적** 발전은 공동체를 위해 (그리고 공동체의 구성원인 개인을 위해) 좋은 영향력을 끼치는 윤리적 행동의 모델을 제시하는데, 이러한 윤리적 행동은 창조주에 의해 제공된 환경, 재능, 한계를 통해 빛을 발한다. 이스라엘의 지혜의 특징은 실용적이지만 이론적이지는 않다. 지혜사상의 분명한 모델이 될 만한 두 개의 시편(잠언의 한 장으로 편입되어도 전혀 손색이 없을 만한)을 소개할 수 있다. 이 두 시편은 아크로스틱(acrostic) 시다. 즉 첫 행은 "알레프"(א; 히브리어 알파벳의 첫 번째 글자)로 시작하고 둘째 행은 "베트"(ב; 히브리어 알파벳의 두 번째 글자)로 시작하는 방식으로 진행되면서 균형, 통일성, 완성도를 드러낸다.

시편 37편에서 화자는 "알파벳 순서를 따라" 행복, 평안, 번영을 가능케 하는 행동들을 가르치고자 한다. 시편의 청자는 불평과 시기(1절), 분노(8절), 가난하고 궁핍한 자를 엎드러뜨리는 행위(14절), 빚(21절), 악인의 큰 세력(35절)을 기꺼이 회피한다. 또한 청자는 야웨를 의뢰하고 기뻐하며(3-4절), 온유(11절), 온전함(18절), 은혜 베풂(21, 26절), 정의(28절), 의로움(28-29절), 정의를 말하는 혀(30절)를 추구한다. 정의롭고 지혜롭고 의로운 삶은 땅에서 번창하게 된다(9, 11, 22, 29, 34절). 그것은 행복에 도달한 안정적인 공동체 안에서 누리는, 든든하고 번영하는 평안한 삶이다. 이 시편은 지혜, 즉 성공하는 방법에 대한 신중한 관심 및 공동체가 심각하게 요구하는 윤리의 깊은 의미를 증언한다. 왜냐하면 이 둘 모두는 야웨의 목적에 뿌리 내리고 있기 때문이다. 여기서 등장하는 것은 공동체에 기여하는 구성원의 모델이다. 그는 관대하고 능동적이고 의도적인 방식으로 이웃을 돌보는 사람이다. 안정과 번성을 가져다줄 의로움과 지혜의 본질적인 내용은 바로 이웃을 존귀하게 여기는 것이다. 이와는 반대로 자신과 주변 모두에게 비참함과 무질서를 가져다줄 어리석음과 사악함을 이루는 것은 바로 이기적이고 분별없는 착취 및 자기만을 최고로 아는 것이다.

인간성을 증진시키는 동일한 모델이 시편 112편의 지혜사상에서도 등장한다. 여기서 묘사되는 공동체의 책임 있는 구성원은 야웨를 두려워하고(잠 1:7을 보라), 계명을 즐거워하고(1절), 자비롭고 긍휼이 많으며 의롭게 행동하며(4절), 은혜와 정의를 베풀며(5절), 빈궁한 자들을 돌보는(9절) 사람이다. 그는 매우 복 받은 자다. 그는 강성하고 부유한 땅의 소유자가 될 것이고(2-3절), 걱정 근심 없이 행복하게 자신감을 지닌 채 살아갈 것이고(6-8절), 공동체 안에서 칭송받을 것이다. 시편 37편처럼 여기서도 그는 의도적으로 공동체에 크게 기여한다. 그의 노력은 자신에게도 상당한 유익을 가져다줄 질서정연한 공동체를 이룩하게 된다. 지혜의 활동은 행복의 긍정적인 결과를 생산해낼 이런 행동을 식별해낸다. 이런 전통은 아주 실용적이게도 창조주가 의도하신 "이웃을 향한 헌신"이 사회의 행복을 만들어간다고 결론짓는다. 역으로 사악한 자들은 공동체를 무시하며 필연적으로 분쟁하는 사회를 양산해낸다. 그 안에서는 어느 누구도 안전을 보장받거나 번영을 누릴 수 없다.

지혜교사들은 실제로 실용적인 윤리적 문제에 관여했다. 이 일이야말로 잠언의 주된 작업이다. 그들은 적절한 인도를 받기 위해 "특별한 계시" 혹은 시내 산의 신현현을 필요로 하는 사람은 아무도 없다고 믿었다. 주의 깊고 분별력 있는 사람이라면 누구라도 그것을 공동체의 지속적인 삶 속에서 얼마든지 볼 수 있다. 그러나 지혜전승이 단순히 실용적이기만 한 것이 아니라 현실의 근본을 고찰하려는 의도도 가지고 있기 때문에, 지혜전승에 대한 성찰은 실용적일 뿐 아니라 하나님의 창조에 담긴 신비에도 관심을 갖는다. 우리는 이러한 후자의 활동을 **송영적**이라고 표현할 것이다. 왜냐하면 현실에 대해 더욱 깊이 "파고들수록" 그 결과는 점점 창조주에 대한 경외, 경탄, 찬양으로 이어지기 때문이다.

이런 맥락에서 잠언 8:22-31은 지혜사상의 가르침 중에서 가장 장엄하고도 대담한 신학적 표현이다. 이 본문은 각별히 중요한 신학적 주장으로 간주되기 때문에, 여기에 특별한 관심이 집중된다. 본문에서의 지혜는 단순한 실용적인 인식이 아니다. 지혜는 창조활동에서 하나의 원리, 원동력, 그리고 동인이다. 여기서 "지혜"는 드라마틱한 목소리로 말하는데, 많은 경우 여성의 목소리를 빌려 등장한다.

지혜가 여인의 모습으로 나타난다는 사실은 잠언 자체에서도 중요하지만 현대의 해석에서는 더욱더 중요하다. 왜냐하면 여인으로서 지혜가 창조주 하나님과 가장 긴밀하게 결합되어 있기 때문이다. 이 이미지는 여성주의자들에게 하나님의 여성적인 면과 관련된 페미니스트적 하나님 해석의 토대를 제공했다.

신학의 렌즈로 본 구약개관

보다 비평적인 학계에서는 "지혜로운 여인"(the wise woman)과 그에 대비되는 "미련한 여인"과 관련하여 두 가지 중요한 해석이 나타났다. 클로디아 캠프(Claudia Camp)는 미련한 여인(이상한 여인)이 이스라엘 내에서 위협요소로 인식되고, 또 그렇게 비난받고 배척받아온 방식을 연구했다. 미련한 여인은 규범적인 토라 공동체의 선한 질서에서 벗어난 이스라엘의 삶에 관한 하나의 비유가 된다. 역으로 지혜로운 여인은 규범적인 개념—신학적이면서도 실용적인—이 어떻게 보존되는지를 보여주는 표지가 된다. 따라서 두 여인은 사회적 힘을 상징하는 동시에 사회적 해석이 어떻게 통용되는지를 보여주는 역할을 한다.

크리스틴 요더(Christine Yoder)는 또 다른 방식으로 잠언 31:10-31에 나오는 현숙한 여인에 초점을 맞추고서 이 여인에 관한 문제가 경제적인 측면을 가지고 있음을 보여주었다. 지혜로운 여인은 공적인 임무들을 잘 다루는 여인이며, 따라서 그녀는 자기 남편이 경제적으로 윤택한 삶을 영위할 수 있도록 내조한다. 요더는 잠언 31:10-31에서 눈을 돌려 잠언 1-9장에 나오는 "지혜로운 여인"을 주목한다. 그리고 행복한 삶에 대한 관심이 지혜와 경제를 어떻게 연결시키는지 보여준다(잠 4:7-9; 5:1-14; 7:10-27; 9:13-18).

분명한 사실은 캠프와 요더에게서 지혜로운 여인의 이미지가 사회적 권력에 관한 문제와 결부되어 있으며, 순진한 페미니스트적 해석의 가능성을 허용하지 않는다는 것이다.

잠언 8:22-31에서 지혜는 창조가 전능한 하나님의 "세련되지 못하고 거친 힘"에 의해 이루어진 작품은 아니며, 하나님의 창조에는 힘뿐만 아니라 감각, 일관성, 질서, 아름다움도 발견된다고 주장한다. 이런 "지혜의 음성"이 주장하는 바는 지혜—현명하고, 생명을 풍성하게 하는 시종일관성—가 곧 현실세계의 본질이라는 것이다. 따라서 "땅이 생기기 전부터"(23절), 즉 창조 이전에 이미 지혜는 하나님의 능력과 결합되어 있었다. 지혜는 큰 샘들 이전에, 산이 세워지기 전에, 언덕이 생기기 전에, 땅과 들이 지어지기 전에, 하늘이 있기 전에, 궁창 이전에, 그리고 바다 이전에 거기에 있었다(23-29절). 지혜는 광대한 창조사역에서 하나님의 첫 번째 협력자이자 보조자였고, 첫 번째 친구이자 동료였다.

이런 서정시적 진술—실제적인 설명의 형식으로는 서술되지 않고 그냥 시로 남게 되었음이 분명한—은 하나님에 관해 중요한 주장을 하고 있다. 하나님은 미적 감수성이 풍부하신 분이며, 창조를 통해 아름다운 질서가 세워지도록 의도하셨다. 또한 본문은 이 세계에 대해서도 중요한 주장을 하고 있다. 세계는 본질적으로 가장 심원한 구조 안에서 생명을 생산하도록 설계되고 배열되었다. 누군가가 창조된 현실 속에서 생명을 지니고 있다면, 그는 미학적인 동시에 윤리적인 결정적 특성으로부터 도피하거나 벗어날 수 없다.

본문의 서정시적 진술은 결국에는 윤리적인 취지로 되돌아간다(32-36절). 지혜의 창조적 질서, 즉 창조의 구조를 잘 조율하기만 하면 행복과 번영 그리고 안전을 획득할 수 있다(34-35절). 창조의 구조에 반대하는 삶을 사는 것은 스스로를 해치고 죽음을 야기하는 일이 된다(36절). 그러므로 선/악, 지혜/어리석음, 생명/죽음의 선택은 의무적인 과제가 아니라 현실적인 기능으로서 주어진 것이다. 혹 누군가가 지혜교사의 가르침을 좋아하지 않는다 해도 그는 그것에 주의를 기울여야만 한다. 왜냐하면 지혜의 요구는 본질적이고 불가피한 것이기 때문이다. 어느 누구도 부와 권력과 지식을 가지고 창조의 첫날에 주어진 요구들을 눌러 없앨 수는 없다. 이는 고대 세계의 강성한 민족들이 시행착오를 통해 힘겹게 깨우쳤던 특징적인 교훈이다. 물론 기술적 진보를 이루어낸 우리 시대에도 사람들은 누구나 이토록 오랜 요구들로부터 벗어나려는 꿈을 끊임없이 꾸고 있다. 그러나 본문은 정반대의 주장을 펼친다. 공적 윤리는 까다로운 인위적 제안이 아니다. 그것은 애초부터 정해져 있던 요청이다. 인간의 어떤 창의력으로도 그것을 무르거나 극복할 수 없다. 그것은 창조 자체만큼이나 오래되었으며, 끊임없이 반복해서 배워야 하는 요청이다. 피조물은 타협할 수 없는 방식으로 질서정연하게 배열되어 있다. 세계를 자신이 원하는 대로 자유자재로 바꿀 수 있다고 상상하는 것은 참으로 어리석은 일이다.

지혜교사들은 다음과 같이 믿었다. ⓐ 경험은 우리에게 현실에 대해 가르쳐준다. ⓑ 현실은 윤리적으로 질서정연하다. ⓒ 윤리적 질서는 하나님의 의도에 기반을 두고 있다. 이런 가르침의 요지는 **신정론**(theodicy)의 표현이며, 따라서 현실의 상벌은 인간의 행동과 선택에 대한 적절하고도 타협 없는 결과다. 다시 말해 세계는 하나님에 의해 보장된 훌륭한 질서를 간직하고 있으며, 질서에 따른 책임 있는 행동은 진지하게 수용되어야 한다. 결국 지혜교사들은, 비록 훌륭한 질서를 식별하는 일이 어렵고도 계속적인 임무라는 사실을 인식했음에도 도덕적 상대주의를 거부한다. 결국 그들은 이 세계가 인간과 화해해야 할 대상으로 주어졌다—창조주 하나님에 의해—고 가르친다.

신정론이 사회체제를 정당화한다는 주장은 참으로 미묘한 문제다. 왜냐하면 신정론의 지지자들은 결코 중립적거나 이해관계를 배제한 목소리를 내지 않기 때문이다. 오히려 그들은 결정적으로 기득권의 관심에 바탕을 두고 문제를 바라보는 시각을 지니고 있다. 그러므로 신정론은 항상 이념화될 위험성을 지니고 있다. 즉 자신의 관심사를 마치 그것이 객관적인 것인 양 진술할 수 있다는 의미다. 따라서 지혜교사들의 신정론은 당파적 옹호가 되기 쉽다. 지혜교사들은 사회적 균형과 특권을 유지하기 원하는 가족 공동체에 속한 명망 있는 원로이거나, 혹은 자신의 특권을 유지하고 정당화해주는 사회체제에 가치를 부여하는 왕실에 배경을 둔 특권 지식 계층이었을 것이다. 따라서 신정론은 젊은이들로 하여금 교사들과 학생들이 현재 누리고 있는(*status quo*) 이익을 유지시켜줄 수 있는 특정한 방식에 따라 행동하도록 강력히 권고하는 사회적 통제의 형태가 되기 쉽다. 잠언은 특징적으로 "현상태"(*status quo*)의 편에 서 있으며, 사회적 권력과 사회적 특권의 현상태가 창조주의 뜻에 일치한다고 주장하는 경향이 있다. 세력 판도를 전복시키기 위해 "보트를 흔드는" 어떤 태도나 행동도 환영

받지 못할 뿐 아니라, 그것들은 창조에 대한 위협으로 간단히 치부되어버린다.

이런 이념이 가장 명백하게 드러나는 본문은 아마도 시편 37:25-28일 것이다.

> 내가 어려서부터 늙기까지
> 의인이 버림을 당하거나
> 그의 자손이 걸식함을 보지 못하였도다.
> 그는 종일토록 은혜를 베풀고 꾸어 주니
> 그의 자손이 복을 받는도다.
> 악에서 떠나 선을 행하라.
> 그리하면 영원히 살리니
> 야웨께서 정의를 사랑하시고
> 그의 성도를 버리지 아니하심이로다.

의인은 베풀고 관대하며 바로 이런 이유로 인해 번창한다. 게다가 의롭게 살아가는 사람들은 선을 행하고 공의를 세우며 결코 걸식하지 않는다. 이와는 반대로 의롭게 살지 않는 사람들은 분명 가난해질 것이다. 물론 여기에는 진실이 포함되어 있다. 그러나 이런 진술은 과할 정도로 자화자찬에 가깝다. 우리처럼 살면 우리처럼 누리게 될 것이다. 이는 마치 "우리의 길"을 칭송하고 "우리의 체제"를 수호하려는 것으로 들린다. 윤리가 경제적 이익과 얼마나 밀접한 관련을 지니는지를 주목하라.

물론 지혜교사들은 이보다 나았을 것이다. 그리고 결국에는 스스로에 대해서도 비판을 가했을 것이다. 어쨌거나 그들은 모든 것이 형통한 순간에도 신정론이 하나님께 속한 것이며 결코 인과응보의 원리로 축소될 수 없다는 사실을 알고 있었다. 인과응보의 원리는 잠언 안에 상당히 많이 나타나지만, 게르하르트 폰 라트는 잠언에서 그 원리를 절대화하지 않는 여섯 개의 잠언을 찾아냈다(잠 16:2, 9; 19:21; 21:2; 20:24; 21:30-31). 그중 대표적으로 한 구절만 언급하겠다.

> 사람이 마음으로 자기의 길을 계획할지라도
>
> 그의 걸음을 인도하시는 이는 야웨시니라(잠 16:9).

다른 다섯 구절과 마찬가지로 이 잠언은 비록 인간이 현명한 계획에 따라 자신의 "방식"대로 미래를 선택하려 한다 해도 결국 남는 것은 불가사의한 결과뿐이라고 주장한다. 이런 결과는 우리의 행동에 따라 자동적으로 결정되는 것이 아니라 하나님의 알 수 없는 방식에 속해 있을 뿐이다. 그들은 모범적인 생활을 하는 비흡연자라 해도 폐암에 걸릴 수 있으며, 부모가 제아무리 주의 깊고 책임감 있고 현명하다 해도 그 자녀는 "비뚤어질" 수 있다는 점을 알고 있다. 여기(잠언)에서 옹호된 윤리적 체계는 상당히 많은 질문에 답을 줄 수 있지만, 모든 경우를 다 해명할 수 있는 것은 아니다. 이처럼 지혜의 전통이 최선을 다하여 하나님의 통치에 대해 나름대로 경외심을 가지고 주의 깊게 성찰한다 해도 모든 것이 제대로 설명될 수 있는 것은 아니다. 대부분의 문제에 대한 해답은 성공적으로 제시되어 있으며 이는 분명 지혜사상이 이뤄놓은 업적이다. 그러나 가치 있는 설명을 넘어서는 보배로운 신비도 있다. 따라서 다른 많은 해석이론과 마찬가지로 신정론도 사실상 실제적인 관찰, 기득권의 관심사, 그리고 불가사의가 혼합된 것이라고 말할 수 있다. 지혜사상이 제공하는 처방전은 대부분의 경우에 적합하며 칭송받을 만하다. 그러나 어떤 특수한 경우에는 지혜사상의 실제적 측면이 경외감에게 자리를 내어주고 결국 통제권을 포기해야 할 때도 있는 것이다. 잠언의 저자들은 이처럼 지혜사상의 실제적 측면이 갖는 가치와 한계를 모두 인식하고 있었다. 비록 그들이 때때로 두 번째 측면인 한계의 요소를 망각하기는 했지만 말이다.

4. 전통적인 견해에 대한 항변

우리는 상당히 많은 지면을 할애하여 잠언을 살펴보았다. 왜냐하면 잠언에 드러나는 신정론적 체제가 앞으로 논의할 다른 모든 지혜문학 작품의 기본 바탕이 되기 때문이다. 우리는 다른 지혜문학 작품들에서 잠언의 신정론과 화해하기도 하고 그것에 대항하기도 할 것이다.

끝없이 반복되는 면밀하고도 교훈적인 관찰을 통해, 잠언의 **신정론 체제**는 이 세계의 모든 행동들이 창조의 구조 속에서 창조주에 의해 보증된 결과를 낳게 된다고 주장한다. 즉 뿌린 대로 거둔다는 말이다. 의로움과 지혜는 생명으로, 악함과 어리석음은 죽음으로 이어진다. 지혜교사들은 우리의 삶도 바로 이런 인과응보의 실례라고 주장한다. "우리"(가족 공동체 안에서 명망 있는 원로 혹은 왕실의 지원을 받는 특권의 지식계층)는 지혜롭고 의롭게 행동했고 이에 상응하는 권리를 누리게 되었다. 신정론은 이토록 유효하다! 그리고 그 수혜자는 바로 당신이다! 야웨 공동체를 비롯한 모든 공동체들은 사회적 일상을 유지하기 위해 신정론의 체제를 옹호한다. 더구나 미덕의 삶이 번영의 보증수표이며 죄와 태만은 부정적인 결과를 낳는다는 확고한 인식이 일반적인 합의를 얻는 한, 그 체제는 계속해서 유효할 수밖에 없다. 신정론이야말로 공동체적 삶을 지속적으로 가능하게 해주고 그러한 삶을 내부적 충돌로부터 비교적 자유롭게 만들어주는 요소다.

문제는 우리가 삶에서 경험하는 적나라한 모습들이 신정론의 설명에 딱 들어맞지 않는다는 것이다. 현실에는 애매하고 설명되지 않는 부분들이 분명히 존재한다. 무책임한 사람들이 부와 행복을 누리고, "선한 사람"이 고통을 당하고 비참한 종말을 맞는 일이 비일비재하다. 때로는 이런 부조화도 신정론의 설명으로 정당화될 수 있기는 하다. 그러나 부조화가 너무 많이 일어나게 되면 어떤 경우에도 사회통제를 목적으로 하는 이념으로서의 신정론 체제는 도전받지 않을 수 없다. 항변과 거부를 통한 도전은 더욱 날카로워지고, 결국 사회의 상벌체제가 불공정하고 수용불가능하다는 주장이 제기된다. 강하게 옹호되어왔던 사회체제가 더 이상 하나님의 선물이 아니며, 단지 이권을 보호하기 위한 인간의 고안물이라는 인식이 자리 잡게 된다. 이런 예리한 깨달음의 소리가 들려오기 시작할 때 사회의 권력과 재화의 분배에 의혹을 제기하는 **신정론의 위기**(theodic crisis)가 찾아온다.

잠언은 이스라엘의 원리인 **신정론 체제**(theodic settlement)를 정교화한 작품이다. 반면에 구약성서 가운데 잠언에 나타난 사회 현실의 안정적인 정당화에 도전장을 내민 책이 바로 욥기다. 이 책은 **신정론에 대한 항변**(theodic protest)으로 해석된다. 따라서 욥기를 바로 이해하기 위해서는 먼저 잠언에 대해 분명하게 알아야만 한다. 욥은 설명문학(잠언 - 역자 주)에 대한 드라마틱하고 강력한 도전자다. "욥"은 하나님과 "친구들"을 상대로 전통적으로 내려온 모든 신정론의 체계에 대항하는 논쟁을 펼친다.

욥기는 드라마틱한 소설이다. 즉 이 책은 역사기록으로서 의도된 책이 아니라는 의미다. 오히려 대안적 현실을 제시하고 이스라엘로 하여금 무비판적으로 수용되었던 현실에 대한 기존의 설명을 재고하도록 하려는 의도를 담은 극문학(theater)이다. 모든 훌륭한 극문학과 마찬가지로 욥기 역시 우리로 하여금 삶을 새롭고 색다른 관점으로 바라볼 수 있는 자의식을 구비하게 하려는 목적을 가지고 있다. 욥기 저자는 픽션 극작가로서 자의적으로 두 가지 배경을 설정한다. 첫째, 이 드라마의 무대는 "우스 땅"(욥 1:1)이다. 이 지명은 아마도 아라비아의 어느 곳을 가리킬 것이다. 그러나 여기서 우리에게 중요한 점은 그곳이 "여기"가 아니라는 사실이다. 즉 이스라엘 경계 바깥이라는 뜻이다. 우스는 우리가 아는 "장소"가 아니다. 그곳은 이스라엘이 알고 있는 세계 너머의 장소다. 이런 전략은 이스라엘과의 접촉점을 제거한 대안적인 시나리오를 현실로 창작해내기 위해 의도된 것이다. 더 나아가 욥기의 논거와 공식적인 서술은 이스라엘 신앙의 특징적인 표현과 전혀 공통점을 가지고 있지 않다. 이 드라마에서 이스라엘은 자신을 비롯하여 일반적인 모든 가정을 뛰어넘도록 강요당한다. 이런 드라마는 우리로 하여금 잠간 동안 익숙한 것들로부터 떠나서 전혀 새로운 인식의 도전을 통해 변화를 경험하도록 만들어준다.

둘째, 극작가는 욥기 1-2장에서 "사탄"이라고 하는 기이한 등장인물을 소개한다. 그는 욥이 당할 위기를 기획하는 신비스런 역할을 맡는다. 사탄이라는 등장인물은 구약성서에서 거의 알려져 있지 않으며(대상 21:1과 슥 3:1-2에만 나타남), 이 본문에서도 드라마상의 역할 이외에는 아무런 의미도 갖고 있지 않다. 즉 사탄이라는 등장인물은 확고한 종교적 신념에 모순되는 삶의 현실을 억압적인 어조로 드러내기 위한 드라마상의 장치에 불과하다. 하나님 혹은 하나님의 아들들이 인간의 의식과 접근으로부터 거리를 둔 채 나름의 삶을 영위하는 장면은 충분히 수용될 수 있지만, 이를 잠언의 제한적인 신정론의 시각으로 바라볼 필요는 없다.

그러므로 욥기의 드라마는 이스라엘에게 발송된 강력하고도 예술적인 초대장이다. 욥기는 이스라엘을 향하여, 오랜 세월 동안 의심의 여지가 없이 판에 박힌 도덕적 문구로만 단순화되었던 신정론적인 설명을 극단적인 방식으로 재고해줄 것을 촉구한다. 오랫동안 이스라엘은 하나님과 너무 친밀해졌고, 그래서 그들은 윤리라는 것을 그저 포장된 결과를 기계적으로 산출해주는 것으로만 파악했다. 욥기의 예술적이고도 지적인 효과는 이런 확신을 밑바탕에서부터 잠식해 들어가면서, 하나님과 함께하는 삶의 그림에 "실족"(slippage)과 "불가사의"(wonder)와 "모험"(risk)이라는 요소가 존재할 수 있음을 깨닫게 해준다. 결국 하나님의 진실은 놀랍도록 크고 신비하고 다루기 힘들고 알기 어렵다. 따라서 진실은 계산 및 통제 가능한 도덕주의의 안전한 틀로 환원될 수 없다. 그러므로 학생들은 **잠언에 담긴 신정론의 체제와 욥기에서 볼 수 있는 신정론의 위기**를 틀로 삼아 우리 시대의 도덕적(종교적이고 세속적인) 확신 및 삶의 현실이 절대주의의 권위를 어떻게 부식시키는지를 고찰해볼 수 있을 것이다.

욥의 드라마틱한 위기는 욥기 1-2장에 나타난다. 욥은 주인공이다. 그는 "온전하고 정직한"(욥 1:1, 8; 2:3) 사람이다. 드라마의 등장인물로서 그는 잠언의 윤리적 프로그램이 낳은 순수한 산물이다. 그러므로 다음을 비교해보라.

> 스스로 지혜롭게 여기지 말지어다.
> 야웨를 경외하며 악을 떠날지어다(잠 3:7).

> 그 사람은 온전하고 정직하여 하나님을 경외하며 악에서 떠난 자더라
> (욥 1:1).

실제로 시편 37:37에서는 **온전**(blameless)과 **정직**(upright)이라는 동일한 단어가 지혜사상의 윤리를 잘 요약해준다.

> 온전한(blameless) 사람을 살피고 정직한(upright) 자를 볼지어다.
> 화평한 자의 미래는 평안이로다(시 25:21에서 동일한 단어들을 확인하라).

"온전과 정직"은 "화평과 평안"을 낳는다. 그것이 바로 신정론의 원리다. "욥"은 화평과 평안을 누려야 할 전형적인 후보자였다. 실제로 그의 이야기가 그렇게 시작되고 있다(욥 1:2-5). 이 드라마는 전통적인 신정론의 되풀이로 시작한다. 욥은 신정론 원리의 살아 있는 표본이다!

그러나 이런 표본이 붕괴되기 시작한다. 욥이 결코 도달할 수 없는 천상에서 또 다른 드라마가 펼쳐지고 있었다(욥 1:6-12; 2:1-7). 이런 반동(反動)내러티브의 극중 역할은, 현실 속에서 욥이 전혀 알지 못하는 "손에 잡히지 않는 무언가"가 존재한다는 사실을 역설하려는 것이다. 바로 그 포착 불가능한 구멍으로 인해 욥이 마땅히 누려야 할 "화평과 평안"은 물거품이 되고 만다.

욥기의 이슈는 이런 식으로 모습을 드러낸다. 마땅히 누릴 자격이 있는 "행복한" 삶, 그리고 이후에 그처럼 행복하고 마땅한(well-deserved) 삶

에 가해진 (전통적이고 윤리적인 모든 설명을 부정하게 만드는) 불가해한 도전. 욥의 아내는 처음으로 과거의 해명 체제의 실패를 알아채고 이를 드라마틱하게 표현했다(욥 2:9). 그러나 욥은 자신의 도덕적 위치를 확고히 지키고 있다. 그의 위치는 완벽할 뿐 아니라 하나님에 대한 집요한 신뢰를 통해 더욱 두드러진다(욥 1:21; 2:10). 그는 윤리적으로 선한 사람이었을 뿐만 아니라 **신학적으로도** 진지한 사람이다. 그의 자신감은 자신의 미덕뿐만 아니라(널리 인식되고 있는 것처럼) 하나님에 대한 신뢰에 근거한 것이었다.

이렇게 드라마의 배경이 구성되었다. 보조 역할을 맡은 사탄은 전통적인 도덕성에 회의를 지닌 사람들을 대변한다. 욥의 아내는 오랜 도식을 거부하는 인물이다. 그리고 뒤늦게 등장하는 욥의 친구들은 옛 체계를 옹호하는 자들이다(욥 2:11-13). 그러나 실제로 이 드라마는 욥의 **옛 윤리적 확약과 욥의 현실적 경험**—도대체 옛 확약과는 도무지 맞지 않는—사이의 논쟁이다. 일반적으로 지혜사상의 가르침은 옛 확신과 현재의 상황 사이의 협상의 장(場)이다. 그러므로 욥기는 심각한 도덕적 사고에 불가피하게 빠져버린 긴장 속으로 청중을 몰입시키는 지혜문학의 정수라 불릴 만하다. 지혜교사들은 전통적 가르침을 끊임없이 과소평가하며 반대하는 경험의 세계로부터 계속해서 윤리적 의미들을 이끌어내고자 노력한다.

욥기의 중간 부분은 그 분량이 길고, 욥과 세 친구 간의 논쟁으로 구성되어 있다. 이 부분은 세 개의 논쟁의 장으로 짜여 있으며, 그 안에서 욥과 친구들은 잠언의 옛 신정론을 옹호하기도 하고 비판하기도 한다(욥 3-27장). 세 친구인 엘리바스, 빌닷, 소발은 의인이 번성하고 악인은 고난 받는다는 도덕적 원칙을 고수한다. 몇몇 해석자들은 이들 세 사람의 주장과 입장들도 서로 간에 구분이 가능하다고 믿는다. 더욱이 일부 학자들은 세 개의 사이클 안에 담긴 논쟁들에서 각각의 독립적인 사고 전개과정을 추적하는 것이 가능하다고 믿는다. 이런 구분은 어쩌면 가능할지도 모른다. 그러나 우리의 개론적 이해라는 목표에 있어서 이런 미묘한 차이점들은 그다지 중요하지도, 필요하지도 않다. 보다 주목해야 할 것은, 세 친구가 다

　　　　　　　　　　　　　　　　　신학의 렌즈로 본 구약개관

음과 같은 지혜의 논제들을 철석같이 고수하고 있다는 사실이다.

> 대저 나를 얻는 자는 생명을 얻고
> 야웨께 은총을 얻을 것임이니라.
> 그러나 나를 잃는 자는 자기의 영혼을 해하는 자라.
> 나를 미워하는 자는 사망을 사랑하느니라(잠 8:35-36).

즉 "현명한 삶"을 사는 사람은 호의(화평과 평안)를 얻고, "현명한 삶"을 "놓치고 미워하는" 사람은 고통을 당하게 될 것이다. 이는 욥의 시대에 만연했던 전통적인 지혜사상의 전제였다. 그것은 도덕적 기득권체제의 정설이다. 누구도 이를 부인할 수 없다. 왜냐하면 이 세계는 정말로 윤리적으로 신뢰할 만하기 때문이다!

그러나 친구들은 한 걸음 더 나아간다. 그들은 다음과 같은 기존의 전제를 역으로 뒤집어놓는다.

> 의로움 → 번영
> 사악함 → 고통

이제, 친구들은 욥에 대하여 이렇게 전제한다.

> 고통 → 사악함

욥이 고통을 당한다. 따라서 그는 죄를 지었어야 한다(현대논리학에서 이러한 논리전개는 오류다—역자 주). 또한 그는 죄를 지었기 때문에 회개해야만 한다는 것이다.

친구들은 이런 신정론적 방정식에 대해 지나친 확신을 가지고 있다. 그래서 그들은 오히려 욥 앞에서 콧대가 높아졌다.

엘리바스 : 생각하여 보라 죄 없이 망한 자가 누구인가?

정직한 자의 끊어짐이 어디 있는가?

내가 보건대 악을 밭 갈고

독을 뿌리는 자는 그대로 거두나니(욥 4:7-8).

빌닷 : 하나님이 어찌 정의를 굽게 하시겠으며

전능하신 이가 어찌 공의를 굽게 하시겠는가?

네 자녀들이 주께 죄를 지었으므로

주께서 그들을 그 죄에 버려두셨나니,

네가 만일 하나님을 찾으며

전능하신 이에게 간구하고

또 청결하고 정직하면

반드시 너를 돌아보시고

네 의로운 처소를 평안하게 하실 것이라(욥 8:3-6).

소발 : 만일 네가 마음을 바로 정하고

주를 향하여 손을 들 때에

네 손에 죄악이 있거든 멀리 버리라.

불의가 네 장막에 있지 못하게 하라.

그리하면 네가 반드시 흠 없는 얼굴을 들게 되고

굳게 서서 두려움이 없으리니(욥 11:13-15).

친구들은 "바로 그 체계"를 전제하고 있다. 이어서 그들은 욥이 죄를 지었다고 전제한다. 그들은 그 체계를 유지하기 위해 욥의 죄를 전제해야만 했다. 그래야만 하나님이 참으로 공정하고 믿을 만한 심판자가 될 수 있기 때문이다. 그들의 "목양적 돌봄"은 잠언이 말하는 진리를 주장한다.

욥이 그의 친구들과 비교하여 잠언의 체계를 결코 거부하지 않았다는 사실을 인식할 필요가 있다. 그는 단지 자신의 결백을 말하고 싶었을 뿐이다. 여기서의 논쟁은 마치 법정에서의 증언과 같다. 그는 증거를 원한다. 그는 자신에게 주어진 죄목이 무엇인지 알기를 원한다. 그는 복종할 준비가 되어 있었지만, 맹목적으로 복종하려 들지는 않는다. 친구들에 대한 그의 반항은 도덕적인 진정성으로 대답되어야 할 문제다.

> 내게 가르쳐서
> 나의 허물된 것을 깨닫게 하라. 내가 잠잠하리라(욥 6:24).

작가는 감정적인 고갈의 깊이를 측량한다. 도덕적인 질문은 욥을 미치게 만들고 있다. 그는 결코 변호를 요구하지 않는다. 그는 단지 증거를 원한다. 그는 냉혹한 도덕적 공격에 기진맥진해진다. 그래서 욥은 다음과 같이 말한다.

> 내가 생명을 싫어하고 영원히 살기를 원하지 아니하오니
> 나를 놓으소서. 내 날은 헛것이니이다.
> 사람이 무엇이기에 주께서 그를 크게 만드사
> 그에게 마음을 두시고
> 아침마다 권징하시며
> 순간마다 단련하시나이까?
> 주께서 내게서 눈을 돌이키지 아니하시며
> 나의 침을 삼킬 동안도 나를 놓지 아니하시기를…
> 주께서 어찌하여 내 허물을 사하여 주지 아니하시며
> 내 죄악을 제거하여 버리지 아니하시나이까?
> 내가 이제 흙에 누우리니
> 주께서 나를 애써 찾으실지라도
> 내가 남아 있지 아니하리이다(욥 7:16-21).

논쟁이 진행되면서, 욥은 다소간에 용기를 얻는다. 결국에 그는 그의 논거가 친구들에게 먹히지 않는다는 사실을 깨닫는다. 그들은 도움도 되지 못하고, 그렇다고 근심을 주는 것도 아니다. 그가 만나야할 분은 바로 하나님이시다. 그분이야말로 그의 상대자다. 하나님은 부재하고 침묵하고 계시기에, 욥은 상대자도 없이 그저 논쟁만을 하고 있다.

친구들이 계속해서 자신들의 하나님을 변호하는 동안에, 욥의 논거는 보다 압축되고 극단으로 나아간다. 여기서 두 가지 주목할 만한 욥의 말을 인용해보겠다.

첫째, 욥기 9:1-24에서 욥은 나타나지 않으시고 침묵으로 일관하기에 너무나 불공평한 분으로 묘사되는 하나님을 향해 또 다른 공격에 착수한다. 욥은 자신의 말을 하나님의 위대하신 큰 권능을 찬양하는 송영으로 시작한다(욥 9:2-10). 하나님의 권능은 누구도 의심할 수 없다. 하나님은 가장 강하시다. "힘으로 말하면 그가 강하시고"(욥 9:19a). 그러나 욥에게서 문제는 힘이 아니라 바로 정의다. 지혜 전통의 핵심적인 주제인 정의에 대하여, 하나님은 지금 미지근해 계신다. 실제로 욥은 감히 하나님이 불의하다고 말한다. 욥의 이 말은 성서에서 가장 주목할 만한 자료 중 하나다.

> 심판으로 말하면 누가 그를 소환하겠느냐?
> 가령 내가 의로울지라도 내 입이 나를 정죄하리니
> 가령 내가 온전할지라도 나를 정죄하시리라.
> 나는 온전하다마는 내가 나를 돌아보지 아니하고
> 내 생명을 천히 여기는구나.
> 일이 다 같은 것이라. 그러므로 나는 말하기를
> 하나님이 온전한 자나 악한 자나 멸망시키신다 하나니(욥 9:19b-22).

욥은 더 나아가서 하나님더러 정의를 그르치시는 분이라고 말하기에 이른다. 그분은 책임을 져야 할 불의한 재판관이라는 것이다. 혹은 하나님은 무차별적으로 파괴하시는 무심한 재판관일지도 모른다. 만약 하나님이 불의하거나 무심하다면, 잠언의 전체적인 도덕적 구조는 무너지게 된다. 그렇게 되면, 사람들은 호소할 법정이 존재하지 않는 도덕적 무정부 상태에 빠지게 될 것이다.

그러나 욥의 판단은 임시적인 것이다. 욥은 전통적인 신학에 너무나 세뇌되어 있었기 때문에 이를 완전히 떠날 수는 없다. 그래서 그는 계속해서 하나님의 정의로운 간섭을 요구해야만 한다. 욥은 그 둘 사이에 중재자가 있기를 바란다.

> 우리 사이에 손을 얹을
> 판결자도 없구나(욥 9:33).

결국에 욥은 법정에서 직접적인 대결의 말을 쏟아낸다.

> 누구든지 나의 변명을 들어다오.
> 나의 서명이 여기 있으니 전능자가 내게 대답하시기를 바라노라.
> 나를 고발하는 자가 있다면 그에게 고소장을 쓰게 하라.
> 내가 그것을 어깨에 메기도 하고
> 왕관처럼 머리에 쓰기도 하리라.
> 내 걸음의 수효를 그에게 알리고
> 왕족처럼 그를 가까이 하였으리라(욥 31:35-37).

참으로 놀랍게도 욥기 19:25-26에서 욥은 하나님에게 도전적인 경고를 보낸다.

> 내가 알기에는 나의 대속자가 살아 계시니
> 마침내 그가 땅 위에 서실 것이라.

내 가죽이 벗김을 당한 뒤에도

내가 육체 밖에서 하나님을 보리라.

　23-24절에서 욥은 하나님을 향한 증언과 도전의 말이 영구히 기록되기를 바란다. 그래서 후일에 자신이 꽁무니를 빼지 않고 진실을 말했음이 기억되길 바란 것이다. 이제 25절에서 욥은 보다 극단적으로 도전장을 내민다. 이 구절에 대한 전통적인 해석—우리에게 친숙한 헨델의 **메시아**에 의해 더욱 강화되었던—은 욥의 이 말이 하나님을 향한 최종적인 신뢰라고 본다. 그러나 우리가 지지하는 또 다른 해석은, 본문의 "대속자"는 하나님이 아니라, 욥이 자신을 위해 하나님을 대항하여 법정에서 진술해줄 것이라고 상상했던 변호자라는 것이다. 여기서 사용된 **대속자** 개념은 "신학적"인 용어가 아니다. 오히려 그것은 친족의 명예를 옹호하기 위해 열심히 활동할 어느 가족 구성원을 가리킨다. 그러므로 욥은 자신과 관련된 누군가가 자신을 위하여 애써줄 것을 상상했던 것이다. 이러한 해석에 의하면, 대속자에 대한 진술은 하나님을 향한 신뢰가 아니라, 자신의 유력한 동맹자에게 귀의하겠다는 경고인 셈이다. 그는 하나님과 맞서 격렬히 싸워줄 것이고, 결국 욥의 결백을 입증해줄 것이다.

　이런 일련의 긴 대화는 핵심을 건들지 못하고 계속해서 주변을 맴돈다. 친구들은 마지막으로 욥의 주장을 거부하고 그에게 소망이 없으며 그의 상황은 절망적이라고 말한다.

보라! 그의 눈에는 달이라도 빛을 발하지 못하고

별도 빛나지 못하거든,

하물며 구더기 같은 사람

벌레 같은 인생이랴(욥 25:5-6).

친구들을 향한 욥의 마지막 진술도 동일하게 강경하다.

나는 결코 너희를 옳다 하지 아니하겠고,

내가 죽기 전에는 나의 온전함을 버리지 아니할 것이라.

내가 내 공의를 굳게 잡고 놓치지 아니하리니

내 마음이 나의 생애를 비웃지 아니하리라(욥 27:5-6).

자기 자신에 대한 그의 감정에서, 욥은 쉽게 타협하려 하지도, 자신의 무고함과 심한 고통을 전통적 견해로 덮어씌우려고도 하지 않는다. 욥과 그의 친구들은 문제를 벌여놓았지만, 소위 말하는 "정통"(orthodoxy)과, 욥이 자신의 뼛속 깊이 알고 있다는 바로 그 "진리" 사이에서 전혀 수습을 못하고 있다.

논쟁은 전환적인 역할을 하는 욥기 28장을 통해 친구들을 넘어서 확대된다. 이 장은 그 자체로 독립되어 있으며 지혜의 불가사의에 대한 깊은 성찰의 결과를 담고 있다. 본문은 수사학적으로 질문한다. "지혜는 어디서 얻는가?"(12, 20절) 이 장은 땅을 탐구하는 인간의 놀라운 기술적인 능력을 설명한다. 그러나 모든 인간의 노력이 실패하게 될 것이라는 말로 결론을 맺는다. 그 실패의 이유는 인간의 발견이 지혜를 포착하지 못하기 때문이다.

하나님이 그 길을 아시며

있는 곳을 아시나니(23절).

오직 하나님! 이것이야말로 지혜를 말하고자 하는 모든 사람에게 가장 경이로운 주장이며, 욥의 친구들의 확신과 그들이 호소하는 잠언의 전통을 무너뜨릴 수 있는 첩경이다. 친구들은 자신들이 실제로 아는 것보다 더 많이 알고 있다고 착각하고 있다. 왜냐하면 그들은 단지 잠언의 도덕적 판단만을 신뢰하기 때문이다. 이 시는 인간의 확신을 완전히 깨뜨린다. 모든 피조물에 대한 탐구 이후에, 28절을 제외하면, 우리는 잠언의 단순함으로 되돌아가게 된다. 다음의 구절은 잠언 3:7을 연상시킨다.

주를 경외함이 지혜요

악을 떠남이 명철이니라(욥 28:28).

지혜는 야웨를 향한 삶, 그리고 책임 있는 삶으로 구성된다.

그러나 바로 욥이 실제로 그렇게 살지 않았던가! 이런 이유로 욥기 28장 이후에 논쟁은 다시금 시작된다. 단지 여기서는 앞선 본문과 하나의 차이점이 있다. 욥은 더 이상 친구들에게 말하지 않는다. 그들도 더 이상 말하지 않는다. 논쟁은 그들의 판에 박힌 말을 넘어서고 있다. 아마도 욥은 하나님께 말하는 것으로 보인다. 혹은 독백이었을 수도 있다. 어쩌면 욥은 말해야만 하니까 그저 말하는 것일지도 모른다. 그의 사라지지 않는 신앙과 불가사의한 고통이 짝을 이루어, 그로 하여금 침묵할 수 없게 만들고 있다. 드라마의 등장인물로서 욥은, 그토록 빈약한 설명에 의해 자신이 무너지지 않기 위해서라도 계속해서 말해야만 한다.

욥기 29-31장은 욥의 드라마에서 도덕적·수사학적 핵심을 이룬다. 욥기 29장은 "과거의 행복했던 날"을 묘사한다. 그때는 현실이 전통적인 설명으로 잘 이해되던 시절이었다. 욥은 도덕적이었고 칭송받았다. 욥기 30장은 "불행한 지금의 현실"을 그린다. 그의 뛰어난 이해력에 의하면 자신에겐 죄가 없음에도 불구하고, 이제 그는 의심받고 무시당하며, 멸시당하고 쫓겨난다. 그는 잠언 체계의 실패를 몸소 체현하고 있다. 그의 상황은 너무나 크게 바뀌었다. 그런데 바뀐 상황은 바뀌지 않았다. 욥 자신이 변치 않았기 때문이다. 그는 항상 그랬듯이, 지금도 지혜롭고 의롭고 온전하며 정직한 사람이다.

그러나 욥기 29-30장은 단지 31장의 서곡에 불과하다. 욥기 31장은 욥이 자신의 무죄를 진술하는 격조 높은 독주(recital)다. 그는 공동체를 위해 헌신했고, 어디에서도 속임수를 쓰지 않았다. 우리가 아는 것 이상으로 그는 정말로 결백하다. 여기서 그는 자신의 경우를 상세히 서술한다. 이 장이 중요한 이유는 구약 전체에서 이 본문이 윤리에 대한 가장 풍부하고도 분명한 묘사를 담고 있기 때문이다. 이런 목록들에서, 욥은 삶의 모든 측면을 다루면서 자신의 행복한 삶을 주장한다. 그는 성(性)도덕에 있어서도(1, 9절), 종을 부리는 일에 있어서도(13-14절), 가난한 자와 과부와 고아에 대한 관심에 있어서도(16-21절), 경제적 거래에 있어서도(24-25절), 적들을 향한 아량에 있어서도(29-31절), 나그네에 대한 관대함에 있어서도(32절), 심지어 토지에 대한 관리에 있어서도(38-40절) 책임감 있는 사람이었다. 그는 경건했을 뿐만 아니라 자신의 공동체에 관심을 가지고 이웃을 돌보았다. 실제로 그는 시편 112편의 모델에 적합한 사람이었다.

그러나 결백에 대한 그의 주장은 충분치 못하다. 그의 삶이 "야웨를 경외하는 것"에 초점이 맞추어져 있었기 때문에, 그는 자신을 때리신 바로 그분에 의해 변호를 받아야만 한다. 그러나 만약 그가 친구들을 논박하기 위한 자신의 죄목을 알 수 없다고 한다면, 그는 변호를 받을 수 없다. 그래서 그는 자신의 경우에 대한 정보의 부재로 인해 울부짖는다.

누구든지 나의 변명을 들어다오.
나의 서명이 여기 있으니 전능자가 내게 대답하시기를 바라노라.
나를 고발하는 자가 있다면 그에게 고소장을 쓰게 하라(욥 31:35).

욥은 겸손하지도, 공손하지도 않다. 그는 몸을 숙이거나 애걸하기를 거부한다. 그는 심문받기를 원한다. 그럴 수만 있다면 그는 잠언의 전통이 부여한 권리에 따라 자신을 변호하고 싶어 한다. 분명히 논쟁은 그의 친구들의 영역을 벗어나고 있었다.

욥은 욥기 전체에서 결코 고발당하지도, 선고를 받지도, 유죄임이 입증되지도 않는다. 사실상 그는 한 번도 진지한 답변을 듣지 못한다. 그는 특정 혐의를 두고 논쟁할 수 있다. 그러나 그는 지금 텅 빈 법정 안에 홀로 있다. 하나님은 침묵으로 일관하고 계신다. 욥의 도덕적 주장은 논박 당하지 않고, 완전히 무시당하고 있다. 이런 작품을 통하여, 이스라엘은 잠언의 안전한 도덕성 그 바깥에 위치한다. 이 작품은 참으로 성인 극문학이다. 진지한 신앙을 가진 어른도 쉽게 답변을 얻지 못한다. 그래서 대부분의 삶은 도덕적 침묵이며, 설명이 불가능하다. 오로지 그 안에서는 아무런 의미도 캐낼 수 없는 문제투성이일 뿐이다. 잠언이 도덕적으로 진지한 사람들에게 얼마나 불충분한지를 주목하라. 또한 잠언의 하나님이 욥의 도덕적 주장에 얼마나 부적절한지도 주목하라.

그래서 욥은 기다린다. 그는 네 번째 친구인 엘리후의 과장된 논박이 진행되는 동안(욥 32-37장) 계속해서 침묵한다. 그리고 나서 그는 조금 더 기다린다. 이스라엘은 하나님의 대답을 기다리는 일에 익숙하다. 인간은 하나님께 달려들 수도 없고, 그분 역시 요구한다고 해서 곧장 답을 주시지도 않기 때문이다. 그의 기다림은 그가 바라는 변화의 보다 작은 일부분이다. 그 변화는 오로지 하나님이 선택하실 때에야 가능하다.

마침내 하나님이 대답하신다!(욥 38:1) 그것은 강력한 폭풍 속에서 두려운 힘이 얽혀들어 있는 말이다. 그러나 그것은 분명 대답이다. 하나님은 이스라엘의 궁핍한 탄원에 특징 있게 대답하신다. 그리고 이제 야웨는 욥의 열정적인 간청에 응답하신다. 그러나 과연 그 대답의 내용을 보라!(욥 38:1-41:34) 욥은 욥기 31장에서 자신의 무고함을 주장했다. 그런데 야웨는 그 문제로 논변하지 않으신다. 그 문제는 아예 무시되어버림으로 인해, 욥의 결백은 인정된 셈이다. 그러나 야웨는 유죄냐 무죄냐의 문제가 창조에 관한 결정적인 문제는 아니라고 주장하신다. 이에 결백이 입증된 욥은 여전히 하나님의 위대하심에 굴복해야만 한다. 그분의 위대하심은 잠언의 작은 도덕적 범주를 초월하고도 남는다.

말씀하시는 분은 다름 아닌 창조주다. 주권적 능력으로 땅을 지으시고(욥 38:4-7), 바다를 채우시고(욥 38:8-11), 빛(욥 38:12-15)과 어둠의 깊은 곳(욥 38:25-30), 그리고 별과 구름(욥 38:31-38)을 주관하시는 분이 바로 창조주다.

동물들을 통해 일하시는 분도 창조주다. 그분은 산 염소, 사슴, 들 나귀, 들소, 타조, 말, 매(욥 39:1-30)를 통해 일하신다. 그러나 이런 모든 주장은 준비운동에 불과하다. 야웨의 자기칭송이 마침내 소같이 풀을 먹는 베헤못(Behemoth; 욥 40:15-24)과 리워야단(Leviathan)에까지 이른다(욥 41:1-34). 그것들은 탁월한 힘을 지닌 공포의 피조물이다. 그것들이 너무나 당당해서 야웨는 이를 칭송하고 빛나게 하며 자랑하셔야만 한다. 이런 목록들은 듣는 이로 하여금 스스로 무너져 찬양하지 않을 수 없게 만든다. 당신은 너무나 위대하십니다!

욥기에는 야웨의 위대함과 화려함, 통치적 권능에 대해서 일절 논쟁이 없다. 엘리바스는 그의 권능을 송영으로 표현한다(욥 5:9-16). 그리고 욥은 욥기 9:4-12에서 마찬가지로 찬양한다. 위기는 하나님의 힘으로 인한 것이 아니다. 문제는 하나님의 정의다. 욥을 향한 하나님의 장황한 대답에서 중요한 것은, "무엇이 대답되었는가?"가 아니라 "무엇이 대답되지 않았는가?"다. 욥기에서 가장 주목할 만한 사실은 욥의 질문과 야웨의 대답 사이의 **완벽한 부조화**다. 마치 하나님은 욥에게 관심이 없으신 듯하다. 정의에도 관심이 없고, 잠언의 교리에도 관심이 없고, 신정론에도 관심이 없다. **놀랍게도 하나님은 지혜 전통을 만들어내고, 인간의 마음속에 자주 출몰하며, 욥을 사로잡은 그런 인간의 원초적 질문에 관심이 없으시다.** 이런 모든 도덕적 계산은 여기서 무의미하며 지리멸렬한 것으로 취급된다. 오로지 하나님의 주권적 능력에만 관심이 집중되며, 욥은 그 앞에서 입을 다물 수밖에 없다. 욥과 친구들이 들고 싸웠던 질문은 증발되어버린다.

그러므로 폭풍 속의 하나님은 욥에게 전혀 대답하고 계시지 않는 것으로 보인다. 그러나 그것은 분명한 대답이다. 그 대답이 욥의 항변에 어울리지 않을 따름이다. 이러한 동문서답이야말로 오히려 하나님의 결정적인 신학적 증언이다.

욥은 야웨께 굴복한다(욥 42:1-6). 욥은 그의 논거를 철회한다. 그러나 과연 무엇을 굴복하고 무엇을 철회했단 말인가! 학자들은 욥기 42:6을 욥기 전체의 전환점으로 생각한다. 그러나 욥의 이 최후 발언은 상당히 불가사의하다. 이는 정의의 문제를 인정하지 않은 힘에 대한 굴복일 수 있다. 혹은 아이러니한 진술일 수도 있다. 하나님이 그 대답을 들은 욥에게 주고자 하는 바가 아이러니였다는 것이다. 가장 그럴듯한 것은 이 구절을 신앙의 사람으로서 욥이 하나님의 실재에 대해 복종하는 모습으로 이해하는 것이다. 왜냐하면 이제 그는 자신의 도덕적 자격을 뛰어넘어 하나님의 말씀을 바라볼 수 있게 되었기 때문이다. 그러므로 욥은 자신의 결백에 대한 주장을 양보하지 않는다. 그러나 그는 하나님을 향한 거친 도전을 철회한다. 이 구절에 대한 설득력 있는 번역은 노먼 하벨(Norman C. Habel)의 것이다.

> 그러므로 내가 스스로 철회하고(retract)
> 티끌과 재를 후회하나이다(repent of dust and ashes).

신정론의 위기는 분명하고도 만족할 만한 대답을 결코 얻지 못했다. 그러나 정의와 불의에 대한 질문은 하나님의 위대하심이란 비전 안에서 극복된다. 게다가 몇몇 학자들은 명쾌하고 훌륭한 대답이 결여되어 있다는 것 자체가 오히려 이 작가의 의도였다고 믿는다. 왜냐하면 정의의 문제란 본래적으로 규정될 수 없는 것이고, 이스라엘 역시 어떤 규정적인 틀 없이 살아야만 했던 민족이기 때문이다. 그러나 정의의 문제에 대한 확실한 대답 없이도, 이스라엘은 확실하고 신뢰할 만한 하나님의 통치를 분명히 바라볼 수 있다. 정의의 문제와 같은 이런 문젯거리들은 하나님의 통치라는 문맥 안에서만 문젯거리로 살아남을 수 있다. 욥의 불안함은 해결되지 못했다. 그러나 그것은 하나님에 대한 신앙의 확신 안에 녹아버리고 만다.

이제 이 극문학을 덮어야 할 때가 왔다. 욥기는 사후보고와 같은 형식으로 끝맺는다(욥 42:7-17). 욥은 "옳은" 말을 했다는 이유로 인정받는다. 욥기는 이미 욥의 항변이 옳았을 뿐만 아니라 당신의 심각한 파트너의 진가를 인정해준 하나님에 의해 기꺼이 수용되었다는 단서를 제공한다(욥

42:7-8). 결국 하나님은 욥의 "소유를 회복"시키신다(욥 42:10). 욥은 가족과 소유를 돌려받고 "늙고 기한이 차서" 죽는다. 우리는 이제 한 사이클을 다 돌아 나온 셈이다. 욥은 이전에도 그래왔듯이 계속해서 매사에 "온전하고 정직"하다. 이 드라마의 결말은 마치 잠언으로의 회귀를 보여주는 듯하다. 선한 사람은 전보다 "두 배"로 돌려받는다는 전통적인 확신이 다시금 등장한다. 이는 마치 욥기에 나타난 신정론의 위기가 결론 부분에 와서 다시금 잠언의 고대 신정론에 의해 감추어진 느낌이다. 그러나 이스라엘은 대부분의 날을 잠언의 세계 속에서 전통적으로 살아가고 있기 때문에, 이 정도만 해도 충분하다고 할 수 있겠다.

    잠깐! 여기에는 두 가지 예외가 있다. 첫째, 이스라엘은 지금 욥기의 상황에 놓여 있다. 작품 속으로 들어가면서, 이스라엘은 이 책 안에서 욥의 순전함과 야웨의 신실함을 입증하는 도덕적 역할이 깔끔하고 만족스럽게 증언되어 있다고 생각했다. 그러나 이 작품은 부조리하면서도 놀라움을 전해준다. 무언가가 어색하다. 욥의 질문과 하나님의 대답 간에 이해할 수 없는 부조화가 놓여 있다. 그러나 독자로 하여금 생각하게 만들고, 위기 가운데 있는 사람들을 돌보게 하는 것은 바로 이러한 부조화다. 왜냐하면 이 세계는, 심지어 하나님의 세계조차도 도덕성 하나로는 쉽게 설명되지 않기 때문이다. 욥의 이런 경험은 이스라엘로 하여금 (그리고 우리로 하여금) 전통을 넘어서 설명 불가능한 삶의 심연을 보게 만들어준다. 이런 심연 속에는 부조리가 존재한다. 거기에는 혼돈의 괴물 리워야단이 있다. 야웨는 그 혼돈 안에서 과도한 긍지를 선보이셨다. 또한 거기에는 야웨를 심란하게 만들고 욥의 신앙을 시험했던 "사탄"도 있다. 이번 드라마의 상영 시간 동안에, 이스라엘은 스스로의 신학적 결백을 상실했다. 도무지 상상할 수 없는 생각이다. 잠언으로 되돌아가더라도, 죄가 면제되는 것은 아니다. 그것은 "자녀들을 위한" 귀환이며, 현상태를 유지하면서 앞으로의 나날을 보내기 위한 귀환이다. 그러나 지금까지도 정의에 대한 질문은 여전히 제기되고 있으며 또한 여전히 대답되지 않은 채로 남아 있다. 아마도 아직 대답되지 않은 것이 아니라 아예 대답될 수 없는 것이라고 보아야 한다. 이제 새로운 정신으로 이 책을 덮는다. 이스라엘은 이제 다시는 핑계댈 수 없으며, 또 다시는 단순한 잠언들을 통해 세계를 상상할 수 없다.

두 번째 "예외"가 있다. 에밀 파켄하임(Emil Fackenheim)[2]은 욥이 하나님께로부터 돌려받을 때 자녀들만큼은 동일한 수로 돌려받았음을 관찰했다. 일곱 아들과 세 딸. 그들은 전부 새로 태어난 자녀다. 그러나 그들은 동일한 자녀가 아니다. 그는 그의 자녀들을 잃었고 그들을 돌려받지 못했다.

> 이런 사실은 유대교와 그리스도교의 종교적 자각을 동일하게 불러일으킨다. 그리고 불러일으켜야만 한다. 욥에게 있어서 자녀들은 회복되었다. 회복된 자녀는 그가 잃었던 동일한 자녀들이 아니었다. 라헬의 자식은 포로 생활로부터 귀환했다. 그러나 그들은 동일한 자식이 아니었다.[3]

이스라엘은 이제 드라마 상영을 마쳤다. 드라마를 시청하는 동안 하나님의 불가사의한 뜻으로 잃어버렸던 자녀들을 여전히—그리고 영원히!—잃어버린 채로 말이다. 극작가는 거짓말을 하거나 속이지 않는다. 극문학 속에서의 상실은 진정한 상실이다. 누구도 그 안에서 벌어진 일을 되돌려놓을 수는 없다. 아무리 잠언의 확신을 되풀이한다 해도, 이스라엘은 한 번 잃은 것을 결코 되돌릴 수 없다.

---

2) E. Fackenheim, "New Heart and the Old Covenant: On Some Possibilities of a Fraternal Jewish-Christian Reading of the Jewish Bible Today," in: *The Divine Helmsman: Studies on God's Control of Human Events*, ed. J. L. Crenshaw (New York: KTAV, 1980), 191-204.

3) E. Fackenheim, "New Heart and the Old Covenant," 202.

5. 끝나지 않는 질문: 신정론

막간을 이용하여

여기서 학생들은 모든 전통적인 도덕적·신학적 확신들을 재고해본 뒤, 욥기를 지나서 여기서 잠시 걸음을 멈춰보자. 욥기는 우리에게 감수성이 풍부한 의미들을 전달한다. 이 책은 단지 성서적 표준에 의거해서만 뛰어난 문학작품이 아니다. 어떤 기준에서라도 이 책은 분명 뛰어나다. 이토록 위대한 작품은 고갈되지 않는 고전이자, 우리에게 대담한 예술성과 함께 상상할 수 없는 인간의 비애를 제시한다.

특별히 이 책이 단지 고대의 확신이 불러일으킨 고대의 문제를 다루는 고대의 작품만은 아니라는 사실을 깊이 생각해보자. **신정론 체제와 신정론의 위기**에 대한 비평적 문제들은 욥기에서와 마찬가지로 오늘날에도 발생한다. 참된 성서적 신앙은 하나님과 욥 사이에서 벌여졌던 부조화를 우리에게도 계속되는 문제 상황으로 제시한다. 이런 신정론의 문제가 우리와 어떻게 직접적으로 연관되는지를 생각해보는 일은 참으로 중요하다. 다음의 세 가지 사항을 살펴보자.

첫째, 신정론에 대한 질문은, 이 시대를 책임 있게 살아가면서도 슬픔과 상실—암, 해고, 죽음, 배신, 폭력—에 의해 놀라워하는 많은 사람에게 나타나는 하나의 **일상적인 몸부림**이다. 사탄이 제기했던 질문이 다시 떠오른다. 욥이 어찌 "까닭 없이" 하나님을 경외하리이까?

둘째, 신정론에 대한 질문은 지금도 서구 사회에서 제기되고 있다. 오랫동안 우리가 수용해왔던 신정론의 체제는 식민주의의 이익으로 인해 이름 붙여진 **제국주의적 서구**다. 이런 식민주의는 "미개발도상국"에 반(反)하는 경제구조와 채무관계를 통해 여전히 지속되고 있다. 혹은 보다 가까이서 살펴보건대, 신정론에 의해 보증된 동일한 권리의 정당화가 백인우월주의나 남성우월주의를 탄생시켰음을 보게 된다.

셋째, 신정론에 대한 질문은 **20세기의 야만주의**를 우리 가운데 불러일으켰다. 여기에는 스탈린과 히틀러의 집권, 히로시마의 비극, 미국의 베트남 공격, 비아프라(Biafra)와 부룬디(Burundi)에서의 참상, 그리고 마침내─신학적 사고로 볼 때는─독일에 의한 **유대인 대학살**이 포함된다. 이 세계에는 신앙이 억누를 수 있는 범위보다 더 넓고 감당키 어려운 고통들이 너무도 많이 벌어졌다. 비록 하나님의 대답이 너무나 딴판이기는 했어도, 욥은 고통받는 자가 목소리를 드높여야 한다는 요구에 대한 모델이 되었다.

지혜신학은 "가벼운 신학"(theology lite)이 아니다. 그것은 우리에게 전통적인 체제─교회의 체제 및 세속의 체제─신학에 대한 질문을 드러내 보여준다. 그리고 그 질문에 한번 봉착하게 되면, 우리는 거기서 결코 빠져나올 수 없다. 우리를 인간으로 유지시켜주는 것이 바로 그 질문이다. 또한 우리의 신앙에 있어서 충분과 불충분 모두를 제공해주는 것이 바로 하나님의 대답이다.

6. 공허함의 가장자리에 놓인 비밀

잠언과 욥기와 더불어 지혜문학에 포함되는 세 번째 책이 바로 전도서(Ecclesiastes)다. 욥기의 긴장감 도는 신학적 위기 이후에, 전도서는 편안함을 단념해버리는 감정을 드러낸다. 이는 욥기의 질문이 결코 해결될 수 없다는 인식 하에서 생겨나는 감정이다. 욥기를 읽고 나면, 어떤 이들은 보다 더 전통적인 데로 향할 것이고, 어떤 이들은 삶의 의욕을 상실하게 될 것이다. 이 책은 "다윗의 아들", 즉 솔로몬을 저자로 내세우고 있지만(전 1:1), 이는 아무래도 솔로몬을 현인(賢人)의 대명사로 내세우는 전통에 의해 그려진 것으로 보인다. 이 책의 형성연대는 측정하기 어렵지만, 대체로 페르시아 시대가 적절한 듯하다. 이 시기는 이스라엘이 권력과 그 의미에 대한 오랜 확신들에 대해 깊은 회의감에 빠져들던 때였다. 아마도 이 책은 경제가 와해되고 모든 것이 상실된 상황을, 그 옛날 번영했던 한 전도자의

신학의 렌즈로 본 구약개관

입을 통해 설명하고 있는 듯하다. 만약 사회경제적 상황이 그토록 절망적이라고 한다면, 분명 이 책은 헬레니즘의 사고가 만연했던 상황을 반영하고 있다고 보아야 할 것이다. 전도자는 더 이상 하나님의 직접적인 개입을 기대하지 않는다. 그런 기대를 통해 이스라엘의 신앙을 회복하기에는 너무 지쳐버렸다. 오히려 이 책에는 헬레니즘의 환경에서 유대 공동체의 침체를 반영하는 단념의 정서가 두드러진다. 여기서 하나님이 새로운 일을 일으키실 것이라는 가능성은 고려되지 않는다.

전도서의 형태는 잠언의 그것—삶에 대한 설명을 제공하는 지혜 경구들의 모음—과 크게 다르지 않다. 그러나 전도서에는 특정 양식이나 구조가 그다지 뚜렷하게 나타나지는 않는다. 그 형태가 잠언과 유사한 반면에, 그 안에 담긴 정서와 신학적 지평은 너무나 상반된다. 잠언은 인간의 선택 및 행동이 개인의 미래와 공동체의 미래에 결정적인 영향을 끼친다고 설명하는 반면, 전도서는 인간의 행동이 무의미하며 미래의 결과와는 별개의 문제라고 주장한다. 잠언에서의 하나님은 믿을 만한 인과응보의 원리로 형성된 삶의 세계를 지속 가능하도록 질서지우고 보증하시는 분이다. 반면 전도서는 하나님의 실재를 가까스로 확신할 따름이다. 사실상 하나님은 멀리 숨어서 무관심하고 냉담하게 통치하시는 분이다. 즉 이 세계는 인간이 머리로 이해할 수 없는 불가사의한 방식으로 지배를 받는다는 것이다.

전도서 안에는 명백한 구조나 질서가 결여되어 있지만, 우리는 이 책이 견지하는 일반적인 관점을 분명히 해줄 만한 일련의 가르침들을 제시해볼 수 있다.

(1) 하나님의 통치는 숨겨져 있으며 그분은 인간의 행동에 의해 좌지우지되는 분이 아니다.

그들 모두가 당하는 일이 모두 같으리라는 것을 나도 깨달아 알았도다. 내가 내 마음 속으로 이르기를, 우매자가 당한 것을 나도 당하리니 내게 지혜가 있었다 한들 내게 무슨 유익이 있으리요 하였도다. 이에 내가 내 마음 속으로 이르기를, 이것도 헛되도다 하였도다(전 2:14b-15).

내 허무한 날을 사는 동안 내가 그 모든 일을 살펴보았더니 자기의 의로움에도 불구하고 멸망하는 의인이 있고 자기의 악행에도 불구하고 장수하는 악인이 있으니(전 7:15; 또한 3:14-15, 19-21; 7:16-18; 8:12-13을 보라).

이 세계에 대한 하나님의 신념은 확고하며 인간은 그에 접근할 수 없다. 하나님의 의지에 대해서는 어떠한 상호작용이나, 연루, 그리고 간섭도 존재하지 않는다. 전도서의 수사학은 앞서 인용한 욥기 9:22의 그것과 다르지 않다.

일이 다 같은 것이라. 그러므로 나는 말하기를
하나님이 온전한 자나 악한 자나 멸망시키신다 하나니.

욥기는 분노의 말을 쏟아내고 진실의 문제에 대해 하나님께 비난을 가하는 논쟁적 성격을 띠지만, 그와는 달리 전도서에는 논쟁적 분위기가 전혀 나타나지 않는다. 모든 것이 손에 닿을 수 없는 곳에 놓여 있다. 분명 전도서 8:12-13은 전도자가 마지못해 인정하게 된 내용이 과장되게 표현된 것으로 보인다. 하나님은 너무나 멀리 떨어져 계시고 모든 실제적 계획들은 무의미하다.

(2) 이러한 결론의 불가피한 결과는 인간의 가능성에 관한 결과와 동일하다. 인간의 가능성이란 환상에 불과하다.

헛되고 헛되며 헛되고 헛되니 모든 것이 헛되도다(전 1:2).

전도서에서 가장 유명한 이 구절은 다음을 통해 설명된다. 모든 것은 헛되고 허황되며 아무것도 아니다. 실제로 전도자는 이미 실행되었던 모든 연구와 탐구들을 회고하면서 그것들에 환멸감을 느낀다. 그는 다음과 같이 회고한다. ⓐ 지혜는(지혜조차도!) 헛되며 "바람을 잡는 것"이다(전 1:12-18). ⓑ 쾌락도 헛되다. 그는 하고 싶은 대로 다 해보았지만 행복하지 않았다(전 2:1-11). ⓒ 일도 헛되다(전 2:18-23). ⓓ 자화자찬도 헛되다(전 2:24-26). ⓔ 재물도 공허하다(전 4:4-8; 5:10). 이런 목록은 인간의 모든 가능성을 대표하는 것이다. 인간의 능력이 할 수 있는 모든 것이 헛되다. 그 어느 것도 궁극적인 중요성을 지닐 수 없다. 그중 어느 것도 궁극적인 만족을 주지 못한다.

이런 결론은 유대교에 주목할 만한 충격을 주었다. 유대교에서 인간의 삶은 궁극적인 의미를 지니고 있다고 확신되며, 그 확신은 하나님에 의해서도 진지하게 수용된다. 여기서 나타나는 이러한 권태는 실망스런 특정 상황과 일반적인 문화 침체의 상황 모두를 반영한다. 어찌되었든, 이러한 표현 속에서 이스라엘은 완전히 열정을 잃어버렸다.

인간의 전망에 대한 무익함은 시편 49편－일반적으로 지혜시편으로 분류되는－에 반영되어 있다. 이 시편은 부의 무익함에 대한 숙고이며, 결국에는 "너는 아무것도 가질 수 없을 것이다"라고 주장한다.

> 뭇 백성아 이를 들으라.
> 세상의 거민들아 귀를 기울이라.
> 귀천빈부를 막론하고
> 다 들을지어다….
> 사람이 치부하여 그의 집 영광이 더할 때에
> 너는 두려워하지 말지어다.
> 그가 죽으매 가져가는 것이 없고
> 그의 영광이 저를 따라 내려가지 못함이로다….
> 존귀하나 깨닫지 못하는 사람은

멸망하는 짐승 같도다(시 49:1-2, 16-17, 20).

이 시의 어조와 논거는 전도서 3:18-20과 다르지 않다.

(3) 그러나 체념의 맥락 속에서도 전도자는 자살을 결심하지 않는다. 이와 같이 모든 것이 다 허무하다면 그리할 법도 한데 말이다. 오히려 전도자는 겸손한 기쁨과 적절한 의미부여를 가지고 삶에 최선을 다할 것을 주장한다. 우리는 이런 삶의 수용에 대해 세 가지 측면을 확인할 수 있다. 첫째, 이 자료에서 가장 잘 알려진 본문을 통해, 때에 대한 심사숙고와 적절함의 의미가 제시된다(전 3:1-8). 시편 저자와는 달리, 전도자는 "나의 앞날이 주의 손에 있사오니"(시 31:15)라고 고백하지 않는다. 전도자의 사고 속에는 하나님에 대한 언급이 없다. 다만 서로 다른 상황이 서로 다른 의미들을 요구하고 수용한다는 사실만이 강조될 뿐이다. 이런 경구들이 체념의 맥락 속에 위치한다면, 이는 삶에 대한 획일적인 부정이 아님이 분명하다. 어떤 것은 다른 어떤 것보다 더 적절하다. 물론 우리가 여기서 그 이유까지 밝혀낼 수는 없지만 말이다.

둘째, 전도자는 실제적이면서도 일시적 상황에 유용한 충고를 제시하면서, 맹목적인 운명의 상황에서조차 더 나은 무언가가 존재한다는 사실을 지적한다. 그러면서 그는 말하는 것보다 듣는 것이 더 낫다고 평가한다(전 5:1-2). 또한 서원을 지킬 것을 종용한다(전 5:4-6). 그리고 앞서 지적했듯이, 전도서 8:12-13은 무엇보다도 삶의 가치를 최대한 드높이고자 한다.

셋째, 운명에 대한 맹목성에도 불구하고, 가장 중요한 것은 행복과 즐거움을 위해 "삶의 끈을 놓치지 말라"는 사실이다.

너는 가서 기쁨으로 네 음식물을 먹고 즐거운 마음으로 네 포도주를 마실지어다. 이는 하나님이 네가 하는 일들을 벌써 기쁘게 받으셨음이니라. 네 의복을 항상 희게 하며 네 머리에 향 기름을 그치지 아니하도록 할지니라. 네 헛된 평생의 모든 날 곧 하나님이 해 아래에서 네게 주신 모든 헛된 날에 네가 사랑하는 아내와 함께 즐겁게 살지어다. 그것이 네가 평생에 해 아래에서 수고하고 얻은 네 몫이니라. 네 손이 일을 얻는 대로 힘을 다하여 할지어다. 네가 장차 들어갈 스올에는 일도 없고 계획도 없고 지식도 없고 지혜도 없음이니라(전 9:7-10).

전도서의 여러 본문들은 깊은 절망처럼 들린다. 그러나 여기서는 그렇지 않다. 전도자는 잠시 숨겨져 있고 문제시 되며 둔감한 것들에 괄호를 치고 있다. 그리고는 자신에게 주어진 대로 삶을 영위해나가기로 한다. 나름대로 이는 전도서 스타일의 창조신학이다. 여기에는 창조주로부터 제공받은 풍성한 삶을 확신하고 수용하는 태도가 드러나기 때문이다(또한 창조주와 관계된 삶에 대한 언급은 전 12:1을 보라).

(4) 전도서의 결론은, 아마도 편집자의 첨가로 보이는데, 오히려 책의 상당 부분과는 상반되는 내용을 담고 있으며 이스라엘의 핵심적인 신앙과 유사한 표현을 드러낸다.

일의 결국을 다 들었으니 하나님을 경외하고 그의 명령들을 지킬지어다. 이것이 모든 사람의 본분이니라. 하나님은 모든 행위와 모든 은밀한 일을 선악 간에 심판하시리라(전 12:13-14).

실제로 이러한 부분은 "울타리 밖에 있는" 이 책의 대부분의 내용을 보완하기 위하여 첨가되었을 것이다. 이 마지막 구절들은 잠언의 메아리를 들려주며, 결코 맹목적 운명이나 허무한 체념을 드러내지 않는다. 비록 뒤늦은 본문이지만, 결국 이스라엘은 최선으로 알려진 것들을 지켜나가라는 훈계를 얻는다. 일찍이 지혜사상은 "야웨를 경외하는 것이 지식의 근본"(잠 1:7)이라고 주장해왔다. 이제 전도서의 정경적 결론에서도 동일한 가르침이 반복되고 있다. 하나님께 신실한 모든 사람을 위하여, 욥기와 전도서에서조차, 그 결론은 자율이 아닌 하나님께 삶을 맡기는 모습으로 끝맺는다.

전도서는 구약성서 신앙의 주된 자료는 아니다. 실제로 이 책은 하나님께서 현실로부터 멀리 떠나 계심으로 말미암아 전통적인 신앙에 의문이 생겨났던 시대의 자리에 위치하고 있다. 여기서 주장된 것들의 대부분은 겸손이며, 이 겸손이야말로 삶을 영위하며 가능한 한 최선의 삶을 지키는 근본적인 해결책이다. 그러나 **지킬 것을 지키는 일**은 때론 상당한 해결책이 될 수도 있으며, 신앙을 부정하는 문화에 맞서기 위한 좋은 도구—적절한 방법으로—가 되기도 한다.

우리는 전도서가 구약성서를 향해 지니는 비판적 역할을 다음의 세 가지로 정리해볼 수 있다.

첫째, 이런 책이 성서 안에 포함되었다는 사실 자체가 이스라엘이 가진 신앙의 **정직성**에 대한 중요한 증거가 된다. 조심스럽게 선택된 것들만 인용하기를 선호하는 목소리 크고 귀에 거슬리는 신자들 때문에, 혹자는 성서의 신앙이 전투적이고, 낙천적이고, 성공 지향적이고, 승리감에 젖어 있다고 생각할지도 모르겠다. 그러나 실상은 그렇지 않다. 전도서가 말해주는 신앙은 절망의 삶에 처해 있는 겸손의 신앙이다. 신앙의 지평으로부터 어떤 현실을 전적으로 지지하거나 부인하거나 배제하는가의 여부가 곧 성서의 정직함을 측정하는 척도가 된다. 신앙생활에는 여러 계절이 있기 마련이다. 물론 이 책 안에는 하나님께서 멀리 계신 듯 보이며 삶 속에서 신앙의 열정이 결여되어 있는 침체기가 포함되어 있다.

둘째, 전도서는 아마도 부조리의 시대에 적합한 **부조리의 기록**이다. 기술화된 현대사회는 신앙의 소리를 거의 제거해버릴 수 있다. 현재의 문화적 배경에서, 우리는 주로 목소리 크고 용감하며 귀에 거슬리는 신앙을 목격하게 된다. 그러나 이런 용감함의 일부분 가운데에는 분명 우리 시대에 가까이 놓여 있는 냉혹한 공허함을 향한 호소가 들어 있다. 신앙의 진지한 회복을 상상함에도 불구하고, 사실 우리는 과학의 진보라는 명목 하에 차가운 기술문명이 대화 없는 공허한 세계를 만들고 있다는 사실을 관찰하는 데 충분히 적용되지 못한 것 같다. 우리의 공동체는 외로운 세계 속에 놓여 있다. 이토록 조용하고 고독하며 텅 빈 세계에서 살고 있는 사람들은 신앙에 근거한 새로운 무언가가 떠오르기를 갈망하게 된다. 많은 사람에게는 이제 옛 신앙의 찌꺼기만이 남아 있다. 궁극적인 것에 대한 더 이상의 접근이 가능하지 않다면, 결국 우리는 차선책에 의존할 수밖에 없다. 그러나 그것으로는 충분치 못하다. 그래도 무언가가, 바로 그 무언가가 이 본문 안에 주어져 있다.

셋째, 그 안에 담겨 있는 모든 부정적 관념에도 불구하고, 전도서가 **확립된 진실과 새로운 경험** 사이에서 벌어지는, 특성상 지혜로운 타협의 과정에 집중하고 있다는 점을 인식하는 것은 중요하다. 로널드 머피(Ronald Murphy)[4]는 전도서의 논쟁을 보다 오래 된 잠언의 지혜에 대해 "예, 하지만"(Yes, but)으로 접근해 들어가는 것으로 보았다. 즉 전도서는 오랜 가르침들을 잘 알고 있었지만, 현실의 경험을 바탕으로 그것에 반대했다는 것이다. 옛 가르침은 여기서 상당수가 부인된다. 그러나 이 또한 지혜의 한 방식이다. 욥기처럼 전도서도 옛 진리를 위해서 거짓을 말하기를 거부한다. 또한 옛 확신을 수호하기 위해 현실의 경험을 부인하려고도 하지 않는다. 어느 경우에서든, 심지어 최소주의자들(minimalist)조차도, 전도서가 하나님의 지평 안에 놓여 있음을 인정한다.

이 책은 그야말로 구약성서의 가장자리에 위치한다. 그러나 그 구석에서조차 이 책은 중요한 신학적 역할을 수행한다. 이 책은 계속해서 모든 것이 다시 생각되고 다시 형성되어야만 한다는 전통을 확립하고자 노력한다. 어떤 이들은 재고를 통하여 단념에서 멈추지 않을 것이다. 그러나 어떤

---

4) R. Murphy, "Qohelet's 'Quarrel' with the Fathers," *From Faith to Faith: Essays in Honor of Donald G. Miller,* ed. by Dikran Y. Hadidian (Pittsburgh: Pickwick, 1979), 235-245.

이들은 순진한 희망에서 멈추지도 않을 것 같다. 이 둘 모두를 통해, 우리는 전도서에서의 가장 중요한 가르침이 단념이나 희망에 관한 결론이 아니라, 반복적으로 사고하는 과정에 놓여 있다는 사실을 분명히 알게 된다. 지혜교사들이 지녔던 이런 신앙은 결코 정착되지 않고 끊임없이 재고된다. 삶의 경험은 결국 신앙의 다양함으로 이어질 수밖에 없기 때문이다.

7. 삶의 경험: 신앙의 자료

경험을 신앙이 형성되는 자료로 보고 여기에 가치를 부여하는 일은, 지혜교사들의 가르침 속에 깊게 배어 있다. 가치 있는 경험은 **인간의 경험**이며, 이를 통해 지혜교사들은 보다 넓은 국제적인 인간의 지평 속에서 사고한다. 이런 거대한 지평 속에서 이스라엘은 그다지 많은 몫을 얻지 못했다. 그러나 성서가 나름의 전통적 핵심을 이스라엘의 몫으로 특색 있게 제공해주었다. 따라서 젊은이들에게 이런 이스라엘의 기억을 가르치는 일은 공동체의 보존을 위하여 필수적이다.

　동시에 성서는 이스라엘이 하나님을 독점하려는 고립된 공동체가 되지 않도록 주의해야만 했다. 지혜신학의 가장 중요한 기여 중 하나는 하나님이 통치하시는 세계가 **여기**(이스라엘)만이 아니라 **저기**(이방세계)에도 있다는 사실을 상기시켜주었다는 점이다. 무엇보다도 이스라엘의 삶의 경험은 그다지 독특하지 않았다. 다른 모든 민족들과 마찬가지로, 이스라엘 사람들 역시 태어나서 살다가 죽었다. 다른 모든 민족과 마찬가지로, 이스라엘 사람들 역시 음식을 장만하고, 세금을 내고, 전쟁에서 싸우고, 사랑을 나누었다. 다른 모든 민족과 마찬가지로, 이스라엘 사람들 역시 자기 존재를 정당화하고 이를 대체하려는 위협을 방어했다. 지혜 전통은 이스라엘의 삶의 경험이 이웃 민족들과 같다는 사실을 일깨워주었다. 이스라엘의 하나님께서 심판하고 구원하시듯이, 동일한 하나님이 이스라엘을 넘어 모든 인류를 대상으로 생명과 죽음을 주관하신다.

고대 세계에서는 내부 지향적 신앙과 외부 지향적 신앙 사이의 긴장이 존재하곤 했다. 그리고 이런 긴장은 계속 지속될 만한 가치가 있었다. 그렇게 우리 시대에서도, 교회 내부 지향적인 신앙이 존재한다. 이런 신앙은, 우리 서구의 역사와 민족주의에서 커다란 폐해를 남겼음에도 불구하고 여전히 배타성을 추구한다. 물론 이런 배타주의가 나름대로 존재 이유를 지닌다는 점을 인정할 수는 있다. 그러나 우리가 독특하게 여기는 것이 실제로는 보편적인 것이라는 인식을 통해, 이런 사고는 점차적으로 해소될 수 있다. 지혜교사들은 이 점을 충분히 알고 있었다.

처음부터 우리는 고대 세계에 "세속적 지혜"(secular wisdom)라는 것이 존재하지 않았다는 의견을 피력해왔다. 고대 세계에서 삶은 신앙에 바탕을 둔다. 비록 그 신앙이 불완전하고 미숙하게 표현되었을지라도 말이다. 잠언, 욥기, 전도서의 스펙트럼을 통과하면서, 이 교사들은 항상 하나님을 전제로 삼았다. 실제로 지혜신학은 "이해를 추구하는 신앙"(faith seeking understanding)이며, 하나님의 능력과 의도에 관한 무언가를 알아내려고 시도한다. 이런 이해는 일상의 상호작용 속에서 인간의 의미심장함을 제한하기도 하고 허용하기도 하며, 그에 권위를 부여하기도 하고 함께 기능하기도 한다. 지혜교사들은 이런 의미들을 유효한 것으로 유지하기를 원했다. 그러나 동시에 그들은 숨겨져 있고 앞으로도 숨기운 채로 남아 있을 것들에 경의를 표하기를 잊지 않았다(욥 28장처럼).

아마도 "이해를 추구하는 신앙"이라는 거대한 모험이 그때와 마찬가지로 오늘날에도 이 문학작품들을 여전히 유효한 것으로 만들어주는지도 모른다. 삶에 대한 진지한 질문들은 신앙과 유사한 무언가에 기인한다고 말할 수 있다. 비록 여기서 "신앙"이라는 용어를 엄격하게 정의하는 것은 무리지만 말이다. 그런 심각한 질문들은 삶의 경험에 최소한의 의미만을 부여하는 대신 신앙의 영역에서 진정한 의미를 찾고자 한다. 지혜교사들은 언제나 이처럼 고동치는 심오한 의미를 이해하기 원했고, 그것이 어떻게 행복과 죽음으로 이어지는 상호작용을 낳는지 분별하고자 했다.

지혜교사들을 지나치게 "교회 중심적"(churchy)인 사람으로 이해해서는 안 된다. 그들은 실제로 그렇지 않았다. 그러나 그들이 특정 당파에 경도되지 않고 수행했던 것이 현대의 세속 세계에서도 인간의 기획으로서 여전히 추구되어야 한다는 점을 인정하는 것은 중요하다. 우리는 믿기 위해 알기를 원한다. 그러나 우리는 믿기 때문에 보다 정확히 알 수 있다. 이 고대의 교사들은 이 점을 잘 알고 있었다. 그렇다고 이런 사실이 그들을 느긋한 자신감으로 몰고 가지는 않았다. 오히려 그 사실은 그들을 강직한 정직과 신앙의 형태로서의 진리로 이끌었다. 그들은 자화자찬의 형태를 띤 맹목적 거부에 저항했다. 또한 그들은 확신의 형태를 띤 맹목적 수용도 거부했다. 그들은 정착하기를 거절했다. 왜냐하면 그들은 오늘의 경험 이후에 내일이 되면 그들의 주장이 다시금 어긋날 수도 있다는 사실을 알고 있었기 때문이다. 그들은 항상 준비 상태에 머물러 있었던 것이다.

참고문헌

Camp, Claudia V. *Wise, Strange, and Holy: The Strange Woman and the Making of the Bible*. JSOTSup 320. Sheffield: Sheffield Academic Press, 2000.

Crenshaw, James L. *Old Testament Wisdom: An Introduction*. Atlanta: John Knox, 1981(강성열 역, 『구약 지혜문학의 이해』[서울: 한국장로교출판사, 2002]).

Crenshaw, James L, ed. *Studies in Ancient Israelite Wisdom*. New York: KTAV, 1976.

Crenshaw, James L. *Urgent Advice and Probing Questions: Collected Writing on Old Testament Wisdom*. Macon: Mercer University Press, 1995.

Gammie, John G., and Leo G. Perdue, eds. *The Sage in Israel and the Ancient Near East*. Winonoa Lake, IN: Eisenbrauns, 1990.

Habel, Norman C. *The Book of Job: A Commentary*. OTL. Philadelphia: Westminster, 1985.

Murphy, Ronald E. *The Tree of Life: An Exploration of Biblical Wisdom Literature*. ABRL. New York: Doubleday, 1990(박요한 역, 『생명의 나무:성서의 지혜문학 탐구』[서울: 성바오로, 1998]).

Newsom, Carol A. "The Book of Job: Introduction, Commentary, and Reflection," *NIB*, vol. 4. Nashiville: Abingdon, 1996.

Newsom, Carol A. *The Book of Job: A Contest of Moral Imaginations*. Oxford: Oxford University Press, 2003.

Polanyi, Michael. *Personal Knowledge: Towards a Post-Critical Philosophy*. Chicago: University of Chicago Press, 1974.

Polanyi, Michael. *The Tacit Dimension*. Garden City, NY: Doubleday, 1967.

Rad, Gerhard von. *Wisdom in Israel*. Nashiville: Abingdon, 1972(허혁 역, 『구약성서 신학 Ⅲ』[왜관: 분도출판사, 1980]).

Seow, C. L. *Ecclesiastes: A New Translation with Introduction and Commentary*. The Anchor Bible. New York: Doubleday, 1997.

Yoder, Christine Roy. *Wisdom as a Woman of Substance: A Socioeconomic Reading of Proverbs 1-9 and 31:10-31*. Berlin: Walter de Gruyter, 2001.

신학의 렌즈로 본 구약개관

제12장

새로운 삶 · 갱신된 공동체 · 새로운 위기들

역대상·하 | 에스라 | 느헤미야 | 기타 소예언서
이사야 56-66장 | 아가 | 다니엘 | 룻기 | 에스더 | 시편 일부

A THEOLOGICAL
INTRODUCTION TO
THE OLD TESTAMENT

1. 개요

이제 마지막 장에서 우리는 다시금 야웨를 섬겼던 사람들의 역사로 되돌아가고자 한다. 우리가 본 장에서 다룰 시대는 보통 "포로기 이후"(the post-exilic period)라고 불린다. 이 표현은 나름대로 유용하면서도 문제점을 가지고 있다. 유용한 점은, 이 표현이 기원전 6세기 중반을 가리키고 있으며, 동일한 세기 초에 강제로 이주했던 몇몇 야웨 신앙인들(Yahwists)이 바로 이때에 고향으로 되돌아오게 되었다는 데 있다. 반면에 "포로기 이후"라는 표현은 해당기간의 종결시점이 드러나지 않는다는 점이 문제가 된다. 바빌로니아 포로기 이래로 약속의 땅이 아닌 곳에 유대인 공동체가 건설되기 시작했다. 혹자는 포로기 이후 시대가 오늘날까지도 이어지고 있다고 말한다. 그래서 몇몇 학자들은 "페르시아 시대"(the Persian period)라는 표현을 더 선호한다. 이 표현은, 고레스(Cyrus)로부터 시작되었다가 알렉산드로스 대제(Alexander the Great)에 의해 건설된 새로운 제국의 등장으로 종말을 고하게 된 제국의 시대를 가리킨다. 시리아-팔레스타인 지역은 이 새로운 제국의 영토 안에 편입되었다. (페르시아 제국 시대 이후의 시기는 그리스-로마 시대[Greco-Roman period]라고 지칭한다.)

또한 본 장에서 우리는 역사로부터 영향을 받은 종교적·신학적 발전이 이스라엘의 문학에 어떻게 반영되어 있는지를 살펴보고자 한다. 우리의 여정은 고레스에 대한 제2이사야의 언급으로부터 시작될 것이다. 고레스는 고대 근동에서의 급격한 정치적 변화를 상징하는 인물이다. 이전까지는 셈족(Semitic) 문명(아시리아와 바빌로니아)이 메소포타미아를 지배하면서 시리아-팔레스타인에 제국주의적 영향력을 행사해왔다. 그러나 메소포타미아의 동쪽에 위치한 페르시아가 이제 새로운 제국이 되었다. (지금의 이란은 옛 페르시아 제국 영토의 주요 부분을 차지하고 있다.) 제2이사야에 의해 상징화된 포로기의 이스라엘은 고레스가 새 시대를 열어줄 것이라고 확실히 믿었다. 그렇게 된다면 그들은 자신들의 고향으로 되돌아갈 수 있게 될 것이다. 대부분의 귀환자 그룹은 기원전 520년까지 귀환했다. 그야말로 평화의 시대가 개막되는 순간이었다. 어떤 점에서 그들은 분명 옳았다. 이 "메시아"(사 45:1)는 유대인의 예루살렘 성전 재건에 권위를 실어주는 칙령을 공포했던 인물로 기억된다.

> 거기에 기록하였으되 고레스 왕 원년에 조서를 내려 이르기를 예루살렘에 있는 하나님의 성전에 대하여 이르노니 이 성전 곧 제사 드리는 처소를 건축하되(스 6:2-3).

성전 재건이 시작되었지만 성공적으로 실행되지 못하다가(스 1:5-2:70), 결국 스룹바벨의 영도 아래 가까스로 완공되기에 이른다. 유대인들은 페르시아의 지방 국고로부터 자금 지원을 받았다. 봉헌식은 기원전 515년에 거행되었고, 이때로부터 많은 학자들이 제2성전기(the second temple period)라고 부르는 시기가 시작된다.

제2성전과 그것의 의의를 이해하기 위해서는 제1성전에 대해 먼저 살펴보아야만 한다. 다윗에 의해 계획되어 솔로몬에 의해 건설된 그 건축물은, 연합왕국 및 그 뒤를 이은 유다 왕국의 국가적 상징이었다. 왕실과의 물리적 결탁으로 인해, 그곳은 왕이 대제사장의 역할에 참여하는 예배 처소로 이해되었다. 제1성전은 하나님께서 백성 가운데 거하신다는 사실을 건축물을 통해 드러내보인 셈이다.

성전파괴의 경험 그리고 바빌론에서 야웨를 섬기는 백성을 위한 에스겔의 신학적 작업으로 인해 제2성전은 더 이상 제1성전과 동일한 방식으로 이해될 수 없었다. 확실히 제2성전기는 예루살렘 제의의 르네상스로 이해되었다. 어느 정도 선에서는 분명한 회복이 이루어진 것도 사실이다. 그러나 왕정의 옛 정치적 질서는 소멸하였고, 결코 다시 회복되지 않았다 (학 2:20-23과 같은 반대 경우의 단서도 있다). 따라서 제1성전과는 달리 제2성전은 더 이상 과거와 같이 민족국가 혹은 다윗 왕조의 상징이 아니었다. 그리고 종국에는 기도하는 집으로서의 새로운 성전개념이 등장하기 시작했다(사 56:7).

유다(그 당시에는 예후드[Yehud]라고 불렸다)에 살던 야웨 신앙인들은 페르시아 제국의 속주에 거하는 신민으로서 살았다. 느헤미야와 같은 총독들이 있었지만, 그들은 과거 다윗 왕조의 영광을 회복하지는 못했다. 결국 영원한 보위에 오를 왕에 대한 약속(예를 들어 시 72편)은 미래의 과제로 남겨졌다. 현실의 모습 속에서, 유대인들은 메시아("기름 부음 받은 자")가 오셔서 예루살렘의 영광스런 모습을 실현할 때가 도래하리라는 사실을 확신하고 있었다(단 9:25).

물론 **메시아**는 의미심장하고도 복잡한 개념이다. 문자적으로 이 용어는 기름 부음을 받은 사람을 지칭한다. 우리는 이스라엘에서 왕과 제사장들이 기름 부음을 받았다는 사실을 알고 있다. 또한 우리는 앞서 페르시아 왕 고레스가 하나님께 기름 부음을 받은 사람으로 평가받았음도 보았다 (사 45:1). 그리스-로마 시대의 문헌들은 메시아에 대한 다양한 유대교적 기대들을 드러내고 있다. 몇몇 작품들("솔로몬의 시편"[Psalms of Solomon]) 은 하나의 메시아를 고대하는 반면에, 쿰란문헌에서는 두 명의 메시아를 기다리는 모습이 나타난다. 왕으로서의 메시아와 제사장으로서의 메시아가 바로 그것이다. 메시아에 대한 이러한 모호성은 우리가 본 장 후반부에서 살펴볼 다양한 정치체제 모델들과 모순을 일으킨다. 본서의 독자들은 메시아에 대한 주장이 지니는 모호성이 계속해서 나타난다는 사실을 확인하게 될 것이다. 그리스도인들은 예수가 메시아였고 지금도 그렇다고 고백하는 반면, 유대인들은 아직도 오실 메시아를 기다리고 있다.

페르시아 시대를 거치면서, 다윗과 연관된 약속들은 서로 다른 방식들로 이해되었다. 포로기의 한 서정적 예언자는 모든 이스라엘이 하나님의 약속의 수혜자가 될 것이라고 생각했다.

내가 너희를 위하여 영원한 언약을 맺으리니
곧 다윗에게 허락한 확실한 은혜이니라(사 55:3).

비록 우리는 다윗의 약속이 모든 백성에게로 확대된다는 사실이 무엇을 의미하는지를 명확히 알지 못하지만, 이제부터는 백성이 두드러진 신학적 이슈로 부각되기 시작한다. 특별히 누가 이 공동체의 구성원인가 하는 것이 문제였다.

왕정 시대에 하나님의 백성은 이스라엘, 혹은 보다 특별히 이스라엘과 유다의 영토 안에 사는 사람들을 의미했다. 왕정이 시작되기 전에는 시내 산에서 하나님과 언약을 체결했던 사람들 및 그들의 후손이 하나님의 백성으로 이해되었다. 그러나 야웨를 섬기는 사람들이 곳곳에 흩어져 살게 되면서 "과연 누가 하나님의 백성이냐?"라는 문제가 대두되기 시작한다. 구약성서는 제2성전기 초반에 살았던 사람들이 이러한 문제를 예리하게 인식하고 있었음을 잘 보여준다. 더군다나 당시의 성서 작품들은 하나의 질문을 더 첨가한다. "진정한 이스라엘은 누구인가?" 이러한 이슈는 실제로 경험적인 문제를 담고 있다. 일부 이스라엘 사람들은 포로로 잡혀갔고, 다른 사람들은 땅에 남아 있었다. 포로들과 남은 자들 중 누가 더 표준적인 경험을 가진 사람들인가?

우리는 이러한 문제 제기와 그에 대한 다양한 답변들이 페르시아 시대에 등장한 유대교의 사고에 반영되어 있음을 주목하게 된다. 유대인들은 다양한 지역에 살고 있었고, 그중 특별히 중요한 곳은 이집트, 시리아-팔레스타인, 그리고 메소포타미아였다. 그들은 선조들의 증언들을 보존하고 있었지만, 이런 증언들이 말해주는 것과는 전혀 다른 상황에 직면하고 있

신학의 렌즈로 본 구약개관

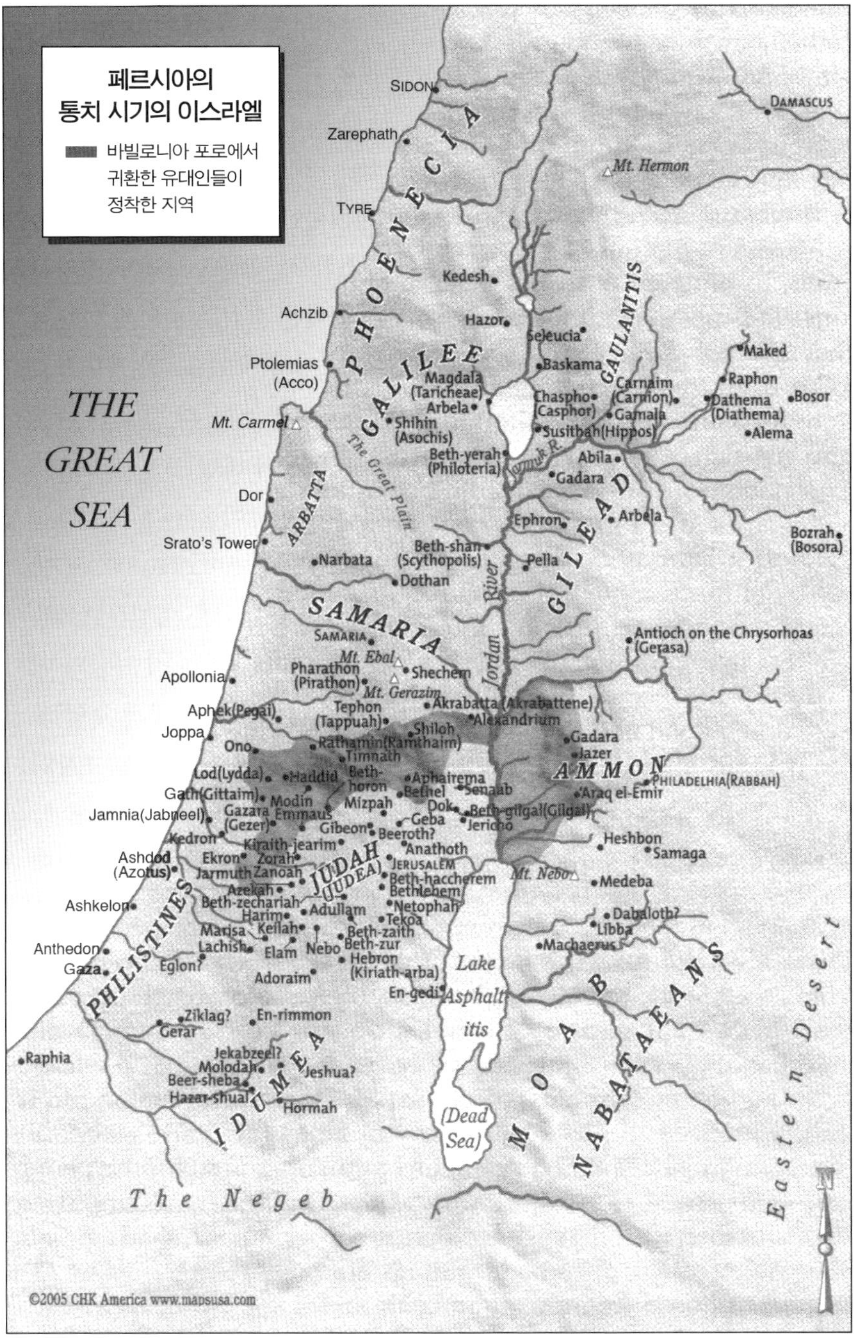
페르시아의
통치 시기의 이스라엘
바빌로니아 포로에서
귀환한 유대인들이
정착한 지역
THE GREAT SEA
SIDON
Zarephath
TYRE
PHOENECIA
DAMASCUS
Mt. Hermon
Kedesh
Achzib
Hazor
Seleucia
GAULANITIS
Ptolemias
(Acco)
GALILEE
Baskama
Maked
Raphon
Magdala
(Taricheae)
Arbela
Chaspho
(Casphor)
Carnaim
(Carnion)
Gamala
Dathema
(Diathema)
Bosor
Alema
Mt. Carmel
Shihin
(Asochis)
Susithah(Hippos)
The Great Plain
Beth-yerah
(Philoteria)
Yarmuk R.
Abila
Gadara
ARBATTA
Dor
Ephron
Arbela
GILEAD
Bozrah
(Bosora)
Srato's Tower
Narbata
Beth-shan
(Scythopolis)
Pella
Dothan
Jordan River
SAMARIA
SAMARIA
Antioch on the Chrysorhoas
(Gerasa)
Mt. Ebal
Pharathon
(Pirathon)
Shechem
Apollonia
Mt. Gerazim
Aphek(Pegai)
Tephon
(Tappuah)
Akrabatta(Akrabattene)
Alexandrium
Joppa
Shiloh
Ono
Rathamin(Ramthaim)
Gadara
Timnath
Jazer
Lod(Lydda)
Haddid
Beth-horon
Aphairema
AMMON
PHILADELHIA(RABBAH)
Gath(Gittaim)
Modin
Bethel
Senaab
Araq el-Emir
Jamnia(Jabneel)
Gazara
(Gezer)
Emmaus
Mizpah
Dok
Beth-gilgal(Gilgal)
Geba
Gibeon
Jericho
Kedron
Beeroth?
Kiraith-jearim
Heshbon
Ashdod
(Azotus)
Ekron
Zorah
Anathoth
Samaga
Jarmuth
Zanoah
JUDAH
(JUDEA)
JERUSALEM
Mt. Nebo
Medeba
Azekah
Beth-haccherem
Bethlehem
Ashkelon
Beth-zechariah
Harim
Adullam
Netophah
Dabaloth?
Libba
Marisa
Keilah
Tekoa
Beth-zaith
Anthedon
Lachish
Elam
Nebo
Beth-zur
Machaerus
Gaza
Eglon?
Hebron
(Kiriath-arba)
Lake Asphaltitis
PHILISTINES
Adoraim
En-gedi
Ziklag?
En-rimmon
Gerar
MOAB
NABATAEANS
Raphia
Jekabzeel?
Molodah
Jeshua?
Beer-sheba
Hazar-shual
Hormah
IDUMEA
(Dead Sea)
Eastern Desert
The Negeb
N
©2005 CHK America www.mapsusa.com

었다. 그러므로 유대교의 등장이 획일적인 사고의 바탕에서 이루어졌다고 생각하는 것은 근본적으로 옳지 않다. 유대교 안에는 실로 다양한 목소리들이 공존하고 있었던 것이다.

혹자는 아마도 그 안에 다수 의견과 소수 의견이 있었기 때문에 종교적 정체성에 관한 신학적 문제는 동시에 정치적인 문제일 수밖에 없었을 것이라고 제안할 것이다. 주류의 의견은 에스라서, 학개서, 그리고 스가랴서로 대표된다. 이 책들은 포로 생활로부터 돌아온 사람들에 의해 이루어진 주도적인 역할을 다룬다. 성전의 재건은 두 명의 지도자들의 공헌으로 완성되었는데, 이에 해당하는 세스바살과 스룹바벨은 둘 다 포로민 출신이다. 스가랴는 성전 재건을 위한 기금의 제공자들이 바빌론에 거하는 사람들과 그곳으로부터 막 귀환한 사람들임을 분명히 보여준다(슥 6:9- 15).

여기서의 핵심문구는 "사로잡혔던 자의 모임"(예를 들어 스 10:8)이다. 에스라서와 느헤미야서는 예후드(Yehud) 공동체의 리더십은 바빌론으로부터 돌아온 사람들에 의해 행사되어야 한다고 밝히고 있다. 오직 자신의 연대기가 포로의 경험과 맞닿아 있는 사람들만이 "사로잡혔던 자의 모임"의 구성원으로 간주되었다. 오직 추방의 경험을 겪었던 사람들만이 "조상의 집"(ancestral houses)에서 합법적인 구성원이 될 수 있었다(느 7:70). 요약하면, 이러한 관점에서 진정한 이스라엘은 메소포타미아에서 포로 생활을 경험했던 집단이다. 따라서 강제로 이집트에 끌려갔던 예레미야나 그 땅에 남아 있던 어느 누구도 아닌, 바로 포로들 가운데 속했던 에스겔이 "사로잡혔던 자의 모임"의 원조가 되었다. 바빌로니아 포로의 경험은 신학적·정치적 규범이 되었다. 이러한 관점에 의하면, 하나님의 백성이 되기 위해서는 포로 생활을 경험해야만 한다. 이것이 바로 주류의 기록이다.

우리는 비주류에 대해서는 단지 약간의 단서만을 얻을 수 있을 따름이다. 우리는 그 땅에 남아 있던 자들의 목소리를 담고 있는 본문을 가지고 있지 않다. 그러나 그런 현상은 놀랄 만한 일이 못된다. 왜냐하면 정치적 권력과 종교적 주도권은 전부 바빌론으로부터 돌아온 사람들에 의해 소유되어 있었기 때문이다. 남아 있던 자들—아마도 "땅의 백성"(the people of the land)으로 알려진(예를 들어 학 2:4)—은 엘리트 집단에 포함되지 못했다. 예레미야애가는 파괴된 시온의 참상을 담고 있는데, 여기서 예루살렘의 또 다른 이름인 시온이 의인화되어 표현되고 있다.

> 지나가는 모든 사람들이여, 너희에게는 관계가 없는가?
> 나의 고통과 같은 고통이 있는가?
> 볼지어다!
> 야웨께서 그의 진노하신 날에
> 나를 괴롭게 하신 것이로다(애 1:12).

게다가 이 책은 성전이 파괴된 이후에 살아 남은 사람들의 운명도 묘사한다.

> 딸 시온의 장로들이
> 땅에 앉아 잠잠하고
> 티끌을 머리에 덮어쓰고
> 굵은 베를 허리에 둘렀음이여,
> 예루살렘 처녀들은
> 머리를 땅에 숙였도다(애 2:10).

심지어 땅에 남아 있는 자들보다 더 소외당한 사람들은 야웨 공동체에 포함되어 보지도 못했던 자들—이방인들—이었다. 이스라엘 역사의 몇몇 시기에는 이방인 거주자들이라 불리는 사람들에 대한 긍정적인 배려가 존재했다. 이러한 배려는 레위기 19:34과 신명기 10:18에서 볼 수 있다. 그러한 배려는 포로기와 포로기 이후에는 덜 중시되었다. 그러므로 이사야 56장은 하나님 백성의 정체성을 묻는 질문에 대해 무엇이 진정한 대안이 될 수 있는가를 표현한다. 아마도 성전 재건 직후에 활동했던 것으로 보이는 본문의 저자—제3이사야(the Third Isaiah)라고 불리는—는 "이방인"과 "고자"의 상황을 명확하게 언급한다. 예로부터 이들 두 계층은 이스라엘의 예배 생활에서 온전한 역할을 수행할 수 없는 사람들이었다.

> 또 야웨와 연합하여 그를 섬기며
> 야웨의 이름을 사랑하며
> 그의 종이 되며
> 안식일을 지켜 더럽히지 아니하며
> 나의 언약을 굳게 지키는 이방인마다
> 내가 곧 그들을 나의 성산으로 인도하여
> 기도하는 내 집에서 그들을 기쁘게 할 것이며,
> 그들의 번제와 희생을
> 나의 제단에서 기꺼이 받게 되리니,
> 이는 내 집은 만민이 기도하는 집이라
> 일컬음이 될 것임이라(사 56:6-7).

분명히 여기서는 에스라서나 느헤미야서에서보다 성전의 문이 훨씬 더 활짝 열려 있다. 유사한 정서가 스가랴 14:16에도 드러난다. 우리가 여기서 보는 것은 창세기 12:3의 아브라함 약속을 이해하기 위한 한 가지 방식이다. "땅의 모든 족속이 너로 말미암아 복을 얻을 것이라."

2. 미래를 향한 비전

이스라엘 안에서는 그들의 새로운 공동체의 정체성을 두고 여러 의견들이 생겨났다. 히브리 성서에는 당시 야웨 신앙인들이 나름대로 가지고 있

신학의 렌즈로 본 구약개관

었던 미래를 향한 비전들이 다양한 방식으로 표현되고 있다. 학개서와 에스겔 40-48장, 그리고 스가랴 1-8장은 가장 구체적인 대안이었다. 그러나 그들이 파괴 이후의 미래를 예견했던 첫 인물들이었던 것은 아니다. 이미 예레미야가 새 언약에 대해 언급했고(렘 31:31), 에스겔은 새 마음과 새 영을 기대했으며(겔 36:26), 제2이사야는 새 일을 노래했다(사 43:18-19). 이들 모두는 유다 국가의 멸망 이후 곧 다가올 미래를 응시하고 있었던 것이다. 그러나 이제 급격한 변화의 상황 속에서 야웨의 백성은 어떻게 살아야 하는가라는 어려운 문제가 대두되기 시작했다.

여기서의 신학적인 문제는 이스라엘이 진정한 이스라엘이 되기 위해서는 스스로의 조직을 어떻게—특히 정치적으로 그리고 종교적으로—구성할 것인가 하는 것이다. 이러한 문제는 특별히 복잡할 수밖에 없다. 왜냐하면 이스라엘은 이전의 정치제체—왕정—를 하나님께서 주신 것이라고 생각해왔기 때문이다. 이스라엘은 페르시아의 속주로서 그대로 남아 있어야만 하는가? 공동체의 권력은 야웨 신앙인들에 의해 쥐어져야만 하는가? 새로운 체제 속에서 제사장의 역할은 무엇인가? 다윗에게 주어진 영원한 약속은 현실의 상황에서 어떠한 의미를 주는가? 예루살렘과 그 주변의 거주민들과 이방 땅에 살고 있는 야웨 신앙인들은 서로 어떠한 관계를 가지고 있는가? 이러한 모든 질문들은 결국 동일한 것이며, 정치적인 동시에 종교적이다. 보다 일찍이 이러한 질문들에 대한 대답들이 신학적인 권위를 가지고 주어진 바 있다.

실제로 무슨 일이 일어났던가를 살펴보기 전에, 먼저 "이론적인" 대답들부터 간략히 살펴보도록 하자. 에스겔이 보았던 회복의 환상은 첫 번째 대안이다. 에스겔 40-48장은 성전 재건 이후의 삶에 대해 난해하고도 도발적인 묘사를 드러낸다. 에스겔이 그 환상을 본 것은 기원전 573년의 일이었다. 그 안에서 예언자는 성전의 재건과 동시에 하나님께서 그리로 되돌아오실 것을 보았다. 또한 그 환상은 땅에 대한 묘사와 제사장적 책임 및 특권에 대한 묘사를 제공한다. 왕(king)은 존재하지 않으며 다만 군주

(prince)나 지도자만이 있을 뿐이다(우리말 성서는 "prince"를 왕으로 번역했다―역자 주). 결국 그 환상은 성전과 그곳에 속한 사람들에게 높은 지위를 부여한 셈이다. 결국 에스겔의 환상은 이스라엘이 제사장에 의한 지배체계를 채택해야 한다는 판단을 드러내고 있다.

또 다른 두 가지 구체적인 대안들은 성전의 재건과 연결되어 있다. 그것들은 재건 그 이상의 내용을 담고 있다. 실제로 학개는 자신이 성전의 재건을 옹호했던 만큼이나 정치적인 수완가였다. 학개에게 있어서 성전 재건은 땅에서의 삶을 위한 필수불가결한 요소였다. 그러나 학개는 또한 다윗 왕조의 회복의 중요성도 확신하고 있었던 것 같다(학 2:20-23). 그는 왕의 특권을 상기시키는 표현들을 사용하여 스룹바벨을 다윗 집안의 사람으로 언급한다. 예를 들면, 그는 야웨께서 스룹바벨을 인장(a signet ring)―다윗이 지녔던―으로 삼으실 것이라고 말한다(학 2:23). 학개는 이스라엘이 이스라엘 되기 위해서는 성전뿐만 아니라 다윗 가문 출신의 왕이 있어야 한다고 생각했던 것 같다.

스가랴는 세 번째 대안을 제시한다. 그의 위치는 에스겔의 정치체제와 학개의 왕정 복구 사이의 어디쯤이다. 환상과 신탁이 복잡하게 결합된 본문에서(슥 4장), 예언자는 감람나무가 황금촛대 옆에 놓인 것을 본다. 14절은 이들 두 나무가 "기름 부음 받은 두 사람"이라고 확인시켜 준다. 대부분의 주석가들은 그 두 사람이 총독 스룹바벨과 대제사장 여호수아라고 본다. 스가랴는 분명 정치와 종교를 분담하는 이원적 정치체제를 옹호하는 것 같다.

이 세 가지 모델―군주가 통치하는 성전 공동체(겔 40-48장), 복구된 왕정(학개서), 대제사장과 왕의 이원 집정체제(스가랴서)―은 모두 예언자의 권위로서 표현된 것들이다. 신학적 권위의 이러한 다양성은 땅에 거주하던 기원전 6세기 말엽의 야웨 신앙인들이 처했던 갈등 상황을 잘 지적해 주고 있다. 뒤이은 수십 년 동안 이러한 대안들은 그 어느 것도 순수한 형태로 발전되지 못했다. 페르시아의 속주라는 도전적인 상황은 타협을 요구하고 있었다. 게다가 이스라엘의 어느 몇 사람—그들도 포로지로부터 돌아온 사람들이었다—에 의해 발휘된 힘이 이후의 정치적 전개에 막대한 영향력을 끼치게 된다.

3. 현실의 상황

기원전 6세기 말에 예루살렘에는 야웨 신앙인들의 작은 공동체가 있었다. 그 공동체와 그들의 후손은 구약성서의 중요한 부분을 형성했다. 최소한 역대기, 에스라서, 느헤미야서, 요나서, 이사야 55-66장, 요엘서, 스가랴 9-14장, 말라기서는 그들에 의해 이루어졌다.

이스라엘 혹은 예후드는 이제 페르시아 제국의 속주다. 그러나 야웨 신앙인들이 그곳에서만 살고 있는 것은 아니었다. 이전까지는 야웨를 섬기는 사람들은 이스라엘 땅 안에서만 살고 있었다. 야웨 신앙(Yahwism)은 국가종교였으며, 왕과 제사장을 거느리고 있었다. 기원전 6세기 초 유다의 붕괴와 더불어 야웨 신앙은 야웨 신앙인들이 살고 있는 다양한 장소—메소포타미아, 이집트, 이스라엘, 심지어 크레타까지—에서 현지 상황에 적합하게끔 변형되기 시작했다. 이 시기에 형성된 아람어 문헌들은 상부(上部) 이집트의 엘레판틴(Elephantine)에 유대인 용병들로 구성된 공동체가 존재했다는 사실을 알려준다. 그들은 야웨를 숭배했지만, 배우자 아낫도 함께 숭배했다. 게다가 기원전 2세기 알렉산드리아에서 형성된 히브리 성서의 그리스어 번역본인 70인역(LXX; Septuagint)은 상이한 성서배열을 드러낼 뿐만 아니라 몇몇 성서들은 그 형태조차 다르기까지 하다. 따라서 야웨 신앙인들의 이러한 흩어짐은 그들 종교의 다양한 형태를 저마다 발전시키는 데 기여했다.

이런 다원주의 가운데서도 그 흐름에 대항하는 세력이 있었는데, 이는 야웨 신앙의 핵심을 고수하려는 관심에서 비롯되었다. 이러한 움직임의 배경에는 우리가 앞서 다루었던 진정한 하나님 백성의 정체성에 관한 질문이 직접적으로 관련되어 있다. 하나님의 백성은 유다 땅 안에서만 살아야 하는가? 그들은 오로지 야웨만을 섬겨야 하는가? 그들은 야웨 신앙인의 자녀이어야만 하는가? 다시 말해서 개종은 가능한가? 다른 종교의 달력은 용인될 수 있는가? 당시에 제기된 이러한 질문들 및 여타 질문들은, 이런저런 모양으로 제기되고 대답되었으며 다양한 지리적·사회적 환경속에서의 예배를 가능케 하는 새로운 형태의 야웨 신앙들을 등장시켰다. 그럼에도 여전히 야웨 한 분만을 섬겨야 한다는 주장이 제기되었다. 바로 이러한 주장이 **유대교**(Judaism)라는 용어로 상징되기에 이른다.

1) 에스라와 느헤미야

에스라서와 느헤미야서는 내러티브들(narratives)과 계보들(genealogies)로 혼재하는 책이다. 이 책(히브리 성서에서는 에스라서와 느헤미야서가 한 권으로 묶여 있다–역자 주)은 기원전 6세기와 5세기에 유다에 살았던 야웨 신앙인들—지금은 유대인(Jews)이라고 불리는(예를 들어 느 1:2)—의 역사를 다루고 있다. 에스라서의 앞 장들은 우리가 앞서 살펴본 바 고레스(Cyrus)와 다리오(Darius)의 칙령에 의한 성전 재건 이야기를 진술하고 있다. 에스라 7장은 페르시아 황제 아닥사스다(Artaxerxes) 치하에서의 또 다른 병행적 사건 및 포고령에 대해 다룬다. 황제의 조서는 에스라에게 예루살렘으로 돌아가 "하늘의 하나님의 [율법]"(스 7:21)에 기초하여 종교적 질서 및 정치적 질서를 확립하도록 권위를 부여해 주었다. 후에 아닥사스다는 예루살렘의 보안문제를 해결하기 위하여 느헤미야가 예루살렘으로 파견될 수 있도록 허락해주었다(느 2장; 여기에는 조서의 내용이 언급되지 않는다).

에스라와 느헤미야가 활동했던 정확한 연대와 관련하여 여러 가지 역사적 문제가 제기된다. 느헤미야의 활동 시기(느 2:1)는 그런대로 확실하다. 아닥사스다 1세의 재위 20년째는 기원전 445년이다. 그러나 에스라의 활동연대는 비교적 분명치 않다. 에스라 7:7은 아닥사스다 재위 7년을 언급한다. 만약 본문의 아닥사스다가 아닥사스다 1세라면, 그 해는 기원전 458년이다. 그러나 아닥사스다 2세라면, 그 해는 기원전 398년이 된다. 전자로 따지면 에스라가 느헤미야보다 앞서지만, 후자라면 그 반대가 된다.

이러한 연대기적 문제는 차치하더라도, 그들이 벌인 활동의 핵심적인 특징을 살펴보는 일은 가능하다. 이를 통해 기원전 6세기 말과 5세기에 유대인들이 처했던 중요한 문제들이 명쾌하게 정리된다. 여기서 두드러지게 나타나는 이슈는 바로 종교적 정체성과 관련된 문제였다. 과거 이스라엘 국가의 영토 문제에 발목이 잡혀 야웨 신앙인들이 자신들의 정체성을 더 이상 규정하지 못하고 있던 상황에서, 에스라는 오경에 나타난 토라에 충실하기만 하면 누구나 유대인이 될 수 있다는 주장을 구체화한다(느 8:1). (후에는 오경 자체가 토라로 알려지게 된다.) 그 안에 담겨 있는 규범과 조항들은, 여전히 보존될 수만 있다면, 그 어느 것과도 다른 독특한 종교 공동체를 창조하게 될 것이었다. 이 시기에 특별히 중요했던 것은 토라에 기초한 삶이 어디서든 가능했다는 사실이다(비록 성전 제의는 예루살렘에서만 가능했지만). 이러한 정서는 이미 에스겔서에서 등장한다. 야웨 숭배는 약속의 땅 경계 바깥에서도 얼마든지 가능하다는 것이다. 사실상 오경으로 종결되는 토라의 이야기 자체도 이스라엘이 땅 바깥에 있는 모습으로 끝을 맺는다. 이는 야웨 신앙인들이 어디에 살든지 간에 종교 활동을 위한 "율법"을 제시받을 수 있다는 강력한 주장이다.

에스라와 관련된 본문은 그가 토라에 기초한 공동체적 삶을 위해 한 가지 중요한 이슈를 부각시켰다고 묘사한다.

이스라엘 백성과 제사장들과 레위 사람들이 이 땅 백성에게서 떠나지 아니하고…그들의 딸을 맞이하여 아내와 며느리로 삼아(스 9:1-2).

통혼(通婚), 즉 어떠한 규범적 계통을 넘어선 결혼은 토라에 대한 위반으로 간주되었다. 이는 "거룩한 자손"을 "지방 사람들"(스 9:2)과 섞는 일이었기 때문이다. 이 본문은 신명기 7:3-4과 비교될 수 있는데, 그 본문에도 땅의 거주민들과의 결혼을 금지하는 조항이 등장한다. 이 또한 야웨 아닌 다른 신들을 섬기게 될 가능성을 차단하기 위한 의도를 가지고 있었다. 그러나 에스라는 우상숭배보다는 민족적 정체성에 더 큰 관심을 둔 것 같다.

느헤미야가 예루살렘에 파견되어온 것은 그가 그 성의 곤경을 전해 들었기 때문이다. 그곳은 여전히 "능욕을 받는"(느 1:3) 성읍이었다. 그가 도착했을 때, 그는 성벽과 성문이 보수되어야 할 필요가 있음을 알아차렸다. 특별히 이로 인해 예루살렘은 "수치"를 당하고 있었다(느 2:17). 이러한 사안은 잠정적인 적들에 대한 수비의 문제를 넘어서 하나님과 하나님의 백성의 자존심을 세우는 문제였다. 그는 이런 자존심을 성벽으로 상징화했다. 성벽이 건축되자, 이제 그것은 이스라엘의 이웃들에게 수치를 안겨주었다. "성벽 역사가…끝나매 우리 모든 대적과 주위에 있는 이방 족속들이 이를 듣고 다 두려워하여 크게 낙담하였으니"(느 6:15-16). 하나님의 백성이 성벽을 재건하였을 때, 그들은 예루살렘과 자신들의 위용을 드높일 수 있었다. 더군다나 성벽과 성문이 재건되자 예루살렘은 폐쇄적 공간으로 변모되었다. 느헤미야 13장은 안식일이 시작되기 전에 이방인들을 내어 쫓고 안식일이 끝날 때까지는 접근하지 못하게 하는 광경을 진술한다(19-22절). 그렇게 함으로써 느헤미야는 안식일이 거룩하게 지켜질 수 있는 방도를 만들어낸 셈이다. 왜냐하면 안식일의 위반은 주로 유대인 집단에 속하지 않은 사람들과 관련해서 자행되어왔기 때문이었다.

통혼에 대한 관심 및 성벽 재건에 대한 관심과 더불어, 에스라와 느헤미야는 유대인의 정체성을 고수할 수 있는 경계선에 관심을 두고 있었다. 정체성(혈통)과 지위(명예와 수치)에 관한 중대한 문제들(가족, 공동체, 그리고 도시의 구조)은 바로 이러한 정체성 문제의 범위 내에서 제기된 것들이다. 제한적 경계 설정에 대한 이러한 관심은 개방성과 포용성의 미덕에 대해 익히 들어온 현대인들에게는 다소 기이하게 보일 것이다. 그러나 영토의 경계가 더 이상 무의미한 상황에서 예후드와 그 밖의 페르시아제국 영토 내에 살던 야웨 신앙인들에게는 선조의 위대한 종교적 전통을 지키고 종교적·문화적 융합을 피하기 위한 나름의 정체성 유지 방안이 절실했을 수밖에 없었다.

에스라-느헤미야서가 유대 공동체의 내부 조직화에 대해 우리에게 말해주고 있는 것들과 더불어, 에스라와 느헤미야의 활동은 제사장을 통한 하나님의 통치, 즉 신정정치(theocracy)로 묘사되는 정치체제를 반영한다. 그러나 거기에는 "포퓰리즘"의 요소(populist component)도 포함되어 있다. 통혼과 같은 핵심적 사안에 대한 결정은 집회를 통해 내려지고 또 집회를 통해 지지를 얻는다. 또한 다양한 형태의 집회들이 존재하는데, 공동체 전체가 모이는 집회도 있었고(느 8:1), 때로는 대표자들만 모이는 집회도 있었다(스 10:14). 이러한 집회들에 대한 기록은 특정 사안들에 대한 투표의 장면을 연출하기도 한다(스 10:15). 이와 같은 행동들은 우리가 구약성서의 다른 곳에서 발견할 수 있는 것들과는 상당히 다른 형태의 정치활동 모델을 제시한다. 야웨의 백성은 삶의 다양한 순간들마다 다양한 형태들의 정치구조—부족국가(chiefdom), 왕정, 신정정치—를 필요로 했던 것이다.

우리는 에스라서와 느헤미야서에서 명백히 드러난 두 가지의 서로 다른 역동성을 발견해야 한다. 첫째는 공동체 자체의 부각이다.[5] 확실히 에스라와 느헤미야라는 두 명의 지도자들이 있었지만, 그들은 이전의 사사들이나 왕들에 비하면 상당히 빈약하다. 대신에 그들은 유대인이 자신들 스스로를 고양시킬 수 있는 방법을 제시한다. 성벽을 세운 것은 느헤미야가 아니라 백성이다. 이방인과의 결혼에 대한 질서를 실행한 것은 에스라가 아니라 백성이다. 둘째는 기도의 신앙이 두드러진다는 점이다. 에스라 7장과 느헤미야 1장, 9장은 하늘의 하나님을 향한 청원을 실례로서 보여준다. 이러한 산문체의 기도는 시편의 운문체의 탄원기도와는 구별된다.

---

5) T. Eskenazi, *In an Age of Prose: A Literary Approach to Ezra-Nehemiah* (SBLMS 36; Atlanta: Scholars Press, 1988).

그 어휘는 주로 오경으로부터 비롯되었지만, 그 형태는 다른 대다수 시편들보다 훨씬 자유롭다. 눈치 빠른 독자들은 새로운 형태의 예배 환경, 즉 가정예배 혹은 초기 형태의 회당예배(synagogue)가―포로지에서든 고향 땅에서든―정경적 토라에 근거한 새로운 기도의 형태를 만들어가고 있었음을 알아챌 수 있을 것이다.

요약하면, 에스라서와 느헤미야서는 초기 페르시아 시대에 자리 잡힌 새로운 형태의 종교 전통을 강력하게 증언하고 있다. 이 시기의 신학적 과제는 오직 하나였다. 그것은 바로 야웨 신앙적 국가체제(Yahwistic nation-state)가 사라진 상황에서 야웨 신앙(Yahwism)을 살려내는 일이었다. 에스라와 느헤미야의 활동은 야웨 신앙이 유대교(Judaism)로 옮아가는 과정을 보여주며, 이러한 과정 가운데서 토라중심의 경건(Torah piety) 및 폐쇄적 혈통구조와 같은 유대교의 중추적 요소들이 싹트기 시작했다.

2) 역대기

에스라서와 느헤미야서, 그리고 역대기는 종종 사무엘서와 열왕기에 비해 다소 무게감이 떨어지는 2차 자료로 취급당하는 경우가 있다. 다윗과 밧세바 사건을 포함한 외설적 이야기들은 사무엘서에서는 나타나지만 역대기에는 나타나지 않는다. 역대기에서의 이러한 생략은 경건을 위한 의도적인 검열의 결과로 보인다. 그러나 우리는 역대기가 그것이 기록되었던 당시의 필요와 관심을 반영하여 형성된 것이라는 사실을 잘 알고 있다. 이 책은 실제로 훌륭한 역사 기록물이다. 기원전 587년 이후 곧이어 형성되었던 신명기 역사서(Deuteronomistic history)는 하나님께서 약속의 땅을 허락하셨던 백성이 어떻게 패망하여 그 땅으로부터 추방되었는지를 설명하기 위한 도구였다. 이와는 달리 역대기 역사서(Chronicler's history)는 성전에 대한 권위 부여에 초점을 둔다. 이 역사서에서 다윗과 솔로몬은 성전과 그것의 보존을 책임졌던 인물로 묘사된다. 역대기 사가의 시대에 성전의 지위는 핵심적인 문제였다. 왕정은 한때 과거의 것이었지만, 성전은 특

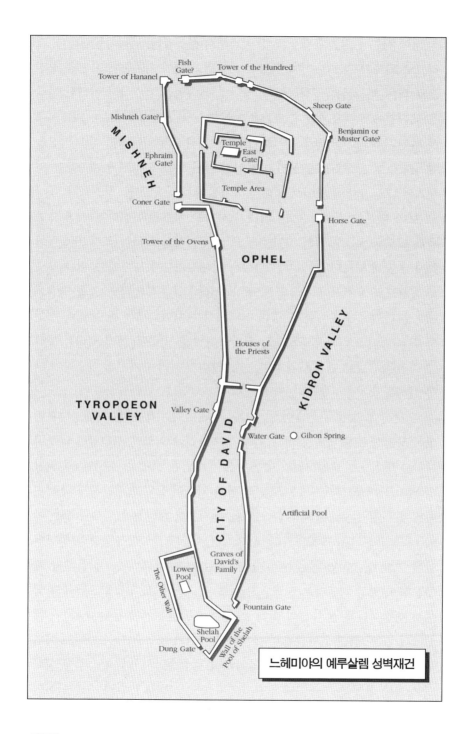

Fish Gate?
Tower of Hananel
Tower of the Hundred
Sheep Gate
Mishneh Gate?
Benjamin or Muster Gate?
MISHNEH
Temple
Ephraim Gate?
East Gate
Temple Area
Coner Gate
Horse Gate
Tower of the Ovens
OPHEL
KIDRON VALLEY
Houses of the Priests
TYROPOEON VALLEY
Valley Gate
CITY OF DAVID
Water Gate ○ Gihon Spring
Artificial Pool
Graves of David's Family
Lower Pool
The Other Wall
Fountain Gate
Shelah Pool
Wall of the Pool of Shelah
Dung Gate

느헤미야의 예루살렘 성벽재건

히 땅에 사는 사람들에게 종교적·공동체적 삶을 위한 핵심사항이었다. 그러므로 역대기 저자는 야웨 신앙적 삶에서 성전이 가지는 중요성을 중심으로 하여 역사서를 구성하였다. 상당히 세속적인 차원에서 이러한 관심은 레위인에게 적용되었다. 그들은 사무엘서나 열왕기에서보다 역대기에서 훨씬 두드러진 역할을 수행한다. 이들 제사장의 임무에는 성전 입장을 감독하고 성전 성가대를 꾸리는 일이 포함되어 있다. 성전과 제사장은 역대기의 내용 전반에 있어서 역대기 사가들의 핵심어였다.

보다 넓은 지평에서 보면, 역대기 사가는 에스겔과 신학적 신념을 공유하고 있다. 이 두 책의 저자들은 모두 이스라엘로 하여금 각 세대들이 하나님 앞에 새로이 서 있다는 사실을 이해시키도록 노력했다. 비록 포로의 신분으로 페르시아 제국의 지배 아래 놓여 있다 할지라도, 그들 앞에는 새로운 가능성이 존재한다. 역대기의 신학은 하나님께서 한 세대의 개인들 혹은 개인을 위해 활동하시는 방법에 초점을 맞추며, 여러 세대를 뒤덮는 죄악에는 별로 관심을 갖지 않는다. 역대기 사가는 자신의 이스라엘 역사 기록을 통하여 이러한 신학적 관점을 전달한다.

므낫세 왕의 통치에 대한 열왕기와 역대기의 기록을 비교·대조해보는 일은 상당한 도움이 될 것이다. 열왕기하 21장에 의하면, 므낫세는 너무나 사악한 방식으로 행동하였기 때문에 그의 행동은 결국 기원전 587년 멸망의 원인을 제공하였다. 그는 55년의 통치 기간이 끝나고 평안하게 죽었다. 반면에 역대기는 상당히 다른 그림을 제시한다(대하 33장). 그는 비록 "야웨 보시기에 악을 행하였"(대하 33:2)지만 이후에 "그의 조상들의 하나님 앞에 크게 겸손하였다"(대하 33:12). 어떠한 설명에서도 므낫세가 훗날 예루살렘 멸망의 책임자로 전가되지 않는다. 역대기 사가에게 므낫세의 삶에서 핵심적인 순간은 그의 회개ー열왕기에서는 전혀 언급되지 않는ー에 있었다. 또한 역대기 사가에게 예루살렘 멸망의 책임은 그 사건이 일어나기 훨씬 오래 전에 살았던 사람들에게 있는 것이 아니라 바로 사건 당시의 상황에 있었다. 열왕기에서 므낫세는 포로 상태를 초래한 먼 원인이었다. 그러나 역대기에서 므낫세는 회개의 표본이었다.

　페르시아 시대의 상황은 포로기와 왕정 시대와는 전혀 딴판이었다. 그뿐 아니라 이 시기의 "근원자료"에 해당하는 에스라-느헤미야서와 역대기는 신명기 역사서와 포로기 이전의 예언서들이 제공하는 것과는 다른 신학적 견해를 보여준다. 그리고 회개의 모티프―악에서 떠나 하나님께로 돌아가는―는 제2성전기에 크게 부각되었다.

4. 시편

개별 시편들의 연대를 확인하는 작업은 상당히 어려운 일이지만, 왕에 대한 언급들이 자주 나타나는 것으로 보아 아마도 대부분은 왕정 시대에 형성되었을 것이다. 그러나 우리는 몇몇 시편들이 포로기에 형성되었다는 사실을 알고 있다. 예를 들어 "우리가 바벨론의 여러 강변 거기에 앉아서"(시 137편). 더군다나 몇몇은 의심할 바 없이 제2성전기에 형성되었다. 예를 들어 시편 12편, 37편, 그리고 49편은 느헤미야 시대에 비롯된 특별한 관심을 드러내고 있다.[6] 게다가 그리스어 사본에서 번호 매겨진 시편 151편은 그리스-로마 시대에까지 이어지는 시작법(詩作法)의 전통을 반영하고 있다. (시 151편은 많은 연구용 성서에서 외경으로 분류되어 출판된다. 동방 정교회는 그것을 정경으로 받아들인다.)

　히브리 성서의 중심에 위풍당당하게 자리하고 있는 시편은 그 최종 형태가 제2성전기에 확립되었다. 물론 그 형성과정의 이면에 놓인 원칙들에 대해서는 부분적으로만 알 수 있지만, 최종 형태의 시편이 다섯 권으로 구성되어 있다는 사실 자체만으로도(시 1-41편; 42-72편; 73-89편; 90-106편;

---

6) E. Gerstenberger, *Psalms: Part 1 with an Introduction to Cultic Poetry* (FOTL 14; Grand Rapids: Eerdmans, 1988), 31.

107-150편) 이 책이 토라—다섯 권으로 구성된—의 구조를 반영하고자 했음을 알 수 있다. 오경의 다섯 권을 의식하여 편집된 시편의 이러한 배열은 각 책이 지니고 있는 나름의 통일된 목소리를 흐리게 만들 수 있는 약점을 지니기도 한다.

시편의 또 다른 요소는 정경적 통일성을 더욱 명확히 제시한다. 처음 두 시들은 시편 전체의 서론 역할을 한다. 그것들이 쌍으로 묶여 있다는 사실은 "복 있는 사람은…"이란 구절이 시편 1편의 첫 절과 2편의 마지막 절에서 시편 1, 2편 전체를 감싸고 있다는 점을 통해 분명하게 드러난다. 시편 2편의 표제가 없다는 점도 더욱 직접적인 근거가 된다. 시편 1편은 사악한 자의 길과 의로운 자의 길이라는 두 개의 대조적인 그림을 보여준다. 의인은 "야웨의 율법"에 단단히 뿌리박고 있다(시 1:2). 그는 야웨의 율법을 계속하여 "묵상"한다. 여기서의 토라 신앙은 지혜문학의 맛을 드러낸다. 의인은 토라를 지키며 살 뿐만 아니라 그것을 연구하기도 한다. 시편이 토라처럼 다섯 권으로 구성되었기 때문에, 우리는 시편 역시 우리가 헌신적으로 숙고해야 할 대상이라는 사실을 알아차리게 된다. 이러한 이해는 시편 2편의 결말 부분에 의해 확증된다. 본문은 이방의 왕들에게 "너희는 지혜를 얻으라"(시 2:10)고 권고한다. 요약하면, 제2성전기에 시편은 복합적인 신학 자료였으며 예배뿐만 아니라 신학연구 및 묵상을 위해서도 유용한 자료가 되었다. 이 시기에 인간에 의해 노래된 이러한 말들은 다시금 인간에게 거의 변증법적인 형태로 되돌아오는 말들이 되었다.

시편은 개별적으로 그 나름의 주된 신학적 중요성을 지닌다. 한 명의 예배자에 의해서든 혹은 전체 공동체에 의해서든, 우리는 각각의 시편들이 야웨 공동체에게 신학적 자료를 제공해주는 방식에 관하여 다음과 같은 관점들을 제시해볼 수 있다. 이러한 유용한 제시 사항들을 통하여 우리는 시편의 양식들—탄원시(lament), 감사시(thanksgiving), 찬양시(hymn), 지혜시(wisdom hymn), 신뢰시(psalm of trust)—을 규정하는 표준적인 양식비평을 뛰어넘을 수 있다.

개인적으로 사용된 시들은 그것을 읽는 독자들을 서로 강화시켜주며, 삶에 찾아오는 즐거움과 어려움을 모두 이해할 수 있도록 도와준다. 심각한 병으로 고통받는 한 사람을 가정해보자. 그 사람은 위기의 상황에 대해 무언가 말하기 위하여 개인적인 탄원시들을 자료로 사용할 것이다. 거기서 그는 강력한 시적 이미지를 빌어 자신의 상황을 묘사하고자 할 것이다. 시편 6:6-7은 전형적인 예다(참조. 시 22:12-18).

> 내가 탄식함으로 피곤하여
> 밤마다 눈물로 내 침상을 띄우며
> 내 요를 적시나이다.
> 내 눈이 근심을 인하여 쇠하며
> 내 모든 대적을 인하여 어두워졌나이다.

하나님께 도움을 청한 이후에, 그는 치료를 받으면서 으레 서원을 행하거나 하나님을 찬양하게 된다(시 56:12; 7:17). 그러므로 탄원시는 도움을 호소하는 것뿐만 아니라 하나님께 드리는 약속도 포함한다.

감사시는 그러한 약속의 말에 대한 성취로 구성된다. 그 안에서 개인들은 과거의 위기를 회상하고 그로부터 구원받았음으로 인해 감사한다.

> 야웨 내 하나님이여 내가 주께 부르짖으매
> 나를 고치셨나이다(시 30:2).

그런 다음 개인은 주위를 둘러보고 공동체를 향하여 말한다.

> 주의 성도들아, 야웨를 찬송하며
> 그의 거룩한 이름을 기억하며 감사하라(시 30:4).

특정 문제에 대한 도우심에 감사하는 표현으로 시작하는 이 노래는 보다 일반적인 찬양으로 나아간다.

이러한 일반적인 찬양은 찬양시의 특징이기도 하다. 찬양시는 전형적으로 모든 공동체를 향하여 하나님을 찬양하도록 요청한다.

온 땅이여 야웨께 즐거운 찬송을 부를지어다.
기쁨으로 야웨를 섬기며
노래하면서 그의 앞에 나아갈지어다(시 100:1-2).

찬양시 안에서 이렇게 공동의 행동을 요청하는 것은 감사시에서와 같은 특정 사건에 기반을 둔 것이 아니다. 그보다는 많은 방법들로 많은 일들을 행하셨던 하나님의 본성에 기반을 둔다.

야웨는 선하시니
그의 인자하심이 영원하고
그의 성실하심이 대대에 이르리로다(시 100:5).

이들 시편은 구약성서의 다른 작품들보다도 더 빈번하게 하나님의 본성에 관한 일반적인 표현들을 제공한다.

사람들은 이런 많은 시편 자료들을 통해 하나님을 찬양할 뿐만 아니라 인간의 삶에 대해 성찰하기도 하고, 이러한 시편들 안에 담겨 있는 신앙의 렌즈를 통해 삶을 바라보기도 한다. 소위 지혜시는 우리가 잠언에서 읽을 수 있는 것들과 매우 유사한 목소리로 인간이 어떻게 살아야 하는지에 대한 충고들을 제시한다.

악인은 꾸고 갚지 아니하나
의인은 은혜를 베풀고 주는도다(시 37:21).

혹은,

　의인의 적은 소유가

　악인의 풍부함보다 낫도다(시 37:16).

　게다가 이러한 지혜시들은 하나님과 의인 사이의 긴밀한 관계성을 드러낸다.

　야웨의 눈은 의인을 향하시고

　그의 귀는 그들의 부르짖음에 기울이시는도다(시 34:15).

　그리고 보다 일반적으로, 찬양시와 마찬가지로 지혜시에서도 하나님의 본성이 언급된다.

　야웨여, 주의 말씀은

　영원히 하늘에 굳게 섰사오며

　주의 성실하심은 대대에 이르나이다.

　주께서 땅을 세우셨으므로 땅이 항상 있사오니(시 119:89-90).

　이러한 성찰과 경험들은 우리가 만날 마지막 형태의 시편, 즉 신뢰시로 우리를 이끌어준다. 감사시와 찬양시, 그리고 지혜시는 노래와 묵상(연구)을 통해서 개인으로 하여금 어떠한 성향이나 태도를 가지게 만든다. 그렇게 만들어진 성향들 중 가장 근원적인 것이 바로 하나님을 신뢰하는 태도다. 즉 하나님께서는 이스라엘과 공동체의 곤경에 대해 언제나 응답하실 준비가 되어 있으신 분이다.

　내가 야웨께 피하였거늘(시 11:1).

야웨는 나의 빛이요 나의 구원이시니

내가 누구를 두려워하리요.

야웨는 내 생명의 능력이시니

내가 누구를 무서워하리요(시 27:1).

질병이나 적의 공격과 같은 일들에 대처하기 위해 이스라엘에게 신학적 자료를 제공해주는 것은 바로 이러한 신뢰의 태도다. 또 다른 측면에서 보면 신뢰시는 탄원시의 무대를 만들어주기도 한다. 왜냐하면 하나님께서 구원하실 것을 믿는 사람은 곧 하나님께 그러한 구원을 요청하는 사람일 것이기 때문이다.

요약하면, 시편은 다양한 방면에서 개인 혹은 공동체를 위한 신학적 자료 역할을 한다. 시편은 인간 경험의 모든 범위—슬픔에서 기쁨으로, 기쁨에서 슬픔으로—를 포괄하는 신학적 상황을 마련해주는 능력을 과시한다. 더구나 제2성전기에 이러한 자료들은 오경과 통합되어 토라와 같은 다섯 권의 책으로 구성되기에 이른다(참조. 시 19:7-10). 또한 시편은 이제 성찰과 묵상을 위한 자료로 간주됨으로써 지혜문학과도 통합될 수 있었다(특별히 시 1편, 119편).

5. 제2성전기의 예언문학

구약성서의 많은 독자들에게 예언서는 기원전 10세기-6세기에 걸쳐 활동했던 예언자들, 즉 단순하게 말해서 나단(삼하 12장)에서 에스겔에 이르는 범위의 인물들을 연상시킨다. 아무래도 예언은 왕정 시대의 이스라엘과 깊은 연관성을 지닌 것처럼 보인다. 그럼에도 불구하고 예언의 전통은 페르시아 시대에서도 계속된다. 우리가 살펴본 대로 학개와 스가랴는 성전의 재건을 촉구했을 뿐만 아니라 유다의 재건을 위한 프로그램을 제시하기도 했다. 그러나 학개와 스가랴는 자신의 이름이 공개된 마지막 예언자들이 되었다. 왜냐하면 히브리어 "말라기"(מלאכי)는 사실(예언자의 이름인 고유명사라기보다는—역자 주) "나의 메신저"라는(보통명사로도 간주될 수 있다—역자 주) 의미이기 때문이다. 여기서 우리는 제2성전기의 예언서들을 살펴보고, 이 자료들의 신학적 해석과 관련하여 두 가지의 관점들을 제시하기로 하겠다.

첫째, 이전의 예언자들로부터 비롯된 예언서들이 새로운 상황에서 해석되기 시작했다. 이스라엘은 그들의 말이 이후의 세대에게도 중요한 의미를 지닌다는 사실을 알아차렸다. 이러한 재해석의 원칙에 대해서는 학문적으로 많은 논의가 진행 중이다. 하지만 상당수의 예언서들이 이 시기를 통해 편집되고 개정되었다는 것은 분명한 사실이다. 우리는 호세아서와 아모스서, 그리고 이사야서에서 이러한 과정을 확인하게 된다.

호세아서와 아모스서는 분명한 예를 제공해준다. "그날에"라는 표현은 해당 본문이 후대의 것이라는 증거가 된다. 이러한 표현은 보다 오래된 예언자들의 자료 위에 후대의 자료를 첨가할 때 종종 사용되곤 했다. 호세아 2:21-23에는 호세아 1장에 등장하는 자녀의 이름을 연상시키는("이스르엘", "로루하마", "로암미") 짧은 시가 삽입되어 있다. 이 세 이름은 본래 심판의 메시지로 이해되었다. 그러나 호세아 2장의 끄트머리에서 부정적인 의미가 개정되어 하나님과 그분의 백성 사이에 연민과 회복된 관계성이 되살아나게 되었다. 자녀들의 이름을 이렇게 새로이 전개시킨 작업은 심판을 예견했던 호세아의 활동 이후에 이루어졌다. 그러나 그 이미지만큼은 근원적으로 호세아의 몫이며, 이 책의 기본적인 신학적 관점들도 그러하다. 따라서 후대 작가들은 그것들을 자료 삼아 이 책을 멸망 이후의 상황에 걸맞도록 "갱신했던" 것이다.

아모스서에서도 이와 비슷한 현상이 나타난다. 아모스 9:11은 "그날에"라는 동일한 문구로 시작된다. 아모스 9:11-15에서는 환상 및 심판 신탁에서 심판 이후의 상황과 관련된 성찰로 책의 어조가 급격하게 바뀐다.

이러한 신탁은 파괴된 예루살렘과 포로 된 백성, 그리고 다윗 왕조의 단절을 가정하고 있다. 이들 모두는 기원전 587년 예루살렘 멸망 이후의 시대와 연관되며, 그렇다면 아모스는 거의 250년이 지나서야 이스라엘에서 되살아나게 된 셈이다. 기원전 6세기 중반의 어느 작가가 심판을 넘어서는 변화의 상황에 맞게 아모스서의 결론을 이렇게 마무리지으면 좋겠다는 생각을 했을 것이다. 게다가 이 본문은 아모스서의 처음 두 장의 주제를 되살려준다. 즉 이스라엘과 유다가 이방 민족들의 맥락 속에 함께 포함되어 있다. 그렇게 해서 아모스서의 서두를 장식했던 신현현의 이미지(암 1:2)가 개정되었다. 아모스 1장에서 우리는 갈멜 산이 마르리라는 선언을 접하게 된다. 그러나 책의 맨 뒷부분에서 시인은 산들이 비옥해져서 "단 포도주를 흘리리라"(암 9:13)고 선언한다. 예언자들의 본래적인 문학적·신학적 이미지들은 책의 형태를 띠게 되면서 새로운 세대의 새로운 독자들을 위해 재구성되었다. 그리하여 호세아와 아모스는, 심판이 지나가고서 나타난 새로운 목소리를 이스라엘에게 들려주는 사람들로 새롭게 인식되기에 이르렀다.

이사야서는 예언자의 말이 세대를 초월하여 효력을 발휘하는 방식에 있어 가장 유명한 실례를 제공한다. 아모스서와 호세아서에서 다루었던 바와 같은 경우의 여러 구절들은 차치하고라도, 많은 양의 시들이 기원전 8세기 후반에 활동했던 아모스의 아들 이사야의 말에 첨가되었다는 사실을 지적해둘 필요가 있다. 우리는 이미(본서의 제10장에서) 제2이사야서라 불리는 이사야 40-55장에 대해 논의했다. 제2이사야서는 이러한 "갱신"의 전형적인 실례다. 그러나 이사야서에는 또 다른 열한 장이 추가되어 있는데, 이 본문은 보통 제2성전 건축 직후에 형성된 것으로 보인다.

아모스의 아들 이사야는 유다 사람들이 수도 예루살렘에서 예배를 받으시는 하나님을 신뢰하지 않는다는 이유로 그들에게 열정적으로 비판의 말을 선포했다. 이사야는 야웨의 가혹한 응징을 예견했다. 유다의 수도가 파괴된 이후에, 이러한 옛 말씀들과 친숙했던 한 예언자가 약속의 수사학을 펼치기 시작하면서 포로들에게 고향으로 돌아가리라는 희망을 불어넣어주었다(사 40-55장). 그러나 이스라엘의 일부분이 귀환하여 성전을 재건한 이후에 새로운 계기가 발생하게 되었다. 그래서 현재 이사야 40-55장을 포함하는 이사야서가 다시 재해석되었다. 예를 들어 이사야 57:14은 분명히 이사야 40:3-4에 기초하여 만들어진 것이다.

본 장 서두에서 살펴본 대로, 이사야 56-66장은 "누가 공동체의 진정한 일원인가"라는 문제를 포함한 다양한 주제들에 대해 언급한다. 이사야 1-55장을 관통했던 핵심적인 이슈 하나가 다시금 이사야서의 이 마지막 부분에서도 관심의 대상이 되는데, 그것은 바로 "시온"이다. 시온은 회복될 것이고 그 정당성이 입증될 것이다(사 60-62장). 이 장들에서 제2성전의 예언자는 예루살렘에 관한 이사야의 유산을 짊어지고 있다. 그 밖에도 새로운 강조점들이 있는데, 그것들은 이사야 1-39장에서는 상대적으로 중요시되지 않던 요소들이다. 가령 성전과 예배에 대한 신학적 성찰이라든가(사 66:1-5), 우상숭배―이사야 40-55장에서 두드러지게 발전되었던 모티프―와 같은 내용들이다(사 57장).

요약하면, 제2성전기에 들어와서 이전 예언자들의 작품은 다수의 익명의 서기관들에 의해 개정되었다. 대부분의 경우 그들은 이전 예언자들의 본래적인 모티프와 전승들을 그대로 사용하여 페르시아 시대의 상황에 맞는 메시지를 전달했다. 이러한 서기관들은 분명히 옛 신탁들과 환상들이 당시의 청중뿐만이 아니라 이후의 세대에게도 유효한 신학적 메시지를 담고 있다고 믿었을 것이다. 오늘날 아모스의 메시지를 사회적·경제적 이슈들과 연관시켜 해석하는 사람들은 예언자의 메시지를 자신들의 시대에 맞게 새로이 듣고자 했던 오랜 전통의 반열에 서 있는 셈이다. 그리스-로마 시대에 이르러서조차도 호세아와 아모스, 그리고 여타 "소"(小) 예언자들이 희망의 메시지를 선포했던 사람들로 기억되고 있었다는 사실은 참으로 흥미롭다. 그리고 그들의 메시지는 다음과 같은 작품들 속에서도 종종 발견된다.

그밖에 열두 예언자들이 있었으니
그들의 뼈가 무덤 속에서 다시 꽃 피어나기를
그들은 야곱의 백성을 위로하였고
곧은 희망으로 그들을 위로하였다(집회서 49:10).

둘째, 예언이라는 개념 자체가 제2성전기를 거치면서 신학적으로 관점의 변화를 겪게 된다. 페르시아 시대에는 우리가 더 이상 이름이 공개된 예언자들을 만날 수 없다는 사실은 그 자체로 의미를 지닌다. 그들이 활동하고 국정에 관여할 주된 무대가 사라졌다. 간단히 말해 더 이상 메시지를 전달할 왕이 존재하지 않았다. 비록 제사장들이 페르시아 시대와 그리스-로마 시대에 계속해서 활동했지만, 그들은 이전 왕정 시대의 위정자들과는 전혀 달랐다. 예언자들과 예언은 포로기 이전의 형태를 지속할 수 없게 된 것이다.

우리가 이미 살펴본 것처럼 야웨 신앙인들의 중대하고도 자의식적인 행위들은 대부분 성전에 초점을 두고 있었다. 따라서 다양한 예언적 요소들은 성전이라는 무대에서 등장하기 시작했다. 이러한 과정은 자연스런 변화를 맞게 되는데, 이는 예언자들이 대개 권력의 핵심과 맞닿아 있었기 때문이다. 게다가 이전 예언자들 중 상당수―특히 예레미야, 에스겔, 스가랴―는 그들 스스로가 제사장이었다. 제2성전기에도 여전히 예언과 제의의 영역 사이에 이와 같은 접점이 발견되기도 한다. 예를 들어 역대기에 의하면 소수 제사장 집단과 노래하는 레위인들은 예언자라고 불렸다(대상 25:1; 대하 20:13-17). 또한 몇몇 시편에도 예언의 요소가 나타나는데, 특히 시편 81편이 그러하다. 그러나 요엘서는 이러한 경향에 대해 가장 확실한 근거를 제시한다. (많은 학자들은 요엘서를 페르시아 시대의 작품으로 본다.)

요엘서에서 우리는 이스라엘이 직면한 위기에 대해 듣게 된다. 그것은 전쟁으로 묘사된 메뚜기 재앙 혹은 메뚜기 재앙으로 묘사된 전쟁 모두를 포함한다. 어찌 되었든 그 땅은 파괴되고 있다. 요엘은 권위를 가진 사람들—장로와 제사장—과 일반 대중들—농부와 포도나무 재배자—에게 가능한 한 최대한의 탄원을 올릴 것을 권고한다.

> 너희는 금식일을 정하고
> 성회를 소집하여
> 장로들과
> 이 땅의 모든 주민을
> 너희 하나님 야웨의 성전으로 모으고
> 야웨께 부르짖을지어다(욜 1:14).

이 설교는 요엘 2:18까지 확장되며, 여기서 우리는 다음과 같은 약속을 듣게 된다.

> 야웨께서 자기의 땅을 극진히 사랑하시어
> 그의 백성을 긍휼히 여기실 것이라.

혹자는 마치 성전 재건을 옹호했던 학개와 스가랴처럼 요엘이 성공적인 예언자였을 것이라고 추론할지도 모른다. 그의 권고는 분명 하나님을 향한 성공적인 탄원의 길을 닦아주었고, 그로 인해 백성과 땅은 살아남을 수 있게 되었기 때문이다.

> 너희는 먹되 풍족히 먹고
> 너희에게 놀라운 일을 행하신
> 너희 하나님 야웨의 이름을 찬송할 것이라(욜 2:26).

요엘이 제의적·종교적 문제와 관련하여 바른 행동을 하라고 백성에게 촉구했던 첫 번째 예언자는 아니었다. 이런 촉구는 기원전 8세기 예언자들에게서부터 이미 들려왔다. 그러나 요엘서 전체를 지배하는 강조점은 예언의 역사에서 하나의 전환점이 된다. 백성을 향한 하나님의 직접적인 말씀은 이제 주로 제의의 세계 안에서 드러나고 있었다.

요엘의 말이 제의의 세계에서 등장하는 것과 마찬가지로, 말라기서도 제의의 세계에 주된 초점을 맞추고 있다. 제사장들은 야웨를 모욕했다는 호된 고발로 시달림을 받았다. 예를 들면, 그들은 제단에 "더러운 떡"(말 1:7)을 드리고 하나님의 것을 도적질했다(말 3:8). 이 책의 어조는 귀에 거슬리도록 직설적인데, 저자는 반대자들의 말을 인용한 뒤 그것을 반박하는 형식으로 서술해나간다. 이 책은 "야웨를 경외하는 자들"(말 3:16)이 다가올 재난에서 살아남을 것임을 예견한다(말 3:1-5를 보라). 물론 여기에는 아마도 엘리야의 도움이 필요할 것이다(말 4:5). 그 예언자는 야웨 신앙인들이 "야웨의 크고 두려운 날"에도 살아남는 데 필수요건이 될 것이다. 오실 예언자에 대한 이러한 전승은 유대교와 그리스도교 안에서 두드러지게 나타난다. 그들은 메시아의 등장과 관련된 기대를 이 본문 안에서 찾고자 한다. 예를 들어 마가복음 8:28, 9:12을 보라.

마침내 우리는 이제 가장 기이한 예언서인 요나서와 마주하게 되었다. 요나서는 예언서에 속해 있으면서도 다른 예언서들에게 도전을 가하는 책이다. 우리는 두 가지 근원적인 질문들을 던질 수 있다. 이 책의 장르는 무엇인가? 요나는 어떠한 인물인가? 전자의 질문에 대한 설득력 있는 대답은 이 책이 내러티브적 우화(a narrative parable), 즉 독자를 혼란으로 이끄는 이야기라는 것이다. 페르시아 시대에 기록된 것이 확실해 보이는 이 책은 야웨를 숭배하는 독자들로 하여금 하나님께서 비(非)유대인들과 관계하시는 방식에 대해 다시금 숙고하도록 도전한다. 요나서의 독자들은 페니키아 선원들이 야웨께 제사를 드리고 서원하는 모습을 발견하게 된다(욘 1:16). 니느웨 사람들이 베옷을 입고 금식하며 "하나님을 믿는다"(욘 3:5). 게다가 독자들은 예언자의 간결한 신탁에도 불구하고(욘 3:4) 그의 선포가 기절초풍할 정도로 성공을 거두는 모습을 보게 된다. 니느웨의 거민들은 회개하였다. 그러나 이 예언자는 자신의 성공에도 불구하고 죽을 만큼 분을 낸다. 왜냐하면 하나님이 니느웨를 염려하시고 돌보셨는데 그로 말미암아 자신의 선포가 틀린 것이 되어버렸기 때문이다. 요나는 대단한 신학적 성실성을 지닌 인물이자 의협심으로 가득 찬 사람이다.

이러한 모든 요소들은 이 이야기를 아이러니컬하게 만들었다. 요나(이 이름의 의미는 "비둘기"다)는 한 마리의 매와도 같다. 이 책은 매의 감정과도 같은 신학적 정서를 도마 위에 올려놓는다. 이러한 정서는 다른 예언서들에도 나타나는데, 특히 대(大)예언들의 이방 신탁이나 나훔서에서 두드러진다(나 1:1; "니느웨에 대한 경고"). 그러나 요나서는 이러한 정서를 거부함으로써 이스라엘과 비(非)이스라엘의 고통을 동일하게 돌보시는 하나님의 모습을 전달한다. 하나님은 페니키아 사람들과 니느웨 사람들에게 응답하셨던 것처럼 바다로 도망쳤다가 음부에 던져진 불순종한 예언자에게도 관심을 보이신다. 요나서는 전통적인 신학적 공식(욘 4:2)에 대해 교훈적인 도전장을 내민다. 이 책은 이스라엘로 하여금 하나님의 마지막 질문을 곰곰이 생각하게 만든다.

> 하물며 이 큰 성읍 니느웨에는 좌우를 분변하지 못하는 자가 십 이만여 명이요 가축도 많이 있나니 내가 어찌 아끼지 아니하겠느냐(욘 4:11).

요약하면, 예언자적 목소리의 위대한 권위는 다양한 방식으로 드러나는데, 요나의 경우에서처럼 반대자들로부터 공격을 당하는 순간에 드러나기도 한다. 오랜 신학적 전통들은 옛 예언자들의 말들과 환상들을 보존했던 사람들에 의해 갱신되었다. 나아가 페르시아 시대에 활동한 중재자들은—비록 그 수가 적기는 했지만—점차 다양한 경로를 통해 예배와 관련을 맺게 된다.

6. 두루마리들(메길로트)

다섯 권의 토라와 다섯 권의 시편이 존재하는 것과 유사하게, **메길로트**(Megillot) 혹은 두루마리들(scrolls)로 알려진 다섯 권의 책들이 있다. 메길로트는 서로 이질적인 책들의 모음으로서, 이 중 두 권—전도서와 예레미야애가—은 우리가 이미 다루었다. 남은 세 권은 아가, 룻기, 그리고 에스더서다. 눈치 빠른 독자들은 즉시 이렇게 질문할 것이다. 이들 책들의 공통점은 무엇인가? 예레미야애가와 아가는 전체가 다 시로 기록되어 있다. 전도서도 본문의 대부분이 운문이다. 반면 에스더서와 룻기는 짧은 내러티브다. 이 다섯 권의 책은 서로 상당히 다른 배경을 가지고 있다. 그러나 그것들은 최소한 두 가지 특징들을 공유한다. 상대적인 간결성, 그리고 유대교의 특별한 축제들과의 연관성이 그것이다.

아가—유월절(Passover)
룻기—맥추절(Pentecost)
예레미야애가—아브(Ab)월 9일(성전이 파괴된 날)
전도서—장막절(Tabernacles/Sukkot)
에스더서—부림절(Purim)

몇몇 책들에서는 본문과 절기 사이의 관련성이 명백하다. 에스더서 본문에는 부림절이 언급되어 있다(에 9:26). 그러나 전도서와 장막절 간의 연관성 및 아가와 유월절 간의 연관성은 불분명하다. 하지만 이러한 연결은 백성의 종교생활을 성서와 일치시키려는 관심을 반영하는 것으로 이해될 수 있다. 이런 다양한 본문이 보여주는 것은 고대 이스라엘에서도 삶의 모든 영역이 제의와 절기에 녹아들어 있다는 사실이다.

신학의 렌즈로 본 구약개관

1) 아가

우리는 아가에 대해 유월절과의 관련성보다 더 구체적인 역사적 배경을 제공할 수 있다. 첫 구절은 다음과 같다. "솔로몬의 아가라." 비록 이 책의 내용이 옛 고대 근동 문화의 연가(戀歌)들과 유사성을 보이기도 하지만, 언어학적 증거 및 여타 증거들을 고려한다면 이 책은 실제로는 제2성전기에 기록되었을 것이다.

이 책을 처음 읽다보면, 노래의 내용이 상당히 비(非)신학적인 것처럼 보인다. 하나님에 대한 언급은 물론 고대 이스라엘의 종교 전통에 대한 언급도 전무하다. 그러나 이러한 연가가 정경 안에 포함되었다는 사실 자체만으로도 우리는 인간 경험의 이와 같은 영역이 인간의 또 다른 중차대한 문제들을 다루는 다른 본문들과 충분히 대화할 수 있음을 유추할 수 있다. 인간의 사랑과 관련된 표현은 구약성서에서 특별히 두드러지는 요소가 아니다(참조. 창 29:18). 따라서 아가는 이러한 보편적인 요소를 제공한다는 측면에서도 나름의 독특한 역할을 지녔다고 할 수 있다.

사실 아가 안에는 다양한 목소리가 등장한다. 이 책을 이해하기 위한 과제 중 하나는 특정 상황에서의 화자가 누구인지를 결정하는 일이다(이러한 다중 음성은 예레미야 애가에서도 문제시된다). 이 책의 화자는 남자(아 4:1-7)와 여자(아 2:8-17), 그리고 코러스(합창단, 아 6:1) 이렇게 셋이다. 남자와 여자는 다양한 방식으로 서로에게 자신의 사랑을 표현한다. 그들의 말은 주로 어느 한 사람의 표현에 뒤이어 다른 사람의 표현이 등장하는 대화의 형식으로 나타난다. 여기에는 상호성의 정서가 강하게 실려 있다. 즉 누구나 대화를 주도할 수 있다. 각각은 서로의 아름다움을 묘사한다. 아가는 많은 이미지들(예를 들어 지리와 동물, 그리고 식물)과 배경들(예를 들어 정원과 도시, 그리고 촌락)로 표현된 인간의 사랑에 대한 미묘하고도 훌륭한 그림이다.

이 시의 주제를 하나로 단정하는 것은 위험한 일이지만, 아가 8:6b-7b에 표현된 개념이 아마도 가장 중요한 핵심일 듯하다.

사랑은 죽음 같이 강하고

질투는 스올 같이 잔인하며

불길 같이 일어나니

그 기세가 야웨의 불[격노한 불; raging flame, NRSV]과 같으니라.

많은 물도 이 사랑을 끄지 못하겠고

홍수라도 삼키지 못하나니.

여기서 "격노한 불"이라고 번역된 본문은 히브리 성서에서는 "야웨의 불"로 번역될 수 있다(우리말 성서는 "야웨[여호와]의 불"로 번역하였다 — 역자 주). 이 구절은 이토록 강력한 사랑의 감정이 야웨로부터 비롯된 것임을 암시한다. 어쨌든 시인은 세 가지 이미지—음부, 불, 홍수—를 제공함으로써 인간의 사랑이 가진 힘을 이해시키고자 한다.

아가의 정경적 맥락은 구약성서에서 사랑의 표현을 이해하는 하나의 방식을 제공한다. 다른 저자들에 의해 사용된 사랑의 표현(예를 들어 호 2장; 11:8-9)은 이스라엘을 향한 야웨의 사랑을 묘사한다. 이러한 논의에는 위험성이 따르기도 하지만, 이스라엘은 인간관계를 묘사하는 이토록 강력한 방식이 이스라엘을 향한 하나님의 관계성을 묘사하기에 적절하다고 믿게 되었다(예를 들어 사 5:1-7; 호 2장). 사랑에 대한 풍부한 어휘들은 언약의 표현이 제공하는 이미지들을 매우 다른 방식으로 보충해준다.

아가는 여러 차원에서, 말하자면 "인간의 사랑 노래"나 "하나님의 사랑을 기대하는 노래" 등으로 기능한다. 이러한 기대감은 고대 이스라엘의 전통에서도 발견된다. 예를 들어 신명기는 하나님과 이스라엘 간의 언약관계를 묘사하는 데 사랑의 표현을 사용한다(신 6:5; 10:12-19). 결국 독자들은 후대의 해석자들이 아가를 다양한 방식으로 해석했다는 사실을 발견하더라도 놀랄 필요가 없다. 유대교 전통에서 이 책은 유대 공동체에 대한 하나님의 관계성을 묘사하는 것으로 읽혔다. 반면 그리스도교 전통에서는, 이 책이 교회를 향한 그리스도의 사랑을 표현하는 것으로 이해되었다. 하지만 우선적으로 이 책은 사람 간의 사랑이라는 관계성을 우선적으로 표현한 작품이다. 이러한 표현은 사랑에 빠진 사람에 관한 대화와 성서의 이야기 및 법규 가운데서도 쉽게 발견되는 것이다.

2) 룻기

룻기 역시 인간의 사랑과 열정에 의해 만들어진 작품이지만 사용된 어법은 아가의 그것과는 상당히 다르다. 에로티시즘과 욕망의 의미가 포함된 사랑의 표현은 아가에서 두드러지는 주제다(דוד "도드"[연인]; אַהֲבָה "아하바"[사랑]). 이와는 달리, 또 다른 단어 **헤세드**(חֶסֶד)—"사랑"(love)뿐만이 아니라 "충절"(loyalty), "자비로움"(kindness)으로도 번역 가능한—는 룻기에서 두드러지는 주제다. 이 책은 하나님과 인간 모두가 이러한 사랑의 주체가 될 수 있다는 사실을 보여준다. 나오미는 하나님께서 자신의 며느리들에게도 자신에게 하셨던 것 같이 선대해주시기를 간구했다(룻 1:8). 유사하게 보아스 역시 하나님께서 나오미에게 사랑을 베푸실 것을 간구한다. 그러나 인간 또한 그런 사랑을 베풀 수 있는 존재다. 마치 보아스가 룻에게 그랬듯이(룻 3:10), 또한 룻이 나오미에게 자신의 충절을 보였듯이 말이다(룻 1:16-17).

다양한 논의 사항들—신학적·사회적·정치적—이 이러한 내러티브 속에서 제 역할을 다하고 있다. 다음의 함축적인 질문들이 이토록 주목할 만한 짧은 이야기의 겉모습 이면에 놓여 있다. 비(非)이스라엘 사람도 야웨 백성의 구성원이 될 수 있는가? 가부장적 문화 속에서 어떻게 여성이 살아남을 수 있는가? 다윗 왕조란 무엇인가?

이 책의 줄거리는 두 여인(룻과 나오미)의 고뇌에 초점을 맞춘다. 이 둘은 모두 과부이며 하나는 이스라엘 사람, 다른 하나는 모압 사람이다. 그리고 그들은 서로 시어머니와 며느리의 관계다. 책의 서두에서부터 룻은 나오미에 대한 자신의 깊은 애정을 드러낸다.

어머니께서 가시는 곳에 나도 가고

어머니께서 머무시는 곳에서 나도 머물겠나이다.

어머니의 백성이 나의 백성이 되고

어머니의 하나님이 나의 하나님이 되시리니(룻 1:16).

아가와는 달리 여기서는 하나님의 존재가 명백히 드러난다. 그러나 룻과 나오미의 행복을 보장해주는 것은 하나님의 개입이라기보다는 인간의 행동이다. 본문의 저자는 조심스럽게 모든 주요 등장인물에게 주도권을 부여한다. 룻은 들판으로 나가서 이삭을 줍기로 결심한다. 나오미는 룻에게 보아스를 유혹할 방법을 제시해준다. 보아스는 룻과 결혼할 발판을 마련하기 위해서 기업 무를 자와 협상을 벌인다. 그러나 이러한 행동들은 적절한 타이밍—예를 들어 "우연히"(룻 2:3)라는 표현을 통해 분명히 드러나는—에 의해 보충된다. 그리고 이와 같은 타이밍의 조화는 룻과 나오미를 돌보시는 하나님의 섭리로 해석될 수 있다. 룻, 나오미, 보아스와 더불어 하나님은 네 번째 주인공이라 해도 무방할 것이다. 일일이 열거할 수 없는 그분의 행동들이 이야기의 전개를 이끌어나가는 것이다.

이야기의 결말에 이르러, 앞서 제기된 질문들은 적절한 대답을 얻게 된다. 비(非)이스라엘 사람들은 결혼을 통해 이스라엘의 구성원이 될 수 있다. 여성들은 주도권을 가지고 함께 일하면서 자신에게 (최소한이나마) 이익이 될 만한 체제를 이용하여 살아남을 수 있다. 다윗은 이스라엘 혈통인 동시에 모압 여인의 후손으로 태어났다. 더 나아가 이들 세 명의 등장인물은 주목할 만한 축복을 받는다. 나오미는 "아들"을 얻었고(룻 4:17), 룻은 남편과 아들을 얻었으며, 보아스는 아내와 상속자를 얻었다.

3) 에스더

룻기가 이스라엘 안에 거하는 이방인의 운명에 관해 다루고 있다면, 에스더서는 이방 땅에 거하는 이스라엘 사람의 운명을 다루고 있다. 이러한 주제는 특히 제2성전기에 눈에 띄는 관심을 불러일으켰다. 다니엘과 요셉의 이야기처럼 에스더의 이야기도 외국의 왕실을 그 배경으로 삼는다. 그리고 룻기에서처럼, 이 짧은 내러티브의 주인공은 여성이다.

에스더서의 신학적 관점은 분명치 않다. 비록 이 책이 유대인의 부림절 축제에 관한 권위 있는 이야기라 할지라도, 이 이야기 속에는 유대인의 하나님에 대한 분명한 언급이 전혀 나타나지 않는다. 유대인들은 위협을 당하지만, 자신들의 운명을 되돌리기 위해 노력해야 할 책임이 있음을 인식한다. 페르시아의 신하였던 하만이 "모든 유대인"들을 죽이라는 조서가 공포되도록 조처하자, 모르드개는 최근에 왕후가 된 에스더와 접촉하여 그녀에게 아하수에로(Ahasuerus) 왕 앞에 나아가 중재해줄 것을 요청한다. 에스더가 그런 중재는 자신의 목숨을 위협할 수도 있다고 대답하자, 모르드개는 이렇게 응수한다.

> 이때에 네가 만일 잠잠하여 말이 없으면 유다인은 다른 데로 말미암아 놓임과 구원을 얻으려니와 너와 네 아버지 집은 멸망하리라. 네가 왕후의 자리를 얻은 것이 이때를 위함이 아닌지 누가 알겠느냐(에 4:14).

이러한 그의 대답은 우리가 룻기에서 발견할 수 있었던 하나님의 섭리와 일맥상통한다. 사실상 에스더서의 저자는 섭리의 개념을 다음과 같은 방식으로 서술하는 셈이다. "하필 그때에 우연히 에스더가 페르시아와 메디아의 왕후가 되었다." 그러나 에스더서는 섭리로 이어지는 잠재력의 실현이 얼마나 중요한지에 대하여 룻기보다 더욱 명확하게 그려내고 있다. 만약 룻이 들판에서 이삭줍기를 계속하지 않았다면, 만약 에스더가 아하수에로 왕 앞에 나가기를 거부했다면, 축복의 잠재성은 상실되어버리고 말았을 것이다.

이 두 개의 짧은 이야기는 어느 정도는 희극(comedy)으로 이해될 만하다. 하나의 내러티브로서, 그것들은 처음의 상황, 뒤이어 벌어지는 문제,

그리고 문제의 해결을 묘사한다. 두 이야기에는 자신들의 운명을 책임진 영웅들이 등장하는데, 이런 "개인의" 운명은 하나님의 백성의 운명과 직결된다. 이와 유사하게 아가는 인간의 사랑에 대해 서정적으로 접근한다. 실제로 이들 세 권의 "책"은, 멸망의 슬픔을 아크로스틱 기법으로 수수하게 표현한 예레미야애가나 체념의 성찰을 드러내는 전도서와 더불어, 서로 간에 대화를 시도하고 있다. 이 다섯 두루마리는 인간 존재에 내재된 잠재성 및 고대 이스라엘에게 알려진 것 이상의 가능성에 대해 이야기하고 있다. 아가가 인간적 사랑의 환희와 복잡성을 드러낸다면, 애가는 참혹한 재난으로 인한 슬픔을 가까스로 묘사하고, 전도서는 어르신의 지혜를, 룻기와 에스더서는 특별히 보다 확장된 가족의 배경 안에서 이스라엘 사람들—후에 유대인들—이 살아가며 사랑하고 지혜롭게 성장해가는 이야기를 제공해주고 있는 것이다.

7. 그리스-로마 시대의 유대교

페르시아 시대 유대교에서 너무나도 중요했던 정체성의 문제는 헬레니즘 문화의 도래로 인하여 다시금 새롭게 제기된다. 이 새로운 사조는 유대인들, 즉 디아스포라의 유대인들—특히 알렉산드리아의 유대인들—과 고향 땅의 유대인들 모두와의 충돌을 야기했다. 기원전 2세기의 상황을 반영하는 마카베오서(공동번역의 명칭을 따름-역자 주)는 헬레니즘의 강압적 정책과 팔레스타인 유대인들 사이의 투쟁을 선명하게 보여준다. 다니엘서 역시 이러한 위기를 반영한다. 하지만 다니엘서에 등장하는 역사적 언급들은 다소 불분명하며, 그로 인해 이 책은 광범위한 문제점들을 떠안게 되었다.

다니엘서는 두 가지 장르의 혼합물이다. 다니엘 1-6장의 단편이야기들(short tales)과 7-12장의 묵시적 환상들(apocalyptic visions)이 그것이다. 신앙에 대한 충성을 유지하는 데 어려움을 겪고 있는 사람들이 당면한 위

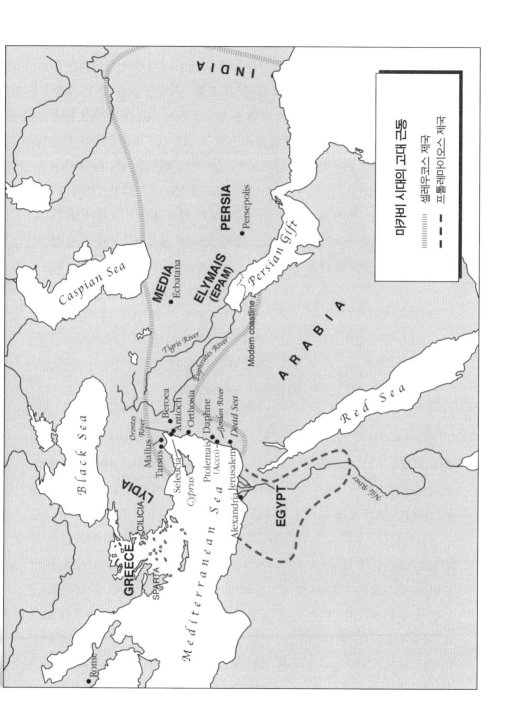

마카베 시대의 고대 근동

셀레우코스 제국

프톨레마이오스 제국

INDIA

PERSIA
• Persepolis

MEDIA
• Ecbatana

ELYMAIS
(EPAM)

Persian Gulf

Caspian Sea

Tigris River

Euphrates River

Modern coastline

ARABIA

Red Sea

Black Sea

Orontes River

Beroea
• Antioch
Orthosia • Daphne
Jordan River
Dead Sea

Mallus
Tarsus
Seleucia
Cyprus
Ptolemais
(Acco)

Alexandria Jerusalem

Nile River

EGYPT

LYDIA

CILICIA

GREECE

SPARTA

Mediterranean Sea

Rome

기에 대하여, 각각의 문학적 장르는 나름의 종교적 전망을 제시해주고 있다. 환상들보다 그 형성 시기가 앞서는 것으로 보이는 단편 이야기들은 유대인 영웅 다니엘과 다른 경건한 등장인물들을 문화적 충돌이라는 상황 안에 배치시킨다. 이들은 엄격한 선택을 강요당한다. 그들은 유대적 관습을 고수할 것인가, 아니면 이방 문화에 굴복할 것인가? 경우에 따라 이러한 선택은 생사를 좌우하기도 한다. 이야기 속의 일반적인 어조는 낙관적이다. 예를 들어 다니엘 1장에 의하면 유대교 음식규례에 대한 충성은 다니엘과 그의 동료들이 왕실 안에서 번창하도록 만들어준다. 그러나 또 다른 이야기에서(단 3장), 영웅들은 금 신상에 절하지 않겠다는 자신들의 결정으로 인해 죽음으로 내몰린다.

> 왕이여, 우리가 섬기는 하나님이 계시다면 우리를 맹렬히 타는 풀무불 가운데에서 능히 건져 내시겠고 왕의 손에서도 건져 내시리이다. 그렇게 하지 아니하실지라도, 왕이여, 우리가 왕의 신들을 섬기지도 아니하고 왕이 세우신 금 신상에게 절하지도 아니할 줄을 아옵소서(단 3:17-18).

이러한 표현은 순교의 가능성을 강하게 내비치고 있다. 여기서의 응답은 마카베오서가 제시하는 응답—우상을 섬기도록 강요하는 세력에 대해 무력으로 도전하는—과는 그 성격이 상당히 다르다. 마카비파(Maccabees)는 기원전 2세기 초에 군사적 반란을 일으켰던 무리다.

다니엘서의 후반부를 구성하는 환상들은 앞선 이야기들을 우주적 차원으로 더욱 넓게 확장시킨다. "이야기들"이 사람들 간의 충돌을 묘사하는 반면에 "환상들", 특별히 다니엘 7장의 환상은 이런 충돌이 더 큰 역사적 과정의 일부에 불과하다는 사실을 보여준다(여러 짐승들은 고대 근동의 여러 제국들을 상징한다). 게다가 하늘에서도 충돌이 일어난다(단 7:21-25). 그러나 마침내 천상회의의 활약을 통해 정의가 힘을 얻는다. 이러한 우주적 차원의 신정론(神正論) 혹은 하나님의 정의에 대한 관심은 다니엘서의 마지막 장의 언급과 잘 어울린다. "또 환난이 있으리니…땅의 티끌 가운데에서 자는 자 중에서 많은 사람이 깨어나 영생을 받는 자도 있겠고 수치를 당하여서 영원히 부끄러움을 당할 자도 있을 것이며"(단 12:1-2). 하늘의 정의는 인간의 죽음 이후에도 영향력을 행사한다. 사후 세계에서 어떤 이들은 과거의 행동으로 인해 영화로운 지위를 얻게 될 것이고, 다른 이들은 정죄받을 것이다.

묵시문학(apocalyptic literature)은 유대교의 신학적 비전에 새로운 지평을 열어주었다. 욥기가 신정론에 관심을 가지긴 했지만 그 책의 저자는 사후 세계에서까지 그 문제를 해결할 수 있다는 생각에는 미치지 못했다. 그러나 이제 그리스-로마 시대에 이르러 사후세계에 대한 논의는 신학적 대화의 한 축으로 자리하게 되었다.

묵시적(apocalyptic)라는 형용사는 특정한 문학적 장르 내지는 신학적 관점을 가리키는 말이다. 첫째, 묵시(apocalypse)는 "접근 불가능한 하늘의 일들이 인간에게 폭로된 내용을 묘사한 것"[7]을 의미한다. 이러한 정의를 엄격히 따르자면, 성서에는 두 권의 묵시문학, 곧 다니엘서와 요한계시록이 자리하는 셈이다. 외경의 묵시문학으로는 "에스드라 4서"가 있고, 위경의 묵시문학으로는 "에녹 1서", "바룩 2서"가 있다.

둘째, 비록 묵시의 다양성은 상당할 정도로 광범위하지만, 이들 모두를 묶어주는 몇몇 신학적 관점들이 존재한다. 묵시는 세계 전체에 대하여 우주적 관점을 표현한다. 하나님께서도 인간 혹은 영적 존재로 대표되는 파괴의 세력과 투쟁하신다(물론 그들도 하나님의 통제 하에 있지만). 이러한 점에서 혹자는 묵시가 그 자체로 인간의 영역 내에 일종의 이원론(dualism)을 상정하고 있다고 지적할지도 모른다(예를 들어 빛의 아들들과 어두움의 아들들). 이렇게 다양한 종류의 충돌은 종말론적 대재앙("마지막 때"; 단 12:1-4)

---

7) F. Murphy, "Introduction to Apocalyptic Literature," *NIB*, vol. 7 (Nashville: Abingdon, 1996), 2.

에서 그 절정에 이른다. 종말 이후에는 새로운 시대가 열릴 것이다. 많은 묵시문학들은 이러한 중대한 종말이 임박했다고 예견했다. 곧 도래할 충돌 및 그로 인한 결과의 성격은 묵시가(Seer)에 의해서 의인들에게만 공개될 것이다. 그러나 그 지식은 인봉된 채로(단 12:9) 오직 선택받은 자들에게만 유효하게 될 것이다. 죽음 이후의 새로운 시대에는, 고통받던 자들이 보상을 받고 압제자들은 고통받게 될 것이다.

존 콜린스(John Collins)의 개념을 빌리자면, 이러한 "묵시적 상상력"(apocalyptic imagnation)은 우리 시대에까지 상당한 영향력을 끼쳐왔다. 여러 시대에 걸쳐 이러한 상상력은 많은 사람들에게 자신들에게 무슨 일이 일어나고 있는지를 스스로 이해할 수 있는 도구를 제시해주었다. 그것은 또한 개인들, 특히 고통에 처한 공동체의 구성원들이나 자신들이 소외당하고 있다고 여기는 자들에게 자신들의 곤경의 근원이 무엇인지를 이해하도록 도와주었다. 더구나 그들은 하나님께서 모든 운명을 지배하시며 궁극적으로 자신들은 영광을 얻게 될 것이라고 이해했다. 이원론적 요소는 그들로 하여금 자신들의 위치를 다른 이들—그들이 압제자라고 여기는 자들—의 위치와 구별하도록 만들어주었다. 이로써 "우리/그들"의 사고방식이 생겨나게 된 것이다.

묵시문학이 중요하기는 하지만, 그리스-로마 시대에는 다른 장르의 문학작품들도 존재했다. 대부분의 연구용 성서들은 외경을 포함하고 있고 그 안에는 묵시문학과 비(非)묵시문학 모두가 담겨 있지만, 이러한 외경 문학들은 유대교 및 그리스도교의 구약성서 정경 안에 포함된 다른 장르들에 비해 그 인지도가 상당히 낮은 편이다. 그러나 외경은 제2성전기 후반, 특히 헬레니즘이 지중해 동부 연안을 휩쓸고 지나간 이후의 유대교를 이해하는 데 핵심적인 자료다. 히브리 성서를 생동감 있게 만들어주는 다양한 전통들, 예를 들면 지혜문학과 같은 전통들이 새로운 시대에서도 계속하여 생산되었다. 물론 히브리 성서 안에도 이미 여러 실례들—잠언과 전도서, 그리고 욥기—이 있다. 그러나 성서의 지혜 전통에서 빼놓을 수 없는 두 가지의 실례가 외경에 포함되어 있다. 바로 솔로몬의 "지혜서"와 벤 시라(Ben Sirach)의 "집회서"다. 게다가 구약성서의 단편들인 룻기나 요나서와 동일한 장르의 작품인 "토비트"(Tobit)나 "벨과 용"(Bel and the Dragon)과 같은 작품도 외경에 담겨 있다. 이러한 다양한 장르의 문학작품들은 유대교의 접점들─페르시아 제국 시대로부터 등장하여 헬레니즘에 의해 억압받았던─로부터 파생된 신학적 다양성을 잘 보여준다.

8. 결론

본 장에서 우리는 페르시아 시대로부터 그리스-로마 시대에 이르기까지 다양한 장르의 문학들을 살펴보았다. 다양성이야말로 이 시대의 진정한 특징이다. 이 시대를 통하여 구약성서가 최종적인 형태로 확립되었고 다양한 배경을 통해 사용되기에 이른다. 그러나 이런 경향성에도 불구하고, 토라의 신학적 횃불은 본질적인 것으로서 여전히 살아남아 있었다. 토라 신앙은 약속의 땅 밖에 거하는 유대인과 그 땅 안에 거하는 유대인의 필요를 해결하는 데 필수적인 요소였다. 그러나 토라의 개념 그 자체는 상당히 유연한 것이다. 분명 토라 안에는 오경 그 이상의 무언가가 더 담겨 있음이 틀림없다.

참고문헌

Albertz, Rainer. *Israel in Exile: The History and Literature of the Sixth Century BCE*. Atlanta: SBL, 2003(배희숙 역, 『포로시대의 이스라엘』[서울: 크리스천다이제스트, 2006]).

Allen, Leslie C. "Chronicles: Introduction, Commentary, and Reflections." *NIB*, vol. 3. Nashiville: Abingdon, 1999.

Berquist, Jon. *Judaism in Persia's Shadow: A Social and Historical Approach*. Minneapolis: Fortress, 1995.

Blenkinsopp, Joseph. *Ezra-Nehemiah: A Commentary*. OTL. Philadelphia: Westminster, 1988.

Collins, John J. *Daniel: A Commentary on the Book of Daniel*. Hermeneia. Minneapolis: Fortress, 1993.

De Jonge, Marinus. "Messiah." *ABD*, vol 4. New York: Doubleday, 1992, 777-788.

Keel, Othmar. *Song of Songs*. Minneapolis: Fortress, 1994.

Klein, Ralph. *Israel in Exile: A Theological Interpretation*. OBT 6. Philadelphia: Fortress, 1979.

Levenson, Jon D. *Esther: A Commentary*. OTL. Louisville: Westminster/John Knox, 1997.

McCann, J. Clinton Jr. *A Theological Introduction to the Book of Psalms: The Psalms as Torah*. Nashiville: Abingdon, 1993(김영일 역, 『새로운 시편 여행』[서울: 은성출판사, 2000]).

Mays, James L. *Psalms*. IBC. Westminster/John Knox, 1994(신정균 역, 『시편』 현대성서주석[서울: 한국장로교출판사, 2002]).

Nielsen, Kirsten. *Ruth: A Commentary*. OTL. Louisville: Westminster/John Knox, 1997.

Trible, Phyllis. "Jonah: Introduction, Commentary, and Reflections", *NIB*, vol. 7. Nashiville: Abingdon, 1996.

구약성서

창세기

신학의 렌즈로 본 구약개관

신학의 렌즈로 본 구약개관

신학의 렌즈로 본 구약개관

한국구약학연구소 총서 001

신학의 렌즈로 본 구약개관

Copyright ⓒ 새물결플러스 2016

1쇄 발행 2016년 2월 28일
4쇄 발행 2022년 5월 25일

지은이 브루스 C. 버치·월터 브루그만·테렌스 E. 프레타임·데이비드 L. 페터슨
옮긴이 차준희
펴낸이 김요한
펴낸곳 새물결플러스

편 집 왕희광 정인철 노재현 정혜인 이형일 나유영 노동래
디자인 박인미 황진주
마케팅 박성민 이원혁
총 무 김명화 이성순
영 상 최정호 곽상원
아카데미 차상희

홈페이지 www.holywaveplus.com
이메일 hwpbooks@hwpbooks.com
출판등록 2008년 8월 21일 제2008-24호
주 소 (우) 04118 서울시 마포구 마포대로19길 33
전 화 02) 2652-3161
팩 스 02) 2652-3191

ISBN 979-11-86409-44-2 93230

책값은 뒤표지에 있습니다.